kommunikation audiovisuell
Beiträge aus der Hochschule
für Fernsehen und Film München

Für die Hochschule herausgegeben von
Prof. Dr. Michaela Krützen

Band 13

Hochschule für Fernsehen
und Film (HFF) München
Kommunikations- und Medienwissenschaft
Frankenthaler Str. 23
D-81539 München

Reihe »kommunikation audiovisuell«

Die Hochschulschriftenreihe »kommunikation audiovisuell« wurde 1981 von Prof. Dr. Karl Friedrich Reimers begründet. Als Ordinarius an der *Hochschule für Fernsehen und Film* (HFF) war er bis 2001 Herausgeber dieser Reihe.

Im Wintersemester 2001/02 veränderte sich mit der Emeritierung von Prof. Dr. Reimers und der Neuberufung von Prof. Dr. Michaela Krützen das Profil der Abteilung »Kommunikationswissenschaft und Ergänzungsstudium«: Zusätzlich zu ihrer sozialwissenschaftlichen Ausrichtung erhielt sie einen geisteswissenschaftlichen Schwerpunkt. Dies manifestiert sich auch in der Umbennenung der Abteilung, die jetzt den Namen »Kommunikations- und Medienwissenschaft« trägt.

Trotz dieser Neuorientierung bleibt die Reihe »kommunikation audiovisuell« ihrem schon 1981 formulierten Anspruch treu, zwischen Medienwissenschaft und Medienpraxis vermitteln zu wollen. Diese Traditionslinie fortzuführen ist Ziel der Herausgeberin.

Enjott Schneider

Handbuch Filmmusik I

Musikdramaturgie im Neuen Deutschen Film

HERBERT VON HALEM VERLAG

Bibliografische Information der Deutschen Nationalbibliothek
Die Deutsche Nationalbibliothek verzeichnet diese Publikation
in der Deutschen Nationalbibliografie; detaillierte
bibliografische Daten sind im Internet über
http://dnb.ddb.de abrufbar.

Enjott Schneider
Handbuch Filmmusik I.
Musikdramaturgie im Neuen Deutschen Film
Kommunikation audiovisuell, Band 13
2., überarbeitete Auflage
Köln: Halem, 2018

Zuerst erschienen im UVK Verlag, Konstanz, 1990 (978-3-89669-147-7)

ISBN 978-3-7445-1335-7

Einbandgestaltung: Susanne Weiß, Konstanz
Coverbild: Digitalstock.de

Herbert von Halem Verlagsgesellschaft mbH & Co. KG
Schanzenstr. 22, 51063 Köln
Tel.: +49(0)221-92 58 29 0
E-Mail: info@halem-verlag.de
URL: http://www.halem-verlag.de

INHALT

Vorwort zum Nachdruck

Dass das *Handbuch Filmmusik I: Musikdramaturgie im Neuen Deutschen Film* nicht überarbeitet und aktualisiert wird, sondern in unveränderter Form erscheint, hat plausible Gründe: Die ungeheure Wandlung, der das Kino in den zwanzig Jahren seit Erscheinen der Erstauflage unterworfen war, sowohl ästhetisch (vom Autorenfilm zum Produzentenkino) wie technologisch (Digitalisierung aller Produktionsebenen), hat das Buch zum historischen Dokument werden lassen, dem nichts mehr hinzuzufügen ist.

Im derzeitigen Filmbusiness, in dem mit digitaler Herstellung und digitalem Vertrieb die Grenzen zwischen Film und dem täglichen Fernsehen konturlos geworden sind, in dem nicht mehr die Filmemacher (Drehbuchautor, Regisseur, Kameramann), sondern die Geldgeber (Redakteure und Produzenten) die Ästhetik bestimmen, ist der „handschriftliche Charakter" des Autorenfilms in Verruf geraten, – zu einem Widerpart des medialen Tagesgeschäfts geworden. Aalglatter Hochglanz, permanentes Schielen nach Quotenerfolg und der Trend zum routinierten Kunsthandwerk stehen der „Authentizität" entgegen, die einst oberstes Gebot des Neuen Deutschen Films war. Das ausgewaschene Flussbett des mainstreams, der alle Quoten diktiert, verträgt keine subversiven Inhalte mehr. Politisch ausgewogen soll Kultur seit neuestem sein, sonst springen potenzielle Konsumenten allzu verschreckt ab. Viele Filme wären heute gar nicht mehr entstanden: Rainer W. Fassbinders Drehbücher wären redaktionellen Rotstiften zum Opfer gefallen, seine Bilder wären ihrer Provokation wegen zur Mittelmäßigkeit zurechtdiskutiert worden.

In diesem Sinne wünsche ich, dass beim Lesen dieses Dokuments jenes noch durchschimmert, was einst das Faszinosum des Neuen Deutschen Films ausmachte: die Lust am Experiment und dem Risiko, eine individuelle (oft verquere) Meinung zu formulieren, die Suche nach Neuem, auch wenn damit oftmals ein Scheitern verbunden war, der Spaß an ungewohnten dramaturgischen Wegen und Erzählformen, die noch keiner beschritten hatte, die Entdeckung immer neuer Konjunktionen von Bild- und Tonebenen.

Statt die immergleichen Erfolgsmodelle und narrativen Muster zu perpetuieren, war es für den Neuen Deutschen Film wesenhaft, stets Ungewohntes zu suchen und mit Überraschungen aufzuwarten. Gerade in der Filmmusik ist der fahle Beigeschmack des „Déjà-vu" zur andauernden Geruchsnote geworden: Jeder Komponist bekommt heute seinen Film mit „temp tracks" und „role models" – also bereits mit allzu bekannten Musikstücken aus erfolgreichen Filmen – angeliefert, die es möglichst genau nachzukomponieren gilt. Eigene Handschrift oder persönliche Aussage sind unerwünscht. Gut ist, was schon einmal Geld in die Kasse gebracht hat und daher weiteres Geld garantiert. Wie schön (und heute unvorstellbar) war es noch vor zwanzig Jahren, als der Komponist im Kino auf großer Leinwand eine Arbeitskopie sehen durfte, die stumm war, die noch keine „temp tracks" enthielt, die Platz ließ für seine ureigene Ideen … und noch niemanden auf einen längst bekannten Musikgeschmack hin tyrannisierte. Wenn beim Lesen von *Handbuch Filmmusik I* man noch etwas von dieser Freiheit des Kreativseins wittert, dann hat das Buch seine Rechtfertigung erhalten.

München, im Oktober 2006
Enjott Schneider

VORWORT

Das vorliegende Handbuch Filmmusik verdankt seine Entstehung dem glücklichen Umstand, daß sein Autor das cooperative Wesen des Films in sich trägt. Norbert Jürgen Schneider ist ausgebildeter Musiker und promovierter Wissenschaftler mit umfangreicher Publikationsliste, er war Kantor an der Evangelischen Kirche Hinterzarten und ist Komponist und Professor für Musiktheorie an der Hochschule für Musik in München. Ein für diesen Hintergrund durchaus nicht übliches Interesse für die Populärkultur hat Schneider zur Münchener Hochschule für Fernsehen und Film geführt, wo er seit 1982 lehrt und zu den Initiatoren des Arbeitskreises Filmmusik zählt, den er zusammen mit dem Komponisten und Dirigenten Bert Grund leitet. Auf diesem ungewöhnlichen, aber konsequent beschrittenen Weg hat Schneider für zahlreiche Produktionen von Studenten und Abgängern der Filmhochschule materiell selbstlos und inhaltlich engagiert Musiken geschrieben und realisiert.

Diese fruchtbare Zusammenarbeit mit Schneider erstreckt sich bis in die Konzeption und Realisierung dieses Buches hinein, das als Ausfluß interdisziplinärer Arbeit zu sehen ist. Obwohl von vielen Seiten analysiert und in den vergangenen Jahren von einer zunehmenden Menge von Fachliteratur begleitet, hat es der vielfach geförderte Film in Deutschland noch immer schwer, als Kulturgut anerkannt zu werden. Das vorliegende Buch verdankt seine besondere Verbindung von Theorie und Praxis dieser Erkenntnis. So erhält es im kleinen Kreis der Publikationen zur Filmmusik sein eigenes Gewicht. Es wendet sich an die Praktiker des Films und gleichermaßen an die Fachleute der Musik. Damit wird es dazu beitragen, den oft von wenig gegenseitigem Sachverständnis geprägten Dialog zu fördern und auf einer neuen Grundlage zu fundieren. Wenn es dazu beitragen kann, den Filmkomponisten frühzeitig und zielgerichtet in den langwierigen Prozeß der Planung und Herstellung von Filmen einzubeziehen, wird es seinen Sinn damit erst recht erfüllen. Der Benutzbarkeit dient auch das Komponisten-Lexikon, das über alle wichtigen deutschen Filmkomponisten Auskunft gibt. Daß die Auskünfte bis hin zur Anschrift reichen, mag als weiterer Hinweis für den doppelten Anspruch dieses Buches gelten.

Norbert Jürgen Schneider bekennt sich in diesem Buch ausdrücklich zur Subjektivität. Leser und Benutzer werden dies als angenehm empfinden, da sie stets wissen, woran sie sind. Die Beschränkung auf den sogenannten Neuen Deutschen Film ist als Plädoyer für dessen „autonome und kritische Leistungen“ und in deutlicher Distanzierung zu kulturindustriellen Massenproduktion zu verstehen. Die Omnipräsenz der audiovisuellen Produkte und deren gesellschaftliche Einflüsse, sowie der allgegenwärtige Mißbrauch der Musik zur Entmündigung des Menschen haben Schneider während der Arbeit am Sinn dieses Buches zweifeln lassen. Gleichwohl ist es wichtig, auch in diesem Zusammenhang über die physiologischen und psychologischen Voraussetzungen und Bedingtheiten der Musik zu erfahren und von der Seite des Films auch an dieser Stelle zu betonen, daß der kulturell anspruchsvolle Film, wie er auch heute noch existiert, seine wichtige Rolle nur spielen kann, wenn er im partnerschaftlichen Verbund mit dem hierzulande allzuoft skeptisch beargwöhnten kommerziellen Film existiert. Auch dieser lebt nicht zuletzt von den unendlich vielen Möglichkeiten der Musik, die Emotionen und Stimmungen, Spannung und Tempo zu beeinflußen vermag, und er liefert die Existenzbasis für Film und Kino überhaupt.

Filmmusik hat eine dienende Funktion, aber alle Elemente des Films dienen einander. Das vorliegende Buch dehnt diese Erkenntnis bis auf die Kinosäle und die Vorführsituation aus und fordert nachdrücklich die adäquate Tonwiedergabe, vorzugsweise mit Magnetband. So will dieser Band Filmmusik nicht nur im geographischen, ökonomischen, politischen und ästhetischen Rahmen des Neuen Deutschen Films aufarbeiten, sondern deutlich und konstruktiv in die Zukunft weisen. Auch die Einbeziehung von Äußerungen aller wichtigen Komponisten und Regisseure, aber auch von Cuttern und Mixern trägt dazu bei, die Lektüre spannend und abwechslungsreich, unterhaltend und lehrreich, anregend und aufregend zugleich zu machen. In seiner der Filmmontage verwandten Struktur breitet das Buch sein vielfältiges Material publikumsorientiert aus. Die reinen Theoretiker werden sich an solch neue, praxisorientierte Konzepte gewöhnen müssen, die Praktiker werden zu schätzen wissen, daß ihnen mehr geboten wird, als sie sonst zu erwarten haben.

Autor und Herausgeber bedanken sich bei allen Förderern, die mit Zuschüssen dazu beigetragen haben, daß dieses Buch zu einem Preis erscheinen kann, der hoffen läßt, daß es von einem breiten Publikum zum Nutzen und zur weiteren Verbesserung der Qualitäten des deutschen Films angenommen wird, daß es zum Abbau des Mißtrauens zwischen „hoher Kultur“ und „Populärkultur“ beiträgt und schließlich das Musik- und Filmverständnis des allgemeinen Publikums, von dem der Film schließlich lebt, zu befördern vermag.

Wolfgang Längsfeld

Für Gespräche – zum Teil auch schriftliche Informationen oder Telefonate – danke ich herzlich ...

... den Regisseuren: Herbert Achternbusch, Hans W. Geissendörfer, Werner Herzog, Günter Höver, Maria Knilli, Peter Lilienthal, Hans Noever, Wolfgang Petersen, Josef Rödl, Niklaus Schilling, Haro Senft, Hans-Christof Stenzel, Hans Jürgen Syberberg, Michael Verhoeven, Herbert Vesely;

... den Filmkomponisten: Edward Aniol, Claus Bantzer, Hubert Bartholomae, Louis Bloom, Martin Böttcher, Ernst Brandner, Uwe Czybulka, Wolfgang Dauner, Claus Deubel, Klaus Doldinger, Nicolas Economou, Robert Eliscu, Jörg Evers, Rainer Fabich, Erich Ferstl, Florian Fricke, Heiner Goebbels, Marran Gosov, Bert Grund, Gunter Hampel, Peter Hesslein, Gottfried Hüngsberg, Franz Hummel, Charles Kalman, Piet Klocke, Andreas Köbner, Michael Landau, Axel Linstädt, Hans Loeper, Robert Lovas, Hans-Martin Majewski, Nicos Mamangakis, Lothar Meid, Stefan Melbinger, Friedrich Meyer, Stanley Myers, Jens-Peter Ostendorf, Richard Palmer-James, Hans Posegga, Peer Raben, Rolf Riehm, Michael Rüggeberg, Irmin Schmidt, Bernhard Schmitz, Helge Schneider, Eberhard Schoener, Kristian Schultze, Samuel Spence, Nils Sustrate, Eugen Thomass, Stanley Walden, Eberhard Weber, Konstantin Wecker, Rolf Wilhelm, Xhol Caravan;

... den Cuttern: Rolf Basedow, Helga Borsche, Sigrun Jäger, Peter Przygodda, Tomy Wigand;

... sowie Rainer Carben (Mischtonmeister beim Bayerischen Fernsehen), Joachim-Ernst Berendt (Auskünfte über Attila Zoller), Ingo Curth (Soundtrack-Sammler aus Hamburg), Privatdozent Dr. med. Godehard Oepen (Universitätsklinik Freiburg i. Br.; neurologische Beratung).

Für die Klärung urheberrechtlicher Fragen danke ich Herrn Hermann von Bülow (GEMA-Generaldirektion München) und Rechtsanwalt Dr. Ernst Reichardt (München).

Für Sachauskünfte danke ich dem ‚Referat Film' des Bundesministeriums des Innern, dem ‚Referat Mitglieder' der GEMA Berlin, dem Kuratorium Junger Deutscher Film.

Dank an Ingeborg Schneider für die Erstellung des Registers.

Dank an Prof. Wolfgang Längsfeld, Prof. Dr. Karl Friedrich Reimers, Dr. Rüdiger Steinmetz und den Ölschläger Verlag München für die redaktionelle Betreuung.

Aufregend: in der S-Bahn Fahrgäste zu betrachten, – das Gesicht, den Körperbau, die Kleider – und sich die „Seele" vorzustellen. Was für ein Mensch ist das? Ganze Kartengebäude an Illusionen, Wünschen, Bewunderungen (was für eine Frau da steht!) werden aufgebaut. Bis es passiert: dieser Mensch spricht, – und das Kartenhaus stürzt ein. Noch nie ist es mir gelungen, vom Seheindruck auf jene Persönlichkeit zu schließen, die sich mir über die Stimme in zwei bis drei Worten schon mitteilt. NJS.

EINLEITUNG

Die in langer Tradition stehende Definition des Films als „Kunst des Sehens" von Béla Balázs (1884–1949) hat auch heute, wo der Tonfilm und die audiovisuellen Medien zur alltäglichen Realität gehören, noch unverminderte Gültigkeit. Dennoch fühlt sich der Musiker dadurch nicht beunruhigt: er weiß, daß Sehen schon immer mit Hören verbunden war; daß die künstlerische Organisation der Sehwelt notgedrungen eine Organisation der Hörwelt nach sich zieht. Die unantastbare Vorrangstellung des „Sehens" bei der Filmgestaltung verleitet zwar immer wieder zu einer bedauerlichen Vernachlässigung der Tonebene, die aber selten ungestraft bleibt: Erfolg und künstlerische Anerkennung bleibt denjenigen Filmen vorbehalten, in denen Bild- und Tonebene sich entsprechen und eine qualitative Einheit bilden. Daher spielt z.B. auch die auditive Ebene eine wichtige Rolle bei den Wertungsverfahren der Filmbewertungsstelle Wiesbaden: *Qualität, Bildergänzung, stilistische Entsprechung, Dramaturgie der Geräusche* sind die im Einzelnen beurteilten Punkte (§ 6 der Verfahrensordnung FBW). *In den Diskussionen, die sich an die Vorführung der Filme anschließen, wird in der Regel gefragt, wie die Musik dramaturgisch eingesetzt wird, ob sie nur der Untermalung dient oder eigenständige künstlerische Qualitäten besitzt, ob sie der Aussage, dem Stil des Films angemessen ist, und wie man ihre Verwendung unter Berücksichtigung dieser Kriterien charakterisieren/bewerten kann*[1].

Es geht in diesem Buch um Filmmusik in ihrer weitesten Auffassung, – um den dramaturgischen Einsatz von Musik, Klängen, Tönen und Geräuschen im Film. Die Entstehung des Buches gründet in der Liebe zu Film als einer dem zwanzigsten Jahrhundert angemessenen Form künstlerischen Sich-Äußerns, und in der ungezügelten Neugierde, wieder ein Stück mehr von den magischen und letztlich unergründlichen Wirkungen von Musik auf den Menschen zu erfahren. Unter „Film" wird hier der Kinofilm verstanden. Damit ist das Anliegen des Buches zugegebenermaßen nostalgisch, denn die ganze Unterhaltungs- und Freizeitindustrie ist hierzulande längst zur Elektronikindustrie geworden, deren Fernseh- und Videofilmen im Alltag der Menschen die (quantitativ gemessen) weitaus größere Bedeutung zukommt. Im Gegensatz zu den Fernseh- und Videoschirmen, welche die Gesellschaft in einzelgängerische Konsumenten und parzellierte Befehlsempfänger atomisieren, bleibt die Kinoleinwand zumindest noch das Versprechen von einem Gruppenerlebnis, von einer mehrdimensionalen kommunikativen Situation mit einem hohen Maß an Sinnlichkeit jenseits aller Inhaltsaspekte: ein großes Bild, ein in der Raumtiefe sich ausladender Ton, eine liebe Person als Nachbar, die Verschworenheit einer Menge, die sich für eine feste Zeit in Konzentration (jenseits von Alltagszwängen) einem gemeinsamen kulturellen Erleben widmet – da kann die reale Stofflichkeit der Leinwand nicht selten schwinden und stattdessen zum Eingang in eine irreale oder reale (der Unterschied ist nicht mehr entscheidend) Unendlichkeit werden. Von den Wirkungen der Musik in solchen Räumen soll hier die Rede sein.

Die Darstellung des Phänomens „Filmmusik" wurde in voller Absicht auf den durch den Neuen Deutschen Film 1960–1985 gegebenen Rahmen beschränkt. Es galt den häufig gemachten Fehler zu vermeiden, daß eine Ästhetik und Dramaturgie des Films entworfen wird, die von den konkreten ökonomischen, politischen und kulturellen Bedingungen seiner Produktion abstrahiert. Mehr als jede andere Kunstform ist der Spielfilm (was wesentlich in den technologischen Prämissen begründet ist) durch seinen gesellschaftlichen Kontext determiniert. Die dramaturgischen Prinzipien, denen Musik in einem Hollywood-Film gehorcht, können deshalb nicht in gerader Linie mit der Musikdramaturgie in einem sowjetischen Film verglichen werden; Stummfilmmusik der 20er Jahre kann nur schwerlich mit der Musik zu einem Film der 80er Jahre in Bezug gebracht werden. Dieser Konzentration wegen wurde von Seitenblicken zu historischen Modellen oder über Ländergrenzen hinweg abgesehen, – so sehr das bisweilen auch schmerzte (beispielsweise bietet das französische Kino seit 1950 interessante filmmusikalische Konzepte, die noch kaum beschrieben und bewußt gemacht worden sind).

Es gilt zu zeigen, wie man in einer wichtigen Phase des deutschen Films mit Musik umgegangen ist: wie man Musik geplant, komponiert, eingespielt, montiert und finanziert hat, – wie man über Musik denken, reden und schreiben kann, – wie sie im fertigen Film wirkt und dramaturgisch funktioniert. Unmittelbar anwendbare Rezepte werden nicht bereitgestellt. Wohl aber erhält der Filmpraktiker – ob Regisseur, Cutter, Mixer oder Filmkomponist – beim Durchlesen des Buches anregende Hinweise: Das Buch will für die Belange der Musik sensibilisieren, Zwischentöne aufzeigen, zur Diskussion anregen und vom allzuschnellen Weg ins Schablonenhafte weglocken in die weniger bekannten Gefilde oder zum Gang in dramaturgisches Neuland. Das Buch will keine Wertungen und Urteile geben, schon gar nicht über die komponierenden Kollegen, die alle (oft gegen ihren Willen) kurzlebigen Marktforderungen gehorchen müssen und bisweilen „Frondienste" zu verrichten haben. Das Buch will vielmehr im Sinne einer minutiösen Materialiensammlung Daten, Fakten, Berichte und Meinungen nebeneinanderstellen, zu denen sich der Leser sein eigenes Urteil zu bilden hat.

Das vorgelegte Material basiert auf Gesprächen (seltener: Telefonaten, Briefen) mit Filmkomponisten, Regisseuren und Cuttern; auf der Auswertung von Filmliteratur und Filmzeitschriften; auf den eigenen Erfahrungen als Filmkomponist und als Gastdozent für Filmmusikdramaturgie an der Münchner Hochschule für Fernsehen und Film; auf den über Jahre gesammelten Aufzeichnungen und Analysen zur Filmmusik von etwa 400 Filmen. Für die Auswahl der untersuchten Filme und der befragten Komponisten wurde ein bestimmter Öffentlichkeitsaspekt als Kriterium zugrunde gelegt: es wurden all jene Filme recherchiert, die entweder in dem (höchst empfehlenswerten) Buch von Robert Fischer / Joe Hembus *Der Neue Deutsche Film 1960–1980* (Citadel-Filmbuch bei Goldmann, München) oder in den fünf Bänden des *Fischer Film Almanach* 1980–1985 (Fischer-Verlag, Frankfurt am Main) katalogisiert und besprochen waren. Von den etwa 150 Filmkomponisten, die wegen Informationen angeschrieben worden sind, kamen erstaunlich positive Reaktionen sowie Bereitschaft zur Mitarbeit. Dennoch blieben auch einige Lücken. So ist es z.B. schade, daß auf Komponisten wie Edgar Froese, George Gruntz, Erhard Großkopf, David Llywellyn, Wilhelm Dieter Siebert oder Niels Jeanette Walen nur wenig oder gar nicht eingegangen werden konnte.

Allen Versuchen einer objektiven Auswahl zum Trotz ist das Handbuch aus einer betont persönlichen Perspektive geschrieben worden. Der musikalische Stil und Geschmack des Autors, die Reichweite seiner eigenen filmkompositorischen Erfahrungen, sein wissenschaftlicher Hintergrund, nicht zuletzt die räumliche Orientierung an der Filmszene in München (der Text wäre von Hamburg oder Berlin aus sicherlich anders geschrieben worden) bedingen eine Subjektivität der Darstellung, deren Nachteile dadurch gering gehalten werden konnten, indem an keiner Stelle der subjektive Grundton durch den Mantel „wissenschaftlicher“ Abstraktion übertüncht werden sollte, sondern als Subjektives erkennbar (und damit für den Leser berechenbar) bleibt.

Ein Widerspruch, der ebenfalls offen in der Person des Autors gründet, durchzieht den Text. Es wird aus der Sicht zweier sich antagonistisch verhaltender Reflexionsebenen argumentiert.

1. Da gibt es die filmimmanente Betrachtungsweise, die danach frägt, wie Musik zu Bildern funktioniert, wie man mit Musik formen und gestalten kann, wie man in der Filmszene arbeitet und komponiert.
2. Es gibt aber auch die Betrachtungsweise „von außen“, die den Filmbetrieb gesellschaftlich und politisch in seiner längst vollzogenen Ankoppelung an das öffentlich-rechtliche Fernsehen und an eine höchst fragwürdige Unterhaltungsindustrie sieht.

Angesichts der kulturindustriellen Produktion von Meterwaren-Kunst, die sich nur an Erfolgsquoten orientiert und als Reklame ihrer selbst lärmend (vor allem unter Benutzung von Musik) auf sich aufmerksam macht, angesichts der Öde und ideologischen Fragwürdigkeit der offiziellen, staatlich geförderten „Unterhaltung“ ist aber die werkimmanente Reflexion des „Wie es gemacht wird?“ lächerlich und einfältig. Noch schlimmer: hier dramaturgische Hilfen zu geben bedeutet eigentlich, zur Perfektionierung eines Entmündigungs- und Unterdrückungssystems (was Kulturindustrie heute im Zeitalter der allgegenwärtigen Monitore, Lautsprecher und Kopfhörer mehr denn je ist) beizutragen. *Je mehr ich an meinem Filmbuch arbeite und erkenntnistheoretisch versinke, desto mehr erscheint mir (wieder!) das ganze TV- und Filmgeschäft als Instrument einer Ideologie- und Herrschaftsmafia (Moloch BRD-anonym). Film standardisiert, schablonisiert, verkürzt, verändert, beschönigt, lenkt ab, normiert die menschliche Wahrnehmung und hat nichts mit „Realität" zu tun. Am liebsten würde ich als Komponist nur noch mit groben häßlichen Geräuschen arbeiten. Man muß an dieser Hochglanzpolitur-Kultur schmirgeln und kratzen!!* (Brief des Verfassers vom 27. 12.1985 an den Regisseur Klaus Stanjek).

Soll das Buch konsequenterweise also nicht geschrieben werden? Der Glaube an die Möglichkeit autonomer und kritischer Leistungen im Film – gerade bei wichtigen Regisseuren des ebenfalls verzweifelt gegen die Kulturindustrie sich wehrenden Neuen Deutschen Films – gab schließlich doch den Ausschlag zur Niederschrift des Textes. Der Widerspruch zwischen den beiden Reflexionsebenen tritt aber immer wieder manifest zutage. Der Leser mag aus solcher Sprunghaftigkeit Kapital schlagen und sich selbst nach seiner eigenen Meinung befragen. Obwohl wirkliches Kino und freie Filmsprache fast nur noch in jenem Feld, das der Konformismus als „experimentell" ächtet, sich findet, blieb die Auswahl der untersuchten Filme auf offiziell geförderte, verliehene und gesendete Filme beschränkt. Ansonsten wäre ein Handbuch für Experimentalfilm, abstrakten Film oder politischen Film entstanden, das sich von vorneherein dem Problemkreis massenmedialer Kultur entzogen hätte und mit System resonanzlos bliebe.

Denn gerade die Musik im kommerziellen Film ist das, was bevorzugt zur Herstellung schönen Scheins und zur Entmündigung der Konsumenten eingesetzt wird. In unserer massenkommunikativen Zeit haben alle Produkte den Charakter von Werbesendungen und müssen – um gegen andere Produktionen konkurrieren und auf sich aufmerksam machen zu können – zunehmend effektvollere und in den Wirkungen schockhaftere Mittel einsetzen: Musik eignet sich dazu bestens. Durch ihr hohes Maß an Sinnlichkeit (nach dem alten Motto: „wo Musik ist, da ist was los!") war sie schon in frühen Zeiten bei Wirten, Zirkusdirektoren und Schaubudenbesitzern eine warenästhetische Funktionsgröße. Nur allzuoft (bei Werbesendungen und Vorabendserien im Fernsehen tagtäglich) gibt Musik dem Filmprodukt ein Warenversprechen, das nicht eingehalten werden kann. Musik ist mehr denn je obsolet geworden. Der Filmregisseur, der sich für seinen Film frägt, ob er überhaupt Musik benötigt, ist deshalb auf der richtigen Fährte. Nur solche Musik, die diese Frage „bestanden" hat, ist dramaturgisch gerechtfertigt. Sie ist dann sehr ernst zu nehmen und großartig in ihrer Wirkung für den Film.

Sozialisation erfolgt in unserer Gesellschaft kaum mehr durch Elternhaus, Schule, Kirche oder Bücherlesen, sondern in hohem Maße durch die massenmedialen Produkte. Die Koppelung von Tönen an Bilder ist dabei schon zur Gewohnheit geworden: Von der Mehrzahl der Jugendlichen wird Musik nicht mehr live oder von Schallplatte bzw. Audiokassette gehört, sondern überwiegend im Kontext von Bildern, d.h. in Filmen. Fernsehen und Film sind längst zur eigentlichen „Musikschule der Nation" geworden[2]. Eine große Verantwortung für Filmregisseure und Filmkomponisten! Über Musik werden nicht nur musikimmanente Wahrnehmungs-, Formstereotypen sowie Klangstandards eingeübt, vielmehr auch normierte Denk- und Verhaltensweisen weitergegeben. Die Infiltration mit oft fraglichen Inhalten (die Demonstration der Überlegenheit autoritären Verhaltens oder der „heiligen Welt" zur Ablenkung von realen Mißständen scheinen z.B. zur politischen Aufgabe bundesdeutscher Unterhaltung zu gehören) läuft dabei meistens unbewußt. Und man kann sich nicht wehren, wenn Musik dabei im Spiel ist: Man kann wohl wegsehen oder sich auf ein Detail im Bild konzentrieren, man kann aber nicht „weghören", – Musik macht „hörig" ...

***

Das Phänomen „Musik im Film" ist in diesem Buch seinem Facettenreichtum entsprechend in viele Kapitel zerteilt, die (bei manchmal fast lexikalischer Untergliederung) auch isoliert betrachtet und gelesen werden können. Dennoch will der Text als Ganzheit verstanden werden: erst im Zusammenwirken der Teile, Seitenlinien und Untertöne kann ein Eindruck dessen entstehen, was Musik für die Filmgestaltung bewerkstelligen kann. Besonders sei auch auf den Gebrauch des Personenregisters und des Registers der erwähnten Filme verwiesen, wodurch ermöglicht wird, sich einen Komponisten oder einen bestimmten Film zusammenhängend zu erschließen.

Das Buch wurde mit Liebe geschrieben. Es will mit Liebe gelesen werden.

Der Sprachstil vermeidet Aperçu und kokettes Spiel mit intellektuellen Untertönen, die nur einem kleinen Leserkreis verständlich sind. Da zudem eine doppelte Orientierung an „Filmszene" sowie am Kreis der Musikwissenschaft bzw. -pädagogik der Ausgangspunkt war, ergab sich in Manchem eine Umständlichkeit: Selbstverständlichkeiten für Cinéasten und Filmemacher müssen dem Musiker erklärt werden, – und umgekehrt.

Ein Hinweis für „Theorie"-Fanatiker: Filmmusik war seit jeher Sache der Praxis. Es ist sinnlos, Theorien zu erstellen, die von den Gegebenheiten der Praxis absehen. Über den praktischen Umgang mit Filmmusik wurde jedoch bislang wenig geschrieben. Daher versteht sich das Handbuch zunächst als Materialiensammlung. Die Theorie wird folgen.

Alle Textpassagen ohne Quellenangabe sind Materialien, die der Autor durch den persönlichen Kontakt mit Regisseuren, Cuttern, Komponisten erhalten hat. Es sind größtenteils Schriftfassungen der Tonbandmitschnitte von Gesprächen (seltener: Telefonaten). Bei der Umschrift wurden behutsame Zusammenziehungen der Sätze und Korrekturen falscher Satzanschlüsse usw. vorgenommen, die beim Sprechen natürlich sind, in der Schriftform jedoch irritieren. Der spontane Charakter der Äußerungen blieb dennoch erhalten.

Kapitel I: FILMMUSIK – MUSIK IM FILM

1. Reflexionen über „Filmmusik"

Der Ausdruck „Filmmusik" bezeichnet weder musikalische Gattung noch Stil und entzieht sich dem Versuch einer sinnhaltigen Definition. Zurück bleibt die unhandliche Feststellung, daß jede Musik (auch jeder Ton, Klang, jedes Geräusch) zu „Filmmusik" werden kann, wenn sie bewußt und aus dramaturgischen Gründen zu den Bildern eines Films gesetzt wird. Bei den Stummfilmen in der Zeit vor 1927 fehlte der „Filmmusik" meist sogar die bewußte Setzung und dramaturgische Begründung, weil sie vom begleitenden Kinopianisten oft zufällig (aus einer Repertoire Routine oder Tageslaune heraus) zum Film gespielt worden ist. „Filmmusik" oder (zurückhaltender formuliert) „Musik im Film" bedeutet eine funktionale und formale Kategorisierung. Unterschieden wird bisweilen in Filmmusik, die eigens zu einem bestimmten Film komponiert wurde; in Archivmusik als einer quasi auf Vorrat komponierten Filmmusik in stereotypen Formen und Stimmungen (heute existiert Archivmusik auf Tonträgern, früher als Notenexemplar in den Kinotheken der Stummfilmpianisten); in die sogenannte „Nicht-Filmmusik" (eine Begriffsprägung der polnischen Musikwissenschaftlerin Zofia Lissa), worunter alle präexistente Musik – vom Schlager bis zur Beethoven-Sinfonie – subsummiert ist, die irgendwann einmal auch im Film landet. Unterschieden wird ferner anhand der Kategorien Musik „im on" (der Bildton der Szenenmusik, der sichtbar produzierten Musik) und Musik „im off" (der Fremdton, der Musik, die nicht real in der Filmszene begründet sein kann – etwa das Symphonieorchester in der Prärie – und gemeinhin als Filmmusik im engeren Sinne aufgefaßt wird). Diese Unterscheidungen sind aber oft verwirrend: Komponierte Musik, Archivmusik und Nicht-Filmmusik können sowohl „im on" wie „im off" vorkommen; manchmal hat eine kompilierte Musik (aus Archivbeständen zusammengestellte Musik) den Rang einer hochwertigen Komposition, wenn am Schneidetisch eine komplexe Collage daraus hergestellt worden ist.

Mehrere Gründe haben in der Frühzeit des Kinos zur Notwendigkeit einer Musikbegleitung zu den Filmbildern geführt. Da war einer Angst des Kinobesuchers vor dem (durch Stille verstärkten) Dunkel des Saales entgegenzuwirken. Das störende Betriebsgeräusch des Projektors war zu überdecken. Musik vermittelte der geisterhaften Flächigkeit der Leinwand eine reale dritte Dimension. Vor allem aber: Bewegung war schon immer mit akustischen Eindrücken verknüpft und vollzog sich nie in künstlicher Lautlosigkeit; Musik konnte als ganzheitlicher Ersatz für jene atmosphärischen Faktoren verstanden werden, die bei der Übertragung durch Kamera und Mikrofon gleichsam auf der Strecke blieben: Luftdruck, Temperatur, Feuchtigkeit, Raumgefühl, Geruch, Eindruck der lokalen und tageszeitlichen Grundstimmung. Musik im Film – das ist festzuhalten – hatte also sehr früh die Funktion, bildnahe und auf der Ebene der Geräusche der Filmszene ein atmosphärisches Ambiente zu vermitteln und somit den Eindruck realer Lebendigkeit zu schaffen. In der gängigen Praxis der IT-Mischungen, wo zur Erleichterung von fremdsprachigen Synchronbearbeitungen Musik und Geräusche auf einem Band vorgemischt werden, kann die funktionale Gleichheit von Filmmusik und Geräuschwelt als atmosphärische Einheit nacherlebt werden.

Musik im Film ist auch deswegen nie als Fremdkörper empfunden worden, weil der Film selbst – als in der Zeit sich ereignende Kunstform – eine große Affinität zu Musik aufweist. Dabei ist weniger an die Regisseure wie Vicking Eggeling, Hans Richter oder Walter Ruttmann gedacht, die den Film vielfach als eine Art aus optischem Material zusammengefügte Musik begriffen, sondern vielmehr an die Gemeinsamkeiten, die sich beispielsweise in einer gleichen Terminologie äußern: Rhythmus, Kontrapunkt, Periodik, Steigerung, Polyphonie, Pause, Crescendo, Dichte sind in der Musik- wie in der Filmtheorie geläufig. Viele Stilmittel entsprechen sich, wie z.B. die Auf- und Abblende im Film mit der Tonblende in der Musik.

Das Schreiben über Filmmusik ist problematisch, weil hier Musik – reduziert man sie auf rein musikalische Aspekte – nur verkürzt und deshalb zumeist falsch beschrieben werden kann. Ausgehend von der Struktur und vom Klangbild der Filmmusik allein kann nichts über die Stimmigkeit, über die künstlerische Wahrheit und ästhetische Richtigkeit ausgesagt werden. Erst in der Gegenüberstellung bzw. Integration in die Filmsequenz ist eine kleinste beschreibbare Einheit gegeben. Erst in Relation zu den anderen Konstituenten dieser Filmsequenz (wie z.B. Dialog, Geräusche, Farbton, Bildmotive, Bewegungsintensität) definieren sich Qualität und Charakter eines Musikstückes.

Eine Filmmusikpassage ist dann gut, wenn sie innerhalb der Filmsequenz stimmt und zusammen mit allen anderen Konstituenten dieser Sequenz auf den einen Punkt gebracht werden kann, der von der Geschichte bzw. dem Filmganzen an dieser Stelle notwendig ist. Eine kunstvolle Musik mit eigenständiger, in der Struktur nachweisbarer Qualität ist oftmals als Filmmusik ungeeignet, weil sie sich nicht auf jenen Punkt bringen läßt. Oftmals sind konventionelle Kriterien wie eine interessante Melodik, Harmonik oder Rhythmik völlig unwesentlich und für das filmische Funktionieren eher störend: ein elementares musikalisches Bruchstück – unfertig und als wertlos erachtet – kann dagegen große Wirkungen auslösen, wenn es zum Ganzen der Szene stimmt und beispielsweise klanglich adäquat aufbereitet ist (z.B. mit einem potentiell großen Klangkörper, der sich aber domestiziert und schüchtern gibt), formal paßt (z.B. ohne dynamische Entwicklung auf der Stelle tritt) und die Aufmerksamkeit auf eine andere Aussageebene des Films geschickt weiterlenkt (z.B. raffiniert in Geräusche übergeht, die sich aus dem musikalischen Bruchstück heraus zu entwickeln scheinen).

Von der dramaturgischen Raffinesse einfacher Musik berichtet z.B. anschaulich ein Kritiker der Zeitschrift „Film-Ton-Kunst“ 1923:

Ein viertelstündiger Film wurde von dem Orchester eines Berliner Lichtspieltheaters vor kurzem durch nichts anderes begleitet als durch drei einfache Akkorde, die bloß je nach dem Gang der Handlung anschwellten und wieder nachließen, drei einfache Akkorde ein und derselben Tonleiter. Die Zuschauer waren vollauf zufrieden, sie merkten gar nicht, welche musikalische Wassersuppe ihnen eben vorgesetzt wurde, und sie taten, was im Kino eigentlich noch nicht gebräuchlich ist, sie applaudierten der Musik[3].

Solche Erfahrungen müssen auch Igor Strawinsky, der sehr filminteressiert war und Charles Chaplin verehrte, bekannt gewesen sein: *Filmmusik mag gewiß in mancher Beziehung wichtig sein, aber nicht als Musik, und deshalb ist auch die Ansicht, daß bessere Komponisten auch bessere Filmmusik schreiben könnten, nicht unbedingt stichhaltig*[4]. Ein Filmkomponist muß (noch vor der Beherrschung seines Handwerks) den Film und die Handlung verstehen, – sich einfühlen können. Er muß Situationen des Lebens (Angst, Leid, Schmerz, Brutalität, Hoffnung u.a.) zutiefst kennengelernt und erlebt haben, – erst dann läßt sich Filmmusik schreiben. Filmmusik ist ihrem Wesen nach eine unakademische Kunst. Filmmusik ist situative Musik. Das heißt – Filmmusik ist eine Musik, die immer auf menschliche Situationen, Stimmungen, auf sozialen Kontext bezogen ist, und deshalb an uralte Bindungen erinnert, die der europäischen Kunstmusik recht fremd geworden sind: Musik begleitete Geburt, Feste, Arbeit, Trauer, Tod und war identisch mit religiösen und medizinischen Ritualen; Musik konnte nie losgelöst vom praktischen Lebensvollzug existieren. In Filmmusik hat sich heute etwas von diesem Archetypischen der Musik gerettet. Oder moderner formuliert: Filmmusik ist eine Art angewandter Musikpsychologie. Filmkomponist ist der intuitiv begabte Musiker, der zur Charakterisierung von Stimmungen und zur Mitteilung von Unaussprechlichem die richtigen Klänge, Töne und Rhythmen findet und dabei nie den Kontakt zu den Hörenden außer Acht läßt. Insofern ist Filmmusik auch angewandte Musiksoziologie. Sie kann nur funktionieren, wenn hier (meist unbewußt) ein Wissen über den Zusammenhang der Hörer, als vergesellschafteten Einzelwesen, und die Musik selbst zur Anwendung kommt.

Ist Filmmusik eine Kunstform? Ja! Sie ist es in einem jener archetypischen Musik vergleichbaren Sinne, wo Kunst mit Leben noch identisch war und eine Einheit bildete. Daß zum Komponieren von Filmmusik eine spezifische Begabung gehört, beweisen die nicht seltenen Fälle einer mißglückten Filmmusik von anerkannten und im Bereich der autonomen Musik überzeugenden Komponisten. Zum Filmkomponisten ist prädestiniert, wer neben einer ursprünglichen Musikalität ein sicheres Rhythmus- und Formempfinden, ein sicheres Gespür für das Auffinden des Einfachen sich bewahrt hat („Einfachheit“ meint nichts Abwertendes, sondern scheint im Gegenteil der Kern aller großen Kunst zu sein) und dieses mit einem sicheren Integrations- und Einfühlungsvermögen in die Filmgeschichte, in die Bilder, in das Leben zu verbinden weiß. Gerade Filmregisseure geben oft zu erkennen, daß sie an einem Komponisten weniger seine Kunstfertigkeit und kreative Produktivität schätzen, sondern seine Fähigkeit, sich in einen Filmstoff einzufühlen.

Filmmusik ist eine Kunst des Augenblicks. Ihre Aussage muß sich beim erstmaligen Hören erschließen lassen. Anders als z.B. bei einem Kammermusikwerk der

Kunstmusik kann Filmmusik überhaupt nur mit einem einmaligen Hören rechnen, denn sie ist Musik des Lebens. Leben ist immer momentan und unwiederholbar. Eine dramaturgisch stimmige Filmmusik hat daher auch keine Geschichtlichkeit. Während Musikwerke der artifiziellen Musik immer in „Form" (= der übergeordnete Sinnzusammenhang, die Entwicklungszüge, das Vorher und Nachher) und „Ausdruck" (= das momentane Gefühl, die Stimmung, die Jetztzeit) zerlegbar sind, spielt der formale Aspekt bei der Filmmusik kaum eine Rolle. Hierin ist sie z.B. dem Jazz oder afrikanischer Musik verwandt, die gleichfalls „formlos" – da nur dem sinnlichen und körperlichen „Jetzt" verhaftet – sind. Das formale Element (die Dimensionen des Vorher und Nachher) ist in der Filmmusik immer über den Fabelverlauf vermittelt.

Ist Filmmusik eine Kunstform? Selten! Sie ist es nur in dem Maße, wie auch der Film (für sich genommen) dem Kunstanspruch genügt. Definieren wir Kunst als sinnliches Erscheinen von Wahrheit oder als sinnliche Form eines Verstehens von Leben und Umwelt, so wird verständlich, daß nur ein bescheidener Anteil von Filmen (etwa des täglichen Fernsehangebots) solchem Anspruch genügt. Die technisch aufwendige Machart und das Budget vieler Filme darf nicht darüber hinwegtäuschen, daß etwa 70 Prozent aller „Geschichten" mit den Erzählklischees und Schablonisierungen des Groschenromans arbeiten und als billige Unterhaltung (an kommerziellen Gesichtspunkten orientiert) fungieren. Ein Grund dafür liegt weniger in einem persönlichen Verschulden von Filmregisseur und -produzent, als in den Mechanismen der industrialisierten Filmproduktion, die beim Arbeiten mit hohen Geldsummen notgedrungen auf optimale Verwertbarkeit und Ausschaltung möglichst vieler Risiken (was zur Repetition von Erfolgsrezepten führt) achten muß. Ein anderer Grund liegt in der fatalen Orientierung der Filmproduzenten an einem Publikum der 16- bis 30jährigen, die etwa 80 Prozent des Kinopublikums ausmachen. Filme, die sich an der Aufnahmefähigkeit und dem Kunstbedürfnis der 30- bis 60jährigen orientieren, haben keine Marktchancen.

2. Film und Tontechnik

Mehr als jede andere Kunst ist der Film in Ästhetik und Ausdrucksmöglichkeit unmittelbar von technischen Entwicklungen abhängig gewesen. Auch die Filmmusik wird von ihren technischen Bedingungen beeinflußt. So gehört es zu den Nachteilen der Tontechnik im Film, daß in der BRD (etwa im Unterschied zu den USA) bei der Wiedergabe von Filmmusik das Lichttonverfahren und nicht das technisch weitaus bessere (in der Produktion aber umständlicher handzuhabende und daher teurere) Magnettonverfahren üblich ist:

Beim Lichttonverfahren werden die akustischen Signale auf der Lichttonspur des Filmstreifens in Lichtsignale umgewandelt (als Fotogramm), die dann vom Projektor optisch ausgelesen und wieder in elektrische (dem Lautsprecher zugeführte) Impulse rückverwandelt werden. Der Lichtton hat den Vorteil, zusammen mit dem Bild auf den Bildstreifen kopiert zu werden. Er hat den großen Nachteil, daß der Frequenzbereich maximal im Bereich von 100 bis 7.000 - 9.000 Hertz (Schwingungen pro Sekunde) liegt, was für das menschliche Hörvermögen, das durchschnittlich zwischen 20 bis 20.000 Hertz liegt, eine grobe Beeinträchtigung des Klangbildes bedeutet. Das Lichttonverfahren wurde 1919 als Triergon-Verfahren in Deutschland patentiert und ist seitdem vom Prinzip her kaum verändert worden.

Beim Magnettonverfahren, das gegen 1950 entwickelt worden ist und auch die Grundlage des modernen Tonbandes geworden ist, werden die akustischen Signale auf der Magnettonspur, die mit feinstem Eisenoxydpulver beschichtet ist, in magnetischen Strukturen (Phasen unterschiedlich starker Magnetisierung) aufgezeichnet. Die Nachteile des Magnettonverfahrens liegen im komplizierteren Kopiervorgang, da nach dem Kopieren der Filmbilder in einem zweiten Durchgang die Magnetspur bespielt werden muß, sowie in der größeren Empfindlichkeit (die Magnetspur kann durch ein Magnetfeld oder ein Gleich- bzw. Wechselstromfeld jederzeit gelöscht werden). Die Vorteile liegen in dem Frequenzbereich von 20 bis 20.000 (in optimalen Fällen bis 35.000) Hertz, der dem menschlichen Hörbereich adäquat ist. Musiksensible Regisseure wie z.B. Werner Schroeter haben schon in ihren frühen Filmen (etwa in *Bomberpilot,* 1970, 16 mm) mit Magnetton gearbeitet.

Die technische Entwicklung des Films in der BRD wird in den 90er Jahren vor allem eine Verbesserung des Kinotones beinhalten müssen. Diese wird in der generellen Umstellung auf Magnettonverfahren und stereophoner Tonwiedergabe als Norm bestehen. Forciert wird diese Entwicklung durch die radikale Verbesserung des Tones im Bereich von Fernseh- und Videoproduktionen, wo sich das Stereoverfahren und die Einhaltung der HiFi-Normen bereits durchsetzen konnte. Nur wenige Filmtheater sind derzeit schon für Filmkopien mit Magnettonspur gerüstet: solche (meist Stereo- oder Dolby Stereo) 70 mm-Filme stammen in der Regel von der amerikanischen Filmindustrie. Der erste deutsche Film, der mit Dolby Stereo-Ton gedreht und produziert wurde (der auch erstmals von dem für deutschen Film üblichen Format 1:1,66 auf Panavision/Breitleinwand abwich), war *Jede Menge Kohlen* von Adolf Winkelmann (1981), wo eine Filmmusik von der Chris Braun-Band, komponiert von Bernie Adamkewitz, zugrundegelegt wurde. Symptomatisch für das geringe Interesse an einer qualitativ zufriedenstellenden Tontechnik im deutschen Kino scheint mir ein Bericht des Komponisten Lothar Meid: *Ich habe in einem Kino, das Peter F. Bringmanns „Heartbreaker" spielte, wozu von mir eine Musik in Dolby Stereo gemacht wurde, nur einen einzigen Speaker entdeckt. Als ich den Vorführer fragte, wo denn die anderen Lautsprecher sind, stellte sich heraus, daß er die zuhause an seiner Stereoanlage angeschlossen hatte. So läuft in Deutschland „Dolby Stereo"! Solange die Verhältnisse so bleiben, braucht man von „Sound" nicht mehr zu reden, von „Mischung" am besten auch nicht. Man arbeitet halt so, daß die Musik auch in der Pilskneipe irgendwie klingt, wo man nur die vordergründigsten Sachen zu hören braucht.*

Die Filmkomponisten wußten bislang mit dem Lichtton zu leben: sie hoben sowohl bei der Abmischung der Musik im Tonstudio wie bei der Endmischung des Filmes die hohen Frequenzen an, um dadurch noch eine Brillanz des Klanges zu erhalten; man verzichtete im vorneherein auf allzu raffinierte Soundmixturen und räumliche Klangstaffagen, wie sie bei den HiFi-Produktionen für Schallplatte (und nach 1980 zunehmend auch beim Fernsehen) machbar waren.

Kapitel II: DER NEUE DEUTSCHE FILM

1. Wesen – Stil – Geschichte

Mit dem Begriff „Neuer Deutscher Film“ wird heute die Arbeit von selbständigen deutschen Filmemachern bezeichnet, die sich nach 1960 aus einer Abwehrhaltung gegen das restaurative Produzenten- und Ausstattungskino der 50er Jahre zusammengefunden und dann locker organisiert hatten. Zunächst nannte man diese Bewegung auch „Junger Deutscher Film“, seit etwa 1975 (nachdem auch im Ausland anerkennend vom „New German Cinema“ die Rede war) hatte sich die neuere Bezeichnung durchgesetzt.

Auf der Grundlage einer Protesthaltung und eines Selbständigkeitsdenkens wurden Filme geschaffen, die abseits von Klischees und ideologischen Verzerrungen der Realität erfrischend neue Inhalte hatten. Die Filme zeichneten sich durch eine radikale Rückbeziehung auf die Subjektivität des Autors als höchste Instanz aus. Neben öffentlichem Bekenntnis und Selbstanalyse wurden schonungslos gesellschaftliche und persönliche Obsessionen und Antriebe thematisiert. Echtheit und Spontaneität des Ausdrucks sowie eine neue Sinnlichkeit wurden dominant. Verstehbar ist der Neue Deutsche Film nur im Kontext jener international einsetzenden Protestbewegungen und Gegenkulturen der 60er Jahre, die weltweit „Jugend“ als politische Größe durchsetzte, und z.B. auch in der Entwicklung der Rockmusik (mit ihrer sinnlichen Betonung des Körpers und des Ego), in der Entwicklung von Teilkulturen (wie Gammler, Hippies), von außerparlamentarischen Oppositionen, Studentenbewegungen, sexueller Befreiungsbewegung faßbar wurde.

Punktuell greifbar wurde die Bewegung des Neuen Deutschen Films erstmals durch das *Oberhausener Manifest*, das am 28. Februar 1962 von 26 Filmemachern unterzeichnet und proklamiert worden ist. In der Hauptsache waren dies Kurzfilm- und Dokumentarfilmregisseure aus München, von denen sich einige bereits 1959 in einer DOC 59 benannten Gruppe zusammengefunden hatten; – man findet in der Oberhausener Gruppe Namen wie Christian Doermer, Rob Houwer, Ferdinand Khittl, Alexander Kluge, Hansjürgen Pohland, Edgar Reitz, Peter Schamoni, Detten Schleiermacher, Haro Senft, Herbert Vesely und viele andere. Die Kernsätze ihrer Erklärung: *Wir erklären unseren Anspruch, den neuen deutschen Spielfilm zu schaffen. Dieser neue Film braucht neue Freiheiten. Freiheit von den branchenüblichen Konventionen. Freiheit von der Beeinflussung durch kommerzielle Partner. Freiheit von der Bevormundung durch Interessengruppen. Wir haben von der Produktion des neuen deutschen Films konkrete geistige, formale und wirtschaftliche Vorstellungen. Wir sind gemeinsam bereit, wirtschaftliche Risiken zu tragen. Der alte Film ist tot. Wir glauben an den neuen.*

Die erstrebte Freiheit wurde – inspiriert vom englischen *free cinema* und besonders von der französischen *nouvelle vague* – im Konzept des Autorenfilms gefunden: Drehbuchautor, Regisseur, Produzent (oft auch Cutter) sind in der einen Person des Filmemachers, des Filmautors vertreten. In Selbständigkeit schien sich der Autor für seine neue Filmsprache (z.B. für harte Montage, eliptische Erzählweise, experimentelle Bild-Ton-Zuordnung), für neue Inhalte (jenseits vom Dogma der oberflächlichen Unterhaltsamkeit von Filmen) und gesellschaftspolitisches Engagement entscheiden zu können. Neue Stoffe wurden kinofähig: der sozialkritische Heimatfilm ohne ‚Heile Welt'-Beschönigung, der Arbeiterfilm, der Film über Außenseiter (Homosexuelle, Zwerge, Blinde, Gastarbeiter, Kriminelle). Bei der Gestaltung konventioneller Stoffe und bei der Umsetzung der (fast modisch werdenden) literarischen Vorlagen (bevorzugt waren Autoren wie Böll, Fontane, Handke, Kafka, Kleist, Mann oder Musil) wurde wegweisend gezeigt, wie man das Moment der Unterhaltung durchaus mit gesellschaftskritischen bzw. den Menschen in seiner Tiefendimension betreffenden Aspekten verbinden konnte.

Kurzfilm, Dokumentarfilm und Spielfilm waren dem Filmautor gleichermaßen wichtig und oft nur schwer voneinander abzugrenzen. Der Kurzfilm wurde als wichtiges Experimentierfeld für den Film erkannt, wo oft in Teamwork Sprachmöglichkeiten erprobt wurden, die dann in größere Projekte eingebracht werden konnten. Durch den „Mut zum Privaten" und die betont subjektive Handschrift der Autoren näherten sich Dokumentarfilm und Spielfilm an und führten zu einer neuen Form des realistischen Films. Alexander Kluge: *Im menschlichen Kopf sind Tatsachen und Wünsche immer ungetrennt. Der Wunsch ist gewissermaßen die Form, in der die Tatsachen aufgenommen werden. (Erst in den Massenmedien, der Verwaltung für menschliche Wünsche und Tatsachen, entstehen getrennte Überbauten für das Bedürfnis nach Tatsachen und den Ausdruck der Wünsche: Hauptabteilung Fernsehspiel und Film, Abteilung Dokumentation)*[5].

Die 60er Jahre zeichnen sich in der Geschichte des Neuen Deutschen Films u.a. durch die Einrichtung einer Reihe von Institutionen aus. Noch im Oktober 1962 wurde in Ulm das „Institut für Filmgestaltung" gegründet, 1964 das „Kuratorium Junger Deutscher Film e.V." als gemeinsame Filmförderungsmaßnahme der Bundesländer, 1966 die „Arbeitsgemeinschaft Neuer Deutscher Spielfilmproduzenten e.V.", 1967 die Filmförderungsanstalt (FFA) als bundesunmittelbare rechtsfähige Anstalt; Filmhochschulen in Berlin und München wurden 1966 bzw. 1967 eröffnet. Die Entwicklung des Neuen Deutschen Films läßt sich an den einzelnen Generationen nachzeichnen: Die Oberhausener Generation setzte nur mühsam Akzente. Erst 1966 konnte als Jahr des Durchbruchs gefeiert werden und bot Filme wie *Es* von Ulrich Schamoni, *Schonzeit für Füchse* von Peter Schamoni, *Der junge Törless* von Volker Schlöndorff, *Abschied von gestern* von Alexander Kluge. Bis 1970 etablierten sich eine große Zahl namhafter Filmemacher, – Rainer Werner Fassbinder, Klaus Lemke, Werner Herzog, Werner Schroeter, Hans Jürgen Syberberg, Michael Verhoeven, Wim Wenders, denen gleich nach 1970 wohlklingende Namen wie Herbert Achternbusch, Robert van Ackeren, Hans W. Geissendörfer, Peter Lilienthal oder Margarethe von Trotta folgten.

1976 hieß die Titelstory der amerikanischen „Newsweek" *The German Film Boom,* was aufs deutlichste den Gang der Entwicklung charakterisiert. International renommierte Filme wie Volker Schlöndorffs *Blechtrommel* (1979) und Rainer Werner Fassbinders *Die Ehe der Maria Braun* (1978) markieren Höhepunkte der Entwicklung.

Die Geschichte des Neuen Deutschen Films ist (auf einen wichtigen Nenner gebracht) die Geschichte eines wirtschaftlichen Wachstums, – ein Aspekt, der auch für die Geschichte der Musik im Neuen Deutschen Film maßgebend war. Hatte noch 1962 die Oberhausener Gruppe erklärt, für eine Million Deutsche Mark fünf abendfüllende Spielfilme herstellen zu können, so kostete ein Spielfilm Ende der 70er Jahre im Durchschnitt schon 1,5 Millionen Deutsche Mark. Mit steigendem wirtschaftlichen Risiko stiegen aber die künstlerische Nivellierung (durch Festhalten an erfolgreichen Formen filmischen Gestaltens), die Anpassung an die Richtlinien und den mutmaßlichen Geschmack der geldverheißenden Rundfunkredakteure und Filmförderungsstellen, die vorschnelle Orientierung am Modegeschmack einer möglichst großen Zuschauerzahl, die Ausrichtung an den marktbeherrschenden amerikanischen Großproduktionen. Fazit: der deutsche Film begann sein unbestreitbares Profil wieder zu verlieren. Das *Jahrbuch Film 1981/82* stellte lakonisch fest: *Bundesdeutsche Filme: das sind Filme, die momentan in der Bundesrepublik hergestellt werden und in die Kinos der Bundesrepublik Deutschland gebracht werden. Filme, die nur noch unter ihresgleichen als besondere auffallen.* Die Entwicklung des Neuen Deutschen Films verlief in auffallender Parallelität zur Entwicklung der Rockmusik. Die ursprüngliche Vitalität und subversive Kraft, der Mut zum Neuen und zur kompromisslosen Äußerung dessen, was den Sänger / Komponist / Texter (auch hier findet man eine dem Filmautor vergleichbare Personalunion als alleinige subjektive Instanz) bewegt, – all das ging verloren und wurde überdeckt von den Marktstrategien der entscheidungsgewaltigen Plattenproduzenten, von Konkurrenzkämpfen und ständigen technischen Innovationen, die nur zu einer ästhetizistischen Hochglanzpolitur der Rockmusik (im Sinne der Steigerung ihrer Werbewirksamkeit im Konkurrenzkampf), nicht aber zur Vertiefung von mitteilbaren Inhalten führte. Gruppen, denen eine wirklich persönliche Aussage gelingt, werden schnellstens in das Produktionssystem integriert und nivelliert. Die Kurzlebigkeit bildet die Grundlage des Funktionierens von Marketingmechanismen. Wirkliche Chancen, noch rauhes Profil zu zeigen, besitzen nur die wenigen von der Plattenindustrie geförderten Trendsetter und – vor allem – die kleinen, regionalen, finanziell unabhängigen Gruppen, wie sie etwa in der Punk-Musik (dem letzten Ausreißversuch von Rockmusikern aus einer industrialisierten Kulturszene) zu finden waren. Auf dem Gebiet des Films entsprechen der widerspenstigen Punkmusik die Low Budget-Produktionen etwa von Herbert Achternbusch, Frank Ripploh (*Taxi zum Klo,* 1980) oder der „kleine dreckige Film" bei Lothar Lambert (*Fucking City,* 1982).

Unter den Filmemachern, die sich unter großem persönlichen Verzicht den Kommerzialisierungstendenzen zu widersetzen wußten und in dem Dickicht von Produktions-, Verleih- und Finanzierungsmöglichkeiten immer wieder Freiräume fanden, noch eigenständig und dennoch öffentlichkeitswirksam ihre eigenen Vorstellungen von Film und Kunst zu verwirklichen, sind an erster Stelle die filmschaffenden Frauen zu nennen; – Namen wie Doris Dörrie, Ingemo Engström, Heidi Genée, Dagmar Hirtz, Ulrike Ottinger, Helma Sanders-Brahms, Helke Sander, Margarethe von Trotta oder Ula Stöckl. In ihren Filmen bleibt ein spürbarer Hauch jener Widerstandshaltung der frühen Jahre des Neuen Deutschen Films, jenes Insistieren auf eigener Handschrift und dem Mitteilen von Problemlösungsversuchen, welche die eigene Person in ihrem Kern betreffen. Weniger als bei den männlichen Kollegen wird der Weg zu opulenten Großproduktionen beschritten. *Bei der Kohlschen Wendeeuphorie, wo jetzt als Primäres an Arbeitsplätze und Aufschwung gedacht wird, sind die Regisseure schlimmen Einflüssen ausgesetzt: sie wollen Filme machen, die vor allem finanziellen Erfolg bringen, – man will in die Branche, ins Geschäft kommen. Die Frauen sind da schon ein bißchen cleverer. Sofort nach dem höher gehängten Brotkorb zu greifen und sich neben Herrn Spielberg stellen zu wollen ist etwas Albernes, – das haben die Frauen gespürt. In ihren Filmen gehen sie auf ihre eigenen Schwierigkeiten ein und vermarkten sie auf geschickte Weise, ohne daß sie ihre Freiheit des Filmemachens aufgeben müssen* (– ein Kommentar des Filmemachers Hans-Christof Stenzel).

2. *Entwicklung der Filmmusik*

Die interessantesten Soundtracks der Neuen Deutschen Filmregisseure finden sich in ihren Kurzfilmen, – deren Untersuchung im hier gesteckten Rahmen ausgeklammert ist. Etwas von der Experimentierfreude und Risikobereitschaft dieser Musiken und Geräuschcollagen ist aber durchaus in den abendfüllenden Filmen der ‚ersten Generation' zu finden. Man denke an Bernhard Wickis Brücke (1959) mit der vornehmlich aus Geräuschen und verfremdeten Tönen bestehenden Musik von Hans-Martin Majewski, an Herbert Veselys *Das Brot der frühen Jahre* (1962) mit Attila Zollers Jazzmusik, an Volker Schlöndorffs *Törless* (1966) mit den neuartigen Klängen von Hans Werner Henze, an Alexander Kluges Musikmontagen in *Abschied von gestern* (1966) oder an die ethnologischen Geräusch- und Tonkulissen in Ferdinand Khittls *Parallelstraße* (1962). Das waren „Filmmusiken", wie man sie im deutschen Kino bislang noch nie gehört hatte. Die Neuartigkeit lag dabei nicht nur in der Musik an sich, sondern in ihrer Verbindung mit ungewohnten Filmstoffen, die mit vielen Tabus einer öffentlichen Kunst gebrochen hatten. Neu für den Musiker war damals der gesellschaftliche Impetus, der von den Werken ausging. *Die Musik und die Filme, die wir damals machten, hatten einen gesellschaftlichen Sinn. Nicht künstlerische Interessen waren maßgebend, sondern die Kunst als ein Mittel zum Zweck*, so formuliert der Komponist Hans Loeper, selbst einer der Unterzeichner des Oberhausener Manifests, das neue Schaffensgefühl.

Die ‚zweite Generation' im Neuen Deutschen Film mit Regisseuren wie Klaus Lemke oder George Moorse opponierte bereits offen gegen die „Väter-Filme" der Oberhausener. Man integrierte die neue Popmusik, die in jener Anfangszeit noch einen befreienden Gestus an sich hatte, in die Filme, die deshalb bei einem breiten (auch nichtstudentischen) Publikum auf große Resonanz stießen. Typisch hierfür sind von Klaus Lemke, die Filme *48 Stunden bis Acapulco* (1967), mit Filmmusik von Roland Kovac, und *Negresco**** – Eine tödliche Affäre* (1968), mit Filmmusik von Klaus Doldinger. Die Fronthaltung gegen die erste „Oberhausener Generation" beruht nicht wenig auf einer Ablehnung der (experimentierfreudigen) Musik der ersten Jahre. Klaus Lemke: *Die Musik in den Jungfilmen ist ja noch schlimmer als in den Altfilmen, das ist ja wie Musik in den schlechten Nachtbars. Wie schön dagegen die Musik in den Winnetou-Filmen!*". Blickt man heute auf die 60er Jahre zurück, so muß man das Verfahren von Klaus Lemke und anderen – nämliche die ungehemmte Öffnung für Tagesmode und momentanen Musikgeschmack – mit großer Skepsis betrachten: Musikalische Moden altern sehr schnell, was einem Film nur wenig dienlich ist. Lemkes Filme befinden sich zu uns heute in weit größerer Distanz als beispielsweise Wickis *Brücke* oder Khittls *Parallelstraße*, die noch von bestürzender Aktualität, ohne die Patina des ältlich Abgestandenen sind. Die Fetischisierung des Neuen, Aktuellen, Modischen und des Technischen ist – weil damit auf vorschnelle Weise eine sinnvolle Richtung angegeben scheint – ein Charakteristikum vieler Filmmusiken der 70er und 80er Jahre. Die Zeit wird hier harte Urteile zu fällen haben.

Andere problematische Entwicklungen für die Filmmusik erfolgten durch

1. das neu sich ausbreitende Ausstattungsdenken bei Filmproduktionen,
2. die Überbewertung des Drehbuchs bei der Filmkonzeption,
3. die zunehmende Beeinflußung durch die Redaktionen der Fernsehanstalten,
4. die technischen Innovationen im Studiobereich und im Bereich des Komponierens.

Zu 1. Das Ausstattungs- oder Zutatendenken begann in dem Maße für den Neuen Deutschen Film wieder relevant zu werden, wie die Produktionskosten eines Films in die Millionenwerte stiegen. Aus dem Filmemacher wurde der Filmproduzent, der um den Rücklauf seiner Unkosten bemüht war und zur Risikominderung das Einfachste tat: er ließ den Film für sich selbst werben, indem er – an niedere, aber zuverlässige Instinkte des Publikums sich wendend – sich groß, prächtig und teuer gibt. Die musikalischen Konsequenzen: das Orchester wird zur Routineausstattung bei jeder Großproduktion. Musik hat sich in ihrem Klanggewand aufzuplustern wie ein Pfau. Von jedem noch so kleinen Instrumentarium (Hallgeräte und Synthesizer machen das schon!) wird eine Klangfülle verlangt, die nicht selten dramaturgisch unangemessen ist und schwache Figuren eines Films erschlagen kann. Die bewußte Entscheidung für eine kammermusikalische Besetzung findet man immer seltener. Ich denke aber in schöner Erinnerung an die sensiblen Besetzungen in Filmen von Margarethe von Trotta (*Schwestern*, 1979, und *Heller Wahn*, 1983) oder an Maria Knillis *Lieber Karl* (1985). Dem Ausstattungsdenken ist es zu verdanken, daß in Wolfgang Petersens *Unendliche*

Geschichte (1984) vom amerikanischen Co-Produzenten die stimmige Einleitungsmusik von Klaus Doldinger entfernt und durch einen völlig unpassenden Titelsong von Giorgio Moroder ersetzt werden mußte, der vom Tages-Star Limahl gesungen wurde.

Zu 2. Je teurer die Filmproduktionen wurden, desto ausschließlicher war der Filmemacher auf eine Filmförderung oder eine Co-Produktion mit einer Fernsehanstalt angewiesen. Die Entscheidungen von Fördergremien oder Fernsehredakteuren wurden aber nur auf der Grundlage eines schriftlich eingereichten Drehbuches getroffen. Film wurde unfilmisch, weil wortlastig. Die Fixierung auf eine verbalisierbare Botschaft wurde zum Dogma. Das ursprüngliche Vermögen des Films, sich fotografisch-sinnlich mit der physischen Realität direkt und ohne Umwege auseinanderzusetzen wurde einfach vergessen – zugunsten obskurer Bedeutungs- und Erzählkonstruktionen. Was diese Entwicklung für die Musik im Film bedeutet, sagt der Filmemacher Haro Senft: *Wenn es eine negative Entwicklung im Neuen Deutschen Film gab, dann die, daß mehr und mehr in Konfektionskategorien gedacht wird. Eine entscheidende Fehlentwicklung kam durch die unsinnige Orientierung an Drehbüchern als literarischen Vorlagen. Kein Gremium entscheidet bei einer Projektförderung über das Drehbuch hinaus! Vielleicht spielt der Name des Regisseurs oder eines Darstellers eine Rolle (nur im Sinne einer Marktgarantie, selten als Qualitätsgarantie) ... Da schleicht sich dann die Gefahr ein, daß Faktoren eines Kunstwerks, die früher Hauptbestandteile waren, immer mehr zu Nebenerscheinungen werden: wer kümmert sich heute bei Entscheidungen über ein Filmprojekt um Komponist oder musikalische Vorstellungen? Das ist nur noch Beiwerk für die Entscheider. Wesentlich ist für sie der Text im Drehbuch (meistens nur die rechte Seite), ob der Dialog einen spannenden Verlauf verspricht.*

Zu 3. Viele Redakteure beim Fernsehen sind eingefleischte Cineasten und alles andere als Feinde des Films. Sie unterstützen bisweilen gewagte und wirklich riskante Projekte; ich denke an die Unterstützung des Zyklus *Heimat* von Edgar Reitz durch den Redakteur Joachim von Mengershausen vom SFB. Nur: aufs Ganze gesehen bleibt das Fernsehen ein wortbetontes Medium, wo täglich in Massen produziert wird und eine originale Filmkomposition samt Einspielung nur ungern kalkuliert wird. Wozu gibt es schließlich den Pauschalvertrag mit der GEMA, der den Griff zum Tonträger so einfach macht? Für Musikproduktionen sind die Tonstudios der Fernsehanstalten oft nur im Nebenhinein gerüstet. Dafür gibt es eine Filmmusikabteilung, wo nicht etwa Komponisten, sondern Archivare (im Fernsehstudio Freimann des Bayerischen Rundfunk sind es vier) Schallplatten und Tonbänder für alle Fälle bereithalten.

Zu 4. Die technischen Innovationen auf dem Gebiet der Musikelektronik sind Segen und Fluch zugleich. Synthesizer, Sampler, Drumcomputer, Midirack, digitale Mehrspurcomputer (Geräte, die an anderer Stelle des Buches zu beschreiben sind) sind Musikinstrumente, die zur Gestaltung von Klangabläufen eingesetzt werden können, von denen man vor wenigen Jahren noch nicht einmal zu träumen wagte.

Das Unglück liegt nun darin, daß diese Wunderinstrumente mißbraucht werden. Meistens in Heimarbeit, denn die Geräte sind sehr preiswert geworden. Übersehen wird, daß es hier Vollblutmusiker höchsten Grades braucht, wenn – über die zahlreichen technischen Zwischenschaltungen hinweg – eine wirklich lebendige und von einem Subjekt kündende Musik gemacht werden soll. Die Folge der Schnellproduktionen ist eine grauenhafte Uniformität des Klangs: Überall die bekannten Klänge der Presets und der marktgängigen Drumcomputer. Dazu eine grauenhafte Perfektion: Keine Ecken und Kanten. Alles auf die Hundertstel Sekunde im Takt und immer fein gestimmt. Eine Heile Welt, in der sich jeder Problemfilm als Sakrileg ausnehmen muß.

Dazu kommt die seit etwa 1980 weitgehend verbreitete Methode des Komponierens zum heimischen Videorecorder: in ständiger Synchronität bleibt die Musik an vordergründigen Bildbewegungen hängen und erinnert an das Mickey Mousing der alten Kintoppianisten. Solcherart an das Bild gefesselte Musik vermag einem Film nur schwer eine Tiefendimension zu geben.

***

Soweit die Skizzierung der Entwicklung von Musik im deutschen Film der Jahre 1960 bis 1985. Sie ist zugegebenermaßen düster ausgefallen. Doch dieser Eindruck trügt. Im weiteren Teil des Buches wird vornehmlich von jenen Filmmusikkonzepten die Rede sein, die durch Qualität und dramaturgische Richtigkeit angenehm aufgefallen sind.

3. Musikfilme

Der Neue Deutsche Film hat einige ausgesprochene Musikfilme hervorgebracht: auf dem Sektor der klassischen Musik sowie auf dem Sektor der Rockmusik.

Filme über klassische Musik

- Klaus Kirschner (Regie und Buch): *Mozart – Aufzeichnungen einer Jugend* (1976). Ein fast vierstündiger dokumentarischer Spielfilm, dem originale Brief- und Tagebuchquellen Wolfgang Amadeus Mozarts zugrundeliegen.
- Klaus Kirschner (Regie und Buch): *H-Moll Messe* (1978). Von Helmuth Rilling wird Johann Sebastian Bachs h-Moll Messe in einer Kathedrale aufgeführt, wobei ein kleines Mädchen dem für sie seltsamen Tun interessiert zusieht.
- Peter Schamoni (Buch und Regie): *Frühlingssinfonie* (1983). Die Lebensgeschichte von Robert Schumann und Clara Wieck bis zu ihrem Hochzeitsjahr erzählt. Der Film besticht vor allem durch die gründlichen Recherchen, wodurch Dialoge und Spielhandlung nahezu authentischen Charakter haben. Von der Faszination und abseitigen Genialität der Schumannschen Musik blitzt im Film hingegen nur wenig auf.

- Jean-Marie Straub (Regie; Buch zusammen mit Danièle Huillet): *Chronik der Anna Magdalena Bach* (1967). Ein kompromißloser Musikfilm, der zugunsten der Bachschen Musik – von ihr war Straub über Jahre hinweg fasziniert – auf alle sonst filmüblichen Verfahren verzichtet. An keiner Stelle hat Straub die Bachsche Musik als Filmmusik benutzt: sooft sie erklingt (von Gustav Leonhardt, dem Concentus Musicus Wien unter Leitung von Nikolaus Harnoncourt, sowie von der Schola Cantorum Basiliensis unter Leitung von August Wenzinger u.a. gespielt), wird die Zeit des Films zur Zeit der Musik, während der eine Kameraeinstellung nicht verändert wird. Rudolf Hohlweg: *Straub hat, wie noch kein anderer, die Beziehung zwischen Film und Musik radikalisiert. Manchmal entsteht der Eindruck, er wolle die Leute im Kino nur zum Abhören von Musik versammeln und die Augen allenfalls notdürftig beschäftigen (oder: sie mit Bildern nicht von der Musik ablenken). Der Regisseur Bernardo Bertolucci hat gesagt: „Schaut euch Straubs Tonband über Bach an!" Er meint die CHRONIK DER ANNA MAGDALENA BACH, jene erstaunliche Mischung aus Konzertfilm, Filmkonzert, biographischem Film, Kostümfilm, love story, Dokumentarfilm, geschichtlicher Rekonstruktion, Melodram, eine Mischung, die von allem etwas hat und nichts von alledem ist*[6].
- Jean-Marie Straub (Buch und Regie): *Einleitung zu Arnold Schoenbergs Begleitmusik zu einer Lichtspielscene* (1972). Der erste Teil enthält eine Montage mit Briefen und Texten von Arnold Schoenberg, Bert Brecht und Jean-Maria Straub; der zweite Teil spielt die Musik zu, ohne daß ein Orchester im Bild gezeigt wird.
- Jean-Marie Straub / Daniele Huillet (Buch und Regie): *Moses und Aron.* Oper in drei Akten von Arnold Schoenberg (1975). Diese Opernverfilmung hat inzwischen legendären Ruf, da noch selten ein musikdramatisches Werk so respektvoll (und doch zu jedem Zeitpunkt die Spannung und die politische Brisanz des Originals wahrend) gefilmt worden ist. Der dritte Akt, wozu keine Musik vorliegt, ist nur gesprochen. Der Film wurde in einer Arena nahe Avezzano (Italien) gedreht. Sänger und Sprecher mußten vor Kamera und Mikrophon in Freiluftakustik wie bei einer Live-Aufführung singen bzw. sprechen. Über Playback wurde lediglich der Orchesterpart (Orchester des Österreichischen Rundfunks, Leitung: Michael Gielen) zugespielt. Ein Verfahren, das von den Playbacks der gängigen Opernverfilmungen vor historischen Kulissen sich durch einen erstaunlichen Mut zur Spannung einer Live-Aufführung abhebt.
- Hans Jürgen Syberberg (Regie und Buch): *Parsifal* (1982). Eine filmische Umsetzung mit herausragender Qualität der musikalischen Gestaltung und einer dominanten Edith Clever als Kundry. Ein Film, der sich bedingungslos einem romantischen Totalitätsanspruch hingibt und durch den Schauder, den der Zuschauer/Zuhörer dadurch versetzt bekommt, eine Art von neuer Distanz erzeugt. Auch beim mehrfachen Anschauen dieses Vier-Stunden-Spektakels hat der Verfasser – wie beim Anhören eines komplizierten Kammermusikwerkes – immer noch neue Motive und Assoziationspfade entdecken können.

Filme über Rockmusik

- Wolfgang Büld (Buch und Regie): *Gib Gas – ich will Spaß* (1982), Musik: Nena, Markus, Extrabreit, Morgenrot. Wie beim Schlagerfilm in Opas Kino, so ist es auch hier müßig zu streiten, ob die Handlung die Hitnummern tragen soll oder ob die Musikstücke zur Verdeutlichung des simplen Handlungsstranges da sind.

- Christel Buschmann (Buch und Regie): *Comeback* (1981), Musik: Eric Burdon, der auch Hauptdarsteller in dieser ziemlich aufgesetzten Geschichte ist. Die Unglaubwürdigkeit der Geschichte nimmt den musikalischen Auftritten Eric Burdons, die zweifellos die Höhepunkte dieses Films sind, ihre Authentizität.

- Roald Koller (Buch und Regie): *Johnny West* (1977), Musik: Winfred Lovett, „The Manhattans", „Missus Beastly", „The Platters". Eine Geschichte vom Traum, eine Karriere als Rockmusiker zu machen. Die Intensität von Rockmusik und die Intensität des Traumes sind sich gleich, – was die Grundlage gab, daß hier ein Musikfilm entstand, der etwas von der Atmosphäre seines Sujets zu vermitteln weiß.

- Peter Fratzscher (Buch und Regie): *Asphaltnacht* (1980), Musik: Lothar Meid (Filmmusik) und Titel von Ian Hunter, Debbie Neon, MC 5, Tom Winter. Die Geschichte eines Rockfans der 68er-Generation und eines jugendlichen Punkers, die sich über den glaubhaft musikalisch vermittelten Protest gegen ihre Lebensbedingungen zusammenfinden. Musik ist hier nicht bloße Staffage.

- Hansjürgen Pohland (Buch und Regie): *Tobby* (1961), Musik: Manfred Burzlaff. Die Geschichte von einem Jazzer, der sich einem kommerziellen Schlager-Job sperrt und lieber bei seiner Jazzmusik bleibt. Einer der ersten Gehversuche des Neuen Deutschen Films; der erste abendfüllende Spielfilm für das Scheitern dieses Filmes lag auch in der mangelnden darstellerischen Begabung des Jazzmusikers Tobias „Tobby" Fiechelcher.

- Jochen Richter (Regie; Buch: Eckhart Schmidt): *Am Ufer der Dämmerung* (1982), Musik: Michael Landau; Extrabreit. Ein Film, der nur noch im Grenzbereich als Rockmusikfilm benannt werden kann. Als bloße Filmgeschichte ist die Handlung vom langsamen öffentlichen Sterben zu kitschig und durch das Übermaß an Musik zu melodramatisch. Sieht man jedoch den Film als Studie über die Mentalität des New Wave-Milieus (Michael Landaus Vertonungen der Eichendorff-Texte im Stil der Neuen Deutschen Welle laden gerne dazu ein), so wird der Film durchaus stimmig und die Musikeinsätze scheinen angebracht.

Kapitel III: DER AUTORENFILM UND DIE KONSEQUENZEN

Bei den Produktionen der vielzitierten „Filmindustrie" (die es eigentlich in der BRD, wo selbst bei Millionenprojekten noch auf den Stufen von Handwerk oder allenfalls Manufaktur gearbeitet wird, gar nicht gibt) resultieren Form, Inhalt, gesellschaftliche Aussage und Ästhetik aus einem Konglomerat von Interessen und Zielsetzungen. Diese sind für den einzelnen Mitarbeiter kaum zu entwirren. Am spürbarsten ist die Orientierung an Marktchancen, Konkurrenz- oder Vorgängerprodukten, am quantitativ meßbaren Erfolg anhand von Einspielsummen oder Einschaltquoten, an irgendwelchen unausgesprochenen – der Mode ähnlichen – Forderungen des Tages. Regisseur, Kameramann, Tonmeister, alle – bis hin zum Produktionsfahrer und Komponisten, fragen kaum nach dem Sinn des Ganzen, sondern verstecken sich in der Regel hinter ihrer Funktionstüchtigkeit: die momentane Qualität des Funktionierens ist die Forderung der Stunde.

Beim Prinzip des Autorenfilms wird hingegen der „Autor" zur sinnstiftenden Instanz, in der für alle sichtbar die Fäden zusammenlaufen. Edgar Reitz: *In den 60er Jahren waren wir gemeinsam der Ansicht, das Autorenkino sei das, was dem deutschen Film nottut, und darunter haben wir verstanden, daß Schreiben, Drehen, Schneiden eine Einheit ist, ein kreativer Prozeß, der so sehr an eine Figur, eine Schöpferfigur gebunden ist, wie wenn Maler Bilder malen oder Dichter Romane schreiben. Was bis dahin herrschte, war eben diese Zutatengesinnung: man kaufte sich verschiedene Erfolgsfaktoren zusammen, und da war der Regisseur genauso eine Zutat*[7]. Der Autor garantiert die geistige Einheit des Films. Er ist eine Art Filter, durch den alle Anregungen und Interessen durchzugehen haben. Zu warnen ist dabei vor dem Mißverständnis, wenn mit „Autor" der Schreiber des Drehbuches gemeint wird: Autor ist der „Macher" des Films, der koordiniert und der für alle inhaltlichen, formalen, gesellschaftspolitischen und ästhetischen Fragen, die mit einem Film zusammenhängen, allein verantwortlich ist. Der Filmautor ist die subjektive Kraft, die in den Film erkennbar einzugehen hat und dadurch den Kontakt zum Rezipienten vermittelt. Alexander Kluge: *Der Film ist nicht einfach eine objektive Ware wie ein Auto. Sein Gebrauchswert beruht wie bei jeder Phantasieware darauf, daß ich mich einbeziehe und dies deutlich mache, weil dann auch der Zuschauer sich stärker einbeziehen kann. Die Einbringung der subjektiven Seite ist das Prinzip des Autorenfilms. In den 20er Jahren sind ganze Ketten amerikanischer und deutscher Filme Autorenfilme, Murnau und Lang und Hitchcock sind selbstverständlich Autorenfilmer, obwohl sie für Produzenten arbeiteten. Es muß ja nicht eine reine Darstellung des Autorenfilms geben*[8].

Auch heute sind viele der großen Filme von Coppola, Kubrick oder Fellini zu den Autorenfilmen zu zählen. Je größer allerdings ein Filmprojekt wird, um so schwerer wird es für den Autor, sein Subjekt in den Film einzubringen. Je größer die Zahl der Mitarbeiter, um so mehr greift man leichtfertig zu Vor-Gedachtem, zu Vorfabriziertem, um sich mitteilen zu können oder um sicher zu sein, daß man auch etwas Passendes bekommt. Beispielsweise gibt es Stimmen (wie die Wilhelm Roths), die sich beschweren, daß von der Handschrift Volker Schlöndorffs in seiner *Blechtrommel* nichts mehr, allenfalls noch in seinen Tagebuchaufzeichnungen zur *Blechtrommel* zu finden sei.

Halten wir also fest: Der Filmautor ist die subjektive Instanz, vor der sich alle Faktoren des Films – auch die Filmmusik – zu bewähren haben. Von ihnen wird ihrerseits wieder subjektive Kraft verlangt, um der Instanz (die ihre Entscheidungen in einem egozentrischen Sinne kaum begründen kann) gerecht zu werden. Die Gefahr des Dilettantismus im Autorenfilm ist daher groß. Doch steht der Filmemacher vor einem Dilemma: gleich neben dem Abgleiten ins dilettantisch Selbstgemachte – was auf dem Bereich der Musik nicht selten ist – liegt die Gefahr des allzu Glatten und Perfekten, wenn etwas an den eifrigen Experten delegiert wird.

1. Film und Realität

Film zeigt nie eine objektive Realität. Bereits das bloße Abfilmen ist eine durch Motivwahl, Ausschnitt, Kameraposition und Lichtsetzung subjektiv interpretierte Realität. Am Schneidetisch kommt dann – Raum, Zeit und inhaltliche Aspekte mühelos überwindend – eine vollends neue Strukturbildung von Wirklichkeit zustande. Instanz für die Interpretation von Realität durch den Film ist der Filmautor, der seinerseits sein Kunstwerk als ein Zeichensystem auffaßt, das erst vom Zuschauer – der es mit Assoziationen durchsetzt, was einen wichtigen Teil des ästhetischen Vollzugs ausmacht – im Sinne eines offenen Kunstwerks eine endgültige Konkretion erhält. Rainer Werner Fassbinder: *Der Realismus, den ich meine und den ich will, das ist der, der im Kopf der Zuschauer passiert, und nicht der, der da auf der Leinwand ist, der interessiert mich überhaupt nicht, den haben die Leute ja jeden Tag*[9].

Musik spielt beim Zustandekommen solcher Realität eine große Rolle. Neben der zur Erkenntnis neuer Zusammenhänge provozierenden Montagetechnik ist sie es vor allem, die im Kopf des Filmbetrachters die Rezeption der Bilder lenkt und Träume, Erinnerungen und Wünsche evoziert. Warum Fassbinder in seinen Filmen der Musik einen so wichtigen Platz einräumt, wird aus seiner zitierten Feststellung sehr klar.

Wer Filme macht, d.h. öffentliche Interpretationen von Wirklichkeit betreibt, trägt eine große Verantwortung. Von der Art, wie Realität bewältigt wird, hängt zudem ab, in welchem Ausmaß ein Film zum Kunstwerk wird: Macht er dem Menschen auf nonverbale sinnliche Weise seine Zugehörigkeit zur Welt erfahrbar, oder bleibt er ideologisches Machwerk, das seine Betrachter vom Ahnen tieferer Zusammenhänge ablenkt und vorgefertigte Wahrnehmungsschemata – aus welchen Gründen auch immer – bereit hält. Kunst ist umso freier, je weniger sie an Stereotypen und standardisierte Ausdrucksmodelle gebunden ist. Klischees sind grundsätzlich suspekt: Sie führen zur automatischen Selbstreproduktion etablierter Verhältnisse und sind zumeist Indiz für das Vorhandensein objektiver Machtinteressen. Schwierig ist es dabei, solch Vor-Geprägtes und Vor-Gedachtes zu erkennen. Oftmals – das gilt für den Filmregisseur wie für den Komponisten – werden Einfälle und ästhetische Lösungsversuche (vor allem wenn sie nach dem vielbeschworenen „aus dem Gefühl heraus" gefunden wurden) für eigenständig und aus innerer Überzeugung kommend erachtet, – und erweisen sich aus Distanz betrachtet als Wiederkäuen anerzogener bzw. aufoktroyierter Muster. *Wenn es mich überwältigt, etwas zu tun, dann frage ich mich, was „es" denn überhaupt ist. Und dann merke ich, daß es die hunderttausend Klischees sind, die mir Tante Amalie und ihre Geschwister seit meiner Kindheit eingepumpt haben. Ich bin in solchen Punkten seit einigen Jahren mit einer riesengroßen Skepsis erfüllt. Ich kann das alles nicht mehr ertragen: diese Selbstverständlichkeit des Dazugehörens, des Nicht-Dazugehörens, dieses Stimmung machen!*, – soweit der O-Ton des Komponisten Franz Hummel, der seit Jahren aus genau diesen Gründen keine Filmmusiken mehr schreibt.

Es ist auffallend, daß in vielen Neuen Deutschen Filmen die Bilder bei weitem ehrlicher und weniger den Stereotypen verpflichtet sind als die Musik, die von bisweilen furchterregender Belanglosigkeit ist. Erstaunlich, wie so manche Filmproduktion mit sensiblen Bildern, Dialogen und Geräuschen (die glaubhaft aus dem Filmautor kommen und etwas von der Wahrheit seiner subjektiven Bewältigung mitteilen) durch eine Allerwelts-Filmmusik zum Gemeinplatz wird. Mag sein, daß diese Feststellung allzu sehr in meiner Empfindlichkeit gründet. Es mag aber ebenso sein, daß Filmautoren auf musikalischem Gebiet weit weniger differenziert unterscheiden und auswählen als auf dem Gebiet etwa der Kameraführung, Inszenierung oder Ausstattung. Sie hätten deshalb – um nicht dem oben beschriebenen Dilettantismus zu verfallen – einen musikalischen Berater nötig, ... oder zumindest einen Musiker, der offen gegen einen allzu flachen Geschmack opponiert. Nur: Musiker (die typischerweise Orchesterspiel als „Dienst" bezeichnen) hatten schon immer ein Lakaienverhalten und spielten ohne Murren in Kirche, Tanzsaal und beim Fürstenbankett auf. Zu Widersprechen und mit Nachdruck auf eigenen Wünschen zu Insistieren, gehört nicht zu ihren Tugenden (nicht umsonst war keine andere Gruppe von Künstlern so leicht zu verbeamten und zu bürokratisieren!).

Filmmusik contra Nicht-Filmmusik

Im Prinzip des Autorenfilms, das die Einbringung der subjektiven Seite des Filmemachers fordert, liegt es grundsätzlich beschlossen, daß vielen Filmen keine komponierte (und leicht auf Klischees und musikalische Abfallbrocken zurückgreifende) Musik zugrundegelegt wird, sondern „Nicht-Filmmusik". Dies ist präexistente Musik, die den Filmautor oft mit ganz persönlichen Erinnerungen belastet, die er mit Inhalten verbindet, die für ihn psychologische oder gesellschaftliche Realität sind. Die Montage solcher Musiken im Film ist der Montage dokumentarischen Bildmaterials vergleichbar. Hier wie dort werden Teile kultureller Wirklichkeit zu einer neuen – vom Filmemacher interpretierten – Wirklichkeit zusammengesetzt. Nicht-Filmmusik wird von einigen Regisseuren nahezu konstant eingesetzt: bei Alexander Kluge, Jean-Marie Straub und Herbert Achternbusch ist eine komponierte Filmmusik üblichen Zuschnitts bislang kaum vorstellbar. Bei Werner Schroeter, Hans Jürgen Syberberg, z. T. auch bei Fassbinder, ist die Montage aus Musikstücken aller Genres nicht weniger stiltypisch. Viele Filmregisseure greifen zur Hervorhebung wichtiger Stimmungen auf einzelne Musikstücke zurück, die innerhalb des Films dann neben die original komponierte Musik treten, was oft zu schönen Kontrastwirkungen führt.

Nicht-Filmmusik wird nahezu immer vom Regisseur ausgewählt. (Selbst wenn er ansonsten eng mit einem Komponisten zusammenarbeitet wie z.B. Rainer Werner Fassbinder mit Peer Raben oder Werner Herzog mit Florian Fricke.) Dabei tritt der eigene affektive Bezug zu dieser Musik oft vor filmimmanente Erwägungen wie z.B. die stilistische oder künstlerische Brauchbarkeit. Alexander Kluge über die Musik zu seinem Film *Abschied von gestern* (1966): *Ich muß Ihnen ganz ehrlich sagen, ich mag diese Musik selber gerne. Und da können Sie mir 20-mal sagen, daß das kitschig ist, ich bin in dieser Vergangenheit groß geworden. Wenn ich in der Küche war, dann war diese Musik da, wenn da gekocht wurde und so weiter. Das ist einfach eine bestimmte Stimmung der 30er Jahre und der 40er Jahre, die einen Kontrast bildet zu den grauenhaften Dingen, die gleichzeitig geschahen. Und ich finde, daß man so etwas nicht einfach vergessen kann, sondern daß man das hineinnehmen muß in unsere Gegenwart*[10].

Im Gegensatz zu solchen musikdramaturgischen Konzepten, deren Stimmigkeit in der Affinität des Filmautors zu der von ihm verwendeten Musik begründet ist, gibt es auch die Praxis, Nicht-Filmmusik als strategischen Trick einzusetzen: auf den musik-psychologischen Mechanismus vertrauend, daß bekannte Musik vom Hörer stärkere emotionale Zuwendung erhält, daß das mit dem Hören einer bekannten Musik verknüpfte semantische Feld (die Stimmung) weit unbefangener und schneller auf Filmbilder übertragen wird, versucht mancher Film via Musik den Filmbetrachter in die Filmbilder hineinzuziehen oder eine unglaubhafte Inszenierung glaubhaft zu machen. Dieses Verfahren, von dem auch die Werbemusik in Werbespots profitiert, ist vor allem bei Fernsehproduktionen (im Dokumentarfilmbereich noch mehr als im Spielfilmbereich) nahezu Routine. Dazu ein trockener Kommentar des Komponisten Friedrich Meyer: *Heute wird beim Fernsehen zu allem einfach eine Schallplatte aufgelegt. Entsetzlich: Jeder Furz wird mit Strawinskys „Sacre du printemps" unterlegt. Daß das die Polizei nicht verbietet, verstehe ich nicht!*

Zwischen Kunst und Unterhaltung

Sich zu unterhalten, zu entspannen, absichtlos etwas zu tun, ist ein menschliches Grundbedürfnis – dem Spieltrieb der Kinder verwandt. Unterhaltung vollzog sich in einem zweckfreien Raum, in dem Leben und Kunst ungeschieden waren. Ästhetisches Tun und Genießen hatte hier ebenso Platz wie das lustvolle Sich-Bewegen und Nichtstun. Das Anwachsen der Widersprüche bei der Weiterentwicklung der bürgerlichen Gesellschaft führte jedoch sehr schnell zu einer Okkupation dieses Freiraums durch eine Bewußtseins- bzw. Kulturindustrie. Das Bedürfnis nach Unterhaltung wurde zum Zweck der ideologischen Disziplizierung mißbraucht. Unterhaltung wurde zum bisweilen offen den Verwertungsinteressen des Kapitals unterstellten funktionellen Raum, in welchem möglichst effizient die Reproduktion der Arbeitskraft und die Vermittlung der für die Integration in den Produktionsprozeß notwendigen moralischen und weltanschaulichen Ideen sich zu vollziehen hatten. Ein Zu-sich-selbst-kommen des Individuums wurde tabuisiert und durch Ablenkungsmechanismen (wie z.B. das Etablieren ständiger Geschäftigkeit) schon im Keim verhindert. Wirkliche Bedürfnisse und Wünsche wurden über den Umweg von Verdrängungen und Projektionen nur noch scheinbar befriedigt und mit Unterhaltungsmythen umgeben. Kunst, die auf wirkliche Bedürfnisse des Menschen eingehen wollte, hatte es immer schwerer, hinter den mythischen Ritualen dem Individuum seine Bedürfnisstrukturen bewußt zu machen. Kunst wurde zunehmend ins Ghetto der Intellektualität und Exklusivität gedrängt.

Film und Filmmusik haben sich in dem Spannungsfeld von Kunst und schablonisierter Unterhaltung zu definieren. Es bleibt die Wahl zwischen einer mehr oder weniger ausgeprägten Anpassung (die sich linear im Grad der Übernahme von Ausdrucks- und Wahrnehmungsstereotypen äußert) und dem Rückzug auf die Position kompromißloser Kunst, die in der Öffentlichkeit kaum Resonanz hat: Jahrzehnte kulturindustrieller Anpassung haben Bedürfnisse kanalisiert und den Blick auf deren Ursprünge verschleiert. Der Künstler, der noch auf gesellschaftliche Wirksamkeit hofft, hat das indoktrinierte Bewußtsein des Publikums als Ausgangspunkt zu nehmen. In einem Kunstwerk eine Realität vorzuführen, die auf die wirklichen Zusammenhänge verweist, wird dabei zu einem Kraft- und Balanceakt ohnesgleichen. Einer, der diese Gratwanderung zwischen Kunst und Unterhaltung immer wieder gewagt hat, war Rainer Werner Fassbinder: *Fassbinder läßt sich also auf das falsche Bewußtsein seines Publikums ein. Denn das richtige besteht nicht außerhalb des falschen, wie die Kunst nicht irgendwo außerhalb des Kitsches zu suchen wäre. Die Kunst ist der Sonderfall, nicht der Kitsch, der als Ausdruck falschen Bewußtseins in der falschen Welt das Normale ist. Kitsch ist nicht Pervertierung von Kunst, sondern Kunst ist Aufhebung von Kitsch. Insofern enthält der Kitsch die Kunst wie die Lüge die Wahrheit. Es gilt, sie herauszuholen. Die Wahrheit ist eine Arbeit*[11].

Jeder Film führt dem Zuschauer eine Realität vor, – auch in den märchenhaftesten Geschichten. Der Filmautor hat sich dabei jedesmal die Frage zu stellen, ob diese Realität auf die verschütteten Bedürfnisse des Menschen eingeht und ihm Zusammenhänge erkennen hilft (Fassbinder: *Filme befreien den Kopf*), oder ob ein weiteres Mal verkürzte Handlungs- und Wahrnehmungsschemata angeboten werden, die nicht dem eigenen Erfahrungsbereich entspringen und Anpassungstechniken ästhetisch vermitteln. Grundsätzlich hat sich der Filmemacher bei jedem Film zu vergegenwärtigen (dasselbe gilt auch für den Filmkomponisten), daß sein ästhetisches Tun ein eminent politisches ist. Friedrich Knilli: *Daß die Unterhaltung für die deutsche Fernsehfamilie viel mehr mit harter Politik zu tun hat als mit ‚trautem Heim', daß Familienserien ... und Unterhaltungssendungen die ‚heile Welt' verkünden, zum Konsum erziehen, daß amerikanische Krimis ... die Idee fix in die Welt setzen, daß Fremde immer böse, gemein und hinterhältig sind, gleichgültig ob es sich um Marxisten, Mexikaner, Indianer oder sonstige Eindringlinge handelt (Neger und Juden sind im Augenblick ausgenommen), daß nur die Leute zuhause, die Einheimischen Vertrauen verdienen und gute Menschen sind; daß Westernserien ... das Publikum mit reaktionär bis faschistoiden Vaterfiguren indoktrinieren; daß sich unpolitische Unterhaltung also zusammensetzt zu politischen Leitbildern und Handlungsschemata in den Köpfen von Vater, Mutter und Kind: das alles ist bekannt, den Soziologen, Pädagogen, Psychologen, Medienforschern und Marxisten. Das alles kann nachgelesen werden. Das alles ist nachgewiesen. Nur die Unterhaltungsproduzenten in den öffentlich-rechtlichen Anstalten, die Librettisten, Regisseure, Showmaster, Filmeinkäufer und Programmchefs scheinen nichts davon zu wissen, auch nicht die Programmbeiräte, die bei jedem ‚linken' Programmschlenker gleich zum Telefonhörer greifen. Sie alle scheinen noch immer der Meinung zu sein, ob aus Naivität oder Zynismus sei dahingestellt, daß Politik nur in den Ressorts für Politik und Zeitgeschehen gemacht wird, daß sie, die Unterhaltungsproduzenten, nichts anderes zu tun haben, als das Publikum so gut wie möglich zu unterhalten, zu zerstreuen, von der Wirklichkeit abzulenken*[12].

Wenn es darum ging, menschliche Wahrnehmung zu kanalisieren oder eventuell vorhandene rationale Einsichten (die womöglich düstere Bedenken auslösen) wegzuwischen, dann war Musik schon immer ein probates Mittel. Auch im Film. Sehr bezeichnend heißt es z.B. im Schreiben der Filmbewertungsstelle Wiesbaden (FBW) vom 21.12.1962, worin die Begründung des Prädikats „wertvoll" für die Karl May-Verfilmung *Der Schatz im Silbersee* mitgeteilt wird (Musik: Martin Böttcher): *„Die Musik ist geradezu entwaffnend mit ihrer schwellenden Fülle, so daß sie den letzten Widerstand gegen die Unwahrscheinlichkeit der Aktion überfährt".*

Das Moment des „Überfahrens" ist als Charakteristikum festzuhalten! Hören kann zum Terror werden, weil sich das Ohr nicht schließen läßt. Im alten China galt die Hinrichtung durch ständige Beschallung als grausamste Todesart, die Schwerverbrechern zugedacht war! Die außerordentliche Wirkung von Musik auf den Menschen liegt außerdem in dem medizinisch nachweisbaren Sachverhalt, daß – abgesehen von der Schmerzwahrnehmung – kein menschlicher Sinn so starken emotionalen Anteil hat wie das auditive System. Musik ist die ideale Verführerin. Besonders fatal ist, daß eine bekannte oder zumindest scheinbar bekannte Musik eine noch weitaus größere Verführerin ist. Das Klischee, der Schein des Schon-mal-Gehörten lädt zur Identifikation mit dem Vorgeführten ein. Man hält das bekannte, das registrierbare Gefühl für das eigene. Die Wahrnehmung wird possesiv: fremdartige, eventuell mit Argwohn betrachtete Bilder und Realitäten werden plötzlich angenehm und widerstandslos angeeignet.

Musikdramaturgie ist also eine verantwortungsvolle Sache, worüber sich nur wenige Filmkomponisten klar sind. Jürgen Knieper: *Die Manipulation der Gefühle im Film muß ich vertreten können. Andererseits kann sie natürlich sehr gefährlich sein, weil die Leute durch ein Medium in einen Gefühlszustand versetzt werden, aus dem sie die einzelnen Dinge sehen sollen. Bei Propagandafilmen wurde das natürlich ganz stark ausgenutzt, indem man die Leute in einen Gefühlszustand versetzt hat, aus dem heraus sie ganz absichtlich eine Sache positiv oder negativ sehen mußten, sozusagen wie durch einen Filter, Als Komponist habe ich eine gewisse Verantwortung für den Gefühlshaushalt eines Films*[13].

Musik überall: im Restaurant, im Flugzeug, im Supermarkt, am Arbeitsplatz, in den Informationssendungen des Fernsehens, in der S-Bahn (wo neben mir mit laut tickendem Drumcomputer sich der Kopfhörer des Walkman-hörenden Nachbarn störend bemerkbar macht), im Konzertsaal, in der Oper ... Überall! Musik in unserer Kultur ist einer Inflation unterworfen, die sie von Tag zu Tag wertloser macht. Sie fängt an, den freiheitsliebenden Menschen zu stören! Nicht des Lärmes wegen, wie einst bei Wilhelm Busch. Wegen der Penetranz mit der (wie von einer unsichtbaren Kommandozentrale systematisch gelenkt) überall, wo es zu verführen, zu verdummen, abzulenken gilt, diese Beschallung einsetzt. Traurige Zeiten: Der Musiker, wenn er Musik noch liebt, muß schweigen. Am besten er fängt an, Musik zu hassen. Musik, die wie Kaugummi und Coca Cola in alle Ecken der Welt kriecht, alles einwickelt: den Morgen, den Abend, die Freizeit, die Arbeit. Stille. Lange Stille. Um sich dann und wann wieder einmal an die Musik erinnern zu können ... Aber nur erinnern!

2. Zur Authentizität von Filmmusik

Beim *Kunstwerk im Zeitalter seiner technischen Reproduzierbarkeit* (Walter Benjamin) ist mit der Kategorie der Authentizität *am Gegenstande der Kunst ein empfindlichster Kern berührt, den so verletztbar kein natürlicher hat. Das ist seine Echtheit. Die Echtheit einer Sache ist der Inbegriff alles vom Ursprung her an ihr Tradierbaren, von ihrer materiellen Dauer bis zu ihrer geschichtlichen Zeugenschaft*[14]. Authentizität, Echtheit, Wahrhaftigkeit oder Glaubwürdigkeit – diese Begriffe seien synonym nebeneinandergestellt – sind im Neuen Deutschen Film in der Figur des Autors zentriert. Seine Subjektivität, die er als Interpret von Realität erkennbar in den Film einzubringen hat, muß jene „Aura" ersetzen, die bei der technischen Reproduktion als Verlust des „Hier und Jetzt" von Kunst abhandengekommen ist.

Filmmusik muß im Autorenfilm im selben Maße authentisch, echt, wahrhaftig und glaubwürdig sein. Sattsam bekannte Klischees und musikalische Sprachanwendungen verstellen den Blick auf die Einmaligkeit und Richtigkeit der Bilder, die der Regisseur glaubwürdig fotografiert und in Zusammenhänge gebracht hat. Musik im Film muß ihre unbedingte Zugehörigkeit zur visuellen Ebene, ihre dramaturgische Notwendigkeit, ihre Unverwechselbarkeit und Einmaligkeit, ihre Verwurzelung im Wollen des Filmautors nachweisen. Resultiert die Glaubhaftigkeit einer Filmmusik aus der subjektiven Präsenz von Komponist oder Interpret, so muß deren Identifikation mit den Intentionen des Filmautors (oder die Identifikation des Filmautors mit Komponist bzw. Interpret) spürbar sein. Im Filmwerk eine wirklich authentische Aussage zu machen, bedeutet für Regisseur wie für Komponist immer eine subjektive Anstrengung. Typisch für das Streben nach Authentizität ist das Suchen nach Direktheit und Spontaneität des Ausdrucks jenseits der Konfektionierung durch angeblich „professionelle" Standards: In der Bildebene ist dies häufiger zu finden als in der Musik, wo die Uniformität des glatten Studioklangs vorherrschend ist. Gemeint ist mit „Direktheit" nicht nur die wackelnde Handkamera in frühen Filmen Herbert Achternbuschs, sondern etwa auch das Verfahren bei Werner Herzog, die Schauspieler ihre Dialoge nicht vorlernen lassen *(das klingt auf einmal nach Papier)*, die Identität von Fassbinders Schauspielern mit den Filmfiguren (die oft denselben Namen tragen), das Nicht-Professionelle als Weg künstlerischen Ausdrucks etwa bei Werner Schroeter: *„Mit einer Mitchell 35 mm Breitwandkamera in das letzte Scheißklo reinzusteigen, und da von den Darstellern, die nicht wissen, was überhaupt Kino ist oder ein Fernsehen, die perfektesten Dialoge improvisieren lassen, mit der raffiniertesten Lichtwirkung, ein Glück, was sonst nur Frau Ava Gardner oder Frau Taylor angedeiht... also da sieht man dann, daß die Leute viel toller sind... Ich find, die sind definitiv viel tollere Stars*[15].

Das Gegenstück zu einer authentischen Filmmusik ist sicherlich die industrialisierte Musikproduktion, wie sie z.B. um 1940 in der Musikabteilung amerikanischer Filmfirmen (die wie Fabriken organisiert waren) üblich war. Der amerikanische Komponist und Schönberg-Schüler David Raksin schildert eine Herstellungsmethode, die mit dem Prinzip des Autorenfilms kaum vereinbar ist: *Am Montag früh sahen sich die Komponisten zusammen mit dem Leiter der Musikabteilung und dem Tonmeister im Kino der Musikabteilung den zu vertonenden Film an. Der Diskussion über Art und Umfang der zu verwendenden Musik folgte die Aufgabenverteilung. Der Tonmeister verteilte einzelne Rollen des Films. Jedes Detail des Films, die verschiedenen Kameraeinstellungen, alle Dialoge wurden nun in Sekunden und Bruchteilen von Sekunden zerlegt und aufgeschrieben, dann genau festgelegt, welche Art von Musik zu welcher Szene geschrieben werden muß. Getrennt arbeiteten die Komponisten ihre Vorschläge aus.*

Nach dem Mittagessen kamen sie wieder zusammen, verglichen ihre Themen, trafen eine endgültige Auswahl und gingen dann – jeder mit seinen zugeteilten Filmrollen – an die eigentliche Kompositionsarbeit. Meist war die Gesamtmusik dann nach 3 Tagen fertig.

Nun mußte aber der Erfinder der Melodien, Themen und Motive nicht gleich der sein, von dem die endgültige Musik stammt. Kaum jemals schrieb ein Komponist eine vollständige Partitur. Die Orchestrierung der abgegebenen Klavierskizzen übernahmen professionelle Arrangeure der Musikabteilungen. Diese änderten, ergänzten, kürzten die Kompositionen nach ihren Empfindungen oder technischen Notwendigkeiten[16].

Identifikation des Komponisten mit dem Film

Eine Voraussetzung für die Authentizität von Filmmusik ist die Identifikation des Komponisten mit dem Film, seinen emotionalen und gesellschaftlichen Implikationen und dem Wollen des Filmautors. Dem eigentlichen Komponieren gehen deshalb – wenn Regisseur und Komponist nicht sowieso befreundet sind und die ganze Planungsphase miteinander im Gedankenaustausch waren – lange Diskussionen und Gespräche (nicht nur am Schneidetisch) voraus. Fragwürdig sind z.B. Kompositionen, die der Komponist unter seinem Pseudonym abliefert, weil er sich mit einem Filmprojekt in der Öffentlichkeit nicht identifiziert sehen will (Pseudonyme werden von einer Reihe bundesdeutscher Komponisten benutzt; bei den GEMA-Abrechnungen können Komponisten ein Pseudonym kostenfrei verwenden). Im Idealfall steht der Komponist ohne Einschränkung zu den Musiken, die er für einen Film abgeliefert hat; so z.B. Irmin Schmidt von der Gruppe „Can": *Es gibt in keiner einzigen Filmmusik von mir auch nur einen Ton, von dem ich mich distanziere. Sonst würde ich auch nicht meine Schallplatten, die im wesentlichen eine Art Werkbericht über Stilistik und Entwicklung meiner Filmmusiken sind, herausbringen. Es gibt nichts, was ich gemacht habe und worüber ich mich jetzt schäme!* – Zu achten hat der Komponist allerdings, wenn er sich ganz in ein Filmprojekt eingibt, ob der eigene Stil und die persönlichen Vorstellungen des künstlerischen Ausdrucks gewahrt bleiben. Die Glaubwürdigkeit seiner Musik geht verloren, wenn sie nur noch im Filmprojekt, aber nicht mehr in seiner Person wurzelt. Sensible Komponisten, denen die Authentizität des Filmprojekts wichtiger ist als der kommerzielle Aspekt ihrer Tätigkeit, spüren hier ihre Grenzen und ihre Verantwortung, wie z.B. Helge Schneider: *Werner Nekes und ich sind sehr verschieden, haben auch völlig verschiedene Geschmäcker. Für mich ist es schwierig, mit ihm zu arbeiten, da ich zum Beispiel Zeit meines Lebens Jazzmusiker bin und swingende Musik liebe... Werner mag keine Swingmusik. Wenn ich mit ihm arbeite (ich werde „Johnny Flash" noch zuende bringen) habe ich ständig das Gefühl, ich wäre jemand anderer. Ich gehe sehr gerne auf ihn ein, aber ich krame in meiner hinterletzten Phantasieecke nach Musik, die ich sonst nie machen würde. Es ist alles sehr verkrampft.*

Identifikation des Komponisten mit einem Film kann sich verschieden äußern und auf unterschiedlichsten Grundlagen beruhen.

1. Eine der wichtigsten Formen der Identifikation ist die wortlose Begeisterung und Zustimmung zu einem Filmstoff, die nicht weiter begründet oder verbalisiert werden muß; sie äußert sich oft in der Intensität von Mitarbeit und des musikalischen Ausdrucks (man gibt „soul" als anteilnehmende Lebendigkeit in den Film).

2. Identifikation kann auch durch Präsenz des Komponisten in allen Phasen der Filmherstellung, durch ein ,Mitschwingen' bei der Produktion erfolgen. Der Vorteil des Dabeiseins überwiegt bei weitem den eventuellen Nachteil einer geringeren „Qualifikation" des Komponisten (die Bezeichnung „Qualifikation" entspringt in solcher Auffassung sowieso einem musikfremden, dem Leistungs- und Professionalitätsprinzip entsprungenen Denken). Vgl. hierzu Claus Deubel: *Meine Filmmusiken verfertige ich ausschließlich für Filme, die ich auch als Kameramann gedreht habe... Da meine Qualifikation als Komponist meinen eigenen Ansprüchen nicht genügt und mein Arbeits- und Interessengebiet die Kamera ist, wurde das Filmmusikmachen für mich zur Ausnahme.*

3. Identifikation des Komponisten mit dem Film kann über gemeinsame politische oder gesellschaftspolitische Orientierung erfolgen; zu erwähnen ist z.B. Andi Brauer, der duch seine Arbeit mit der Theater- und Politrockgruppe *Lokomotive Kreuzberg* sich in einem Sinne ausgewiesen hat, der ihn als Filmkomponist zu Helga Reidemeisters *Mit starrem Blick aufs Geld* (1974) glaubwürdig macht. Gleiches gilt auch für die Zusammenarbeit der Komponisten Heiner Goebbels und Rolf Riehm (beide vom Frankfurter *Sogenannten Linksradikalen Blasorchester* herkommend) mit Regisseuren wie Peter Krieg oder Helke Sander.

4. Hilfreich beim Schaffen einer authentischen Filmmusik sind ferner persönliche Beziehungen und eigene Erfahrungen, die den Komponisten mit einem Filmstoff verbinden. Zu denken ist hier z.B. an Hans Werner Henze, der das Milieu von Schlöndorffs *Törless* (1966) aus seiner eigenen Jugend hautnah erlebt hat: *Hinter dem Rücken des Nazi-Vorstehers hatte das Internat sich zu einem großartigen Knabenpuff entwickelt, Freudenhäuser waren auch die anderen Gebäude dieses Provinz-Konservatoriums... Die schlugen dort jedem ins Gesicht, der ihnen aufsässig erschien. Ein Junge war so zusammengeschlagen worden, daß er ohnmächtig blutend auf dem Boden lag – es war verboten, aus der Reihe zu treten und ihm beizustehen*[17]. Persönliche Bezüge hatte z.B. auch der Komponist Charles Kalman zum Stoff von Wolf Gremms *Nach Mitternacht* (1981): *Mein Vater, Emmerich Kalman, war Jude und zwei Jahre später, 1938, hat sich dasselbe in Österreich abgespielt. Dies alles hat sich bei dieser Filmarbeit nach oben gekehrt, denn was da in „Nach Mitternacht" geschieht, ist noch wesentlich schlimmer in Wien geschehen.*

Zur Glaubwürdigkeit und Echtheit einer Filmmusik gehört auch ihre Einmaligkeit, Unwiederholbarkeit. Musik, die zu einem unverwechselbaren und in seinem subjektiven Profil einmaligen Film gemacht wird, darf an keine schon bestehende Musik erinnern. Bei manchen Komponisten, deren Werkverzeichnis oft Hunderte von Filmmusiken aufführt, ist in Bezug auf die Authentizität der Filmmusiken sicherheitshalber ein gewisser Verdacht zu hegen. Es erfordert eine riesenhafte Anstrengung, Phantasie und Kreativität, bei großer Zahl von Kompositionen immer von Neuem Unverwechselbares und Innerstes zu geben. Routine ist der Feind authentischer Filmmusik. Auch in der Kunstmusik gab es schon das

Gefälle etwa zwischen einem Carl Czerny, dessen Opus-Zahlen weit über tausend reichen und einem Anton Webern, der sich in nur 31 Werken mitteilte. Ohne eine Wertung zu geben, seien einige Komponisten angeführt, deren Anzahl komponierter Filmmusiken deutlich über den Durchschnitt herausragt:

Martin Böttcher	Er schrieb Musiken zu 60 Spielfilmen, über 100 Fernsehproduktionen, 50 Industrie- und Werbefilme.
Klaus Doldinger	Er schrieb etwa 80 Spiel- und Fernsehfilme, insgesamt 500 Musiken für Film und Fernsehen, seine Zahl von Kompositionen gibt er mit 2000 an.
Frank Duval	Er schrieb die Musik zu 62 Folgen von *Derrick* und 42 Folgen *Der Alte,* sowie zu vielen anderen Fernsehserien.
Bert Grund	Seine Statistik zum 65. Geburtstag verzeichnete 170 Spielfilme und über 1000 Fernsehproduktionen.
Hans-Martin Majewski	Er schrieb etwa 220 Spielfilm- und 150 Fernsehfilmmusiken, dazu 100 Hörspiele und 80 Bühnenmusiken.
Eugen Thomass	Er schrieb die Musik zu etwa 100 Filmen und 300 Fernsehproduktionen, außerdem viele Bühnenmusiken.
Peter Thomas	Er schrieb nach eigenen Angaben *über 550 Fernseh- und Filmmusiken.*
Rolf Wilhelm	Er komponierte etwa 60 Filmmusiken, über 300 Musiken zu Fernsehfilmen, 200 Hörspielmusiken und 300 Werbefilmmusiken.

Formen authentischer Filmmusik

Während die Identifikation des Komponisten mit der filmischen Aussage in der Musik meist nicht vordergründig handgreifbar ist und meist nur intuitiv erfühlt wird, gibt es in einigen Fällen Indizien, welche eine Filmmusik als authentisch ausweisen. Dazu gehört z.B. die Integration der Musik mit der Geräuschkulisse des Films zu einer übergeordneten Einheit (etwa in den meisten Filmmusiken Heiner Goebbels oder in Hans-Martin Majewskis Musik zu Wickis *Brücke*), was der Klangkulisse meist ein unverwechselbares Gepräge gibt. Ferner gehört dazu das Verfahren, Filmmusik „im on" spielen zu lassen, wodurch eine Musik stark an die Szene gebunden werden kann; z.B. in Percy Adlons *Die Schaukel* (1983), wo Wagners Vorspiel zur Oper *Tristan und Isolde* real auf dem Klavier gespielt wird, was die Musik zum unmittelbaren Ausdruck des Spielers macht.

Authentisch wirkt eine Filmmusik auch dann, wenn das Klangbild der Filmmusik fast dokumentarischen Charakter hat, quasi „aus dem Leben" (der Filmszene, des Regisseurs, des Komponisten u.a.) gegriffen ist. Vor allem bei Filmen, die sich direkt mit realer Wirklichkeit an realen Schauplätzen außerhalb des Filmstudios auseinandersetzen (womöglich sozialkritisch in einem von Verfall, Armut, Kriminalität oder alten Leuten gezeichneten Milieu), kann eine Filmmusik mit der konfektionierten Hochglanzpolitur eines modernen Tonstudios sehr leicht deplaziert wirken. Beispielsweise berichtet der Komponist Friedrich Meyer von der Entstehung der Musik zu Schlöndorffs *Nur zum Spaß – nur zum Spiel. Kaleidoskop Valeska Gert* (1977): *Wir haben teilweise auch die Musik am Drehort in Kampen aufgenommen, an einem schäbigen Klavier. Später, das wollte Volker Schlöndorff, kamen ein paar müde Musiker dazu: dieser Marsch mußte müde sein, – und er klang fürchterlich. Aber es war richtig und von großer Wirkung. Das meiden die meisten deutschen Regisseure, aber Schlöndorff kann das! Er sagte auch über meine Musik zur „Maiwiese", diesem Walzer zur Nazi-Großveranstaltung in der „Blechtrommel", nachdem der Film fertig war: Heute, wenn ich das so höre, hätte ich das schäbiger gewollt, – es klingt ja viel zu gut gespielt!*

Mancher Komponist, der auf dem Feld der autonomen Musik aussagestark komponieren kann, ist deshalb für die Belange der Filmmusik ungeeignet. Ebenso manche Interpreten, obwohl sie Konzertsaal-Reife besitzen. Die Rauhheit des Nicht-Professionellen ist manchen Filmen angemessener und verlangt einen eigenen Komponisten Typus. So wendet z. B. der Komponist Piet Klocke auf sich den Begriff des *genialen Dilettanten* der Punk-Ära an: *Ich würde mich, wenn überhaupt, in dieser Kategorie geborgen fühlen, – eher als in jeder anderen, weil sie ursprünglich, rein, pur-kreativ, gefühlsbetont klingt (siehe: „Junge Wilde"). Ich bin ein Naiver, Autodidakt eigentlich und obschon durch Notenlehre „belastet", habe ich viele Musiken, ob Tonträger- oder Filmmusikveröffentlichungen, ohne eine einzige aufgelistete Note hergestellt.*

„Kaputte" Interpretationen, verstimmte Klaviere oder „beschädigte Klänge" – für sich genommen ohne besonderen musikalischen Wert – können im Zusammenhang des Filmes außerordentliche Wirkungen erzeugen. Die Filme von Herbert Achternbusch oder Alexander Kluge enthalten dafür viele Belege. Auch bei Verwendung von Nicht-Filmmusik sind Tonmanipulationen hin zum „Lebendigen" möglich, – eine verbreitete Technik ist z.B. das Verwenden alter, von Kratzern zerstörter Schallplatten, die über den musikalischen Gehalt hinaus sofort eine spezifische Atmosphäre im Bild verbreiten. Verwiesen sei (neben mehreren Beispielen aus Filmen Alexander Kluges) z.B. auf *Regentropfen* (1981) von Michael Hoffmann und Harry Raymon, wo der Titelschlager *Regentropfen, die an dein Fenster klopfen* solcherart rauscht und knistert, daß man förmlich einen Regenguß zu hören meint.

Das Finden authentischer Klänge, die nicht schon aus anderen Zusammenhängen bekannt sind und als Vor-Gedachtes (fast wie die Stereotypen herkömmlicher Filmmusik) die Phantasie des Hörers kanalisieren, ist immer mit einem Suchen verbunden. Allerdings helfen bisweilen Zufall oder plötzliche Eingebung, neues (noch kaum definiertes) Klangmaterial zu finden, das den Filmbetrachter dann zu freiem Assoziieren anzuregen vermag. Dazu drei Beispiele:

1. Eric Rohmer, einer der den Neuen Deutschen Film beeinflussenden französischen Autorenfilmer, hatte bis zum Schluß seiner Arbeiten an dem Film „Sammlerin“ noch keine Titelmusik. Er beklagte sich bei Barbet Schroeder, seinem Produzenten: *Da habe ich einen Topf genommen und draufgeklopft, und er hat gleichzeitig auf eine Kupferwanne geschlagen, die an der Wand hing. Wir nahmen das auf Tonband auf und verwendeten es als Titelmusik*[18].

2. Franz-Josef Spieker hatte fünf Tage vor dem Mischtermin seines Filmes *Wilder Reiter GmbH* (1967) immer noch keine Lösung gefunden, wie das für die Musik- und Tonkulisse wichtige „Schreien“ herzustellen war. *Niemand konnte überzeugend Schreien! Weder der Schauspieler Herbert Fux noch dessen Synchronsprecher. Als ich meine Stimme anbot, meinte Spieker: Sie sind Jazzer. Sie schreien zu gut, zu rhythmisch. Ich will aber den Eindruck erwecken, daß es ein Dilettant ist. Wir kamen dann auf die Idee, daß er mir über Kopfhörer Gospelplatten zuspielte, zu denen ich schrie, was wiederum strohtrocken aufgenommen wurde. Am Schneidetisch legten wir dann in Schnipseln diese Klänge (ohne Jazzphrasierung) an die schon bestehende Musik an,* – soweit der Bericht von Erich Ferstl, der u.a. dafür 1967 das Filmband in Gold für die beste Filmmusik erhielt!

3. Wie mühsam es ist und wie phantasievoll man vorzugehen hat, wenn man authentische und einmalige Klänge für einen Film sucht, läßt sich unter anderem auch an Werner Herzogs *Auch Zwerge haben klein angefangen* (1970) verdeutlichen. In diesem Film, der *so nackt im Rausschreien* (Werner Herzog) sein mußte, wurde neben Chorälen, die in einer mit fast 5000 Personen besetzten Kirche an der afrikanischen Elfenbeinküste aufgenommen wurden, eine Musik aus den Klängen eines schreienden Mädchens zugrundegelegt. Werner Herzog hatte diese Klänge in der fremdartigen Akustik einer Höhle auf der kanarischen Insel Lanzarote selbst aufgenommen. Das Mädchen mußte zur fast außermenschlichen Stimmleistung angetrieben werden: *„Du mußt Dir die Lunge aus dem Leib schreien. Deine Seele muß 95 Kilometer weit von Dir fliehen, so mußt Du das rausschreien“.*

Kapitel IV: DER FILMKOMPONIST

1. Filmkomponist und Filmautor

Ich kannte den Jürgen Knieper vorher nicht, nur seine Musik aus den Wenders-Filmen. Ich dachte, dieser Film müßte ohne Musik sein, und dann habe ich ihn dem vorgeführt, weil ich mir doch nicht sicher war. Jedenfalls mag ich diese Gefühlsmusiken nicht sonderlich, die aus einem Film einen großen Kuchenteig machen. Ich mag auch diese Ostblockmusiken nicht, modern Jazz-Quartett-Verschnitt, wie sie diese ganzen Szenen aus dem grauen Alltag da unterlegen, mit pling und plong. Da hat der Knieper sich dann ans Klavier gesetzt und diese glasklare Musik erfunden, die wirklich eine dritte Ebene im Film ist. Das Hauptthema, dann der Tango, den Walzer, und die Musik zu dem Märchen, die was von Ravel oder Mussorgsky hat. Jürgen Knieper hat das selbst gespielt, bei den Aufnahmen hat er die Szenen auf der Leinwand gesehen und dazu gespielt. Er ist sehr klug und einfühlsam, wobei seine Klugheit aus seinem Einfühlungsvermögen kommt und nicht, wie bei vielen Leuten, die ich kenne, getrennt davon existiert, als Kopf ohne Körper[19].

Helma Sanders-Brahms schilderte hier, wie die Musik zu ihrem Film *Deutschland bleiche Mutter* (1979) zustande gekommen ist. Idealtypisch wird dabei erkennbar, wie die Subjektivität des Filmes dominant ist (völlig im Gegensatz etwa zu einer amerikanischen Großproduktion), wie eng und unmittelbar die Zusammenarbeit von Autor und Filmkomponist im Neuen Deutschen Film vonstatten geht. Der Autorenfilm kennt keine qualitativen Kriterien für eine Filmmusik, die außerhalb des Autors liegen: nur aus der Subjektive des Autors (aus der Sicht seines Stils, seines Geschmacks, seines Konzepts) kann eine Eignung der Musik für den jeweiligen Film begründet sein. Eugen Thomass: *Mit einer Musik, mit der ich einem Regisseur einen großen Gefallen tue und die in seinem Film wunderbar funktioniert, kann ich bei einem anderen Regisseur auflaufen.*

Filmkomponisten sind es daher gewohnt, mit jedem Regisseur sich neu auf das Phänomen „Filmmusik“ einzustellen. Es gibt für sie keine Norm der Zusammenarbeit, der Planungsetappen oder des Verantwortungsbereiches. Neben freiem kreativen Arbeiten steht gleich die Unterordnung unter bisweilen dogmatische Vorstellungen. Der Komponist Hubert Bartholomae: *Bei Roland Emmerich habe ich freie Hand, da er weiß, daß wir in dem übereinstimmen, was wir wollen. Die musikalischen Wirkungen sind alle frei, sie müssen nur Intensität haben. Bei Hans-Christoph Blumenberg gibt es dagegen nur einen kleinen Spielraum. Er schreibt mir die Stellen vor, erklärt mir, welche Stimmung herrscht (auch wenn ich sie nicht sehe). Ich muß dann die Musik machen, die er sich vorstellt.*

Erstaunlich ist, wie in allen Berichten einer gelungenen Zusammenarbeit von seiten der Komponisten der Terminus „frei“ oder „Freiheit“ Anwendung findet; z.B. auch bei Gunter Hampel: *Gustav Ehmk hat mir Freiheiten gelassen, weil wir gut zusammengearbeitet haben und weil er auch meine eigene Musik haben wollte. Außerdem bin ich auch sehr flexibel.* Frei fühlt sich der Komponist, wenn seine Musik akzeptiert wird und der Film der Musik nicht nur Raum und Zeit läßt, sondern sich bisweilen (in Inszenierung oder Schnitt) unter die Musik unterordnet. Ernst Brandner: *Am wunderbarsten habe ich mit Hermann Leitner in seinen dreizehn Folgen zu Peter Roseggers „Waldheimat" zusammengearbeitet. Er ließ der Musik freien Atem und hat sogar auf die Musik hin inszeniert.* Doch geht es nicht um ein freies, egoistisches Sich-Bewegen dürfen, das der Musiker anstrebt. Sehr deutlich wird mehrfach akzentuiert, daß vor allem im Dialoghaften, im Entwickeln einer gemeinsamen Konzeption das Ideal filmmusikalischer Arbeit gesehen wird. Nils Sustrate: *Mit Wolfgang Petersen war die Zusammenarbeit akzeptabler als mit vielen anderen Regisseuren. Er hatte für Musik ein diffiziles Gespür, auch wenn er nicht mit Fachausdrücken sich artikulieren konnte. Er konnte gut zuhören und vor allem: diskutieren! Das ist das Entscheidende für mich beim Filmusikmachen. Ich brauche Liebe und den Dialog über die Dramaturgie. Das ist mir wichtiger als die Musik selbst. Wir haben uns oft und genau unterhalten.*

Die Beziehung zwischen Filmautoren und Komponisten sind oft von ausgeprägt freundschaftlicher Art, – etwa bei den Arbeiten, die Konstantin Wecker hinter sich gebracht hat. Über die Zusammenarbeit mit Margarethe von Trotta, als er bei *Schwestern* (1979) sowohl als Komponist wie als Darsteller beschäftigt war, sagt er: *Da war das Mitspielen eine sehr gute private Beziehung, was so intensiv nicht immer der Fall sein muß zwischen Filmregisseur und Komponist, – bei mir allerdings üblich ist. Ich arbeite prinzipiell nur mit Leuten zusammen, die ich auch menschlich mag, weil ich in der glücklichen Lage bin, Filmmusik als Luxus mir erlauben zu können. Ich muß nicht vom Komponieren leben und konnte mir immer aussuchen, ob ein Filmprojekt etwas für mich ist.*

Zwischen Filmregisseuren und Komponisten gibt es zum Teil auffallend feste Arbeitsgemeinschaften, die über mehrere Jahre hinweg fruchtbar sind: Rainer Werner Fassbinder und Peer Raben, Werner Herzog und Florian Fricke, Wim Wenders und Jürgen Knieper, Rainer Erler und Eugen Thomass, – das sind die dauerhaftesten und bekanntesten. Daneben gibt es feste Beziehungen, die über drei bis fünf Jahre bestens funktionierten: Peter Lilienthal und Claus Bantzer, May Spils und Kristian Schultze, Wolfgang Petersen und Nils Sustrate, Wolfgang Petersen und Klaus Doldinger, Klaus Lemke und Lothar Meid, Hans W. Geissendörfer und Jürgen Knieper, Margarethe von Trotta und Nicolas Economou, Michael Verhoeven und Axel Linstädt, Edgar Reitz und Nicos Mamangakis. Zum Teil ist es aufschlußreich zu verfolgen, wie solche Bindungen entstehen: beispielsweise bei Margarethe von Trotta, die für *Das zweite Erwachen der Christa Klages* (1977) mit Klaus Doldinger zusammenarbeitete, dessen Stil in ihrem Film sich noch fremd ausnimmt; dann mit Konstantin Wecker in *Schwestern* (1979); und seitdem mit Nicolas Economou, zwischen dessen Musiken und ihren Filmen eine geistige Wahlverwandtschaft zu bestehen scheint.

Florian Fricke, der von sich sagt *Ich bin in gewisser Weise kein Filmkomponist, ich bin Werner Herzogs Komponist,* nennt den Grund, weshalb solche Beziehungen so lange funktionieren: *Für Werner ist es wichtig, daß man ganz genau versteht, was er da sagen will.* Der Regisseur verlangt Einfühlung, – Identifikation mit seinem Konzept. Wenn er einen Komponisten gefunden hat, der ihn versteht und dieses Verständnis musikalisch in Münze wechselt, dann wird er ihn immer wieder heranziehen. Florian Fricke: *Godard, Chabrol, – die französischen Autorenfilmer hatten immer ihre Komponisten. Es müssen Freundschaften sein. Wie entsteht eine Freundschaft? Meistens auf der Arbeitsebene. Werner Herzog ist ein Mensch, der – wenn jemand etwas für seine Arbeit beigetragen hat und diese verschönt hat – ewig dankbar ist. Er ist einfach dankbar und vergißt einem etwas nie. Es herrscht bei den Filmleuten doch ein starkes Werk-Bewußtsein. Sie wollen ein Ouevre hinlegen, und da suchen sie sich eben eigene Komponisten. Warum? Weil sie sonst die Sorge des „Paßt's nicht?" mit jedem von Neuem hätten. Es ist die Angst des Regisseurs, daß der Komponist ihm den ganzen Film woanders hindreht!* – Diese Angst vor dem Neuen und Unberechenbaren, was durch die Musik in den Film kommen kann (wenn Musik wirklich kreativ erfunden wird und nicht auf Bekanntes zurückgreift), macht die Beziehung zwischen Filmautor und Filmkomponist zu einem Spannungsfeld. Irmin Schmidt: *Man kann Überraschung schaffen. Im Film kann durch Musik etwas ganz Neues entstehen. Deshalb gibt es bei den Regisseuren eine ambivalente Haltung: einerseits finden sie eine Überraschung sehr spannend, andererseits haben sie davor riesige Angst. Autorenfilmer möchten gerne alles in der Hand haben. Ich finde es hingegen schön (ich glaube, dies ist das Wesentliche an Filmmusik), dem Film etwas hinzuzufügen, was vorher nicht da war. Ich weigere mich, mit Filmmusik zu verdoppeln, was man ohnehin schon sieht. Das ist natürlich für den Regisseur nicht absolut kalkulierbar, weil hier eine zweite Person mit eigenen Emotionen und eigener Phantasie dazukommt.*

Die Dankbarkeit dem Komponisten gegenüber, von der Florian Fricke zuvor gesprochen hat, gibt es auch in umgekehrter Richtung, was gleichfalls die Grundlage für die Dauerhaftigkeit der Arbeitsbeziehungen Regisseur – Komponist ist. Dankbarkeit dem Regisseur gegenüber empfinden zum Beispiel Claus Bantzer, der nach eigener Darstellung von Peter Lilienthal sehr viel über das Wesen von Musikdramaturgie gelernt hat, oder Andreas Köbner: *Wolfgang Panzer hat mir, als kein Mensch mich als Komponist kannte, die Möglichkeit gegeben, gute Musik zu machen. In seinem ersten, zweiten und dritten Film, was für ihn ein großes Risiko war. Panzer stellte für mich die Weichen. Ohne ihn wäre ich heute kein Filmkomponist.* Aus solcher Dankbarkeit heraus stehen Komponisten „ihrem" Regisseur auch dann zur Verfügung, wenn für eine Produktion einmal nur wenig Geld vorhanden ist. Vgl. hierzu Lothar Meid: *Solche Freundschaftsdienste mache ich für Klaus Lemke, aber nur für Klaus Lemke!*

Bei der Dualität Regisseur – Komponist sind die Prioritäten immer klar gesetzt: Im Zweifelsfalle hat der Komponist sich unterzuordnen. Sie tun es in vielen Fällen in dem Wissen, daß ein guter Regisseur auch ein gutes Gespür für Musik hat und meistens die richtige Entscheidung für seinen Film trifft. Nicos Mamangakis: *Ich habe mir angewöhnt, zu machen, was der Regisseur will und richtig empfin-*

det. Regisseure sind zwar unmusikalische Leute. Man kann mit ihnen nicht über Musik reden. Aber wenn man etwas gemacht hat, was sie nicht sofort für gut finden, dann haben sie meistens recht! Sie erkennen sofort die Widersprüche und treffen mit ihrem Urteil sehr genau. Ähnlich argumentiert Hans Posegga: *Bei den guten Filmen sind es im Grunde die Regisseure, die maßgeblich an der Qualität einer Filmmusik beteiligt sind. Ich betrachte sie beinahe als Co-Komponisten. Wenn ich das Gefühl habe, daß ich bei einem gut aufgehoben bin, da fresse ich mit ihm aus einem Napf! Manche allerdings muß ich zu meiner Überzeugung zwingen. Das geht dann regelmäßig in die Hose.*

Bei aller aus dem Medium „Film" begründbaren Unterordnung unter die Wünsche des Regisseurs besitzen die Komponisten auch Selbstvertrauen und stecken die Fronten am besten gleich im Voraus ab. Heiner Goebbels: *Bevor ich eine Filmmusik annehme, überprüfe ich, ob die Regisseure wirklich auch mich meinen, wenn sie von mir Musik wollen! Ich frage sie, ob sie Musik von mir kennen. Wenn nicht, dann schicke ich ihnen in der Regel Platten, um mir unsinnige Diskussionen dergestalt sparen zu können, daß die Leute sagen: „Jetzt machen Sie mir mal ein richtig schönes Liebesthema!", und ich dann sagen muß: „Das können andere besser und es interessiert mich persönlich nicht!" – Mich interessieren nur die Filme, die der Ästhetik entsprechen, an der ich momentan arbeite. Was ich eben ausschließen will ist, daß die Leute irgendeine Filmmusik haben wollen, und dann aus Versehen mich am Telefon haben. Wenn ich nicht weiß, daß der Regisseur bewußt meine Ästhetik haben möchte, dann nehme ich ein Projekt lieber nicht an.* Dieselbe Selbstsicherheit im Vorfeld des Komponierens findet man z.B. auch bei Eberhard Schoener: *Ich weiß es besser als die Regisseure. Sie wollen Musik ja nur dort haben, wo ihr Film durchhängt und angetrieben werden muß. Sie sehen Musik meist nur als Illustration, – und das mag ich nicht. Ich lehne viele Filme ab. Ich habe hier Regisseure sitzen, die erklären mir zwei Stunden, wie sie die Musik wollen. Dann sage ich: Wenn Sie es doch so gut wissen, – warum machen Sie es dann nicht allein! Dann gehen sie wieder, oder sie akzeptieren, daß hier jemand ist, der als Fachmann weiß, wie Musik einzusetzen ist. Ich komme von der Oper, war Operndirigent. Ich weiß, was Musikdramaturgie ist.*

Trotz aller Klärungen im Vorfeld bleibt die Dualität Regisseur – Komponist eine (im konstruktiven Sinne) spannungsreiche Beziehung. Differenzen bleiben jedoch nicht aus. Hierzu eine Schilderung des amerikanischen – in der BRD arbeitenden – Filmkomponisten Sam Spence: *Die wichtige künstlerisch-dramaturgische Position des Filmkomponisten in Deutschland hat auch problematische Seiten. Ich denke z.B. an eine Filmmischung im WDR: Hinten sitzen zehn hohe Tiere von Fernsehen, vorne der Regisseur, der Komponist und der Mixer. Bei einer Szene, bei der der Regisseur die Musik ganz wegfallen lassen will, schlage ich vor: Spielen wir die Szene zweimal, – einmal mit und einmal ohne Musik. Wenn dann einer der Herren hinten, nur einer, die Szene ohne Musik besser findet, dann lassen wir die Musik weg! Das Schlimmste ist dann passiert. Alle zehn ha-*

ben gesagt: phantastisch mit der Musik! Da ist der Regisseur aufgestanden und sagte: Gut! Soll also hier der Komponist zum Regisseur werden. – Ich hatte Arbeit, ihn zu überzeugen, daß es doch nicht darum geht, sondern nur um das Beste für das Filmprojekt. – Ich habe hier sehr deutlich gespürt, daß in Deutschland die Beziehung zwischen Komponist und Regisseur sehr stark ein psychologisches Problem ist.

Der Regisseur als Komponist

In wenigen Fällen (im Bereich des Kurzfilms und der nicht-kommerziellen Filme findet man es weit häufiger) ist der Regisseur eines Filmes auch gleichzeitig der Komponist, eine Kombination, die seit John Carpenter (z.B. in *Die Klapperschlange*, 1981) und der Verbreitung der Synthesizer zunehmend beliebter wird!

Zu verweisen ist hier z.B. auf Roland Klicks *Bübchen* (1969), – Roland Klick gründete schon als Jugendlicher eine Jazzband und war seither musikalisch interessiert; auf Friedemann Beyer, der – auf Klavier und vor allem Kontrabass bis zum Konservatoriumsniveau ausgebildet, z.B. die Musik zu einem Fernsehfilm *Am Fenster* und zu dem Kinofilm *Nach Wien* (1982) schrieb und selbst einspielte; ferner auf Rosa von Praunheim, von dem die Musik zu seinem Film *Bettwurst* (1971) stammt. Einen Sonderfall bilden Peer Raben, der seit seiner Zeit als Regisseur des Action-Theaters u.a. immer wieder vom Komponieren zum Regiefach wechselte und 1972 *Adele Spitzeder* drehte (natürlich mit eigener Musik), und der Bulgare Marran Gosov, der gleichfalls als Regisseur begann und zur Zeit – abgesehen von seinem Spezialgebiet des Kinderfilms – fast nur noch als Filmkomponist aktiv ist.

2. Die Situation der Filmkomponisten in der BRD

Die Sphäre von „Kunst" und dem kreativen Zusammenarbeiten mit einem Filmautor gehört nicht zum Alltag der Filmkomponisten, wenn man diesen ganzen Berufsstand zusammengenommen (als Summe aller für Film- und Fernsehproduktionen Musikschaffenden) betrachtet. Der abendfüllende Kinofilm stellt die Ausnahme im jährlichen Arbeitsprogramm des Filmkomponisten dar. An ein Geldverdienen ist meist nur mit dem Vertonen von Fernsehfilmen, Dokumentar- und Kulturfilmen, Filmen für den Erwachsenenbildungs- und Lehrbereich und Werbefilmen zu denken. Aufs Ganze gesehen haben die Filmkomponisten – wenn sie finanziell von der Komposition für den Film abhängig sind – zu nehmen, was angeboten wird. Geschäftspraktiken und Kompetenzzuweisungen sind dabei solche, wie sie vom klassischen Produzentenkino her bekannt sind. Dazu Hans Posegga, der seine Tätigkeit handwerksmäßig als „Film beschallen" bezeichnet: *Es ist ein Dienstleistungsbetrieb wie schon bei Joseph Haydn im Dienste der Esterhazys. Wie viele Musiken dieser Hofkomponisten sind nicht schon damals im Mülleimer gelandet! Ein befreundeter Regisseur hat mir einmal klipp und klar meine Position erklärt: „Mensch Posegga, die alten Römer haben sich griechische Sklaven als Lehrmeister gehalten. Die haben ihre Rezepte gegeben. Genauso brauchen wir Dich!" Das war meine Situation. Deswegen habe ich mich in dieser merkwürdigen Filmmusikbranche auch nie beworben. Die Regisseure kamen immer zu mir und wollten Rezepte haben.* – Eugen Thomass: *Die wichtigste Eigenschaft eines Filmkomponisten, noch vor Phantasie und Präzision, scheint seine jederzeitige Verfügbarkeit zu sein. Der ideale Filmkomponist ist immer da, wartet nur darauf, daß man ihn anruft, kann sofort mit der Arbeit beginnen und hat sie selbstverständlich auch sofort fertig. Die Erkenntnis, daß man heute nicht weiß, was morgen sein wird, mag der normale Bürger über einen längeren Zeitraum vergessen; der Filmkomponist wird täglich, und nicht immer zu seinem Vergnügen, daran erinnert. Aber man stellt sich darauf ein, selbst Hobbies werden danach ausgesucht, man überläßt das Vorausplanen anderen, man lebt auf Abruf und die Länge des Urlaubs wird von einem Anrufbeantworter überwacht*[19].

Da die meisten Filmprojekte im Alltag des Filmkomponisten sicher keine Kunstfilme sind, sondern Informationsfilme oder ausgesprochene Unterhaltungsfilme zur Zerstreuung und Ablenkung, so ist auch Komposition für Film und Fernsehen kaum eine künstlerische Tätigkeit: „Kunsthandwerk" nennt Rolf Wilhelm seine Tätigkeit über weite Strecken (Durststrecken!) hinweg. Es ist ein Arrangieren von akustischen Versatzstücken und Fertigbauteilen, – je nach Wunsch des Auftraggebers. Eine wichtige Fertigkeit ist dabei das Umgehenkönnen mit möglichst vielen Stilen: ein bißchen Swing, ein bißchen Pop! Marschmusik oder Klassik gefällig? Bitteschön, hier haben wir auch noch Sphärenklänge (das Programm „Voice III" im DX 7-Synthesizer ist nicht übel!)! Und Tango natürlich, den muß man in dieser Zeit der starken Gefühle und Strapse auch drauf haben!

Viele Filmkomponisten haben irgendwo in der Wohnung oder im Keller, manche auch bereits in einem angemieteten Büroraum, ein Studio zum Komponieren und Einspielen der Musik eingerichtet. Die Musik des Tages (etwa eine Titelmusik für einen Tierfilm oder die Musik für einen Kriminalfilm) läßt sich in fast jedem dieser Kleinststudios produzieren. Die Minimalausrüstung (bestehend aus einem Synthesizer, einem Mehrspurtonband, einem Hallgerät) ist für ein paar tausend Mark schon zu erwerben, – nach oben sind keine Grenzen gesetzt. Solche Studios erinnern an Kleinbetriebe. Das Fernsehen hat sie längst als brauchbare Realität akzeptiert, was sich im Drücken der Preise für Musikproduktionen deutlich äußert. Zudem setzt sich immer mehr das Prinzip durch, quasi schlüsselfertige Musiken zu verlangen: die Filmkomponisten werden immer mehr zu Kleinproduzenten, die alle Risiken einer Produktion sowie die Anschaffung und Instandhaltung der Produktionsmittel selbst zu tragen haben. Ein Verdienst ist meist nur über die GEMA-Verrechnungen zu erhoffen. Selbst diese Verdienstmöglichkeit wird aber bei der Vergabe von Filmmusikaufträgen mehr und mehr als Honorar einkalkuliert. Wolfgang Dauner: *Die Tendenz des Fernsehens, seine Filme von privaten, freien Produktionsfirmen herstellen zu lassen, hat dazu geführt, daß im-*

mer mehr Druck auf die Komponisten ausgeübt wird! Die privaten Filmproduktionen gründen sofort Verlage, verankern auch die Rechte für Schallplattenproduktionen in den Filmmusik-Verträgen, die eigentlich erstmal damit gar nichts zu tun haben. Ihrer Schlüsselstellung bei der Vergabe von lukrativen Fernseh-Filmmusiken bewußt, machen sie z.B. Pauschalangebote (wie mir ein Kollege eben mitteilte): für eine Fernsehkrimi-Musik, Musikerhonorare, Studiokosten und Komponistenhonorar DM 5.000,–! Hier zeichnet sich doch die Tendenz ab, das Urheberrecht der GEMA zu benutzen, um die Produktionskosten zu senken und billig zu produzieren!

Die Kommerzialisierung der Filmmusikbranche ist jedoch keine eigenständige Entwicklung, sondern Teil der immer rigider werdenden Geschäftspraktiken, die den ganzen Bereich der Musikproduktion erfassen. Die Unfreiheit im Bereich von Schallplatten- und Rundfunkproduktionen ist in mindestens demselben Maße gestiegen. Die Erkenntnis, daß in den wesentlichen Industrieländern die Musikindustrie an Volumen gleich hinter der Rüstungsindustrie rangiert, hat „Musik" (inzwischen unentwirrbar mit Elektronik- und Unterhaltungsindustrie verfilzt) zu einem Objekt werden lassen, mit dem nach knallharten Geschäftsinteressen spekuliert wird. Zum Teil ist schon die absurde Situation eingetreten, daß Musik im Film (d.h. in der Koppelung mit einer zweiten kommunikativen Ebene) mehr Freiheit genießt, als auf einer Schallplatte; Irmin Schmidt von der Gruppe „Can": *Ich stelle in letzter Zeit sogar fest, daß ich im Film mehr künstlerische Freiheit habe, als wenn ich eine Platte mache. Dort frägt die Plattenindustrie sofort: „Wo ist die Single?". In einem Film kann ich meine eigene Musik machen. Diese Situation war – von meiner Position aus gesehen – früher umgekehrt.*

Die Situation BRD – USA im Vergleich

Diese „Kleinstaaterei", die in der Bundesrepublik Deutschland zunehmend typisch wird, ist vor allem deshalb fatal, weil die Filmkomponisten hier noch nie eine Lobby hatten: Filmmusik in Deutschland hat weder eine nennenswerte handwerkliche Tradition, noch eine staatlich geförderte Schulung. Die als Kleinproduzenten voneinander isolierten Komponisten (jeder ist seines Nächsten Konkurrent!) sind deshalb den geschäftlichen wie künstlerischen Praktiken der Filmhersteller und Fernsehanstalten wehrlos ausgeliefert.

Vergleicht man diese Situation mit den USA, so fällt dort das hohe Maß an Tradition und öffentlicher Anerkennung auf, das Filmmusik besitzt. In der Schallplattenindustrie haben die Komponisten zudem eine einflußreiche Lobby. Bei der Planung und Produktion eines Filmes – ob großer Kinofilm oder B-Picture oder Fernsehfilm – hat die Musik deshalb ihren festen Platz. Dazu der Komponist Michael Landau: *Ich habe neun Jahre in den USA gearbeitet und (vom Musiker, Arrangeur bis zum Komponist) alles durchgemacht. Ich weiß, daß Filmmusik in den USA von vornherein – sobald der Regisseur das Drehbuch erhält – mitgeplant wird. Komponist und Musikproduzent werden gleich von An-*

fang an eingeschaltet. In der Phase von Drehbuch, Dreharbeiten und Mustern hat man als Komponist die Möglichkeit, sich frühzeitig auf eine Geschichte einzustellen und muß nicht (wie hier in Deutschland) immer unter Zeitdruck etwas herstellen. Wenn drüben ein Regisseur sagt, daß die oder jene Musik in seinem Film eine wichtige Rolle spielt, dann wird sie auch ernstgenommen. Hier wird zwar oft beteuert, wie wichtig Musik sei... nur: bei der Produktion des Films wird dann Musik als Nebensache behandelt. Am Anfang ist hier immer großes Gerede, am Ende in der Filmmischung bleiben dann die üblichen schlechten Geräusche (ich sage dazu: „Bahnhofskino"-Mischungen) und irgendwo etwas Musik!

Das allgemein größere Ansehen, das Musik im amerikanischen Film genießt, äußert sich auch konkret in einem hohen professionellen Niveau der Produktionsvorgänge wie Planung, Betreuung des Komponisten und Musikdramaturgie. Hierzu einige Feststellungen von Kristian Schultze: *Die Vorstellungen der Regisseure sind meistens konkreter. Man ist dazu übergegangen, den Film zur eigentlichen Kompositionsbesprechung schon mit diversen Musikbeispielen fertig angelegt vorzuführen. Das wird vom speziellen music-editor besorgt, der auch bei der Regiesitzung dabei ist und die ganze Besprechung auf Kassette aufnimmt, um danach ein Buch zu erstellen mit allen Synchronpunkten, Szenenbeschreibungen und Anmerkungen des Regisseurs über Stil und Einsatz der Musik. Dieser music-editor bleibt nun im Folgenden dem Komponisten zur Seite, und zwar während der ganzen Musikproduktion. Ist diese abgeschlossen, so erfolgt nochmals eine Vorführung des fertig mit der Originalmusik angelegten Films, wobei es üblich ist, daß Teile der Filmmusik nochmals komponiert und produziert werden müssen, weil es zum Beispiel trotz der sehr guten Vorbereitung doch zu einem Mißverständnis zwischen den Beteiligten gekommen ist! Das bedeutet aber keinesfalls ein Unglück, sondern ist als Normalfall kalkuliert.*

Den letztgenannten Aspekt bestätigt auch der in Deutschland arbeitende amerikanische Komponist Sam Spence: *In den USA passiert es sogar oft, daß selbst von Henry Mancini eine Musik wieder entfernt wird, weil im Team jemand das nicht gut findet! Das kann sich die amerikanische Filmindustrie leisten; in Deutschland geht das gar nicht.* Oft wird die Mehrproduktion bewußt mitgeplant. Zum Beispiel weiß Sam Spence von seinem Freund, dem bekannten amerikanischen Komponisten Russel Garcia, zu berichten, wie dieser den Auftrag erhielt, einen Film von vorne bis hinten zu vertonen, damit dann das Produktionsteam hinterher entscheiden kann, wo die Musik wegfallen soll.

Die künstlerischen Implikationen einer Industrialisierung und Professionalisierung der Filmmusikkomposition sind sicher fragwürdig. Schwer zu entscheiden ist, ob im Ganzen gesehen der Filmkomponist in den USA in der glücklicheren Position ist. Beneidenswert ist jedoch die Wertschätzung, die dort der Musik im Film entgegengebracht wird und die sich sehr konkret in einem größeren finanziellen Spielraum der Filmmusik niederschlägt.

3. *Wie wird man Filmkomponist?*

Der Beruf des Filmkomponisten in der BRD ist kaum definiert: Filmmusik wird im Normalfall von Komponisten bzw. Musikern geschrieben, die meist nebenbei oder sogar hauptsächlich auf anderen musikalischen Gebieten tätig sind: als Komponisten für Bühne, Konzertsaal, Schallplatte oder Rockgruppen, als Interpreten (ob Instrumentalist, Sänger oder Dirigent) und Musikverleger. Einen dominierenden Typus des Filmkomponisten gibt es hierzulande kaum. Nur ungefähr lassen sich verschiedene Grundtypen auseinanderhalten:

Zur Typologie der Komponisten

Theater/Schauspiel: Eine gewichtige Gruppe der Filmkomponisten hat den Weg zum Film über das Komponieren für das Theater gefunden. Dabei ist zusätzlich zu differenzieren zwischen dem Bereich des etablierten Theaters der offiziellen Kultur und dem Bereich der Kleinkunstbühnen, des Subkultur- und Polittheaters. Vom ersten Bereich her kommend sind Komponisten wie Peter Fischer, Erhard Großkopf, Jürgen Knieper, Hans-Martin Majewski, Michael Rüggeberg, Eberhard Schoener, Nils Sustrate und Hermann Thieme; eher von den Kleinkunsttheatern her kommend (z.T. auch geprägt von Avantgardejazz oder Kunstszene) sind Edward Aniol, Heiner Goebbels, Gottfried Hüngsberg, Peer Raben, Helge Schneider, Stanley Walden und Konstantin Wecker.

Rundfunk/Fernsehen: Eine weitere wichtige Gruppe von Komponisten war seit Anfang ihrer musikalischen Laufbahn an in den Bereich der öffentlich-rechtlichen Funkanstalten integriert. Eher aus dem Ressort von Jazz- und Unterhaltungsmusik kommend sind hier Martin Böttcher, Frank Duval, Samuel Spence und Peter Thomas; eher in Richtung der gehobenen U-Musik zu suchen sind Ernst Brandner, Bert Grund und Friedrich Meyer; mehr in Richtung E-Musik Eugen Illin, Hans Posegga und Rolf Wilhelm.

Jazz: Homogener in Stilistik und Herkunft ist die nicht unbedeutende Gruppe von Filmkomponisten, die aus dem Bereich des Jazz kommt: Manfred Burzlaff, Wolfgang Dauner, Klaus Doldinger, Erich Ferstl, Joe Haider, Gunter Hampel, Manfred Schoof, Eberhard Weber und Attila Zoller.

Popmusik/Schallplattenbranche: Aus dem Bereich der Hitlistenmusik, der Unterhaltungsmusik für Schallplatte und ähnlichem kommen Komponisten wie Carlos Diernhammer, Harold Faltermeyer, Hans Hammerschmid, Peter Herbolzheimer, Peter Hesslein, Kristian Schultze, Hans-Artur Wittstatt.

Rockgruppen/Musikgruppen: Einige Filmmusiken gehen nicht auf einen individuellen Komponisten, sondern auf das Engagement von Gruppenkollektiven zurück wie die Ensembles *Amon Düül, Biermösl Blosn, Spider Murphy Gang, Spliff, Xhol Caravan* u.a. In den meisten Gruppen bildet jedoch ein Komponist den Ansprechpartner für die Filmautoren. Oft verselbständigen sich diese Gruppenmitglieder und komponieren eigenständig Filmmusiken, die jedoch oft von den

Gruppenmitgliedern eingespielt wird. Dies trifft z.B. zu bei Irmin Schmidt von *Can,* Axel Linstädt von *Improved Sound Limited,* Andi Brauer von *Lokomotive Kreuzberg,* Florian Fricke von *Popol Vuh,* Edgar Froese von *Tangerine Dream,* Vridolin Enxing von *Flöh de Cologne.* Einige Komponisten waren früher Gruppenmitglieder, arbeiten aber seit längerer Zeit frei für den Film, so z.B. Brian Eno, Jörg Evers, Lothar Meid oder Richard Palmer-James.

E-Musik/Konzertmusik: Eine Reihe von Filmkomponisten bestätigen sich erkennbar in jenem Gebiet, das die GEMA mit E-Musik zu bezeichnen pflegt: Nicolas Economou als Konzertpianist, Robert Eliscu als Oboist, Claus Bantzer als Kirchenmusiker; vornehmlich als „E-Komponisten" sind bekannt: Hans Werner Henze, Nicos Mamangakis, Jens-Peter Ostendorf, Wilhelm Dieter Siebert; irgendwo zwischen Musiktheoretiker und E-Komponist ist auch der Verfasser dieses Buches angesiedelt.

Dieses „irgendwo" dürfte für die meisten Filmkomponisten kennzeichnend sein. Für den Film zu komponieren verlangt: sich zwischen alle Stühle zu setzen! Gefordert ist stilistische Universalität, Offenheit für alle Formen des Theatralischen, Szenischen, Musikalischen, der Kunst und der Unterhaltung, Beherrschung des traditionellen Instrumentariums und zugleich Kenntnis der neuesten technischen Musikentwicklung.

Das dargestellte Raster von Komponistentypen war selbstverständlich viel zu grob, um den einzelnen Personen gerecht zu werden. Es müßte in einem zweiten Durchgang um einige Aspekte erweitert werden. So ist z.B. für eine Reihe von Filmmusikkomponisten das Komponieren ein Teil ihrer politischen Arbeit (z,B. bei Andi Brauer, Heiner Goebbels, Hans Werner Henze, Rolf Riehm, Frank Wolff). So zeichnet sich z.B. ein ganz neuer Komponistentyp in Hubert Bartholomae ab, der musikalischer Autodidakt ist, jedoch als diplomierter Ingenieur in Elektrotechnik einen großen Einblick in die technische Seite von Filmmusik hat: in den Filmen von Roland Emmerich übernimmt er z.B. die gesamte Tonregie (vom Tonaufnehmen bei den Dreharbeiten über die Herstellung akustischer Spezialeffekte und Geräusche bis zur Musik) und kann so die Tonkulisse des Films in einer Einheit aus Sprache, Musik und Geräuschen gestalten. Auffallend ist bei einer Typologie der Filmkomponisten in der BRD ferner, daß Frauen hier (im Gegensatz zu Filmregie) kaum eine Rolle spielen. Vielleicht liegt der Grund darin, daß innerhalb des Filmbetriebs es auf filmmusikalischem Gebiet besonders rüde mit Männer-Geschäftspraktiken zugeht. Im Geld, das mit Macht gleichzusetzen ist, kommen Herrschaftsstrukturen zum Ausdruck. Solange die Frauen zuhause nur ein wohldosiertes Haushaltsgeld bekommen, wird man ihnen doch keine Geldsummen für eine Musikproduktion anvertrauen! Unter den wenigen Frauennamen, die der Neue Deutsche Film auf der Ebene der Musik verzeichnete, sind zu nennen: Carla Bley als Komponistin in *Wie ein Fremder* (1981) von Wolfgang Braden; Monika Jaeckel und die Frauenrockband *Außerhalb* in *Im Jahr der Schlange – Wir sind 40* (1981) von Heide Breitel! die *Flying Lesbians* in *Die Macht der Männer ist die Geduld der Frauen* (1978) von Christina Perincoli.

Neben Filmkomponisten, die sich in ihren Arrangements und Einspielungen am technischen Standard der internationalen Plattenindustrie orientieren (beste HiFi-Qualität, Verwendung vieler Studio-Effektgeräte, Soundbasteleien auf dem Synthesizer) gibt es auch Komponisten wie Piet Klocke, Helge Schneider, Heiner Goebbels oder Marran Gosov, die solchen Hochglanzproduktionen sehr bewußt einen aggressiven Dilettantismus, eine professionelle Anti-Professionalität entgegensetzen. Marran Gosov: *Ich mache eine dilettantische Musik, probiere und improvisiere. Ich habe auch eine gewisse Unbelecktheit! Ich tue musikalische Dinge, die sich andere nicht trauen, – das ist witzig.* Sein Plattenkonzept der *Dilettantische Lieder* (3 LP's), die zunächst als Lieder für seine Tochter entstanden sind und allerlei Unmögliches mit Gesang, Gitarre und Synthesizer vereinigen, waren nicht ohne Grund sehr erfolgreich.

Eine Reihe von Filmmusikkomponisten sind neben ihrer Tätigkeit für den Film als Interpreten gefragt und regelmäßig auch auf Konzerttourneen, – z.B. Klaus Doldinger, Gunter Hampel, Eberhard Weber oder Konstantin Wecker. Dadurch sind sie einem sehr belastenden Nebeneinander zweier Lebensformen ausgesetzt, das Konstantin Wecker folgendermaßen charakterisiert: *Durch diese Mischung aus Interpret und kreativem Arbeiter bin ich auch lebensmäßig wahnsinnig zerrissen. Der Interpret meiner Lieder, der ich bin, braucht auf einer Tournee auch etwas Exzessives, Chaotisches und Unordentliches. Der Komponist, der Schreiber, muß eine immense Ordnung haben. Auf der einen Seite müßte ich eine Tournee machen, die mit Exzessen abläuft, damit ich gut interpretieren kann. Ich kann da nicht brav um acht Uhr aufstehen und mein Ding da machen! Da spüren die Leute dann, wie ich singe. Da läuft es nicht. Dann müßte ich für das nächste halbe Jahr sofort umschwenken und meine sechs oder sieben Stunden am Tag sitzen und arbeiten. Das ist schwer! Das ist es im Moment, woran ich herumknabbere. Ich hätte noch viel zu lernen. Das versuche ich zur Zeit herauszufinden.*

Erstaunlich ist, daß alle Komponisten, die einmal für den Film gearbeitet haben, in der Regel bei diesem Medium bleiben. Nur wenige sind davon abgekommen. Beispielsweise Gottfried Hüngsberg, der nach seiner Tätigkeit im frühen Fassbinder-Ensemble über die Musikelektronik hin zum Computerspezialisten sich entwickelte, jetzt eine Firma für „Integrierte Schaltkreise industrieller Computerelektronik" unterhält und mit dem populären Kino wenig mehr im Sinn hat (eher von der Konzeption eines abstrakten Computerfilms träumt). Förmliche „Aussteiger" wurden Franz Hummel, der einen eigenen kompromißlosen Kompositionsstil und eine radikale Ästhetik jenseits aller Filmmusikklischees entwickelt hat, und Erich Ferstl, der nach einer glänzenden Karriere als Filmkomponist die Glätte und Beliebigkeit der massenmedialen Kultur als störend empfunden hatte und seither sich vornehmlich mit der Erforschung rhythmischer Archetypen und den Ursprüngen von Musik beschäftigt. Erich Ferstl: *Seit über fünf Jahren mache ich fast nichts mehr für den Film. Man kann sagen, ich sei ausgestiegen. Die Möglichkeiten, authentisch zu sein, waren mir zu gering. Ich habe an*

Unterforderung gelitten. Bei den meisten Projekten dachte ich mir: jeder Musiker, der ein bißchen improvisieren kann, hätte das auch machen können.

Der Weg zum ersten Film

Nahezu alle Filmkomponisten standen aktiv im Musikleben, bevor sie für den Film zu arbeiten begannen. Der typische Weg ist der vom Instrumentalmusiker (bei Rundfunk-, Fernseh- oder Schallplattenproduktionen) zum Arrangeur, dann zum Komponisten. Musikalisch auf sich aufmerksam zu machen („sich einen Namen machen") und dann um eine Filmmusik sich zu bemühen oder – seltener – eine Filmmusik angeboten zu bekommen, das ist die Norm. Eine wichtige Voraussetzung allerdings muß gegeben sein, – Nicos Mamangakis: *Der Weg zum Film ist immer der – Filmmusikschreiben muß man wollen. Wer nicht Filmmusik schreiben will, findet nie den Weg zum Film!*

Meistens sind es sogar handgreifliche musikalische Erfolge, die einen Regisseur oder Filmproduzenten aufmerksam machen. Zum Beispiel hörte Wolf Gremm Lieder von Charles Kalman und bat ihn dann um die Mitarbeit zu *Fabian* (1980). Hans-Martin Majewski erhielt von einem Regisseur, der seine Operette *Insel der Träume* (1938) hörte, den ersten Filmmusikauftrag. Haro Senft hörte die Gruppe *Supertramp* und verpflichtete sie für eine Filmmusik, was zum Debüt für den Komponisten Richard Palmer-James beim Film wurde. Axel Linstädt mit seiner Gruppe *Improved Sound Limited* gewann 1966 unter 80 Gruppen den ersten Preis beim Wettbewerb *Meet the Beat* des Bayerischen Rundfunks. Als die Gruppe infolgedessen bei der Hochzeit des Redakteurs und Verlegers Walther H. Schünemann spielte, hörte sie der Filmproduzent Rob Houwer und bat um ein Demoband für sein neuestes Filmprojekt. Axel Linstädt: *Auf dem Demoband hatten wir Möglichkeiten für die vier Hauptmusiken angespielt. Rob Houwer fragte mich, ob ich denn auch mit Streichern und Bläsern arbeiten könne, denn es sollte eine große Filmmusik geben. Ich sagte „Ja!", denn Hochstapelei gehört zu diesem Beruf. Und alles ging gut. Er hat hinterher seine Ausgaben wieder dick hereinbekommen, weil er eine gutgehende Platte von der Musik pressen ließ.*

Manchmal scheinen Zufälligkeiten den Weg zum Film zu weisen, – etwa bei Bert Grund, der einmal einem Regisseur aus Gefälligkeit ein paar Chansons schrieb und dann später – ohne direkten Zusammenhang mit den Chansons – von dem Regisseur seine erste Filmmusik angeboten bekam. Manchmal spielen auch räumliche Verhältnisse eine zufällige Rolle: Ernst Brandner wohnte gegenüber von Thiele-Film und stolperte förmlich in sein erstes Filmprojekt, einen Mäckie-Puppenfilm; Uwe Czybulka, eigentlich nur Hobbymusiker, wohnte ein Stockwerk unter dem Regisseur Hans-Christof Stenzel und machte durch sein Gitarreüben auf sich aufmerksam: er improvisierte über Duchamps-Texte zu dem Film *C'est la vie Rrose* (1977), der sogar dann einen Bundesfilmpreis für beste Musikdramaturgie erhielt. Manchmal ist auch ein aktives Ansprechen nützlich. Dies hat z.B.

Stefan Melbinger zu einer Filmkomponisten-Laufbahn verholfen: *Ich war eine Woche für Michael Verhoevens Filmproduktion Taxifahrer. Da habe ich (ohne daran zu denken, daß ich das machen könnte) gefragt, wer denn bei diesem Film die Musik macht. Die Regieassistentin hat mir gesagt, ich solle doch Michael fragen, da er noch am Überlegen sei. Ich brauchte drei Tage, um mir ein Herz zu fassen und habe ihn dann schließlich gefragt. Er meinte, daß er schon viel Gutes über mich gehört hätte, und wollte einige Lieder hören. Das war dann mein Problem, denn ich hatte damals nicht einmal ein Demoband von mir. Da bin ich zu meinen alten Freunden nach Österreich gefahren und habe ihm ein Krimithema und ein Liebesthema komponiert. Für seinen Film, „MitGift" hieß er, konnte er meine Musik dann doch nicht verwenden. Ich glaube er hat dann dazu Vivaldi genommen. Aber im nächsten Jahr hat er mir „Gefundenes Fressen" mit Heinz Rühmann gegeben.*

Ein wichtiger Meilenstein auf dem Weg zum ersten Film sind auch Freundschaften. Zum Beispiel wuchsen Erich Ferstl und Nikos Mamangakis über Freundschaften in den Kreis der DOC 59, die später zur Oberhausener Gruppe wurde. Hubert Bartholomae ging mit Roland Emmerich, mit dem er befreundet war, in die Schule. Hans Loeper: *Zum Film bin ich über eine alte Freundschaft mit Detten Schleiermacher, die dann zu weiteren Kontakten geführt hat, gekommen. Vor allem zu Haro Senft, mit dem ich dann sehr viel gemacht habe, eben meinen ersten Film.* Über freundschaftliche Kontakte kam auch Florian Fricke zu Werner Herzog: *Ich kenne Werner schon lange bevor er einen Film gemacht hat und bevor ich Musik veröffentlicht habe. Damals gingen wir schon pläneschmiedend als Freunde durch die Straßen. Dann haben wir uns in gewisser Weise aus den Augen verloren. Erst als Werner zu „Aguirre, der Zorn Gottes" Musik suchte (zunächst in Rom im Archiv von Ennio Morricone), sagte ein gemeinsamer Freund: Das kann nur der Florian machen! Werner Herzog: Na, den kenn ich doch! Dann rief er sofort an und ich fuhr runter nach Rom.*

Oftmals lernt der angehende Filmkomponist nicht unmittelbar einen Filmregisseur kennen, sondern wird über Bekannte aus Musik- oder Filmbranche vermittelt. So z.B. im Falle von Friedrich Meyer, der von Franz Grothe aufgrund pfiffiger Orchesterarrangements als Komponist beim Film vorgeschlagen wurde; ähnlich erging es Martin Böttcher: Ein befreundeter Dramaturg, der im NDR meine Arrangements und Kompositionen gehört hatte, schlug mich für den Dokumentarfilm „Putzke will es wissen" vor: Auch für Robert Eliscu wurde der Kontakt zum Film über eine Vermittlungsperson hergestellt: *Neben meiner Haupttätigkeit als Oboist bei den Münchner Philharmonikern spielte ich auch im Münchner Bach-Orchester. Elvira Senft, die als Sekretärin bei Karl Richter für das Bach-Orchester arbeitete, hatte auch eine Filmproduktion, – DNS-Film. Da sie mich vom Bach-Orchester und auch von der Improvisationsgruppe „Between" her kannte, rief sie mich eines Tages an und sagte: Bob, wir müssen eine Filmmusik für Peter Lilienthal aus Berlin haben! Willst Du das machen? – Und als ich sie fragte, wann die Musik fertig sein muß, meinte sie nur: vorgestern!*

Vom Nutzen des Filmmusikschreibens für die Kompositionstechnik

Der Komponist Lothar Meid: *Als Komponist bin ich ja nicht der Filmemacher. Und nachdem ich den Film nicht mache, entspricht der oft nicht meiner Sprache, auch nicht meinem Denken und Fühlen. Ich sehe aber gerade den Sinn in den Forderungen von Filmmusik, daß man sich zu etwas äußern muß, was nicht die eigene Sprache ist, daß man dieses mit der eigenen Musik auch nicht totmachen darf. Das ist das Schöne am Film. Ich habe viele Ideen durch Filme gekriegt, weil ich nicht nur meinen eigenen Strumpf mache, sondern mit anderen Sachen konfrontiert war. Die Ideen habe ich dann in meiner eigenen Musik weiterverfolgt, obwohl sie zunächst in Kontrast zu meinem eigenen Fühlen und Denken entstanden sind.*

Der Nachteil der Unfreiheit hat auch seine Meriten: der Filmkomponist wird in guten Filmen vor musikalische Problemfälle geführt, die ihn zu Problemlösungen veranlassen, auf die er ohne diese zwanghafte Anregung nie gekommen wäre. Er findet Stimmungsmodulationen, Zeitraster und Klangfarben, die ökonomisch im Einsatz der Mittel, aber schlagkräftig im Ausdruck sind. Der ständige Zwang, der Kritik von Regisseur, Cutter oder Produzent ausgesetzt zu sein, die erbarmungslos über die Wirksamkeit der Musik richten, führt zu einem Komponieren, das kommunikativ ausgerichtet ist und die Kategorie des Hörers wesenhaft mitdenkt. Der Filmkomponist lernt pragmatisch zu schreiben, Umwege zu vermeiden und immer direkt auf eine Sache zuzugehen. Seine Musik wird sprechend. Sie braucht sich nicht mehr hinter den konventionellen Formen akademischer Herkunft verstecken, sondern lernt – motiviert durch das Geschehen der Szene – aus ihrer eigenen Emotionalität zu leben. Über solche (oder ähnliche) Erfahrungen berichten fast alle Komponisten, die eine traditionelle kompositorische Schulung (auf Konservatorium oder Musikhochschule) hinter sich haben. Stellvertretend für sie mag Hans Posegga zu Wort kommen: *Das dramaturgische Denken hat in meinem sonatenhörigen Komponieren so viel verändert, daß ich alle früheren Werke wegwerfen konnte. Ich hatte so klassische Prinzipien, die man einfach absolvierte, schulisch, wie ein Schema, kindlich! Durch die Berührung mit den dramaturgischen Notwendigkeiten des Films, durch Gespräche mit den Regisseuren habe ich so viel gelernt, daß ich heute einen ganz anderen Stil habe.*

Oftmals sind für die Komponisten Werke, die im Zusammenhang mit Filmen entstanden sind, wichtig und haben auch außerhalb des Filmzusammenhangs Bedeutung gewonnen. Zu erwähnen sind hier Kompositionen von Attila Zoller, die aus seinen Filmen stammen und zu seinen schönsten gehören (z.B. *Ullas Erinnerungen* aus Veselys *Brot der frühen Jahre*), Konstantin Weckers Lied *Weiße Rose*, das er für Michael Verhoevens Film schrieb, dort aber keinen Platz finden konnte *(es ist für mich persönlich ein ganz großes Erfolgslied geworden);* die Konzertsuiten von Hans Werner Henze nach seinen Filmmusiken, – etwa die *Fantasia per archi* (1966) die aus der *Törless*-Musik entstanden ist oder die *Konzertsuite Katharina Blum* (1975). Über letztere schreibt Henze im Programmheft zur

Uraufführung im Mai 1976: *Diese Konzertsuite ist die Essenz einer Filmmusik, die ich für Volker Schlöndorffs Film nach Heinrich Bölls Roman „Die verlorene Ehre der Katharina Blum" geschrieben habe... Die Musik wurde für kleines Ensemble orchestriert und zielt darauf, die Handlung mehr zu kommentieren, als nur zu begleiten. All ihre Zartheit ist Katharina und ihrem Liebsten gewidmet, der unter dem Verdacht steht, ein Terrorist zu sein. Gewalt, Verkehrschaos und der Kölner Karneval sind die Themen der anderen Teile.*

Manche Komponisten haben aus der Ästhetik und Technik des Films unmittelbare Anregungen für eine Neudefinition der Ästhetik und Technik ihrer Musik bekommen. So ist z.B. für Hans Werner Henze sein aus Collagen und Zitaten montiertes Werk *Der langwierige Weg in die Wohnung der Natascha Ungeheuer* (1971) eine Umformung der Erzähltechnik des Films in Musik *Die Behandlung der Musik ist filmisch, der Klang ist es, das Tempo, die Art des dissolventen Lichts, der Schnitt, der erzählerische Wechsel von Schauplätzen. Man kann in dieser Partitur von Kameraführung sprechen*[20]. Im selben Zusammenhang ist auch Heiner Goebbels zu nennen: *Vom Gerne-Filme-Sehen und vom Komponieren für Film ist meine Musik stark beeinflußt worden. Für mein autonomes musikalisches Arbeiten bekomme ich eher aus der Filmgeschichte als aus der Musikszene meine Anregungen. Wenn ich einen neuen Godard oder einen alten Hitchcock sehe, gibt mir das mehr Impulse, als wenn ich auf die akademische Avantgarde höre. Ich finde, daß das Medium Film zur Zeit an Genauigkeit der Mittel, an Unterhaltungsanspruch, an Geschwindigkeit und Simultaneität der Erzählformen ungleich weiter entwickelt ist als die Musik.* Ebenfalls Rolf Riehm hat viel vom Medium Film (z.B. Studium der Schnitte in amerikanischen Filmen) für seine autonome musikalische Arbeit fruchtbar machen können. *Das Schneiden, die unverbundene Aneinanderfügung von Strukturen* beeindruckte ihn besonders. *Durch Filmbetrachtung habe ich z.B. auch den Verdoppelungseffekt, den die traditionelle Kompositionsästhetik hat, verabscheuen gelernt. Ich habe mich vom Dogma gelöst, daß alles entwickelt sein muß (im Sinne einer kontinuierlichen Materialentfaltung), habe ich Einsicht gewonnen, daß es auch inkohärente Elemente geben darf, die vom Rezipienten vermöge seiner Beharrung von selbst vereinheitlicht werden.*

Der Filmkomponist als Filmdarsteller

Wer in manchen Filmen genau hinsieht, kann – unter Umständen nur am Rande – auch den Filmkomponisten im Bild entdecken. Einige dieser Darsteller seien (in alphabetischer Folge) kurz aufgeführt:

Florian Fricke spielt in Werner Herzogs *Lebenszeichen* (1967) einen Soldaten, der im Zivilberuf Pianist ist und hier im Film Chopins Sonate h-moll interpretiert.

Franz Hummel spielt als Pianist in Wolf Gremms *Meine Sorgen möcht' ich haben* (1974) mit.

Charles Kalman ist Barpianist in Wolf Gremms *Fabian* (1980) und *Nach Mitternacht* (1981).

Jürgen Knieper ist in Hans W. Geissendörfers *Ediths Tagebuch* (1983) als Musiklehrer zu sehen, der den Schulchor bei der Abitursfeier begleitet.

Lothar Meid war Schauspieler in Klaus Lemkes erstem Film, in Rüdiger Nüchterns *Schluchtenflitzer* (1978), in Klaus Lemkes *Idole* (1976), in Rüdiger Nüchterns *Bolero* (1983).

Friedrich Meyer spielt in Schlöndorffs *Blechtrommel* (1979) bei der „Maiwiesen"-Szene einen SA-Mann (der Beifahrer, der dem Mädchen die Blumen nimmt), weil er als Komponist der Maiwiesenmusik bei den Dreharbeiten in Zagreb (zum Playback der Musik) sowieso anwesend war.

Hans Posegga spielt in *Alle Jahre wieder* (1967) von Ulrich Schamoni und (unter dem Pseudonym ‚Ernst Marbeck') in Khittls *Parallelstraße* (1962).

Peer Raben ist in vielen frühen Fassbinder-Filmen zu sehen, z.B. in *Liebe ist kälter als der Tod* (1969), in *Warum läuft Herr R. Amok?* (1969), in *Das Kaffeehaus* (1970), in *Die Niklashauser Fahrt* (1970) ... aber auch noch später z.B. in Percy Adlons *Die Schaukel* 1983), wo er einen Kurkapellmeister spielt.

Helge Schneider ist Hauptdarsteller in *Johnny Flash* von Werner Nekes (1985) und Hauptdarsteller in *Hymen II* von Christian Schliengensief (1985).

Stanley Walden tritt in Vadim Glownas *Desperado City* (1981) als Pianist, Sänger und Darsteller auf; in Taboris *Frohes Fest* (1981) spielt er zusammen mit seiner Frau ‚Joseph und Maria'.

Konstantin Wecker spielt in Trottas *Schwestern* (1979) einen singenden Buchhalter.

Kapitel V: ALLGEMEINE GRUNDLAGEN DER MUSIKDRAMATURGIE

Dramaturgie (vom griechischen: „ein Drama ins Werk setzen") ist das Wissen um Wesen und Form des Dramas, zugleich auch die Umsetzung dieses Wissens in eine sinnlich-konkrete Gestalt. Musikdramaturgie kann nur ein Teil der allgemeinen Dramaturgie des Films sein: sie beschreibt die Verflechtung von Musik mit den Erfordernissen des Dramas, – der Story, der Geschichte. Musikdramaturgie ist die übergeordnete Gestaltungsweise von Musik im Film: von sich aus tendiert Filmmusik zur bloßen Reihungsform, da sie vornehmlich der Vergegenwärtigung des dramatischen oder lyrischen Moments dient. Filmmusikalische Sinnzusammenhänge müssen sich weniger aus der materialen Beschaffenheit der Musik ergeben, sondern aus der dramaturgischen Richtigkeit, d.h. der Stimmigkeit jedes Musikeinsatzes und seiner Form zum Stand der Geschichte.

Film ist ein „Gesamtkunstwerk". Das Schicksal einer Musik ist mit dem Schicksal des Films, in dem sie enthalten ist, aufs Engste verknüpft. Das weiß jeder Filmkomponist. Eberhard Schoener: *Für mich ist das Traurigste, wenn man einen Untergang mitgehen muß, – wie bei der „Titanic". Man macht manchmal Filmmusiken, die normalerweise erfolgreich sein würden. Sie kann aber wie ein Schiff mit dem nicht gelungenen Film untergehen! Man stürzt hier wahnsinnig tief!* Der Terminus „Gesamtkunstwerk" bezeichnet weniger eine bestimmte Kunstform, als eine kulturelle Strömung. Der Trend zum Gesamtkunstwerk, zu „Überkunst" oder „Allkunst", zum multimedialen Environnement, kann seit dem 19. Jahrhundert verfolgt werden: von der Literatur (Thomas Mann nannte die Konzeption des Romans als „Gesamtkunstwerk" seine „alte Lieblingsidee") bis zum Rockshowspektakel. Richard Wagner hatte 1849 in seiner Schrift *Das Kunstwerk der Zukunft* die Vision vom Gesamtkunstwerk erstmals definiert. Die Idee vom Gesamtkunstwerk hat auch schnell ihre Kritiker gefunden. Zum Beispiel bemängelte Friedrich Nietzsche an Wagners Konzeption genau diejenigen Momente, die im Zeitalter der Massenmedien dann (hier in starker Vergröberung offenliegend) als Fehlleistungen zu erkennen waren: *In das Theater bringt niemand die feinsten Sinne seiner Kunst mit, am wenigsten der Künstler, der für das Theater arbeitet, – es fehlt die Einsamkeit, alles Vollkommene verträgt keine Zeugen... Im Theater wird man Volk, Herde, Weib, Pharisäer, Stimmvieh, Patronatsherr, Idiot – Wagnerianer: da unterliegt auch das persönlichste Gewissen dem nivellierenden Zauber der großen Zahl, da regiert der Nachbar, da wird man Nachbar* (aus: *Nietzsche contra Wagner. Aktenstücke eines Psychologen*, 1895). Gleiches formulierte auch Thomas Mann 1933: *Die Kunst ist ganz und vollkommen in ihren Erscheinungsformen; man braucht nicht ihre Gattungen zu subsummieren, um sie vollkommen zu machen. Das zu denken, ist schlechtes neunzehntes Jahrhundert, eine schlimm mechanistische Denkungsweise*[21]. Auch bei der Diskussion um die Einführung des Tonfilmes, der die Kunstform Film endgültig zum Gesamtkunstwerk werden ließ, durchziehen solche Argumente für eine Reinheit der Kunst die Stellungnahmen. Exemplarisch sei auf den Filmtheoretiker Rudolf Arnheim verwiesen: *Es haftet diesen Zwischenreichen etwas Anrüchiges an. Gute Künstler streben nach dem Mittelpunkt ihres Kunstzweiges. Ihre Qualität besteht gerade darin, daß sie mit unübertrefflich reinen Mitteln arbeitet. Wie steht es nun bei Theater und Tonfilm?*[22]

Die Dramaturgie von Filmmusik hat sich im Miteinander mit den anderen Schichten des Films – z.B. Farbe, Bildgestaltung, Dialog, Geräusche – zu definieren. Bevor aber auf Einzelheiten solcher Dramaturgie von Film eingegangen werden kann, ist durch eine Gegenüberstellung von visueller Schicht und auditiver Schicht Grundlegendes zur Funktionsachse „Auge – Ohr" im Gesamtkunstwerk herauszuarbeiten.

1. Auge und Ohr: Psychologisches und Physiologisches

Das Auge ist ein durch seine Beweglichkeit gerichtetes, gezielt einsetzbares und verschließbares, aktives Sinnesorgan, das gestaltkräftige Informationen über ein in (bisweilen roßer) Distanz sich befindendes, meist spezielles Objekt vermittelt. Das Ohr ist demgegenüber passiv, unbeweglich, kaum gerichtet und nicht verschließbar; es vermittelt (abgesehen vom Sonderfall der Wortsprache) gestaltschwache Informationen, – vorwiegend über die Ganzheit der Umgebung (auch über verborgene, nicht sichtbare Objekte) als diffuses, oft nicht weiter aufschlüsselbares Hörbild. Das Auge ist ein hochorganisiertes Organ, das dem Menschen vor allem bei der Bewältigung differenzierter Leistungen (z.B. im Arbeitsleben und in technischen Bereichen) hilfreich ist: das Gehirn ist mit der Retina des Auges mit über einer Million Neuronen verbunden (Übertragungskapazität: 100 Millionen bit pro Sekunde); das Auge führt aktive Bewegungen (sogenannte „Sakkaden") von etwa 1/20 Sekunde Dauer aus, um immer „im Bilde" zu sein. Das Ohr (dem Adorno etwas „Dösendes" zugesprochen hatte) besitzt eine weit geringere Übertragungskapazität und ist weniger mit dem (für intelligente Leistungen zuständigen) Großhirn, sondern mit dem für das Emotionale und Affektive zuständigen Stammhirn (z. B. Thalamus und limbischem System) verknüpft. Das Sehen informiert uns über die Beschaffenheit und den ‚Zustand' der Umwelt. Das Hören informiert uns in der Hauptsache über das Innenleben unserer Mitmenschen, über ihre Gedanken und Stimmungen.

Das emotional-unbewußte Erfassen der Umwelt und das Fühlen sind die Aufgaben des auditiven Sinnes. Die Verschaltung des Ohrs mit den phylogenetisch ältesten Hirnteilen Thalamus (der wichtigsten Schaltstelle aller vom Körper zur „rationalen" Großhirnrinde aufsteigenden Nervenbahnen) und limbischem System (Steuerzentrum für Triebe und vegetative Reaktionen) ist so intensiv, daß durch Hören von Musik sogar eine hochgradige Unempfindlichkeit gegen Schmerzen erzeugt werden kann. Schmerzbetäubung mittels Musik ist in den USA und in Schweden z.B. bei Zahnbehandlung oder kleineren Operationen (bis hin zur Entfernung der Appendix) bereits weit verbreitet.

Musikalische Abläufe sind in ihrer Struktur dem Ablauf von Gefühlen und Stimmungen, wie sie in den Emotionstheorien beschrieben werden, äußerst ähnlich. Beispielsweise kann das Phänomen einer diffusen Grundstimmung, über der ein spezielleres Gefühl (etwa „Angst") in zeitlich klar gegliederten Schüben sich steigert und dann plötzlich abbricht, sehr eindeutig in Musik umgesetzt werden: die diffuse Stimmung könnte einer konstant sich bewegenden Klavierbegleitung entsprechen, die spezielleren Gefühle einer sich steigernden Melodielinie, die an einem Punkt plötzlich in eine beruhigte Form ohne die Ausdrucksmerkmale von „Angst" übergeht.

Entspricht also das Hören dem Fühlen (als unbewußter Aneignung der Welt), so entspricht das Sehen dem Denken (dem bewußten Aneignen der Welt). Menschliches Denken vollzieht sich nach Art des Sehens. Es ist (nach einer gängigen denkpsychologischen Darstellung) eine assoziative Verbindung von „wahrnehmungsähnlichen Phantasmen", – von Vorstellungen, von Bildern. Die strukturelle Ähnlichkeit zur filmischen Wahrnehmungs- bzw. Darstellungsweise ist frappant: auch hier reihen sich in Raum und Zeit diskontinuierliche Einstellungen, oft bloße Momentaufnahmen, zum Übergeordneten der Sequenz; die Folge der Sequenzen muß dann wiederum durch Interpolation des Nicht-Gezeigten vom Bewußtsein zum Ganzen einer Szene ergänzt werden. Denken (auch das filmische ‚Denken') kann nur-informativ und „eiskalt" sein, d.h. ohne emotionale Eintönung des Gedachten (bzw. des Gezeigten). Symbol mag hier die „kalte" Schlange sein, die nur sieht und durch ihre Taubheit von der Welt der Affekte ausgeschlossen ist.

In Abwandlung der Formulierung des Psychologen Gustave le Bon, alles Ur-Denken geschehe in Bildern, darf festgehalten werden, daß alles Ur-Fühlen in akustischen Signalen sich vollzieht (vom Vogelgesang, der Vorstufe des motionalen Anteils unserer Wortsprache, bis zum Donnergrollen). Emotionales Verstehen war die früheste Form von Welterkenntnis, – nicht nur in der stammesgeschichtlichen Entwicklung der Lebewesen dieser Erde, sondern auch in der Entwicklung der einzelnen Menschen: im pränatalen Stadium des Menschen tritt der Hörnerv (nach dem Gleichgewichtsnerv als zweitwichtigster Nerv) bereits in der 24. Woche in die Markscheidenreife und ermöglicht dem Embryo über den Rhythmus des mütterlichen Herzschlags die affektive Teilnahme an seiner Umwelt. Hören ist für uns eine Ur-Wahrnehmung, auf die wir – bei divergierenden Inhalten der Informationen von Auge und Ohr – im Entscheidungsfalle immer vertrauen. Hören hat etwas Archaisches an sich, das uns in einer nicht weiter definierbaren Ganzheit mit der Welt und den Mitmenschen verbindet. Hören ist kollektiv, vereinend. Ich muß dasselbe Autogeräusch, dieselbe Musik, dieselbe Stimme hören wie mein Nachbar neben mir! Das Sehen hingegen schafft Distanz und ist individuell gesteuert. Das eine Sehen, bedeutet das andere Nicht-Sehen! Durch dieses Abtrennen des Gesehenen von der Ganzheit, durch das Isolieren des Gegenstandes beim Sehen (die Scharfeinstellung der Augen in der Fovea macht alles andere für mich nicht-existent!) bekommt der Akt des Sehens immer etwas

Urteilendes. Joachim-Ernst Berendt schreibt dazu in seinem großartigen Buch *Das Dritte Ohr. Vom Hören der Welt* (1985): *Sehen heißt urteilen. Das Auge urteilt. Das Urteil trennt den Urteilenden vom Beurteilten. Die gesamte abendländische Philosophie – von den Griechen an – ist Philosophie des Urteils... Die Dominanz des Auges ist von Anfang an in ihr angelegt – durchaus auch in einem positiven Sinne: in ihrer Großartigkeit, Vielseitigkeit, Originalität und Stringenz. Einer, der an ihrem Ende steht – Jean-Paul Sartre –, hat das mit der ihm eigenen stupenden Fähigkeit zur Beobachtung seiner selbst, als sei er ein anderer, ausgesprochen: „Noch nie habe ich so deutlich gespürt, daß ich mir den Augen denke", schrieb er als junger Soldat im Elsaß in der entscheidenden Phase seines Lebens, als er zu philosophieren begann.*

Die Wirkung des Hörens auf den Menschen ist keine trübe Spekulation – was die verwendeten Begriffe „diffus", „archaisch", „passiv" oder „unbeweglich" vielleicht nahelegen, sondern kann (zumindest in quantitativer Hinsicht) anhand medizinischer Daten gemessen werden. Mehr als das Sehen löst das Musikhören eine Reihe bedeutsamer Reaktionen im Körper aus: die Atmung kann beschleunigt oder beruhigt werden, ebenso die Pulsfrequenz und der Herzschlag; Messungen des Tonus der Gefäßmuskulatur und des psychogalvanischen Hautreflexes geben Auskunft über die körpereigenen Spannungen; das Elektroenzephalogramm (EEG) registriert Orte und Intensität der Ströme im Gehirn, woraus der Neurologe auf die Qualität der Wirkungen durch Musik schließen kann. Bedeutsam für das Musikhören ist auch die Lautstärke, die in Phon gemessen wird (einige Richtwerte: Flüstern hat ca. 10 Phon, die Zimmerlautstärke 60 Phon, Maschinenräume haben 100 Phon, die Schmerzgrenze liegt bei 140 Phon): bei auditiven Informationen unter 65 Phon kann sich der Hörer durch Bewußtmachung und rationalem Sich-Weigern gegen die Wirkungen von Musik auf den Körper schützen; bei auditiven Informationen über 65 Phon ist Musik nicht mehr nur ein musikpsychologisches Phänomen, deren Einflüsse von der individuellen Disposition abhängt, sondern hinterläßt in jedem Falle starke vegetative Auswirkungen.

Von solch vielfältigen Wirkungen der Musik profitieren nicht nur die Filmmusikdramaturgen, sondern auch Kirche, Militärorchester, Supermärkte, – alle die mittels Musik disziplizieren und motivieren wollen. Bisweilen sind die antriebsfördernden Wirkungen von Musik nahezu unheimlich, – etwa wenn ein seit Monaten im Koma liegender Patient durch Musik rehabilitiert werden kann: *Von Roberts Eltern erfuhr die Therapeutin, welche Musik, welche Band, welche Solisten der Patient früher besonders gern gehört hatte. Mit diesen Songs begrüßte sie ihn nun jeden Morgen, klopfte den Rhythmus sanft auf seine Hand, seinen Arm, sein Bein, sang die Lieder mit, spielte sie auch auf verschiedenen Instrumenten. „Schon beim ersten Mal, als er seine früheren Lieblingstitel hörte, ging ein seufzerähnliches Aufatmen durch Roberts Körper", berichtet die Therapeutin. „Mein Angebot, sich über Berührung mit mir zu verständigen, nahm er freudig auf und signalisierte mir bald durch minimales Drücken mit seinem Zeigefinger auf meine Hand, daß er das Metrum der Musik fühlte und mein Klopfen auf seiner Hand wahrgenommen hatte. Allmählich dehnte sich der Kontakt auf die Augen aus, ich bekam die Andeutung eines ersten Lächelns (Wiederbelebung mit Musik,* in: Süddeutsche Zeitung vom 13.1.1986).

Die Wirkung der Musik beruhte in diesem Fall wesentlich auf dem „affektiven Gedächtnis", – der Verbindung von Erinnerungen mit bestimmten Stimmungen, Gefühlen sowie eben auch mit Musik. Die Gedächtnispsychologie ist weit weniger als früher angenommen unter denkpsychologischen Aspekten zu ergründen, sondern als emotionspsychologisches Phänomen: Gespeicherte Daten des Gehirns (ob persönliche Erinnerungen oder abstraktes Wissen) wurden immer in Kontext einer bestimmten Stimmung oder eines bestimmten Gefühls abgespeichert. Das Abrufen dieser Daten gelingt spontan und leicht, wenn diese Stimmung oder das Gefühl sich wieder einstellen. Die aktuelle Gefühlslage wirkt wie ein Filter, der Erlebnisse aus der Vergangenheit leichter zugänglich macht. Mittel, um sich in bestimmten Stimmungslagen zu halten, sind neben der Musik auch Gerüche: der Weihrauch oder die östlichen Räucherstäbchen sind Hilfen, sich auf das zu konzentrieren, was früher – ebenfalls in Gegenwart solchen Räucherwerks – gedacht und gewußt worden ist; das Parfum einer Frau zentriert den Mann auf die Erlebnisse mit dieser Frau, so oft er von diesem Geruch zu Assoziationen motiviert wird. Für eine Dramaturgie des Films ist dieses Wissen von großem Wert: Schlüsselstellen und dramaturgische Angelpunkte können mit einer Musik als Garant für die Eintönung in eine bestimmte Emotionslage markiert werden. Wird im weiteren Verlauf der Handlung eine Erinnerung an diese Schlüsselstelle gewünscht, so kann über die Musik der Filmbetrachter (oft unbewußt) dazu disponiert werden.

In den „Musikstellen" konzentriert sich der hauptsächliche Inhalt des Films, der dadurch sehr lange im Gedächtnis bleiben kann. François Truffaut auf die Frage, ob er sich vorstellen könne, ohne Musik auszukommen: *Ich weiß, daß mir selbst etwas fehlen würde, da bei mir große filmische Emotionen mehr oder weniger an die Musik gebunden sind. Filmmusik behalte ich leicht, selbst wenn ich sie nur einmal gehört habe, auch Dialoge und die Art, in der einzelne Sätze gesprochen wurden. Ohne Musik würde mir in einem Film etwas fehlen. Auf einer Liste meiner Lieblingsfilme würden sich nicht viele ohne Musik finden, da ich diese wahrscheinlich doch nicht so gern wiedersähe*[23].

Die strategische Ausnutzung der affektiven Gedächtnisleistungen mittels Musik verführt den Musikdramaturgen bzw. Filmregisseur nicht selten zur mechanistischen Anwendung, die das Medium Film in ihrer Glaubwürdigkeit mindert und abstoßend machen kann. Dies war einer der Gründe für Igor Strawinsky, sich nicht zur angebotenen Mitarbeit bei Filmproduktionen in Hollywood zu entschließen: *Die Filmleute bedienen sich der Musik um Gefühlsregungen zu erzeugen und verwenden sie wie ein Parfum, das gewisse Erregungen hervorrufen soll.* – Der Umgang mit Musik und Ton im Film ist eine verantwortungsvolle Angelegenheit, – pathetisch gesagt: eine Sache des Ethos. Der schnellen, sicheren Wirkung im Sinne eines billigen Rezepts sich zu bedienen, ist kaum eine künstlerisches Verhalten, – wohl aber das bewußte Umgehen mit den Freiräumen, die sich beim kreativen Einsetzen der komplementären Funktionen von Auge und Ohr ergeben. Robert Bresson: *Jedesmal, wenn ich ein Bild durch ein Geräusch ersetzen kann, tue ich es. Und ich mache das immer häufiger – das Ohr ist sehr viel schöpferischer als das Auge. Das Auge ist faul, das Ohr dagegen erfindet... Das Gute am Ton ist, daß er auch dem Zuschauer Freiheit läßt*[24].

Sehr poetisch hat auch Jean-Luc Godard in seiner 12teiligen Fernsehserie von 1978, wo er als Reporter mit einem Mädchen im Gespräch ist, die Differenz von Auge und Ohr verdeutlicht[25]:

Godard: *Die Macht, weißt du, was das ist?*
Camille: *Ja.*
Godard: *Wenn du Musik hörst, ist es, weil sie Macht über dich hat?*
Camille: *Ich weiß nicht.*
Godard: *Ein Ton, weißt du, was das ist?*
Camille: *Ja.*
Godard: *Ein Bild?*
Camille: *Ja.*
Godard: *Glaubst du, daß das Bild mehr Macht hat als der Ton, daß es mächtiger ist als der Ton, oder daß der Ton mächtiger ist als das Bild?*
Camille: *Der Ton.*
Godard: *Wenn du an andere denkst, denkst du eher in Bildern oder eher in Tönen?*
Camille: *In Bildern.*
Godard: *Ist deine Mutti eher ein Bild oder eher ein Ton?*
Camille: *Ein Bild.*
Godard: *Und dein Vati?*
Camille: *Ein Bild.*
Godard: *Wenn du nicht existieren würdest und wenn man jemandem sagen müßte, wie sie war, dieses kleine Mädchen, wenn du tot wärst und man sagen müßte, wie du warst, wäre es besser, sich eines Bildes oder eines Tones zu bedienen? Oder mehrerer Bilder und mehrerer Töne? Oder vielleicht von beiden ein bißchen?*
Camille: *Töne.*

2. Bild und Musik: Formen ihrer Zuordnung

Sowohl in zwischenmenschlicher Kommunikation, bei der Wahrnehmung von Realität wie auch in der besonderen kommutativen Situation des Film-Erlebens wird die Aura eines Erlebnisses immer durch Bild und Ton vermittelt. Die durch Bild und Ton vermittelten Informationen sind dabei – wie gezeigt werden konnte – in ihrer Beschaffenheit gegensätzlich und ergänzen sich komplementär, wobei es zu einer wichtigen gegenseitigen Beeinflussung kommt: in der Regel ist das Bild konkret und als unverwechselbare Einzelerscheinung definierbar, der Ton jedoch – mit Ton sind hier Musik oder zumindest musikähnliche Klänge gemeint – allgemein im Ausdruck und in seinem Gehalt weniger definierbar. Das Bild konkretisiert die Musik. Die Musik verallgemeinert das Bild. In den handlungsorientierten Teilen des Filmes dominiert das Bild. In mehr lyrischen Teilen dominiert die Musik, wobei eine starke Musik das konkrete Bild quasi gleichnishaft (d.h. verallgemeinert und nur als Sonderfall exemplarisch vorgestellt) in den Hintergrund rücken kann. Der Wechsel von der Dominanz des Bildes zur Dominanz der Musik oder umgekehrt wird sehr gerne auch als „Ortswechsel" verstanden, – als Übergang von „außen" nach „innen" bzw. „innen" nach „außen" (im Sinne von z.B. dem Äußeren einer Person oder deren Handlung ins Innere, dem vorgestellten Seelenleben dieser Person).

Analoge und digitale Kommunikation

Um die jeweils spezielle Funktion von Bild und Musik zu verdeutlichen, sei auf das Begriffspaar ‚analog – digital' der Kommunikations- bzw. Zeichentheorie verwiesen. Verdeutlichen wir es am Beispiel der Wortsprache.

Der Sprechakt weist zwei Ebenen der Kommunikation auf: Der digitale Anteil des mitgeteilten Inhalts ist der, welcher sich durch die fest umrissenen Bedeutungen der Worte ergibt; er könnte auch in Schriftform fixiert werden. Der analoge Anteil ist der Inhalt, welcher als Stimmklang, Timbre, Lautgestik bzw. als Ausdruck der Sprechstimme unabhängig vom Inhalt des Wortes mitgeteilt wird. In der Regel ergänzen sich digitaler und analoger Aspekt beim Kommunikationsakt. Z.B. kann die Aussage „Heute ist das Wetter schön!" (die in dieser hier vorliegenden Schriftform nur digital kodiert ist) durch stimmgestische (vor- oder untersprachliche bzw. sublinguale) Verstärkung noch gesteigert werden – womöglich unterstützt durch andere nonverbale (= analoge) Faktoren wie Gestik der Hände und Mimik des Gesichts. Die Aussage kann jedoch auch modifiziert werden: durch einen Stimmakzent auf „heute" kommt ein anderer Sinn ins Spiel; durch einen ironischen Unterton auf „schön" kann sie in ihrem Inhalt sogar umgedreht werden und „Heute ist das Wetter schlecht!" bedeuten. Solche Gegenläufigkeit von digitalem und analogem Anteil ist z.B. beim Lügen der Fall. Und genau hier zeigt sich auch die Gewichtung der Anteile für unsere tägliche Kommunikation: wir vertrauen auf den phylogenetisch älteren Teil der Sprache, auf die analoge Kodierung und glauben die Lüge nicht. Die vordergründige digitale Aussage ist unglaubwürdig, wir vertrauen auf die hintergründig-unbewußte Mitteilung im Stimmklang, die uns die Aussage als Lüge entlarvt.

Das Begriffspaar „analog – digital" läßt sich nun leicht mit dem Funktionspaar „Ohr und Auge" oder „Musik und Bild" in Beziehung setzen:

1. Das Auge vermittelt klare, präzise, eindeutige, definierte Inhalte. Die Bilder beim Denken oder im Film sind dabei immer sukzessive angeordnet, so wie in der digitalen Schrift Bedeutung an Bedeutung, Wort an Wort gereiht wird. Bil-

dersprache und Schrift sind hochentwickelte Zeichensysteme, die komplizierte (dem Stadium eines zivilisierten Menschen angemessene) Inhalte vermitteln können.

2. Das Ohr vermittelt (wenn wir vom Sonderfall des Hörens von Wortsprache absehen) ganzheitliche, uneindeutige, stimmungsmäßig Inhalte. Die Eindrücke müssen dabei nicht sukzessive vom Ohr aufgenommen werden, sondern können sich überlagern, aus mehreren Ebenen bestehen (man kann z.B. gleichzeitig zwei Personen zuhören, dazu die Raumatmosphäre aufnehmen und außerdem informiert werden, daß draußen ein Zug vorbeifährt). In der über das Ohr ablaufenden nonverbalen Kommunikation werden keine differenzierten Inhalte vermittelt, sondern nur ganzheitliche Eindrücke und Stimmungen, Verwarnungen, Freudenkundgebungen. Analoge Kommunikation ist vom Ursprung her dem vorzivilisatorischen Stadium des Menschen angemessen und dient z.B. zur Verständigung mit Tieren oder sprachunerfahrenen Kleinkindern. Die nonverbale Kommunikation ist universell. Ihr Verstehen ist unabhängig von Landessprachen und weitgehend an keine Kultur gebunden.

In der Dramaturgie des modernen Films ist zu unterscheiden zwischen dem digital vermittelten Anteil der Informationen (Bildaussage und die Wortsprache des Filmdialogs) und dem analog vermittelten Anteil (Geräusche, Filmmusik, Farbstimmungen u.a.). Die Grenzen sind jedoch fließend: Wortsprache hat vor allem digital eindeutig zu sein, besitzt aber (wie beschrieben) einen starken analogen, „musikalischen“ Anteil. Bildinformationen sind in der Regel sehr exakt und narrativ, sie können jedoch uneindeutig, lyrisch, undefinierbar, übereinandergeblendet (wie eine polyphone Musik) werden. Filmmusik übermittelt ihre Informationen in der Regel analog, sie kann jedoch durch Verwendung einer eindeutig definierten Musik bisweilen auch fast lexikalisch-begriffliche Bedeutungen in einen Bildzusammenhang bringen und dadurch digital funktionieren. In solchen Abweichungen liegt der ästhetische Reiz, der die Rezeption zu einer Entdekkungsreise mit Überraschungen machen kann, – Film wird hier zur Filmkunst.

Im Falle der Filmmusik ist aber festzuhalten, daß sie vorwiegend im Sinne analoger Kommunikation eingesetzt ist. Filmmusik kann sogar als Ersatz für mehrere Schichten analoger Informationen fungieren: Sie ersetzt im Film bisweilen eine fehlende Geräuschkulisse, fehlende Farbwerte, fehlende Stimmungen im Dialog der Schauspieler, ein fehlendes Raumgefühl. Sie kann sogar stellvertretend für jene Schichten einer realen Kommunikationssituation stehen, die von den technischen Möglichkeiten des Films gar nicht erfaßbar sind, wie z.B. Gerüche, Luftdruck, Luftfeuchtigkeit, Wärme, allgemeine Spannungen. Für diese atmosphärischen Konstanten, die für die spezifische Charakterisierung einer realen Erlebnissituation von ungeheurer Wichtigkeit sein können, kennt das Medium Film außer dem Einsatz von Filmmusik bislang keine andere Möglichkeit des Transfers in den filmischen Kontext.

Trotz ihres eindeutigeren und diffuseren Charakters ist die Hörwelt der konkreteren Sehwelt gegenüber nicht im Nachteil. Je nach charakterologischem Menschentyp (Verstandesmenschen sind meistens Augenmenschen – Gefühlsmenschen sind meistens Hörmenschen) wird die Welt des Hörens sogar als die reichere Welt empfunden. Ein Grund dafür liegt in der Mehrdimensionalität des Hörens: Während die Sehwelt mit den drei klassischen Koordinaten Länge – Breite – Höhe ausreichend definiert ist, entfaltet sich das Hören noch zusätzlich in der Dimension der Zeit. Unendlichkeitswirkungen, die musikalisch erzeugt werden können sind im Wesen des Schalls selbst begründet (seit der Psychedelischen Musik der 60er Jahre sind hier die abenteuerlichsten Klangbilder entstanden). Im Ton selbst konkretisiert sich jene Transformierung von Zeit in Raum und Raum in Zeit, die in der Einsteinschen Relativitätstheorie faßlich zu machen versucht wird: mit Verkleinerung der Zeitintervalle (von der Minute zur Sekunde und zur Hundertstel Sekunde) wird aus Zeit ein Ton: eine 440stel Sekunde wird z.B. physisch erlebbar mit dem Kammerton a' von 440 Hertz. Töne jedoch erfassen wir wieder räumlich, – als vorgestellten Tonraum, der aus Zeit bestehend nur in der Zeit sich erstrecken kann, weil er real (d.h. zum Anfassen) gar nicht zu existieren vermag.

Im Moment der „Bewegung" treffen sich die vierdimensionale Hörwelt und die dreidimensionale Sehwelt, da Bewegung nur in der Zeit verlaufen kann, – also die Sehwelt gleichfalls ihre vierte Dimension erhält. Bewegungen im Filmbild sind deshalb ein hervorragender Auslöser für den Einsatz von Ton oder Musik im Film (was eine lange Tradition musikalisch untermalter Autofahrten, Verfolgungsjagden oder Pferderennen beweist). Es hat sogar etwas Gespenstisches und irreal Traumhaftes an sich, wenn eine Bewegung im Bild ohne den dazugehörenden Ton oder eine ersatzweise Musik zu sehen ist. Dieses Gespenstische kann noch erhöht werden, wenn eine dem Bild widersprechende Schallinformation unterlegt wird. Dies geschieht z.B. in Herbert Achternbuschs *Servus Bayern* (1977), wo zum Bild lachender, tanzender und klatschender Leute in Italien nur Wind- und Wolfsgeheul aus Grönland erklingt; in einer ähnlichen Szene in Werner Herzogs *Nosferatu* (1979), wo zu tanzenden und teils musizierenden Leuten auf dem pestverseuchten Marktplatz nur eine leise Chormusik ohne jede Andeutung eines realistischen Geräuschs erklingt; ferner in Helma Sander-Brahms *Deutschland bleiche Mutter* (1979), wo Lene auf dem Rudererball mit ihrem zukünftigen Mann tanzt, man wohl ihren Dialog und eine bedrohliche glockenartige Klaviermusik, aber nichts von der Tanzmusik hört, nach deren Rhythmus sich doch alle Paare geheimnisvoll bewegen.

Bewußte und unbewußte Wahrnehmung von Musik

Bilderwelt und die Wortsprache im Film werden bewußt rezipiert, – nicht zuletzt, weil der Filmbesucher mit seiner Wahrnehmung intentional auf diese Bereiche fixiert ist. Filmmusik hingegen wird wesenhaft kaum bewußt rezipiert: So wenig wie man beim Gespräch mit einem Menschen auf dessen Stimmklang, Gestik oder Körpergeruch achtet (obwohl paradoxerweise gerade von diesen analogen Informationen unser Sympathiegefühl und der Grad unserer positiven Einschätzung abhängen), so wenig achtet man im Film auf die Musik; Voraussetzung ist allerdings, daß der Inhalt des Gesprächs ein wichtiger und der Inhalt des Films ein aufmerksamkeitsfordernder ist. Ist das Gespräch allerdings von Pausen unterbrochen und wenig auf ein Thema konzentriert, dann können die analogen Signale des Gesprächspartners von größerer Bedeutung werden. Gleiches gilt für Filme, die keine spannende Erzählhandlung (womöglich in verschachtelten Erzählformen und mit raschen Bildschnitten) exponieren: hier kann die Ebene der Musik durchaus dominieren und sehr bewußt aufgenommen werden. Allerdings sind solche Gespräche in unserer von Betriebsamkeit gezeichneten Zeit und solche Filme in unserer vom amerikanischen Erzähl- und Handlungsfilm geprägten Zeit nicht häufig vorzufinden.

Die unter- und unbewußte Wahrnehmung von Filmmusik besagt nichts über einen untergeordneten Stellenwert innerhalb der Filmdramaturgie. Je unbewußter Musik wirkt, desto mehr kann sie den Bildbetrachter in einem vom Filmemacher gewünschten Sinne konditionieren und seine Rezeption des Bildes stimulierend lenken. Die suggestige Kraft, die auf diese Weise von der Musik ausgeht, kann den Zuschauer für emotionale Gehalte des Filmbildes sensibilisieren und ihn für die Wahrnehmung der analogen Bildgehalte (Farbstimmungen, Bewegungsgefühle, visuelle Archetypen) öffnen. Sie macht ihn aber im gleichen Maße für die rationalen Inhalte des Filmes (z.B. für eine sozialkritische Botschaft des Filmautors) unempfänglich. Akustische und visuelle Informationen stehen dann in einem Konfliktverhältnis: die Musik setzt die Zurechnungsfähigkeit des Kinobesuchers herab, macht ihn verführbar. Der Kinobesucher ist umso anfälliger für solche Wirkungen der Musik, je mehr er von seiner psychologischen Konstitution für narzißtische Gefühle anfällig ist. Musik – aus einer Welt der Objektlosigkeit kommend und allvermögend – bietet dem Narzißten das billige Gefühl einer Überhöhung an, die ihm eine emotionale Einheit mit der ganzen Welt, seinem geliebten Objekt, verspricht. Harm Willms: *Hier sind Gefühle, dies sind nicht Zeichen, die Gefühle bedeuten. Ganz wesentlich ist es dieser Schwerpunkt des narzißtischen Erlebens, der die musikalische Kunst von der Dichtkunst und Literatur unterscheidet. Dieses narzißtische Erleben, das Freud in Anlehnung an Romain Rolland das „ozeanische Gefühl" genannt hat, ist es, was den Menschen über die Welt erheben kann*[26].

Es gibt Regisseure, für die das Vermitteln solchen ozeanischen Gefühls ein zentrales Anliegen ihrer Filme ist – ich denke an das Unendlichkeitsverlangen in Werner Herzogs Werken –; es gibt aber auch Stimmen, die (u.a. der Reinheit des filmischen Prinzips wegen) vor einem solchen (Ab)Usus warnen. Felix Hofmann im Januarheft der Zeitschrift *Filmkritik* (1980): *Gegen Musik. – Das tägliche Leben, nur mit den Ohren wahrgenommen, wäre eine nicht auszuhaltende Bedrohung. Die Ohren betrügen. Sie sind sehr viel leichter zu erschrecken als die Augen. Und es ist eine Hilflosigkeit in ihnen, die zu korrigieren eine ständige Aufgabe der Augen ist. Umgekehrt heißt das, die Ohren sind sehr viel leichter zu beschwichtigen als die Augen. Die Ohren betäuben. – Mit Musik kann man jeden hinters Licht führen. Denn das Hören mit geschlossenen Augen ist mehr oder we-*

niger in jeder Musik angelegt. Die Ohren sollen alle übrigen Sinne ersetzen. Es ist ein Hören im Halbschlaf, ein Hören kurz vor dem Vergessen. Fürs Vergessen gibt es eine lange Tradition. Die Tradition des Zeitvertreibs.

Unter den Typen des Musikhörens, die Theodor W. Adorno verdienstvoll herausgearbeitet hat[27], ist das strukturelle Hören jenes, das (indem es vergangene, gegenwärtige, künftige Momente rational zusammenfaßt) in voller Bewußtheit sich vollzieht und gegen die verführerischen Momente der Musik schützt. Daneben gibt es den Typus des Unterhaltungshörers (dessen Hören dem Rauchen ähnelt: erst beim Aufhören wird einem eine Sache bewußt) und den Typ des emotionalen Hörers. Letzterer Hörtypus scheint für die Aufnahme von Filmmusik prädisponiert zu sein. Das Gehörte *wird ihm wesentlich zur Auslösung sonst verdrängter oder von zivilisatorischen Normen gebändigter Triebregungen, vielfach zu einer Quelle von Irrationalität, die den in den Betrieb rationaler Selbsterhaltung unerbittlich Eingespannten überhaupt noch gestattet, irgend etwas zu fühlen. Häufig genug hat er kaum mehr mit der Gestalt des Gehörten zu tun: die Funktion ist überwiegend jene auslösende ... Die Unmittelbarkeit seines Reagierens geht zusammen mit trotziger Verblendung gegen die Sache, auf die er reagiert. Er will nichts wissen und ist daher von vornherein leicht zu steuern. Die musikalische Kulturindustrie plant ihn ein.*

Das bewußte, intelligente und analysierende Hören läßt Emotionen kaum zu und läßt – was sich medizinisch leicht feststellen läßt – nur wenige jener Wirkungen auf den Körper zu, auf denen die konditionierenden Effekte herkömmlicher Filmmusik beruhen: beispielsweise zeigt beim strukturellen Hören das EEG nur geringe Frequenzerhöhung und Amplitudenminderung, beim emotionalen Hören aber eine Alpha-Wellen-Supression als Zeichen der Verlagerung der Hirnstromaktivitäten vom Großhirn auf den Hirnstamm, d.h. der Verlagerung der Aufmerksamkeit vom kommunikativen zwischenmenschlichen Raum auf den psychischen Innenraum[28].

Das emotionale Hören ist das weitaus älteste. Es charakterisierte das Musikhören seit den magischen Zeitaltern, wo Musik, Religion, Medien, Tanz und Welterkenntnis noch eine Einheit bildeten. Auch die romantischen Hörgewohnheiten, die – im Kontext der bürgerlichen Ästhetik des 19. Jahrhunderts sich ausbreitend und noch heute die Hörgewohnheiten weitgehend bestimmend, sind dem Typus des tendenziell unterbewußt rezipierenden emotionalen Hörens zuzuordnen.

„Musik als Ausdruck", „Ausdruck" selbst als ein in der Körpersprache des Menschen angelegtes universelles Zeichensystem (gekoppelt mit Mimik, Gestik, psychischer Konstitution als Faktoren analoger Kommunikation), – das sind die Prämissen romantischer Ästhetik und Musikauffassung. Man begegnet ihnen im musikästhetischen Schrifttum (etwa in Hauseggers *Ästhetik aus dem Inneren*), in den Essays und Gedichten der Literaten (von E.T.A. Hoffmann bis Novalis oder Hölderlin) sowie in den Traktaten der Philosophen, – allen voran Hegel und Schopenhauer. Bezeichnend für die Philosophie des deutschen Idealismus wird nicht das Äußere (das sich den Augen als Bild kundgibt), sondern das Innere (das vor allem dem Ohr zugänglich ist) als das Wesen der Welt betrachtet. Arthur Schopenhauer: *Deshalb eben ist die Wirkung der Musik so sehr viel mächtiger und eindringlicher als die der anderen Künste; denn diese reden nur vom Schatten, sie aber vom Wesen* (aus: *Die Welt als Wille und Vorstellung,* Band I).

Es ist erstaunlich, wie Richard Wagners ganz auf Schopenhauers beruhende Kunstphilosophie die Grundzüge modernen medzinisch-psychologischen Wissens antezipiert hat. Viele objektive beschreibbare Funktionen von Musik im Film stehen in grundsätzlicher Übereinstimmung mit den Funktionen der Musik in Wagners Musikdrama. War Richard Wagner vielleicht gar der erste Filmkomponist in der Musikgeschichte und der Film sein „Kunstwerk der Zukunft"?[29]

In seiner Schrift *Beethoven* (1870) unterscheidet Wagner in Schopenhauerscher Begrifflichkeit zwei dem Hören und Sehen zugeordnete Wahrnehmungsweisen. *Vermöge der Funktionen des wachen Gehirnes* wird eine als Objekt außerhalb des Menschen liegende Welt geschaut, mittels des *Traumorgans, einer nach innen gerichteten Funktion des Gehirnes,* wird eine zweite, *nicht minder anschaulich sich kundgebende Welt* gesehen. *Schallwelt* und *Lichtwelt* verhalten sich wie der Traum zum Wachen; *wie die anschauliche Welt des Traumes doch nur durch eine besondere Thätigkeit des Gehirnes sich einbilden kann, tritt auch die Musik nur durch eine ähnliche Gehirnthätigkeit in unser Bewußtsein; allein diese ist von der durch das Sehen geleiteten Thätigkeit gerade so verschieden, als jenes Traumorgan des Gehirnes von der Funktion des im Wachen durch äußere Eindrücke angeregten Gehirnes sich unterscheidet.* Das *Sehen der Gegenstände an sich* läßt *kalt und teilnahmslos, erst aus dem Gewahrwerden der Beziehungen der gesehenen Objekte zu unserem Willen* – die unmittelbare Äußerung des Willens ist aber der Ton – entstehen dann *Erregungen des Affekts*[29].

Auch für Richard Wagner stehen akustische und visuelle Wahrnehmung in einem Konfliktverhältnis. Durch den *traumartigen Zustand,* der ein Musikhören begleitet, wird der Sehsinn so *depotenziert, – daß wir mit offenen Augen nicht mehr intensiv sehen. Wir erfahren dieß in jedem Konzertsaal während der Anhörung eines uns wahrhaft ergreifenden Tonstückes, wo das Allzerstreuendste und an sich Häßlichste vor unseren Augen vorgeht, was uns jedenfalls, wenn wir es intensiv sähen, von der Musik gänzlich abziehen würde und sogar lächerlich gestimmt machen würde.* Belege für die Richtigkeit dieser Feststellung findet man in der Filmgeschichte in Fülle, – angefangen von der berechtigten Angst des Filmemachers, die Musik könne von seiner bildkünstlerischen Gestaltung ablenken, bis hin zum ‚Überspielen' technischer oder dramaturgischer Mängel des Films mittels Filmmusik, oder bis zur Faustregel, daß ein Film umso mehr nach Musik verlangt, je traumhafter, realitätswidriger, märchenhafter und phantastischer sein Sujet ist.

Der Kern des Wagnerschen Gesamtkunstwerkes, auf das die Funktionen von Auge und Ohr ausgerichtet sind, ist das „Drama", womit weder ein Text noch eine extrahierbare Handlung gemeint ist (Filmleute sagen dazu „die Geschichte"), sondern eine vorgestellte Ganzheit, *das aus unserm schweigenden Innern zurückgeworfene Spiegelbild der Welt* (Brief an H. v.Stein am 31.1.1883). Ist alles auf diesen Kern gerichtet, dann tritt für Wagner der Zustand *jener idealen Täuschung bei, die uns wie ein dämmerndes Wähnen, in ein Wahrträumen des nie Erlebten einschließt.* Da das Gesamtkunstwerk „Film" auf einer ähnlichen Funktionsachse Auge – Ohr gelagert ist, kann auch filmisch dieser Zustand der *idealen Täuschung* erreicht werden, obwohl die Welt hier doch zunächst als ein – vor dem Kameraobjektiv sich befindendes – „Äußeres" vorliegt. Es sind jedoch die subjektive Kraft und die Subjektivität des Filmautors, die Film zu einer inneren Wirklichkeit machen. Filmmusik trägt hierzu (vor allem wenn die subjektive Kraft des Filmautors zur Verinnerlichung nicht ausreicht!) maßgeblich bei.

Auch der Kinobesucher kennt am Ende einer Aufführung die von Wagner skizzierte psychische Zuständlichkeit, daß *es Jeden etwa unbegreiflich dünken möchte, wie er es nun anfangen sollte, ruhig nach Hause zu gehen und in das Geleis einer Lebensgewohnheit zurückzutreten, aus welcher er sich undenklich weit herausgerissen empfand.* Das Moment der lustvollen Regression, das für viele Kinobesucher jenes Faszinosum darstellt, das immer wieder zum Anschauen von Filmen motiviert, der Zauber einer aus akustischen wie visuellen Ur-Symbolen zusammengesetzten vorbegrifflichen Sprache, verbindet aufs Engste das Medium Film mit dem Phänomen Oper. Hans-Christian Schmidt: *Denkbar also und höchst wahrscheinlich, daß wir, indem wir die Oper betreten, uns nicht nur auf ein affektives Abenteuer ohne Konsequenzen einlassen, sondern daß die Oper ein Residualbezirk ist, in welchem die frühkindlichen Erinnerungen wachgehalten werden: eine Welt, in der die Notwendigkeit von taktischen Verhaltens- und Gefühlskompromissen außer Kraft gesetzt ist. In diesem Sinne wäre die Affinität zur Oper allemal regressiv, sie vermittelt eine Gefühlserfahrung, die wir seit den Tagen, wo man uns Märchen erzählte, hinwegzivilisiert haben... Diffuse Kindheitserinnerungen, etwa an das Mädchen, das seinen zwölf verwunschenen Brüdern Hemden aus Nesseln strickt und diese dann erlöst, lassen uns die Senta im „Fliegenden Holländer" nicht nur als idealtypisch gezeichnete Figur erscheinen – sie kommt uns auch irgendwie bekannt und damit plausibel vor. Zur gleichen Zeit aber auch – und das betrifft die opferbereite Senta ebenso wie den frech-widerspenstigen Tannhäuser – absurd und irrational, sofern wir uns aus dem Märchen, aus diesem inszenierten Traum zurückziehen und mit dem Mantel, den wir aus der Garderobe abholen, unsere Alltagsvernunft zurückerwerben. So lange aber das Spiel läuft, befindet sich der Zuschauer und Zuhörer in Regression gehalten, in einem Zustand, den die Psychoanalyse als das wesentliche Kennzeichen der Traumtätigkeit deutet*[30].

Filmmusik als „Innerlichkeit" des Bildes

Das subjektive Erleben von Musik als innerer Ausdruck eines zu sehenden Äußeren, das die Ästhetik des 19. Jahrhunderts zentral durchzieht (in den Programm-musiken und musikalischen Landschaftstableaux romantischer Sinfonik ist die Innerlichkeit lebloser Objekte deutlich zum musikalischen Thema geworden), feiert in der Filmmusik fröhliche Urstände. Es gehört bereits zu den Elementarkenntnissen des Film- und Fernsehzuschauers, eine erklingende Musik auf die Person bzw. das Objekt zu beziehen, sind beim Einsatz eines Musikstückes zentral im Bild die oder deren filmische Existenz die meisten Synchronpunkte mit der untermalenden Musik aufweist. Typisch: Großaufnahme eines Gesichts – Musik setzt ein – die Musik wird als Innerlichkeit (als Emotion oder Ausdruck) dieser Person interpretiert. In Kulturfilmen führt dies zu einem Anthropomorphismus, zu einer Ästhetisierung der Natur aus menschlicher Sicht. Typisch: eine Bergwand im Nebel – eine große, mächtige Musik setzt ein – der Berg erhält eine Innerlichkeit und scheint z.B. menschenbedrohend.

Daß der Filmbetrachter Musik und Bild aufeinander beziehen kann, setzt ein Doppeltes voraus: die Musik muß irgendwelche erkennbare Analogien zum Bild aufweisen (das ist in der Regel vom Komponisten und dessen filmmusikalischer Intuition zu lösen); das Bild und die Musik müssen in Einsatz, Schnitt, Tonmischung eine Koppelung eingehen (das ist die Aufgabe des Regisseurs). Prinzipiell hat der Regisseur zwei Möglichkeiten der Musikverwendung. Er kann a) die Musik als selbständige und kommentierende Schicht im Film belassen, oder b) die Musik dramaturgisch so einsetzen, daß sie ganz mit Personen oder Objekten bzw. Situationen im Film verwoben scheint. Im ersten Fall ist Musik meistens bewußt hörbar und schafft eine Distanz zwischen Filmbetrachter und Bild; im zweiten Fall ist Musik meistens nicht bewußt wahrgenommen, weil sie aus der Innerlichkeit der Personen zu kommen scheint und man (bei action bzw. hohem digitalen Informationsniveau) sich auf die äußeren Vorgänge konzentriert. Die großartigen

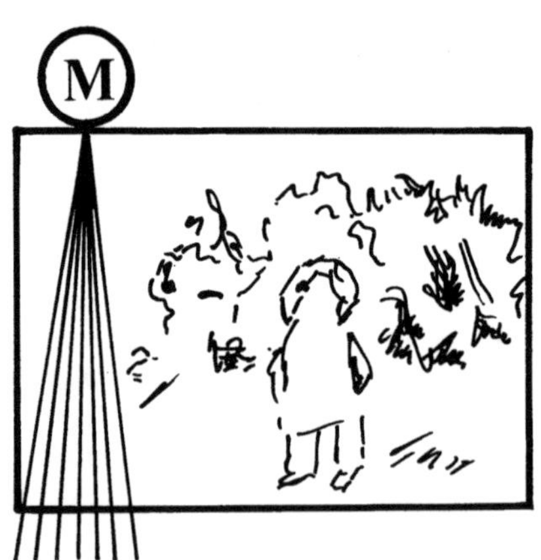

„Filmmusik" als eigene Schicht des Filmbildes; selbständig und bewußt gehört.

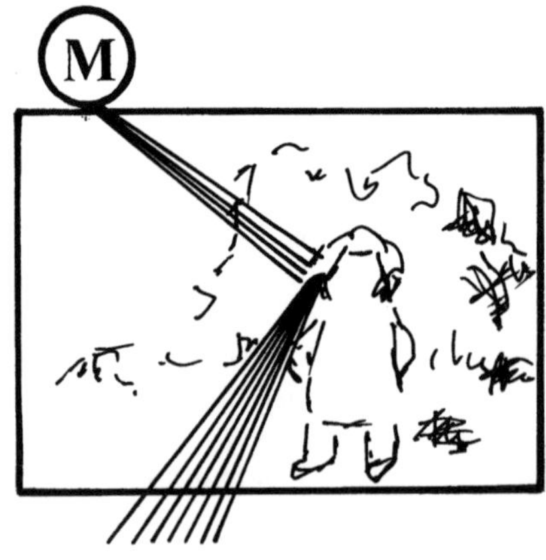

„Filmmusik als „Innerlichkeit von Personen bzw. Objekten; unselbständig und unbewußt gehört.

und „umwerfenden" Wirkungen der Filmmusik bestehen meistens in der unmittelbaren Koppelung von Musik an Objekte bzw. Personen des Films. Drei Beispiele zur Verdeutlichung:

1. In Werner Schroeters *Palermo oder Wolfsburg* (1980) ist die ganze Tonkulisse (Musik, Dialoge, Geräusche) nie als objektive Realität zu verstehen, sondern immer gefiltert durch die Person des Hauptdarstellers Nicola Zarbo. Z.B. sind einmal die sprechenden Personen im Gerichtssaal mit verzerrten Stimmen zu hören (teilweise in mehreren Schichten). Dazu erklingt eine Collage von Musiken. Das alles ist als Tonsubjektive des durch den Gerichtsprozeß überforderten (und dann auch zusammenbrechenden) Nicola zu verstehen. Keinen Zweifel daran lassen die Einsätze der hauptsächlichen Filmmusik (das Violinkonzert von Alban Berg), die fast ausschließlich an eine Großaufnahme des Kopfes von Nicola gekoppelt sind.

2. In Hans W. Geissendörfers *Ediths' Tagebuch* (1983) sind die Einsätze des Hauptthemas (Klavier und Streichorchester) so gelegt, daß die Musik eindeutig als Repräsentant von Ediths zunehmender Verwirrung und Flucht in ihre fiktive Welt des Tagebuchs aufgefaßt wird. Die Bindung der Musik an Edith (dramaturgisches Prinzip: alles was durch den Filter dieser Musik hindurch gesehen wird, ist Ediths Tagtraum) wird so stark, daß der Zuschauer schließlich selbst bei hartem Schnitt in eine andere Szene eine neue Einstellung sofort auf Edith bezieht, wenn dazu die Musik erklingt.

3. In Alexander Kluges *Macht der Gefühle* (1983) wird z.B. Richard Wagners *Parsifal*-Vorspiel als Innerlichkeit der abgefilmten Bankhochhäuser empfunden: die an sich toten Bankhäuser erhalten einen weihevollen und sakralen Ausdruck, die Banken scheinen zum Hort des Grales (sprich: des Kapitals) geworden zu sein. Dieser Filmausschnitt – sowie sehr viele parallele Stellen in Kluges Filmen – machen deutlich, wie „vereinnahmend" Musik sein kann: sichtlich kompiliertes Dokumentarfilmmaterial wird durch Musik „persönlich" gemacht und kann somit widerstandslos in den Film integriert werden (oft unter Erzielung derselben Innenspannung wie in einem inszenierten Spielfilm).

Filmmusik ist jedoch nicht bloß das heilbringende Mittel, das einem leblosen und gefühllosen Bild endlich die Seele und die Belebtheit zuführt! Diese Gleichung wäre zu einfach. Musik kann umgekehrt auch durch das Bild ungeahnte Größe und Lebendigkeit erhalten: Ist ein Film gut inszeniert und geht die Handlung auf einen Punkt zu (egal ob im dramatischen, tragischen oder lyrischen Sinne), – dann kann eine Musik, die in diesem Punkt einsetzt, auch in simpelster Form (manchmal genügt ein Basston) umwerfende Wirkung erzeugen. Ein Konzertpianist kennt dieses Phänomen zur Genüge: er kommt in den Konzertsaal, 400 Personen sitzen gespannt und nur leise atmend, er setzt sich an den Flügel, Totenstille... dann spielt er einen einzigen, ganz einfachen Akkord (etwa das G-Dur zu Beginn von Beethovens 4. Klavierkonzert), – dieser einfache Akkord wird zur

Offenbarung und scheint überirdisch schön! Warum? Es ist nicht die besondere strukturelle oder materiale Beschaffenheit der Musik, die hier die Wirkung auf das Publikum ausübt (derselbe Akkord am häuslichen Klavier gespielt kann lächerlich einfach klingen), sondern die Situation als Ganzheit. Genauso schafft der Filmregisseur echte, knisternde Situationen, – dann kommt die Filmmusik zum Einsatz (ein einfacher G-Dur Akkord genügt), – himmlisch ... Und alle Theoretiker rätseln nun, weshalb diese „Filmmusik" filmisch sei, was ihre besondere Struktur sei, was die Merkmale von Filmmusik seien ... Nichts von alledem! Filmmusik ist die Musik, die vom Filmautor (und eventuell vom Komponist) so in den Film eingebracht ist, daß sie mit der momentanen Filmsituation (meist sind es „hochgestimmte" Situationen wie bei unserem Konzertsaalpianisten) eine dramaturgische Einheit bildet. Dazu der Komponist Piet Klocke: *Bild und Musik sind wie zwei alte Freunde. Beide gehen ihren Weg allein. Sind sie aber zusammen, dann ergänzen sie sich, – im Guten wie im Schlechten. Sieht man den einen auf der Straße, denkt man sich oft sofort den anderen dazu, und umgekehrt.*

Die enge Bindung von Bild und Musik im Film kommt nicht wenig auch durch ihre gemeinsame technische Bedingtheit zustande. Bild und Musik sind auf demselben Kunststoffstreifen konserviert, denselben Abnützungen unterworfen, werden vom selben Reproduktionsgerät zum Leben erweckt, sie können sich nie verselbständigen. Musik kann in solchem Rahmen viel leichter als Innerlichkeit des Visuellen, und umgekehrt das Visuelle als musikauslösende Situation verstanden werden, als etwa bei der Musik während Theateraufführung. Diesen wichtigen Unterschied zwischen Bühnenmusik und Filmmusik umschreibt Peer Raben: *Der Unterschied liegt vor allem darin, daß die Schauspieler auf der Bühne lebendig und präsent sind, die Musik aus der Leinwand aber sofort vorstellungsmäßig aus den Köpfen der abgebildeten Menschen kommt, z.B. als deren Gedanken und Stimmungen. Auf der Bühne funktioniert das nicht. Man kann dort die Musik kaum so „in" den Schauspieler legen, wie man es vom Film her gewohnt ist. Die Musik auf der Bühne ist immer ein Ereignis für sich, das getrennt von der Handlung wahrgenommen wird und sich auch kaum in die Handlung einbinden läßt. Wenn ein Regisseur auf der Bühne eine Szene so bauen will, daß sie wie eine Filmszene funktioniert, dann muß er lange tüfteln (mit Ausstattung, Licht, Schauspielerführung). Dann kann man auch als Komponist filmmusikähnliche Wirkungen erreichen. Es funktioniert aber meist nur für Momente.*

Systematik der „Bild-Musik"-Zuordnungen

Theoretiker des Films und der Filmmusik haben immer wieder versucht, die vielfältigen Möglichkeiten der Beziehung von Bildebene und Musikebene zu kategorisieren. Ohne nennenswerten Erfolg übrigens. Der Grund liegt vermutlich darin, daß sowohl das Bild und seine Handlung wie auch die Musik weitaus vielschichtiger sind, als daß sie auf einen Aspekt reduziert werden dürfen. Insbesondere Musik mit ihrer Polyphonie des Ausdrucks kann sehr komplex angelegt sein: eine Komposition kann nervös und ruhig, auch den Raum darstellend und psychologisierend, formal den Film interpunktierend und zudem unterschwellig sein. Welche Funktion dieses z.B. auf sechs Ebenen bedeutsamen Musikstücks soll nun mit einem Bild in Beziehung gesetzt werden? Die meisten Kategorisierungen werfen mehr Fragen auf, als sie beantworten können. Um die Problematik der Kategorisierungsversuche deutlich zu machen, seien die wichtigsten hier skizziert:

1. Hans Erdmann/Guiseppe Becce, *Allgemeines Handbuch der Film-Musik* Berlin-Leipzig 1927: *Expression* ist das Charakteristikum jener Musik, die sich in ihrem Ausdruck an den szenischen Ausdruck wendet; *Incidenz*-Musik ist Musik, die als Bildton motiviert ist. Zwischen expressiver Musik und Incidenzmusik steht die *deskriptive* Musik, die sich zum Bild eher äußerlich verhält.

2. Zofia Lissa, *Ästhetik der Filmmusik*, Berlin-DDR 1965: in einem großartigen Systematisierungsversuch wird auf eine knappe und stark abstrahierende Kategorisierung verzichtet, stattdessen eine Reihe noch heute überdenkenswerter Funktionen von Musik vorgeführt, – z.B. *Illustration* (von Bewegungen oder Geräuschen), *Musik als Kommentar, Musik als Ausdrucksmittel psychischer Erlebnisse, Musik als Repräsentation des dargestellten Raumes, Musik als Zeichen von Willensakten* und vieles mehr.

3. Hansjörg Pauli, *Filmmusik: ein historisch-kritischer Abriß* (1976; dann modifiziert 1977 und 1981)[31] : Musik kann *paraphrasierend* sein (ihr Charakter ist dann unmittelbar aus dem Charakter des Bildes abgeleitet), oder *polarisierend* (Musik schiebt neutrale oder ambivalente Bilder kraft ihres eindeutigen Charakters in eine bestimmte Ausdrucksrichtung), oder *kontrapunktierend* (Musik widerspricht klar dem Bildinhalt).

4. Wolfgang Thiel, *Filmmusik in Geschichte und Gegenwart*, Berlin-DDR 1981: nach dieser Darstellung stehen dem Komponisten drei prinzipielle Arten der Bild-Ton-Verbindung zur Verfügung:
   1. *Bildillustration* („underscoring" und „mickey mousing" im amerikanischen Fachjargon),
   2. *Affirmative Bildinterpretation und -einstimmung („mood technique")*
   3. *Kontrapunktierende Bildinterpretation und -kommentierung (dramaturgischer Kontrapunkt").*

Das vorliegende Buch will diesen Kategorisierungen keine neuen hinzufügen. Statt dessen wird vorgeschlagen, alle triadischen Modelle als zu komplex und verwirrend wegzulassen und die Möglichkeiten der „Bild-Musik"-Zuordnungen im Spannungsfeld eines bipolaren Modells zu orten:

- Auf der einen Seite dieses Modells steht dann eine illustrative, untermalende, paraphrasierende, expressive Filmmusik – eine Filmmusik die ausdrucksmäßig stark mit den Bildern und der szenischen Handlung verknüpft ist, eine Musik, die als „Innerlichkeit" eher unterbewußt gehört wird...

- Auf der anderen Seite dieses Modells steht eine kontrapunktierende, kommentierende Filmmusik, die einen intellektuellen Oberton in den Film bringt, eine Musik, die als eigene Schicht des Films vorwiegend bewußt wahrgenommen wird.

3. „Filmmusik" als Zeichensystem: Innovation und Verschleiß

Mehr als andere Musik ist Filmmusik durch ihren Zusammenhang mit realen Situationen und ihr Funktionieren in Kommunikationsprozessen definiert. Filmmusik ist ein Sprachsystem und kann deshalb zur Veranschaulichung ihres Funktionierens unter den Aspekten der Semiotik, – der allgemeinen Zeichentheorie – betrachtet werden. Eine semiotische Beschreibung von Filmmusik fehlt bislang. Sie soll auch in unserem Rahmen nicht geleistet werden. Es geht hier vielmehr nur darum, die Denk- und Begriffsschärfe der Semiotik (und allenfalls einige Fachausdrücke wie z.B. das schon eingeführte Begriffspaar „analog-digital") zur Verdeutlichung der Überlegungen zuhilfe zu nehmen. So ist bereits die Definition eines „Zeichens" durch die Aspekte

1. Syntax (der grammatische Aspekt; die Relation „Zeichen zu Zeichen"),
2. Semantik (der Bedeutungsaspekt; die Relation „Zeichen zu Bezeichnetem") und
3. Pragmatik (der Benutzungsaspekt; die Relation „Zeichen zum Zeichenbenutzer") für das Verstehen von „Filmmusik" sehr hilfreich. In der Gültigkeit für alle Sprachsysteme wird hier nämlich für Filmmusik ausgesagt:
   a) Musik darf nicht nur rein syntaktisch (d.h. als innermusikalisch definiertes Phänomen) erfaßt werden;
   b) Musik wird stets mit „Bedeutung", d.h. mit einem kommunikativen Inhalt, eingesetzt (wobei mit „Bedeutung" nicht lexikalisch verengt ein in Worten ausdrückbarer Inhalt gemeint ist);
   c) die Verwendung von Musik geschieht nicht im abstrakten Raum sondern hat den Zeichenbenutzer als Kategorie zu berücksichtigen, d.h. Filmmusik muß eine Sprachform sein, die verständlich ist.

Gerade der letzte Aspekt (der Aspekt der Pragmatik) ist für die filmmusikalische Komposition grundlegend: es hat wenig Sinn, in einer Komposition ein ganz persönlich definiertes Sprachsystem zu entwickeln (was z.B. in einer Avantgarde-Komposition von großem Reiz sein kann); Filmmusik muß schnell (nämlich gleichzeitig mit dem Dialog, mit der Bildersprache u.a.) auffaßbar sein und darf – das wäre ein musiksoziologischer Aspekt – sich nicht an eine Minderheit speziell musikalisch gebildeter Filmbetrachter wenden.

Das semiotische Dreieck „Syntax – Semantik – Pragmatik" erklärt ferner sehr deutlich, warum Filmmusik oft von einfacher struktureller Beschaffenheit sein kann: Oft genügt ein ganz einfacher Ton oder ein Akkord mit einer bestimmten

Klangfarbe, um das filmmusikalische „Zeichen" zu einer „Mitteilung" mit umwerfender Wirkung zu machen, — dann nämlich, wenn auf der Ebene der Semantik durch den Bild- und Handlungsverlauf auf das musikalische Zeichen ein hohes Bedeutungspotential projiziert wird. Vereinfacht formuliert: ist auf der Ebene der Semantik „etwas los", dann genügen auf der Ebene der Syntax die einfachsten musikgrammatischen Operationen, um eine große Wirkung zu erzielen.

„Filmmusikalisches Denken" darf sich nicht auf den syntaktischen (innermusikalischen) Aspekt von Filmmusik beschränken, wie es beim „musikalischen Denken" (einem „Steckenpferd" der bürgerlichen, von den inhaltlichen Implikationen abstrahierenden Musikästhetik) oft geschieht. „Qualität" von Filmmusik ermittelt sich nicht aus der Struktur der Musik an sich, sondern nur aus dem Grad des Funktionierens auf syntaktischer, semantischer und pragmatischer Ebene zugleich. Viele Werturteile über Filmmusik sind daher falsch, — etwa wenn in einem Buch zu lesen ist: *Die Filmmusik von Hans Werner Henze zeigt sich ebenfalls nicht auf der Höhe seiner sonstigen Kompositionen; die harmonische Simplizität seiner Musik zu Schlöndorffs „Der Junge Törless" (1965) wäre in einer seiner Sinfonien undenkbar*[32]. Solche „Qualitäts"anforderungen an Filmmusik sind unsinnig und verkennen die spezifischen Erfordernisse des „Filmmusikalischen Denkens".

Es ist Aufgabe des Komponisten, aufgrund von intuitivem Verständnis kommunikativer Zusammenhänge musikalische „Zeichen" (musikalische Bausteine) zu finden, die der Hörer in Bezug zu Bildern und Bildvorgängen setzen kann. Eine Reihe von Analogien zwischen Musik und Bild erleichtern dem Komponisten seine Arbeit: Musik kann z.B. zeichenhaft sein durch Analogie zwischen Raumgefühl und Musik (weiter Raum, enger Raum), durch Hell/Dunkel-Analogie, durch soziologisch-historische Analogien (Kirche, Militär, Barock, High Society u.a. haben meist ein fest umrissenes musikalisches Vokabular).

Vor allem über die Analogien mit Emotionen und Ausdruck kann Musik sehr zeichenhaft sein. Die Emotionstheorien unterscheiden z.B. Stimmungen (über längere Zeitetappen hinweg konstante, relativ gestaltlose Zuständlichkeiten) und Gefühle (in der Zeit deutlich gegliederte, gestaltkräftige Ereignisse, die im An- und Abschwellen sowie im Intensitätsverlauf charakteristisch definiert sind). Beide Kategorien lassen sich unmittelbar musikalisch darstellen. Die Analogie zwischen Musik und Emotionen sind so deutlich, daß Musik nicht mehr als Zeichen einer Emotion, sondern als mit der Emotion identisch empfunden wird, Der Grund liegt in der Ausdruckshaltigkeit von Musik: Ausdruck ist ein in der Körperlichkeit des Menschen angelegtes analoges Sprachsystem (nonverbale Sprache), das universell verständlich ist und vor allem über die Interpretation von Musik vermittelt wird. Der Ausdruck des Interpreten (sein „feeling", „soul", seine Stimmung, seine Gefühle, seine persönliche Charakteristik) geht unmittelbar in Musik als kommunizierbarer Inhalt ein. Daher ist auch improvisierte Musik (d.h. eine vornehmlich vom Körper und Ohr gesteuerte Musik) oftmals eine bessere —

d.h. in ihrer Zeichenhaftigkeit intensivere – Musik als auf dem Papier komponierte Musik (d.h. eine stark vom Auge mitbestimmte Musik).

An einigen konkreten Filmbeispielen soll das zeichenhafte Funktionieren von Filmmusik erläutert werden:

1. In Werner Schroeters *Neapolitanische Geschwister* (1978) werden Zuordnungen eindeutiger Art, z.B. durch historisch-soziologisch gewachsene Definitionen, vorgeführt. So steht z.B. die Evergreen-Melodie von Bach-Gounods *Ave Maria* für die Kirchenorientierung der Vittoria, das kommunistische Lied *Bandiera Rossa* (in vielen Klangfarben- und Tempovariationen auftauchend) für Massimos politische Karriere, ein schmieriges Violinsolo der 40er Jahre für den fetten Christdemokraten. Jedes musikalische Zeichen ist allerdings auch von seiner materialen Beschaffenheit und seinem Ausdruck her definiert und für den Einsatz im spezifischen Bildkontext geeignet: die ruhige Melodielinie des *Ave Maria* entspricht Vittoria, der Marschrhythmus entspricht Massimo, das schnulzige und anbiedernde Tremolo und Vibrato des Geigers entspricht dem Christdemokraten.

2. In Jörg Grasers *Der Mond ist nur a nackerte Kugel* (1980) verwendet Peer Raben klare Personenmotive und liedhafte, fast volksmusikalische Themen. Um aber gegen Filmende der verwahrlosten Wohnung des irr gewordenen Moserbauern musikalisch zu entsprechen, werden an dieser Stelle nur Themenbrokken und unorganisierte Floskeln verwendet: der Unordnung der Musik entspricht hier das Chaos im Hof des Moserbauern.

3. Klaus Doldingers Hauptthema zum *Boot* (1981) von Wolfgang Petersen bringt vor allem die ungehemmte Bewegungsintensität des Bootes zum Ausdruck: neben der schnellen Sechzehntelbewegung der durchlaufenden Geigenstimmen sind es vor allem die pochenden und unerbittlichen Achtelrepetitionen der Bässe (Analogie: Bass = Masse und fundamentale Kraft), die jene Aura des mächtigen „Auf voller Fahrt" vermitteln. Dazu kommt die meist aufsteigende Melodielinie der Hauptstimme (Klaus Doldinger: *Ich hatte hier auch immer die Vorstellung vom „Auftauchen"*).

4. Spieluhren haben immer etwas Kindliches an sich, was in der soziologischen Zuordnung solcher Instrumente, aber auch im Klang an sich (leise, nur im oberen Tonbereich) beschlossen liegt. Dieser Zeichenaspekt des Kindlich-Unschuldigen wird z.B. in Peter Handkes *Die linkshändige Frau* (1978), in Werner Herzogs *Woyzeck* (1979) oder Ulli Lommels *Zärtlichkeit der Wölfe* (1973) benutzt. Vor allem bei Ulli Lommel wird dieser Zeichenaspekt aber nicht zur illustrierenden Verdoppelung eines Bildinhalts benutzt, sondern wirkt kontrapunktisch: vor dem Hintergrund der Machenschaften des knabenschlachtenden Metzgers wird durch den Kontrapunkt des leisen Spieluhrenklangs eine ungeheure Spannung erzeugt.

5. Musikalische Zeichen sollten dem Bild angepaßt sein. Beispielsweise kann eine feinnuancierte Stimmung einer Szene durch eine grobschlächtige musikalische

Vokabel vernichtet werden. Ebenso hat ein Personenmotiv immer Analogien mit der zu bezeichnenden Person aufzuweisen. Dazu der Komponist Axel Linstädt: *In Erwin Keuschs „Brot des Bäckers" kommt z.B. der Hauptdarsteller als kleiner Lehrling irgendwo am Bahnsteig an. Er steht auch am Schluß wieder unscheinbar am Bahnsteig. Da muß man sich gewissenhaft fragen, mit welcher Musik man so eine Figur betreuen kann. Der kleine Junge könnte ja einer Morricone-Musik gar nicht standhalten. Das wäre total überzeichnet. Es mußte irgendwie eine bescheidene Musik sein, die man der Person auch abnimmt. Deswegen kam ich dort zu einer Spielerei zwischen zwei Gitarren. Es war genau das Richtige.*

Als unpassend kann man in Wigbert Wickers *Jägerschlacht* (1981) in dem ansonsten schönen und angemessenen Hauptthema von Robert Lovas den bekannten Rhythmus von Beethovens 5. Symphonie empfinden: In dieser Bergbauern-Geschichte mit ihren einfachen Menschen das Beethovensche „Schicksalspochen" zu zitieren (mit intensiven Synthesizerbässen donnernd), wirkt aufgesetzt und kann leicht die Wahrscheinlichkeit der Story infragestellen. Doch spielen auch hier wieder pragmatische Aspekte eine Rolle: empfindet die Unangemessenheit vielleicht nur der Verfasser des Buches? Wird sich ein anders musikalisch disponierter Kinobesucher weit weniger gestört fühlen?

Das musikalische Klischee

Ein Sprachsystem kann nur funktionieren, wenn die Sprachzeichen unmittelbar verständlich oder durch Usus verabredet sind. Deshalb wirken in jeder Kultur ein ganzer Komplex von Stereotypen zusammen. Erst auf der Basis von Stereotypen kann Kunst kommunikativ werden und einen Stil ausbilden. Stereotypen kommen durch die Wiederholung von Zeichen bzw. von der Anwendung eines Zeichens in ähnlichen Kontexten zustande. Sowohl Tradition wie menschliche Wahrnehmung beruhen auf Stereotypen: Tradition ist die lebendige Kontinuität sich weiterentwickelnder Zeichen; menschliche Wahrnehmung vollzieht sich in „patterns" als Wahrnehmungsstrukturen, auf die unsere Aufmerksamkeit gerichtet ist.

„Tradition" ist jedoch etwas Lebendiges und darf nicht in ein mechanistisches Festhalten an einmal exponierte kulturelle Spielregeln und Verhaltensweisen erstarren. Stereotypen einer Kultur ändern sich mit der gesellschaftlichen Fortentwicklung. Vor allem im Bereich der Kunst – Künstler waren seit jeher Seismographen gesellschaftlicher und kultureller Entwicklung – gibt es eine ständige Fortentwicklung der ästhetischen Zeichen. Nach dem Prinzip „Figur – Gegenfigur" (Tibor Kneif) sind die Stereotypen des Kunstwerks einem ständigen Verschleiß ausgesetzt: durch jede Verwendung eines Stereotyps in einem neuen Kontext ändert sich das Stereotyp selbst, – es macht kulturelle Erfahrungen!

Wird die lebendige Zeichenhaftigkeit eines ästhetischen Zeichens auf eine formelhafte Bedeutung verengt, dann entsteht ein Klischee. Klischees sind sozusagen

„tote“ Zeichen, – Verabredungen und Kodierungen, von Künstler und Kunstkonsument stillschweigend vereinbart, bevor überhaupt auf ein konkretes Kunstwerk eingegangen wird. Solche Klischees bilden – semiotisch gesehen – einen „Zwischenkode“, ein Begriffssystem, das der Kommunikation vorgeschaltet ist. Mit einem anderen Ausdruck bezeichnet man solche Zwischenkodes auch als „Ideologie“!

Klischees zu verwenden ist langweilig, weil damit alles Wesentliche der Aussage vorweggenommen wird. Kunst, die Klischees verwendet, ist affirmativ. Sie bestätigt nur, was schon alle wissen. Wirkliche Kunst ist unberechenbar. Dabei hat der Künstler eine Gratwanderung zu vollbringen: Um verständlich zu sein, benutzt er vorhandene Ordnungen. Um wahr zu sein muß er sie aber gleichzeitig infragestellen. Um ästhetischen Lustgewinn zu vermitteln, muß er Erwartungshaltungen und tendenziell eine Vorhersehbarkeit provozieren. Um dem ideologischen Leerlauf eines bloß noch rituellen Vollzugs von Bekanntem zu entgehen, muß er die Vorhersehbarkeit unterlaufen. Im Zweifelsfall sei an Adornos Kunstdefinition des *Chaos in die Ordnung* bringen (in: *Minima Moralia*) erinnert.

Der Komponist Franz Hummel: *Wenn zu mir ein Regisseur sagt: „Mach doch diese Stimmung!“, dann kann ich nur sagen: „Das geht doch im Handumdrehen!“ – Wenn ich den Regisseur befriedigen will, dann muß ich ihn betrügen und etwas gegen meine Überzeugung tun. Ich weiß genau, welchen Klang er hören will, wenn eine „herrliche Abenddämmerung“ stattfinden soll. Kein Problem. Da braucht man nur die Klischeeplatte aufzulegen. Legt man sie nicht auf, sind sie meistens unzufrieden.* Es gehört zu den Reizen des Neuen Deutschen Films, daß er in den besten Werken seiner Regisseure auf Klischees verzichtet und bislang unbekannte filmische Versatzstücke bereithält. Je subjektiver (quasi biographischer) ein Kinofilm ist, desto mehr scheint er auch auf die Verwendung musikalischer Klischees zu verzichten. Ganz anders in den auf Erzielung hoher Einschaltquoten oder Besucherzahlen konzipierten Filmen, – hier gilt die von Franz Hummel beschriebene Musikverwendung nach wie vor.

Der Semantisierungsprozeß

Entschließen sich Regisseur und Komponist für musikalische Zeichen, bei denen nicht mit fest eingefahrenen Assoziationsmechanismen kalkuliert wird, dann können Filme sehr aufregend werden. Das semantisch noch offene Zeichen (es mag ein Thema, eine Klangfarbe, ein kurzes Motiv oder ein Rhythmus sein) kann mit anderen Musiken und vor allem mit Bildern und Handlungssituationen immer neue Beziehungen eingehen und sich verändern. Ein Thema beispielsweise, das sich zu Beginn eines Filmes noch weitgehend neutral ausnimmt, wird durch die Bildzusammenhänge mehr und mehr definiert, bis es am Ende des Filmes „semantisiert“ ist. Es ist nicht mehr so neutral wie zuvor und evoziert bei seinem Erklingen im Zuhörer die Erinnerung an das Gesehene. Die Kraft der Bildzusammenhänge auf die Musik kann dabei so stark sein, daß als Nicht-Filmmusik im

Voraus bekannte Musikstücke nach dem Filmerleben mit dieser neugewachsenen Semantik zurechtkommen müssen: so ist die Rezeption des Straußwalzers „Blaue Donau“ seit Kubricks *2001: A Space Odyssey* oder des Boleros von Ravel, seit ihn Bo Derrek als Stimulans fürs Bett – in *Traumfrau* – gebraucht hat, bei Tausenden von Hörern eine andere, recht eindeutige geworden.

Verfolgen wir exemplarisch in Geissendörfers *Sternsteinhof* (1976) den Prozeß, wie das Sternsteinhof-Thema semantisiert wird. Der Film beginnt mit einer thematisch neutralen Vorspannmusik. Erst beim zweiten Musikeinsatz, als die arme Bauerstochter Leni ins Bild kommt (der Film erzählt die Geschichte, wie Leni mit Kalkül sich in den reichen Sternsteinhof einheiratet), taucht das Sternsteinhof-Thema auf: nach ihrem Wunsch *Ich will nicht arm bleiben!* geht sie zur leisen Orchesterfassung des Themas vor die Hütte und schaut auf den gegenüberliegenden reichen Hof, – der Filmbetrachter hat zum erstenmal Musik und Bildmotiv im intendierten Zusammenhang gesehen. In den nächsten drei Einsätzen des Themas (oft nur versteckt und in unthematisiertem Orchestersatz verborgen) kommt die Koppelung zum Bild weniger zum Ausdruck. Der Filmbetrachter spürt jedoch (und wenn es nur in der Erinnerung wäre), daß eine thematische Keimzelle (übertragen: ihr „Wunsch“) immer vorhanden ist. Erst beim fünften Themeneinsatz entfaltet sich das, was vorher nur zu ahnen war: das Sternsteinhof-Thema erklingt in voller Pracht, wenn sie als Besucherin erstmals den Sternsteinhof betreten darf und Reichtum und Wohlstand aus der Nähe sieht. Spätestens jetzt hat der Kinobesucher (wenn auch nur unterbewußt) die Semantisierung vollzogen: sooft dieses Thema erklingt, wird er sich an Leni und ihre magische Bindung an den Sternsteinhof erinnern.

Es gehört für Filmkomponist und Regisseur zu den schwierigsten Aufgaben, sich beim Entwickeln einer Musikdramaturgie immer wieder in den Zustand des unvoreingenommenen und nichts-wissenden Filmzuschauers zu versetzen. Aus dessen Perspektive ist nachzuerleben, wie sich ein Thema im Film semantisiert, wie es auf den Zuschauer wirkt, mit welchen Bildern und Aussagen es sich für den Zuschauer verbindet. Ein musikdramaturgisches Konzept zu diskutieren kann für Filmkomponist und Regisseur aufregend und spannend sein, wie ein strategisches Schachspiel: – jede Themen- und Motivkonstellation und jede Einführung von neuen unbekannten Größen hat Konsequenzen für den weiteren Verlauf im filmischen Zeichengefüge.

Benutzen die Musikdramaturgen musikalische Zeichen auf dem Niveau von Klischees, so geht diese Spannung verloren: es gibt nichts zu diskutieren, weil das meiste schon vordergründig klar ist und die Plakativität solcher Versatzstücke jedes Spiel mit Nuancen zunichte macht. Interessant und legitim wird der Umgang mit musikalischen Klischees erst wieder, wenn sie in neue semantische Zusammenhänge gebracht werden und man ihre fixierten Bedeutungen gleichsam aufbricht. Der Komponist Jens-Peter Ostendorf (der „Klischee“ hier als „historisches Raster“ bezeichnet) sieht hierin die Chance für einen filmadäquaten musikalischen Realismus: *Wenn ein historisches Raster zitiert wird, transportiert dies eine Inhaltlichkeit, denn jedes musikalische Stereotyp läßt sich an einem kulturellen und gesellschaftlichen Umkreis festmachen. Ich begreife das unter dem Aspekt der Montage oder Collage: Ich sehe es wie Sergej M. Eisenstein, wenn er in seiner Filmsprache auf japanische Zeichen eingeht und sagt: das Zeichen für „Wasser" und das Zeichen für „Auge" ergibt zusammen den Begriff „Weinen". So verwende ich musikalische Raster mit fest definierten Inhalten nach dem Montageprinzip.*

Einen Sonderfall bilden musikalische Versatzstücke, deren wesentlicher Inhalt durch den Titel oder durch einen Liedtext bestimmt ist und die vordergründig im Sinne dieser wortsprachlichen Gehalte verwendet werden. Dafür findet man in erster Linie plakative Schlager oder Lieder im Gebrauch: In Werner Schroeters *Palermo oder Wolfsburg* z.B. den Conny-Schlager *Zwei kleine Italiener* (um die Ausländerfeindlichkeit zu pervertieren); in Schlöndorffs *Blechtrommel* das Lied *Maria zu lieben, ist allzeit mein Sinn* (das doppeldeutige Abendgebet des kleinen Oskar); in Herbert Achternbuschs *Olympiasiegerin: I never had a chance* (wenn er in einer langen Einstellung auf dem Fahrrad die Straßenbahn zu verfolgen versucht). Gerade beim letzten Beispiel wird aber deutlich, daß Musik weit mehr ist als der Inhalt der Titelzeile ausdrückt: im tieferen Sinne ist für die Szene der nostalgische Orchesterklang, die eigentümliche Stimmung jenseits von Begriffen bedeutsamer, als das bloß verbale Mitteilen von „I never had a chance".

Kapitel VI: MUSIKDRAMATURGIE IM NEUEN DEUTSCHEN FILM

Mehr als im konfektionierten Film Hollywoodscher Prägung oder als in Fernsehproduktionen (mit ihren Forderungen nach Ausgeglichenheit und „öffentlich-rechtlicher" Allgemeinverständlichkeit) besitzt (besser: besaß) der Filmautor des Neuen Deutschen Films beim Entwickeln eines dramaturgischen Konzepts großen Freiraum. Bevor er seine musikdramaturgischen Überlegungen im engeren Sinne beginnt, hat er die Möglichkeit, grundsätzliche Weichenstellungen vorzunehmen. Einige dieser Grundsätze sind:

Grundsatz 1: Jeder Filmstoff kann mehr narrativ (mit einer Tendenz zum Begründen und zum Herstellen von Kausalität) oder mehr lyrisch-poetisch (mit der Tendenz zum unverbundenen Nebeneinanderstellen nicht-kausaler, zur Assoziation anregender Elemente) arrangiert werden. Die nicht-narrativen Filmformen stellen größere Anforderungen an die Musik, die hier oft eine eigenständige Assoziationsschicht und zudem ein formgebendes Moment (was im narrativen Film die Story leistet) darstellen muß.

Grundsatz 2: Braucht der Film wirklich Musik? Je ernsthafter sich diese Frage der Filmautor stellt, desto aussagestärker dürfte sein Film werden. Wie ein ungeschriebenes Gesetz scheint vorgegeben, daß Filmmusik eine Notwendigkeit sei. Dabei gibt es schöne Filme ohne Musik: nicht nur *The Birds* (1963) von Alfred Hitchcock, sondern auch Michael Verhoevens *Liebe Melanie* oder *Der Prozeß* von Eberhard Fechner. Sehr vorteilhaft ist es auch, wenn grundsätzlich eine sparsame Verwendung von Musik beschlossen wird: so gehört es zu den Schönheiten von Peter Handkes *Linkshändige Frau* und Ulli Lommels *Zärtlichkeit der Wölfe,* daß an allen entscheidenden Stellen im Film auf Musik verzichtet wird. Selbst „Stille" kann dabei zur kommentierenden Musik werden, – z.B. wenn bei Ulli Lommel die Geräuschlosigkeit und Stummheit eines in Nahaufnahme gefilmten Sexualmordes den Betrachter sich als Voyeur ertappen läßt.

Grundsatz 3: Soll die Musik für den Filmbetrachter als eigene Schicht identifizierbar sein? Dem Ideal der „unsichtbaren Regie" im narrativen amerikanischen Film entspricht eine „unhörbare Musik". Otto Preminger: *Der ideale Film ist ein Film, in dem der Regisseur unbemerkt bleibt, wo man das Gefühl hat, daß der Regisseur nichts absichtlich macht.* In Analogie zur Filmgestaltung, die unaufdringlich und „natürlich" (was das auch immer sei) in Schnitt und Kameraführung ist, gibt es auch eine Musikregie, die Musik unmerkbar macht (z.B. durch Art von Einsatz und Beenden eines Musikstückes, durch Integration ins Bild).

Grundsatz 4: Musik im Film kann auf verschiedenen Ebenen eingesetzt werden, z.B. allgemein atmosphärisch (im on/in off); auf konkrete Situationen oder Konflikte bezogen (im on/im off); auf Personen bezogen (im on/im off), – dies jedoch auf einer nach außen sichtbaren Weise oder auch auf eine innere (dekuvrierende) Weise; auf der Kommentarebene. Für das individuelle Profil eines Filmes ist es sehr vorteilhaft, hier eine Auswahl zu treffen: z.B. atmosphärische Musik immer nur „im on" (aus Radios oder mit sichtbarer Musikquelle) / keine personenbezogene Musik / zur Hervorhebung der Psychologie von jeweils erreichten Situationen eine Musik aus dem off.

Solche grundsätzliche Zuweisung von Musik zu dramaturgischen Ebenen kann sehr komplex sein und dennoch funktionieren. Verwiesen sei hier auf Rainer Werner Fassbinders *Sehnsucht der Veronika Voss* (1982), wo Musik auf fünf Ebenen eingesetzt ist: atmosphärisch im on (Musik der 50er Jahre) / atmosphärisch im off (die vom 50er-Jahre-Stil inspirierte Filmmusik von Peer Raben) / personenbezogene Musik im off (von Peer Raben), die das reale momentane Erleben begleitet / kurze Inserts, die wie traumatische Schocks beim Erkennen von Sachverhalten die Personen tiefenpsychologisch zugänglich machen / eine Kommentarschicht (Trommeln und Pauken) außerhalb der Erlebensebene der Personen, womit übergeordnet die Aufmerksamkeit des Kinobesuchers gerichtet wird.

Grundsatz 5: Welche Personen werden musikalisch betreut? Es ist wenig ratsam, zuviele Personen mit Musiken zu charakterisieren, weil Musik (anders als die Bilder) nur schwerfällig montiert werden kann und komplizierte Wechsel der Zuordnungen (was bei Bildmontagen ohne weiteres funktioniert) nicht nachvollzogen werden können. Durch die Auswahl der mit Musik versehenen Personen – ergibt sich eine dramaturgische Perspektive. Durch Koppelung von Musik an eine Nebenperson kann z.B. eine irritierende und Tiefendimensionen schaffende Persspektive erzeugt werden. Exemplarisch genannt seien Schlöndorffs *Die verlorene Ehre der Katharina Blum* (1975), wo die Musikeinsätze immer nur an die beiden Hauptfiguren Ludwig und Katharina gebunden sind; Margarethe von Trottas *Heller Wahn* (1982), wo vorwiegend Ruth, seltener Olga, nie aber die durchaus zentralen Männerfiguren mit Musik unterlegt sind; Werner Herzogs *Nosferatu* (1979) exponiert nur ein Thema, das sich auf die Zweisamkeit von Lucy und Jonathan Harker bezieht, alle anderen Musiken sind atmosphärisch oder generell handlungsbezogen.

Grundsatz 6: Welche Funktionen soll Musik im Film vorwiegend ausüben? Musik kann sehr unterschiedliche dramaturgische Funktionen ausüben (z.B. formbildend wirken; Zeitsprünge verdeutlichen; fehlende Geräusche ersetzen; Raumgefühle – etwa eine Unendlichkeitsaura in Science fiction-Filmen – herstellen). Für das individuelle Profil eines Filmes ist es auch hier ratsam, Musik nicht unüberlegt für alle möglichen Hilfestellungen zu bemühen, sondern ihren Einsatz auf wenige dominante Funktionen zu reduzieren. Diesem umfangreichen Kapitel muß ein eigener Abschnitt gewidmet sein.

1. Dramaturgische Funktionen der Filmmusik

Johannes Schaaf gibt bei einem Interview anläßlich seines Films *Tätowierungen* (1967) auf die Frage *Welche Funktion hat die Musik in Ihrem Film?* nachstehende Antwort:

Ich bin davon ausgegangen, daß die Musik möglichst abstrakt sein sollte. Wir hatten einmal die ganzen Rennereien der Jungen mit Beatmusik unterlegt, das wirkte sehr schön, aber das habe ich dann weggetan, weil die Wirkung ein bißchen billig war. Es wäre dann ganz eindeutig eine junge Welt gegen eine alte gestellt worden, und das wäre eine Wirkung gewesen, die ich nicht wollte. Nur wo ich glaubte, die Gegenwelt des Jungen verstärken zu müssen, habe ich ihm eine beatähnli-Musik gegeben. Aber vielleicht war das schon ein wenig inkonsequent. Ich habe mal von Cocteau „Les Enfants terribles" gesehen. Da besteht die ganze Musik aus einem Cembalokonzert, ich glaube von Vivaldi, von Bach für vier Cembali gesetzt, und Cocteau hat diese Musik ausschließlich abstrakt eingesetzt. Das heißt, er hat jeweils geschlossene Komplexe genommen und erst wenn die Musik aufhörte, begann wieder Dialog, dann wieder Musik und so weiter. Das hat mich sehr beeindruckt. Wenn Musik illustriert, finde ich sie langweilig. In „Große Liebe" bin ich so weit gegangen, daß ich eine Solosonate für Flöte von Bach fast ganz spielen ließ, und zwar im Bilde, und dann später die Musik ohne das dazugehörige Bild wieder zitierte, zu einem Zeitpunkt, als die Heldin unentwegt Bilder assoziierte. Aber hier hatte die Musik das gleiche Gewicht als Assoziationselement wie irgendein Bild. In „Tätowierung" gibt es die Stelle mit den Sightseeingbussen, die ich mit dem Schlußchoral der Matthäuspassion unterlegt habe. Hier illustriert die Musik überhaupt nicht, sondern kontrapunktiert in extremer Weise den bildlichen Vorgang. Durch die Musik bekommt die Szene überhaupt erst ihre Pointe. Im übrigen bleibt in „Tätowierung" die Musik zu einem großen Teil abstrakt. Die Verfolgungsjagd der Jungen ist mit kaltem modernem Jazz unterlegt, dessen Funktion darin bestehen soll, eine gewisse Distanz zum Bild zu erzeugen. Ein anderes Beispiel: Nachdem der Schuß fällt, über der Schnittfolge mit dem davonrennenden Jungen, der Frau, die sich über die Leiche beugt, dem Ballon, der davonfliegt, liegt eine freie Improvisation von sehr hellen Instrumenten, ohne Metrum und Rhythmus, also ein Jubilate, das wie der Ballon den Befreiungsvorgang ausdrückt, aber den Bildvorgang nicht illustriert (in: Filmkritik 1967, Heft 8).

Musik kann im Film in unterschiedlichen Funktionen eingesetzt werden. Eine systematische Beschreibung gelingt nur schwer. Der Grund – er wurde bereits im Kapitel V unter *Systematik der „Bild-Musik"-Zuordnungen* angesprochen – liegt in der wesenhaften Vielschichtigkeit von Musik. Jedes Benennen einer Funktion stellt eine Auswahl unter mehreren Funktionen dar: ob einige Takte Musik nun polarisierend oder paraphrasierend, kontrapunktierend oder kommentierend sind, – wer will dafür wirklich die Hand ins Feuer legen? Die einzige sinnvolle Klassifikation scheint mir in der Angabe eines polaren Modells zu gelingen, in dessen Spannungsfeld sich dann die jeweils vorliegende Funktionsweise von Musik flexibel zu definieren hat. Die beiden Pole dieses Modells sind:

Die Musik ist völlig bild- und handlungsintegriert.
Einheit des Ausdrucks bzw. Gehalts von Bild und Musik.
illustrativ/untermalend

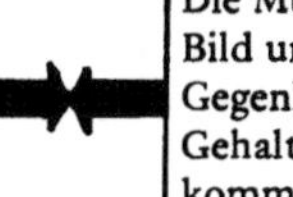

Die Musik ist völlig unabhängig von Bild und Handlung.
Gegenläufigkeit des Ausdrucks bzw. Gehalts von Bild und Musik.
kommentierend/kontrapunktisch

Beide Pole wären in konsequenter Einhaltung dramaturgisch sinnlos; sie geben hier nur die Richtungen bzw. Endpunkte des Modells an. Die dramaturgisch sinnvollen Funktionen liegen dazwischen, wobei nach einem allgemeinen Erfahrungswert festgestellt werden darf, daß in den Filmen, die als ausgewiesen wertvoll und künstlerisch gelten, die Verwendung von Musik eher eigenständig, also zur rechten Seite tendierend, ist. Johannes Schaaf hat die ambivalente Funktion von Musik mit dem „den Inhalt ausdrücken, aber nicht den Bildvorgang illustrieren" treffend ausgedrückt. Diese Ambivalenz, die Musik dem Bild entgegenbringen soll, ist auch die erklärte Aufgabe, die viele Komponisten ihrer Musik zuweisen: Jens-Peter Ostendorf: *Wenn man auf eine Szene hinkomponiert, wird die Musik zu eng und vordergründig. Sie bleibt auch formal oberflächlich, weil sie nur für diesen Zusammenhang paßt. Eine autonome Musik ist auf der einen Seite flexibler, weil sie nicht so bildangepaßt ist, hat aber auch die Gefahr, zu stark bei sich zu bleiben.*

Nicolas Economou: *Man muß Filmmusik autonom schreiben, sonst wird es Stummfilmmusik. Mein Marsch in Margarethe von Trottas „Rosa Luxemburg" zum Beispiel ist keine Musik zu Bildern, – er ist eine Rede. Im Film wird eine Rede gesprochen. Ich habe eine Rede komponiert. Ich hörte den Rhythmus der Rede und schrieb dazu meinen Rhythmus. Ich habe aber nicht aufgepaßt, daß die Rede immer in die Musikpausen kommt. Es laufen zwei Rhythmen parallel und ergeben etwas Neues: These, Antithese – Synthese!*

Im Folgenden wird ein Katalog der Funktionen von Filmmusik aufgestellt (in alphabetischer Folge der Stichworte). Er stellt keinen Anspruch als Systematisierungsversuch, sondern will nur verdeutlichen, welche Aufgaben der Regisseur an Musik bzw. an seinen Komponisten stellen darf. In einem weiteren Schritt ist dieser Funktionskatalog durch Beispiele zu illustrieren.

Musik kann...

1. Atmosphären herstellen
2. Ausrufezeichen setzen
3. Bewegungen illustrieren
4. Bilder integrieren
5. Emotionen abbilden
6. Epische Bezüge herstellen
7. Formbildend wirken
8. Geräusche stilisieren
9. Gesellschaftlichen Kontext vermitteln
10. Gruppengefühl erzeugen
11. Historische Zeit evozieren
12. Irreal machen
13. Karikieren und Parodieren
14. Kommentieren
15. Nebensächlichkeiten hervorheben
16. Personen dimensionieren

17. Physiologisch konditionieren
18. Rezeption kollektivieren
19, Raumgefühl herstellen
20. Zeitempfindungen relativieren

1. Atmosphären herstellen ...

Über die Geräusch-„Atmo" (die leise auf mehreren Mischbändern gefahrene Geräuschkulisse eines Raumes) hinausgehend kann Musik eine atmosphärische Ganzheit herstellen, in der neben den Geräuschen auch die Stimmung sowie die psychologischen Grundtöne der anwesenden Personen enthalten sind. In der Polyphonie der auditiven Ebene liegt beschlossen, daß in einer atmosphärischen Klangschichtung gleichzeitig heterogene Bestandteile (z.B. die Grundstimmung „verliebt" des einen, und die Grundstimmung „ängstlich" des anderen Darstellers) enthalten sein können.

Darüber hinaus kann in der Ganzheit der musikalisch vermittelten Stimmung auch die Summe jener quasi klimatischen Konstituenten einer Situation (Luftdruck, Wärme/Kälte, Schwüle, Trockenheit, Geruch u.a. vermittelt werden, die im Filmwerk gar nicht technisch reproduzierbar sind.

Beispiele:

a) In *Rheingold* (1977) von Niklaus Schilling gelingt es Eberhard Schoener, in einer Klangwolke die Summe von vibrierender Schönheit, physischer Präsenz des Zugerlebnisses, fiebriger Erotik und zugleich der Schwüle im Abteil der sterbenden Elisabeth Drossbach zu verbinden. Durch die Dauer der musikalischen Einheiten (der erste Musik-Take dauert ca. 6 Minuten) wird nahezu körperlich etwas von der Vibration des kraftvoll dahinfahrenden TEE-Express übertragen. Technisch wurde dies durch den Fairlight-Computer gelöst, der u.a. mit Originalgeräuschen und Tonbandatmosphären nach dem Samplerverfahren programmiert worden ist.

b) In Schlöndorffs *Blechtrommel* (1979) erklingt jedesmal, wenn Oskar das Spielzeuggeschäft des jüdischen Händlers Sigismund Markus betritt eine Spieldosenmusik. In dieser Musik steckt atmosphärisch die Ganzheit der Eindrücke (die Zauberwelt des Spielzeugs, die Enge des Ladens, der Staub, die disziplinierte – immer unter der Oberfläche gehaltene – Liebe des Herrn Markus zu Oskars Mutter). Diese musikalische Atmosphäre ist aber nur aus der Sicht des Oskar präsent; wenn seine Mutter den Laden betritt ist die Musik nicht zu hören.

c) In Christian Doermers *Lettow-Vorbeck – Der deutsch-ostafrikanische Imperativ* (1984) ist die Schlacht um Tanga in eine achtminütige Musiknummer eingebettet. Diese wurde so konzipiert, daß sich in mehreren Ebenen relativ zuständliche Schichtungen auf dem Mehrspurtonband befanden (ein flimmernder Klang zur Vermittlung der trockenen Hitze und der entscheidenden Unsicherheit „Angriff ja oder nein"; eine bewegte Klangschicht in mittlerer Frequenzlage als psychische Befindlichkeit der Verteidiger; eine Bassebene als Ausdruck der unmittelbaren Gefahr u.a.). Zum Videobild konnten diese atmosphärischen Schichten in wechselndem Verhältnis zueinander gemischt werden. Das Ganze ergab die im Pianissimo kaum hörbare Grundspur für die eigentliche Filmmusik.

d) In Fassbinders *In einem Jahr mit 13 Monden* (1978) wird in dem fünfminütigen Ausschnitt von Gustav Mahlers Adaghietto der 5. Sinfonie (Fassbinders Reverenz an Viscontis *Tod in Venedig*) die Atmosphäre der Szene zusammengefaßt: die frühmorgendliche Atmosphäre der erwachenden Großstadt, das Hell-Dunkel und die farbliche Unbestimmtheit des Morgengrauens, die Triebhaftigkeit in der Homosexuellenszene.

2. Ausrufezeichen setzen ...

Manche Regisseure lieben es, bei wichtigen Stellen des Films das Prinzip der unsichtbaren Regie deutlich zu unterbrechen und mit einer (im Sinne der barocken Rhetorik) „exclamatio" zu sagen: Aufgepaßt! Hier sind an erster Stelle Rainer Werner Fassbinder und Peer Raben zu nennen, die immer wieder durch solche schockartigen Ausbrüche von nur 2–8 Sekunden Dauer auf die Künstlichkeit ihrer Melodramen verweisen. Ähnliches gilt für Ulli Lommels *Zärtlichkeit der Wölfe,* wo siebenmal mit kurzen akustischen Ausrufezeichen auf die Intensität einer Situation verwiesen wird; in Peter Fleischmanns *Jagdszenen in Niederbayern* betonen kurze Spots ebenfalls das Theatermäßige und Inszenierte des Films.

Weitere Beispiele: In Wolfgang Petersens *Ich werde dich töten, Wolf* (1970) werden 15 Mal auf bedeutungsträchtige Stichworte (z.B. „Pilzvergiftung") oder Objekte (z.B. Vollmond) kurze Musikstellen (wie Psychoakzente, Ausdruck eines Flimmerns oder Unwohlseins) gesetzt; in Peter Lilienthals *Aufstand* (1980) verweisen etwa 5 Mal kurze Einsätze auf wichtige inhaltliche Zusammenhänge; in Volker Schlöndorffs *Katharina Blum* wird an einer Stelle ein wichtiger Blick der Katharina mit einem kaum hörbaren dünnen Flageolett-Ton unterstrichen, der trotz seiner Unhörbarkeit die Wirkung eines geschliffenen Messers hat.

3. Bewegungen illustrieren ...

Die Bewegungsillustration ist als „mickey mousing" der Zeichentrickfilme Walt Disneys in Verruf gekommen. Während in der Stummfilmzeit eine gewisse Berechtigung dieser Musik gegeben war (Ersatz der fehlenden Geräusche des Sich-Bewegenden), ist es im Zeitalter des Tonfilms ein unkünstlerisches Mittel geworden. Nur in zwei Fällen scheint die Bewegungsillustration legitim zu sein:

a) In Filmkomödien, wo die Koppelung von menschlicher Bewegung an Musik grotesk scheint; bei parodistischen Effekten.

b) Um eine Filmmusik einer bestimmten Figur im Film zuzuordnen, ist es sinnvoll, einige Bewegungspunkte dieser Person im Sinne von Synchronpunkten mit Musikakzenten zusammenzulegen, um die dramaturgische Zuordnung klar auszudrücken.

4. Bilder integrieren ...

Erstaunlich, wie in einen Spielfilm bzw. in einen subjektiven Dokumentarfilm fremdes Filmmaterial integriert werden kann, wenn dies unter Zuhilfenahme von Musik geschieht. Musik vereinnahmt, eignet sich Bilder an.

Beispiele: Herbert Achternbusch montiert in *Der Neger Erwin* (1981) mit Teleobjektiv gefilmte Gesichter aus der Großstadt zur geisterhaften Sequenz zusammen und unterlegt diese mit dem Schlager *Schau mich bitte nicht so an;* zur Eingangssequenz des *Föhnforscher* (1985) wird einem Oktoberfestzug ein Blues von Skip James unterlegt, – in beiden Filmen sieht der Filmbetrachter die Bilder nicht als Fremdkörper des Filmes, sondern wird durch Musik konditioniert, die Bilder als integralen Teil des Filmes zu sehen. Diesselbe Wirkung kann in nahezu jedem Film von Alexander Kluge beobachtet werden, der gleichfalls mit Dokumentarfilm- oder Archivfilmmaterial arbeitet. In *Macht der Gefühle* (1983) wird Musik bewegungssynchron auf sich drehende Panzertürme (Archivfilm) gesetzt. Die Panzertürme erhalten durch die Musikbegleitung „Hauptdarsteller"-Qualität!

5. Emotionen abbilden ...

Die aus der „Welt der Objektlosigkeit" kommende Musik, die schon immer (insbesondere in der romantisch-bürgerlichen Ästhetik, aber auch z.B. in den östlichen Musikauffassungen) als „Innerlichkeit" des Menschen empfunden wurde, wird im Film bevorzugt eingesetzt, um Auskunft über eine allgemeine Stimmung, die persönliche psychische Disposition einer Figur, über die psychische Entwicklung einer Figur oder einen psychischen Konflikt zwischen zwei Figuren zu geben. Die besondere Qualifikation der Musik hierzu liegt in ihrer Entstehung aus dem Ausdrucksverhalten von Lebewesen: schon bei Tieren (sehr deutlich im Gesang der Vögel) waren elementare Lebensäußerungen – Wohlbefinden, Trauer, Schmerz, Brunft- und Balzgehabe – mit musikähnlichen Lautäußerungen verbunden. Beim Menschen hat sich das System stimmlichen Ausdrucks (=Expression) verfeinert und in Sprache (den lebenspraktischen, funktionalen Anteil) und Musik (den musischen, weniger funktionalen Anteil) aufgespalten.

Zwischen „Ausdruck" (= körperliche und äußere Anzeichen des Psychischen) und Musik besteht so große Identität, daß eine musikalische Mitteilung nicht als stellvertretendes Symbol bzw. „Zeichen" für ein Gefühl aufgefaßt wird, sondern als das Gefühl selbst. Viele musikalische Gesten sind unmittelbar aus Körpergesten entstanden. Das „Tremolo" der Streicher (das schnelle Vibrieren mit dem Bogen auf der Saite) ist nichts anderes als die Geste des Zitterns von Armen und Körper beim Ausdruck von Angst oder großer Erregung. Als plumpe Masche ist das Tremolo durch die Eindeutigkeit seines Gebrauchs seit den großen Zeiten der Oper im 19. Jahrhundert in Verruf geraten. Es kann daher im Film nur mit Bedacht noch verwendet werden. Eine sehr schöne Art der Verwendung hat Jürgen Knieper im Hauptthema zu *Ediths Tagebuch* von Hans W. Geissendörfer gefunden: in höherer Lage und weichem Piano gespielt geht von dem Streichorchester eine irisierende Aura aus, der feinen (zunächst kaum wahrnehmbaren) Erregung der langsam in den Irrsinn gleitenden Edith entsprechend.

Einige Beispiele der Darstellung von Emotionen:

a) In Margarethe von Trottas *Heller Wahn* zeichnet Nicolas Economou die Psyche der verletzlichen Ruth mit langen leisen Tönen (vornehmlich der sensiblen Klarinette), in stets ruhiger Bewegung und nur unter Verwendung kleiner, chromatischer Intervalle. Die nur von kargen Emotionen gekennzeichnete Welt der Ruth findet so einen adäquaten Ausdruck. Auffallend das Vorspiel, das vor allem einen einzigen, hohen durchgehenden Ton der Solovioline enthält. Der liegende Ton ist Analogon zu Ruths ängstlichem Festhalten und „Sitzenbleiben auf der Stelle" (was ja im Bild tatsächlich auch später geschieht). Die Ausdehnung der minimalen Intervalle zu quasi natürlicher Intervallik im zweiten Thema des Films (das etwa in der Filmmitte einsetzt, wo eine geringe Belebung von Ruth eintritt) ist von großer Ausdruckswirkung.

b) In Josef Rödls *Albert, warum?* wird die ungeschlachte Figur des leicht debilen Albert vor allem durch die Musik geprägt: Albert wird ausschließlich von Flötenmusik begleitet, die als Kontrast zur Bildaussage eine unerwartete Sensibilität und Feinheit des Empfindens zum Ausdruck bringt.

c) Musik kann sehr instruktiv auch psychische Wandlungen des Filmhelden ausdrücken. In Johannes Schaafs *Trotta* erreicht es Eberhard Schoener, indem der Salonwalzer *Chambre séparée* (Heuberger) nach und nach verfremdet wird und den inneren Zerfall des Baron Trotta nachzeichnet. Sehr schön ist auch in Fassbinders *Lola* eine psychische Wandlung angezeigt: der Baudezernent von Bohm, ehrbarer Bürger und durch seine Liebe zur Violine und sein Vivaldi-Spiel von den anderen abgehoben, lehnt Lola – im Bordell das *Caprifischer*-Lied singend – voller Entrüstung ab, nachdem er über ihr Treiben informiert war. Langsam aber bricht seine alte Zuneigung zu ihr wieder durch. Er überwindet seine Entrüstung und beschließt, wieder auf sie zuzugehen. Musikalisch ausgedrückt: mitten im Vivaldi-Spielen auf der Geige wird gezögert ... er beginnt das *Caprifischer*-Lied zu spielen.

6. Epische Bezüge herstellen ...

Der Einsatz von Musik kann Situationen und bestimmte Handlungen im Film „markieren" und mit einem Stimmungsgewand umhüllen. Das menschliche Gedächtnis – das wie gezeigt vorwiegend stimmungsabhängig und weit weniger als rationaler Speicherapparat funktioniert („affektives Gedächtnis“) – bewahrt solche musikmarkierten Stellen, die immer dann abgerufen werden, wenn eine entsprechende Stimmung wieder erzeugt wird. Durch Musikeinsätze kann daher im Film ein unterirdisches Netz von (oft gar nicht bewußt wahrgenommenen) Bezügen und Querverbindungen herstellen. Musik kann erzählen, – in Vergangenheit und Zukunft verweisen. Musik kann epische Funktionen ausüben.

Bei dramaturgischen Konzepten, in denen ein bestimmtes Musikstück in bestimmten Momenten wiederkehrt sowie bei der vordergründigen Leitmotivtechnik (jede Person hat ihr eigenes Thema, das erklingt wenn die Person wiederkehrt oder von ihr die Rede ist) sind die epischen Bezüge offen... Weitaus interessanter und in einigen Beispielen vorzuführen sind die Bezüge, die unterschwellig hergestellt werden:

a) In Fassbinders *Berlin – Alexanderplatz* läßt Peer Raben beim Mord an Mieze – was der Zuschauer nicht bemerkt, dessen Aufmerksamkeit auf die äußere Dramatik des Mordes gerichtet ist – das Leitthema des Franz Bieberkopf erklingen, obwohl dieser doch gar nicht anwesend ist: damit vermag die Musik zu „erzählen“, daß dieser Mord aus der Perspektive Bieberkopfs zu sehen ist, daß für ihn die Katastrophe stattfindet, daß er jetzt seine Mieze verliert und im Kern getroffen wird. Daß man das Bieberkopfthema auch anders, als momentaner Ausdruck von Miezes Liebe zu Franz verstehen kann, liegt in der Undifferenziertheit und Vielschichtigkeit des analogen Kommunikationssystems „Musik“ begründet.

b) In Schlöndorffs *Blechtrommel* wird bei Oskars Sturz über die Kellertreppe (= sein Entschluß, nicht mehr zu wachsen) und bei Oskars Sturz in Mazeraths Grab (= sein Entschluß, wieder zu wachsen) diesselbe Musik eingesetzt, – leise und unauffällig im Habitus. Die Musik verweist hier auf die Parallelität der Ereignisse.

c) In Jörg Grasers *Der Mond ist nur a nackerte Kugel* arbeitet Peer Raben – wie meistens in seinen Filmmusiken – mit sehr deutlichen Leitmotiven, – z.B. einem ruhigen Oboenthema stellvertretend für die ländliche Idylle um die Bauerstochter Anni. Das semantisierte Oboenthema wird episch eingesetzt, wenn der Moserbauer den Vorhang am Fenster zuzieht um einen Verehrer Annis abzuwehren (Musikaussage: hier ist ländliche Idylle!), oder wenn Anni später in der Stadt in einer öden Wursterei arbeitet (Musikaussage: wie schön war doch früher die Idylle!).

7. Formbildend wirken...

Da Musikeinsätze meistens zur Überhöhung von Szenen, d.h. nur an dramaturgisch wichtigen Stellen, erfolgen, markieren die Musiken ein Formskelett, das für die Großform des Filmes mitbestimmend ist. Dieser formale Aspekt kann in den Vordergrund gerückt werden.

Beispiele:

a) In Michael Verhoevens *o.k.* (1970) wird Musik ausschließlich wie eine Zwischenaktmusik bzw. Meditationsstation im Stationendrama oder Passionsspiel eingesetzt: etwa 20 Mal erklingt ein kurzes Musikstück von 16 Sekunden Dauer, das – obwohl äußerlich immer gleichbleibend – sich in seiner Aussage durch die Einpassung in immer brutaler werdende Szenen merkwürdig verändert.

b) In Schlöndorffs *Baal* (1969) gibt es gleichfalls 24 thematisch eingegrenzte Stationen im Sinne des Stationendramas, wobei die nummernhaften Songs eine wichtige formgebende Rolle spielen. Hervorzuheben ist der *Choral vom großen Baal* (Bert Brecht), den Klaus Doldinger für Rainer Werner Fassbinder (Darsteller des Baal) komponiert hat.

c) Weit verbreitet ist die durch Musik vermittelte Bogenform eines Filmes: Vorspann-Musik und Nachspann-Musik sind identisch und bilden einen Bogen. Formal zwingender sind hier solche Konzepte, bei denen neben Beginn und Ende des Films auch die Filmmitte (bzw. der dramatische Höhepunkt) durch korrespondierende Musikverwendung markiert wird. Man findet dies z.B. in Schlöndorffs *Blechtrommel,* wo die große Orchestermusik mit den schnarrenden Synthesizerklängen nur an Anfang sowie Ende, aber auch in der Mitte (nach dem Tod von Oskars Mutter Agnes) vorkommt; z.B. in Herzogs *Woyzeck* wo überhaupt nur bei Beginn, Höhepunkt (=Mord der Marie) und Schluß Filmmusik verwendet wird; in Friedemann Beyers *Ein Haus steht im Wind,* wo ebenfalls bei Beginn, Mitte und Schluß Musik im Film eingesetzt wird. Die Musikeinsätze bei Werner Herzog und Friedemann Beyer sind dem Film nicht als Äußeres aufgesetzt, sondern sehr konsequent der Bildgestaltung entsprechend: in beiden Fällen ist der langen Eingangsmusik ein unendlich gedehnter Schwenk (in einer Einstellung) zugeordnet; gleiches gilt weitgehend für Mitte und Schluß. Besonders stimmig bei Friedemann Beyer, wie zu den Klängen von Hindemiths *Trauermusik für Bratsche und Streichorchester* die am Balkon eines Wohnsilos stehende alte Frau mit dem Zoom verschwindet und nur noch die Betonsilhouette des Wohnhauses – wie zu Filmbeginn – übrig bleibt.

d) Eine Crescendoform (Steigerungsform) im Film kann ebenfalls durch Musik begründet werden. So z.B. in Geissendörfers *Sternsteinhof,* wo das Sternsteinhof-Thema sich zunehmend durchsetzt und am Filmende, wenn Leni Sternsteinhofbäuerin geworden ist, in seiner größten Klangfülle erscheint. Ähnlich in Lilienthals *David,* wo das Hauptthema zunächst immer nur als Zitat von 20 Sekunden erscheint (vier Mal), dann als Klaviersolo von einer Minute, dann in der vollen Orchesterfassung.

e) Musik kann nicht nur großformal, sondern auch als syntaktisches Zeichen auf kleinerem Raum eingesetzt werden. So verwendet z.B. Alexander Kluge in *Die Patriotin* ein kurzes Klavierstück (etwa in der Funktion der Zwischentitel), um eine Sinneinheit von der nächsten abzugrenzen. Sehr reizvoll ist auch Christian Doermers Idee, in seinem *Lettow-Vorbeck* sieben Episoden der Vorkriegsphase durch ein jeweils dazwischengeschaltetes „Umblätter-Motiv" zugleich zusammenzufassen und voneinander abzugrenzen: ein je an- und abschwellender Klanghauch aus Pauken und Tamtamvibrationen stilisiert das „Umblättern" der Seiten „im Buch der Geschichte" und verweist emotional zugleich auf den drohenden Krieg, der nach den sieben Episoden ausbrechen wird.

8. Geräusche stilisieren ...

Das Stilisieren von Geräuschen hängt eng mit dem Stilisieren von Bewegungen zusammen, da diese immer mit Geräuschen verbunden sind. Ist die Stilisierung zu vordergründig, so wirkt sie grotesk (etwa der Basstuba-Akzent auf dem Sturz vom Fahrrad in der Filmklamotte) oder als markantes Ausrufezeichen, das nur singulär verwendet werden kann (etwa der Fortissimo-Musikeinsatz mit dem Gewehrschuß bei der Hinrichtung deutscher Werwölfe in Kluges Die *Patriotin*). In der Regel wird die Funktion des Geräuschestilisierens im Nebenher erfüllt; verwiesen sei auf Klaus Doldingers Musik zu *Das Boot*, wo das Hauptthema nicht nur die Kraft und Faszination des Schiffes und der Kampfgeist der Crew, sondern auch die Schallwelt der Motoren (die bisweilen mit ihren surrenden Kolben im Bild zu sehen sind) enthält. Der Ton cis" in dieser Musik stilisiert ganz konkret das Echolot im Funkraum des Bootes.

9. Gesellschaftlichen Kontext vermitteln ...

Musik war seit altersher auch Mittel gesellschaftlicher Distinktion: Bauern grenzten sich durch Fiedel und Drehleier vom Fürsten ab, wie dieser sich durch Madrigalgesang und Ballett von der Kirche musikalisch abzugrenzen wußte. Gleiches gilt noch heute für eine Jugenddiskothek, deren Lautstärke und Musikstil den etablierten Bürger zur Distanz zwingt. Im Film können solche Distinktionen zur Vermittlung von Authentizität von Szenen oder zur Ortsanzeige verwendet werden. Bei der Ausweitung des Verfahrens (musikalische Etikettierung außerdeutscher oder außereuropäischer Gesellschaftsformen) gerät Filmmusik leicht zum folkloristisch bunten Menü: Italien, Spanien, Marokko oder Mexiko haben längst ihre musikalischen Zuweisungen, die meistens in der Gegend ideologischer Stereotypen angesiedelt sind.

10. Gruppengefühl erzeugen ...

Bezieht sich soziologisch determinierte Musik nur auf eine der im Bild vorhandenen Gruppen, so wird dadurch die andere Gruppe ausgegliedert und in ihrem Gruppengefühl bestärkt. Dieses Gruppengefühl kann je nach Inszenierung auch auf die Filmbesucher übertragen werden. Beispielsweise in Peter Lilienthals *David* finden wir in einem Caféhaus mit Barpianist und leicht versnobtem Publikum eine jüdische Gruppe (die musikalisch zuvor meist mit jüdischer Musik und Gesängen definiert wurde), die sich hier als Fremdkörper empfinden muß. In Werner Herzogs *Wo die grünen Ameisen träumen* werden die australischen Ureinwohner durch die Klänge des sonor tönenden Blasrohrs zur Gemeinschaft eingebunden, die in krassem Gegensatz zu den durch andere Musiken definierten Weißen stehen.

11. Historische Zeit evozieren ...

Historische Zeit kann visuell nur sehr aufwendig über Kostüme und Ausstattung evoziert werden (welche Unsumme kostet nicht allein das Entfernen von Autos und Reklameschildern in einer Straße!). Musik ist hier eine billige Hilfe ... damit sie nicht allzu „billig" wird, muß solche Musik gut recherchiert sein und darf nicht mit den sattsam bekannten Klischees wie ‚Cembalo = Barock', ‚Krummhorn = Mittelalter' operieren. Je näher solche geschichtlich fixierbaren Zeiten in der Gegenwart liegen, desto differenzierter (aber auch desto vorsichtiger) muß mit den zur Verfügung stehenden musikalischen Möglichkeiten umgegangen werden. Talentiert war hierin Rainer Werner Fassbinder. Peter W. Jansen schreibt z.B. über die Stilcollagen in seiner *Ehe der Maria Braun* (1979): die Musiken *sind die akustische Präsenz der Zeitgeschichte, die sich ungerührt von den Ereignissen und Sensationen der Handlung gibt als das Überereignis, das alle privaten Bewegungen, Emotionen, Entscheidungen als fast bedeutungslos und beliebig erscheinen läßt* (in: Die Zeit, 23.3.1979).

12. Irreal machen ...

In menschlicher Alltagserfahrung sind Bilder und Bewegungen immer mit Geräuschen gekoppelt. Daraus ist die Formel abgeleitet: je geräuschhafter die Szene – desto realistischer; je geräuschloser und musikalisierter die Szene – desto irrealer. Fehlen die Geräusche völlig und sind die Bilder in personenbezogene Musik eingebunden, so erscheint die vorgeführte Bilderwelt als Innenprojektion dieser Person.

Irreal machen läßt sich eine Szene auch durch Koppelung verschiedener Musikstücke, – sei es simultan als befremdende Collage oder sukzessiv. Letzteres ist seltener, es gelingt z.B. Werner Herzog in *Woyzeck*, wo an den drei Filmmusikstellen jeweils widersprüchliche Musiken zusammengekoppelt sind: zu Beginn Glockenspielmusik und die wüst kratzenden Fidelklänge, in der Mitte das Adagio aus Marcellos Oboenkonzert und diese Fidelklänge, am Ende wieder Glockenspielmusik und eine schwerelose Passage aus Antonio Vivaldis Mandolinenkonzert; – der Hörer kann durch die Kombination von immer zwei Musiken sich auf keinen festen Stil einstellen und verliert Zeit- und Raumgefühl.

Vor allem durch Hallgeräte läßt sich das Gefühl der Irrealität leicht auf eine technische Weise erzeugen. Mit den neuen digitalen Hallgeräten lassen sich durch Eingabe der Raumdaten (Länge, Höhe Breite usw.) Hallräume herstellen, die neue Raum-Welten akustisch suggerieren, in der Koppelung mit dem Filmbild und dem hier visuell vermittelten Raum sich als höchst fremdartig erweisen und das Gesehene unwirklich machen.

13. Karikieren und Parodieren ...

„Caricare" bedeutet im Italienischen „Übertreiben". Genau hiermit ist auch der Mechanismus der musikalischen Karikatur angegeben: durch übertriebene Bewegungs- oder Geräuschillustration, durch die übertriebene Anwendung eines Effekts wird ein gefilmter Vorgang zum Zerrbild des Normalen. Beispiele für solche Parodien sind:

a) In Schlöndorffs *Blechtrommel* funktioniert Oskar mit seiner Trommel in der „Maiwiese"-Szene eine Großveranstaltung der Nazis um, indem er deren Fanfaren und den *Badenweiler-Marsch* (Hitlers Paradenmarsch) durch Insistieren auf einem Dreier-Takt ins Wanken bringt, bis schließlich auf der ganzen Kundgebung *An der schönen blauen Donau* gespielt und getanzt wird.

b) In Michael Verhoevens *Paarungen* (1967) wird der Kommandant, der in übersteigerten Träumen einer soldatesken Vergangenheit schwelgt, real aber außer seiner Uniform und einem Gefangenen (den er sich im Keller hält) nichts mehr davon besitzt, mit parodistischen Musikeffekten überzeichnet: Marschmusik, wenn er seine fiktive Parade abnimmt, Beat-Percussion, wenn er in voller Uniform durchs Watt an Land geht.

c) In Alexander Kluges *Der starke Ferdinand* (1976) wird eine Werkschutzübung durch ungemäße Musik karikiert: Ferdinand Rieche läßt seine paramilitärische Gruppe zu Klängen eines Walzers marschieren.

d) In Achternbuschs *Neger Erwin* (1981) sind drei lange Erklärungen von drei Damen (jeweils in ebensolangen Kameraeinstellungen) zu hören. Deren Inhalt überzeichnet Herbert Achternbusch, indem er jeder Dame eine (zunehmend bizarrer werdende) Variation über den *Radetzky-Marsch* zuordnet, die von einem jämmerlich sich mühenden Oboisten gespielt wird.

„Musik und Komik" ist eines der schwierigsten Terrains für den Komponisten. Musik kann sehr viele Inhalte, Gefühle oder Assoziationen sehr direkt auslösen, ... – nur „komisch" sein kann sie schlecht. Der Grund liegt im Wesen von Komik: Komik setzt immer die Erkenntnis eines Konflikts voraus. Wer über etwas lacht, hat einen Denkakt begangen. Er hat die Norm bzw. Idealvorstellung einer Sache mit einer unvollkommenen Realisierung dieser Sache (die aber den unangemessenen Anspruch von Richtigkeit hat) begriffen. Das Moment der provokativen Unangemessenheit ist für den komischen Konflikt wichtig; es unterscheidet ihn zum Beispiel vom tragischen Konflikt. Komik ist eine präzise und zutiefst rationale Angelegenheit. Die Art und das Niveau eines Witzes beispielsweise ergibt genauen Aufschluß über Denkart, Mentalität, kulturelle Zugehörigkeit und Intelligenz (nicht umsonst hat jede Branche – von Kameramännern bis zu Kirchenmusikern – ihre eigenen, nur in diesem Kreis verstehbaren Witze entwickelt). Der Witz setzt die Präzision von Auge und Denken voraus, – kann sich fast nur im Rahmen digitaler Kommunikation äußern (mit Ausnahme u.U. des Clowns, der auf quasi archetypischer Ebene mit den auf Grundfunktionen des Körpers beruhenden Konflikten arbeitet). Musik als unpräziseres analoges Kommunikationssystem kann den komischen Konflikt meistens nur begleiten. Deshalb ist in Filmkomödien die Musik meist nebensächlich: wenn der Witz in Dialog und Situation nicht stimmt, kann hier (im Unterschied zu filmischen Genres wie Liebesfilm oder Kriminalfilm) die Musik nicht helfen.

Nahezu alle Filmkomödien bestätigen dies. In Rainer Erlers *Die Gardine* hat der Komponist Eugen Thomass zwar versucht, durch den Einsatz von Basstuba (was selbst für den musikalisch Ungebildeten als „Konflikt" erkennbar ist) komische Wirkungen zu erzählen, – sie nutzen sich jedoch sehr schnell ab (Witze gelingen nur einmal!); ansonsten bleibt die Musik notgedrungen nebensächlich oder eben – was die bösartige Form von Komik ist – karikierend und parodierend. Gleiches gilt auch für die Musik von Claus Bantzer in Doris Dörries *Männer* (1985): der Witz und die Komik liegen eindeutig auf Dialog und Bildebene; unter dem Gesichtspunkt der Komik betrachtet, ist die Musik auch hier hilflos und kann nur durch eine allgemein lockere Stimmung (mit der Besetzung von Akkordeon, Klavier und Saxophon verbreitet Claus Bantzer so etwas wie „esprit" und französisches Flair) eine Atmosphäre verbreiten, in der Komik noch besser funktioniert. In *Ruhe sanft, Bruno!* von Hajo Gies wird solche „easy"-Stimmung durch ein allgegenwärtiges Pfeif-Thema erzeugt, das als allgemeine Folie für die Lachwirkungen zu dienen hat, die von der Handlungsebene ausgehen. Auf Musik beruhen hier nur die Parodien, wenn z.B. der amerikanische Geheimdienst durch eine übertrieben einsetzende Thriller-Musik betreut wird.

14. Kommentieren ...

Die Funktion des Kommentierens ist mit dem „Ausrufezeichen setzen", „Epische Bezüge herstellen" und dem „Karikieren und Parodieren" verwandt. Dies sind alles Funktionen, die einen gewissen Denkaufwand des Filmbetrachters erfordern und Musik eher in Richtung des Poles „selbständige Schicht" oder „Gegenläufigkeit von Musik und Bild" rücken lassen. Der Kommentar muß nicht unbedingt intellektuell „verstanden" werden; es liegt im Wesen der Musik begründet, daß Kommentieren hier diffus und oft nur unterbewußt spürbar abläuft.

Beispiele:

a) In Manfred Purzers *Mann im Schilf* (1978) wird von einem national-sozialistischen Trupp ein Mann zusammengeschlagen. Dazu erklingt eine Blasmusik und Musik von einem Kinderkarussel. Musik kommentiert hier aus der Position des „Harmlosen" die Brutalität der Szene.

b) In *Regentropfen* von Michael Hoffmann und Harry Raymon wird in ganz ähnlicher Situation ein Jude von Nazis zusammengeschlagen. Dazu erklingt wieder Karusselmusik (Der kleine Bernie steht beim Karussel so daß die Karusselmusik als seine emotionale Perspektive deutbar wird). Beim Höhepunkt der Schlägerei (gleichzeitig bei der Fahrt auf das Gesicht von Bernie) ertönt in der Karusselmusik – dem Straußschen Operettenlied „Wer uns getraut" – jene Höhepunktsstelle, die in gesungener Fassung den Text brächte: *Die Liebe ist eine Himmelsmacht!*

c) Bei Alexander Kluge findet sich durchweg kommentierende Musik. So wie in seinen Filmen auch die Bilderwelt kaum „gespielt" ist, sondern etwas Reales ist, das im Film mit etwas anderem (durch das Prinzip der Montage) in Zusammenhang gebracht wird, – so steht auch Musik immer für eine gesellschaftliche Realität oder ein gesellschaftlich kanalisiertes Gefühl, die mit Bildern in Montagezusammenhang gebracht werden. Musik kommentiert bei Alexander Kluge die Bilder in demselben Maße, wie die Bilder die Musik kommentieren.

d) Unter den vielen Beispielen kommentierender Musik bei Rainer Werner Fassbinder sei auf eine Stelle in *In einem Jahr mit 13 Monden* verwiesen: In der „Schlachthofszene" findet sich eine konsequent durchgehaltene Form von dreifachem Kontrapunkt, indem zum einen der lange Monolog der Elvira über das Geheimnis des Lebens usw. mit dem Schlachten der Rinder (akribisch wird dem Zuschauer das fast rhythmisch sich vollziehende Töten und Zerlegen der Tiere vorgeführt) einen Kontrapunkt bildet, wozu dann als dritte Schicht die langsame Einleitung zu Händels Orgelkonzert d-moll tritt. Alle drei Ebenen treten zueinander in Assoziationen-weckende Beziehung für den Betrachter.

15. Nebensächlichkeiten hervorheben ...

Wenn der Musikeinsatz sichtlich an einen Gegenstand oder an einen Handlungsaspekt gekoppelt ist (z.B. durch einen markanten Einsatz mit Schnitt auf einen Gegenstand), so bleibt Musik auch weiterhin auf dieses Objekt bezogen und kann ihm dramaturgisches Gewicht verleihen, wie es ohne Zutun der Musik gar nicht möglich wäre. Dazu der Komponist Erich Ferstl: *Etwas, das im Bild nur angedeutet ist, kann ich mit Musik verstärken. Etwas, das nur im Hintergrund ist, musikalisch ansprechen und zur Resonanz, d.h. in den Vordergrund bringen. Beispielsweise bei einer Totalen auf eine ruhige Natur, da läßt sich das Vibrieren sensibler Pflanzen im Wind in den Vordergrund bringen. Normalerweise würde man das Vibrieren gar nicht wahrnehmen, weil man visuell von der Totalen gefangen ist.*

16. Personen dimensionieren ...

Filmfiguren haben ein bestimmtes „Gewicht", eine Personengröße, der die Musik zu korrespondieren hat. Norbert Kückelmann hat z.B. in seinem Film *Die letzten*

Jahre der Kindheit (1979) den jugendlichen Ausreißer und Straftäter nicht mit einer klassischen Musik oder einem sinfonischen Filmmusikthema begleitet, sondern – was im Sinne des dramaturgisch angestrebten Realismus ist – mit einer einfachen Musik für Gitarre und Mundharmonika. Beide Instrumente sind hier kein Klischee, sondern entsprechen (wie das Motorrad oder die Kleider) dem Lebensstil des Jungen. Als fehldimensioniert hingegen mag man die Musik in Wolf Gremms *Nach Mitternacht* (1982) empfinden: den beiden jüdischen Kindern, die vor dem Hintergrund der Nazi-Verfolgung in die Freiheit fliehen, ist ein großes Orchester als Klangideal zugedacht und erschlägt die Filmfiguren; ebenso ist das Liebesthema mit seinem gewaltigen Gitarrensound nicht unbedingt geeignet, den Moment erster und schüchterner Liebe glaubhaft zu machen (auch das Mädchen ist mit der reif wirkenden Schauspielerin Desirée Nosbusch im selben Sinne fehlbesetzt).

Die Dimensionen von Musik und Personen eines Films sollen sich entsprechen, wenn nicht aus dramaturgischen Gründen eine Korrektur gewünscht ist (z.B. aus einem 20jährigen Schauspieler „ein Kind machen"). Dies erfordert eine genaue Kenntnis der Person für den Komponisten oder ein intensives Suchen nach Musik für den Filmautor. Dazu der Regisseur Günter Höver: *Wenn ich in letzter Zeit Dokumentationen über Personen mache, habe ich mir angewöhnt, denen nicht eine Musik aufzuoktroyieren, sondern erst zu überlegen, welche Musik zu ihnen in einer Beziehung steht. Man darf durch eine nachher zugespielte Musik eine Person nicht in einer anderen Seelenlage darstellen, zu einer anderen Person machen. Standardfragen (manchmal nur verschlüsselt gestellt, indem ich mir deren Schallplattensammlung anschaue) sind deswegen solche nach dem musikalischen Geschmack, nach Lieblingsmusiken, nach Musiken, die in ihrem Leben eine Rolle gespielt haben. Man muß allerdings aufpassen, daß für das Publikum solche Musiken nicht mit ganz anderen oder falschen Assoziationen behaftet sind.*

Mit Musik lassen sich Personen eines Films auch noch „zurechtrücken", wenn man beim Filmschnitt Unebenheiten in der Charakterologie feststellt. So z.B. geschehen in Geissendörfers *Sternsteinhof*, wo die Figur der Leni noch modelliert werden mußte. Eugen Thomass: *Die Leni sah im Rohschnitt viel zu böse, so berechnend, wie eine Karriere-Bäuerin aus! Da haben wir uns entschlossen, mit der Musik dies zu mildern und auch ihre guten Seiten hervortreten zu lassen.*

17. Physiologisch konditionieren ...

Durch den puren Klangreiz oder die rhythmische Präsenz eines Musikstückes kann der Zuschauer – vor allem wenn die Lautstärke 65 Phon überschritten und genügend Einschwingzeit gegeben ist – über das psychologische und emotionale Beeinflussen hinaus physiologisch konditioniert werden. Nicht mehr das Ohr oder der Verstand nimmt dann die Musik auf, sondern der gesamte Körper. Musik wird zum Reizfaktor für das Vegetativum. Durch die Verbesserung der Tonqualität bei der Filmwiedergabe und durch die Verwendung des klangintensiven

Synthesizers (die Klangwolken eines Synthesizers können den Filmbetrachter – was allerdings längst billige Masche ist – förmlich in das Bild ziehen) sind solche physiologischen Wirkungen heute ziemlich verbreitet. Im action-Kino (Typ: *Erdbeben*-Filme) haben diese Wirkungen zudem den Charakter des Anrüchigen erhalten. Einer der wegweisenden Komponisten war auf diesem Gebiet Bernhard Herrmann, dessen sensorische Musiken – nicht nur die *Duschszene*-Musik in Hitchcocks *Psycho* – dem Zuschauer gleichsam unter die Haut fahren.

18. Rezeption kollektivieren ...

Im Gegensatz zum individuellen Auge ist das Ohr kollektiv, da Höreindrücke immer an die Zeit gebunden sind. Bildeindrücke (sofern es sich nicht um Bewegungen handelt) sind zeitloser und können in Bildausschnitt, Schärfeneinstellung etc. einer individuellen Selektion unterzogen werden. Krass sind hier die Gegensätze zwischen Kunstausstellung und Konzertsaal: während dort jeder einzelne Besucher frei von einem Bild zum anderen geht, mal dieses und mal jenes Detail sich besieht, sitzen hier alle in geschlossenen Reihen und lassen kollektiv zum selben Zeitpunkt Höhepunkt, Entspannung, Schluß des Kunstwerkes über sich ergehen!

Filmmusik kollektiviert die Rezeption im Kinosaal und verhindert, daß sich die Aufmerksamkeit der Besucher auf unnötige Details richtet und sich verzettelt ... Filmmusik macht (wieder einmal!) unfrei.

Filmmusik nimmt die Haltung der Zuschauer als Masse ein: sie kann die Atmosphäre von Angst, Sicherheit, Unwohlsein oder Erleichterung erzeugen, aus der heraus alle Zuschauer – wie durch eine gefärbte Brille – das Geschehen auf der Leinwand verfolgen sollen.

19. Raumgefühl herstellen ...

Bereits in der romantischen Musik war es kompositorische Intention, im Zuhörer sinnliche Raumvorstellungen zu wecken; – etwa wenn in Wagners *Lohengrin*-Vorspiel überirdische Klänge, hell gleißend, sich von oben nach unten bewegen und das Herabsteigen des Erlösers physisch greifbar wird; in Wagners *Rheingold*-Vorspiel, wo über zehn Minuten hinweg ein Es-Dur Akkord steht und von tiefsten Tiefen bis in höchste Violinregionen mit strudelndem Leben – den Rhein darstellend – erfüllt ist; etwa in den Messen von Franz Liszt, wo in der Einleitung des Orchesters durch Angabe extremer Tiefen und Höhen ein nahezu unendlicher Raum evoziert wird, in den herein dann die Menschenstimmen klingen ...

Filmmusik profitiert unmittelbar von der Analogie, die im menschlichen Gehör zwischen Tonraum und realer Raumvorstellung geschaffen wird (nicht zuletzt weil auch das für Raumgefühl zuständige Gleichgewichtsorgan im Innenohr sich befindet): die Prärie wird größer durch das Tschaikowsky-Sinfonieorchester (selbst wenn im Bild nur eine mickrige Graslandschaft ist), ein Zimmer wird enger und kleiner, wenn ein Soloinstrument in stumpfer Akustik erklingt.

Musik kann auch die Impression von Nebenräumen vermitteln (Musik aus einem oder zwei Nebenzimmern) oder kann Distanzen versinnlichen („im Wald, etwa 300 Meter vom Kurpark entfernt ..." ist als Ortsangabe in Musik übersetzbar!).

Musik kann auch Räume verbinden, die gar nicht real zueinander gehören. Frappant, wie z.B. in Alexander Kluges *Macht der Gefühle* ein gotischer Kirchenraum (mit Blick aus dem Spitzfenster) durch Koppelung mittels sinfonischer Musik mit einem bürgerlichen Wohnzimmer (mit Blick aus dem Fenster auf einen Baum) eine nicht mehr weiter hinterfragte Einheit bildet.

20. Zeitempfindungen relativieren ...

In ähnlicher Weise wie das Raumgefühl ist auch das Zeitempfinden durch Musik beeinflußbar. Musik als subjektive, innere Welt schafft eine psychologische Zeit, die mit der realen Zeit nicht zu korrespondieren braucht. Konkret: Musik kann Zeit dehnen (den Augenblick sinnlich machen), Musik kann Zeit raffen, Musik kann Zeitsprünge in der Handlung überbrücken. Hierzu einige Beispiele:

a) In Werner Herzogs *Nosferatu* dauert der Ritt von Jonathan Harker in die Karpaten zu Draculas Burg 1 Minute 20 Sekunden; das Bild zeigt ihn währenddessen an fünf Orten schnell oder langsam reitend. Ohne Musik wirkt diese Montage kalkuliert und künstlich. Erst die Einbindung in die schwebenden Klänge des Dracula-Themas schaffen jene Zeitsphäre, in der das Zurücklegen von 6000 Kilometern in so geringer Zeit ganz natürlich wirkt.

b) In Bernhard Sinkels *Lina Braake* (1975) dauert die Überfahrt nach Sardinien knappe zwei Minuten. Sehr schön ist hier, wie eine Bildüberblendung (in das Bild des Wassers eines Sees wird das sardische Meer eingeblendet) den Vorgang des Zeitvergehens mit vollzieht.

c) In Fassbinders *Ich will doch nur, daß ihr mich liebt* (1976) dauert der Arbeitstag, den der arbeitslos gewordene Held herumlungert, beim ersten Mal 3 Minuten und 30 Sekunden, was im filmischen Kontext subjektiv als sehr lang empfunden wird; beim zweiten Mal genügt eine Minute, um diesen Tag verstreichen zu lassen; beim dritten Mal genügen 18 Sekunden.

d) In Vadim Glownas *Das rigorose Leben* (1983) wird in einer Bildmontage (Fotos aus dem Album, Zeitungsbilder u.a.) die über etwa 20 Jahre sich erstrekkende Vorgeschichte des Films gezeigt. Dazu hat Peer Raben eine Toncollage gesetzt, die in ihrem stilistischen Wandel diese Dauer von 20 Jahren konkretisiert: nach einem Klavierwalzer, Violinsolo, Schlager und Tango der 40er Jahre wird in die Musik langsam eine E-Gitarre und ein Bass eingeführt, bis im Bild ein amerikanischer Sattelschlepper fährt und die Musik (mit Flöte, Bass und Klavier) eine moderne Idiomatik erreicht hat, die der filmischen Jetztzeit und dem amerikanischen Raum entspricht.

e) Das Dehnen der Zeit ist in Filmen ungleich seltener zu finden. Musik kann – was eine Opernarie, welche die kontinuierliche Handlungszeit des Rezitativs aufsprengt, in der Operndramaturgie tut – einen „Augenblick" der realen Zeit sich zum Gegenstand nehmen und ihn zeitlos meditieren. Werner Schroeter arbeitet in *Palermo oder Wolfsburg* mit diesem Kunstgriff, wenn er den Moment des Türöffnens/Hineingehens/Türschließens, der üblicherweise nur Sekunden dauert, auf eine Minute und vier Sekunden dehnt: in dieser Zeit wird eine Collage aus Schlager, Peep Show, Gesichtern u. a. vorgeführt, – es sind die Assoziationen und Emotionen, von denen Nicola überwältigt wird, wenn seine ehemalige Freundin den Gerichtssaal betritt. Ähnliches führt Werner Schroeter am Schluß des Filmes vor, wo wiederum Bild- und Toncollagen (Maultrommel, Glocken, italienischer Volksgesang, Bergs Violinkonzert) auf seinen unbeweglichen Kopf hin montiert werden. Kennzeichnend für den Stillstand der Zeit ist hier auch die wie eine kaputte Schallplatte sich wiederholende Sprecherstimme mit *anfassen, anfassen, anfassen, anfassen* ...

2. *Musikdramaturgische Konzepte*

Da stehen nun Regisseur und Komponist – selten vor dem Drehbuch, meistens vor Rohschnitt oder Feinschnitt – und überlegen sich, wie nun die Musik im Film einzusetzen ist ... Oft genug gibt es nur zwei oder drei Durchläufe am Schneidetisch, wo dann „ganz emotional" oder „ganz vom Bauch her" die Musikstellen und deren Charakteristik festgelegt werden. Spontan und emotional zu Reagieren ist immer gut und führt oft zu einer lebendigen Konzeption. Nur! – Vieles was so „spontan" anscheinend ganz aus dem Inneren kommt, sind nur die Reflexe des 1000fach Gehörten und Gesehenen. Deshalb ist Überlegen und Selbstreflexion immer noch das Beste. Zumindest sollte das „spontan" Gefundene im Nachhinein ganz rational auf seine Eigenständigkeit hin überprüft werden.
So viele Grundsätze könnten nun entschieden werden! So viele Funktionen könnten der Musik aufgebürdet werden! Der Film verlöre aber seine Konturen, wenn hier nicht radikal ausgewählt würde. Hinzu kommt, daß auf allen anderen Ebenen des Gesamtkunstwerks Film ebenfalls dramaturgisch gedacht (oder zumindest gehandelt) wird. Auch der Kameramann hat z.B. ein Konzept für den Film. Ich erinnere z.B. an Vittorio Storaros Lichtkonzept zu Francis Ford Coppolas *Apocalypse Now* (1979), den Vietnamesen immer Naturlicht zu geben (Sonne, Morgengrauen, Außenlicht usw.), den Amerikanern hingegen nur Kunstlicht (Neonlampen, Scheinwerfer, Innenlicht usw.). Ich erwähne z.B. den Kameramann Franz Rath, der Trottas *Bleierne Zeit* (1981) statt auf Kodak-Film mit seiner Pastellik auf dem kälteren und härteren Fuji-Material drehte, um dem Inhalt des Filmes näher zu kommen. Filmmusikdramaturgie muß – da sie im zeit-

lichen Nacheinander der Produktionsschritte meist das Schlußlicht bildet – alle diese Dramaturgien berücksichtigen. Oberstes Gebot ist die Ganzheit des Konzepts. Ganzheit nicht in einem harmonisierenden Sinne, sondern als kontrollmäßiger Überblick. Im Ausnahmefall kann die Ganzheit des Konzepts auch die Nichtbezogenheit und das Auseinanderfallen aller Filmelemente fordern.

Vor allem der Komponist, der eine Filmmusik original zum Film komponieren will, braucht die Vorstellung der Ganzheit – seinen roten Faden. Er muß mögliche Beziehungen ausloten, musikalisches Material aus der historischen Zeit der Filmhandlung sichten, Themen, Motive und Geräusche sammeln, sich über die Entwicklung dieser Themen im Filmverlauf klar werden. Peer Raben: *Wenn diese Vorbereitung nicht da wäre, würde man sagen: Man kann nicht zwölfeinhalb Sekunden Musik schreiben! Das ist Unfug, wenn man das machen würde. Aber wenn ich mittlerweile für diesen Film genügend „Vorrat" habe, dann finde ich auch etwas, was sich in zwölfeinhalb Sekunden in einem musikalischen Zusammenhang für den ganzen Film sagen läßt.*

Nachstehend werden die musikdramaturgischen Konzepte von 25 Filmen skizziert, um anzudeuten, in welchen Richtungen hier gedacht werden kann. Die Filme sind alphabetisch nach ihrem Titel geordnet. Die Auswahl der Filme erfolgte subjektiv; sie bedeutet keine qualitative Hervorhebung des Dramaturgiekonzepts. Verzichtet wurde auch auf die komplexen Melodramtypen oder Collageformen bei Alexander Kluge, Hans Jürgen Syberberg oder Rainer Werner Fassbinder, deren Formen in der hier geforderten Verkürzung kaum darstellbar sind.

Ansichten eines Clowns (1975) von Vojtech Jasny.

Zwei Instrumente dominieren in den Klangfarben und werden bestimmten Sphären zugeordnet: das Klavier zum Elternhaus (Bruder und Schwester Henriette in der Zeit des Nationalsozialismus); die Gitarre als Instrument des Clowns. Beide Instrumente kommen als Bildton vor, aber auch in der von Eberhard Schoener komponierten Filmmusik. Vier musikdramaturgische Ebenen sind zu unterscheiden: 1) Klaviermusik im on, nur in den Rückblenden als Erinnerungen des Hans Schnier an sein Elternhaus (Chopin Mazurka und Beethovens *Für Elise* einmal läßt sich Hans auch in der Zeit der Spielhandlung von einer Freundin Chopin am Klavier vorspielen. 2) Gitarrenmusik im on, nur in der Zeit der Spielhandlung; die Gitarre als Instrument des zum Clown gewordenen Hans. 3) Emotionenbegleitende Filmmusik (Liebesthema), die vor allem in der Filmmitte, als Hans seine Freundin Marie kennenlernt, dominiert. 4) Ein nerviger Synthesizerklang aus langgezogenen Tönen, er verkörpert in einem tiefenpsychologischen Sinne eine Art Trauma von Hans (man hat ihm seine Schwester Henriette in den Tod geschickt; sein Bruch mit dem Elternhaus). – Innere Form der Musik: Sie nimmt ab, der Film wird zunehmend stummer.

Der Aufstand (1980) von Peter Lilienthal,

In dieser Geschichte des aus der Armee des Militärregimes desertierenden Soldaten Agustin gibt es vom Prinzip her drei Ebenen: 1) Ein Thema, das weniger durch eine bestimmte Melodie erkennbar ist als durch seinen folkloristischen Charakter und die Besetzung mit Klavier, Akkordeon, Gitarre u.a.; durch die Dominanz dieses Themas nimmt der Film eindeutig Partei für die ländlichen Leute und das Vaterhaus von Agustin. 2) Bildbegleitende Musik (Spannung, Dramatik usw.), die vom Komponisten Claus Bantzer auf Klavier und Orgel improvisiert worden ist; gegen Ende wird die Orgel fast hymnisch und macht aus dem Gefechtszug eine Passionsprozession von wirkungsvoller Größe. 3) Ein südamerikanisches Revolutionslied als Schlußmusik, nachdem Agustin erschossen wurde (womit die Filmmusik als seine subjektive Perspektive nicht mehr motiviert war).

Celeste (1981) von Percy Adlon.

Sowohl die Behutsamkeit der Beziehung von Marcel Proust zu seiner Haushälterin Celeste wie auch die distinguierte, nie ausschweifende Ausdrucksweise von Proust selbst ist in Cesar Francks Streichquartett enthalten, das dem Film außerdem ein historisches und französisches Kolorit gibt. Die Musikeinsätze sind sehr sparsam. Raffiniert ist der dramaturgische Kniff, am Ende des Films die erklungene Filmmusik im Bild zu präsentieren: Proust lädt ein Quartett zu sich nach Hause ein und läßt sich Francks Musik (mit Wiederholung der ihm besonders lieben Stellen = die Filmmusik!) vorspielen. Nach seinem Tod ist Stille. Der Film endet stumm.

David (1979) von Peter Lilienthal.

In der Geschichte eines Judenkindes im Nationalsozialismus wird Musik in zwei Ebenen verwendet: 1) Viele Musiken im on: jüdische Gesänge in Synagoge und im Haus, Gesangsübungen, Barpianomusik, Marsch- und Trommelmusik, Radiomusik; diese Musiken erzeugen ein atmosphärisches Klima und evozieren reale Räume sowie historische Zeit. 2) Ein Thema, das als Filmmusik (komponiert von Wojciech Kilar) subjektiv auf David zugeschnitten ist. Es erscheint zunächst nur in kurzen Spots von je 20 Sekunden – wie eine Vorwarnung –, dann als Klaviersolo von einer Minute, dann in voller Länge mit der Orchesterbesetzung. – Innere Form der Musik: Sie nimmt zu, Crescendostruktur.

Deutschland bleiche Mutter (1979) von Helma Sanders-Brahms.

Die Filmmusik von Jürgen Knieper verwendet nur das Klavier, das als Soloinstrument auf gleicher Ebene wie die kommentierende Stimme der Filmautorin steht, – nämlich sehr subjektiv eingesetzt ist. Die Dynamik bleibt fast immer im Bereich der leisen Töne, mit Ausnahme einer Stelle (= Kameraflug über dem zerstörten Berlin). Das Klavier spielt vornehmlich fünf Themen: das Hauptthema (sehr beruhigend, es wird am Schluß mit dem Atem der beschützenden Mutter identisch), ein Tango nach Chopins e-moll Prelude, ein Walzer (um die zähneknirschende Wiederaufbaumentalität zu fassen), eine Märchenmusik und begleitende Spannungsmusiken (tiefe Töne usw.).

Doktor Faustus (1982) von Franz Seitz.

Die Umsetzung des Stoffes von Thomas Mann, der ja vor allem die Geschichte einer musikalisch-kompositorischen Entwicklung ist, wurde sehr gut gelöst: die Musik vor dem Teufelspakt wurde von Rolf Wilhelm komponiert, für die Musik nach dem Teufelspakt (Dr. Faustus hat die Seele dem Teufel für die Gegenleistung höchster kompositorischer Meisterschaft verkauft) wurden Werke von Benjamin Britten verwendet. Durch die Musikdramaturgie erhält der Film eine (im Inhalt vorbestimmte) Zweiteiligkeit. Vorbildlich ist die Seriosität, mit der die zahlreichen musikalischen Vorgaben des Mannschen Stoffes umgesetzt wurde. Rolf Wilhelm hat dazu eine lesenswerte Darstellung geschrieben[33].

Fasnacht (1984) von Bruno Kiser.

Die Geschichte von einem jungen Schauspieler, der aus Deutschland in die heimatliche Schweiz zurückkehrt, dort aber keinen Anschluß mehr findet und während der Fasnachtsumtriebe in einen Streit mit fast tödlichem Ausgang gerät, bei der Rückkehr nach Deutschland dann ein anderer geworden ist. Das dramaturgische Konzept ist simpel: 1) Es gibt die Ebene der On-Musiken (Fasnachtsmusik usw.). 2) Es gibt zwei Filmmusik-Nummern für die Anfangsstimmung und Endstimmung des Filmes: die noch optimistisch getönte Nummer *No return* des Anfangs wird zunehmend demontiert (es erklingt nur noch ein Teilplayback, dann nur noch die Percussion/Bass-Gruppe); nach dem Mordversuch werden in Splittern die Einzelteile der Schlußnummer exponiert, bis am Ende das resignativere *Way without end* (dessen Teile dem Filmbetrachter als emotionale Filmbegleitung schon vertraut sind) erklingen kann. – Innere Form: Decrescendo-Struktur der Nummer I und gegenläufig eine Crescendo-Struktur von Nummer II.

Fünf letzte Tage (1982) von Percy Adlon.

Die Geschichte von Sophie Scholl und der „Weißen Rose" wird sparsam vom Thema des Streichquartetts *Der Tod und das Mädchen* (Franz Schubert) begleitet. Das Thema erklingt nur viermal; nach Sophie Scholls Tod endet der Film stumm. Innere Form: Decrescendo-Struktur.

Gefundenes Fressen (1977) von Michael Verhoeven.

Der Film verwendet Musik auf drei dramaturgischen Ebenen: 1) Musik, die sich auf den Penner Alfred Eisenhardt bezieht, die unter Verwendung von Gitarren und Synthesizer dem Penner unangemessen ist – was jedoch seiner Lebenslüge von der Integration in die Konsumgesellschaft entspricht. Erst am Filmende, nachdem Alfred auf seinen Mallorca-Traum bewußt verzichtet hat, verschwinden Gitarren und Synthesizer: das Thema wird (quasi in der „wahren" Form) von Cello und verstimmtem Klavier gespielt, – so wie es schon bei Beginn als Ouvertüre zu hören war. 2) Ein Walzer für größere Besetzung als Musik für Alfreds Zuneigung zur Gastarbeiterin Milena. 3) Musik im on für die Figur von Erwin, dem Streifenpolizisten: Rock'n'Roll der 50er Jahre und der *Patricia*-Chachacha.

Der Händler der vier Jahreszeiten (1972) von R.W. Fassbinder.

Ein betont musikarmer Film, was der emotionskargen Welt um Hans Epp entspricht. Fassbinder hat hier auf die Schein-Emotionalität, in der sich in seinen Melodramen die Figuren üblicherweise bewegen, verzichtet. Die Musik in diesem Film kommt ganz von innen: Nach 60 Minuten musiklosem Film (auch nicht beim Vorspann) ist Rocco Granatas *Buona notte* zu hören (das sich Hans Epp selbst auf den Plattenspieler legt; nach dem zweiten Mal zerbricht er die Schallplatte), dann dreimal eine dünne Mundharmonikamusik, die sein irrendes Suchen begleitet. Von einer orientalischen Atmosphärenmusik zur Marokko-Szene abgesehen endet der Film dann stumm.

Ich werde dich töten, Wolf (1970) von Wolfgang Petersen.

Der Film erzählt konsequent die Geschichte von der Rache einer Frau, die nach Berlin fährt, um ihren Freund zu töten. Die Erzählzeit des Filmes (Fahrt nach Berlin, Mord, Rückfahrt) ist weniger dominant als die zahlreichen Rückblenden, die sich zu einer eigenen Geschichte – eben der Vorgeschichte – addieren. Die Musik (komponiert von Nils Sustrate) verläuft in drei Ebenen: 1) Eine „große“ Filmmusik (triumphal und emotional), die zu Beginn, in der Mitte (bei der Ankunft in Berlin) und am Ende erklingt und nicht linear der Frau zugeordnet werden kann (sie ist eher neutral als „Berlin“- oder „Großstadt“-Thema auffaßbar). 2) Eine Rückblende-Musik: um die Verschachtelung der Zeitsphären deutlich zu machen, ist ziemlich streng das Verfahren eingesetzt, daß auf das Bild der im Zug nach Berlin fahrenden Frau jeweils eine Streichermusik einsetzt und damit der Umschnitt in die Vergangenheit (= Rückblende) bewerkstelligt wird. Der Zeitsprung in die Gegenwart geschieht jeweils durch einen harten Geräuschschnitt: das laute Zuggeräusch scheint die Frau wie den Zuhörer aus den Erinnerungen schlagartig zurückzuholen. 3) Während der Rückblenden und auch während des Mordes gibt es begleitende Filmmusik expressiven Charakters (vor allem der Mord mit dem Messer scheint wie eine optische und akustische Reverenz an Hitchcocks berühmte *Duschmord*-Sequenz).

In einem Jahr mit 13 Monden (1978) von R.W. Fassbinder.

Der Film exponiert musikdramatisch drei Ebenen, die sich dem Zuschauer nur schwer mitteilen, da der Film unkontrolliert vor Musik überzuquellen scheint. Die drei Ebenen sind jedoch konsequent durchgehalten und wirken nachhaltig: 1) Musiken im on (wie z.B. Radiomusik in der Hotelhalle, Musik von der Schallplatte). 2) Nicht-Filmmusiken, die für die Atmosphäre und das Irreale der ganzen Situation sehr wichtig sind (z.B. jeweils über 5 Minuten dauernde Kompositionen von Händel, Beethoven und Mahler). 3) Die von Peer Raben komponierte Filmmusik, die tiefenpsychologisch-traumatisch sich auf das Schicksal von Erwin = Elvira bezieht: eine fremdartige von langgezogenen Menschenstimmen-Tönen geprägte Klangwelt, die Elviras Geschlechtsumwandlung (den traumatischen Punkt ihrer Story) betrifft. Je mehr Erwin = Elvira in den Einflußbereich von Anton Saitz (der zu dieser Geschlechtsumwandlung den Ausschlag gab) gelangt, desto stärker wird die Sogwirkung dieses Trauma-Themas. Den Schluß bildet eine Collage aus Musik, Geräuschen, Stimmen und laufendem Tonband.

Der junge Törless (1966) von Volker Schlöndorff.

Die Musik distanziert sich von den Ereignissen in der Kadettenanstalt, wo aus bürgerlicher Wohlanständigkeit ein aus Sadismus und verdrängter Sexualität sich zusammensetzender Faschismus entspringt. Die Musik untermalt nicht, spiegelt auch nicht die Gefühle des gequälten Basini, schafft kaum bildintegrierte Atmosphären, sondern konzentriert sich darauf, die akustische Perspektive des in sezierenscher Neugierde beobachtenden Törless zu sein. Musikeinsätze sind hier die Reflexionen des Törless, die auch meist nach einer Tateinheit sich vollziehen, quasi als Intermezzo zur nächsten (nunmehr in ihrem Schrecken gesteigerten) Handlungseinheit. Die Ambivalenz von Wohlerzogenheit und faschistoidem Verhalten, von kalter Betrachtung und höchstem subjektivem Schmerz hat Hans Werner Henze in einer Musik gefaßt, die eine Musiksprache des 20. Jahrhunderts mit einem historischen Instrumentarium des 15. Jahrhunderts (Krummhorn, Gambe usw.) zur unfaßlichen Einheit bindet. Musik kommentiert hier durch ihre Kühle.

Lettow Vorbeck (1984) von Christian Doermer.

In der ersten Hälfte des Filmes, in der auch im herkömmlich narrativen Stil eine Handlung stattfindet, ist die Filmmusik (komponiert von Norbert Jürgen Schneider) kohärent. Die Angriffswut von Lettow Vorbeck findet ihre Entsprechung im Einsatz der (neben elektronischen Klängen) dominierenden Klangfarben Trompete und Orgel. Wenn die Spielhandlung und die fingierte Spielzeit 1914 aufgebrochen wird, der Film sich und die Sinnlosigkeit des deutsch-ostafrikanischen Krieges zu reflektieren beginnt, wenn die Schauspieler ohne Kostüm zu spielen beginnen, Handlungszitate von 1984 eingestreut werden, dann wird die Musik ziellos: „sie darf nicht mehr wissen als der Film", der ab hier ebenfalls suchend und irrend einem (keinem) Ende entgegengeht. Dem nutzlosen Umherlungern der Soldaten in Afrika sind deshalb allerlei Klänge entgegengesetzt (von der Schallplatte Eberhard Schoeners bis zu Kinderlied und Negergesang), deren Nicht-Bezug untereinander und zum Bild eine eigentümliche Poesie aufweisen.

Die letzten Tage der Kindheit (1979) von Norbert Kückelmann.

Ebenso wie die Handlung (Geschichte eines jugendlichen Straftäters, der sich schließlich in seiner Zelle erhängt) auf einen tatsächlichen Vorgang zurückgeht, so versucht auch die Musikdramaturgie authentisch zu bleiben. Die gitarrespielende Figur des Django im Film wird zum Anlaß für eine Filmmusik genommen, die in der Besetzung mit Mundharmonika und Gitarre sowohl im on fixiert ist, aber auch (vor allem in der ersten Hälfte, als Django noch nicht als Figur eingeführt war) im off erklingen kann. Nur an einer Stelle wird von diesem Prinzip abgewichen, als die bekannte Version von *House of rising suns* mit den *Animals* erklingt. Die dramaturgische Logik ist aber offenkundig: zum einen hat Django kurz zuvor dieses Lied gespielt und gesungen, zum anderen findet während der Nummer der Ausbruch der Jugendlichen aus der Anstalt statt; die Musik kann als Ausdruck der Freiheit und Weite stimmig gehört werden. Die Musik ist ausschließlich aus der Emotionsperspektive des Jungen eingesetzt; nach seinem Tod bleibt der Film daher stumm.

Lina Braake (1975) von Bernhard Sinkel.

Die Geschichte der alten Frau, die von einer Bank aus ihrem Wohnhaus gerissen wird, ins Altersheim kommt, sich durch einen Bankcoup rächt und mit dem Geld einer sardischen Familie ein Haus kauft, wird musikalisch auf zwei Ebenen zusammengehalten: 1) die Ebene der On-Musiken (z.B. Männerchor, *Donauwellen*-Walzer, 2) die Ebene der stimmungsbegleitenden Filmmusik von Joe Haider. Diese zweite Ebene enthält im Kern einen italienisierenden Schlager *Bella Lina* (mit kraftvollem Rockidiom, aber auch mit weichen Streichern), der die Vitalität der alten Dame (durch leichtes Überzeichnen fast humorvoll) ausdrückt. Davon abgeleitet ist eine Filmmusik für Streicher, die untergründig immer auf die Vitalität hinweist. Nur in ihrer depressiven Phase im Altersheim werden diese vitaleren Motive von musikalischen Untermalungen abgelöst, welche die Traurigkeit der Frau unterstützen.

Die linkshändige Frau (1978) von Peter Handke.

Der Geschichte entsprechend (eine Frau löst sich von ihrem Mann und will allein sein) ist der Film musikarm und sehr schweigsam. Wichtigste Stellen sind stumm; Musikeinsätze erfolgen dort, wo Monotonie und Emotionslosigkeit durchbrechen. Zwei Ebenen der Musik: 1) On-Musiken (kaum ins Gewicht fallend), 2) Musik von Johann Sebastian Bach (vor allem das Lautenpräludium d-moll mit seiner immergleichen Figuration; Musik aus einer Cellosuite). Die Musiken sind wenig personenbezogen, sondern scheinen allgemeingültig die Situation menschlicher Gefühlsverkarstung auszudrücken. Dem Grundton „Einsamkeit" des Films entspricht die Verwendung von ausschließlich Soloinstrumenten (Laute, Cello, Klavier, Orgel). – Daß am Schluß unter den Abspanntiteln (nach einer Stille) plötzlich eine Musik für Panflöte ertönt ist merkwürdig und löst beim Betrachter eine Art fragende Haltung aus.

Messer im Kopf (1978) von Reinhard Hauff.

Die Filmmusik von Irmin Schmidt ist ganz auf einen Kern gerichtet, der mit der Frage „Wer ist dieser Mann? War er der Terrorist?" und einem seltsamen Unbehagen und der Angst, auch „aus Versehen" so angeschossen zu werden, mühsam umschrieben werden kann. Das fast zuständliche Hauptmotiv besteht aus einer Schichtung von Synthesizer, Klavier, Gitarre u.a., die immer vom gleichen Grundpuls beherrscht wird. Dieser Puls zieht sich beharrlich durch den Film; seine Wirkung ist eine physiologische. Dramaturgisches Konzept: Zentrieren.

Der Mond ist nur a nackerte Kugel (1981) von Jörg Graser.

Der Film besitzt (wie in vielen Fällen, wo Peer Raben eine Filmmusik beigesteuert hat) ein musikalisches Geflecht, das die Leitmotivtechnik der Oper seit Carl Maria von Weber und Wagner sichtlich zum Ahnherrn hat. Die Personen- und Situationsmotive sind so dominant, daß die Schicht der On-Musiken (Radiomusik, Blasmusik, Tanzmusik im Lokal) weit davon abfällt. Die „Mondmusik" (stellvertretend für geheimnisvolles „Wissen" und „Hoffen"; sie erscheint am Anfang, Mitte und Ende des Films) ist die komplexeste Musik (aus einer irritierenden Mischung von Klangfarben). Die anderen Motive sind offenkundig durch jeweils ein Instrument bestimmt: das Panflötenthema steht für „Draußen/Landschaft/Feld", das Oboenmotiv für ländliche Idylle, Unschuld, das Cellothema für die religiöse Welt des Moserbauern, das Trompetenmotiv für den Freund Vitus bzw. für dessen Sehnsucht nach der Großstadt. Kraft der eindeutigen Fixierung dieser Musiken auf konstante Inhalte werden nicht nur Emotionen vermittelt, welche die einzelnen Situationen plastisch voneinander abgrenzen, sondern ist auch die Möglichkeit zu epischen Verweisen, zum musikalischen „Erzählen" gegeben.

Neapolitanische Geschwister (1978) von Werner Schroeter.

Der Film arbeitet mit sehr viel Musik, die zunächst eine erschlagende Wirkung hat (auch für den, der sich bewußt damit auseinandersetzen will). Entflicht man jedoch die Schichtung, dann herrscht eine erstaunliche Ordnung, was wiederum erklären kann, weshalb die Tonschicht des Filmes so zwingend wirkt. Mehrere Ebenen sind sich gleichwertig: 1) die von Roberto Pregadio komponierten Themen und Lieder, 2) die zeichenhaft zugewiesenen Musikstücke, jeweils in verschiedenen Bearbeitungen von Roberto Pregadio (das Gounodsche *Ave Maria* für Vittorias Affinität zur Kirche; die Variationen über das kommunistische *Bandiera rossa* für Massimos Karriere; die dekadente Violinschnulze für den Christdemokraten; der französisch inspirierte Walzer für die Dirne, die „Frances", 3) die zahlreichen On-Musiken (Lieder, Tänze, Radiomusik, öffentliche Veranstaltungen). Das Ineinandergreifen von Filmmusik und Realität wird sehr schön durch einige „Ratespiele" bewerkstelligt, denen der Hörer ausgesetzt ist. Zum Beispiel erklingt bei der Geburt von Vittoria eine seltsame Glockenmusik, die als Filmmusik aufgefaßt wird. Erst beim dritten Erklingen (bei der Geburt von Massimo) wird das Rätsel im Bild aufgelöst, — es handelt sich um eine aus dem Lautsprecher der benachbarten Kirchenkuppel kommende „on"-Musik! Zugleich setzt ein neues „Ratespiel" ein: als die Mutter während der Geburt von Massimo stirbt, ertönt zu ihrem lauten Schreien eine nervtötende Trommlerkulisse von unvergeßlicher Penetranz und Eigentümlichkeit. Was war diese gräßliche Todesuntermalung? Erst am Filmende wird der Betrachter aufgeklärt, wenn die Prostituierte Rosaria a Frances wie ein Tier mitten auf der Straße krepiert und dazu umherziehende Trommler des Karneval genau diese Musik — die im Kino eine Stunde zuvor erklungen war — spielen. Nach italienischer Psychologie sind hier die Kategorien „Mutter" und „Hure", aber auch „Geburt" und „Sterben" ineinandergesetzt worden, — mittels Musik.

Nosferatu (1979) von Werner Herzog

In dem Remake des Murnauschen *Nosferatu* ist alle momentane Dramatik oder Horrorwirkung zugunsten einer Verallgemeinerung ins Archetypische oder Zeitlose verschwunden, wobei die Verwendung einer charakteristischen Musik sehr wesentlich war. Alle Musiken zeichnen sich durch langsames Tempo und Zuständlichkeitswirkungen aus. Zwei Themen sind relativ konstant: das Dracula-Thema mit seinen ein- und ausschwingenden Klängen und feinen Gesängen; das Zweisamkeits-Thema von Lucy und Jonathan Harker, das mit seiner Gitarrenpatterns auch am meisten Rhythmus (als quasi menschlicher Aspekt) aufweist. Neben diesen Musiken von Florian Fricke gibt es wesentliche Nicht-Filmmusiken, die aber nicht konstant verwendet werden: Richard Wagners Klangmassiv des *Rheingold*-Vorspiels steht für das Ur-Böse und wird dreimal verwendet; es wird abgelöst von einem Organalgesang der Vokalgruppe Gordela; zum Schluß erklingt das *Sanctus* aus Gounods *Cäcilienmesse*, wodurch das Ur-Böse (jetzt in Jonathan Harker personifiziert) einen religiös-messianischen Auftrag erhält und in die Welt ziehen kann.

o.k. (1970) von Michael Verhoeven.

Ein radikales dramaturgisches Konzept: in etwa 20 Stationen aufgegliedert wird im Bayerischen Wald eine Episode aus dem Vietnam-Krieg nachgespielt, ganz im Sinne von Brechts epischem Theater (die Schauspieler stellen sich zuvor in Zivilkleidung vor, ziehen sich nachher wieder um). Jede der 20 Stationen wird mit einem „Ohrwurm“ von ca. 15 Sekunden, der immer gleich bleibt, markiert. Dieses unerschütterlich Gleiche verstärkt das Angstgefühl, das sich (trotz der epischen Verfremdung) anläßlich solcher Grausamkeit im Magen einstellt. Musikkonzept: formbildende Tendenz und Kommentierung zugleich.

Parallelstraße (1962) von Ferdinand Khittl.

Der Film bricht mit den Erwartungsschemata des narrativen Films. Beispielsweise beginnt er in fingierter Vergangenheitsform: *Sie sahen einen Film der GBF*, führt in eine neue Lebensordnung ein die mit Alter und Zusammengesetztwerden beginnt und mit der Rückkehr in den Mutterbauch endet (illustriert durch den Rückwärtsverlauf einer Schlachtung)... Dokumentarfilmmaterial aus allen Erdteilen bildet das wichtigste Bildmaterial – in schwarz und in weiß. Die Musik von Hans Posegga, der – ganz im Teamgeist der Oberhausener Zeit – auch einer der Schauspieler ist, ist erstaunlich fremdartig: neben der eindringlichen Solotrompete zu Beginn und am Ende des Films werden Klänge produziert, die so aufregend neu sind wie die Synthesizerklänge der 70er Jahre oder die fremden ethnologischen Musiken des Films.

Regentropfen (1981) von Michael Hoffmann und Harry Raymon.

Der Film beginnt mit einer heiteren kammermusikalischen Durchführung von Motiven des Schlagers *Regentropfen*, der in der Filmmitte auch im Original auf

Schallplatte erklingt. Neben dieser Ebene im Sinne eines Mottos gibt es eine Ebene von Musiken im on (Radiomusik, Lieder u.a.) sowie eine Ebene von original komponierter Musik (Komponist: Louis Bloom), die sehr zart und in kindlichem Timbre eine kommentierende Perspektive zu den Ungerechtigkeiten des Nationalsozialismus vermittelt: es ist die Perspektive des zehnjährigen Judenkindes Bennie.

Der Schlaf der Vernunft (1984) von Ula Stöckl.

In der Geschichte einer Ärztin, die an einem Tag Mann und Praxis verliert (als Endpunkt einer langen im Bereich des Psychologischen liegenden Entwicklung) und dann zur Rachegöttin wird, nimmt Musik von Anfang an eine Haltung an, die nur vom Schluß her verständlich ist. Solche Musikdramaturgie, durch das Medium Musik eine Handlung völlig von ihrem Ende her zu beleuchten, schafft schon zu Beginn große Spannung (durch die rätselhaften Zuordnungen von Bild und einer noch unverständlichen Musik) und bereichert den Film um eine wichtige formal aktive Dimension. Die Klangwelt der Musik (von Helmut Timpelan) ist seltsam aus langgezogenen Tönen und repetierenden Mustern gebaut, Cembalo, Orgel und Klavier (letzteres immer wieder wie ein Leitmotiv auch im Bild gezeigt) dominieren. In der ersten Hälfte des Filmes erscheinen diese nur in kurzen Spots, wie akustische Inserts als Reflexion nach den einzelnen Episoden, eher irritierend als klärend. Nach und nach wird die Musik als Trauma der Ärztin verständlich, die als Medusa des 20. Jahrhunderts das Goya-Zitat des Titels einlöst: *Der Schlaf der Vernunft gebiert Ungeheuer.*

Der Stand der Dinge (1982) von Wim Wenders.

In diesem Film, in dem letztlich nur „die Zeit" oder „das Warten" als Thema zu bezeichnen wäre, ist eine Dramaturgie gelungen, die als „Akzentuierung des Momentanen" zu bezeichnen wäre. Durch die Synthesizerklänge und die Person des Komponisten Jürgen Knieper, ist zwar eine gewisse Einheit der Musik gegeben, insgesamt verzettelt sie sich und ist in jedem Punkt des Films neu und anders, – der Magie und Sinnlichkeit des Augenblicks ergeben. Am ehesten scheint die Musik am Filmbeginn kohärent zu sein, solange noch Aktivität im Filmteam herrscht (im Film wird das Filmen eines Science fiction-Films gezeigt) und die Sciente fiction-Geschichte inszeniert wird. Dann – wenn das Filmmaterial ausgeht und die lange Zeit des Wartens (45 Filmminuten) beginnt, zerfleddert das musikdramaturgische Konzept und die Poesie des Augenblicks, der eigentlich zufälligen und daher unvorhersehbaren Bild-Musik-Beziehungen beginnt. Hierin ist der Film aufs Engste mit Christian Doermers *Lettow Vorbeck* verwandt. Es erklingen Popmusik aus dem Radio, Geige wird zum Metronom geübt, jemand spielt E-Gitarre, die Geige wird per Walkman abgehört, dazwischen intoniert die Filmmusik aus dem on wieder etwas von der Irrealität der Science fiction-Geschichte des Anfangs, Saxophon erklingt, einige Rocknummern werden angespielt, *Standin' at the big hotel* von Joe Ely, *Fools faill in love, Girls Imagination* von The Dee Byzanteens, – *Toms Song, David Blue, Beyond and Back,* in Los Angeles singt Allen Goorwitz alias Gordon *Hollywood, Hollywood...*

3. Am Schneidetisch: Musik und Filmschnitt

Musikdramaturgie ist selten ein theoretisches Phänomen, sondern eine Sache der Praxis, die sich an einem festen Ort ereignet: im Schneideraum. Hier nimmt der Film nach und nach Formen an. Hier lernt ihn der Komponist kennen. Hier erfährt man, welchen Anteil die Musik beim Prozeß der Gestaltfindung hat: *Wie wichtig Filmmusik sein kann, weiß man eigentlich erst, wenn man einen Film auch gesehen hat, als die Musik noch nicht fertig war* (Wolfgang Dauner).

Der Schneidetisch ist ein einfaches Arbeitsmittel: auf einen Sechstellertisch (ein Steenbeck St 901 dürfte als Grundausstattung gelten) können eine Bildrolle und maximal zwei Tonrollen – z.B. ein Geräuschband und ein Sprachband – in allen Phasen zueinander gefahren werden (vorwärts und rückwärts). Das Bild sieht man auf einem meist 21 x 28 cm großen Bildschirm; den Ton hört man auf einem Dreiweglautsprecher von 30 Watt (jaulend und selten befriedigend). Am Schneidetisch wird man aufs Engste mit dem Film vertraut. Harun Farocki: *Der Film läuft vor und zurück auf dem Schneidetisch, und eine Stelle bezieht sich auf die andere; um zu einer Stelle zu gelangen, die zehn Minuten zurückliegt, muß man wieder zweieinhalb Minuten warten. Bei diesem Hin- und Herfahren lernt man den Film sehr genau kennen. Kinder, die noch nicht sprechen können, merken sofort, wenn in der Küche ein Löffel am falschen Haken hängt. Diese Vertrautheit, der Film wird ein Raum, in dem man wohnt und zuhaus ist. Nach drei Wochen weiß der Cutter, wo die Kamera ruckt, wo ein Blubser auf der Tonspur ist, oder wo ein Schauspieler eine Intonation macht, die eine Idiotie ist* (in: Filmkritik 1980, Heft 1).

Die Cutter und Cutterinnen kennen den Film deshalb oft besser als ihn der Regisseur kennt, – vor allem seit im Neuen Deutschen Film der Regisseur selten noch selbst schneidet, sondern (wie im klassischen Produzentenkino) diese Arbeit anderen überläßt. Nur allzuoft ist der Cutter der heimliche Dramaturg eines Films. Das setzt ihn bisweilen in ein Spannungsverhältnis mit dem Filmkomponisten. Komponisten haben alle ihre einschlägigen Erfahrungen mit Cuttern gemacht. Stefan Melbinger: *Cutter sind überhaupt ein großes Problem. Bei meinem ersten Film, damals mit Michael Verhoeven, da dachte ich als Neuling: „Aha! Die Cutterin schneidet das jetzt. Die ist so jemand wie das Scriptgirl oder der Fahrer." Ich wußte noch nicht, wie entscheidend wichtig die sind. Das hatte Helga Borsche schnell gemerkt und mich ins offene Messer rennen lassen: „Bub, so geht das nicht!" Seitdem habe ich die Cutter sehr ernst genommen und komme gut mit ihnen aus. Ich habe gemerkt, daß die sehr viel Erfahrung im Umgang mit Musik haben, und habe mich ihnen eine Zeitlang sehr anvertraut.*

Solche Konfliktberichte sind durchaus steigerungsfähig. Edward Aniol: *Die Cutterinnen haben eigentlich die Macht bei der Fertigstellung des Films. Sie entmündigen den Regisseur: „Hier mein Lieber, hast Du Kaffee. Sitz' hin und laß mich jetzt machen!" – sie beeinflussen seinen Geschmack und haben alle Freiheiten.* Oder Friedrich Meyer: *Es gibt viele Gegenspieler für den Komponisten, – Re-*

gisseure, Produzenten, Verleiher. Das Schlimmste aber sind die Cutterinnen! Sie haben ihren eigenen Geschmack, sitzen immer in der Nähe des Regisseurs und haben einen Rieseneinfluß auf ihn.

Aufs Ganze gesehen arbeiten die Komponisten jedoch gerne mit den Cuttern zusammen. Irmin Schmidt lobt Peter Przygodda, Claus Bantzer lobt Sigrun Jäger, Andreas Köbner lobt Rolf Basedow, Nicolas Economou lobt Dagmar Hirtz. Fast bei allen jahreüberdauernden Filmen entstand der Schnitt in Teamwork. Nicolas Economou: *Wir sind enge Freunde. Wenn wir am Schneidetisch sitzen, dann diskutieren wir, ändern den Schnitt. Eine Endfassung des Schnitts wird von Dagmar Hirtz, Margarethe von Trotta und mir gemacht. Wir bringen alle Elemente des Films so zueinander, daß es perfekt wird. Beim Musikanlegen sieht z.B. Dagmar, daß etwas anders geschnitten werden muß, – manchmal nur ein frame kürzer. Rhythmus, Schnitt, Musik kann man bei uns nicht trennen, wir machen unseren Job irgendwie zusammen.*

„Schnitt" ist zunächst etwas Eingreifendes, Negatives. Zugleich allerdings etwas sehr Konstruktives: Im selben Maße wie durch den Schnitt Zeit und Raum unterbrochen wird, werden Zeit und Raum neu gestaltet und organisiert. Am Schneidetisch stellt der Filmautor seine subjektiv gesehene Realität her. Federico Fellini: *Der Schnitt ist einer der emotionalsten Aspekte des Filmemachens. Es ist das Aufregendste zu sehen, wie der Film zu atmen beginnt.* Ob sich ein Film aus kurzen oder langen Einstellungen zusammensetzt, ob hart oder fließend geschnitten wird, ob mit Blenden oder Überkopierungen gearbeitet wird, all das ergibt einen Stil der Montage, der im Film eingehalten oder selbst wieder entwickelt werden kann. Bildschnitt und Tonschnitt sind dabei wieder unterschiedlich. Oft kann ein richtiger Bildschnitt beim Anlegen von Geräuschen oder Musik plötzlich falsch werden. Deswegen haben Cutter sehr musikalisch und intuitiv rhythmisch zu sein. Umgekehrt kann bereits eine einfache Tonüberlappung einen häßlichen Bildschnitt korrigieren. Nochmals Harun Farocki: *Das Arbeiten am Schneidetisch macht aus der Umgangssprache Schriftsprache. Die Bilder bekommen einen Aktendeckel, genannt Schnitt oder Montage. Am Schneidetisch wird aus Gestammel Rhetorik. Weil es diese rhetorische Artikulation gibt, ist der Diskurs ohne Artikulation im Schneideraum Gestammel. Am Drehort, da kann man die Kamera hierhin und dorthin stellen, das ist die Entscheidung von einer Minute, getroffen mit einem nachdenklich verzogenen Gesicht. Im Schneideraum wird dann eine Woche lang abgewogen, wohin dieses Ein-Minuten-Bild kommt* (in: Filmkritik 1980, Heft 1).

Während für manche Filmautoren die Schneidearbeit existentiell bedeutsam ist, um ihren subjektiven Zusammenhang von Raum und Zeit zu konkretisieren, gibt es Regisseure, die den Akzent ihrer Filmarbeit auf das Arbeiten mit Schauspielern legen. So z. B. Hans W. Geissendörfer, Michael Verhoeven oder Volker Schlöndorff, der von sich sagt: *Der Film entsteht am Drehort. Ich glaube, das muß man doch mal ganz deutlich festhalten, wenn man an das Inszenieren glaubt. Die Vorbereitung ist dazu genauso wichtig, wie die Nachbearbeitung am*

Schneidetisch. Aber im Grunde entsteht das Leben des Films, nämlich der Rhythmus, der entsteht in dem Moment, wo sich etwas vor der Kamera abspielt[34]. In solchen Fällen hat sich der Komponist dann stark mit dem Cutter auseinanderzusetzen. Der Cutter ist hier dann der maßgebliche Dramaturg. Seine Arbeit entscheidet über das Verhältnis von Musik zu Geräuschen, über die Art der Musikeinsätze und das Ende eines Musiktaktes, über den Stil von Parallelmontagen und Rückblenden, über „on-off"-Spiele mit Musik, über Rhythmus und Tempo des Films, – über all diese Dinge, die in engem Zusammenhang mit der Filmmusik stehen, wie in diesem Buch noch zu zeigen ist. Der Arbeiter am Schneidetisch hat deshalb eine große Verantwortung für die Endfertigung des Filmes. Dazu der Cutter Tomy Wigand: *Wichtig ist für mich: Der Film muß sich gut anhören und gut ansehen. Wer das im Einzelnen gemacht hat, das ist weniger wichtig. Nur: wenn es nicht gut ist, dann schäme ich mich. Ich fühle mich persönlich verantwortlich. Um das zu verhindern, tue ich – ob es den andern paßt oder nicht –, als ob ich letztendlich die Verantwortung für das Ganze hätte.*

Bildschnitt – Musikschnitt

Bevor Musik angelegt wird oder der Komponist in den Schneideraum kommt wird der Film vorwiegend nach Bild und nach dem Primärton (Sprache und Geräusche) geschnitten. Die Freiheit und der Spielraum, den der Komponist noch haben wird, hängt von der Art des Schnittes ab, – ob alles eng und hart geschnitten ist, ob viel „Fleisch" um einen Dialogsatz ist, ob die Geräusche nicht zu erdrückend sind. Es ist daher für den Komponisten immer angenehm, wenn ein Cutter – wie hier Rolf Basedow – nicht nur augenorientiert ist, sondern auch an die Belange des Ohrs denkt: *Ich schneide im Prinzip nicht schnell, sondern sehr darauf achtend, daß noch Töne dazu kommen. Ich habe auch meistens die Töne gut im Kopf. Das ist eine gewisse Vorsicht, die aus der Kenntnis entspringt, daß man mit Tönen noch viel machen kann. Die Chancen, die sich aus der Vielfältigkeit der Tonwelt ergeben, will ich mir noch offenhalten. Ich bevorzuge deshalb beim Schneiden nie die schnellstmögliche Erzählform, sondern entscheide mich für eine behutsame Vorgehensweise, die noch etwas Suchendes hat. Ich mache nicht aufgrund eines Vorwissens einen klaren Schnitt, sondern verlangsame noch den Schnitt, – gleichzeitig mit der Vorstellung eines Tones.*

In der Praxis wird eine Filmmusik erst nach Rohschnitt oder Feinschnitt konzipiert, und nach ihrer Fertigstellung dann an die Bilder gelegt. Die Musik ordnet sich also dem Bildschnitt unter und muß daher möglichst schnittsynchrone Übergänge, Steigerungen, Schlüsse etc. aufweisen. Bei lyrischen Filmstellen oder Bildcollagen, wo Musik eindeutig im Vordergrund steht, sowie bei Regisseuren, denen das musikalische Innenleben ihrer Bilder grundlegend wichtig ist, wird auch der Feinschnitt erst bewerkstelligt, wenn die Filmmusik fertig vorliegt: d.h. es wird „auf Musik geschnitten". Die Einleitungssequenz etwa von Werner Herzogs *Nosferatu* wäre hierzu ein Beispiel. Die Kamerafahrt entlang der schmerzverzerrten versteinerten Menschen weist viele Synchronpunkte mit den an- und abschwellenden Klängen des Dracula-Themas auf. Oft ist auch gar nicht zu unterscheiden, ob nun eine Musik gut auf das Bild hinkomponiert worden ist, oder ob der Film nach der Musik geschnitten worden ist. Zu einer überraschend bildsynchronen Musik Hans Werner Henzes zu Schlöndorffs *Katharina Blum* (die Musik ist ansonsten kommentierend und sehr eigenständig) erklärte z.B. Peter Przygodda, daß die Musik synchron zur Projektion auf der großen Leinwand dirigiert worden ist. Deshalb kam auch das expressive Orchestercrescendo mit abruptem Schluß auf das Zuklappen der Türe (bevor Katharina Blum den Reporter erschießt) zustande. Um die Musik noch mehr an das Bild zu binden, hat Peter Przygodda zusätzlich einen Tonschnitt in Henzes Musik vorgenommen (Hans Werner Henze war durchaus zufrieden damit), um beim Bildschnitt auf das Hochhaus einen spannenden Musikakzent zu erhalten.

Bildschnitt und Musikschnitt verhalten sich im Idealfall dialektisch. Bereits Eisenstein hat Bildsequenzen verlängert, um Prokofjews Musik nicht kürzen zu müssen. Die Cutterin Sigrun Jäger: *In der Regel hat der Komponist die schwierige Aufgabe und muß sich dem Bild anpassen. Wenn er mir aber sagt: „Das ist so ein schönes Thema", oder: „Ich komme da einfach nicht mehr rum!", dann schaue ich, ob man da nicht verlängern kann. Das geht nur bei freien Bildern, nicht bei Dialog. Denn oft hätte ich mir mit guter Musik das Bild beim Schneiden länger vorstellen können. Verlängern tut man auch, wenn in der Musik gerade eine schöne Phrase ist, oder die Geigen am Aufblühen sind...*

Collagen oder lyrische Bildmontagen zu Musik, in denen gleichsam die Bilder zu tanzen beginnen, sind immer nach der Musik als Primärem geschnitten. Eine solche Collage findet sich z.B. im Vorspann zu Hans Noevers *Der Preis fürs Überleben* (1980), wo der Regisseur selbst aus amerikanischen Hymnen, Radiomusik, Nachrichten und Geräuschen eine Toncollage gemacht hat (der Abspann nennt es: *Titelmusikarrangement Hans Noever*), auf die dann Bilder montiert worden sind. Eine lyrische Bildmontage ist z.B. in Josef Rödls *Grenzenlos* (1983) das Dorffest mit der Vielzahl seiner Eindrücke. Hierzu hatte Peer Raben im Voraus eine Klavierfassung der späteren Filmmusik hergestellt, damit die Sequenz nach der Musik geschnitten werden konnte, Auch im Melodram, dem musikunterlegten Dialogstück, ist das Schneiden nach Musik im Wechsel mit dem Musikanlegen nach Bildschnitt der Normalfall. Ein Meisterstück ist hier das Finale in Rainer Werner Fassbinders *Chinesisches Roulette* (1976): ein fast 15minütiges Musikstück ist entstanden, indem Musik und Dialoge sowie Bilder fest zu einer Einheit montiert wurden.

Wenn auf Musik geschnitten wird, dann nur in seltenen Fällen so exakt, daß die „Eins" eines Taktes mit dem Bildschnitt zusammenfällt. Das funktioniert allenfalls zu punktuellen Hervorhebungen (in Schlöndorffs *Katharina Blum* ist z.B. der Bildschnitt auf eine Schlagzeile der Boulevardpresse mit der Eins eines Akzents gekoppelt, um durch diese Schockwirkung die Zeitungsmachenschaften hervorzuheben), oder zur leichten Bindung von Musik an die Szene (z.B. wird in Wolf Gremms *Nach Mitternacht* beim Gitarren-Liebesthema die „Eins" nach einem Auftaktviertel direkt auf das Ins-Bett-Fallen gesetzt, was die ganze Sache schon recht deutlich macht...). Je synchroner Bild und Musik geschnitten sind, desto mehr ergibt sich das mechanistische Mickey-mousing. Deswegen hat es sich eingebürgert, beim Schneiden nach Musik das Bild kurz nach der „Eins", manchmal auch nach der „Drei" oder ganz frei springen zu lassen. Dies läßt beiden Ebenen – dem Bild wie der Musik – eine Selbständigkeit. Rolf Basedow: *Beim Schneiden muß man sowohl der Musik wie dem Bild in seiner inneren Wahrheit folgen und jedem Element seine Struktur belassen. Im gesamten Ensemble kann so ein höherer Reichtum hergestellt werden. Grundsätzlich ist für mich Musik etwas Künstliches, eine erhöhte Form. Sie hat eine eigene Qualität und braucht daher einen eigenen Raum, – jetzt beim Schnitt und später auch in der Mischung.*

Musik als Schnitthilfe

In Anlehnung an Methodik amerikanischer Filmproduktion, wo der music editor während oder gleich nach dem Rohschnitt (auch Feinschnitt) einen Film mit Musik unterlegt, hat sich auch in Deutschland das Verfahren heimisch gemacht, den Film nach Musik zu schneiden. Wohlgemerkt: nach einer Musik, die nachher nicht im Film bleibt, sondern – wenn sie zum Finden von Rhythmus und Spannungsbogen gedient hat – wieder herausgenommen wird. Der Komponist Eugen Thomass: *Dies wird nicht nur wegen der Cutter, die dann sicherer sind, gemacht, sondern wegen der Vorführungen: Wenn ein Redakteur oder Filmeinkäufer sich im Voraus den Film ansieht, muß man ihm nicht erst die Musikeinsätze erklären, sondern man läßt den Film mit der fremden Musik voll auf ihn wirken. Weil aber Cutter und Regisseur den Film schon zigmal mit einer festen Musik gehört haben, ist es für den Komponisten schwierig, mit seinen meist bescheidenen finanziellen Mitteln eine konkurrenzfähige endgültige Musik für den Film zu schreiben. Das ist mir auch schon in die Hose gegangen! In dem Krimi-Zweiteiler „Tiefe Wasser" (1982) von Franz Peter Wirth wurde die Hälfte der von mir komponierten und eingespielten Musik nicht in den Film genommen, obwohl sie mir persönlich sehr gut gefallen hat. Statt dessen blieb die Musik im Film, die man zum Schneiden benutzt hat.*

Renommierte Cutter, allen voran Peter Przygodda, lehnen diese Methodik ab, weil mit der allzu frühen Orientierung am Takt- und Ausdruckskorsett der Musik die Sensibilität für die wirklichen Bildinhalte, für das Eigenleben der gefilmten Bewegungen, für den optisch vermittelbaren Emotionsgehalt einer Szene verloren gehen. Der Cutter Rolf Basedow: *Ich will das Bild respektieren und sehen, welche Kräfte im Bild selber sind – in der rohesten Form. Deshalb kann ich nicht gleich von der Musik mir einen bestimmten Takt vorgeben lassen.* Die Cutterin Sigrun Jäger: *Man schneidet nicht nach Musik. Man hat selber so einen Rhythmus, der dann nachher mit der Musik komischerweise zusammenstimmt. Ein Schneiderhythmus, auch wenn er nachher enorm auf dem Takt liegt, ist bei mir aber nie bewußt gefunden. Er ergibt sich aus einem Gefühl heraus, das mir deutlich sagt: Es stimmt!*

Ein Team, das die amerikanische Schneidemethodik bewußt übernimmt, ist Roland Emmerich und sein Cutter Tomy Wigand. In ihrem Film *Joey* (1985) wurde der Filmstreifen in voller Länge mit bereits existierender, fremder Filmmusik unterlegt. Bereits die Vorführungen am Schneidetisch wurden damit ein Erfolg. Tomy Wigand: *Bei den Vorführungen bin ich immer am Regler. Wenns spannend wird ziehe ich sie hoch, wenns traurig wird ziehe ich sie runter. Die Leute waren begeistert.* Wie die Arbeitserleichterung für den Cutter konkret aussieht, kann Tomy Wigand an einem Beispiel verdeutlichen: *In „Joey" gibt es bei der Sterbeszene am Ende viele Bilder, die zeigen, daß alle traurig sind. Da wußte ich nun nicht, wie lange ich „Trauer" schneiden kann. Das Material hätte für 20 Minuten gereicht. Die Frage war, wie lange darf die Szene sein, damit der Zuschauer das durchhält? Ohne Musik war die Beantwortung unmöglich. Da nahm ich mir aus dem „Wüstenplanet"-Film eine traurige Musik von John Williams und habe danach meine Szene geschnitten. Es ist eine unglaublich lange Szene geworden. Es dauert ewig wie die traurig sind – echt ewig.*

Das Verfahren scheint mir aus drei Gründen angreifbar. Zum ersten aus den schon oben genannten filmkünstlerischen Gründen, daß nämlich hier die Autonomie der einzelnen Schichten im Film verloren geht (gewonnen wird allerdings u.U. eine unter die Haut gehende Einheit von Bild und Ton, was für das populäre Kino legitim sein mag), zum zweiten aus Gründen eines Spiralenprozesses, der hier einsetzt: Wenn ein Film schon nach Filmmusik geschnitten wird, nach welcher sich die nächste Filmmusik in Spannungsbögen und Phrasen zu richten hat, dann wird Filmmusik der Filmmusik immer ähnlicher, – die Affirmation des Bestehenden ist programmiert! Ein dritter Grund ist die Arbeit des Komponisten, die in Unfreiheit zum Vollzug vorgegebener Rituale beschnitten wird.

Legitim scheint mir das Verfahren, wenn es punktuell geschieht (zur Erhöhung eines in der Geschichte gegründeten Effekts), oder wenn – fast wie im Experimentalfilm, wo das Schneiden nach Rhythmen ein Gestaltungsweg ist – das Ergebnis des Verfahrens nachher bewußt kontrapunktiert wird: z.B. ist es eigentümlich in der Wirkung, wenn eine nach schnellem Rhythmus geschnittene Szene im Nachhinein mit einer unendlich langsamen Filmmusik unterlegt wird. – Zum anderen sollen hier aber auch keine Werturteile gefällt werden: Das Schneiden nach Musik kann genauso richtig sein, wie das Schneiden nach purem Bild, wenn dabei kreativ und sensibel gearbeitet wird. Verwiesen sei daher zum Schluß auf Marran Gosov – Filmregisseur und Filmkomponist in einer Person. *Ich habe mir angewöhnt, meine eigenen Filme immer mit Musik zu schneiden. Ich wollte nicht mehr mechanisch erst nur das Bild, dann nach Geräusch oder Dialog zuschneiden, sondern unterlege meine Filmmuster – noch bevor die Klappen abgeschnitten sind – mit verschiedenen Musiken. Wenn ich eigene, fremde, alte ... irgendeine Musik unterlege, entdecke ich in den Bildern Dinge, die man sonst nie finden oder einplanen kann.*

4. *Rhythmus – Tempo – Bewegung*

Der Begriff „Rhythmus" ist bei allen an der Filmproduktion Beteiligten eine magische Formel. Der Kameramann gebraucht sie ebenso wie der Cutter, Musiker, Regisseur, Schauspieler. Haro Senft: *Wer einmal einen Film geschnitten hat und weiß, wie sehr es auf eine 24stel Sekunde ankommen kann, damit eine Szene richtig abläuft, wer sich einmal Gedanken darüber gemacht hat, daß derselbe Bildablauf in 50 verschiedenen Vertonungen 50 verschiedene Aussagen haben könnte, wer die Erfahrung gemacht hat, daß beim Anlegen einer für eine bestimmte Szene komponierte Musik das Bild einen ganz anderen Ablauf bekommt, wenn man es um einige Felder verschiebt, – der mag ermessen, was „Rhythmus" für eine Rolle spielt. Der optische Rhythmus (dies unterscheidet ihn vom akustischen Rhythmus) ist sehr stark vom Bildvorgang selbst bestimmt. Der akustische Rhythmus weist eher eine selbständige Struktur auf und bildet zum optischen Rhythmus meist ein anderes, erweiterndes rhythmisches Gefüge. Die Angelegenheit muß sehr komplex gesehen und behandelt werden.*

Viele der filmmusikalischen Wirkungen im Neuen Deutschen Film beruhen auf rhythmischer Vielschichtigkeit. In Achternbuschs *Olympiasiegerin* findet man die optische Bewegung des schnell hinter der Straßenbahn herradelnden Herbert Achternbusch gekoppelt mit einer sanft schwingenden Rhythmik des *I never had a chance:* Vor der Folie des ruhigen Musikrhythmus wirkt das schnelle Radeln doppelt aussichtslos; das Bild erhält durch diese unauflösbare Doppelbödigkeit einen resignativen Grundzug. In Kluges *Macht der Gefühle* sieht man die Bankhochhäuser Frankfurts im morgendlichen Halbdunkel, worüber die mit Zeitraffer fotografierten Wolken in größter Hektik darüber rasen, jedoch das zu unendlicher Langsamkeit gedehnte *Parsifal*-Vorspiel von Richard Wagner dazu erklingt: der Widerspruch zwischen der Hektik um die Bankhäuser und der musikalisch vermittelten Aura des Zeitlosen und Sakralen hat eine sinnliche faszinierende Form angenommen. Umgekehrt kann auch zu langsamen Bildbewegungen eine schnellere Musik gesetzt werden. In Herzogs *Woyzeck* wird Marie mit langsamen – in Zeitlupe gefilmten – Bewegungen des Messers erstochen: die schnelle Fidelmusik dazu wirkt noch aggressiver. Unmittelbar nach dem Mord dreht Werner Herzog jedoch den Sachverhalt um: das Bild des plötzlich in Trauer versteinerten Woyzeck bleibt nahezu stehen: dennoch wurde im *Adagio* zu Marcellos Oboenkonzert eine Musik gefunden, die noch langsamer ist und dadurch die extrem langsamen Bildbewegungen – was als seltsamer Widerspruch empfunden wird – wieder subjektiv beleben kann ...

Fundamental auch ist die Wirkung von Nicolas Economous Musik zu Trottas *Heller Wahn,* wenn nach einer langen Phase von Musik in langsamem Tempo (Viertel = 52 pro Sekunde) sich diese auf das Doppelte beschleunigt und im Kontext dieses zweiten Themas eine deutliche Hochgestimmtheit der Szene, vor allem der Hauptdarstellerin Ruth, spürbar ist.

Was ist „Rhythmus“? In Bibliotheken müßten die Bücher zusammengefaßt werden, die sich hier schon um eine Lösung bemüht haben. Die Kategorie des „Rhythmus“ ist für den Menschen so fundamental, daß sie kaum zu definieren ist. Sicher scheint, daß Rhythmus immer eine Bewegung voraussetzt. „Bewegung“ ist nicht nur für den Film der Anfang aller Dinge gewesen, sondern auch für unsere Welt. *Alles, was in Bewegung ist, muß von einem anderen bewegt sein,* schrieb Thomas von Aquin und leitete davon seinen ersten Gottesbeweis ab. Daß Rhythmus und Bewegung zusammenhängen, wird auch aus dem Terminus „Rhythmus“ deutlich, der nach der herkömmlichen griechischen Definition „rhein“, *Fließen* oder *Strömen* bedeutet.

Rhythmus ist ein Wiederkehren des Gleichen oder Ähnlichen in aufeinander beziehbaren Zeitabschnitten. Atem und Puls sind hierbei unsere natürlichen Zeitgeber. Rhythmus bedeutet immer auch Ordnung oder Gliederung. Die Ordnungsprinzipien können hierbei sehr verschieden sein: der Rhythmus einer menschlichen Armbewegung kann z.B. abstrakt und bewußt nach einem mathematischen Prinzip gestaltet sein, nach dem Takt einer gleichförmigen Musik, nach einer optischen Vorlage (wenn z.B. ein Bildmuster nachgezeichnet wird), nach einer Emotion (wenn z.B. der Arm vor Schreck in die Höhe gehalten wird). Ganz allgemein definiert: Rhythmus ist die zeitliche Strukturierung von sinnlich erfaßbarem Material (von akustischen, optischen oder taktilen Reizen). Rhythmus ist eine Zeitgestalt.

In diesem Gestaltaspekt liegt auch das Moment der Form, das für Rhythmus wesentlich ist, beschlossen. Rhythmik war schon im griechischen Altertum die Lehre von den Proportionen, von den Relationen, in denen sich Länge und Kürze (in Dichtung oder Musik) gegenüberstehen. Das Moment der Form ist heute oft in Vergessenheit geraten. Sehr häufig wird alles, was nur irgendwie in Zeit verläuft, als „rhythmisch“ bezeichnet. Man spricht von Freier Rhythmik, unregelmäßigen Rhythmen und ähnlichem. Stefan George: *Freie Rhythmen heißt soviel als weiße Schwärze* (in: *Über Dichtung,* 1894).

Rhythmus ist für den Menschen immer in Schichtungen verlaufend, – ist eine polyphone Angelegenheit. Bereits der Rhythmus von Tag und Nacht, den wir wahrnehmen, steht mit dem Rhythmus unseres Herzschlags und unseres Atems in komplexer Beziehung. Addieren wir hierzu nun den Rhythmus einer Gehbewegung, so wird die Sache schon atemberaubend kompliziert. Und trotzdem gibt es zwischen unserem Gehen, dem Herzschlag, dem Atem und der Tag/Nacht-Rhythmik eine Beziehung. Wir wissen sie nicht, aber – wenn wir sensibel sind – spüren wir sie! Hier genau ist etwas von der Sensibilität zu ahnen, die Regisseur, Cutter, Komponist – aber auch der Filmbetrachter – aufbringen müssen, wenn sie mit dem Medium Film und seinen vielen Schichten der Bewegungen umgehen.

Während Rhythmus sich eher mit den Proportionen von Zeitabschnitten sich auseinandersetzt, wird mit „Tempo“ die Dichte von Zeitabschnitten im subjektiven Erleben bezeichnet. Tempo ist deshalb weniger eine rationale in Zahlen ausdrückbare Kategorie, als eine Affektqualität. Nicht umsonst heißt im Italienischen „tempo“ sowohl *Zeit* wie *Wetter* oder *Stimmung*. Unser Rhythmus- und Tempoerleben ist für unsere Wahrnehmung eine archetypische Größe, weil wir bereits im Mutterleib (ab der 24. Woche unseres embryonalen Daseins) die Welt rhythmisch – über den Pulsschlag der Mutter – erfahren haben. In Art eines psychoanalytischen Ansatzes kann nachgewiesen werden, daß der Mensch seine Wahrnehmung gänzlich in Rhythmen umbildet; – das Memorieren von Telefonnummern mittels Rhythmisierung ist nur eines der Anzeichen dafür. Rhythmisch unstrukturierte Vorgänge oder Phänomene sind uns auch schwer erträglich oder verständlich (Dauerklänge, Nebel, Belastung des Auges mit monochromen Eindrücken u.a.).

Peer Raben: *Der Begriff des filmischen Rhythmus ist sehr schwer zu fassen und deshalb beim Filmemachen auch sehr schwer bewußt in den Griff zu bekommen. Beim guten Film entsteht ein Rhythmus von selbst. Er ist eine Mischung aus Schnitt, Inszenierung (Bewegung der Schauspieler) und Bewegung der Kamera. Diese drei Elemente ergeben ein Konglomerat von rhythmischen Schichten, wie das in einer musikalischen Komposition ja auch der Fall ist: Rhythmus entsteht hier auch nicht bloß durch das Schlagzeug und die Bewegung vom Bass, sondern durch komplexe Bewegungen innerhalb der Komposition. Wenn die Elemente im Film in einem solchen Sinn harmonieren, daß daraus ein Rhythmus erkennbar wird, dann ist es für eine Musik gut, wenn sie zu solch einem Filmrhythmus sich in Beziehung setzen kann.*

Sieht man von der Zeitgestalt des Inszenierten ab (von King Vidor wird z.B. berichtet, er habe mit Metronom inszeniert) und auch von den Bewegungsmomenten der Kameraführung, so ist es vor allem der Cutter im Schneideraum, der die Rhythmik eines Films bestimmt. Er ist es, der die oft nur kurzen Bewegungssegmente (mit den Kräften von Inszenierung und Kameragestaltung) zusammenfaßt, Anschlüsse hergestellt, über die Länge der Einstellungen und ihren Proportionen zueinander entscheidet. Die Rhythmik wird in den Spielfilmen jedoch selten von außen bestimmt, sondern zunächst durch die Logik der Geschichte. Tomy Wigand: *Der Rhythmus entsteht durch die Filmgeschichte. Irgendwann müssen Cutter und Regisseur diese Geschichte erzählen. Wie – das ist egal. – Hauptsache, der Zuschauer begreift es. Daß dann oft doch sehr rhythmische Sachen in einem musikalischen Sinn herauskommen, ist zweitrangig. Als ich einen Trailer für „Joey“ geschnitten hatte, habe ich z.B. nachher die einzelnen Einstellungen ausgezählt und war selbst überrascht, daß sie alle irgendwie 12 Bilder lang waren.*

Rhythmus finden, bedeutet für den Cutter, die Momente des Film in einem Vorgang des Suchens so lange in Beziehung zu setzen, bis ein intuitives Verstehen „Jetzt!“ sagt. Rolf Basedow: *Rhythmus, der unabhängig vom Film besteht, ist für mich eine fiktive Größe. Ich kann nichts davon profitieren, wenn ich ihn vor dem Schnitt weiß. Der Rhythmus ist das, was erst den geschnittenen Film ausmacht. Das Suchen einer richtigen Erzählform und ihren Schnittstrukturen ist ein langer Weg, wo man vom Groben ins Feine kommt. Es gibt vor allem einen Rhythmus, der zwischen den Personen sich ereignet, einen inneren Rhythmus. Wenn zwei Personen sprechen, gibt es zwischen ihnen ein Seelenleben. Diesen Rhythmus des inneren Ausdrucks muß man beim Schneiden durch Suchen herausfinden. Neben diesem Rhythmus gibt es den Erzählrhythmus, der eher von außen kommt. Auch action, Zuspitzungen, Dramatik, die außerhalb der Person stattfindet. Das ist eine gesetzte und gewollte Rhythmik, von der ich aber erst am Schluß weiß, wie sie eigentlich funktioniert.*

Der Regisseur Günter Höver: *Beim Schneiden ist mir der Rhythmus normalerweise bewußt. Wir gehen oft zurück, um geschnittene Sequenzen in ihrer rhythmischen Struktur auf uns wirken zu lassen. Ob der Rhythmus stimmt, kann man nur intuitiv, nicht durch Auszählen feststellen: Drei kurze Schnitte, dann einen langen (wie z.B. drei Achtel und eine Halbe Note in der Musik), – so läuft es allerdings nicht, weil sich der filmische Rhythmus aus verschiedenen Dingen zusammensetzt. Nicht nur aus der Länge der Schnitteinheiten, sondern aus der Bewegung, die im Bild stattfindet und die in mir selbst ausgelöst wird (das subjektive Empfinden, ob ich bei einem Bild bleiben will). Aus Interesse habe ich mir einmal die Schnittlängen, die ich als gleichlang empfand, durchgemessen und gemerkt, wie unterschiedlich sie waren.*

Ein Schnitt scheint mir richtig, wenn ich darin eine Harmonie finde. Das Wort „Harmonie" ist mir von meinen Kritikern mehrfach vorgehalten worden. Ich nehme deswegen an, daß ich eine gewisse Vorliebe habe, an etwas so lange herumzufeilen, Dinge so lange miteinander in Bezug zu bringen, bis sie zu einer inneren Harmonie finden. Beim letzten Film „Kain und Abel" habe ich bewußt eine Disharmonie angestrebt, um dem Anliegen gerecht zu werden. Es ist mir schwer gefallen, weil es mir gegen den Strich geht.

Die Harmonie in einem Film ist für mich etwas, was ich in einem Schlagzeugsolo von Gene Krupa aus den 40er Jahren finde: so spannungsreich das Solo ist, das einen ja auseinanderreißt, so sehr sind alle Spannungen und selbständigen Einzelteile auf einen Grundtakt bezogen, den ich nachschlagen kann, – es herrscht Harmonie.

Wenn die Komponisten den Schneideraum betreten und fertig geschnittene Filme sehen, dann haben sie ebenfalls ein unmittelbar rhythmisches Verständnis für den Film. Manche Komponisten, wie z.B. Irmin Schmidt, komponieren deshalb ungern auf der Basis eines Rohschnitts, der erst ungefähr die rhythmischen Konturen enthält: *Wirklich über den Film nachdenken kann ich erst, wenn der Film feingeschnitten ist. Ein guter Film muß rhythmisch geschnitten sein. Von hierher rührt meine Freundschaft mit Peter Przygodda. Von ihm habe ich eigentlich Dramaturgie gelernt. Von seinen Filmen muß ich nur zehn Minuten sehen, dann habe ich den Rhythmus für den ganzen Film. Der Rhythmus, den ich einmal installiere, stimmt für den Rest des Films, weil sein Rhythmus auch fest installiert ist, – wie auch immer er ihn variiert. Wenn ein guter Cutter am Werk ist, fällt einem das Komponieren leicht.* – Diese Erleichterung für den Komponisten bestätigt auch Andreas Köbner: *Bei Filmen, die im Schnitt stimmig sind, läßt feststellen, daß das Tempo der Musik (ohne daß man es beabsichtigt) in einem ganz festen Rahmen bleibt. Für mich ist es daher immer ganz wichtig wenn ich spüre: „Aha! Jetzt habe ich das richtige Tempo gefunden". Dann stimmen Filmrhythmus, Bewegungen, Herzschlag des Schauspielers ... alles stimmt überein!*

Zu beobachten ist die traurige Entwicklung, daß immer mehr Filme für die feinen rhythmischen Schwingungen ihrer Schichten zueinander unempfindlich werden, – daß (je werbewirksamer und publikumsheischender die Filme auf dem Markt sein müssen) nach dem action-Prinzip hart und ohne Freiheit zum Ausschwingen geschnitten sind. Der Komponist Erich Ferstl nennt diesen action-Typ den „TAT"-Typ, im Unterschied zum „ATA"-Typ: „T" ist der harte Punkt, die Eins, die Aktion; „A" ist das Ein- und Ausschwingen vor dem „T". Bei TAT wird von einem Akzent zum anderen geschnitten (Zum Beispiel: Zack, Türe auf, ein kurzer Gang, dann Zack, Kinnhaken). Bei ATA ist hingegen der Vorgang des Einatmens oder Einschwingens wesentlich, ebenso das Ausatmen oder Ausschwingen nach dem eigentlichen Vorgang, dem „T". Die TAT-Mentalität ist die moderne Form des Nicht-Denkens und des Vergessens: immer in Betriebsamkeit sein! Die Rhythmik solcher TAT-Filme entspricht dem Spielvergnügen am Flipperautomat: Der Mensch muß unter ständigem Wahrnehmungszwang stehen, – dort die Kugel, dort ein Licht, dort die vier alternativen Wegmöglichkeiten und dazu pling und plong verfolgen, nur kein Stillstand, action, action! Dieselbe wahrnehmungsübersteigende Summe von Lichteffekten, Tönen und diskontinuierlichen Stößen wird dem modernen „Freizeit"menschen auch im Kino vorgesetzt. Trickfilmgeschwindigkeit als Norm. Keine Einschwingzeit. Nur Zack, – T, T T, T! Dem Kinobesucher, dessen Apperzeptionsfähigkeit längst überfordert ist, bleibt nur noch Fatalismus, Passivität als Zustand, Konsum. Und er wird durch diese „Schockapperzeption" – wie es schon Walter Benjamin beschrieben hat – an den Fatalismus gewöhnt, der auch an seinem werktäglichen Arbeitsplatz angebracht ist: pling, plong, auch dort stehen Bildschirme und Automaten. Flexibilität wird um jeden Preis gefordert. Und sein Vokabular hat auch etwas gelitten: *Zoff, wau, geil, crack* tönt es, wenn er nach dem Kinobesuch die angenehme Stimulierung seiner „qualitätsverwöhnten" Sinne in allgemeinverständliches Deutsch einzukleiden versucht ...

Während in den Kurzfilmen der Oberhausener Generation erstaunliche Versuche gemacht worden sind, Rhythmus als filmische Größe auf quasi experimentellem Filmsektor zu studieren, findet man in den Neuen Deutschen Spielfilmen – von Ausnahmen wie z.B. Vlado Kristls Produktionen abgesehen – wenig Ansätze, „Rhythmus" auch als abstrakte Größe zu begreifen. Zu sehr ist im narrativen Kino die „Geschichte" zum Bezugspunkt geworden, von der her alles Rhythmische konzipiert wird. Um an die große Tradition des deutschen Films auf diesem experimentelleren Sektor zu erinnern, seien einige Zitate von Hans Richter angeführt, für den (ähnlich wie für Viking Eggeling oder Dziga Wertow) das Studium des Rhythmus in den 20er Jahren schon ein Zentralproblem der Filmkomposition war.

Hans Richter: *Rhythmus im Film bedeutet nichts weniger, als die künstlerisch klar geregelte Folge der Bewegungen. – Der Rhythmus bestimmt jede filmische Ausdrucksform, jedes künstlerische Mittel innerhalb des Films, nicht etwa nur die Länge der Montagestücke. (Dagegen hat der Rhythmus selbst sich auf die Handlung einzustellen, ihr zu dienen – sofern eine Handlung vorhanden ist und wesentlicher Bestandteil des Films sein soll.) ... Der Rhythmus ist die Grundform, das Skelett des Films – sofern er Kunst ist. Und der Grund, daß es bisher so selten Ansätze zur Filmkunst gibt, besteht zum guten Teil darin, daß nur wenige Regisseure etwas von der Notwendigkeit des Rhythmus ahnen. Und von seiner Kraft: seiner Unwiderstehlichkeit*[35].

– Welche Form und Art man dem Rhythmus gibt, wie man ihn führt, das hängt von der Dynamik des Stoffes selbst ab. Jeder Stoff hat seine eigene, spezielle Dynamik, die das Tempo und den Rhythmus bestimmen. Rhythmus ist gewissermaßen ein Konzentrierungsverfahren. Der Ausdruck der Bewegungen wird in einen (künstlerisch zu fühlenden) Sinn vereinfacht und in eine Ordnung gebracht. Diese Ordnung lenkt das ästhetische und musikalische Fühlen des Beschauers durch den ganzen Film und wirkt um so nachhaltiger auf ihn, je weniger er die Ordnung als solche bemerkt. Wenn andererseits der Rhythmus als solcher sich aufzwänge, als formales Element über die Dynamik selbst triumphierte (einen anderen Weg, als diese ihr vorschriebe, ginge –), so wäre die Arbeit mißlungen, – denn der Rhythmus soll ja Ausdruck der Dynamik sein und muß infolgedessen restlos in ihr aufgehen[36].

5. Musik und Geräusche

Zum akustischen Panorama eines Films gehören vor allem die Geräusche, erst in zweiter Linie Dialog und Musik. Musik und Geräusche müssen eine fein abgestufte Einheit ergeben (wie auf einem IT-Band oft gehört werden kann). Geräuschdramaturgie müßte im idealen Fall Teil der Musikdramaturgie sein.

Puristen unter den Filmkünstlern plädieren für eine saubere Trennung der Gewichtungen von Musik und Geräusch. Nicos Mamangakis: *Wenn ich gute Geräusche höre, z.B. wenn ein Auto kommt, dann mache ich keine Musik. Ehrenwort! Ich finde es sehr schlecht, wenn zu starken Geräuschen noch Musik dazu kommt. Entweder – oder! Man darf sich hier nicht lächerlich machen, sonst gibt es eine Seifenoper.* In Haros Senfts Film *Ein Tag mit dem Wind* (1978) ist z.B. auffallend, wie sehr die Geräusche zurückgenommen werden, wenn Filmmusik einsetzt, wie sehr diese Filmmusik dann einen „Innenraum" der Handlung darstellt und lyrische Qualität sich einstellt. Dieses konsequente Sich-Entscheiden „Musik oder Geräusche" ist eines der positiven Merkmale, das der amerikanische Film (im Durchschnitt gesehen) dem deutschen Film (im Durchschnitt gesehen) voraus hat: wenn im amerikanischen Film Musik für dramaturgisch wichtig erachtet wird, dann wird diese – oft über Szenenwechsel und Raumgrenzen hinweg – als Hauptträger der akustischen Schicht beibehalten, ohne daß durch Atmosphärenwechsel auf Geräuschebene große Brüche entstehen.

Nervtötend im Neuen Deutschen Film (noch mehr allerdings bei den üblichen deutschen Fernsehspielproduktionen) ist der platte Realismus, der uns auf der Geräuschebene vorgeführt wird. Man addiert: hier sind 30 Gäste im Lokal, Gläser klingen und Besteck klirrt, die Musikbox läuft, ein Flipperautomat ist in Betrieb, draußen ist Verkehrslärm, also muß eine Verkehrs-Atmo her („Atmo" sind die atmosphärischen Grundgeräuschcollagen für Räume und Orte), – und dazu jetzt noch der wichtige Dialog der beiden Hauptpersonen, aus dem auf Stichwort hin die Filmmusik einsetzen soll! Der platte Realismus, den sich das objektive Mikrofon zusammenaddiert oder der auf 10 Geräuschbändern synthetisch vom Cutter zusammengestellt wird, entspricht aber nicht unserem subjektiven Hören: in dem Maße, in dem sich Person A in das Gespräch mit Person B vertieft, verschwinden die Geräusche, hört man (wenn man Person A wäre) nur noch Dialogsätze, fühlt man nur noch eine Stimmung, eine Emotion gegenüber Person B. Realistisch für diese Dialogsituation wäre daher ein akustisches Panorama, das nur aus Dialog und leiser Musik und unhörbar im Hintergrund liegenden Geräuschen besteht. Marran Gosov: *Es gibt einen ganzen Fächer von Möglichkeiten des Spiels zwischen Musik, Geräusch, Bild, Akustik und Ton. Manchmal ist ein Geräusch viel besser als Musik. Da ist z.B. ein gezogenes Streichholz ganz toll. Ich lasse so etwas am liebsten im stummen Raum passieren, – auch wenn Autos durch das Bild fahren. Man muß stilisiert arbeiten, nicht die Wirklichkeit nachahmen.*

In den Teilen des Films, wo Musik konsequent als Hintergrund gewünscht wird, kann diese nicht nur eine Stimmung ausdrücken, sondern selbst – quasi in einer Nebenschicht – die weggefallenen oder unterdrückten Geräusche stilisieren. Seit den Programm-Musiken des 19. Jahrhunderts steht dem Komponisten eine ganze Palette von Möglichkeiten der Geräusch- und Naturnachahmung bereit. Außerdem genügt oft eine musikalische Andeutung der im Bild gezeigten Bewegung (durch rhythmische Analogien) und dem Bedürfnis nach Geräuschhören eines sichtbaren Vorgangs ist Genüge getan.

In den Teilen des Films, wo man sich für Geräusche und Atmos als akustischen Hintergrund und raumerzeugende Tonkulisse entschieden hat, ist es wichtig, gute und individuelle Geräusche zur Verfügung zu haben, nicht die stereotypen Versatzstücke aus den Geräuscharchiven und vom Geräuschemacher. Sich gute Geräusche zu besorgen, ist u.a. Sache des Cutters. Beispielsweise kümmerte sich die Cutterin Sigrun Jäger im November 1985 gerade darum, von den Dreharbeiten in Israel „guten Ton" geliefert zu bekommen: *Ich habe vorher mit dem Tonmeister gesprochen und ihm versichert, daß ich großen Wert darauf lege, neben dem Original-Ton noch zusätzlich Töne zu bekommen, die ich dann auch verwerte (viele Tonmeister sind traurig und sagen, die Cutter legen es ja doch nie an). Es ist eine andere Atmosphäre, ob ich einen Straßenlärm aus unseren Archiven oder einen Straßenlärm aus Israel habe. Die Archivgeräusche kennt sowieso jeder schon! Zur*

Zeit kriege ich schon die ersten Filmmuster aus Israel und rufe manchmal dort an: mach mir doch hier, mach mir doch dort noch einen Ton!

Aber auch Komponisten legen zunehmend Wert auf ihre Mitgestaltung in Fragen der Geräusche. Eberhard Schoener: *Ich lege viel Wert darauf, daß die Geräusche nicht als Klischee erscheinen und notfalls bei der Mischung weggedrückt werden. (Die Deutschen sind die miserabelsten Geräuschvertoner, die ich kenne.) Ich sage den Kameraleuten und Tonmeistern bei den Dreharbeiten schon: Nehmt das auf, und das ... bringt Material her! Wenn ihr schon in Köln seid, dann nehmt dort die Domglocken auf, und nicht irgendwelche aus dem Archiv.* In seinen Filmmusiken nimmt Eberhard Schoener dann gerne auf solche Geräusche Bezug, was durch die neuen Samplersysteme leicht realisierbar ist. Der Sampler speichert Klänge (ob Musik oder Geräusche) und macht sie über Klaviatur auf der ganzen Frequenzbreite abrufbar. Geräusche werden spielbar wie die Register einer Orgel. So geschehen in Eberhard Schoeners Musik zu *Rheingold* von Niklaus Schilling: *Ich mochte den Film ja sehr. Ich wollte eine Musik machen, die diese Vibrationen eines Zuges hat, ohne aber in die üblichen Klischees zu fallen. Da bin ich extra Zug gefahren, um mir die Situation zu verdeutlichen. Ich habe mir die Klangstrukturen und Geräusche (es gibt da ganz eigene Töne und ein Pfeifen) aufgeschrieben und auf Tonband aufgenommen. Zuhause habe ich das dem Fairlight-Computer eingegeben, der hat es analysiert, und es kamen ganz interessante Rhythmen heraus. Damit hatten wir ein elektronisches Grundelement für die Filmmusik, wozu dann noch die Naturinstrumente kamen.*

Filmmusiken, die auf die Geräuschwelt ihres Filmes Bezug nehmen sind in hohem Maße unverwechselbar, filmintegriert, – authentisch! Daher sind einige Beispiele anzuführen, in denen die Komponisten mit Geräuschen arbeiten. Neben Hans-Martin Majewskis bahnbrechender Musik zu Wickis *Die Brücke* (es werden vorwiegend Geräusch- und Sprachcollagen eingesetzt) ist z.B. auf Irmin Schmidt zu verweisen, der in Thomas Schamonis *Ein großer grau-blauer Vogel* (1971) mit Filmtönen arbeitete: *Der Film ist ein Paradebeispiel, wie Geräusche dauernd in Musik übergehen können und wie aus Musik Geräusche entstehen. Da gab es den realen Anlaß, daß die Leute im Film immer vor dem Fernsehmonitor sitzen: deshalb habe ich solche Kurzwellengeräusche verwendet und daraus eine Art Musikstück gemacht. Es war ein sehr interessantes Tonmaterial.* – Eine interessante Geräuschverwendung versuchte auch Andreas Köbner in Erwin Keuschs *Das leise Gift: Mich beeindruckte, daß Erwin Keusch sagte, er sähe im ganzen Film immer wieder Rohre und Röhren! Ich ließ deshalb das Hauptthema des Cellos von der Flöte aufgreifen, die so präpariert war, daß man nur deren Luftgeräusch hörte. Dazu kamen noch Rauschgenerator und Cello. Man hatte das Gefühl, daß da einer mit ganz wenig Luft auf einem irrsinnig großen Rohr spielt. Die Musik wurde ungeheuer lebendig und blieb eingebettet in eine fremde Hülle.*

Einer der Komponisten, der sehr stark mit Geräuschen arbeitet (früher mit Tonband und Schere, heute mit dem Samplersystem), ist Heiner Goebbels: *Die „Sprache der Geräusche" ist ein archetypisches Thema meiner musikalischen Ar-*

heit überhaupt (auch in meinen autonomen Musiken). Bei einer Filmmusik kann es sein, daß ich eine Woche lang suche, herumgehe, bis ich dann ein akustisches Schlüsselerlebnis habe, das mir den Film eröffnet, – z.B. das markante Zuklappen eines Müllcontainers, das mich spontan fasziniert. Dieses war dann der archetypische Laut, den ich die ganze Zeit suchte. Diesen dumpfen Schlag nehme ich mir auf das Tonband auf und entwickle ihn weiter. Es kann dann kommen, daß ich aus einem Geräusch eine ganze Filmmusik entwickle. Durch eine Verankerung der Musik in den Geräuschen des Films wird sie weniger beliebig, wird sie stärker an die Geschichte gebunden. Tendenziell versuche ich dies, indem ich mir aus Einzelgeräuschen des Films Motive hole. In „Schroffenstein" (Regie: Hans Neuenfels) ist z.B. ein Hochzeitszeremoniell. In einer traumatischen Szene trinken alle aus Weingläsern, stoßen an. Hier habe ich versucht, aus klingendem Glas und zersplitternden Gläsern das akustische Material genau zu positionieren.

Nachstehend gebe ich noch eine kurze Charakteristik von zwölf Filmstellen, deren Geräuschdramaturgie mich beeindruckt hat:

1. Keinen Originalton, nur ihr depressives Klarinettenthema hört man, wenn Ruth in *Heller Wahn* von Margarethe von Trotta sich den Fernseher anknipst und dann schweigend hinsitzt: obwohl die Kamera weit weg gerückt ist und man Ruth nur sehr klein hinten im Zimmer erkennt, nimmt man durch dieses Fehlen der Geräuschtöne an ihrer Einsamkeit und Stille teil.
2. In Josef Rödls *Albert, warum?* wird zu Beginn bei Alberts Heimkehr von der Irrenanstalt ein großer Innenraum erzeugt, indem man 2 Minuten und 40 Sekunden nur eine Soloflötensonate von J.S. Bach – aber keine Geräusche hört (Zug und Menschen bewegen sich lautlos). Erst am Ende der Musik werden die Geräusche hochgezogen: der Filmbetrachter ist aus Alberts Perspektive, wo es nur sensible Musik und keine Menschen – also Einsamkeit – gab, in die Realität des Dorfes entlassen worden.
3. Die packendste Stelle in Schillings *Rheingold* ist die akustische Hinführung zum Mord: Karl-Heinz und Elisabeth Drossbach sitzen sich im Zugabteil gegenüber; er in Wut darüber, daß er von ihr betrogen worden ist. Zu einer Synthesizervibration (mehr Sensorium als Musik) beginnt der spitze Brieföffner auf der Handablage plötzlich zu summen und rutscht (zunehmend nerviger klingend) auf den Ehemann zu. Dazu zunehmend schnellere Schnitte „Er – Sie – Messer – Er – Sie – Messer" usw. Beim Mord selbst gibt es keine Musik (vgl. dazu auch die Darstellung von Niklaus Schilling in Kapitel VIII).
4. Die grausamste Horrormusik, die ich kenne, ist die zu Beginn von Ulli Lommels *Zärtlichkeit der Wölfe*. Die Kamera zeigt eine Frau, die ängstlich auf ein monotones dumpfes Hacken lauscht. Der Filmbetrachter weiß schon mehr als diese Frau: Fritz Haarmann zerhackt wieder einen kleinen Jungen, um ihn am anderen Tag als Frischfleisch zu verkaufen. Keine Musik hätte solch umwerfende Wirkung erzeugen können, wie dieses leise Klopfen hinter einer Wand.
5. In Peter Lilienthals *Aufstand* gibt es am Ende einen Passionszug: Soldaten formieren sich mit Geiseln zum Rückzug, dazu erklingen sehr viele Geräusche

(Stimmen, Kriegslärm, Automotoren) und (noch sehr leise) die Orgelimprovisation von Claus Bantzer. Geräusche und Musik stehen in einem Konfliktverhältnis. Und nun ist es aufregend zu hören, wie sich die Orgel im Zweikampf mit den Geräuschen – den Sieg des Volkes symbolisierend – nach und nach durchsetzen kann.

6. In Peer Rabens Musik zu *Grenzenlos* von Josef Rödl hat man in der traumatischen Eingangscollage und auch sonst schon einige Male Büchsengeklapper und kreischende Krähen gehört, – irgendwie als Bestandteil der Musik. In der Szene bei der Vogelscheuche, wo der Zuschauer aufgeklärt wird, daß die Kleidung der Scheuche die Kleidung des von Agnes ermordeten Mannes (ihres Vergewaltigers) ist, werden die Vogelschreie als Gewissensbisse und das Rätsel der klappernden Büchsen durch Lokalisierung im Bild aufgelöst.

7. Konkurrenz von Geräuschen und Musik in *Ediths Tagebuch* von Hans W. Geissendörfer: um sich von der Realität wegzustehlen (der Vater prügelt gerade den Sohn) legt sich Edith die Schallplatte mit ihrem Filmmusikthema auf. Schreien und Musik überlagern sich dramaturgisch sinnvoll.

8. In Rödls *Albert, warum?* läutet Albert – bevor er sich am Glockenseil erhängen wird – wie hilferufend die Kirchenglocken. Schnitt auf die laut tönende Glocke, die waagrecht in der Luft hängen bleibt: die Stille ist das Zeichen für Alberts Freitod geworden, – nicht metaphorisch, sondern ganz faktisch. So sachlich wie der Film.

9. In Michael Verhoevens *Stinkwut* ist der Schnitt von der schadstoffausstoßenden Chemiefabrik auf die Raum-Deo-sprayende Hausfrau mit demselben Geräusch unterlegt: das Spraygeräusch auf Fabrik und auf die dagegen ankämpfende Hausfrau stellt die innere Beziehung der beiden Bildmotive her.

10. In *Neger Erwin* hört man fünf Minuten lang im off ein nervtötendes Quietschgeräusch, – kaputt, laut, in hohen Frequenzen. Nach fünf Minuten löst sich das akustische Rätsel im Bild auf: es ist der Kranwagen, der den Kran in Hochstellung bringt, und von dem dann ein Selbstmörder herunterspringen wird. Dem Kinobesucher ist seine Anteilnahme an dem Selbstmord durch diese Töne mehr aufgezwungen, wie wenn dies nur im Bild gezeigt würde.

11. Am Ende von Herzogs *Nosferatu,* wo Lucie durch ihre Hingabe an Dracula die Stadt von der Pest befreit, ist dieses Rendevouz nicht mit Musik oder ähnlich Verschleierndem unterlegt (Werner Herzog blieb seinem Konzept treu und verwendete keine personenuntermalende Musik), sondern nur die leisen Geräusche von Draculas Atem, Lucies Atem und dem Glucksen des Blutes.

12. Am Ende von *Regentropfen* (Hoffmann/Raymon) hört man keine Schicksalmusik oder andere große musikalische Gesten. Nachdem auf dem Passamt in Stuttgart die jüdische Familie kein Visum für die Ausreise nach Amerika erhalten hatte (d.h. nachdem jegliche Zukunftsperspektive verschwunden ist), hört man im off das Geräusch eines Zuges, der langsam sich beschleunigend

wegfährt. Die Geräusche des abfahrenden „Geisterzuges" und die Sprachlosigkeit der Familie verbinden sich zu einer starken Aussage.

***

Wie sehr die meisten Filmregisseure Musik wie Geräusche bzw. Geräusche wie Musik behandeln, geht aus Kapitel VIII des Buches hervor. In dieser Gleichsetzung wird auch deutlich, daß Filmmusik etwas Momentanes, Nicht-Formales, Geschichtsloses ist, – daß Filmmusik nur sekundär ein Strukturnetz ist, welches sich über den Film als Klammer verteilt, – daß der Reiz von Filmmusik primär (wie bei einem Geräusch) in der Einmaligkeit des Augenblicks liegt (verwiesen sei besonders auf die Porträts von Peter Lilienthal, Hans Noever und Niklaus Schilling).

6. Einsatz und Ende eines Musiktakes

Die Art des Beginnens und Endens eines Musiktakes ist eine dramaturgische Größe, die den Inhalt der Filmmusik entscheidend bestimmt („take" nennt man eine Musikstelle im Film; Filme haben meist etwa 10 bis 20 solcher Takes). Der Punkt der Handlung oder der Bildgegenstand, der durch den Moment des Beginnens bzw. des Aufhörens von Musik markiert wird, erhält ein besonderes Gewicht. Je unabhängiger von einem Bildakzent der Musikeinsatz ist, desto mehr tritt durch die frei eintretende Musik ein neuer Aspekt in den Film – als würde ein Raum um eine Dimension erweitert. Der Cutter Rolf Basedow hat dieses schön in Worte gefaßt: *Bei mir ist es wichtig, daß die Musik auf einem eigenen Punkt anfängt. In der Musiksprache würde man das Synkope nennen. Musik muß bei mir etwas Eigenes haben, also ist auch der Einsatz eigenständig. Musik kommt da, wo man das Gefühl hat, das Innere einer Person verstärken zu müssen. So ist es z.B. immer der schönste Moment im Film, wenn eine Person etwas begreift. Das Begreifen selber ist ein innerer Vorgang, und diesen Punkt des Begreifens kann man sehr schön mit Musik veranschaulichen.*

Zu den filmischen Musiktakes gehören solche, deren Einsatz und Ende, aber auch Länge visuelle Entsprechungen im Bild findet. Bei Herbert Achternbusch sind z.B. die einzelnen Kameraeinstellungen oft so lang wie der Musikeinsatz (in *Olympiasiegerin* öfters mehr als fünf Minuten lang). Bei Werner Herzogs *Woyzeck* entspricht der Schwenk der Kamera der einleitenden Glockenspielmusik. In Josef Rödls *Albert, warum?* erfolgt ein Musikeinsatz auf die Großaufnahme des Albert, während der Musik geht die Kamera auf Distanz und dreht sich dann langsam um 360° im Raum (den Nachweis führend, daß Albert allein und einsam ist) bis sie wieder auf seinem Gesicht angekommen ist, was das filmisch vermittelte Ende dieses Musiktakes bedeutet. Eine großartige Musikstelle!

Die Art, wie in einem Film die Musik einsetzt und endet, beeinflußt den Stil des Filmes im Ganzen. Musik kann z.B. durchweg sehr hart eingesetzt werden, aber auch sehr weich mit Ein- und Ausblenden. Diese Härte oder Weichheit kann durch den Filmschnitt gemildert oder verstärkt werden. Der Stil des Filmes kann sich aber jedoch auch entwickeln; z.B. können die Musikeinsätze zunehmend härter werden. Analog zur „unsichtbaren Regie" auf der Bildebene ist es auch auf der Ebene der Musik verbreitet, die Musikeinsätze unhörbar oder zumindest unaufdringlich zu gestalten. Jens-Peter Ostendorf: *Ich mag präzise Musikeinsätze bei Filmmusik nicht sehr gerne. Musik muß unmerklich kommen und gehen, als wäre sie im Film immer da.* Filmkomponisten, die eine andere ästhetische Auffassung von Filmmusik haben – die Musik eher als eigene kommentierende Ebene und nicht so sehr als bildintegrierte Expressionsmusik auffassen –, lieben hingegen das Gegenteil. Musik soll als künstliches und bewußt gesetztes dramaturgisches Mittel erkennbar sein. Hans Posegga: *Ich liebe bewußte Einsätze und lasse auch eine Musikstelle lieber abreißen, als immer diese ewigen Schlüsse zu machen. Bei 25 Musiktakes gibt es sonst 25 Schlüsse! Eisler sagt auch: mitten rein in die Musik, die Handlung läuft weiter, einfach ein Geräusch darüber, die nächste Szene ist schon da.* Für Hans-Martin Majewski beispielsweise sind das klare Einsetzen, vor allem aber die auffälligen „Abbruchstellen" schon fast ein Stilmerkmal, – etwa in seiner Musik zu *Der Mörder* von Ottokar Runze: *Diese Abbruchstellen sind natürlich bewußt gemacht. Denn würde man die Musik fortfahren, so läuft sie zwangsläufig in eine Untermalungsmusik hinaus, auch wenn sie mit heutigen Stilmitteln sich darstellt... Vom schubweisen Einsatz der Musik, dem Aufstacheln, Hineinpieken, geht eine stärkere Wirkung aus, wie wenn sie immer dabei bleibt* (in einer Sendung des RIAS Berlin, 17.3.1985).

Der Einsatz eines Musiktakes

Das Bild, mit dem der Moment des Musikeinsatzes gekoppelt wird, gibt Aufschluß über die Perspektive, aus welcher die Musik zu hören ist. Beliebt sind Großaufnahmen, die (was schon in der Bildersprache seit Griffith geläufig war) wie ein Possesivpronomen auf das umliegende Bildmaterial einwirken: die Großaufnahme eines Gesichts und der Musikeinsatz bedeuten, daß diese Person diese Stimmung oder diesen musikalischen Gedanken in sich trägt. Fehlt diese Angabe der Hörperspektive, so kann Musik vieldeutiger sein. So wird z.B. zu Beginn von *Katharina Blum* von Volker Schlöndorff eine Totale mit Rhein und Fährschiff gezeigt, wozu eine düstere Musik erklingt. Man bezieht die Musik in Unkenntnis jeglicher Zusammenhänge auf den Rhein, auf die Situation als Ganzes. Erst nach und nach geht die Kamera immer näher auf Ludwig, den mutmaßlichen Terroristen zu. Man beginnt die Musik auf ihn zu beziehen. Mit einem Crescendo reißt die Musik schließlich abrupt ab, – auf das Standbild von Ludwig: die Semantisierung ist hier erst mit dem Ende des Musiktakes vollzogen.

Eine Reihe möglicher Formen des Musikeinsatzes seien vorgestellt:

1. Musik setzt unmittelbar mit Schnitt in einen neuen Raum ein. Musik wird hier stark vordergründig, womöglich als reale Musik dieses Raumes gehört.

2. Die Musikquelle wird im Bild gezeigt; der Musikeinsatz ist vorhersehbar (Einschalten des Radios, Live-Musik u.a.).

3. Musikeinsätze erfolgen oft auch als Reaktion auf Worte des Dialogs, wenn dadurch plötzlich eine emotionale Wende oder Spannung eintritt; in Purzers *Mann im Schilf* z.B. setzt auf das Stichwort *Kreta* des sich erinnernden Paares griechische Musik ein, in Gremms *Nach Mitternacht* erfolgt ein Musikeinsatz nach *ich habe Angst.*

4. Das Musikstück, das mit Blickkontakt zweier Personen beginnt, scheint die Intensität des Energiestroms zwischen den beiden zu verstärken und ist immer sehr ausdruckstark.

5. Musikeinsätze auf ein Geräusch oder eine punktuelle Aktion (Türenknallen, Gewehrschuß etc.) können nur selten, am besten zur Hervorhebung gebraucht werden, weil sonst die Geschichte sehr unwahrscheinlich, weil zu „gemacht" klingt.

6. Leise Musikeinsätze, die bei Filmstellen mit großen Geräusche-Lautstärkepegel beginnen und plötzlich da sind, wenn der reale Lärm verflogen ist, wirken sehr expressiv, weil sie die Zartheit, Bescheidenheit oder Ängstlichkeit des durch leise Musik Repräsentierten ungemein akzentuieren.

7. Musikeinsätze können karikieren, wenn sie auf einer betonten Nebensächlichkeit liegen: in Reinhard Hauffs *Mann auf der Mauer* wird das Pathos eines BRD-Beamten als falsch entlarvt und karikiert, wenn zu dessen Begrüßung der DDR-Aussiedler ein Musikeinsatz just auf den McDonald-Hamburger gesetzt wird und er den Satz *Willkommen daheim in Deutschland* spricht.

8. Einsätze der Musik ohne dramaturgische Vorwarnung werden als Verstoß gegen die Hörgewohnheiten und damit negativ gewertet. In Alexander Kluges *Macht der Gefühle* z.B. wird stumm ein Filmausschnitt aus einer Opernhandlung vorgeführt, wo plötzlich (mitten in der Phrase) die dazugehörende Musik dazuknallt. Dieser unsensible Angriff auf das Ohr gibt der Filmbetrachter gleich als Interpretation an das Filmbild weiter: Oper sei etwas Unsensibles und Gewalttätiges, das mit den Gefühlen der Menschen hart umspringt.

Das Ende eines Musiktakes

Weit verbreitet, aber ein etwas billiger Effekt, ist das langsame Ausblenden der Musik, nachdem sie die Filmbilder emotional eingefärbt und damit ihre Funktion erfüllt hat. Ebenfalls weit verbreitet, jedoch seriöser in der dramaturgischen Wirkung, ist das Verfahren, der „Innerlichkeit", die einer Filmmusik zu eigen ist, am Musikende das Äußere, die Realität der Geräusche entgegenzusetzen. Musik in Geräuschen verschwinden zu lassen wird als klarer Ortswechsel „innen" nach „außen" bzw. subjektiv – objektiv empfunden.

Die Präsenz der Musik muß bei ihrem Verklingen von einer anderen Ebene im Gesamtkunstwerk Film fortgeführt werden. Sehr typisch: Musik endet, – die Handlung reißt sofort die Aufmerksamkeit des Filmbetrachters an sich und läßt kein Spannungsloch entstehen. Wird die Intensität der Musik nach ihrem Verklingen nicht fortgeführt (empfindet der Zuhörer eine Leere danach), so ist das Musikende sehr auffällig und akzentuiert (ähnlich wie der Musikeinsatz) den momentanen Punkt von Handlungs- oder Bildverlauf. Folgende Beispiele sind hier typisch:

1. In Fassbinders *Bollwieser* setzt vor dem Mord plötzlich die Musik aus. Deren Intensität wird von nichts aufgenommen und setzt sich in eine intensive Erwartungshaltung des Zuschauers, in Spannung, um.
2. Am Ende von Geissendörfers *Ediths Tagebuch* scheint ein großes Happyend zu glücken: die Verbrüderung von Mutter und Sohn im Geiste einer gemeinsamen Fiktion scheint zu gelingen, man will fliehen, packt alle Koffer ein, die Musik steigert sich überlebensgroß... und bricht ab (den vor Erregung mit Adrenalin vollgepfropften Kinobesucher allein lassend): Edith ist auf der Treppe tödlich gestürzt. Der Effekt der Musik ist hier dem Aufprall eines Autos auf eine Mauer bei Tempo 160 km/h vergleichbar. Die Stille danach ist schauerlich.
3. Alexander Kluge verwendet das abrupte Abreißen zur Kommentierung, – auch als wolle er den Hörer entlarven, sich wieder der verführerischen Wirkung der Musik hingegeben zu haben: An einer Stelle in *Die Patriotin* reißt plötzlich das Deutschlandlied (Haydns Streichquartett-Original) ab, in die Stille spricht der Autor im off: *Erschießung deutscher Terroristen, auch Jugendliche darunter.* In *Macht der Gefühle* wird eine Szene aus der Oper *Aida*, just als die Musik ihrem Höhepunkt zustrebt, abgerissen; der Sprecher sagt in die Stille: *Was die Oper verschweigt, – das Volk duldet nicht, wie man weiß, daß Liebende eingemauert werden.*
4. Ähnlich wie bei Alexander Kluge läßt Herbert Achternbusch manchmal die Musik abrupt abreißen und hebt dadurch das Inszenierte, Künstliche seiner Filme hervor: Musik soll nicht einlullen, sondern in solchen Fällen eher Distanz zum Film schaffen.
5. In Norbert Kückelmanns *Die letzten Jahre der Kindheit* begleitet die Musik den jugendlichen Straftäter in seiner Zelle. Die Kamera (= sein subjektiver Blick) schweift über die Zellenwände, sieht einen Haken als Gelegenheit für den Freitod durch Erhängen... Die Musik schweigt abrupt. Die Stille baut hier keine Spannung auf, sie ist hier schon ein Todessymbol wie die rhetorische Figur der Tmesis oder Suspiratio in den barocken Passionen.

***

Stil eines Filmes und die Funktion der Filmmusik sind in hohem Maße von der Art des Einsetzens und Beendens der Musik abhängig. Es lohnt sich für Regisseur,

Cutter und Komponist, hier die Kontrolle anzusetzen, ob ein musikdramaturgisches Konzept gelungen ist, und den mit Musik unterlegten Film unter diesen Aspekten stilkritisch zu beleuchten.

7. Der Raum zwischen „on" und „off"

Für den Filmbetrachter stellt Musik eine Reihe von Räumen her, – Räume, die nur in ihm existieren und Ort seiner Imaginationen sind, die durch die Bild- und Toneindrücke ausgelöst werden.

1. Musik „füllt" die Leere zwischen Leinwand und Betrachter im Sinne einer dritten Dimension.
2. Musik konditioniert durch Einwirkung auf das Raum- und Zeitempfinden den Betrachter solcherart, daß er in sich selbst einen weiten Raum wahrnimmt.
3. Musik scheint deshalb auch dem auf der flächigen Leinwand Dargestellten die dritte Dimension zu geben und das Leinwandbild zum Raum zu machen.
4. Musik gibt unzugängliche psychische „Innenräume" der Filmfiguren oder der gezeigten Objekte an.
5. Musik vermittelt einen fiktiven Raum über, unter sowie hinter der real scheinenden Räumlichkeit des auf der Leinwand Gezeigten.

All diesen Räumen ist gemeinsam, daß sie der durch Musik innervierten Vorstellungskraft und Phantasiefähigkeit des Filmbetrachters entspringen, daß sie musikerfüllt sind. Für die Charakteristik der Räume ist nicht nur die Beschaffenheit der Musik als solche wichtig, sondern auch die Art der Zuordnung: Musik „im on" (Bildton) bewirkt im Filmbetrachter insbesondere jene Raumvorstellungen, die unter Punkt 1, 2 und 3 genannt wurden (ein besonderer Akzent ist dabei auf Punkt 3 zu setzen, da on-Musiken vor allem konkret räumliche Atmosphären sind); Musik „im off" (Fremdton) erweitert die Raumvorstellungen um Punkt 4 und 5 (ein besonderer Akzent ist dabei auf Punkt 5 zu setzen mit seiner fiktiven, in nichts der Alltagserfahrung vergleichbaren Räumlichkeit).

Im Wechsel von Bildton zu Fremdton kann das Gefühl einer Weitung erweckt werden. Durch die spezifischen Raumgefühle kann sich ein Stil des Films konstituieren. Verwiesen sei auf die Unendlichkeit der Räume, die für Werner Herzogs Filme typisch sind (Akzentuierung von Punkt 5), auf die Weitung der psychischen Innenräume bei den Filmfiguren Hansjürgen Syberbergs (Akzentuierung von Punkt 4), auf die schroffen Raumwechsel in den frühen Filmen Rainer Werner Fassbinders: In den musiklosen Stellen der frühen Filme, wo die abgebildeten Räume wie auf einer Guckkastenbühne stets klare Begrenzungen aufweisen (enge Zimmer, Wand hinter den Darstellern usw.) und scheint den Fassbinderschen Figuren immer ein „Eingesperrtsein" auferlegt. Bei den Musikeinsätzen aber weitet sich dieser beengte Raum und das Vielfache, – ein Effekt, in dem z.B. die starke Wirkung der Musik Peer Rabens in Fassbinders Filmen beschlossen liegt.

Die folgende Besprechung von konkreten Filmbeispielen versucht, etwas von den räumlichen und ästhetischen Wirkungen zu vermitteln, die vom unterschiedlichen Einsatz der Musik als Bildton oder Fremdton ausgehen.

Außen: Die strenge cineastische Ästhetik zieht es vor, Musik im Film nur als Bildton zu dulden. Die Raumwirkungen der Musik bleiben auf die eher äußerlichen beschränkt. Sowohl der psychische Innenraum wie der einhüllende fiktive Raum fehlen hier, bzw. sie stellen sich nur soweit ein, wie dies die Musik (auch ohne den filmischen Kontext) zu leisten imstande ist. Beispiele solchen „cinéma pur" sind weite Teile von Fassbinders *Händler der vier Jahreszeiten* (Hans Epp bleibt 60 Minuten ganz ohne Musik, dann legt er sich eine Schallplatte auf) und Hellmuth Costards *Die Unterdrückung der Frau ist vor allem am Verhalten selber zu erkennen* (wo Musik nur erklingt, wenn sich der Hausmann Christoph den Plattenspieler anstellt).

Für jede Filmmusik ist es im Sinne ihrer Authentizität gut, wenn sie mit Geräuschquellen, die im Bild erscheinen, Beziehungen aufweist: z.B. ist die dominante Saxophonmusik in Vadim Glownas *Das rigorose Leben* durch zwei Saxophonspieler in der Handlung motiviert; in Volker Schlöndorffs *Strohfeuer* ist die Cellomusik in der wichtigen Figur des Cellisten begründet. Wird Musik als Bildton eingesetzt, dann muß sie allerdings stimmig sein, sonst erfüllt sie keinen sinnvollen Zweck: Wigbert Wicker läßt in seiner *Jägerschlacht* in einer Bauernkirche um 1870 eine Elektronenorgel aufspielen, was sichtlich verwirrt.

Innen: Filmmusik, die nur als Fremdton erscheint und keinerlei Beziehung zu Schallquellen u.a. des Bildes aufweist, mag zwar nicht der klassischen cineastischen Ästhetik entsprechen, sie ist aber dennoch großartig in ihrer Wirkung und vermag einen Film zum überhöhten Gleichnis oder zur Schau verborgenen Wissens zu machen. Filme, die konsequent nur Filmmusik „im off" verwenden sind relativ selten. Zu denken ist hier an Wolfgang Petersens *Unendliche Geschichte* oder *Enemy Mine,* deren Parabelhaftigkeit oder archetypische Fiktionalität durch diese Charakteristik der Filmmusik erhöht wird. Kurzfilme besitzen oft ausschließlich Fremdmusik, was ihnen ebenfalls eine Fiktionalität und hermetische Abgeschlossenheit (als kleine, irreale Kosmen) verleiht.

Von innen nach außen: Eine Musik dem Betrachter zu präsentieren, die er nicht lokalisieren kann und in ihm den gesamten zur Verfügung stehenden „Raum" evoziert, dann diese Musik doch noch im Bild festzumachen, ist ein schöner Kunstgriff. Der Betrachter hat zunächst ein Gefühl der undefinierten Weite, dann des konkreten bildangepaßten Raumes. Typisch: Man hört eine Flöte, deren Musik alles emotional einfärbt und einen großen Imaginationsraum herstellt; dann wird die Flöte im Bild gezeigt und man hört konkreter (der Imaginationsraum wird eingeschränkt). Ein eindrucksvolles Beispiel eines Verfahrens: In Helma Sanders-Brahms *Deutschland bleiche Mutter* erklingt zu einer dreiminütigen Kamerafahrt über das ausgebombte Berlin eine Klaviermusik (die lauteste des ganzen Films), die einen großen Raum eröffnet und zur üppigen Imagination einlädt. Am Ende der Sequenz sieht man einen Spieler an einem kaputten Klavier spielen, der dann – als wäre er der Interpret der erklingenden Musik – durch falsche Akkordballungen die Musik beendet (Jürgen Knieper spielte live zum Filmbild, so daß die Filmmusik weitgehend synchron ist). Der Eindruck für den Bildbetrachter: Die Weiträumigkeit der Off-Musik schrumpft auf jenen realen Klangraum, den man dem Flügelspieler im Bild zubilligt; aus der Fiktionalität wird man in die Realität entlassen.

Von Außen nach Innen: In Margarethe von Trottas *Schwestern* befindet sich Jessica im Lokal, wo Robert sein *Wieder den Tag über die Runden gebracht* singt; mitten im Lied gibt es dann einen Schnitt mit Ortswechsel, man sieht Jessica auf dem Heimweg: die Musik, die zuvor auch als konkrete Lokal-Atmosphäre zu hören war, wurde plötzlich zur stimmungshaften Erinnerung und färbt Bilder und Handlung weit mehr emotional ein als zuvor. Dasselbe Umschlagen eines konkreten Raumgefühls in eine weiträumige Innerlichkeit findet man z.B. auch in Reinhard Hauffs *Mann auf der Mauer*, wo eine Person sich am Fernseher Mozarts *Agnus Dei* aus der *Krönungsmesse* einschaltet: in dem Maße, wie die Person dann am Fenster steht und man die Musik immer mehr als deren Stimmung empfindet, weitet sich der Imaginationsraum.

Innen – Außen – Innen: In Josefs Rödls *Grenzenlos* beginnt eine Szene in der Kirche mit dominanter Orgelmusik. Man hört sie zunächst diffus als Musik aus dem off, – als weiter Raum. In dem Maße, wie die Kamerafahrt das akustische Bild optisch erklärt – man sieht die Orgel, den Kirchenchor mit Agnes (der Hauptperson) – hört man die Orgelmusik sehr real. Die Raumvorstellungen reduzieren sich. Je mehr die Kamera aber nun Agnes zentriert, desto mehr geht die Musik aus dem on (Situation: Gottesdienst mit Kirchenchor) wieder in eine Filmmusik über. Der Grund: Peer Raben hat die Orgelklänge als Basis für die nun einsetzende Filmmusik genommen und läßt nach und nach die anderen Instrumente aus dem off (stets mehr die reale Kirchensituation vergessen machend) dazutreten. Die Musik beginnt einen riesengroßen Imaginationsraum auszufüllen.

Außen – Innen – Außen: In Volker Maria Arends *Kinder aus Stein* befinden sich die beiden Hauptdarsteller im Supermarkt und stehlen Lebensmittel, – dazu läuft eine banale Supermarktmusik (gemütlicher Swing mit Solovioline). In dem Moment, wo der Filialleiter aufmerksam wird und die beiden Diebe verfolgt, verdoppelt die Musik ihr Tempo, wird lauter und entpuppt sich als richtige Filmmusik. Nach der Verfolgungsjagd mit dem humoristischen Jazzgeiger-Kommentar gibt es Schnitt und Ortswechsel: die Verfolgungsmusik läuft (mit einem akustischen Filter realistisch klangmoduliert) als Musik aus dem Autoradio weiter, – obwohl diese Sequenz etwa 30 Minuten nach der Verfolgung spielt. Der Eindruck der Musikräume: normale Raumatmosphäre – großer Klangraum, da Musik (wie aufgeblasen) plötzlich als Filmmusik aus dem off kommt – beengte, auf den Autoinnenraum zugeschnittene Raumatmosphäre.

Innen und Außen in unklarer Zuordnung: Durch ihre Unbestimmtheit von poetischem Reiz sind die Musiken im Film, die weder eindeutig als on-Musik noch eindeutig als off-Musik wahrgenommen werden können. Die Raumevokationen im Kopf des Filmbetrachters erhalten dadurch etwas Labyrinthisches. Einige Beispiele:

1. In Ulrike Ottingers *Freak Orlando* zieht eine Gruppe von Geißlern in archetypischer Springprozession schreiend und mit klappernden Geräuschen ins Freie. Auf den Musikeinsatz eines schönen romantischen Klarinettenthemas mit Streichern drehen sich alle Personen um, als würden sie die Schallquelle wahrnehmen. Die Musik ist jedoch nicht sichtbar (sie ist typische Fremdtonmusik). Stattdessen sieht man nur eine nackte Schönheit auf der Kohlenhalde. Die fiktive Filmmusik und die Bildrealität sind hier – was traumhaft irreal wirkt – in Kontakt gekommen.

2. In Rainer Werner Fassbinders *Ehe der Maria Braun* hört man in einer Szene mit Maria Braun und ihrem Liebhaber Herrn Osswald leise Klaviermusik. Daß dieser langsame Satz eines Klavierkonzerts von Schallplatte oder Radio kommt, wird nirgends begründet. Plötzlich geht Herr Osswald an einer Stelle zu dem Klavier im Zimmer und spielt – verstimmt und ungenau – eine Passage der Filmmusik aus dem off mit. Diese Dramaturgie verblüfft, weil der Zuschauer wohl die Filmmusik hören kann, – aber doch nicht Osswald! – Umgekehrt rennt Osswald (nachdem er Maria telefonisch nirgend erreichen konnte) in großer Aufwühlung ans Klavier und trommelt laute dissonante Klangballungen: und welch Wunder, – Peer Rabens Filmmusik setzt diese Klangballungen im off fort.

3. In Hark Bohms *Der Fall Bachmeier – Keine Zeit für Tränen* sieht und hört man das kleine Mädchen mit ihrem Vater Geige und Klavier spielen. Plötzlich ist der Filmbetrachter erstaunt, wenn beide zu Musizieren aufhören, die Geige weglegen, – die Musik aber weitergeht! Der Film erhält dadurch etwas Fiktionales, Gleichnishaftes, was Hark Bohms Interpretation des Bachmeier-Stoffes (wie das Vorwort des Filmes auswies) haben sollte.

4. Ein Spielen mit on/off-Räumen, das im Filmbetrachter schon fast psychedelische Unsicherheit erzeugt, findet man in Hans W. Geissendörfers *Ediths Tagebuch*. Der Ausgangspunkt: Edith hört eine Schallplatte mit „ihrem" Filmmusikthema, während – durch das Schreien laut hörbar – der Vater den Sohn verprügelt, weil dieser in der Schule Schwierigkeiten hat. Dann ein Schnitt und Ortswechsel: bei der Abitursfeier im Gymnasium gibt der Musiklehrer den Einsatz für das Schulorchester und den Schulchor, die allesamt Ediths Thema spielen und sogar wie in einer Kantate dazu singen, während der Sohn Chris (der zuvor noch geprügelt wurde) lobend sein Abiturszeugnis ausgehändigt bekommt. Eine feierliche Zeremonie, die plötzlich abbricht. Musik hört auf, Schnitt in Ediths Zimmer, wo sie beim Ausgangspunkt sich die Schallplatte aufgelegt hatte: der Vater kam nach dem Prügeln zu ihr und hatte ihr die Musik abgestellt, – metaphorisch: – hatte ihre Fantasien zu der Musik (die Abitursfeier) jäh unterbrochen. Der Zuschauer ist durch diese Mehrräumigkeit in seinem Realitätsbewußtsein ebenso gestört gewesen, wie Edith, welche in dem Film zunehmend geisteskrank und schizophren wird.

8. Musik zu Vorspann und Abspann

Anfang und Ende des Films sind die Orte, an denen die Filmmusik besondere (nämlich die bewußte) Aufmerksamkeit des Kinobesuchers genießt. Deshalb schätzen Komponisten und die oftmals co-produzierende Schallplattenindustrie diese Filmstellen sehr hoch ein. Dramaturgisch gibt es oft keine zwingende Notwendigkeit zum Musikeinsatz. Eines der unkünstlerischsten Mittel ist es auch, wenn diese Filmstellen bloß zur Promotion eines Musiktitels verwendet werden, – so z.B. geschehen in Wolfgang Petersens *Unendliche Geschichte,* wo auf Betreiben der amerikanischen Co-Produzenten der Song *The Unendless Story,* gesungen von dem damals populären Limahl, als Einleitung die stimmungsvoll einführende Musik von Klaus Doldinger ersetzen mußte. Dramaturgisch sinnvoll ist eine Musik zum Vorspann, wenn sie eine Leistung erbringt, die dem Verständnis des Films oder dessen Geschichte hilft. Peer Raben: *In der Einleitung ist Musik exponiert und wird vom Zuhörer bewußt gehört. Hier kann sie zusammen mit dem Bild Gedanken auslösen. Neben der allgemeineren Funktion einer Eröffnungsmusik, nämlich den Zuschauer zu konzentrieren und stark in den Film zu ziehen, ist dieser Gesichtspunkt des Gedanken Auslösens wichtig für mich. Wenn Musik etwas aussagt, das Bild etwas aussagt, ... beides zusammen in einem Spannungsverhältnis steht, – dann wird sich der Zuschauer überlegen, was jetzt hier alles passieren wird.*

Systematisieren wir die dramaturgischen Funktionen, die eine Einleitungsmusik haben kann, so sind hier acht Typen zu nennen:

1. Keine Funktion für Musik in der Einleitung zu sehen, bedeutet konsequent zu sein und Musik wegzulassen; z.B. in Achternbuschs *Servus Bayern,* wo nur Heulen von Wind und Wölfen zu hören ist (eine Geräuschkulisse Grönlands, was jedoch erst später einsichtig ist). Gute Geräusche oder Stille am Filmbeginn können den Zuschauer ebenfalls konzentrieren und Spannung erzeugen (allerdings nicht beim Wohnzimmer-Fernseher mit seinen 60 Phon Wohnungsgrundgeräusch).

2. Mit einfachen Motiven oder Klängen, noch ohne große musikalische Entwicklung (Themenexposition, geschlossene Formen oder Songs vorzuführen, eine Atmosphäre oder generelle Stimmung zu schaffen, konditioniert den Zuschauer und stimmt ihn ein. – Er wird „gestimmt" wie die Gitarre vor dem eigentlichen Spiel. Sich solcherart zu beschränken, ist für manche Komponisten nicht leicht, da doch die 30 Sekunden bis etwa 2 Minuten des Filmvorspanns zum Musizieren so geeignet sind. Einer, der dennoch dem Film zuliebe hier oft Verzicht übt, ist Hans-Martin Majewski: *Schon die Ouvertüre zu dem Film „Weg ohne Umkehr" ist ein Beleg für seine Lust am Ungewöhnlichen. Das Tritonusmotiv der Trommel klingt da, wo ansonsten jeder Filmkomponist seinem Affen Zucker gibt und die Gelegenheit wahrnimmt, dem kaum vom Bild abgelenkten Publikum groß angelegte Ouvertüren zu bieten. Majewski geizt hier mit musikalischen Reizmomenten, und erheischt um so*

größere Aufmerksamkeit gegenüber der Filmmusik (Kommentar in einer Sendung des RIAS Berlin, 17.3.1985).

3. Den Zuhörer zu verunsichern oder auf einen Irrweg zu führen, erweitert den Film im Sinne des „Offenen Kunstwerks", da ein zusätzlicher Assoziationsraum geschaffen wird. Zu erwähnen ist hier die Trompetenmelodie zu Beginn und Ende von Khittls *Parallelstraße.* Mit einfachsten Mitteln – wie in japanischen Strichzeichnungen – hat Hans Posegga hier eine Musik mit einer Aussage zwischen ‚Kraft-Sehnsucht-Erotik-Anklage-Aufschrei' geschaffen, die im Filmverlauf keinerlei Entsprechung hat, – also irritierte.

4. Epische Vorwegnahme der Erzählinhalte. Wie in den Programmouvertüren der Romantik (Wagners *Lohengrin* oder Webers *Freischütz)* kann der Komponist zu Beginn die Themen installieren und schon in der Art der Übergänge gegeneinander ausspielen, wie es im Filmverlauf später geschieht. Der Zuhörer spürt, daß hier „erzählt" wird, kann aber noch nichts Konkretes verstehen, da ihm die semantischen Zuordnungen der Themen zu den Bildern noch fehlen. Seine Assoziationsfähigkeit wird aber angeregt und er versucht zu denken. Peer Raben liebt diesen Typ der Einleitung; z.B. in Jörg Grasers *Der Mond ist nur a nackerte Kugel,* wo (mit einer Ausnahme) alle kommenden Themen exponiert werden.

5. Auf das Filmende oder den dramatischen Höhepunkt im letzten Filmdrittel zu verweisen, ist ein sehr geeigneter Kunstgriff, um dadurch von der Vorspannmusik bis zum Ende eine formale Spannung zu schaffen. Beispielsweise in Ula Stöckls *Schlaf der Vernunft* findet man zu Beginn (und auch in der ersten Filmhälfte) Musik, die hier völlig fremd wirkt und nur vom Schluß her verstehbar ist; erst wenn man weiß, daß die Hauptdarstellerin in einer Art Kurzschlußhandlung zur Rachegöttin und wahnsinnig geworden ist, werden diese traumatischen Klänge (die zu Beginn gar nicht zu den Bildern zu passen scheinen) verständlich.

6. Die Vorgeschichte des Films zu erzählen, findet man in Vadim Glownas *Das rigorose Leben:* zusammen mit einer Collage aus Fotoalbum-Bildern u.a. durchmißt die Musik in ihrer Stilistik die Zeit von den 30er Jahren (Walzer, Tango etc.) bis in die Spielzeit Amerika etwa 70er Jahre (vom amerikanischen Idom beeinflußte Musik).

7. Oft wird in den Filmbildern zu Anfang eine Geschichte erzählt, die in eine Seitenhandlung, in Schauplatz und Zeit ganz beiläufig einführt. Dazu erklingt dann gerne eine Filmmusik, die in der Weise im ganzen Film nicht mehr wiederkehrt und eine neutrale Art bildspezifischer Musik darstellt (im Stimmungsgehalt wird natürlich der Kern der Geschichte getroffen, so daß diese Musik auch eine emotionale Hinführung, vgl. Punkt 2, bedeutet). Zu denken ist an Purzers *Mann im Schilf,* wo zu bedrohender Musik ein Sprengstoffanschlag gezeigt wird, was die allgemeine Vorkriegssituation verdeutlicht; ferner an Geissendörfers *Sternsteinhof,* wo zu einer neutralen bzw. leicht historisch-

folkloristischen Orchestermusik Holzfällerarbeiten im Wald mit einem tödlichen Unfall gezeigt werden.

***

Musik im Abspann des Filmes hat eine leichte Aufgabe, weil hier das Themenmaterial durch die vorangegangene Koppelung mit Bildern eine Plastizität besitzt, die den Hörer zu großen Emotionen mitzureißen vermag. Zu nennen sind hier vier wesentliche Typen:

1. Keine Funktion für Musik im Abspann ist gegeben, wenn in einem realistischen Sinne eine Grausamkeit, eine Lüge, eine Ungerechtigkeit zu Filmende vorgeführt worden ist, die keine „gemachte" oder „inszenierte" Stimmung verträgt; z.B. in Rödls *Albert, warum?* nach dem Freitod von Albert, in Kükkelmanns *Die letzten Jahre der Kindheit* nach dem Freitod des kleinen Jungen. Kein Anlaß für Musik ist auch mehr gegeben, wenn die Musikeinsätze bisher immer aus der Subjektive des Hauptdarstellers kamen (= seine Gefühle), der Hauptdarsteller aber am Filmende umgekommen ist. In Fassbinders *Lola* war die Musik im ganzen Film „ideologisch", d.h. als Ausdruck der falschen und verlogenen Gefühle dieser korrupten Filmfiguren eingesetzt; die Sicherheit, mit welcher Fassbinder auf Musik im Abspann verzichtet, um diese Korumpiertheit zu unterstreichen, ist als musikdramaturgische Genialität zu bezeichnen.

2. Musik als Weiterführung oder Affirmation der Emotionen am Filmende ist wohl die häufigste Art der Abspannmusik. Das Trauergefühl, Siegesgefühl, Happy End-Gefühl usw., in dem der Film kulminierte, auch das „unvergeßliche" Thema der Hauptperson kann auf diese Weise emotional überhöht und dem Kinobesucher mitgegeben werden, so daß er noch lange Zeit nach dem Film „in Stimmung" ist oder leise eine Melodie vor sich her summt.

3. Oft wird erst unmittelbar am Filmende die Lösung der Filmhandlung gegeben; dann bricht die Bilderfolge ab. In solchen Fällen ist es dramaturgisch wichtig, diese neue Stimmung – die u.U. quer zum ganzen Film liegen kann – musikalisch zu vertiefen und ihr akustisch noch Gewicht zu verschaffen. So z.B. in Michael Verhoevens *Gefundenes Fressen*, wo der Penner Alfred durchweg mit einem konsumhaftschön klingenden Thema (auf Synthesizer und Gitarren) begleitet wurde: am Filmende legt er seine Lebenslüge (was die konsumhafte Musik rechtfertigte) ab: die Nachspannmusik auf verstimmtem Klavier und Violoncello zeigt seine wahre Seite. Die Musik ist hier sozusagen zum Ziel der ganzen Filmhandlung geworden.

4. Musik als Kommentar. Die subjektive Spielhandlung und deren Begleitung mit emotionaler, bildgebundener Musik kann am Ende durch eine sachliche Musik, quasi „von außen" aufgebrochen werden. So z.B. in Peter Lilienthals *Der*

Aufstand, wo nach der sehr persönlichen Geschichte des Deserteurs ein südamerikanisches Revolutionslied als musikalische Neuheit gesetzt wird, was die persönliche Geschichte kommentiert, in den Rang des Allgemeinen erhebt.

Kapitel VII: WIE EINE FILMMUSIK ENTSTEHT

Der Komponist Hans-Martin Majewski: *Bei einem Werk absoluter Musik, zum Beispiel einer Symphonie, ist mit der Niederschrift der Partitur praktisch ein künstlerisches Endprodukt gegeben, das zwar durch schlechte oder falsche Interpretation ein Zerrbild der künstlerischen Absichten des Autors geben kann, dadurch aber keineswegs an absolutem Wert einbüßt. Die Partitur einer Filmmusik hingegen ist erst ein Rohprodukt, das nun durch die akustische „Bearbeitung" der Tonaufnahme geht, dann am Schneidetisch mögliche formale Veränderungen erfährt und bei der Tonmischung, wo Sprache, Musik und Geräusch zu einer akustischen Einheit verschmolzen werden, vielleicht sogar den Todesstoß erhält. Daher das Scherzwort unter Filmkomponisten: „Die Mischung ist der Beisetzungsakt der Musik.*

Aber wie der Regisseur bei aller liebevollen Sorgfalt, die er dem optischen und schauspielerischen Detail entgegenbringen muß, nie den Überblick über das „Endprodukt" verlieren darf, so muß auch der Komponist die musikalische Gesamtkonzeption, angefangen von den Überlegungen des Musikeinsatzes, der zu wählenden Stilmittel, über die eigentliche Komposition bis zur Instrumentation unter dem Gesichtspunkt anlegen, daß trotz der vielen außermusikalischen Zwischenstationen das Endprodukt seinen ursprünglichen Vorstellungen entspricht.

Über die einzelnen Schritte des Produktionsprozesses von Filmmusik informiert der nachstehende Teil. Er skizziert das Kräftefeld von finanziellen, technischen und konzeptionellen Voraussetzungen, durch das eine Filmmusik geprägt wird. Dieses Kräftefeld ist nur mit reicher Erfahrung berechenbar: der Filmkomponist muß bis zum Endpunkt – der Filmmischung – flexibel sein, umdisponieren können und Notlösungen parat haben.

1. Finanzielle Voraussetzungen

Prinzipiell läßt sich für wenige hundert Mark eine dramaturgisch sinnvolle Filmmusik herstellen, – allerdings nur im Kontext von Filmen, die man mit Experimentalfilm, Avantgarde-Film oder Dokumentarfilm umschreiben könnte. Im selben Maße wie eine Filmproduktion mit der psychologischen Wirkung einer prachtvollen und teuren Ausstattung liebäugelt – und das tat der Neue Deutsche Film seit seinen Anfängen zunehmend –, muß auch die Filmmusik „konfektioniert" und „professionell" werden, wenn sie nicht als Fremdkörper im Film erscheinen soll. Für die Konzeption einer Filmmusik ist das Fragen eines „Wieviel Geld ist da?" immer das Primäre: der finanzielle Freiraum (welche Besetzung, wieviel Studiozeit, welche Interpreten?) beeinflußt das kompositorische Denken und die Klangphantasie in unmittelbarer Weise. Die Antwort auf die Frage des Komponisten ist (im Durchschnitt gesehen) immer eklatant: es sei eigentlich kein Geld mehr da, meint der Produzent, und gibt gleichzeitig dem Komponisten eine Schallplatte mit den Londoner Symphonikern (für 500.000 DM produzierte Mahler-Musik) als Orientierung, wie die fertige Musik klingen soll...

Die Verbitterung über den im Vergleich zu anderen Ebenen der Filmproduktion geringen finanziellen Spielraum ist bei den Komponisten groß. Spricht man sie auf dieses Thema an, so sprudelt der Unmut hervor ... Friedrich Meyer bezeichnete den Produzenten Luggi Waldleitner im boshaften Scherz als *Geigerzähler.* Jörg Evers: *Ärgerlich zu wissen, wenn mit riesigen Schwenkkränen und Kamerafahrten Filmszenen von nur wenigen Sekunden für 20.000 DM gedreht werden, und für die Musik dann nur noch 10.000 DM da sind. Filmkomponisten sind die letzten, die mit dem Film zu tun haben, – dann, wenn kein Geld mehr da ist. Nach den Dreharbeiten kommt immer das böse Erwachen!*. Gleiches teilt Bert Grund mit: *Mit reduzierten Geldmitteln wird sozusagen dein Hören und dein Geist kastriert. Ich erlebe das täglich und ewig und immer: Musik ist der letzte Arbeitsgang. Da hat es beim Drehen geregnet, da ist der Holzpreis für den Architekten gestiegen, der Auslandsdreh ist durch Dollarschwankungen teurer geworden ... alles das muß der Komponist auffangen. Warum? Weil man in diesem Land vergessen hat, daß Musik ein wichtiger Teil der Dramaturgie im Film ist! Dann werden Schallplatten unterlegt von Leuten, die „Barock" mit Doppel -„r" schreiben!*

Und Eugen Thomass: *Überhaupt, der Produzent. Er sieht mich an, als wäre ich für ihn eine Zumutung. Während ich ihm klar mache, daß ich für eine halbe Stunde Musik, gespielt von einem knappen Dutzend unbekannter Musiker, runde 10.000 Mark brauche, erzählt er mir, daß er eine dreiviertel Stunde Musik für seinen Film, gespielt von hundertzwanzig Mann der Berliner Philharmoniker, für zwanzig Mark im Plattengeschäft erstehen kann. Vielleicht bin ich wirklich eine Zumutung für ihn. Und während ich versuche, ihn davon zu überzeugen, daß die Musik für zwanzig Mark nicht so gut zum Film passen würde wie die für zehntausend, komme ich mir fast wie ein Hochstapler vor. Der Produzent murmelt noch etwas von „Tod in Venedig", aber dann nennt er mir die Zahlen, die er für die Produktion zur Verfügung stellen kann* (in: Filmmusik, 1981, Heft 5).

Eberhard Schoener: *Eines ist für mich ein Credo: das Geld. Warum sind hier im Fernsehen die Filmmusiken so schlecht? Weil die kein Geld dafür ausgeben wollen. Das ZDF hat zum Beispiel ein Raster; danach heißt es: das ist für die Musik. Da sitzt der Regisseur damit da! Dann wird dilettantisch mit Schallplatten herumgemacht, dann werden diese grauenhaften Musikberater an den Fernsehstationen herangezogen, die immer in ihre 08/15-Kiste greifen und meistens Verträge mit Schallplattenfirmen haben. Diese Leute sind auch alle auf seltsame Weise mit irgendwelchen Verlagen verbunden, da wird mit Pseudonymen, Onkeln und Tanten gearbeitet. Und zuletzt wird drittklassiger Dreck unterlegt. Die Namen sind hier gar nicht erfaßbar, das läuft alles sehr geschickt hinten rum. Ist mir auch egal, – nur: dem läßt sich nur ein Riegel vorschieben, indem man Geld verlangt. Ich bin der Meinung, daß eine bestimmte Qualität nur zu machen ist, wenn die Mittel dafür da sind, – obwohl ich ein eigenes Studio habe, wo man bildsyn-*

chron arbeiten kann. – Ich bin – auch wenn es so wirken mag – kein Geschäftsmann. Wenn ich Geld verlange, dann nicht, weil ich großes Geld verdienen will, sondern weil ich Geld brauche, um musikalische Dinge zu tun.

Die finanziellen Mittel zu benennen, die für eine Filmproduktion gebraucht werden, ist zu schwierig, da jedes Projekt seine eigene Gewichtung in der Finanzenbalance Musik – Film besitzt. Kristian Schultze nennt für sein Musikstudio einen Durchschnittswert von 1000 DM für eine Minute komponierter, arrangierter und fertig produzierter Musik. Dieser für die Popmusik-Plattenindustrie übliche Wert stellt für Filmmusik (obwohl hier oft mit weniger Elektronik und weit teureren Live-Musiker gearbeitet wird) eine obere Grenze dar. Nach eigenen Schätzungen (die Auskünfte hierüber werden nur spärlich gegeben) liegt der Durchschnitt bei etwa 200–400 DM pro Minute, der bei Filmproduktionen kalkuliert wird. Es gibt Fälle von Low Budget-Musikproduktionen, die aber nicht als seltene Ausnahmen zu bezeichnen sind: neben der freundlichen Auskunft von Stefan Melbinger, der z.B. für die Filmmusiken zu Micha Gallés *Strauberg ist da* und zu Michael Verhoevens *Gefundenes Fressen* von jeweils 3000 DM Gesamtpauschale für Komposition und Produktion berichtet, wären hier eine Reihe gleichgelagerter Budgets zu nennen...

Andreas Köbner nannte z.B. den Musiketat von 40.000 DM zu dem Kriminalfilm-Zweiteiler *Das Ding* von Ulrich Edel als *sehr gute* Produktionsbedingungen. Auf Anfrage teilte das *Kuratorium junger deutscher Film* über den Musiketat der geförderten Filmprojekte mit: *Nach den bisherigen Erfahrungen sind die in den jeweiligen Kalkulationen für Filmmusik eingesetzten Beträge eher bescheiden; sie liegen – bei Gesamtkosten des Films von DM 200.000 bis etwa DM 1.000.000 in einer Größenordnung zwischen DM 2.000 und DM 15.000.* – Bedenkt man nun, wie sich ein solcher Gesamtposten aufteilt, dann bleibt als persönlicher Verdienst des Komponisten nicht mehr sehr viel: Von einem angenommenen Musiketat von 10.000 DM (der Verfasser denkt hier an eine eigene Erfahrung) gehen etwa 5.000 DM an ein Tonstudio (die Tagespauschale für ein 24 Spur-Tonstudio liegt bei ca. 1.000–2.000 DM), weitere 2.500 DM gehen an zwölf Musiker (Stundensatz von wenigstens 70,– DM, Mindestabrechnung von 3 Stunden ist bei Agenturen Pflicht), ... der Rest bleibt für den Komponisten, der in vier bis fünf Wochen 40 Minuten Filmmusik komponiert und auch selbst produziert hat ...

Um die Größenordnung anzudeuten, in der die Produktionskosten Neuer Deutscher Filme liegen, seien einige Zahlen angeführt. Hans C. Blumenberg beziffert 1968 (!) die Produktionskosten eines billigeren schwarz/weiß-Filmes mit 250.000 DM, eines billigen Farbfilmes mit 350.000 bis 400.000 DM, wobei dieser Betrag sehr leicht bis 600.000 DM steigen kann. Als Kalkulationsbetrag für eine Filmmusik nennt er durchschnittlich 10.000 DM[37]. Vadim Glowna gibt als Produktionskosten für seinen Film *Desperado City* (einen eher kleinen Film) 1.000.000 DM an, wobei 54.000 DM für die Nutzungsrechte (Autorenrechte, Musikrechte) und 17.000 DM für die Tonstudios (Geräusche, Musik, Mischung des Films) anfielen[38]. Margarethe von Trottas *Bleierne Zeit* kostete 1.715.000

DM. Im Gegensatz zu diesen Kalkulationen, die sich auf Filme von ca. 90 Minuten Dauer beziehen, nimmt sich Hans Jürgen Syberbergs *Hitler* von 7 Stunden Länge mit Produktionskosten von etwa 1.000.000 DM wie eine Low-Budget-Produktion aus *Das Boot* zählte 1981 mit seinen etwa 20.000.000 DM als die größte deutsche Filmproduktion der Nachkriegszeit. Zum Vergleich aber ein Blick ins Ausland: Im September 1978 erhöhte Ilja Salkind, Produzent von *Superman*, den Werbeetat (!) zu diesem Film von 6 Millionen auf 10 Millionen Dollar (!) ...

Ein übliches Mittel, um bei Filmprojekten die Produktionskosten für Musik gering zu halten, ist die Gepflogenheit, durch Auslandsaufnahmen die Kosten für Studio und Orchester zu senken. Selbst die Musik zu *Heimat* von Edgar Reitz wurde in weiten Teilen außerhalb der „Heimat", nämlich in Griechenland aufgenommen. Vor allem in Ostblockländern liegen zur Zeit die Preise für Musikproduktionen sehr günstig. Eugen Thomass: *Das habe ich bei der „Buddenbrock"-Verfilmung (mit Taurus-Film und Hessischem Rundfunk) erlebt. Wir hatten durchkalkuliert, daß in Deutschland ein billiges Orchester rund 100.000 DM kostet. Aus Warschau bekamen wir ein Angebot für 30.000 DM. Wir sind hingefahren, um uns das anzuschauen, – da wurde uns „130.000 DM" gesagt. Wir lehnten ab und wollten schon wieder gehen, da haben sich die Funktionäre in ein Zimmer zurückgezogen und verhandelt. Wir bekamen für 30.000 DM ein Rundfunksymphonieorchester. Die Musik ist dann dort eingespielt worden.*

Mit der sogenannten „Seitenauswertung" ist ein weiteres übliches Mittel genannt, das dem Komponisten bzw. Musikproduzenten aus seiner angespannten Situation hilft: bei rentabel scheinenden Filmprojekten (d.h. wenn an den Verlag ein Rückfluß der Investitionen durch die GEMA garantiert ist) läßt sich ein Schallplattenverlag interessieren, der dann erhöhte Produktionsmittel zusichert. Bert Grund, musikalischer Direktor des Bavaria Sonor Musikverlags, nennt es als üblich, daß bei einem Etat von 50.000 DM, der für eine Kino- oder Fernsehproduktion kalkuliert ist, die Plattenfirma nochmals 50.000 DM dazugibt. Ist der kalkulierte Musiketat zu lächerlich klein, so wird oftmals (meist wieder mit Hilfe einer Seitenauswertung) ein zugkräftiger Titelvorspann produziert, die restliche Filmmusik aber aus dem Archiv entnommen.

Daß in solchen Fällen die Gefahr besteht, daß „Nummern" produziert werden, die sich zwar auf der Schallplatte auswerten, aber nicht immer dramaturgisch sinnvoll in den Film integrieren lassen, darauf braucht für den sensiblen Dramaturgen nicht hingewiesen werden. Das Auswertungsinteresse der Schallplattenindustrie und die rein filmbezogenen Interessen des Filmautors stehen sich schnell konfliktreich gegenüber ...

Egal wer die Filmmusik finanziert, was die Musiker kosten, ... für den Komponisten ist es bei jedem Projekt von neuem eine nervlich belastende Angelegenheit, seine Tätigkeit mit dem umständlichen Regeln des finanziellen Aspekts zu beginnen. Wie konfus dies im Einzelnen aussehen kann, sei an einer anschaulichen Erzählung – Originalton des Gesprächs mit Eberhard Schoener – demonstriert: *Eine Ferhsehanstalt rief mich an und sagte, ich wäre ausgesucht unter zwanzig Komponisten, eine „Serie" machen zu dürfen. Ich: „Was soll das! Schicken Sie mir erst mal eine Kassette, dann sage ich Ihnen, ob Sie mich überhaupt fragen dürfen". Da waren sie schon verblüfft. Ich bekam eine Videokassette geschickt, die war sehr nett gemacht, – muß ich schon sagen. Der Redakteur rief dann wieder an und sagte „ja, und nämlich ... also wir haben uns gedacht, daß Sie 6.000 DM bekommen". Bei meinem Ablehnen meinte er umständlich, ich verdiene doch soviel dabei über die GEMA. Da habe ich gesagt: „Das ist eine Sauerei!", und habe den Hörer aufgeschmissen. Er rief dann wieder an, er hätte mit der Redaktion gesprochen, ausnahmsweise würden 10.000 DM bezahlt. Da habe ich gesagt: „Wissen Sie, das ist mir immer noch zu wenig, – 12.000 DM!". Nach einiger Zeit kam wieder ein Anruf: „Ich kann Ihnen eine große Freude machen, – 12.000 DM!". Da habe ich ihm gesagt, er soll mir schon jetzt bei Vertragsabschluß 80.000 DM schicken ... Und es stellte sich heraus, daß die 12.000 DM für alle 13 Folgen der Serie gemeint waren. Es endete dann damit, daß 12.000 DM pro Folge bezahlt worden sind: mit Sondergenehmigung des Intendanten. – Man kann sich also durchsetzen. Für mich ist es eine wichtige Sache, daß für Musik die guten Produktionsbedingungen Voraussetzung sind.*

Da steht er nun, unser Komponist! – Mit dem mühsam ausgehandelten Geld, das im höchsten Fall 5 % der Gesamtproduktionskosten ausmacht, soll er komponieren, Musiker und Studio bezahlen, um eine Musik abzuliefern, die nachher für den Kinobesucher 50 % seiner Sympathie für den Film ausmacht. Und er arbeitet sehr allein, der Komponist. Claus Bantzer: *Ehrlich gesagt, mir ist jedesmal ganz schlecht vorher, weil ich jetzt doch merke, was für eine Verantwortung man hat, ohne daß es der Zuschauer merken muß. Man kann ja unglaublich viel verderben.*

2. Die Planungsgespräche

Der Zeitpunkt der Zusammenarbeit von Regisseur und Komponist im Ablauf der Produktionsschritte ist sehr unterschiedlich. Dem Usus, Komponisten meist sehr spät in die Planung einzubeziehen, steht der verbreitete Wunsch gegenüber, mehr Zeit zu haben, sich auf ein Filmprojekt einzustellen und mitzuplanen. Der Komponist Piet Klocke: *Ich bin dankbar, wenn ich soviel wie möglich Vorgeschichte eines Films mitbekomme: Drehbuch, Entstehungsgeschichte, Autorengedanken (z.B. zu Änderungen am Buch), Dreharbeiten, Rohschnitte, – all das. Am Komponieren selbst, also auch am Festhalten kleinster Ideenpartikel auf Tonband, – daran habe ich großen, fast kindlichen Spaß, so daß ich in den meisten Fällen damit bereits anfange, sobald ich vom jeweiligen Filmprojekt und seiner Thematik auch nur gehört habe. (Ich weiß, es gibt Komponisten, die fangen erst an, wenn bereits 20.000 DM auf dem Konto sind, aber das kann ich ja auch noch lernen, und dennoch ...)*

Diese Arbeit halte ich für wesentlich, denn auf diese Weise kann ich persönlich bereits erkennen, inwieweit die Phantasie, die Imagination, die Bilder, ihre Töne, die Töne der Farben und die Farben der Töne zusammen in einer Mannschaft in mir existieren und „trainieren", bzw. später in die höchste Liga der Durchführung und Beendigung der Arbeit aufsteigen wollen. Ist das Drehbuch gelesen, sind eventuelle Vorgespräche mit Autor/Regisseur geschehen, komponiere ich das Gerüst, die Themen, das Thema, die unterschiedlichsten Stimmungen eines Themas, seine Ableitungen. Ich treffe mit einer Kassette voller Vorschläge den Autor, wir beraten und sondern: die engere Wahl, die Stilmittel, die Wandergitarre, das große Orchester. Jetzt wird streng ausgesiebt: die voraussichtlichen Übergänge, Vorder- und Hintergrundposition, Vorbereitung auf ein Thema, das Thema zerfällt. Anschließend Dreharbeitenbesuche, Änderungen am Drehbuch, Gespräche. Dann erst wird „auf Zeit" gespielt, d.h. die einzelnen Musiksequenzen werden präzis in die genaue Zeitform eingepaßt.

Die Einbeziehung des Komponisten erst ab der Phase des Feinschnitts (wo ihm kaum mehr Zeit für inspirierende Spaziergänge und Reflexion des Filmstoffes bleibt) ist durchaus üblich, die ab der Phase des Rohschnitts fast die Norm. Schon weit seltener ist es, dem Komponisten das Drehbuch zu schicken (dies nur bei Großproduktionen mit bürokratisch gedehnter Planungsphase oder wenn Regisseur und Komponist befreundet sind); noch seltener ist es, den Komponisten vor oder während des Drehbuchschreibens, d.h. bei der Filmplanung einzubeziehen (dies nur, wenn Regisseur und Komponist sehr gut befreundet sind). Nicolas Economou: *Wir müssen als Freunde über den Film reden, damit man sozusagen im Film drin ist, – schon vor dem Drehbuch! Es geht nicht, daß sich Regisseur und Komponist als Fremde geschäftlich treffen und sich sagen: Ich will das und das... wie in einer Fabrik. Filmmusik ist etwas, das lebt und von innen herauskommt. Und er konkretisiert seine Ansicht am Beispiel von Margarethe von Trottas „Rosa Luxemburg": Wir trafen uns schon vor dem Drehbuch, als Margarethe noch Recherchen machte und Vorarbeiten. Wir sind Freunde. Wir haben beim Drehbuch nie über Musik gesprochen: Musik unterstreicht eine Emotion, die gegen den Film als Kontrapunkt läuft. Deshalb muß man erst wissen, was der Film sagen will. Wir haben beim Drehbuch nur über den Film gesprochen. Erst dann kann man eine Musik dazu schreiben.*

Beim Drehbuch

Die Gespräche von Regisseur und Komponist am Drehbuch sind selten. Komponisten freuen sich jedoch darüber und heben die Fälle, wo bereits am Drehbuch geplant wird, lobend hervor. Auch über das Drehbuch hinaus gibt es Möglichkeiten des Sich-Absprechens oder des Einfühlens in das kommende Filmprojekt. Eine Möglichkeit ist z.B. das Kennenlernen ähnlicher Filme; Andreas Köbner: *Meistens orientiert sich der Regisseur, bevor er das Drehen anfängt, an ähnlichen Filmen. Die schaue ich mir dann auch an und weiß ziemlich genau, was ihm vorschwebt ... was für eine Produktion es geben wird.* Eine andere Möglichkeit ist, sich allgemein über den Stand der Organisation des Filmprojekts zu informieren, die Schauspielerauswahl mitzudiskutieren, den Kameramann kennenzulernen... Peer Raben: *Es ist ein großer Vorteil, wenn man als Komponist auch mit allen anderen Belangen einer Filmproduktion konfrontiert ist. Man kennt den Stoff, die einzelnen Entstehungsphasen, die Produktionsgeschichte. Ist der Film sehr personenorientiert, dann ist es sehr wichtig, die Schauspieler auch live zu kennen.*

Viele Komponisten haben schon hautnah erlebt, wie sehr das Drehbuch (einschließlich der Planungsgespräche am Drehort) und der abgedrehte Film sich unterscheiden können. Axel Linstädt: *Wenn man ein Drehbuch bekommt, liest man es mit Interesse, man freut sich auf die verschiedenen Stellen, wo man jetzt schon Musik erwartet, man hat schon ein klares Konzept. Das mußte ich allerdings jedesmal umwerfen, wenn der Film fertig war, weil die Sache in meiner Phantasie ganz anders aussah, als nun im Bild.* Eberhard Schoener beispielsweise versucht diesen Irrweg zu umgehen, indem er sich weniger am subjektiven Interpretieren des Drehbuchs orientiert, sondern am Regisseur selbst: *Ich lasse mir in der Drehbuchphase immer die Stimmungen erzählen. Ich bin ein sehr stimmungsabhängiger Mensch. Ich selbst kann aus dem Drehbuch gar nichts herauslesen. Mich interessiert vielmehr ein Gespräch mit dem Regisseur, ob sich dessen musikalische Grundeinstellung mit der meinigen deckt.*

Oft bleiben die Planungsgespräche von Regisseur und Komponist für die Gestaltung der Dreharbeiten ohne Konsequenzen und haben nur für den Komponisten den Wert, die Interpretation des Stoffes durch den Regisseur kennengelernt zu haben. Zu den angenehmen Ausnahmen in diesem Fall gehört z.B. Wolfgang Petersen; über die Zusammenarbeit mit ihm sagt Nils Sustrate: *Wir haben uns oft vor dem Drehen des Films zusammengesetzt und eine Konzeption entworfen. Er wußte dann, wo er sich mit dem Bild Zeit lassen konnte, wo ein Schwenk langsam gehen konnte. Andere Regisseure zogen aus solch frühen Vorgesprächen nie die Konsequenzen für die Bildgestaltung, – wohl aber Wolfgang Petersen.* Fruchtbar in dieser Hinsicht ist auch die Zusammenarbeit zwischen Jürgen Knieper und Hans W. Geissendörfer: *Wir sind inzwischen so weit, daß wir vorher das Konzept der Musik aufbauen und es dann beim Drehen mit berücksichtigen. Damit ist dieser Zustand ausgeschaltet, hinterher einem fertigen Produkt machtlos gegenüber zu stehen. Diese Methode führt zu einer sehr fruchtbaren Zusammenarbeit mit dem Regisseur*[39].

Musik-Vorproduktion

Planungsgespräche am Drehbuch sind unbedingt notwendig, wenn Musik vom Regisseur bereits für die Dreharbeiten benötigt wird und diese Musik vorproduziert werden muß. Dazu gibt es verschiedene Gründe:

Der häufigste Grund ist der, daß für Playbacks bei Tanz- oder Gesangsszenen die Musik schon zugespielt werden muß. Beispielsweise hat Jörg Evers für den Reseur Rüdiger Nüchtern *(mit dem ich schon ab dem Drehbuch einen ewigen Meinungsaustausch führe, um in die Atmosphäre zu kommen)* schon mehrfach Vorproduktionen gemacht: für die Tanzszenen in *Schluchtenflitzer*, in *Nacht der Wölfe*, und für die Klavierspiel-Playbacks des Hauptdarstellers in *Bolero*. Ein weiterer Grund ist die Funktion von Musik, am Drehort für „Stimmung" zu sorgen. *Mood music* hieß solche Musik in der Stummfilm-Ära, womit die harte Arbeit der Stummfilmschauspieler, ohne Sprache Emotionen auszudrücken, erleichtert worden war. Solche Vorproduktionen gab es z.B. für Rosa von Praunheims *Horror Vacui* (der Komponist Marran Gosov: *Die Musik sollte für Stimmung am Drehort sorgen, um das Zerebrale zu unterstützen*); für Bruno Kisers *Fasnacht* (ein Bigband-Swing wurde eingespielt, der während einer Streit-Szene aus dem Radio zugespielt worden ist, damit das aggressive Tänzeln des Angreifers stimmungsvoller wird); für Hans W. Geissendörfers *Ediths Tagebuch*, wo der Regisseur die Musik von Jürgen Knieper bis ins Detail kannte und danach Inszenieren konnte. Das Arbeiten mit mood music bei Dreharbeiten muß gut überdacht und vorbereitet sein, da es hier oftmals zu technischen Pannen (und tontechnischen Engpässen) kommt, bei der Hektik des Drehens man sich dann auf das Naheliegendste – das Fotografieren – beschränkt und alle schönen Pläne von ‚Drehen nach Musik' schnell vergißt. Ich denke hier an Ernst Brandners Musik, die nach dem genau abgestoppten Drehbuch von Hans W. Geissendörfer zu dessen *Carlos* entstanden war, aber bei den Dreharbeiten in Israel aus technischen Gründen nicht als mood music eingesetzt werden konnte; ich denke auch an eine eigene Rocknummer für Bruno Kisers *Fasnacht*, nach deren Phrasen der Hubschrauberpilot fliegen sollte, um eine Verfolgungsjagd zweier Autos auf der Gotthardt-Autobahn zu filmen: – bei der Mühe, Hubschrauber und die im Tunnel sich befindenden Autos gleichzeitig zu starten, wurde die Musik vergessen...

Grundsätzlich handelt es sich um Glücksfälle, die der Einheitlichkeit im fertigen Film dienen, wenn Filmmusiken dem Regisseur schon vor den Dreharbeiten bekannt sind. Beispielsweise kannte Klaus Emmerich den Titelsong zu *Rote Erde* schon vor dem Drehen, und konnte sich in Stimmung und Rhythmus danach richten. Irmin Schmidt, der Komponist dieses Titelsongs: *Ich arbeite gerne mit einem konstanten Grundrhythmus. Wenn dieser schon vor den Dreharbeiten definiert ist, um Fahrten und Kamerabewegungen zu beeinflussen, dann ist es optimal.*

Dreharbeiten

Klaus Doldinger: *Den Dreharbeiten beizuwohnen, hat für den Komponisten keinen praktischen Nutzen. Es ist eher eine ideelle, magische Wirkung für die Einschätzung der Atmosphäre des Films. Außerdem lernt man den Regisseur hier gut kennen.*

Rolf Wilhelm: *Bei größeren Projekten, wie damals bei „Via Mala", gehe ich gerne zu den Dreharbeiten, wo ich mich von der speziellen Atmosphäre der Originalschauplätze und der Landschaft inspirieren lasse.*

Eberhard Schoener: *Mir war es immer wichtig, viel beim Film dabei zu sein. Bei größeren Filmmusiken lasse ich mir heute in die Verträge schreiben, daß ich bei den Dreharbeiten mindestens vier Tage dabei sein kann. Das ist mir aus verschiedenen Gründen enorm wichtig: ich muß den landschaftlichen Hintergrund des Drehortes kennenlernen (z.B. bei „John Glückstadt" von Ulf Miehe die Gegend um Husum, bei „Ansichten eines Clowns" von Vojtech Jasny die Stadt (Köln), die Leute und die Musik. Das ist die eine Seite. Andererseits auch wegen der Schauspieler. Nicht wegen ihrer Rolle, sondern wegen der Schauspieler selber. Ich schreibe gerne Musik für die Individualität der Leute. Auch habe ich dem „Hans" in „Ansichten eines Clowns" so weit das Gitarrespiel beigebracht, daß er das Thema der Filmmusik auf der Gitarre spielen konnte. Das sind Dinge, die mir wichtig sind. – Für die Patricia Highsmith-Verfilmung „Die zwei Gesichter des Januar" habe ich mir – weil der Film auf Kreta spielt – vierzehn Tage Kreta in den Vertrag festschreiben lassen. Dort habe ich Recherchen gemacht, Lyraspieler gefunden, schöne alte Instrumente. Ich habe mich in die Gegend eingehört und Tonaufnahmen gemacht. Daraus ist neben der Filmmusik sogar eine Musik entstanden, die auf meiner letzten Platte – sie erschien jetzt gerade – (sogar noch vor dem Film) herausgekommen ist.*

Über Musik sprechen

Das Kommunikationsproblem ist eines der größten Probleme zwischen Regisseur und Komponist: Musik ist von einer Abstraktheit, die sich der Wortsprache entzieht. Für musikalische Farbwerte und Tönungen gibt es kaum ein Vokabular.

Eugen Thomass: *Am besten ist es, darüber zu reden, was der Film beim Zuschauer bewirken soll: soll die Musik den Film traurig machen, ihn beschleunigen, Akzente gegen das Bild setzen. Fachausdrücke fallen hier kaum, allenfalls über Instrumente wird geredet, denen man z.B. die Führung geben kann. Ich halte es für unnötig, daß sich Filmregisseure mit musikalischen Termini ausdrücken müssen. Ich halte es für wichtiger, daß die Musik sensibel ist.* Beim Sprechen über Musik gibt es oft grandiose Divergenzen. Das fängt mit dem unterschiedlichen Benennen von instrumentalen Klangfarben an und endet bei verschiedenem Auffassen von Ausdrücken wie ‚hart', ‚klassisch', ‚schrägklingend', – die bei jedem Menschen, seinem Erfahrungshorizont entsprechend, etwas anderes bedeutet. Ein einfaches Verfahren ist es, wenn der Komponist mit dem Regisseur zusammen Musikbeispiele unterschiedlichster Art anhört, um beim Sprechen über konkrete Beispiele das gemeinsame Vokabular festzustellen. Auch ist es aufschlußreich, Lieblingsstellen des Regisseurs auf irgendwelchen Schallplatten sich vorspielen und deren Wirkung sich beschreiben zu lassen.

Über einen besonderen *Prozeß des Einschwörens* berichtet Florian Fricke. Die Musik zu *Aguirre* wurde z.B. nicht an Drehbuch oder Schneidetisch besprochen, sondern während Spaziergängen mit Werner Herzog: *Wir sprachen darüber, während wir in Rom durch die Gassen gingen oder bei Wettläufen, wer zuerst oben am Petersdom ist, die Wendeltreppe hochrennend. Er wollte sehen, ob ich seine Hauptfiguren verstehe. Er kann überhaupt nicht über Musik sprechen. Über die Filmmusik war er dann aus dem Häuschen, als er sie abholte.*

Nur in seltenen Fällen (die noch seltener erfolgreich sind) wird Musik ohne Kenntnis von Filmbildern direkt aufgrund verbaler Mitteilungen komponiert bzw. eingespielt. Zum Beispiel erzählt Claus Bantzer: *Beim „Aufstand" habe ich den Film gar nicht gesehen. Peter Lilienthal hat mir am Telefon von der Passion erzählt. Ich habe weder den Film, noch den Rohschnitt gesehen, und die Musik bei mir in der Kirche in Hamburg (nur aufgrund des Telefonats) an der Orgel aufgenommen. Lilienthal hat sie unbesehen genommen. Keine Änderungen. Seine Erzählung von der Passion war viel besser als ein Filmsehen!* Die Musik zu *Das Autogramm* entstand ganz ähnlich. Obwohl hier ein Videobild gelegentlich zur Verfügung stand, vertraute man ganz auf die suggestive Kraft der Wortsprache: *Da rief mich Peter Lilienthal an. Ich bin nach München geflogen und habe in zwölf Stunden die Musik zum „Autogramm" (die dann viele Leute besonders gut fanden) gemacht: in reinen Improvisationen zusammen mit einem Saxophonisten nach Lilienthals Erzählungen. Dazwischen haben wir auf Video auch ein bißchen Bild geguckt.*

Während dies hier ein kreativer Vorsatz war, berichtet Kristian Schultze eher von einer Notlösung: *Bei den Filmen mit May Spils konnte ich selten die Bilder richtig sehen und hatte meistens „auf Verdacht" genremäßig arbeiten müssen. Wegen des Zeitdrucks waren die Filme immer gerade im Schnitt.* Unglücklich war – nach Auskunft der Cutterin und Co-Regisseurin Helga Borsche – Jürgen Knieper, als er zu Hans W. Geissendörfers Fernsehserie *Lindenstraße* die ersten acht Folgen nur nach dem Drehbuch und Besprechungen vertont hatte, ohne je ein Filmbild oder ein Gesicht eines Schauspielers gesehen zu haben. In der Not, weil die Musik nicht wie in der sonst gewohnten Weise paßte, griff man sogar zu Archiv-Klassikplatten. Jürgen Knieper wurde dann schleunigst für alle weiteren Folgen nach Köln eingeflogen...

Demokassetten

Heiner Goebbels: *Ich verständige mich oft durch Demos. Auf diese Weise kann ich akustisch ausdrücken, was mir vorschwebt. Das können Tonbeispiele von meinen Platten, aber auch von anderen Platten sein. Vom jeweiligen Abstraktionsvermögen des Regisseurs hängt dabei ab, was ich ihm zutraue.* Demokassetten, auf denen versucht wird, mit einfachen Mitteln (z.B. nur mit Klavier oder mit Synthesizerimitationen von Instrumenten) das definitive Klangbild zu vermitteln, sind sehr gefährlich. Sie lösen bei Laien mit wenig Vermögen, Klangfarbenvorstellungen auf Tonmaterial zu transferieren, meist vorschnelle Fehlurteile und womöglich Ablehnungen aus. Mit Demos zu arbeiten ist nur sicher, wenn ganz klar ist, daß es sich nur um ein stilistisches Einkreisen handeln kann (wie von Heiner Goebbels angedeutet). Sehr brauchbar ist es auch, auf einem Demoband Negativbeispiele vorzuführen, – Beispiele, bei denen der Regisseur bekräftigt, daß derartige Musik auf keinen Fall in Frage kommt.

Nützlich ist es ebenso, wenn Regisseure – und nicht der Komponist – eine Demokassette zusammenstellen. Zum Beispiel wurde das Problem, daß sich Burkhard Driest bei der Planung von *Annas Mutter* zu wortorientiert und kopfig ausdrückte, von Kristian Schultze dadurch gelöst, daß er ihn bat, ihm die Lieblingsstellen seiner Schallplatten zu überspielen und so plötzlich eine klare Verständigung zustande kam.

Vorspielen

Das Vorspielen der Filmmusik-Entwürfe auf Klavier, Orgel oder Synthesizer ist gleichfalls verbreitet. Es beinhaltet zwar auch die Gefahr des klanglichen Mißverständnisses, das aber durch die Spontaneität der Kommunikationssituation und durch Mitsingen, Mitreden und suggestive Einwürfe beim Musizieren teilweise behoben werden kann.

Konstantin Wecker: *Bei dem Film „Schwestern" von Margarethe von Trotta war ich das ‚Demo', – weil ich ihr am Klavier immer sofort die Themen vorgespielt habe, die sie sich vorstellte! In einer zweiten und dritten Besprechung haben wir dann für jede Person ein Thema und ein Instrument ausgesucht. Ich habe dann versucht, diese kompositorisch zu verweben. Mit den Motiven war sie sofort einverstanden. Eigentlich war es eine sehr reibungslose Arbeit.* Claus Bantzer erzählt von der Zusammenarbeit mit Wilfried Minks bei *Geburt der Hexe*, wozu von Wilfried Minks schon die feste Klangvorstellung ‚Orgel' vorgegeben war: *Wir saßen die ganze Nacht an der Orgel, er hinter mir. Ich führte ihm vor, was man so alles machen kann, und wir haben dann gemeinsam ein Konzept entwickelt.*

Durch die Möglichkeiten der neuen Hifi-Videorecorder mit vier Tonspuren bietet sich das Verfahren an, eine angespielte Musik sofort auch – wie am Schneidetisch, nur ohne den umständlichen Vorgang des Perfo-Kopierens – an das Bild anzulegen. Dies wurde von Marran Gosov z.B. praktiziert, der seine Filmmusik zu Maria Knillis *Lieber Karl* vom Geiger improvisieren ließ, man die Musik anlegte, – *Maria hatte sofort gesagt: Das ist es!*

3. Die Planung am Schneidetisch

Nur selten bekommt der Komponist (unmittelbar nach Abschluß der Dreharbeiten) eine Projektion der stummen Filmmuster auf einer Kinoleinwand zu sehen. Wenig nur hält man es für notwendig, dem Komponisten den geschnittenen Film auf der großen Kinoleinwand mit ihrer sinnlichen Präsenz der Filmbilder vorzuführen, wo bereits vom optischen Eindruck her eine bedeutende Sogwirkung in das Sujet ausgehen kann... In der Regel sieht der Komponist zum erstenmal einen Film im Schneideraum (jenem werkstattähnlichen Büroraum mit Telefon und Kaffeemaschine).

Das erstemal den Film zu sehen, dessen Bilder einen nun Tag und Nacht – bisweilen alptraumartig – begleiten werden, ist immer aufregend (wenn man noch nicht in den weniger wünschenswerten Zustand des abgebrühten Routiniers verfallen ist). Eugen Thomass: *Einen unfertigen Film zu betrachten, das ist etwa so, wie das Gesicht einer Schauspielerin anzusehen, bevor es für ihre Rolle geschminkt wird. Beide können schön sein, später jedoch, bei ihren Auftritten in der Öffentlichkeit, wird man sie nicht wieder erkennen.* Mich reizt es, diesen Vergleich weiterzudenken: Soll man nun „auf Lüge" schminken wie bei den älteren Damen, die ihre Falten verbergen müssen? Soll man schminken, um einen Charakter eines Gesichts deutlicher zum Vorschein zu bringen, um eine Wahrheit, die in diesem Gesicht liegt, zu intensivieren?

Der Grad der Unfertigkeit des Filmes, wenn der Komponist den Schneideraum betritt, ist unterschiedlich. Vielleicht gibt es nur die Muster zu sehen, vielleicht den Rohschnitt mit Primärton, vielleicht den Rohschnitt nur stumm, oder aber schon mit Primärton und speziellen Geräuschen, den Feinschnitt, womöglich schon mit der fast fertigen Tonkulisse von Dialog und Geräuschen (wobei von den bisweilen 20 synchron zu fahrenden Tonbändern nur zwei oder drei am Schneidetisch parallel zum Bild vorführbar sind). Das Planungsgespräch am Schneidetisch ist so komplex wie es Musikdramaturgie selbst ist. Neben dem Schnellverfahren: „1. Filmansehen – Besprechen – 2. Filmansehen mit Festlegen der Musiktakes" ist der zeitlichen Ausweitung nach oben keine Grenze gesetzt. Im Normalfall geht der Komponist dialektisch vor. Man bespricht sich das erstemal sehr konkret, nimmt sich ein Konzept vor, und geht damit zum Überdenken (man kann dies am Klavier, am Synthesizer mit Tonband oder bei Spaziergängen tun). Beim zweiten Planungsgespräch am Schneidetisch werden die Ideen und Pläne auf ihre Tüchtigkeit und den Beifall des Regisseurs hin untersucht. Man bespricht sich nochmals. Spaziergänge. Beim dritten Planungsgespräch ...

Der Zeitdruck! Die Endfertigung von Filmen steht in der Regel unter ganz konkreten Terminzwängen: der Film muß unbedingt zu den Hofer Filmtagen; die Mischtermine sind schon gebucht; der Film ist für den 10. des nächsten Monats schon zur Sendung vorgesehen. Solange der Komponist arbeitet, sollte eigentlich am Film nichts mehr wesentlich im Schnitt geändert werden, weil sonst die formalen Bögen, Anschlüsse der Emotionen, die zeitlichen Dimensionen nicht mehr stimmen. Die Cutter arbeiten aber weiter. Sie legen Geräusche an, es wird nachsynchronisiert, doch irgendwo ein bißchen im Schnitt verbessert ... Der Komponist steht jedenfalls unter Zeitdruck, weil er meist das Gefühl hat, die Produktion nur unnötig aufzuhalten. Die Zeit, die der Komponist für eine Filmmusik benötigt, wenn die Planungsgespräche beendet sind (die Gespräche enden meist mit dem Ausstoppen des Filmes, was aber heute nicht mehr mit Stoppuhr, sondern mit dem Ablesen der Digitalanzeige an Schneidetisch oder Videoarbeitskopie geschieht), ist naturgemäß unterschiedlich: Pro Woche werden durchaus 10 bis 15 Minuten Filmmusik komponiert (und beim Komponieren auf Tonband bzw. im Computer auch produziert). Dies setzt aber ein konzentriertes Arbeiten von morgens bis abends voraus. Beispielsweise entstanden große Filmmusiken wie Klaus Doldingers Musik zu *Das Boot* in sechs Wochen, zur *Unendlichen Geschichte* in acht Wochen. Stefan Melbinger kalkuliert z.B. pro Arbeitswoche das Komponieren und Produzieren von zehn Minuten Filmmusik: *Ich habe 1985 in jeder Woche eine Fernsehfolge gemacht. Ich war also ganz schön fleißig.* Von Zeitdruck berichtet z.B. Robert Eliscu, der z.B. bei der Musik zu Hans Noevers *Die Frau gegenüber* von Elvira Senft das Kompliment erhielt: *Wir müssen sehr schnell eine Musik haben! Du machst es schneller als alle anderen!* Von seiner Arbeit zu Peter Lilienthals *Hauptlehrer Hofer* sagt er: *In der Nacht nach dem Anruf träumte ich von der Filmmusik und hatte dann eine ziemlich deutliche Idee. Am anderen Tag hatte ich Peter Lilienthal kennengelernt. Er hat mir die Szenen im Film gezeigt, für die er Musik haben wollte. Ich habe mir die Bilder gut angeschaut. Dann sind wir ohne weitere Überlegungen und Zeitverlieren ins Tonstudio gegangen und haben mit der Aufnahme begonnen* (was technisch in der Schnelligkeit natürlich nur möglich war, weil dank moderner Mehrspuraufnahmeverfahren Robert Eliscu Flöten, Obeo, Trommel, Tasteninstrumente selbst spielen konnte).

Seit etwa 1980 hat das Planungsgespräch am Schneidetisch deutlich an Bedeutung verloren, indem es sich eingebürgert hat, dem Komponisten eine Schnittfassung des Films als Videoband mitzugeben. Das häusliche Betrachten des Filmes hat zwar den Vorteil des besseren Kennenlernens des Films und seiner Zeitvorgaben, jedoch auch den Nachteil, daß der Komponist noch mehr, als es schon früher der Fall war, isoliert zum einzelgängerischen Kunsthandwerker wird. Das gemeinsame Anschauen des Filmes im Schneideraum (mit Cutter und Regisseur kommt hier zumindest immer eine Dreierformation zustande) ist immer von Kommentaren, spontanen Berichtigungen, Einschränkungen und dem Formulieren von Idealvorstellungen begleitet, die sehr inspirierend wirken können.

5. Die Komposition

Alle verbalen Hinweise des Regisseurs, die Kenntnisse der Geräusche, die Musikalität des Dialogs, die Musikquellen in der Szene, die bereits gefaßten eigenen Vorsätze, verbindet der Komponist in einem diffusen Gesamteindruck, den man auch „Stoffsammlung" nennen könnte. Was sich hier alles im Kopf abspielt – das Mischen von dramaturgischen Absichten, Vorgaben optischer, akustischer und finanzieller Art – ist ein irrationaler und emotionsgefärbter Vorgang: die Instrumentalfarben, der Stil, das Tempo, die Anzahl der Themen und vieles andere muß festgelegt werden. Vieles könnte getan werden! Alles ist noch möglich! Der erste konkrete Arbeitsschritt wird nur widersträubend gemacht, weil damit unaufhaltsam die Konkretion der Filmmusik beginnt, – man mit jedem weiteren Schritt sich definitiver festlegt. Die Frage bohrt: Habe ich mit dem ersten Schritt auch den richtigen Weg eingeschlagen? Schnell wird wieder ausradiert, zerrissen oder ein Band gelöscht. Rolf Wilhelm: *Letzten Endes beginnt jede Arbeit mit einer solchen Leerphase, obwohl der Ausdruck irreführend depressiv klingt. Aber jede Arbeit ist ein neuer Beginn – noch ist alles offen und ich sitze vor dem berühmten leeren Notenblatt.*

Um sicher zu gehen, versucht man mit dem Film irgendwie identisch zu werden, ihn auswendig zu lernen, wie es z.B. Peer Raben beschreibt: *Am liebsten mache ich es so – es funktioniert nur, wenn der Film gut ist, – daß ich den Film möglichst schon im Rohschnitt anschaue, dann im Feinschnitt auf der Leinwand, dann auf einer Videokassette. Diese Videofassung schaue ich mir gezielt in verschiedenen Situationen an. Mal spät nachts, mal früh am Morgen, in einer guten Stimmung, in einer schlechten Stimmung. Dabei versuche ich, den Film in mir abzufotografieren. Ich will ihn auswendig können. Wenn es gelingt, dann ist es toll: dann kann ich komponieren. Das Korsett der Erzählung wird dann nicht mehr als Korsett empfunden. Es bleibt natürlich noch eine Begrenzung, wenn ich eine Szene in einer Länge von 2 Minuten und 45 Sekunden machen muß, wozu noch drei oder vier deutliche Veränderungen passieren müssen (stimmungsmäßig oder gar strukturell). Wenn ich aber den Film als deutliche Einheit im Kopf habe, dann kann ich wirklich komponieren. Sonst muß man zu Hilfsmitteln greifen, eine Szene genau mit der Stoppuhr nach Länge und Synchronpunkten auszumessen, ... oder man läßt ein Musikstück durch den Film ziehen, ohne sich zu kümmern, wie das jetzt paßt.*

Nach einigen Gehversuchen und Entwürfen, wenn man „den Punkt" der Filmmusik gefunden hat, irgendwie ahnt, wie diese 30 Takes (zwischen 20 Sekunden und 3 Minuten Länge) in Beziehung zu bringen sind, dann beginnt die konkrete Arbeit. Andreas Köbner: *Wenn ich nach den Vorgesprächen ungefähr ein Gefühl für den Stil und die Richtung des ganzen habe, dann versuche ich, sozusagen den musikalischen Angelpunkt zu finden. Man braucht eine irgendwie geartete Entsprechung von Musik zum Film. Plötzlich ist sie gefunden, – man spürt es!* Dieses Punktuelle und Plötzliche bestätigt auch Jürgen Knieper in seiner Schilderung der Anlaufphase des Komponierens: *Der Film ist eine Aufgabe, die besteht aus: Wie hoch ist der Etat, was möchte der Regisseur, was ist der Inhalt des Films? Das sind dann vielleicht 12 Gleichungen mit ebenso vielen Unbekannten, für die es aber nur eine Lösung gibt. Diese Einschränkung durch vorgegebene Dinge hilft mir, wenn ich mir alles im Kopf zurechtlege. Dadurch finde ich heraus, welche Besetzung ich mir leisten kann – ein großes Orchester oder den billigeren Synthesizer – welches Soloinstrument ich einsetzen könnte und ob zur Unterscheidung vielleicht zwei oder mehrere nötig sind. Bin ich soweit, habe ich noch immer keine Melodie, kein Thema. Dafür gehe ich dann ans Klavier, probiere ein paar Harmoniefolgen aus, die interessant sein könnten und warte ab, wie sie auf mich wirken. Und erst dann setze ich mich an den Schreibtisch und verarbeite das Ganze auf Noten. Das geht dann relativ schnell*[40].

Der eigentliche Akt des Komponierens läßt sich allenfalls dadurch umschreiben, daß einige typische Kompositionstechniken (besser: Imaginationstechniken) vorgeführt werden:

1. Sich vom allgemeinen zum speziellen Gestalten der Musik zu bewegen, hat den Vorzug, daß die Musik einheitlich wird und nicht in einige Dutzend unzusammenhängender Mosaikteilchen zerfällt. Peter Hesslein: *Ich muß zuerst die Gesamtaussage des Stoffes bewältigen und dazu ein Hauptmusikstück schreiben, erst dann kann ich auf die einzelnen Situationen eingehen.* Diese spiralförmige Bewegungsart wendet Erich Ferstl auch auf das Komponieren in seinem Kern an: *Ich erfinde beim Komponieren einer Filmmusik nie ein Thema, sondern bestimme zunächst Tempo, Charakter, Stilistik, Besetzung. Ich kenne meist schon die Metrik des Themas (kurze oder lange Phrasen, Auftakte usw.). Alle Details sind bei mir fertig, bevor das eigentliche Thema kommt! Wäre mir nämlich ein Thema als Ganzes eingefallen, dann kann das vielleicht gar nicht zum Film passen, oder ich muß um mein schönes Thema kämpfen: der Regisseur findet es zu schnell, zu langsam, zu kurzatmig.*

2. Mit dem Instrument improvisatorisch sich festzulegen, oder gar improvisierend zum Filmbild ein geeignetes Klangmaterial zu finden, ist weit verbreitet. Richard Palmer-James: *Ich spiele auch gerne mit der Gitarre direkt am Schneidetisch. So kann man ein Gefühl zum Bild herstellen: man sucht sich langsam eine Leitmelodie von zwei bis drei Takten als Ausgangspunkt, womit man dann improvisiert. Die Leitmelodie kann am Ende sogar wieder verschwinden.* Und Marran Gosov: *Ich nehme mir den Rohschnitt am Schneidetisch mit der Videokamera auf, kann ihn mir so zuhause anschauen und zum Bild auf meinen Instrumenten herumprobieren, was dazu passen könnte.*

3. Man kann zum Imaginieren von Themen, Rhythmen, Klangfarben Melodien usw. auch die stimulierende Wirkung von Gehen oder anderen motorischen Tätigkeiten (vom Rudern bis Tennisspielen) benutzen. Charles Kalman arbeitet z.B. neben dem sich Versenken in Klavierspiel und Videobetrachtung gerne durch Konzentration bei einem ruhigen Spaziergang durch Münchens Englischen Garten; Robert Eliscu beschreibt die Wirkung von Schlaf, Spaziergängen oder Autofahrten auf seine Kreativität: *Es kommt dann oft ungefragt, manchmal viel zu schnell. Ich versuche dann, mir Hauptstimme, Bass und Begleitung möglichst gleich aufzuschreiben.*

4. Eine Methode, die ich selber für filmmusikalische Komposition als besonders geeignet empfinde, nämlich die Reflexion über ein Blatt Notenpapier mit den Minimalangaben Tempo, Taktart und Taktanzahl (d.h. Fixieren des Zeitgerüsts mit eventuellen Synchronpunkten), beschreibt auch Nicolas Economou: *Ich schaue mir vor dem Komponieren viel das Video an, trotzdem bleibe ich autonom: Ich nehme mir vom Video die Zeit, schließe meine Augen, stelle mir die Emotionen und das musikalische Prinzip vor, finde den Rhythmus und schreibe mir genau die Takte auf. Darin merke ich mir die Bildakzente genau vor. Diese leeren Takte fülle ich dann ohne Video aus. Das ist alles. Es ist wie eine Art Spiel: Matt in drei Zügen, denn innerhalb dieser Grenzen muß man sehr sicher und handwerklich arbeiten.* Die Takthülse auf dem Notenpapier kann das sehr exakte Treffen von Synchronpunkten garantieren. Bestim-

me ich z.B. mein Tempo der Musik mit dem Metronomschlag 72 Schläge pro Minute, so ergibt dies für eine Viertelnote eine Dauer von 0,8333 Sekunden, für einen Viervierteltakt die Dauer von 3,333 Sekunden, für eine 8taktige Phrase die Dauer von 26,666 Sekunden. Durch Benutzen eines elektronischen Metronoms im Tonstudio, das auf das Mehrspurtonband gespielt wird und das über Kopfhörer als „Klick" beim Musizieren abgehört wird, lassen sich genaue Bildpunkte ansteuern. Eine Sechzehntelnote mit ihrem Wert von 0,208 Sekunden bei Metronomtempo MM 72 ist ein sehr realistischer und faßlicher musikalischer Wert.

5. Eine besondere Methode des Komponierens schildert Jörg Evers: *Bei szenischer Musik, nicht allerdings bei Songs, benutze ich ein besonderes System: ich schaue mir das Video mit der zu vertonenden Sequenz an, mache mir singend, brummend und lautmalerisch Geräusche zu einem laufenden Tonband. Von diesem kann ich dann das Zeitgerüst und die emotionale Gliederung meiner Komposition original entnehmen. Meine Laute kann ich genau als bestimmte Instrumente und Bausteine identifizieren, die ich dann alle aufschreibe. Das Verfahren ist einfach und garantiert außerdem eine sangbare Musik.*

6. In dem Maße, wie ein Achtspurtonbandgerät oder ein Vierspurtonbandgerät zu äußerst preiswerten Konditionen erschwinglich wurde, heute von fast jedem Hobby-Popmusiker zur Produktion von eigenen Demobändern im häuslichen Bereich steht, hat sich auch bei vielen Filmkomponisten (vor allem jenen, die weniger im klassisch-akademischen Sinne ausgebildet sind) eingebürgert, unter Umgehung von Partiturenschreiben (eine Harmonieskizze genügt zumeist) direkt auf ein Mehrspurtonband zu komponieren. Oftmals ist dieses Komponieren auch identisch mit dem Produzieren dieser Musik. Erwähnt sei z.B. Hubert Bartholomae: *Nach dem Anschauen des Videos quäl' ich mich eine Weile, dann setze ich mich an mein Achtspurtonband und nehme die erste Spur auf. Dann geht es weiter, wie man ein Bild malt: Schicht für Schicht, man weiß nicht, was es wird, alle Verzierungen entstehen erst nach und nach. Ich lasse mich von jeder zufälligen Überraschung leiten. Immer wieder zum Bild kontrollieren. Das Bild ist meine Orientierung in der Komposition.* Die herkömmliche Notenschrift ist dabei entbehrlich, da viele musikalische Parameter des Synthesizerklanges (Hubert Bartholomae spielt wie viele andere Komponisten vor allem vom Synthesizer auf das Mehrspurband) sich der herkömmlichen Notenschrift sowieso entziehen (z.B. Hüllkurvenverläufe, Filtermodulationen, Klangfarbenänderungen, Geräuschanteile): *Ich habe manchmal das Bedürfnis in Noten zu schreiben. Aber bei der Rückübertragung der Noten in den Klang geht dann immer etwas verloren, was bei der Konzeption da war. Es will mir nicht gelingen, meine Vorstellungen in Noten und wieder zurück in klingende Noten zu übertragen.* Das Verfahren, im häuslichen Achtspurstudio direkt auf Band zu komponieren, bringt durchaus eine klangliche und HiFi-Ansprüchen genügende Perfektion zustande, was z.B. durch Hubert Bartholomaes Schallplatten zu Roland Emmerichs *Arche Noah Prinzip* sowie zu *Joey* demonstriert wird.

7. Eine Stufe in der technologischen Entwicklung weiter ist die Methode anzusehen, nicht mehr auf ein Mehrspurband zu komponieren, sondern auf einen Mehrspur-Computer. Die technischen Vorteile liegen auf der Hand: Durch das digitale Verfahren ist keinerlei Rauschen oder Qualitätsverlust zu befürchten. Der Computer speichert zunächst nur die musikalischen Impulse entlang des gewählten Timecodes, – die einzelnen klanglich-farbliche Realisierung kann nachher durch Ansteuern beliebiger Synthesizer oder Samplersysteme vollzogen werden: man spielt z.B. in den Computer einen virtuosen Sechzehntellauf ein und probiert an diesen gespeicherten Impulsen anschließend aus, welche Klangfarbe (ob ein elektronischer Sound oder eine digital gespeicherte „echte" Geigenfarbe) dazu paßt. Tempo und Tonart (Frequenzzahl) können nachträglich verändert werden: anders als beim analogen Tonband, wo ein Klang fixiert wird, kann der Computer (z.B. wenn der Cutter eine Sequenz im Film verlängert hat) das Musikstück nach Belieben strecken oder dehnen. Virtuose und „unspielbare" Tonpassagen können mit jedem beliebigen langsameren Tempo aufgenommen werden; nach dem „step by step"-Verfahren sogar synthetisch, indem man die Notennamen eingibt, die rhythmischen Werte (Achtel, Sechzehntel, Zweiunddreißigstel usw.) sowie das gewünschte Tempo, – der Computer spielt es dann: wie gewünscht. Durch diese technischen Möglichkeiten kann der Musikcomputer-Besitzer Hör-Erfahrungswerte sammeln und Klangstrukturen realisieren, die jenseits der Möglichkeiten praktischen Musizierens und menschlichen Voraushörens liegen. Der Computer vermag „unerhörte" Dinge zu vollbringen. Über die Auswirkungen der Technifizierung filmmusikalischer Komposition und Produktion muß allerdings noch gesprochen werden...

***

Nur noch wenige Komponisten schreiben richtige Filmpartituren mit Notenschrift. Die Partitur schrumpft mit zunehmender technischer Entwicklung zum Particell, – zur Skizze für die Mehrspurproduktion. Das 24-Spur-Tonband ist eine Art „direkte" Partitur mit 24 Systemen geworden. Zudem beginnt selbst der Komponist, der noch für traditionelle Instrumente wie Violoncello, Trompete oder Akkordeon schreibt, immer mehr die technischen Möglichkeiten im Mehrspurstudio mitzudenken, – mitzukomponieren: ich kann z.B. einplanen, daß eine Querflöte – leise gespielt – mit wenig Hall ganz vorne und dominant im Klangpanorama der Stereoendmischung liegen soll, begleitet von vier fürchterlich kaputtklingenden Posaunen (die ein Fortissimo spielen, was aber nachher als Pianissimo hinter die Flöte gelegt wird), ergänzt von gelegentlichen Trompetentönen, die mit einem Delay und viel Hall von links nach rechts „flattern". Solche Klangvisionen, die zwar noch im herkömmlichen Partiturverfahren notiert werden können, sind gleichfalls neu und widersprechen der traditionellen menschlichen Hörerfahrung: Im Tonstudio kann ich eben den leisen Klang der Querflöte über das ganze Stereopanorama als tragende Hauptschicht legen und ihr alles andere (was eine Querflöte nach musikalischer Alltagserfahrung leicht zudecken würde) unterordnen. Der Klangphantasie des Komponisten sind beim Umgang mit Naturinstrumenten kaum mehr Grenzen gesetzt. Die Klangphantasie beruht jedoch auf persönlicher Erfahrung mit den Technologien des modernen Studios. Technik hat auch im Bereich der Filmmusik längst ihren Einzug „in die Köpfe" der Komponisten gehalten.

Bildabhängigkeit beim Komponieren

Daß der Filmkomponist beim Komponieren das Bild mitdenkt und sich von der optischen Suggestivität einer Filmszene inspirieren läßt, ist ein Allgemeinplatz und besitzt Tradition, seit man Musik zu Bildern erklingen ließ. Konstantin Wecker: *Ich gehe beim Komponieren emotional vor. Sehe ich ein Bild, kommt mir ein Thema. In einem bin ich wirklich begnadet: mir fallen – schon mein ganzes Leben lang – immer Themen und Motive ein. Hier habe ich nie zu kämpfen gehabt. Eher mit meinem Fleiß bei der konkreten Ausarbeitung der Einfälle, das ist viel anstrengender. Ich bin ein Melodienmensch. Beim richtigen Bild kommt mir – glaube ich – die richtige Melodie.* Solche Aussagen stehen in der Tradition herkömmlicher Musik, was z.B. durch eine Äußerung des schweizerischen Komponisten Arthur Honegger (1903–1955) angedeutet sei: In *Je suis compositeur* berichtet er, bei Filmmusik *wird mir das Thema von dem Bild geliefert, das mir sofort eine Übersetzung ins Musikalische suggeriert.* Arbeitsmethodisch genügt es Arthur Honegger, *der Projektion beizuwohnen und mich ganz frisch an die Arbeit zu machen: das Bild ist noch ganz frisch vor meinen Augen. Je näher das Bild in meinem Gedächtnis ist, umso leichter ist meine Arbeit: es kommt darauf an, die noch lebendigen Eindrücke ohne Verzug zu transkribieren.*

Durch die technologischen Neuerungen der Videogeräte, die es dem Komponisten erlauben, quasi während des Kompositionsvorganges (während des Phantasierens von Klängen und Rhythmen) sich immer wieder dieselbe Filmsequenz anzusehen, ist die Bildabhängigkeit auch zu einer Gefahr geworden: Musik wird zunehmend bild- und bewegungsangepaßter und verliert ihre Autonomie gegenüber dem Bild; eine Tendenz zu einer neuen Art des Mickey Mousing ist seit 1980 unübersehbar. *Ohne Bild kann ich nicht arbeiten. Ich habe es einmal oder zweimal versucht, als ich bekniet worden bin, nach Schilderung des Bildes zwanzig Sekunden Musik zu machen. Ich war sehr unsicher, weil ich alles aus dem Bild beziehe. Das Bild sagt mir, was zu tun ist. Entstehen tut es aber zunächst im Kopf. Klimpern vor dem Bild sagt mir nicht zu.* Hubert Bartholomae formuliert hier den noch künstlerisch vertretbaren Endpunkt bildabhängigen Komponierens: zum einen (was für Filmmusik legitim ist) die absolute Abhängigkeit vom Bild, zum anderen aber noch die Freiheit der Musik, zunächst in der Vorstellung („im Kopf") zu existieren und nicht das mechanistische Endprodukt eines an Bildreflexe gekoppelten Keyboardspielens zu sein. Letzteres wird immer beliebter (Synchronität von Musik und Film als Fetisch, ein Ersatz für emotionalen Tiefgang) und zudem auch immer einfacher (die Kopplung von Computer/Mehrspurband mit dem Videoband über sekundengenauen Timecode ist eine leichte Sache).

Irmin Schmidt: *Nur zum Bild eine Spur nach der anderen auf ein Band zu spielen ist erstens eine langweilige Arbeit, und zweitens hört man diese Langeweile auch! Es ergibt dann diese monotonen Synchronitäten, die da dauernd hergestellt werden, die so einen Kasperletheater-Effekt machen. Fällt einer auf den Kopf, dann macht es „bum"! Das ist keine wirkliche Musik. Kasperletheater!* Auch beim Einspielen der komponierten Musik (Komponieren bedeutet bei Irmin Schmidt in jazzverwandter Art sowieso nur das Festlegen von Form, Harmonik, Abläufen, Instrumenten) wird auf den Bildbezug verzichtet: *Musiker sehen bei mir nie den Film. Grundsätzlich nicht. Ich stoppe mir den Film sehr genau. Wo ich mir formal nicht ganz sicher bin (sekundenmäßig), benutze ich verschiedene Tricks: man kann kleine Strecken in den Stücken einplanen, die man nachher herausschneiden kann; man kann ein- oder ausfaden ...*

Ich spiele nicht zum Video. Ich schaue mir den Film vorher hundert Mal an, wenn es sein muß. Ins Studio gehe ich aber ohne Bild. Sonst entsteht so leicht dieses Illustratorische. Wenn Musik gemacht wird, wird Musik gemacht! Wenn ich nachdenke, welche Musik gemacht werden soll, dann kann ich Bilder anschauen! Ich weiß, daß dies ein ungewöhnlicher Weg ist.

Dieselbe vorsichtige Distanz zum Bild bekundet auch Hans Posegga: *Eine gewisse autonome Note der Filmmusik ist immer gut. Seitdem ich die meisten Filmprojekte auf Video bekomme, improvisiere ich zwar manchmal dazu am Flügel. Das ist eine poetische Anreicherung. Im Grunde ist aber das bildfreie Denken, das Schreiben aus der Erinnerung fast besser.*

Um sich die Autonomie der Filmmusik zu bewahren und eine mögliche Bildabhängigkeit auszuschalten, hat Gunter Hampel eine Konzeption der Filmmusikkomposition entwickelt, die in ihrem Anspruch – verglichen mit anderen Methoden – sehr radikal ist: *Meine Idealsituation beim Entwickeln einer Filmmusik: Ich lese das Drehbuch, ohne den Film gesehen zu haben und interpretiere den Text in meiner eigenen Musik. Ich mache mir ein Score und bringe innere Zusammenhänge, die von der Kamera vielleicht nur oberflächlich gestaltet werden können. Das ist sozusagen meine eigene künstlerische Auslegung des Materials. Ich finde heraus, wo im Film ich meine Musik haben will. Erst dann setze ich mich mit dem Regisseur zusammen und finde mit ihm heraus, wo er Musik, mit welcher Art von Stimmung und Untermalung, braucht. Erst dann sehe ich mir seinen Film oder die Videokopie an und schreibe mir die genauen Zeiten auf.*

5. Die Tonaufnahme

Die Arbeitszeit im Tonstudio ist für den Komponisten (falls vorwiegend elektronische Filmmusiken nicht im eigenen Studio gleich „auf Magnet komponiert" wurden) immer spannungsreich und mit einem großen Leistungsdruck verbunden. Jede Stunde kostet nachweislich Geld für Studiomiete und Musiker... Da das Budget für Filmmusik nahezu konstant zu klein ist, bleibt der Zeitdruck für den Komponisten eine immerwährende Größe. Eugen Thomass: *Die ersten Proben der Musik sind ein durchaus brauchbarer Test für die psychische Robustheit eines Komponisten. Es klingt alles entsetzlich. Aber, erster Trost, das liegt wohl an den Fehlern, die der Kopist kunstvoll in die Partitur eingearbeitet hat. In diesen Minuten leiste ich stets einen Schwur, den mich Zeitmangel immer wieder brechen läßt: Das nächste Mal wird deutlicher geschrieben!*

Und langsam wird das Klangbild klarer. Aber der Regisseur geht unruhig auf und ab. Ist was los? Flüstert er nicht mit der Cutterin? Schauen dich nicht beide ratlos an? Hat da nicht einer den Kopf geschüttelt? Von was reden sie nur? Und der Assistent, der da hinten hastig blättert, sucht er nicht nach der Adresse eines anderen Komponisten? Natürlich haben sie sich alle die Musik völlig anders vorgestellt. Natürlich sind alle wahnsinnig enttäuscht. Übersteht man diese Phase als Komponist, und nicht nur einmal, sondern immer wieder, dann kann man sicher sein, daß man niemals das Ausbeutungsobjekt eines Psychiaters sein wird (ich kenne aber auch Kollegen, die diese Phase mit einem Herzanfall beantwortet haben). Inzwischen wird die Miene des Regisseurs heller. Die Musik klingt ja nun wirklich langsam so, wie sie klingen soll, außerdem beginnt er, sich an sie zu gewöhnen. Es wird langsam SEINE MUSIK zu SEINEM FILM. Musik braucht immer Gewöhnung, ganz selten erringt sie einen Überraschungssieg (in: Filmmusik, 1981, Heft 5).

Die Tonaufnahme muß nicht immer im hochmodernen Tonstudio stattfinden. Diese „Studiohaftigkeit" von Filmmusik ist eine von Popmusik- und U-Musikproduktionen unbesehen übernommene Prämisse. Je nach Inhalt und Aussage eines Filmes – wenn z.B. Zeitkritisches formuliert wird, was im Neuen Deutschen Film durchaus häufig ist – kann eine Filmmusik, die sich an der warenästhetischen Hochglanz-Verpackungspraktik unserer Konservenkultur orientiert, dem Anliegen eines Filmes zuwiderlaufen. Die subjektive Sicht der realen, häßlichen Welt, die unmodulierte Natürlichkeit vieler Nonprofi-Schauspieler, das Ungeschminkte und Direkte des Ausdrucks kann durch die Klangschminke und das technische Einerlei der Studios schnell Lügen gestraft werden.

Folgende Typen der Tonaufnahme von Filmmusik sind zu unterscheiden:

1. *Die Live-Aufnahme (ohne Mehrspurtechnik).* Vor allem die Musiken zu den älteren Neuen Deutschen Filmen (etwa 1962–1968) wurden nach dem Verfahren aufgenommen, daß ein Ensemble direkt auf ein Tonband (Mono) spielte, dessen Klang nachher in seiner Substanz nicht mehr verändert werden konnte. Dieses „altmodische" Verfahren hatte zwar den Nachteil, daß Fehlerlosigkeit schwer zu erreichen war, daß zeitraubende Ensembleproben gemacht werden mußten, – es hatte aber den Vorteil einer Lebendigkeit: das Profil eines Instrumentalisten wurde in seiner ganzen Persönlichkeit sehr direkt auf das Band übertragen, die Musizierspannung einer Live-Darbietung

(„klappt's diesmal? – Wer macht jetzt einen Fehler?") blieb weitgehend erhalten.

Verwöhnt durch die Klangraffinessen, die instrumentale Perfektion (die im Mehrspurstudio leicht herzustellen ist), das in allen Schichten kontrollierte und gesteuerte Klangbild u.a. ist es für heutige Komponisten schwer, sich auf das Prinzip der älteren Live-Aufnahme einzustellen. Bisweilen müssen Musiker sogar zur Authentizität spontanen Musizierens gezwungen werden. So erging es z.B. Rolf Wilhelm, der die Musik zu Ingmar Bergmanns *Schlangenei* machte: Man probte vierzehn Tage lang mit Schauspielern und Musikern die Musik zur Kabarettszene so, als müßte sie live aufgenommen werden. Natürlich war eine Produktion der Musik im Studio geplant, um zu dieser Musik dann im Playback die Szene zu drehen, man probte aber kollektiv, um einen gewissen Schwung zu erhalten. *Kurz vor dem Studiotermin kam aber Ingmar Bergmann mit seiner Tontechnik und ließ das Ganze mit einem einzigen Nagra-Mikrophon aufnehmen. Ohne Studio! Mit allen Fehlern und Unebenheiten! Ich war entsetzt. Bald war ich vom Resultat aber überzeugt und mußte gestehen, daß diese Lösung für die Dramaturgie des Films wohl die beste war.*

Manche der Komponisten planen jedoch den Live-Charakter ihrer Musik bewußt ein. Zu erwähnen wäre Claus Bantzer, der viele seiner Filmmusiken in einer Hamburger Kirche mit ihrer natürlichen Akustik aufgenommen hatte, oder Helge Schneider, der seine Musiken (auf filmischem Gebiet der Dokumentaraufnahme vergleichbar) bisweilen betont antiprofessionell aufgenommen hat. Helge Schneider über die Entstehung seiner Musik zu Christian Schlingensiefs *Hymen II: Die Musik dazu haben wir in meiner kleinen Wohnung aufgenommen. Vier Musiker (Trompete/Saxophon, Bass, Klavier, Schlagzeug) spielten direkt (ohne Overdubs und ähnliche Schnörkel) auf das Tonband, – mono, mit nur einem Mikrophon, eng beieinander. Das war meine Idee von einer Musikaufnahme, die lebendig ist, was im Film durchaus bemerkbar ist.*

Das Verfahren der Live-Aufnahme ist beileibe nicht antiquiert, sondern in der professionellen Schallplattenszene der 80er Jahre auf dem Gebiet der E-Musik auf dem Vormarsch. Nachdem alle technischen Möglichkeiten der Aufnahme eines Symphonieorchesters ausprobiert worden waren (vom Playback bis zur Mehrspuraufnahme mit 80 verteilten Mikrophonen), sind viele Tonmeister und führende Dirigenten zur Überzeugung gekommen, daß sich der ausgewogenste Orchesterklang ganz einfach aufnehmen läßt: mit einer einzigen Stereobasis in einem Saal von exzellenter Akustik, mit exzellenter Mikrophonqualität und hochwertigster (digitaler) Aufnahmetechnik, – und mit einem Orchester, das ebenso exzellent zu spielen weiß.

2. *Die Live-Aufnahme (mit Mehrspurtechnik).* Diese Aufnahmeart verbindet die Vorteile des erstgenannten Typs mit der Möglichkeit, die weitgehend getrennten Instrumentalgruppen auf den einzelnen Spuren noch nachzubereiten: die Klangfarbe kann nachträglich verändert werden, der Hallraum jeder Spur

kann individuell bestimmt werden, Studioeffekte können einzelne Spuren verändern, auf freien Spuren können elektronische Zusätze gemacht werden. Einige der Orchestermusiken Neuer Deutscher Filme wurden nach diesem Verfahren eingespielt, z.B. die Musik zu Schlöndorffs *Blechtrommel* und zu *Katharina Blum*, die Musik zu Petersens *Unendliche Geschichte* und *Enemy mine*.

3. *Mehrspurtechnik (mit sukzessiver Tonaufnahme).* Das kleine oder mittelgroße Mehrspurstudio ist der Ort, wo seit etwa 1975 mehr als 80 % der Musiken des Neuen Deutschen Films aufgenommen worden sind. Das Spezifikum: synchronisiert durch Arbeitsspuren (eine Orientierungsaufnahme von Harmonik, Melodik und Bass) und Klick-Track (Zählzeitangabe durch elektronisches Metronom) können die Musiker sukzessive das Tonband bespielen, was einige nennenswerte Vorteile erbringt:

   Jede Spur kann von einem oder mehreren Instrumentalisten so lange bespielt werden, bis eine fehlerfreie und qualitativ zufriedenstellende Aufnahme gelungen ist (z.B.: der Saxophonist spielt sein Solo solange zu den schon eingespielten Gitarren und Schlagzeug, bis er mit seiner Improvisation zufrieden ist). Jedes Instrument oder jeder Synthesizerklang kann in Klangfarbe, Hallqualität und Hallanteil, durch Effekte u.ä. noch stark verändert werden. Zu einer Musiknummer können Alternativen aufgenommen werden (z.B. eine Melodiestimme auf Trompete und Oboe auf je einer parallel liegenden Spur), für die man sich erst beim Abmischen des Bandes zu entscheiden hat. Von einer einzigen Musikaufnahme (z.B. von 13 synchron liegenden Spuren) können viele unterschiedliche Abmischungen und Teilabmischungen gemacht werden, wobei sich durch Änderungen der Klangbalancen und Toneffekte Varianten ergeben können, die in Ausdruck und Klangbild kaum wiederzuerkennen sind. Die Musiker müssen nicht mehr mit langen Wartezeiten im Studio sitzen (z.B. der Posaunist, der von 14 Musiktakes nur zwei zu spielen hat), sondern spielen ihren Part auf alle Spuren, wo ihre Mitwirkung vorgesehen ist, und sind dann bereits fertig. Die Koordination eines Ensembles ist bei weitem leichter, da nicht mehr alle Musiker auf einen einzigen Termin ins Studio bestellt werden müssen; oft ergibt sich auch die Gelegenheit einen „Starmusiker" kostengünstig zu einem Ecktermin zu interessieren. Oft genügen zwei bis drei versierte Musiker (oft der Komponist allein!), wenn sie vielseitig genug sind und ein guter Synthesizer vorhanden ist, um eine Musik von symphonischem Zuschnitt zu produzieren.

Die Nachteile der Mehrspuraufnahme mit sukzessiver Belegung der Spuren sind jedoch auch nicht von der Hand zu weisen: durch das isolierte Musizieren (meist spielt nur ein Musiker zu Arbeitsspuren und Klick) findet keine musikalische Kommunikation mehr statt. Es fehlt der gemeinsame Atem, die Rivalität und Spannung zwischen Solo und Begleitung, die kollektive Emotionalität. Musik wird in solcher Aufnahme – vor allem auch durch die enorme technische und instrumentale Perfektion – sehr leicht steril und standardisiert.

4. *Mischtypen.* Unter den genannten Typen sind leicht Querverbindungen möglich. Z.B. kann in einer einfachen Live-Aufnahme ohne Mehrspurtechnik ein Ensemble aufgenommen werden, das dann auf das Mehrspurband überspielt wird, wo unter Studiobedingungen weitere Instrumente, meist aber elektronische Flächen und Stimmen dazugefügt werden. Differenzieren läßt sich auch das unter Punkt 2 genannte Verfahren der Live-Aufnahme auf Mehrspurband: z.B. arbeitet Peer Raben am liebsten mit einem einzigen Addierverfahren, indem er zunächst alle Streichinstrumente, dann im zweiten Durchgang alle Blasinstrumente *(beim einzelnen Spiel jedes Instruments gibt es nie den richtigen Bläserklang mit seinen charakteristischen Obertönen)* spielen läßt.

***

Unter den Mehrspurgeräten gibt es die 8kanalige Aufnahme seit etwa 1968–1970 in deutschen Studios, danach trat eine Entwicklung ein, die sukzessive zur heutigen Norm von 24kanaliger Aufnahme (auch 32- oder 48-Spurmaschinen sind in seltenen Fällen vorzufinden) geführt hat. Das Achtspurtonband gehört bereits zum Standard eines nicht-professionellen Heimstudios. Für die Aufnahme von Filmmusik, die weit weniger füllig und in sich geschlossen sein darf wie eine Popnummer, genügt sehr oft ein Achtspurtonband. Lediglich für Titelmusiken, die den Ansprüchen der derzeit gängigen Schallplattenproduktionen des Musikmarktes genügen wollen, ist ein 24-Spurgerät angemessen. Seit 1985 begannen digitale Mehrspurgeräte die konventionellen Bandmaschinen zu verdrängen.

Vierspurgeräte (auch für Audiokassetten) und Achtspurgeräte werden von vielen Filmkomponisten auch genutzt, um Demokassetten bzw. -bänder herzustellen oder um im häuslichen Bereich besondere Arrangements, Klangfarben- oder Rhythmusschichtungen, Toncollagen oder experimentelle Anordnungen ausprobieren zu können. Zur eigentlichen Tonaufnahme wird dann dennoch ein professionelles Tonstudio aufgesucht. Viele Komponisten produzieren jedoch auf 8-Spur- und 16-Spurgeräten eigene Filmmusiken, – vor allem auch für Fernsehauftragskompositionen. Ein 8-Spurgerät ist für marktkonforme TV-Untermalungsmusik (mit Synthesizer und Drumcomputer) meist ausreichend. Es gibt aber auch genügend Beispiele guter Kino-Filmmusiken, die auf solcher Basis produziert worden ist: beispielsweise wurde Marran Gosovs Musik zu *Lieber Karl* von Maria Knilli und zu *Horror vacui* von Rosa von Praunheim in seiner Privatwohnung auf einem Achtspurtonband aufgenommen.

Die Preise für ein Tonstudio (24Spur als Norm) lagen 1985 bei etwa 250 DM pro Stunde (inkl. Tonmeister). Die Tagessätze sind jedoch meistens günstiger und liegen zwischen 1.000 und 2.000 DM für einen 10stündigen Arbeitstag. Wer sich in der Studioszene auskennt, findet leicht Newcomer, die mit Dumping-Preisen sich Stammkunden zu halten versuchen, oder Studios mit etwas veraltetem Equipment, das für die Belange der Filmmusik sehr oft ausreichend ist: hier ist es durchaus möglich, für 500 bis 1.000 DM eines jener „Kellerstudios" zu finden, die der internationalen HiFi-Norm entsprechend zu produzieren in der Lage sind.

Eine Stadt wie München besitzt ca. 70 seriöse und professionelle Tonstudios, davon 10 in der internationalen Spitzenklasse. Daneben gibt es etwa 50 dieser durchaus gut ausgerüsteten „Kellerstudios“ (meist sehr beengt in dem zur Verfügung stehenden Platz und mit schlechter Belüftung), und eine nicht genau abschätzbare Zahl von Amateurstudios (500 - 900). In den Amateurstudios läßt sich aber oftmals auch noch eine Qualität vorfinden, die für einen 16-mm-Film (Dokumentarfilme, Kurzfilme, Experimentalfilme) und vor allem für die Lichttonqualität der Kinofilme ausreichend ist. Zu den größeren Tonstudios in München zählen zum Beispiel:

- Arco Tonstudio, mit zwei Regieräumen bis zu 25 qm, zwei Aufnahmeräume mit 270 und 30 qm, dazu Gitarrenkabinen und Schlagzeugboxen
- Bavaria Studio (Schornstraße), mit drei Regieräumen zu 72,20 und 16 qm, drei Aufnahmeräume zu 450 (Theatergröße), 80 und 16 qm
- Trixi Studio, mit zwei Regieräumen zu 48 und 30 qm, zwei Aufnahmeräume zu 130 und 50 qm
- Unionstudios mit drei Regieräumen zu 35, 45 und 40 qm und zwei Aufnahmeräumen von 140 und 280 qm, Aufnahme bis zu 48 Spuren möglich.

Die Studiomusiker

Bei großen Besetzungen, die meist live auf Mehrspurband aufgenommen werden, hat sich in der Entwicklung der letzten 20 Jahre nur wenig verändert. Für aufwendige Filmprojekte werden Symphonieorchester verpflichtet, die fest bestehen (Rundfunk-Symphonieorchester, Opern-Orchester u.a.) und – je nach Länge einer Musik – zwischen 20.000 bis 100.000 DM kosten. Ausländische Orchester arbeiten fast um die Hälfte billiger und werden bevorzugt. Orchester werden meist von den Komponisten der Filmmusik dirigiert: Klaus Doldinger dirigierte das Symphonieorchester Kurt Graunke für *Unendliche Geschichte*, Nicolas Economou die Münchner Philharmoniker für *Rosa Luxemburg*, Hans Werner Henze die Basler Orchestergesellschaft für *Eine Liebe von Swann*, Maurice Jarre das Bayerische Staatsorchester für *Enemy Mine*, Eugen Thomass das Polnische Rundfunksymphonieorchester Warschau für *Buddenbrocks* und andere... Weit üblicher ist jedoch das Arbeiten mit dem sogenannten „Studioorchester“, – das sind ad hoc zusammengestellte Orchester aus Mitgliedern von festen Ensembles oder von Musikern, die durch Künstleragenturen vermittelt werden. Die persönliche Bindung von Komponist und Interpret ist bei solchen Ensembles (von 10 bis 30 Musikern) nur schwach. Hans Posegga: *Auf meinen Schallplatten ist meist „Orchester Hans Posegga“ angegeben. Das ist ein ganz gewöhnliches Telephonorchester. Irgend jemand organisiert per Telefon die Musiker. Oft weiß ich gar nicht, wer da so eigentlich mitgespielt hat und kenne kaum die Namen.*

Diese Anonymität ist auch bei jenen kleinen Besetzungen oft der Fall, die in Mehrspurstudios anzutreffen sind. Oft kennt der Komponist gerade irgendwie den Vornamen des Posaunisten, der nach dem Gitarristen (oft sehen sich die miteinander – sprich: hintereinander – spielenden Musiker gerade an der Türe) das Studio betritt. Für eine authentische Filmmusik ist gerade bei kleinen Besetzungen, wo der individuelle Spieler vordergründig als Persönlichkeit zu hören ist, eine Identifikation mit dem Stil der Interpreten eigentlich Voraussetzung, das „Studiomusiker"-Geschäft eigentlich störend. Edward Aniol: *Musik liegt für mich im Ungeschriebenen. Man kann nicht alles notieren. Viele Studiomusiker können zwar sehr gut vom Blatt spielen, bringen aber nicht sehr viel „soul". Das liegt auch am System. Wenn die sich für jede Produktion verausgaben würden, wären sie in kürzester Zeit kaputt. Es ist ein Prostituiertendasein, – alles tun, aber letztlich nichts mitfühlen!* Sehr viele Komponisten arbeiten deshalb gerne mit Musikern zusammen, mit denen man schon zusammen in einer Gruppe gespielt hat, oder die man aufgrund langer Zusammenarbeit gut kennt, so z.B. Gunther Hampel, Klaus Doldinger, Eberhard Weber und viele andere. Irmin Schmidt: *Ich arbeite grundsätzlich mit einem relativ festen Stamm von Musikern, weshalb ich dann auch sehr improvisativ arbeiten kann. Das heißt: ich schreibe nur selten Noten, nur Harmonien, wie man das im Jazz macht. Komponiert wird – im Sinne von Arrangieren – direkt auf das 24Spurband. Das ist meine Partitur, damit arbeite ich.*

Der Komponist Piet Klocke: *Ich arbeite fast immer mit Musikern, die ich längere Zeit kenne und über deren Leistung und Spielanlage ich nicht lange nachzugrübeln habe. Durch meine weitgefächerten Tätigkeiten kenne ich sehr viele gute Musikerfreunde aller Stilrichtungen. Ich treffe mich mit ihnen zur Konzeptbesprechung, die ihnen Zutritt zur Konzeption von Filmregisseur und mir verschaffen soll. Das „rent a musician"-Verfahren: „Guten Tag, hier sind die Noten, um 14 Uhr kommt ihr Nachfolger!" habe ich nur in einem Fall annäherungsweise probiert und noch im Laufe des Vormittags aufgegeben. Auch Proben werden häufig mit den Musikern vor der Studioeinspielung durchgeführt. Dafür halte ich eine besondere Bezahlung für gerechtfertigt.* Piet Klockes Darstellung enthält eigentlich den Ausnahmefall. Üblich wird mehr denn je das Verfahren, möglichst viele Schichten der Komposition auf elektronischer Basis vorzubereiten und auch instrumentale Klangfarben, die eher Hintergrundcharakter haben, von Synthesizer oder Sampler (letzterer „klaut" per Mikrophon Klangfarben von besten Instrumenten und speichert sie als digitales Programm) über Klaviatur auf das Mehrspurband zu spielen: als „Zuckerl" für das Ohr braucht solche Musik allenfalls noch den solistischen Vordergrund von ein bis zwei wirklichen Instrumenten.

Ein Vorteil des Arbeitens mit immer anderen und neuen Instrumentalisten, der nicht zu unterschätzen ist, liegt in der Anregung, die man als Komponist immer wieder erhält: jeder neue Musiker bringt neue Spiel- und Klangmöglichkeiten mit, womit sich der Erfahrungshorizont des Komponisten anregend erweitert. Konstantin Wecker: *Ich habe lange Zeit intensiv mit meinem Team „Musikon" zusammengespielt. Ich habe versucht, alle „gigs", die so anfielen, mit meinen Leuten zu besetzen. Irgendwann habe ich auch angefangen, für die einzelnen*

Spieler zu schreiben. Ich habe nicht mehr für das Cello geschrieben, sondern für die Hildi, nicht mehr für die Trompete, sondern für meinen Freund Denis. Das hatte große Vorteile (ich wußte die Stärken der Instrumentalisten besser zu nutzen), aber auch Nachteile: Man wird dabei mit der Zeit weniger befruchtet. Man muß sich auch mit anderen Leuten und deren anderer Spieltechnik weiterentwickeln, sonst bleibt man in seinen Arrangierideen stecken.

Bildprojektion

Das klassische Verfahren bei Filmmusikaufnahmen, zur Projektion auf der Kinoleinwand zu musizieren, ist weitgehend verschwunden. Beispielsweise wurde die Musik zu Schlöndorffs *Katharina Blum* von Hans Werner Henze zur Projektion in den Münchner Bavaria-Studios dirigiert. Zum einen wurde die Projektion auf Leinwand durch den praktikablen Videomonitor ersetzt (das synchrone Starten oder das Reißen von Filmen war oft ein handicap), zum anderen wurde die Tonaufnahme zum Bild durch das Arbeiten mit Klick-Track (Arbeitsspur mit Metronom) im Mehrspurverfahren überflüssig: die Komponisten bereiteten die Arbeitsspur mit dem genauen Taktschlag (einschließlich Übergängen und Temposchwankungen) dank der digitalen Zeitmessung so exakt vor, daß alle Synchronpunkte garantiert waren. Die Bildprojektion war meistens wegen der Startprobleme, wegen der Ablenkung der Musiker mit großen zeitlichen Verzögerungen verbunden (ein erster Durchgang geht immer schief, weil alle statt in die Noten auf das Bild schauen). Sich nur auf die Klickspur zu konzentrieren bedeutet Zeitersparnis und musikalische Konzentration. Mittels Synchronizer können in vielen Tonstudios das Mehrspurband und das Videoband über einen Timecode gekoppelt werden (nicht auf dem VHS-System, sondern nur auf dem professionellen Umatic-System). In manchen Fällen wird aber auch über einen üblichen VHS- oder Betamax-Recorder mit Handstart (was eine leichte Asynchronität bedeutet) gearbeitet. Der Komponist Martin Böttcher faßt die Entwicklung der Jahre seit 1960 zusammen: *Bei Musikaufnahmen arbeitete ich früher mit Filmprojektion. In den letzten Jahren sehr viel ohne Bild. Neuerdings mit Video.*

Regisseure im Studio

Axel Linstädt über die Anwesenheit Wim Wenders im Musikstudio: *Er schweigt oft, und trotzdem weiß man komischerweise, was er haben will. Durch seine Gestik und Ausstrahlung transportiert er solche Dinge ... Im Musikstudio hat Wim Wenders eine gute Atmosphäre verbreitet und gleich zu Beginn ein kleines Buffet aufgebaut. Es war wie zuhause!*

Ist eine Musik stark ausnotiert, wird sie (möglichst schnell und kostensenkend) von einzeln spielenden Musikern auf das Mehrspurband gespielt. Setzt sich die Musik synthetisch aus einzelnen Bausteinen zusammen, deren Zusammenhang für den Laien momentan nicht einsichtig ist, – dann ist es für den Regisseur oft eine Zumutung, bei dieser (des Zeitdrucks wegen oft knochenharten) Arbeit anwesend zu sein und sich womöglich als störendes und fragendes Moment zu fühlen. Wird die Musik mehr improvisiert oder kollektiv eingespielt, dann kann es sehr hilfreich sein, wenn der Regisseur anwesend ist. Die Vorteile liegen auf der Hand: der Regisseur kann mitbestimmen, welcher Synthesizersound zu der oder der Stimmung paßt, ob eine Improvisation zu hart und zerfetzt ist und lyrischer sein soll, ob als Begleitung er lieber die Gitarre oder das Fenderpiano haben will, ob der Hallanteil einer Stimme zu stark ist; im selben Maße wie ein Regisseur mitbestimmt und mitarrangiert, wird diese Musik auch zu seiner eigenen Musik, – seine Identifikation mit Musik und Komponist ist für alle weiteren Produktionsschritte (beim Musikanlegen und beim Abmischen insbesonders) wichtig, wenn es um Entscheidungen pro oder contra Musik geht.

Während Regisseure bei den Tonaufnahmen seltener die ganze Zeit dabei sind, ist ihre Anwesenheit bei Abmischungen eigentlich die Regel. Oft sind es Kleinigkeiten im Klangbild (das Cembalo zu laut, eine Nebenstimme ist überflüssig, das Schlagzeug zu hart), die während der Abmischung leicht zu korrigieren sind, im Nachhinein jedoch einen neuen Studiotermin erfordern, was wiederum Zeit und Geld kostet.

Das Abmischen

Bei Mehrspuraufnahmen, die seit etwa 1970 die Norm bei Filmmusikaufnahmen darstellen, erhält die Musik erst in der Mischung ihre wirkliche Klanggestalt. Die Balance der Instrumente wird hier festgelegt, ebenso die Klangfarbe der Instrumente (man kann eine Trompete z.B. schärfer, heller, dumpfer machen oder mit Effekten bis zur Unnatürlichkeit verfremden), man kann Stimmen einer Partitur weglassen oder langsam ein- und ausblenden. Das Tonpanorama wird festgelegt: z.B. ein Klang von links nach rechts wandernd, „weit hinten – Mitte“ ein Gitarrensolo, links und rechts im Hintergrund werden die Streicherklänge postiert, im Vordergrund unruhig hin- und herpendelnd ein nervöses Raspeln des Synthesizers. Auch die Charakteristik des Ganzen läßt sich festlegen: werden z.B. alle Stimmen in gleicher Lautstärke zueinander abgemischt, so entsteht der Eindruck eines „Kämpfens“, einer Aggressivität; das Klangbild kann durch Betonung der Frequenzen im Bereich von 1.000 bis 4.000 Hertz weich, im Bereich um 10.000 Hertz hart gemacht werden.

Einige Grundsätze sind empfehlenswert: Bei Mischungen für Lichttonverhältnisse empfiehlt es sich, die Höhen möglichst stark anzuheben; beim Mischen soll man sich nicht zu sehr auf den Klangeindruck des gewaltigen Stereobildes auf großen Boxen verlassen, – es empfiehlt sich leise und womöglich monaural zu mischen, spitzfindige Komponisten machen eine Vormischung auf Audiokassette und probieren dieses Klangbild auf einem anderen Lautsprechersystem aus (im Autoradiorecorder); man kann zum Videobild mischen und sich von hier zum Modulieren der Raumverhältnisse im Mischungsbild veranlaßt fühlen oder bildsynchron zu einem Schwenk, einer Fahrt ein korrespondierendes Element der Musik (z.B. eine Gitarrenbegleitung) kontinuierlich verändern; man kann zu Dialog und Geräuschen des Videobandes mischen, so daß die Musik bei der Endmischung des Films kaum mehr in der Lautstärke verändert werden muß (Andreas Köbner spielt sich z.B. den Soundtrack von Dialog und Geräuschen als cue auf eine eigene Spur des Mehrspurbandes, um danach zu mischen). Angebracht ist es ferner, zwischen Musikaufnahme und Musikabmischung Zeit verstreichen zu lassen, die Distanz eines Überschlafens dazwischen zu bringen, um unvoreingenommen und frisch der eigenen Musik gegenübertreten zu können.

Bei all den Abmischvorgängen ist die Mitentscheidung des Regisseurs wertvoll und wichtig, da hier die Fähigkeit der Musik, sich an den Film zu klammern und filmspezifisch zu sein, entscheidend bestimmt wird.

6. Das Musikanlegen

Liegt die produzierte Musik nun auf „Schnürsenkel" (dem üblichen Magnettonband, 38 cm/sec) vor, so wird es auf das sogenannte „Perfoband" kopiert (ein Magnettonband, das in Breite und vor allem in der für den synchronen Transport wichtigen Perforation dem Filmstreifen entspricht). Mit dem Perfoband kann der Cutter dann am Schneidetisch arbeiten. In Zweifelsfällen empfiehlt es sich für den Komponisten, bei der Überspielung von Schmalband auf Perfoband anwesend zu sein. Zum einen können Schlampigkeiten bei der Überspielung verhindert werden (ungenaue Aussteuerung, Verwechslungen bei Mehrfachkopien, d.h. wenn eine Nummer vier- oder fünfmal für den Film kopiert werden muß), zum anderen bietet sich die Möglichkeit, hier nochmals korrigierend auf das Klangbild einzuwirken: Frequenzanhebungen, Hallräume, Crescendo- und Decrescendowirkungen, das dynamische Gefälle zwischen Forte und Piano können hier nochmals vom Komponisten gestaltet werden (in der Endmischung hat in der Regel der Tonmeister das Sagen, der Komponist ist dort meistens nur Statist).

Das Anlegen der Musik am Schneidetisch ist für alle Beteiligten spannend: der Cutter erlebt seinen Filmschnitt in ganz neuem Licht, wenn die Bilder sich plötzlich nicht nur auf sich, sondern auf den Musikrhythmus beziehen; der Musiker überprüft nervös, ob die von ihm geplanten und erhofften Wirkungen der Musik sich auch einstellen, ob die Synchronpunkte stimmen, der Regisseur sieht mehr das Ganze und ist erleichtert, wenn der Film durch seine neue Dimension einen wirklichen Zuwachs an Leben und Atem erhält.

Manche Komponisten sind beim Anlegen der Musik gar nicht dabei. In der Regel legen sie aber großen Wert darauf. Nur allzuoft wird Musik entgegen der dramaturgischen Absicht des Komponisten an falscher Stelle angelegt, werden Schnitte mitten in die Musik gemacht, so daß oft ganz neue (bisweilen unsinnige) Formen und harmonische Modulationen entstehen. Nicht selten ist der Schneideraum der

Ort, wo von Regisseur und Komponist heimliche Ringkämpfe um die Kompetenz ausgetragen werden. Michael Landau: *Oft ist es vertraglich festgemacht, daß ich die Musik mit dem Regisseur zusammen am Schneidetisch anlege. Dann gibt es Fälle, wie jetzt gerade bei „Killing Cars", wo wir die Musik angelegt hatten, ich dann später zur Endmischung nach Berlin geflogen bin, wo die Sache schon wieder ganz anders aussah: die Regisseure nehmen sich doch oft die Freiheit, und bauen die Musik nach ihrem Geschmack um.* Bei allen Meinungsverschiedenheiten, die es (den unterschiedlichen Beurteilungsperspektiven nach naturgemäß) zwischen Regisseur und Komponist geben kann, entscheidet am Ende immer der Regisseur als maßgeblicher Filmautor. Er wird – so sehr es den Komponisten auch schmerzen mag – die Verantwortung für Stil und Geschick des Filmes tragen müssen. Nur eben ... – die Qualität eines Komponisten wird nach dem Eindruck eingeschätzt, die seine Musik in einem Film macht!

Das Musikanlegen ist die eigentliche Schule der Musikdramaturgie. Nirgendwo läßt sich so handgreiflich ausprobieren, welche Veränderungen im Bild und in der Handlung geschehen, wenn man eine Musik um eine halbe Sekunde vorrückt, wenn man einen Musikeinsatz um zwei Sekunden verzögert, wenn man an eine Filmstelle eine völlig andere Musik anlegt, wenn man langsam eine Musik einblendet. Der Komponist sammelt hier seine Erfahrungswerte, die er bei seinen nächsten Planungsgesprächen über den Einsatz und die Funktion von Filmmusik verwerten wird.

Manche Komponisten produzieren ihre Musikstücke auch so, daß sie nur mögliche Bausteine (Schichten, Flächen, punktuelle Ereignisse, Brücken, Hintergrundklänge etc.) für eine Komposition sind, die überhaupt erst am Schneidetisch entsteht. Der einfachste Schritt dazu ist die Methode, ein Stück von einer Gesamtdauer von z.B. drei Minuten in drei Stücken von je einer Minute vorzulegen, die dann wechselweise auf Musikbändern so montiert werden, daß die Nahtstellen ineinander geblendet werden können. Ebenso einfach ist es, eine diffuse Klangwolke an das entsprechend emotional gestimmte Bild zu legen, und auf einem zweiten Musikband darüber zu Bildpunkten punktuelle Musikkommentare (Melodien, Zitate, Akzente) zu setzen. Das Komponieren mit Tonbandversatzstükken ist im weitesten Sinn als Collage zu benennen.

7. *Die Filmmischung*

Das Mischen von Sprache, Geräuschen und Musik auf das endgültige Magnetband kann zwar bisweilen zum „Tod der Musik" (Ernst Brandner) oder zum „Beisetzungsakt" (Hans-Martin Majewski) werden, im idealen Falle ist es aber ein Akt der Lebenserweckung: während alle Teile des akustischen Organismus eines Filmes bis hier nur ein abgesondertes Dasein führen, werden sie jetzt zum erstenmal zueinander in eine hörbare Beziehung gebracht. Sie beleben einander. Das Komponieren war für den Komponisten „Theorie", die Montage war „Überprüfen" die Mischung ist jetzt „Praxis" der Musik. Jetzt muß Musik arbeiten und funktionieren. Jetzt gibt es keine Eventualitäten mehr und ‚Wenn noch Geräusche ... dann ...'. Musik wird nun ins konkrete Leben gesetzt. Auch für den Cutter ist die Mischung aufregend, – er hört zum erstenmal, ob seine Tonbänder, die er immer einzeln zum Bildstreifen gestaltet hat, auch untereinander zusammenpassen. Aufregend ist die Mischung auch für den Regisseur, – er hört nun die akustische Totalität des Films und weiß recht bald, ob der Film sich gut oder schlecht, sympathisch oder unsympathisch anhören wird.

Gemischt wird an einem großen Mischpult, wo mit Lautstärkereglern und mit vielen Drehknöpfen jedes einzelne Tonband, das filmsynchron läuft, in Klangfarbe, Hallanteil, Raumwirkung, Zugabe von Effekten beeinflußt werden kann. Das Filmbild dazu sieht man auf einer großen Leinwand, manchmal auf einer kleineren Leinwand (3x4 mtr.), immer mehr allerdings auf einem Videomonitor. Das Mischen zum originalen Schnittband ist oft schwierig, weil durch die Schneidearbeiten über Monate hinweg die Schnittkopie so brüchig und voller Klebestellen ist, daß der Film während der Mischung reißt. Wird vor der Mischung eine Videokopie angefertigt, dann ist dieses störende Problem umgangen.

Nicolas Economou: *Die Mischung ist genau so wichtig wie das Komponieren und die Musik selbst. Die Stimmung kann vor allem wechseln: die gleiche Musik leise oder lauter gemischt ergibt einen ganz anderen Ausdruck. Im Film ist alles subjektiv. Der geringste Unterschied macht alles ganz anders.* Für die meisten Komponisten ist es daher wichtig, bei der Mischung des Films dabei zu sein. Nils Sustrate: *So wichtig wie das Komponieren ist für mich die Hauptmischung. Ohne Ausnahme habe ich immer (das war von vorneherein ausbedungen) meine Musik neben dem Regisseur sitzend selbst mit dem Regler gefahren. Die stimmigste Musik wird sonst bei der Mischung ganz falsch eingesetzt. Lautstärkeverhältnisse im Film sind unheimlich wichtig. Man muß einen eindeutigen Vorder- und Hintergrund schaffen, sonst gibt es einen Tonbrei.*

Diese kompetente Mitwirkung des Komponisten ist allerdings eine Ausnahme. Weit typischer sind Feststellungen wie von Edward Aniol, der sich bei Mischungen überflüssig vorkam, weil nur Cutter und Regisseur dominierten und seine Kommentare (aus meist größerer Entfernung) oft überhört wurden, – oder von Heiner Goebbels: *Die Filmmischung habe ich meist als Frustration erlebt, oder als hahnebüchenen Kampf zwischen Regisseur, Komponist und Produzent.* Noch typischer ist sogar, daß von der Filmproduktion keinerlei Unkosten eingeplant sind (für Reise- oder Flugkosten, Arbeitszeit von oft drei Tagen), um dem Komponisten die Teilnahme an der Mischung zu ermöglichen. Eberhard Weber: *Große Probleme habe ich auch mit der Mischung. Keine Produktionsgesellschaft zahlt die Anwesenheit des Komponisten beim Mischtermin. Einmal hatte ich eine Spezialidee und wollte ein normales Musikband und ein Tonband mit einem Streicherakkord, die wohlweislich getrennt belassen waren, in der Endmischung ausbalancieren. Meine Anwesenheit wäre vonnöten gewesen. Das ZDF hat die Anwesenheit abgelehnt. Die 250 DM für die Reise nach Wiesbaden waren nicht im Budget. Da habe ich einfach gesagt, – ihr könnt mich gerne haben, ich komme auf eigene Kosten. Das haben sie allerdings nicht auf sich sitzen lassen und ihr Budget geöffnet.*

Es gibt jedoch auch den Komponistentyp, der beim Anlegen seiner Musik am Schneidetisch hilft und das weitere Schicksal seiner Klänge ganz den Wünschen und Ansichten von Regisseur und Filmproduktion überläßt. So ist z.B. Peer Raben oft nicht bei der Mischung anwesend: *Am liebsten macht ich das vorher, indem ich der Cutterin beim Anlegen helfe und ihr vor allem verdeutliche, wie ich die Mischung gerne hätte. Manchmal hat der Regisseur andere Vorstellungen. Ich gebe meine Vorschläge am Schneidetisch, lasse dann den Regisseur weitgehend selbst damit umgehen. Im Mischstudio lange zu diskutieren, hat keinen Sinn. Das muß alles vorher festgelegt sein.*

Die Mischungsvorbereitung

Der Cutter Tomy Wigand: *Die Mischungsvorbereitung geht mit dem Bänderziehen los. Je sorgfältiger die einzelnen Arten wie Sprachbänder, Musikbänder, Geräuschbänder, Atmos usw. getrennt sind, desto leichter kann man sich beim Mischen auf die Lautstärke und Qualität der einzelnen Töne einstellen. Wenn Geräusche oder footsteps besonders leise oder laut sein sollen, dann kommen sie bei mir sofort auf ein Extraband. Und bei Geräuschen im tiefen Keller – so war es jetzt gerade bei „Joey" – da weiß ich: hier kommt ständig 20 % Hall darauf, die muß ich wieder auf ein eigenes Band setzen.* Für eine Filmmischung werden zwischen 4 und 30 Bänder benutzt, d.h. parallel gefahren. Aus allen Tönen dieser Bänder hat der Mixer einen „Soundtrack" herauszuziehen, der den dramaturgischen Anforderungen des Films entspricht. Er ist der letzte der Co-Regisseure, der (nach Kameramann, Tonaufnahmemann, Cutter, Komponist) wesentlich am endgültigen Profil eines Filmprodukts mitgestaltet. Um dem Mixer die Übersicht und das Fahren der Regler u.a. zu erleichtern, werden die Bänder streng sortiert.

Rainer Carben, erfahrener Tonmeister und Mixer beim Bayerischen Rundfunk (Fernsehstudio Freimann), hat dankenswerter Weise die Punkte zusammengestellt, die für eine gute Mischungsvorbereitung durch den Cutter zu beachten sind:

- Ein Grundsatz soll sein, eigene Gattungen von Tönen auf eigene Tonbänder zu legen.
- Sprache wird auf zwei Bänder verteilt, damit sich die Nebengeräusche und der akustische Raumeindruck überlappen, was sonst ein „Tonloch" oder einen „Tonsprung" gibt (der Tonsprung entsteht, wenn bei Tonschnitten unterschiedliche Raumatmosphären zusammentreffen). *Möglichst viel Fleisch an einem Dialogsatz lassen, also Atmo hinten und vorne,* – das erleichtert, eine kontinuierliche Raumatmosphäre bereits auf den Sprachbändern zu erzeugen.

- Dialogsätze, die betont aus einem anderen Raum kommen sollen (z.B. eine geisterhafte, verhallte Stimme oder eine Stimme aus einem verzerrenden Lautsprecher), legt man am besten auf ein besonderes Band. Der spezielle Hall oder der Filter, der die verzerrte Stimme erzeugen soll, können dann in Ruhe im Voraus bestimmt und eingestellt werden. Dies geht nicht, wenn einige Sekunden zuvor die Stimme auf dem Tonband noch normal klingen soll.

- Sehr zu beachten ist, daß Atmosphärenbänder nicht in zu großer Zahl vorhanden sind, und einen Tonbrei ergeben. Das beste sind Atmosphären, die von solch guter Qualität sind, daß ein Band genügt. Rainer Carben: *Unerträglich finde ich den Tonbrei in vielen Filmen. Man muß die Geräuschkulisse abgestuft gestalten, einige Dinge in den Hintergrund legen (z.B. Verkehrslärm) und nur weniges in den Vordergrund holen (die Einzelgeräusche, die für die Geschichte wichtig sind). Das alles ist aber wieder gegen den Dialog abzustufen. Manche Regisseure wollen aus Angst, daß man Tonsprünge in Dialog und Atmos hört, immer zuviele Geräusche übereinandergelegt haben. Man darf nicht einen dicken Geräuschbrei dem Film übergießen, um technische Sprünge zu verdecken, allenfalls gerade soviel, um den Sprung unhörbar zu machen. Wichtig ist eine echte, überschaubare Atmo, die gut aufgenommen ist.*

- Musikbänder, bei denen die Einsätze von Musiken aus unterschiedlichen Räumen (z.B. aus dem off, aus einem Radio, vom Zimmer nebenan) sehr eng zusammenliegen, setzt man am besten auch auf zwei oder mehrere Bänder. Dann hat der Mixer Zeit, jeweils die Lautstärke, den Hall, die Filterung usw. jeder Musik einzustellen.

- Bei allen Tönen (ob Musiken, Geräusche, Sprache) ist es wichtig, daß zwischen den einzelnen Einheiten/Einsätzen immer mindestens vier Sekunden Freiraum bleibt, damit hier schnell technische Einstellungen vorgenommen werden können (z. B. braucht man nach einem Ausblenden eines Musikstückes vier Sekunden, um den Regler wieder auf eine Lautstärkeeinstellung hochzuziehen und um zu überprüfen, ob alle technischen Einstellungen für diesen Musikeinsatz (Hall, Filter, Klangfarbe etc.) gegeben sind.

- Sehr wichtig ist, daß bei Orts- oder Szenenwechsel die Geräusch- und Dialogbänder nicht überhängen und sich dann die Raumeindrücke verwischen. Handwerklich sauber ist hier nur der harte Tonschnitt. In den Fällen, wo ein Vorziehen oder Nachhängen einer Atmo oder eines Geräusches erwünscht ist (z.B. den Wasserfall der nächsten Szene als Vorerinnerung schon hörbar machen), muß dies sehr bewußt und rechtzeitig geschehen, damit es sich nicht wie eine Schlampigkeit ausnimmt.

- Manche Cutter erleichtern dem Mixer auch die Arbeit, indem sie mit weißem Fettstift auf 5 bis 15 Filmbilder ein „M“ zeichnen, damit beim Mischen für eine halbe Sekunde ein „M“ im Bild erscheint und „Musik!“ ankündigt. Ebenfalls hat es sich bewährt, Musikein- oder ausblendungen (das „fade in“, „fade out“) mittels eines Strichs einzuzeichnen, der sich dann im laufenden Film wie ein Längsbalken ausnimmt, der in einem festen Tempo (dem Tempo der

Tonblende) quer über das Bild wandert. Auf diese Weise kann der Komponist beim Musikanlegen, wo diese Einzeichnung vorgenommen wird, dem Mixer suggerieren, wie er den Lautstärkeregler zu fahren hat; z.B. hat für ein fade out von 4 Sekunden der Cutter einen Schrägstrich über 96 Filmbilder zu ziehen.

Der Mischplan

Die Zahl der Bänder bei einer Mischung ist unterschiedlich. Bei einem Film mit O-Ton (Originalton des Filmaufnahmeortes) und einer Filmmusik, die nur in einer Funktion (z.B. immer nur als Musik aus dem Radio) vorkommt, sind bisweilen 4 oder 5 Mischbänder ausreichend. Bei einem Film, dessen Ton synchronisiert worden ist, wo demzufolge auch alle Geräusche und Atmosphären synthetisch zusammengestellt und unterlegt werden müssen, gibt es leicht 8 bis 15 parallelzufahrende Tonbänder. Im selben Maße, wie ein Film mit besonderen Effekten, technischen Tricks und mit einer phantastisch-irrealen Szenerie arbeitet, steigt auch die Zahl der Mischbänder. Bei Wolfgang Petersens *Das Boot* wurden z.B. über hundert Bänder benötigt, bei Roland Emmerichs *Joey* etwa 45 Bänder.

Um diese Zahl von Bändern zu überblicken, ist vom Cutter ein „Mischplan" herzustellen, der dem Mixer als Orientierung dient. Dieser Plan (von links nach rechts ist die laufende Zahl der Bänder angegeben; von oben nach unten die verlaufende Zeit) enthält die Angaben über die Musikeinsätze, Geräusch- und Dialogeinsätze etc. Dieser Mischplan muß zum einen genau, zum anderen aber übersichtlich sein. Zuviele Einzeichnungen und Angaben verwirren. Zur Orientierung kann man dem Mixer Sekundenangaben (die laufende Spielzeit des Filmes) geben, oder aber Bildangaben. Letzteres hat sich vor allem bewährt. Die Cutterin Sigrun Jäger: *Ich gestalte meinen Mischplan nicht als Sekundenplan, sondern mit Einzeichnungen vom Bild her, sonst gucken mir die Mischleute nur immer unten auf die Uhr und sagen: aha, 23, 24, – bei 25 muß ich den Regler hochziehen! Bei Musik kann man das sowieso nicht machen, die muß man hören und den richtigen Einsatz finden. Auch mit den Atmosphären muß man vom Bild und Ohr her spielen. Bei mir kriegt der Mischmeister nur die Richtlinien, was auf den Bändern drauf ist, auch die Alternativ- und Sicherheitsmöglichkeiten.*

Diese Orientierung am Bild wird auch von sensiblen Mischern bevorzugt. Rainer Carben: *Wenn ich nur nach technischen Instrumenten mische, dann mische ich etwas, was keinen Zusammenhang mit dem Bild hat. Ich versuche immer auf das Bild zu schauen. Mich interessiert dann nur noch, zu wissen, was kommen wird. Gut ist es, wenn der Regisseur selbst die Ansage macht: jetzt kommt das und das mit dem Inhalt (z.B. eine Explosion oder ein leises Straßengeräusch, was dann hochgezogen werden soll). Ich muß so mischen, damit Ton und Bild zusammenpassen. Es sei denn, aus dramaturgischen Gründen ist das Gegenteil notwendig. In der Regel wirkt das Bild vordergründig, der Ton hingegen hintergründig und unbewußt. Deshalb muß ich auf das Bild schauen. Beim Blick auf die technischen*

Instrumente bekomme ich überhaupt kein Gefühl für den Gesamtmix. Ich lese nie vom Präsignator ab (das ist ein Gerät, das 3,8 Sekunden vor einem Ereignis dieses am Wiedergabekopf über eine Laufzeitkette anzeigt). Ich orientiere mich anhand der Bewegungen im Film und spüre, welches akustische Ereignis eintreten wird.

Das Mischen

Gemischt wird in der Regel nach dem „Rock'n-Roll-System" (Rainer Carben), d.h. man fährt eine Szene oder Sequenz so lange hin und her (dabei fahren mit dem Film- bzw. Videoband immer alle Tonbänder synchron mit), bis alle Regler und technischen Vorgaben so eingestellt sind, daß eine das Ohr befriedigende Lösung gefunden ist. Es ist durchaus üblich, daß eine Stelle bis zu 300mal abgefahren wird, bis alle Korrekturen am endgültigen Klangbild vorgenommen wurden. Es kann daher passieren, daß für zehn Minuten Film acht Stunden gemischt werden muß. Bei Dispositionen plant man als Norm (Bayrischer Rundfunk) für 40 Minuten Sendung eine Mischung von acht Stunden.

Bei großer Bänderzahl (manchmal liegt auf einem Band nur ein einziger Effekt) werden auch Vormischungen gemacht, indem man alle Atmosphären und Geräusche in ein Klangpanorama setzt, dann erst die Sprache dazubringt usw. Bei Filmen, die für eine fremdsprachige Synchronbearbeitung vorgesehen sind, gibt es sowieso die „IT-Mischung", d.h. Geräusche und Musik befinden sich auf einem von der Sprache getrennten Band. Bereits bei einer solchen Vormischung taucht schnell das Problem der richtigen Relation zwischen Geräuschen und Musik auf, – einem alten Streitpunkt von Regisseur, Komponist, Mixer und Produzent. Filmen mit narrativer Struktur wird oft zu unbedingt eine Ästhetik des Realismus zugedacht: was man sieht, soll man hören! Eine Illusion der Wirklichkeit ist das Ziel! Daß man einen Film auch eher psychologisch, als Darstellung des „Innenraums" einer Person, konzipieren kann (was eine Betonung von Musik bedeutet, ein Zurückziehen der Geräusche, die Bilder können irreale Schemen einer Wirklichkeit bleiben) ist immer eine Ausnahme und bedarf oft großer Anstrengung zur Durchsetzung des Konzepts. Michael Landau: *In Mischungen ist es die übliche Situation, daß der Mischtonmeister sagt, – ich kriege die Geräusche nicht mit der Musik zusammen. Der Regisseur sagt irgend etwas, um zu unterstreichen, wieviel Geld der Geräuschemacher gekostet hat usw. Ich sage dann: vergleicht doch mal die Geräuschkosten mit den Musikproduktionskosten ... Es kommt meist ein Einerlei heraus, nie etwas, wo einmal die Musik alleine in den Vordergrund gestellt wird.*

Die Lautstärke! Fast bei allen Meinungsverschiedenheiten über Vordergrund-, Hintergrundwirkungen geht es um das einfache Phänomen des Findens der richtigen Lautstärke! Der Komponist Eberhard Weber: *Lautstärkemäßig wird Filmmusik nie als eigenständig akzeptiert, sondern nur als Untermalung. Vor allem im Fernsehen. Daß die Musik sich für kurze Zeit verselbständigt, wird gar nicht ger-*

ne gesehen. Es muß immer eine Balance hergestellt sein zwischen Sprache, O-Ton, Geräuschen, Atmosphären, Effekten, – es muß immer alles hörbar sein, und wenn dann noch etwas übrig ist, darf Musik dazu. Deshalb klingen viele Musiken einfach nicht gut! Niemand hat den Mut, Musik auch einmal zu 100 % hereinzulassen und die Geräusche wegzulassen, wie es die Amerikaner im Film mit großem Erfolg machen.

Die Lautstärke in der Filmmischung bleibt ohnehin in einem relativ engen dynamischen Rahmen, da nach oben hin mit einem „Begrenzer" („Limiter", auch „Kompressor") gearbeitet wird, der keine Lautstärke über 100 % zuläßt und jeden höheren Pegel beschneidet. Im Fernsehbereich wird streng mit Begrenzer gearbeitet, weil sonst die Post, die den Ton auf dem Weg zum Sender nochmals mit Begrenzern radikal unter 100 % hält, den Klangeindruck verfälschen kann. Wichtig für eine Mischung ist es auch, innerhalb der vorgegebenen dynamischen Skala den „Normalpegel" zu finden. Rainer Carben: *Das Festlegen der normalen Sprechstimme mache ich – wenn wir den Film einmal durchgegangen sind – nach Gehör: ich habe eine gewisse Abhörlautstärke, an die man sich gewöhnt hat, und mische auf dieser Erfahrungsgrundlage so, daß es „natürlich" klingt. Danach wird ausgesteuert. Man macht es im Spielfilm nicht so, wie beim Nachrichtenkommentator, wo der Ton an den Begrenzer gejagt wird, sondern versucht den Ton zu drücken. Ich kann dann bei Vorspann und Abspann, manchmal auch bei szenischen Höhepunkten mit der Musik auf 100 % gehen, möglichst noch komprimiert. Das ist allerdings eine Dynamik, die man im Wohnzimmer nicht so leicht verkraftet, jedoch im Kino.*

Die Problematik der richtigen Lautstärke kann übrigens vom Komponisten dadurch gering gehalten werden, daß er bei der Konzeption seiner Musik Geräusche und Dialog (auch die Frequenzlage des Dialogs, die dann in der Musik auszusparen ist) berücksichtigt. Der Komponist Jörg Evers: *Schlechte Filmmusik ist diejenige, die viel Mix-Arbeit erfordert. Eine gute Filmmusik muß so in den Film passen, daß man kaum den Regler verstellen muß.* Das ständige Verändern der Reglerstellungen am Mischpult, auch das Wiederfinden einer bestimmten Reglerkombination bei den Ein- und Ausstiegsstellen, wird durch eine technologische Entwicklung erleichtert, die seit etwa 1982 ihren Einzug in die Mischstudios hält. Rainer Carben: *In den Regieräumen, wo vor allem Spielfilme gemischt werden, haben wir demnächst ein Mischpult mit Computersteuerung. Der Computer zeichnet alle Reglerführungen nach. Ich brauche diese beim Rückfahren nicht mehr mühsam rekonstruieren, sondern lediglich das Falsche zu korrigieren. Ich habe dann auch die Möglichkeit, das Pult über die dynamische Abspeicherung zu programmieren.*

... und nach der Mischung?

Schon manche Musik ist während der Mischung der Einsicht zum Opfer gefallen, daß Geräusche und Dialog im Klangbild ausreichend sind und der Regler für das

Musikband lieber tot bleibt. Die Musik, welche die Hürde der Endmischung genommen hat, bleibt bei deutschen Produktionen dann jedoch im Film. Der Grund: während es im amerikanischen System der Filmproduktion üblich ist, daß eine Mischung zur Probe und zu einer „Preview" (einer Test-Vorführung) gemacht wird, ist hier nur selten einkalkuliert, daß ein zweiter Mischtermin notwendig sein könnte. Doch wird manchmal selbst hier nochmals eine Musik entfernt, – wenn bei Filmen kommerzielleren Zuschnitts der Produzent nachträglich die Meinung ändert oder der Verleih um eine Publikumswirksamkeit bangt. Beispielsweise berichtet Friedrich Meyer von seiner Musik zu Axel von Ambessers *Die fromme Helene* (nach Wilhelm Busch), die betont bieder und im bürgerlichen Musikstil komponiert war, von einem *Entsetzensschrei des Verleihers, der Constantin, und der Produzent mußte die ganze Musik abbestellen.* Claus Bantzer berichtet von seiner Musik zu Veit von Fürstenbergs *Feuer und Schwert,* die auf Wunsch des amerikanischen Verleihs wieder entfernt wurde: *Es hat mich besonders traurig gemacht, weil dann eine bloße Synthesizermusik hereingenommen worden ist.*

Die Musik im Film geht nun ihren Weg mit dem Film. Der ist in der Regel sehr kurz: ein paar Wochen Kinoprojektion, eine oder zwei Sendungen im Fernsehen. Nur wenige Filme (verglichen mit einer Jahresproduktion) werden zu einem Evergreen, der die Musik am Leben zu erhalten verspricht.

Der Handel mit Soundtrack-Schallplatten war in Deutschland vor 1985 recht unterentwickelt. Nur wenige Musiken werden auf Platte gepreßt und auf diese Weise festgehalten (siehe die Diskographien bei den Komponistenportraits). Ganz selten ist es, wie bei Hans Werner Henzes Musik zu *Törless, Katharina Blum* und *Eine Liebe von Swann*, daß der Komponist eine Bearbeitung der Musik als konzertante Orchestersuite macht. Manchmal verwenden Komponisten das gefundene thematische, rhythmische und klangliche Material, um im Sinn einer autonom-musikalischen Weiterentwicklung diese Musik auf Platte festzuhalten. Dies z. B. bei Eberhard Schoener, Irmin Schmidt oder Eberhard Weber. Letzterer formuliert seinen Grund dafür: *Ich verwende die Musik nachher immer noch so, indem ich sie in modifzierter Form auf Schallplatte erscheinen lasse. Es steht hier aber nie „Musik aus dem Film..."; allenfalls die Titel verwende ich, falls man sie ins Englische übersetzen kann. Zum Beispiel wurde aus „Unendlich tief unten" auf der Platte „Seriously deep". Ich veröffentliche meine Musik nicht, um einen Hit zu machen, sondern weil ich es jammerschade finde, wenn eine Musik (die gut ist und wofür man sich enorm Mühe gegeben hat) nur einmal gesendet oder vorgeführt wird, und dort auch mit bloß 30 % Lautstärke irgendwo im Hintergrund läuft.*

Eine Form der Verwertung von Filmmusik existiert noch über eine Inverlagnahme. Gibt der Komponist seine Komposition einem Verlag, so müßte dieser (wenn er seriös handelt) mit der Musik „arbeiten" – d.h. in Notenform oder auf Schallplattenpressung müßte die Musik verbreitet und verwertet werden (z.B. einem Sender angeboten werden, als Archivmusik für andere Projekte angeboten werden). Viele Verlage sind jedoch reine Inkasso-Verlage, die nur ca. 50 % der GEMA-Tantiemen als Verleger einbeziehen und sonst ... Wer jetzt frägt, warum sich ein Komponist denn mit solchen Verlagen einläßt, den müßte man wieder langwierig aufklären, daß viele Filmmusikaufträge nur an die Komponisten erteilt werden, die dann ihre Musik ... aber da wären wir schon wieder bei jenem traurigen Kapitel der Onkel und Tanten, die es in dieser Branche so zahlreich gibt ...

Kapitel VIII: DER REGISSEUR UND SEINE MUSIKDRAMATURGIE

Jeder Filmemacher des Neuen Deutschen Films besitzt eine eigene musikdramaturgische Handschrift. Im Tonprofil eines Filmes ist die Unverwechselbarkeit und Subjektivität des Regisseurs weit greifbarer, als in der Anordnung und Gestaltung der Bilder. Das Denken über Musik, das Einsetzen von Musik, die Auswahl der Musik, ist für den Filmemacher weitaus privaterer Natur, als seine Art des Arbeitens mit dem Bildmaterial. Bei letzterem befindet er sich in einer bewußt wahrgenommenen und reflektierten bzw. kritisierten Tradition des Inszenierens, der Kameraführung, der Bildauflösung, des Schneidens, der Montage...

Der folgende Teil gibt eine Reihe knapper Porträts von Filmemachern und Regisseuren, um das, was in den Teilen zuvor in isolierte Momente und theoretische Systematik parzelliert worden ist, auch als musikdramaturgische Ganzheit vorstellen zu können. Die Auswahl der Regisseure geschah nicht nach den Kriterien einer „Heroen-Geschichte", sondern unter dem Aspekt, möglichst unterschiedliche musikdramaturgische Profile und Existenzweisen vorzeigen zu können. Man wird daher den typischen Filmemacher des Neuen Deutschen Films ebenso finden wie den an Großproduktionen oder an Kurzfilmen orientierten Regisseur; den Experimentalfilmer neben dem Regisseur, der vorwiegend in den freien Schlupfwinkeln des öffentlich-rechtlichen Fernsehens arbeitet. Entsprechend vielgestaltig sind auch die Darstellungsweisen der Porträts: neben einer Gesamtdarstellung eines Filmemachers findet man Darstellungen, die sich auf bloß einen oder zwei Filme (hier aber ins Detail gehend) beschränken; neben vorwiegend in der dritten Person geschriebenen Teilen findet man Teile in der ersten Person mit fast durchgehendem Quellenmaterial der hier meist zugrundeliegenden Tonbandmitschnitte von Gesprächen...

Aus Platzgründen mußte auf biographische und filmographische Ergänzungen zu den Regisseuren verzichtet werden. Verwiesen sei auf die Informationen in:

- Cinegraph. Lexikon zum deutschsprachigen Film, München 1984 ff. (edition text + kritik)
- Hans Günther Pflaum/Hans Helmut Prinzler: *Film in der Bundesrepublik Deutschland* (Fischer Cinema Taschenbuch), Frankfurt a.M. 1982.
- Robert Fischer/Joe Hembus, *Der Neue Deutsche Film 1960–1980* (Goldmann Magnum-Reihe), München 1981.

Herbert Achternbusch

Die Musik in den Filmen von Herbert Achternbusch, dem großen Verweigerer unter den Machern des Neuen Deutschen Films, ist von unergründlicher Doppelbödigkeit. Wer sie im Film wahrnimmt, wird eine anarchische Folge von Nummern, kaputt tönenden Märschen und Liedern, bayrischer Folklore, exotischen Beigaben und Trommeln entdecken, die immer als Fremdkörper zu den Bildern oder zum Dialog sich verhalten. Wer sie einer Untersuchung unterzieht, wird eine strenge und formale Konsequenz in der Verwendung von Musik entdecken, welche die Filme zu musikdramaturgischen Musterbeispielen werden läßt!

Herbert Achternbusch bezeichnet sich als so unmusikalisch, daß er nicht einmal *Hänschen klein* nachsingen kann, leitet aber aus diesem Wissen seine Strenge und seine Vorsicht im Umgang mit Musik ab. Musik in unserer Medienkultur? Ihr Vorkommen ist einer Überschwemmung vergleichbar. Seine Konsequenz: Das Radio abschalten, das viel zuviel dieser Musik bringt. Achternbusch hört nur wenig Musik, diese aber oft und intensiv. Das *I never had a chance* aus *Olympiasiegerin* hat er *5000mal gehört!*, die Bluesnummern von Skip James in seinem *Föhnforscher* begleiteten ihn während Drehbuch- und Dreharbeiten. Die Strenge im Umgang mit Musik führten zunächst dazu, Musik im Film auf szenisch bzw. dokumentarisch legitimierte Musik zu beschränken. Typisch: *Bierkampf.* In seinem Erstling *Das Andechser Gefühl* besteht Musik nur im Läuten des Andechser Glöckleins. *Früher war Musik für mich kein Problem, jetzt aber, wo die Filme länger werden... da muß ich schon überlegen.* Der Trend zur Kunstmusik – 1983 wird in *Olympiasiegerin* Schönbergs *Begleitungsmusik zu einer Lichtspielscene,* 1984 in *Wanderkrebs* Musik von Gustav Mahler verwendet – darf nicht als inhaltliche Orientierung oder als Entscheidung für das Qualitativere gewertet werden. Die längeren Filme brauchen diese größeren Musikstücke, weil mit den kleinen dokumentarischen Musikbruchstücken seiner bayrischen Umwelt es immer schwerer geworden ist, in gewohnter Formstrenge strukturelle Akzente zu setzen: in *Olympiasiegerin* kommt z.B. Schönbergs Musik dreimal in voller Länge von acht Minuten, einmal in einer Collage mit dem Johnny-Song in sechs Minuten vor, und gibt dem Filmablauf ein festes Korsett. Der Musikanteil in Achternbuschs Filmen ist überraschend groß: er liegt in *Servus Bayern* noch bei 12 % (durchschnittliche Länge eines Takes etwa 70 Sekunden), in *Neger Erwin* bei 31 % (durchschnittliche Länge eines Takes etwa 100 Sekunden), in *Olympiasiegerin* bei 38 % (ein Take im Durchschnitt fast vier Minuten).

Obwohl Herbert Achternbusch meist früh weiß, welche Einstellungen und Orte des Films mit Musik unterlegt werden, wird die Musik am Schneidetisch immer erst spät angelegt. Wir wissen ja, wie Musik die Bilder aufputzt und trägt, – also müssen wir uns hüten, uns vorschnell damit zu benebeln! Ausprobieren geht dabei auf jeden Fall über das Realisieren von vorgefaßtem Wissen. Auf Ausprobieren am Schneidetisch geht z.B. die Erkenntnis zurück, daß Dvoracs zweiter Satz seiner IX. Symphonie am besten zu rauchenden Frauen paßt!

Wie nirgendwo anders hat man in Achternbuschs Filmen den Eindruck, daß Musik hier authentisch ist. Aus vielerlei Gründen. Zum einen durch den Regionalismus. Das Insistieren auf das bayrische Milieu ist keine Heimattümelei, sondern ein Insistieren auf das Recht jedes Menschen auf einen eigenen Lebenszusammenhang. Der musikalische Regionalismus ist ein Wehren gegen die vielbeschworene Flexibilität, Integrativität, Internationalität, – gegen die Ideologien der „Fortschrittlichkeit", die den Menschen entwurzeln, um ihn schneller jeder Veränderung des weltweiten Arbeits- und Freizeitmarktes anpassen zu können. Musik in Achternbuschs Filmen ist aber auch authentisch durch ihre hemmungslose Bindung an die Subjektivität ihres Benutzers: so wie auch alle Bilder, Personen, Geschichten, Wirtshäuser und Orte seiner Filme unmittelbar dem eigenen Lebensradius angehören, so entstammt auch alle Musik dem eigenen Erfahrungsbereich. Selbst Schönbergs Katastrophenmusik wurde nicht etwa in Jean-Marie Straubs Schönberg-Film kennengelernt (wie cineastisch, aber Achternbuchs Denken fremd, zu vermuten wäre), sondern über das eigene Radio. Kaum denkbar, daß in einem Film Sequenzer und Synthesizer mit Drumcomputer fröhlich blubbern (es sei denn als Musik Satans), denn solche Kaufhausmusik ist Anpassung an das Fremde, ihre Hörer sind angepaßte Leute, die fähig sind, *sich mit einem Motor zu vergleichen, in einem Pop-Rhythmus gehen sie auf* (in: *Alexanderschlacht).*

Authentisch wirkt Achternbuschs Filmmusik vor allem durch den Dilettantismus, die Verweigerung jedes Professionellen und kunsthandwerklich Geglättetem. Was in *Neger Erwin* über das Schauspielen gesagt wird, gilt ebenso für Musik: *Ein Laie schaut eben, wie er sein Leben lang schaut. Und was er sagt, ist immer Mist, aber wenigstens kein Angelernter.* Der Vorteil der unprofessionellen Musik liegt in der Direktheit ihres Ausdrucks. Die Gesänge und Jodler, die Märsche, die Blasmusik, der 50er-Jahre-Schlager vom dörflichen Unterhaltungstrio gespielt, die schnell improvisierten Trommelflächen, die zerkratzten Schallplatten zeugen zunächst immer vom Menschen und ihren Nöten und Wünschen, nie von Kunst oder einem abstrakten, musikimmanenten (Un-)Sinn. Falls musikdramaturgisch überhaupt bei Achternbusch von „Kunst" die Rede sein kann, dann nie im emphatischen Sinne, sondern von Kunst als Mittel des Widerspruchs. Die meisten Besucher nehmen die Töne in Achternbuschs Filmen gar nicht als Filmmusik wahr. Solche Töne bewegen sich unterhalb ihres Konsens für Musik. Herbert Achternbusch weiß, daß in den Köpfen nur selten die Wahrnehmungsvoraussetzungen für seinen Stil gegeben sind, *weil meine schlängelnden Filme nicht in ihre begradigten, in ihre sanierten Gehirne passen, sie ecken in ihren gestreßten Gehirnen an, da kriegen sie Kopfschmerzen, sie empfinden beim Anblick meiner Filme Karambolagen*[41]. Die professionelle Alltagsmusik kann Herbert Achternbusch nicht nehmen, weil sie für diese, ihm widerwärtige Art von Köpfen, gemacht ist: *Aber begradigte Hirne brauchen krumme, sprich unsinnige Betätigungen, wozu das ganze Sportgebaren gehört. Die Musik gehört dazu*[42].

Jörg Drews: *Unberechenbarkeit ist seine höchste Qualität: An den besten Stellen von Achternbuschs Büchern und Filmen ist nicht voraussehbar, wie der nächste Satz lauten könnte, geschweige denn, daß man den gegenwärtigen eindeutig verstünde*[43]. Achternbuschs Musikeinsätze sind ebenso unberechenbar. Seine Musikdramaturgie ist unter diesem Aspekt eine „rhapsodische". Doch anders als in der rhapsodischen Musikdramaturgie bei Wim Wenders, die wirklich nur dem momentanen Erleben und Wahrnehmen der abgefilmten Physis der Welt entspringt, gibt es bei Achternbusch in dem anarchisch scheinenden Wirrwarr von musikalischen Versatzstücken des Filmes ein Moment der Form. Weit mehr als die Prägung *Jede Form/ist abnorm* (in: *Das Haus am Nil,* 11. Kapitel) darf man für die

Musikdramaturgie die Aussage *Ich bin der strengste Filmemacher in Deutschland* (O-Ton unseres Gesprächs am 22.10.1985) zur Grundlage nehmen: Die Einheitlichkeit, mit der z.B. in *Neger Erwin* einstimmige Musiken (auf Trompete, Saxophon, Oboe, Geige) exponiert werden, zentriert und formt den Film in gleicher Weise, wie die Reflexionsstationen, die durch die Bluesgesänge von Skip James im *Föhnforscher* gegeben sind. Diesselbe formale Akzentuierung durch musikalischen Groß-Blöcke in *Olympiasiegerin* findet man schon 1977 in *Servus Bayern*. Läßt man in *Servus Bayern* die On-Musiken außer acht, so ergibt sich eine klare Formung: Dem Grönlandgeheul von Anfang und Ende entspricht eine lange Musikeinheit kurz nach Anfang und kurz vor Ende, die je an das optische Symbol eines Eisbergs im Wasser gebunden ist. Die Musiken sind dabei ebenso lang wie die unendlich scheinenden Kameraeinstellungen – Frieda Grafe nennt sie *Einsamkeitsspiralen*. In der Filmmitte findet sich zur schlagerspielenden Trompete eine analoge Fahrt um den Vulkan Ätna (soweit er sich umfahren läßt). Es sind Achternbusch Symbole des Weiblichen (in allen drei Fällen das blaue Meerwasser) und des Männlichen (der Berg; zweimal als Gletscherberg = Achternbusch, einmal als Vulkan = Annamirl), die hier musikalisch akzentuiert werden und die Intentionen des Filmes unterbewußt verdeutlichen. Grafisch gesehen ergibt sich eine Anordnung um eine Mittelachse (= Symbol des Weiblichen):

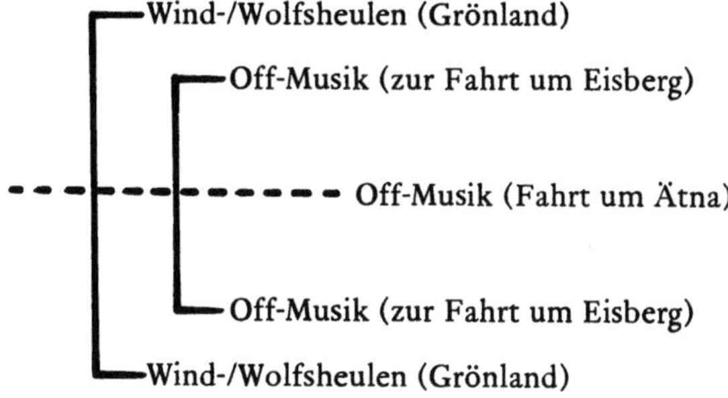

Die musikalische Unberechenbarkeit von Herbert Achternbusch äußert sich auch in seiner Vorliebe für improvisierte Musik, – für Musik, die den Stempel des Unwiederholbaren, Belebten, Spontanen und der Anstrengung ihres Erzeugtwerdens trägt. Solche „niedere" Musik findet sich in seinen Filmen wie klassische Filmmusik eingesetzt: aus dem off kommend, psychologisch und emotional illustrierend, Spannung erzeugend. Man hört sie auch kaum. Es sind zumeist Trommeln und irgendwelche exotischen Instrumente, – Flöten, Lauten oder ähnliches. Der Hang zum Exotischen und fremden Ländern (*Servus Bayern* spielt in Grönland, *Blaue Blumen* in China) ist keine Flucht à la Neckermann-Reisen, sondern ist für Achternbusch ein transponierter Regionalismus: andere Kulturen, die wie er mit Nachdruck auf ihre Eigenständigkeit pochen, die sich nicht integrieren wollen, die Wurzeln bewahrt haben, – das fasziniert ihn. Und genauso faszinieren ihn die authentischen, bodenständigen Instrumente solcher Kulturen, – die Musiken Nordafrikas, Asiens, der unterdrückten amerikanischen Neger.

Manche dieser elementaren Filmmusiken entstanden „unberechenbar": Mit japanischen Studenten, auf Flöte, chinesischem Tamtam, Gongs. Mit drei Musikstudenten aus Stuttgart (auf Gitarre) in *Das Gespenst.* Manchmal wird eine solche Filmmusik auch mit Freunden „getrommelt". Im Anhang zu Jörg Drews Materialienband findet sich eine „Werkangabe", an der man sich die Richtung solchen Musizierens verdeutlichen kann: *„Voodoo für Hölderlin". Kassettenaufnahme einer Free-Jazz-Session, Athen, November 1980. (Von der ganzen Session wurden nur 37 Minuten aufgenommen.) Mitwirkende (instr. und voc.): Herbert Achternbusch, Jörg Drews, Anita Geerken, Hartmut Geerken, Sigrid Geerken. Aufnahmeleitung: Anita Geerken. (Von Achternbusch nicht zur Publikation freigegeben, obowhl Produktionsverhandlungen mit griechischem Label eingeleitet.)*

Das vor-musikalische Improvisieren, das Nachspüren von Klängen der einfachen Instrumente verschafft nicht nur Authentizität, sondern macht Musik auch billig! Um das Geld geht es immer wieder. Der Bluessänger Skip James wurde u.a. auch wegen seiner Qualität geschätzt, schon lange tot zu sein und in Deutschland keine Rechtsnachfolger zu haben. Für *Neger Erwin* war eine amerikanische Titelnummer geplant, deren Rechte aber 19.000 Dollar gekostet hätten, – also entschied man sich für das *Schau mich bitte nicht so an.* Und selbst mit einem Komponisten zusammenzuarbeiten, wenn es finanziell machbar bleibt, ist Herbert Achternbusch nicht abgeneigt. Das müßte sich aber irgendwie stimmig ergeben. Seine Vermutung ist die, daß – wenn er einmal nach New York fährt – *in Amerika irgendein Neger steht und sagt: Ich habe schon viele Filme von Ihnen gesehen. I want to write for you!*

Musikdramaturgische Anmerkungen zu einigen Filmen:

Servus Bayern (1977): Eingebettet in ein strenges formales Gerüst, das die Form und den Inhalt (Rückzug des Männlichen ins Kalte, Grönländische, um sich vor Bayern zu schützen) akzentuiert – siehe oben die grafische Darstellung – gibt es im Sinne rhapsodischer Musikdramaturgie eine freie Folge von On-Musiken: billige, aber unverwüstlich auf die Standfestigkeit von Menschen verweisende Tanzmusik *Dein ist mein ganzes Herz* (für Akkordeon, Saxophon und Schlagzeug; Landlergesang im Wirtshaus, gegröltes *Stille Nacht,* vom Laien stümperhaft geblasenes Trompetensolo über *Dein ist mein ganzes Herz* (das Hochzeitslied von Herberts Mutter) u.a.

Neger Erwin (1981): Drei Schichten von „Filmmusik" werden eingesetzt. 1. Hervorragende Geräuschfelder, die eine musikalische Atmosphäre verbreiten (typisch für viele Filme Herbert Achternbusch), wie z.B. ein dramaturgisch bedeutsames Quietschen eines Krans (über fünf Minuten hinweg) oder das beruhigende Fröschequaken an der Isar. 2. Ferner bekannte Lieder, Schlager, Märsche, die aber immer verfremdet sind, – durch die einstimmige Interpretation und die dilettantische Beschädigung: bei den Filmtiteln zu Beginn setzt auf den Hinweis *Mitarbeit Bayerischer Rundfunk* das Lied vom *Alten Peter* (Trompetensolo) ein, den zufällig per Teleobjektiv eingesammelten Gesichtern von der Straße wird *Schau mich bitte nicht so an* (Saxophonsolo) unterlegt, die drei Monologe der drei Damen (in langen Einstellungen) werden von einem jämmerlich gespielten *Radetzky Marsch* (Oboensolo) begleitet, der Spaziergang auf der Landstraße wird vom Tölzer *Schützenmarsch* (Saxophonsolo) begleitet, die letzten Minuten des Selbstmörders vom schrecklich auf der Sologeige gekratzten *O sole mio*. Die dritte Schicht bilden wieder exotische Instrumente: Ab Filmmitte, nachdem der endgültige Schauplatz des Wirthauses *Zum Neger Erwin* (wo man Neger im Hundehaus hält) gefunden worden ist, beginnen die Buschtrommeln, sowie die asiatischen Flöten und verbreiten eine angstmachende Fremdheit. Großartig, wie mit Bildschnitt auf eine Lederhose indische Sitar und andere Instrumente einsetzen, wie die Dialoge von Achternbusch exotisch eingefärbt werden (Semantik: so fremd wie diese Instrumente ist ein Bayer in Bayern wenn er bayrisch ist!), großartig die Stelle, wie zu einer kreatürlich schreienden Bambusflöte während des Monologs über „Vernunft“ eine Collage von amerikanischen Flugzeugträgern und Bilder von Affen gezeigt wird.

Die Olympiasiegerin (1983): So wie auch in der Bildgestaltung (man vergleiche die Farbkamera von Jörg Schmidt-Reitwein) in diesem Film der bewußte Dilettantismus weggefallen ist, so gibt sich auch Musik hier „seriöser“. Nicht in der Koppelung zum Bild. Der Kopfstand der Mutter ängstigt zu Schönbergs artifizieller Musik weit mehr, als zu einem verstimmten Akkordeon es der Fall gewesen wäre. Das scheinbar Etablierte der Musiken wird von Achternbusch nur benutzt, um die damit inszenierten Widersprüche noch handgreiflicher zu machen. Der Qualitätsanspruch der Musik wird nicht eingelöst: die Emphase der Musik wird nicht an solche Bilder gekoppelt, die der Filmbetrachter hier zu sehen erwartet.

Abgesehen von einer nebensächlichen Swingmusik sind drei Kompositionen konsequent durchgeführt: Schönbergs *Katastrophe*-Musik steht immer im Zusammenhang mit der Geburt des Herbert (der Herbert, schon auf der Welt, sucht sich seine Eltern) und erklingt in großen achtminütigen Blöcken (mit meist ebensolangen Einstellungen); der *Johnny*-Song korrespondiert zu Achternbuschs Auftreten als „Zahnarzt Johnny“ und Weiberheld; das *I never had a chance* ist Achternbuschs persönlich gefärbte Musik, wenn er verzweifelt der Trambahn nachradelt, und wird mit der Schönbergmusik zusammengeschichtet als Hintergrund zu seinem Monolog über die Härte des Mannes eingesetzt. Bemerkenswert wiederum die Geräusche: einmal erklingt eine Kolonie rasselnder Wecker; in einem Restaurant bilden KZ-Häftlinge eine Kette tellerweitergebender Menschen, die einen bedrückend monotonen Teppich von surrenden und klirrenden Lauten (über lange Minuten hinweg) erzeugen.

Rainer Werner Fassbinder

Fassbinder, der deutsche Balsac unter den Filmemachern, hat auch in seinen musikdramaturgischen Konzepten verschiedene Gesichter gezeigt. Sie reichen z.B.

von *Händler der vier Jahreszeiten*, einem Melodram mit sehr wenig Musik (sechs Musikeinsätze, der erste nach einer Stunde!), bis zu *Die dritte Generation*, wo fast durchweg Musik erklingt (dazu noch in mehreren Schichten, wie z.B. Filmmusik und Radiomusik gleichzeitig). Die Gemeinsamkeit der musikdramaturgischen Konzepte liegt in der Sprunghaftigkeit, in dem krampfhaften Suchen nach einem Glück, in dem emotionalen Sich-Verausgaben. Das Verausgaben geschieht in beide Richtungen: eruptives Verbreiten ungelenkter Gefühle gehört ebenso dazu wie das mißmutige und trotzige Sich-Verschweigen. Fassbinder besaß keine feinsinnige Musikalität und verstand sich nicht auf das Spiel mit emotionalen Nuancierungen. Sein Schlagabtausch von Gefühlen verläuft immer rasch und krass. Gefühle werden überbetont bis zum Kitsch, den er aber im selben Moment wieder als Ideologie entlarvt und zum Verstummen bestimmt. Im Stumm-sein sind Fassbinders Filme immer am schönsten: Während üblicherweise die Musikstellen bei einem Regisseur die Höhepunkte seines Films markieren, die „echten Gefühle", ist es bei Fassbinder gerade umgekehrt. Man denke z.B. an das stumme Ende von *Lola* oder von *Händler der vier Jahreszeiten*.

Fassbinders relativer Unfähigkeit, emotional zu differenzieren, entspricht auch seine Vorliebe, klassische Musik mit ihrem vergleichsweise kühleren Ausdruck und Schlager- sowie Unterhaltungsmusik mit ihrer penetranten Direktheit des Stimmungvollen nebeneinander zu stellen. Man findet Schlager und Klassik sowohl in einem Film unmittelbar nebeneinander (z.B. Donizetti neben Elvis Presley in *Warnung vor einer heiligen Nutte*), wie auch in den Filmen in ihrem Nacheinander. Klassik findet sich z.B. in *Katzelmacher* (1969) mit Musik von Franz Schubert, in *Wildwechsel* (1972) mit Musik von Ludwig van Beethoven, in *Fontane Effi Brest* (1973) mit Musik von Camille Saint-Saens. Schlager und emotionsstarke Songs finden sich in zentraler Stellung z.B. in *Der amerikanische Soldat* (1970): Günther Kaufmann singt *So much tenderness* von Fassbinder und Peer Raben, in *Händler der vier Jahreszeiten* (1971): *Buona notte*, gesungen von Rocco Granata, in *Die bitteren Tränen der Petra von Kant* (1972): *Smoke gets in your eyes* von Jerome Kern, *The great pretender* von Buck Ram, *In my room* von Joacquin Pirieto ... bis in die letzten Filmproduktionen: In *Lili Marleen* ist der ganze Film auf die Geschichte dieses gleichnamigen Liedes von Lale Andersen aufgebaut. In *Lola* (1981) finden sich die Erfolgsschlager des Nachkriegsdeutschland wie *Es kommt der Tag* (Freddy), *Am Tag als der Regen kam, Plaisir d'amour*, das Lied der *Caprifischer*. Der letzte Film *Querelle* (1982) ist ganz auf das Chanson *Each man kills the thing, he loves* abgestellt (Musik: Peer Raben, Text: Oscar Wilde, im Filmbild gesungen von Jeanne Moreau).

Das Besondere an Fassbinders Verwendung von Schlagern ist, daß sie nicht ironisch eingesetzt sind und dennoch nicht als Lüge oder schöner Schein fungieren wie in anderen deutschen Schlagerfilmen. Die gelogene und gemachte Emotionalität der Schlager ist echt, weil die Personen, die diese Musik singen und hören, sich mit ihrer ganzen Hoffnung an diese Musik klammern. Indem Fassbinder aber im gleichen Moment nachweist, wie gefangen, betrogen, eingesperrt in ihre Umwelt, Erziehung und Traumatas seine Filmfiguren sind, entlarvt er rückwirkend auch diese Schlager als Lüge, mit der seine Figuren hintergangen werden. Selbst die faustdick aufgetragene Erzählung in *Lili Marleen*, und solche fast peinlichen Stellen, wenn per Schnitt fingiert wird, wie zum Erklingen des *Lili Marleen*-Schlagers die Kämpfe in den Schützengräben quer durch Europa ruhen und Freund und Feind nur noch lauschende Seele sind, selbst solche Stellen vermag Fassbinder durch seine Technik der Integration der Lieder in die Figuren plausibel zu machen. Der *Filmbeobachter* (1981, Heft 1/2): *Das Lied ist, wie gesagt, ein Schmachtfetzen, ein unerträglicher Ohrwurm. Aber vor dem Hintergrund des kitschigen Grauens, das die Nazis verbreiten, im Angesicht der sentimental-schnulzigen Brutalität der SS-Chargen, die die kleine Lili mit öliger Funktionärsgeilheit verfolgen, wird das Lied fast zu einer Unschulds-Arie, die in ihrer rührenden Harmlosigkeit das Grauen nur umso schrecklicher hervortreten läßt.*

Über Klaus Lemkes *48 Stunden bis Acapulco* sagte Rainer Werner Fassbinder, das *einzige, was mich stört, daß die Mädchen so schick sind und daß die Autofahrten so elegant sind... bei mir sind die Figuren in einer Geschichte, die so armselig ist, wie sie selber*[45]. Seinen Komponisten, der eine Musik schreiben kann, die so armselig wie Fassbinders Figuren, aber dennoch gute Filmmusik ist, fand Rainer Werner Fassbinder in Peer Raben. Beide sind über die gemeinsamen frühen Theaterarbeiten (wo Peer Raben auch Regisseur und Schauspieler war) unmittelbar in die Filmarbeit gekommen. In der Zusammenarbeit mit Peer Raben ist etwas vom *Traum des Kollektivs* zu verspüren, von dem Fassbinder zeitlebens gefangen war.

Peer Raben: *Unsere Zusammenarbeit läßt sich gar nicht pauschal definieren, weil die mehrfach ganz verschieden war. Bei den ersten Filmen war ich von der Geburtsstunde bis zur Endfertigung in jedem Stadium des Films dabei und informiert, weil ich ja die Fassbinder-Filme produziert habe. Später hat er auch Filme alleine gemacht, – ohne meine Kompositionen, nur mit Archivmusik; zum Beispiel „Händler der vier Jahreszeiten" oder „Angst essen Seele auf".*

Unsere Gespräche über Musik im Film waren immer projektbezogen. Ein theoretisches Gespräch gab es hier nie. Über Musik in anderen Filmen haben wir auch gesprochen. In der ganz frühen Zeit habe ich ihm geraten, sich doch einmal Filme von Douglas Sirk anzuschauen. Die haben wir dann diskutiert. Es war eine Geburtsstunde. Wir dachten, ein Melodram von einem so hohen Grad an Künstlichkeit zu erreichen, das müßten wir auch schaffen.

Fassbinder war überhaupt an Musik interessiert. Sein spontanes Interesse galt eigentlich immer der aktuellen Unterhaltungsmusik bis hin zur Popmusik. Er war auch ungeheuer interessiert, zu wissen, was für ihn sonst noch wertvoll zu Hören sei. So habe ich ihn z.B. zu Gustav Mahler gestoßen, auch auf das Beethoven-Streichquartett von „In einem Jahr mit 13 Monden."

Die Formen der Collage und vor allem des Melodrams – des Sprechens und Spielens auf dem künstlichen Teppich einer musikgezeugten Emotion – entsprach den Vorstellungen von Rainer Werner Fassbinder und Peer Raben gleichermaßen

(Wie sehr Fassbinders Musikdramaturgie auf Peer Raben zurückging läßt sich den Filmen anderer Regisseure entnehmen, die Peer Raben vertonte.). Die Frage der Künstlichkeit – für viele Macher des Neuen Deutschen Films ist der Realismus ein Credo – hat sich Fassbinder nicht gestellt: *Meine Ansicht ist immer die gewesen, daß je schöner und je gemachter und inszenierter und hingetrimmter Filme sind, umso freier und umso befreiender sind sie*[46].

Musik im Film wurde als Schicht verstanden, die nicht unbedingt kommentierend oder autonom sein soll, sondern die Tendenzen und Gefühlsentwicklungen von Handlung und Sprache noch mehr akzentuiert und emotional zu intensivieren hat. Wo es um die Herausstellung eines Gefühls ging, da wurde alles auf diesen Punkt gesetzt: Dialog, Bild, Geräusche, Farbe, Musik. Maßlos nach der Ästhetik mancher Filmemacher. Richtig nach den Prinzipien des Melodrams. Musik erzählt und illustriert neben der Filmerzählung, – als intensivierender Mitarbeiter. So entstanden bei Peer Raben auch ganze Epen, – etwa die Musik zu *Berlin – Alexanderplatz,* seiner wichtigsten Arbeit, wo die Erfahrung von über 30 gemeinsam gestalteten Filmen mit eingehen konnte. Der Wald, wichtige Situationen, vor allem jede Person haben ihr Thema, ihr Leitmotiv. Natürlich ist dies seit Carl Maria von Weber ein veraltetes Verfahren. Aber im Ganzen des Stils von Fassbinder funktioniert es immer noch. Es hilft in der komplexen Geschichte, Ordnung und Übersicht beim erstmaligen Hören zu schaffen. Grandios z.B., wenn nach vielen Stunden Mieze auftritt: mit einer Musik, von der jeder gleich weiß, daß dieses Mädchen unschuldig und rein ist. Peer Raben: *Mit der Person tritt auch ihre Musik herein, als ihr musikalisches Porträt.* Zu den durchkomponierten Filmen, wo die Musik als emotionssteigernder Erzähler stets dabei ist, gehört auch *Bolwieser*, der 20. Film, den Peer Raben mit Fassbinder vertonte: *Am wichtigsten scheint mir, daß die Musik erzählt. Das geht von der Haltung des Films sowieso aus, es wird sehr stark in Form eines Romans erzählt. Auch die filmische Art ist nicht die dramatische, sondern die erzählende Haltung, es fehlt eigentlich der Erzähler... „Und dann passierte Herrn Bolwieser das und das“, – fast so eine Funktion hat die Musik, die immer so mitgeht, als Kommentar.*

Die filmgeschichtliche Leistung von Rainer Werner Fassbinder liegt aber nicht in einer Wiederbelebung des Melodrams, sondern in dessen Weiterentwicklung mittels Collagetechnik. Seine großen Epen der Spätzeit (welch romantische Formulierung in einem Filmbuch!, Anm. d. Setzers) sind in musikalischen Schichten gestaffelt. Hingewiesen wurde bereits auf *Die Sehnsucht der Veronika Voss,* wo es Musik der 50er Jahre „im on“ gibt, die atmosphärische Flächen schafft, wo es eine Filmmusik von Peer Raben gibt, die (im Stil der 50er Jahre komponiert) ebenfalls atmosphärisch wirkt. Dann gibt es von Peer Raben personenbezogene, meist kurze Musiken, die das reale Erleben und das personale Augenblicksempfinden verdeutlichen; dann noch die extrem kurzen Inserts oder akustischen spotlights, die irgendwelche traumatischen Schocks und Erkenntnisse der Personen verdeutlichen, quasi eine tiefenpsychologische Schicht. Und hinter all dem liegt noch eine Kommentarschicht (Pauken und Trommeln) außerhalb der Erlebensebene der Personen (die quasi von den Filmfiguren gar nicht gehört oder erlebt werden kann), womit übergeordnet die Rezeption des Kinobesuchers kollektiviert und gerichtet wird.

Ähnlich ist auch die Dramaturgie in *Lola*, wo es die realen Schlager gibt, die auch von den Leuten gesungen werden (d.h. stark personengebunden sind), wo es eine typische Filmmusik gibt, die erzählend die Gefühle des momentanen Erlebens illustriert und kundgibt. Diese Musik ist aber „gelogen", d.h. sie ist genauso falsch, wie die korrupten Figuren jener Aufbauphase in den 50er Jahren. Erst in einer dritten Schicht, die wieder eher als tiefenpsychologische, daher ehrliche Kommentarschicht gesehen werden muß, wird die Musik den Filmfiguren in einem objektiven Sinne gerecht. Dieses Ineinanderschachteln von musikalischen Perspektiven in der Musikdramaturgie, dem Von-außen-nach-innen-Inszenieren, wobei nie festgelegt ist, wann ein „Innen" erreicht ist, hat etwas Sehnsüchtiges und Utopisches an sich. Peer Rabens Musik, die oftmals kritisiert und als qualitativ wechselhaft bemängelt worden ist, paßt Fassbinders Filmfiguren wie angegossen. Sie hat gleichfalls jenes einfache, simple, dumpfe, primitive wie die Figuren (typisch: der banale langsame 3/4-Takt vieler Themen). Die Musik lebt aber in einem System ineinander verschachtelter dramaturgischer Perspektiven, kann jederzeit in die Utopie miteingehen. Und ehe sich der Hörer einer Musik von Peer Raben versieht, treffen die Schichten zusammen, und aus den einfachen Themen werden komplexe Collagen mit avancierter Harmonik und Bitonalität, die Peer Rabens Musik zur umwerfenden Filmmusik machen.

Hans W. Geissendörfer

Hans W. Geissendörfer ist unter den Regisseuren des jungen deutschen Films ein Sonderfall. Nicht das Neuartige, das Experiment, das Erweitern der filmischen Erzählweise scheint sein Ziel, sondern eher ein handwerklicher Perfektionismus im traditionellen Sinn (Wilfried Wiegand in FAZ, vom 18.4.1978). Hans W. Geissendörfer gehört zu den Regisseuren, die – was ohne Wertung bemerkt sei – bestes amerikanisches Kino auch hierzulande zu etablieren wußten. Große Szenerie, gute Schauspielerführung und Sinn für Ensembles, eine klare Neigung zur Orchestermusik in romantischer Tradition, – hier wird (worin Hans W. Geissendörfer Volker Schlöndorff sehr ähnlich ist) auf qualitativ hohem Niveau Filmgeschichte großer Namen bewußt weitergeführt. Seine Integration in diese Geschichte bestätigt Hans Geissendörfer: *Ich bin früher wahnsinnig oft ins Kino gegangen. Da kann man sich wirklich nichts mehr ausdenken, was man nicht schon im Film gesehen hat* (in: Die Zeit, vom 30.10.1970), ebenso sein Konsens zu den bewährten Normen der Filmsprache: *Es gibt einfach Gesetze, die man dem Kinobesucher nicht verändern soll, weil er sonst einfach frustriert ist*[47]. Das Ideal des Films ist für ihn der narrative Film in der Prägung Hollywoods mit seinem Konzept der „unsichtbaren Regie". Insofern ist es logisch, daß Klaus Kirschner über die Filmarbeit festellen kann: *Dabei verschwindet die Person Geissendörfers völlig. Ich erfahre von ihm in seinen Filmen nichts*[48].

Man erfährt jedoch durchaus Einiges von Hans W. Geissendörfer: Nicht in der Direktheit – um einen Vergleich aus dem Gebiet der Musik zu nehmen – eines Bluessängers teilt sich Geissendörfer mit, sondern in dem artifiziellen und traditionell gewachsenen Regelsystem von Kunst, in dem sich z.B. ein Beethoven oder Wagner mitteilte: es ist im typisch abendländischen Sinne eine Kultur, in der gedacht, geplant, organisiert wird, in der man Zeichenbedeutung konstituiert, interpretiert, wo der Künstler einen Text schafft, der dann in die „Produktion" gegeben wird, die nur funktionieren kann, wenn klassische Spielregeln und brauchbare Konventionen eingehalten werden. Nicht von ungefähr hat Hans W. Geissendörfer hauptsächlich mit Komponisten zusammengearbeitet, die eine akademische Ausbildung haben, d.h. die gleichfalls in einem Regelsystem sich bewegen, das als anerkannt und qualitativ gilt.

Ich hatte schon immer ein grundsätzliches Interesse an Musik. In meiner Jugend hatte ich einige Instrumente gelernt, war auch im Windsbacher Knabenchor. In den frühen Filmen habe ich gleich schon mit Musik Versuche gemacht. „In „Lena Christ" und „Jonathan" zum Beispiel, habe ich meinem Kameramann, Robby Müller, einen Kopfhörer gegeben und ihn zur Musik Bilder aufnehmen lassen. Das hat allerdings nur funktioniert, wenn Landschaften aufgenommen wurden oder Schauspieler, die sozusagen nur Teil der Staffage waren. In dem Maße wie die Darsteller mit ihrem Spiel in meinen Filmen wichtig wurden, ging das nicht mehr. Die Kritik hat die besondere Betonung von Musik in Geissendörfers Filmen durchaus bemerkt. Über *Der Fall Lena Christ* (mit Musik von Pink Floyd, Vanilla Fudge, Cream, Baden Powell) heißt es z.B. *In einer Prügelszene steht die Mutter wie eine Rachegöttin auf einem Hügel, die Kamera schwenkt zu einem Choral in großer Entfernung um sie herum ... ein „katholischer"* Vorgang (Die Zeit, vom 30.10.1970). In Geissendörfers *Marie* empfand man die Verwendung von Rimski-Korssakoffs *Scheherazade* als Affront; für die Frankfurter Rundschau war es *der verkitschte Kunstgenuß mit „Scheherazade"* (24.2.1973), Die Zeit schrieb: *man gebe hernach ein wenig Stimmung dazu (Rimski-Korssakow mit high fidelity)* (2.3.1973).

Am Anfang hatte ich auch überhaupt kein Geld und fing deshalb an, was übrigens sehr interessant war, Musik der damaligen Zeit auf einen historischen Stoff zu übertragen. Die Komponisten, mit denen ich dann zusammenarbeitete, Roland Kovac, Klaus Doldinger, Ernst Brandner lernte ich eher durch Zufall kennen, auf Empfehlung anderer. Ich kam ja aus der Provinz und kannte niemanden. Nach den Arbeiten mit Eugen Thomass und Nils Jeanette Walen (es waren jeweils zwei Filme) stieß Hans W. Geissendörfer auf Jürgen Knieper (den er über dessen Musiken zu Filmen von Wim Wenders kennengelernt hatte). Seit der achtstündigen Fernsehserie *Theodor Chindler* (1978/79) arbeiten sie nun zusammen. *Ich kenne im Augenblick niemanden, der so gut wie Jürgen arbeitet. Er läßt sich auf einem Tonband die Geräusche und Schritte geben, merkt sich die Schwenks, – und liefert immer ein exaktes Stück Musik dazu. Er kommt auch aus einer absolut klassischen-akademischen Laufbahn. Er hat Musik studiert und kann mit allen Stilen umgehen, kann Partituren schreiben, er hat ein spezielles Gefühl für timing im Film, er hat ein romantisches Gefühl. – Was er nicht kann, das sind Disco-Musiken und die ganz neuen mechanischen Sachen. Mit keinem Komponisten habe ich jemals so eine gute Verbindung gehabt wie mit Jürgen. Wir planen manchmal Oratorien, phantasieren herum, spielen Billard.*

Mit Musik beschäftigt sich Hans W. Geissendörfer schon früh beim Entwickeln des Drehbuches. Das fängt an, daß beim Lesen einer Drehbuchvorlage (fast immer wird Literatur verfilmt, wird also wieder ein vorgegebenes und bewährtes Regelsystem benutzt!) fühlt er Stimmungen, hört Geräusche und Töne. Beim Auflösen des Films ist es eine Hilfe, Musik ganz gegenständlich sich zu denken. Am konsequentesten ist dies in der Patricia Highsmith-Verfilmung *Ediths Tagebuch* gelungen (ein Film, der ohnehin als Musterbeispiel perfekter Integration von Handlung und Musik, von Intentionen des Regisseurs und Intentionen des Komponisten angesehen werden darf): *Ich habe mir hier die Musik ganz gegenständlich gedacht. Da soll es ein Haus geben, unten ganz praktisch eingerichtet mit Küche, Wohnraum. Da ist es eher kühl. Oben, da wo Edith ihr Zimmer hat, soll immer Musik sein. Sie lebt mit ihrer Schallplatte in ihrer Traumwelt. Wenn man so denkt, ergeben sich Musikeinsätze, oder die Stellen, wo Musik sein sollte, von ganz allein.*

Den Komponisten sieht Hans W. Geissendörfer als Berater. *Wenn ich mit Jürgen über einen Film rede, habe ich zwar meist ein ziemlich genaues Konzept oder wenigstens Vorstellungen und Möglichkeiten im Kopf. Er sieht dann aber manchmal die Sache noch anders, und ich muß umdenken. Das mache ich gern, denn er bringt mich so auf Ideen, auf die ich alleine nicht gestoßen wäre. Das ist sein kreativer Beitrag.* Das Interesse an Musik läßt den Regisseur in der Regel auch ins Studio mitgehen. Dort redet er gerne mit, überlegt, ob statt des Fagotts nicht doch eine Baßklarinette besser wäre, ist beim Abmischen dabei... Im Kontext von Hans W. Geissendörfer sind daher bereits einige Filmmusiken entstanden, die – natürlich nach den gängigen Vorstellungen von „großer" Filmmusik – bei Soundtrack-Fans renommiert sind: Ernst Brandners Musik zu *Carlos* (1972), einem europäischen Western, wo sehr sensible Klangbilder (aus den Elementen klassisches Orchester, mexikanische Folklore und der seltenen, von Bruno Hoffmann gespielten Glasharfe) entstanden sind; Jürgen Kniepers Musik zu *Ediths Tagebuch* und vor allem zu der Thomas Mann-Verfilmung *Der Zauberberg*, wo es geglückt ist, in unaufdringlich romantischem Geist eine Musik von mahlerähnlicher Noblesse zu schreiben, ohne daß sich einem das ungute Gefühl der routinierten Stilkopie aufdrängt.

Werner Herzog

Der Komponist Florian Fricke: *Am Ende seines Himalaja-Films unterhalten sich Werner Herzog und Reinhold Messmer darüber, wie unsinnig es sei, immer nach oben zu gehen. Viel schöner wäre es, ohne Ziel einfach in die Welt zu gehen, einfach in die Weite. Diese Weite sucht Werner Herzog auch in seiner Musik. Er sucht immer eine Musik, die an die Ewigkeit apelliert. Strukturell dadurch, daß es weite Bögen sind. Er mag auch gar nicht viel Veränderungen, sondern den großen, zeitlosen Flug.* Die eine Art von Musik in Werner Herzogs Filmen ist in der Tat „grenzenlos", „unendlich", „schwebend", „irreal", oft von einer bedrückenden Schönheit wie die Anfangsbilder, die Landschaften (z.B. das weite Mohnfeld in *Woyzeck*) in seinen Filmen. „Schönheit" verselbständigt sich fast. Musik will zum Dekor werden, zum Teil eines Ästhetizismus, – wird aber immer noch durch eine übermäßige subjektive Anspannung als authentischer Teil des Filmes beibehalten. Auch dieser Prozeß ist grenzüberschreitend und bis zum Äußersten gewagt: Schönheit und Wohlklang bis an die Grenze zum Kitsch getrieben, und dann doch noch eingebunden und als Notwendigkeit begründet. Werner Herzog geht hier mit Musik um, wie mit seinen Filmbildern. Es wäre z.B. eine Pappkameradengeschichte, wenn in *Fitzcarraldo* kein richtiges, schweres Schiff, sondern nur eine Attrappe durch den Dschungel und über den Berg geschleppt worden wäre. Durch die subjektive Anstrengung, durch das Risiko des Versagens, das eingeplant war, sind erst die Filmbilder wahr geworden. Werner Herzog: *Hätten wir das Schiff nicht über den Berg gebracht, dann wäre der Film gescheitert* (in: Filmbeobachter 1982, Nr. 5). Authentisch sind Herzogs Filme und ihre Musik auch durch das Traumhafte: Herzog, für den die Kraft des Films *in der Wirklichkeit von Träumen* liegt, produziert keine Illusionen im Sinne einer als „Traumfabrik" sich verstehenden Kinoindustrie, wo das Lügnerische des Träumens schon programmiert ist, – er bringt die Wahrheit des Traumes wie in einer psychoanalytischen Tätigkeit an die Oberfläche und hat den Mut, seine Träume, Phantasien und Sehnsüchte zu leben, sich selbst in die Grenzbereiche zu bringen, in die seine Filmfiguren vorstoßen müssen.

Neben der „schönen" und „unendlichen" Musik gibt es in fast allen Filmen Werner Herzogs auch Musik „im on", die eher mit „menschlich", „real", „unschön" oder „naturbelassen" zu charakterisieren wäre. Diese Musik ist jedoch nicht nur Szenenmusik aus dem Hintergrund, sondern dramaturgisch von derselben Wichtigkeit wie die „weite" Musik aus dem off. Zu denken ist hier z.B. an die Blasrohrmusik der australischen Ureinwohner in *Wo die grünen Ameisen träumen,* an den Geige kratzenden Jungen in *Nosferatu* und dessen Parallelstelle (vor dem Gefängnis) in *Fitzcarraldo,* an die martialischen Fidelmusiken in *Woyzeck* (für Triebhaftigkeit stehend), die sowohl in der Szene wie im off vorkommen, an den flötespielenden Indianer in *Aguirre,* dessen Musik fünfmal (quasi den naturverbundenen und kreatürlichen Kontrapunkt zu Aguirre darstellend) nach der Machtergreifung Aguirres auftaucht.

Das Nebeneinander von realer On-Musik und überirdischen Klängen macht u.a. das Traumhafte von Herzogs Filmen aus. Träume sind durch das unverbundene Neben- oder Übereinander von Schichten und Symbolebenen gekennzeichnet. Nicht-Koppelbares zu koppeln ist fast ein Merkmal von Werner Herzogs Musikdramaturgie. In *Woyzeck* ist dies als Prinzip sogar auf jeden einzelnen Musikeinsatz angewandt: die drei Orte von Filmmusik (Beginn, Mord, Ende) fügen jeweils zwei unterschiedliche Musiken zu einem Musiktake zusammen, – Glockenspiel und Fideltänze, Fideltänze und Marcellos Oboenkonzert, Glockenspiel und Vivaldis Mandolinenkonzert.

Werner Herzogs Kunst ist in besonderem Maße von Musik geprägt. *Musik, da kommen vielleicht die allerstärksten Einflüsse her, und zwar von früher Musik, also von Schütz an weiter in die Vergangenheit zurück. Also Gesualdo beispielsweise, oder Carissimi, oder noch frühere Sachen, Johannes Cicogna, spätes Mittelalter. Ich glaube auch, daß Film sehr viel stärker mit Musik zu tun hat als beispielsweise mit Literatur oder Theater*[49].

Florian Fricke bestätigt diese Vorliebe für alte Musik, wenn er berichtet, wie Werner Herzog während der Dreharbeiten zu *Lebenszeichen* (1967) in Griechenland (Florian Fricke war hier Darsteller des chopinspielenden Soldaten) schon früh am Morgen italienische Renaissancemusik hörte, allein, zum Nachdenken: *Er liebte besonders die alte Musik. Er haßt es, wenn in der Musik so schwächliche romantische Aspekte sind wie bei Tschaikowsky, Brahms und derlei. Er liebt diese formenstrenge schwingende Musik der Renaissance, liebt von Wagner nur die Vorspiele, alles andere findet er bei Wagner das Letzte...*

Die Zusammenarbeit von Werner Herzog und Florian Fricke beruht nicht wenig auch auf einer geistigen Nähe: *Werner ist früher auch immer an interessanten Texten interessiert gewesen, z.B. auch an den „Popol Vuh"-Texten, den Wechselreden von christlichen Geistlichen und indianischen Priestern aus Guatemala. Das sind unglaubliche Texte, auf denen unter anderem die innere Verwandtschaft zwischen uns beruht. Unsere Zusammenarbeit harmoniert auch deshalb, weil ich seine Filme mag. Man muß den Film mögen. Werner sagt: „Um das Projekt muß ein heiliger Bezirk sein." Da sind wir uns sehr nahe. Dann kann man die Arbeit beseelen. Man muß überzeugt sein. Das bin ich von Werner Herzogs Sachen. Es ist für mich schön, für ihn Musik zu machen. Die Identität zwischen uns, die kommt vom inneren Verständnis her. Wir brauchen uns deshalb nie groß und langwierig abzusprechen. Für Werner ist es wichtig, daß man ganz genau versteht, was er in dem Film sagen will. Dann gibt es höchstens kleine Strukturhinweise von ihm; z.B. mag er keinen Rhythmus, nur Zeitloses, – das ist für mich dann ein Anhalt. Da ich aber selbst zeitlos komponiere und kein anderes Interesse habe, trifft sich das sowieso.*

Florian Fricke komponiert seine Musik weit weniger als andere Komponisten nach bestimmten Längen oder für bestimmte Stellen des Films. Oft wird auch bereits komponierte und auf Schallplatten bestehende Musik genommen: *Da kommt Werner aber manchmal auch einfach an und sagt: „Mach deine Kiste auf!" Dann hört er sich meine Musik an und läßt sich inspirieren, schon während er am Drehbuch schreibt. Er meinte mal, ich wäre immer zwei Schritte voran. Es hat sich auch schon ergeben, daß nach einem Musikstück eine Szene entworfen wurde. Ein Musikstück, das zum Beispiel unabhängig vom Film von mir schon vorher auf Platte produziert war, war das Gitarrenthema (das Thema von Lucie und Jonathan) in „Nosferatu". Die Platte hieß „Brüder des Schattens, Himmel des Lichts" und entstand, als ich aus dem Himalaja zurückkam, gut beieinander von einer langen Wanderung. Zunächst hat es mir gar nicht behagt, daß er die Musik hineingehängt hat in diesen Schauerfilm. („Angstmusik" mache ich nie!) Aber sie paßt. Obwohl sie gar nicht dazu gedacht war.* Vorproduziert war auch die Musik zu *Herz aus Glas.* Die wichtigen Teile daraus entstammen Florian Frickes Schallplatte *Singet, denn der Gesang vertreibt die Wölfe,* die er – nachdem die Musik in Werner Herzogs Film kam – in „Herz aus Glas" umbenannte, Im Studio wurden lediglich noch einige dramaturgische Versatzstücke produziert.

Daß Werner Herzog auch von seinem Komponisten Musik sehr früh bestellt, liegt daran, daß er gerne auf Musik inszeniert und nach Musik schneidet. Hierauf gründet die fantastische Symbiose von Bild und Musik in seinen Filmen. Auch speziell komponierte Musik ist nie in Grenzen gesteckt, sondern sehr offen: der Ort im Film muß erst noch genau festgelegt werden. Florian Fricke: *Wenn ich im Studio fertig bin, spiele ich ihm die Musik vor. Dann weiß er für jedes Stück, wo es hinpassen könnte. Er kennt seine Stellen. Und ich habe immer irgendwie die Musik, die er braucht. Werner hat ein großes Empfinden, wo und wie die Musik angelegt werden soll. Das hat er im Blut. So wie er die Musik anlegt, holt er auch immer das Maximale aus ihr heraus.*

Wie andere Filmemacher – etwa Alexander Kluge, Volker Schlöndorff, Werner Schroeter – hat auch Werner Herzog eine Passion für die Oper (für 1987 ist sogar eine Wagner-Inszenierung in Bayreuth geplant). In *Fitzcarraldo,* jenem Film, in dem ein Opernnarr ein Dampfschiff durch den Dschungel hieven läßt, um im neuerschlossenen Urwald ein Opernhaus zu bauen, heißt es: *Ich habe einen Traum, – die Oper,* und später wird darüber gesagt: *Die Oper, sie drückt unsere größten Gefühle aus.* Mit Oper meint aber Werner Herzog nicht eine oberflächliche Spielerei mit Emotionen, sondern er führt sie zurück auf ein magisches Grundgefühl. Von diesem ahnt man etwas, wenn Fitzcarraldo am Bug des in den Dschungel schwimmenden Schiffes vom Plattenspieler Carusos Stimme in das Niemandsland eindringen läßt, als müßte die Vorwelt damit beschworen werden.

***

In seinen Filmen geht Werner Herzog erstaunlich vielfältig mit Musik um und behält dennoch extrem die Grundmomente seiner Musikdramaturgie bei. Einer seiner ersten Filme, in denen Musik ganz bestimmend wurde, war *Fata Morgana* (1971), für dessen drei Teile die Bestimmung durch Musik bedeutsam ist: Teil 1 „Die Schöpfung" ist auf Musik von Händel, Mozart *(Krönungsmesse)* und Blind-Faith geschnitten; Teil 2 „Das Paradies verwendet Kofferradio-Musik und Musik von Leonard Cohen, Teil 3 „Das goldene Zeitalter" exponiert einen Bordellsänger mit Dame am Klavier. Der erste Film, zu dem Florian Fricke mit seiner Gruppe *Popol Vuh* die Musik beigesteuert hat, war *Aguirre* (1971). Zu diesem Film hat Rudolf Hohlweg eine ausgezeichnete Beschreibung gegeben, ebenso zu *Jeder für sich und Gott gegen alle* (1974)[50]. In letzterem ist bemerkenswert, wie durch die Musik eine Ordnung bzw. Form in den Film kommt, deren Mittelachsenbezug z.B. an Herbert Achternbuschs Musikdramaturgie in *Servus Bayern* erinnert:

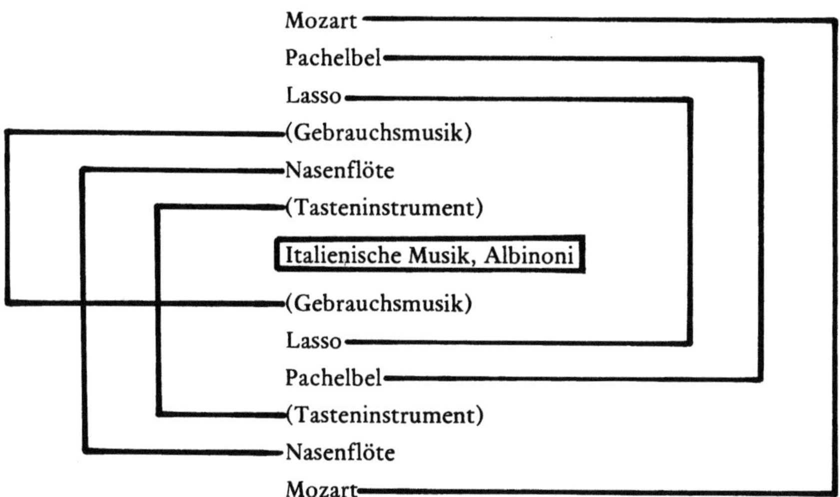

Zusammengehalten wird diese Geschichte vom Findling Kaspar Hauser durch Mozarts Arie aus der *Zauberflöte: Dies Bildnis ist bezaubernd schön...* Nach der Stelle „Ich fühl es, wie dies Götterbild, mein Herz mit neuer Regung füllt" reißt die Musik ab, – Kaspar Hauser wird befreit und „mit Regung" gefüllt werden. Am Schluß des Films beginnt die Arie dort, wo sie abgebrochen wurde: die Stimme von der zerkratzten Platte, die Herzog verwendet, verkündet *Dies Etwas kann ich zwar nicht nennen, doch fühl ich's hier wie Feuer brennen. Soll die Empfindung Liebe sein? Ja, die Liebe ist's allein.* Mozarts Musik wurde dann (wobei sich der Offenheit der Handlung entsprechend ein Trugschluß ergibt) so gekürzt, daß nach diesem Text sich sofort ein abschließendes Orchesternachspiel einstellt.

Um an einem Fall die genaue Abfolge und den inneren Zusammenhang der Musik eines Filmes mitzuteilen, sei die Musikdramaturgie in *Nosferatu – Phantom der Nacht* (1978) erläutert. Folgende Themen bzw. Musiken sind zugrunde gelegt:

1. Das „Dracula"-Thema, Musik von Florian Fricke aus langgezogenen Schwellbögen von Chorstimmen und Instrumenten (vor allem Oboen) bestehend, eine überirdische „Ewigkeitsmusik", nicht in Worte faßbar;
2. Das „Lucie"-Thema, eine Art Seitenthema, das die Liebesbeziehung von Lucie und Jonathan erfaßt, stark von einem gleichbleibenden rhythmischen Feld der Gitarren geprägt, ebenfalls zuständlich (und nicht sich entwickelnd) in der Form;
3. ein „Geisterstimmen"- Thema, dessen Stimmen elektronisch erzeugt sind (Florian Fricke griff hier auf die beiden ersten Platten zurück, wo er noch mit

Synthesizer experimentierte; später, als für ihn *Musik eine Form des Gebets* wurde, arbeitete er vor allem mit richtigen Chören;

4. das *Rheingold*-Vorspiel von Richard Wagner, das durch ein „ewig gleichbleibendes" machtvolles Es-Dur gekennzeichnet ist und hier in der Funktion eines musikalischen Symbols für das „Urböse", für die Macht, die hinter Dracula steht, genommen wurde;
5. ein „russischer Chor", gesungen von der Vokalgruppe Gordela, eine eindrucksvolle archaische Musik;
6. das *Sanctus* aus der *Cäcilienmesse* von Charles Gounod, das sakrale Aura mit endlosen tenoralen Bögen und einem utopischen Glücksgefühl verbindet (dem die hemmungslose Schönheit des Belcanto entspricht).

Die Abfolge dieser Musikstücke:

Take 1 (2 Min. 6 Sek.): Bild = Versteinerte Menschen, Opfer Draculas, woran die Kamera (wenig Filmschnitte) langsam entlangfährt. Musik = Draculathema, dazu ein Herzklopfgeräusch. Ende ist ein Schrei Lucies, die (man sieht es bei einem plötzlichen Schnitt) nachts aus dem Schlaf hochfährt. Rückwirkend erkannt: das Herzklopfen muß Lucies zunehmende Angst gewesen sein.

Take 2 (2 Min. 53 Sek.): Bild = Im Wohnhaus von Lucie und Jonathan, Katzenspiel, Frühstück, Jonathan geht zur Arbeit. Musik = „Lucie"-Thema mit dem ruhigen Gitarrenrhythmus, der leise das holländische Bürgermilieu etwa um 1750 grundiert.

Take 3 (1 Min. 30 Sek.): Bild = Lucie und Jonathan am Meer, sie hat Angst weil er in die Karpaten reisen muß. Musik = „Lucie"-Thema.

Take 4 (1 Min. 20 Sek.): Jonathan auf dem Pferd in die Karpaten reitend. Musik = „Lucie"-Thema; die endlose Gitarrenfläche, die nun zum drittenmal unverändert erscheint, macht alles Tun der Menschen klein, zeitlos, schicksalsergeben. Auch das schnelle Reiten wirkt unnütz angestrengt angesichts des archaischen Pulses der immergleichen Musik.

Take 5 (6 Min. 30 Sek.): Bild = Jonathan geht, da niemand ihm behilflich ist, allein zu Fuß auf Draculas Burg. Naturlandschaften, Wasserfälle, Wolken im Zeitraffer gefilmt, ein Diener holt Jonathan aus der Schlucht ab. Musik = für zwei Minuten das „Dracula"-Thema mit seinen Chorklängen, dann sofort angeschnitten Wagners *Rheingold*-Vorspiel als große Naturmystik und gleichzeitig Beschwörung des Urbösen.

Take 6 (2 Min. 16 Sek.): Bild = Jonathan irrt nach der ersten Nacht bei Dracula verstört im Schloß umher, er sucht den Grafen. Musik = „Geisterstimmen"-Thema. Elektronische Stimmen von allen Seiten, wie langgezogene Soprantöne.

Take 7 (1 Min. 13 Sek.): Bild = Ein Junge spielt Geige, dazu die Burgruine im Nebel, Jonathan sucht Dracula. Musik = einfaches Lied, das anfängerhaft und kratzend auf der Geige gespielt wird.

Take 8 (37 Sek.): Bild = Lucie am Strand. Musik = „Lucie"-Thema; Bild und Musik sind als Parallelmontage zu Jonathans Tagebuchschreiben für Lucie zu verstehen, – es sind seine Erinnerungen an Lucie, die man (durch ihr Thema vertreten) hört.

Take 9 (56 Sek.): Bild = Dracula beißt Jonathan, dazu als Parallelmontage: Lucie schlafwandelt. Musik = „Geisterstimmen"-Thema, das beide parallelmontierte Ebenen gleichschaltet durch Suggerieren einer Einheit der Zeit. Plötzliches Ende der Musik ist wieder ein Schrei Lucies.

Take 10 (35 Sek.): Bild = Jonathan versucht am anderen Morgen zu fliehen, der Junge steht wieder unten am Tor und geigt. Musik = kratzende Geige.

Take 11 (41 Sek.): Bild = Die Särge Draculas (worin auch er versteckt ist) werden auf Flößen verschifft. Musik = „Dracula"-Thema.

Take 12 (42 Sek.): Bild = Die Särge auf großem Schiff auf See. Musik = „Dracula"-Thema.

Take 13 (50 Sek.): Bild = Ratten und Unheil auf dem Schiff, Tote in der Nacht. Musik = *Rheingold*-Vorspiel als das Urböse.

Take 14 (3 Min.): Bild = Fledermaus fliegt in Zeitlupe, Dracula auf dem Schiff nachts umhergehend, dazu als Parallelmontage wie Jonathan nach Holland zurückreitet, dann: Schiff kommt als führerloses Geisterschiff im Hafen an. Musik = „Dracula"-Thema.

Take 15 (2 Min. 30 Sek.): Bild = Alle Ratten und Dracula mit seinen Särgen gehen von Bord. Musik = *Rheingold*-Vorspiel.

Take 16 (1 Min. 25 Sek.): Bild = Dracula jetzt nachts in der holländischen Stadt, er sieht durchs Fenster Lucie. Musik = ein neues (!) zartes Klangnetz aus Stimmen, steht für die Liebe, die Dracula für Lucie empfindet.

Take 17 (52 Sek.): Bild = Pest im Ort. Särge. Musik = Chöre und Glocken.

Take 18 (etwa 6 Min.): Bild = Lucie streut Hostien in Draculas Sarg, um ihn zu vertreiben; geht dann auf den Marktplatz zu den Pestopfern. Musik = zunächst die lieblichen Stimmen (wie Take 16), dann ab Schnitt auf Marktplatz Einsatz des „russischen Chors". Der Einsatz des Chors erfolgt mit Schnitt auf den Rathausturm, dann (wie zur Musik gefilmt) ein Schwenk von Turmspitze zum Boden nach Phrasierung der Musik. Die pestkranken Leute tanzen und singen auf dem Platz, aber man hört keine Geräusche und Originaltöne. Alles zieht schemenartig lautlos zu dem „russischen Chor" vorbei. Auf Musikende werden die Geräusche plötzlich hochgezogen, die Szene wird real.

Take 19 (1 Min. 35 Sek.): Bild = Lucie bereitet alles für ihren Opfertod vor, mit dem sie die Stadt vor dem Bösen retten will. Musik = Variationen und Präludieren über das „Lucie"-Thema; auch einzelne Chorstimmen u.a.

Take 20 (1 Min. 5 Sek.): Bild = Lucie opfert sich Dracula, um ihn den Hahnenschrei vergessen zu lassen und ihn so zu töten. Flug der Fledermaus in Zeitlupe abgefilmt. Musik = der „russische Chor“, vor allem zur extrem langsam fliegenden Fledermaus, eine Art Verklärung. Der russische Chor scheint wie eine Art Requiem für Dracula.

Take 21 (etwa 2 Min.): Bild = Jonathan, nach Draculas Tod nun dessen Nachfolger, reitet nach Riga, um dort das Verderben aufs neue in die Welt zu bringen. Musik = *Sanctus* von Gounod, wodurch der Ritt in die Welt etwas Sakral-Messianisches und auch etwas Jubelndes, Positives erhält. Eine Ästhetisierung des Grauens, die Frösteln macht.

Günter Höver

Vorgestellt wird hier die Arbeit eines Regisseurs, der Dokumentarfilme und Vergleichbares macht, die – obwohl ursprünglich vom Journalismus herkommend – primär nicht informieren wollen, sondern die Erlebnisseite einer Wahrnehmung betonen. Alle Filme (für Fernsehen und Erwachsenenbildung usw., viele im Auftrag der Tellux-Film GmbH) sind subjektiv gefärbt und umkreisen oft auch den Bereich Meditation. *Irgendwann in meinem Journalistendasein habe ich erkannt, daß es den objektiven Journalismus nicht gibt, – und wenn ihn jemand anstrebt, dann ist er für Nicht-Experten langweilig. Es gibt für mich seitdem nur den engagierten Journalismus. Ich mache also Tendenzfilme, die – vom Formalen her gesehen – gerne experimentieren. Ich suche immer wieder nach nicht-verbrauchten Formen filmischer Gestaltung.*

Film und Musik haben für mich sehr viel gemeinsam. Das Wichtigste ist dabei, daß beides für mich Erlebnisformen sind, die nicht primär den Kopf ansprechen, sondern die sinnliche und ganzheitliche Seite des Menschen. Bei mir hat Musik immer eine Rolle gespielt, – bis hin zur Entscheidung, sie wegzulassen. Ich stelle mir routinemäßig die Frage, ob und warum in einem neuen Film Musik drin sein muß. Ob als Originalmusik aus der Szene oder als Filmmusik. Ob die Musik aus dem Himmel fällt (das ist für mich eine wichtige dramaturgische Entscheidung) oder ob sie, was ich gerade in letzter Zeit immer häufiger versuche, in irgendeiner Szene einmal als Realmusik vorkommt.

Ich gebrauche Musik sehr gerne und vorwiegend leitmotivisch. Ein bestimmtes Thema, ein Unterton des Films, soll zwischendurch immer wieder musikalisch anklingen. Bis auf wenige Ausnahmen versuche ich nach Möglichkeit mit einer Musik (die allerdings variiert werden kann) auszukommen. Die Musikteile sind für mich Vertiefungsstellen im Film, Orte zum Nachsinnieren. Da steht die Musik allein und ist nicht mit Kommentar unterlegt. Ich gehe dabei auch von meiner Erfahrung aus, daß man Filme mit Leitmotiv besser behält. Sie bleiben besser in Erinnerung und bekommen gleichzeitig eine Geschlossenheit.

„Überhöhen" und „Vertiefen" sind für Günter Höver zwei wichtige dramaturgische Funktionen in seinen Fernsehfilmen. **Überhöhen:** *Eine Szene ohne Musik kann banal sein. Durch eine Musik kann ich sie erhöhen, idealisieren. Ich bringe eine Ebene in den Film mit hinein, die ich vom Bild her gar nicht erwarten würde. Es entsteht eine Pathetisierung, Idealisierung.* **Vertiefen:** *Wenn etwas im Bild schon – auch auf der Gefühlsebene – inszeniert ist und die Musik das in ihrer Sprache nochmals buchstabiert.*

Der Zeitpunkt, zu dem unter musikalischem Aspekt ein Film geplant wird, ist bei Günter Höver erstaunlich früh. Man findet Musiken, die schon vor dem Film bestehen, Musiken, die während der Dreharbeiten gefunden werden, und Musiken, die (wie üblich) während des Schnitts entdeckt werden. Überraschend ist, daß sehr oft direkt nach Musik geschnitten wird.

Bei einer Reihe von Filmen hat die Musik vor dem Film bestanden. Ich habe Filme zum Teil erst durch Musik erfunden. Themen- bzw. Aufgabenstellungen sind im dokumentarischen Bereich – wie ich sie habe – meist sehr abstrakt, etwa wie eine Überschrift im Lexikon. Dazu soll nun ein Film entstehen. Wenn man nun nicht rein dokumentarisch vorgeht, was bei mir häufig der Fall ist, dann habe ich ja nicht eine Szenerie wie in einem Spielfilm, sondern muß mir immer neu etwas einfallen lassen. Da hat mir Musik vor dem Film bisweilen sehr geholfen. Zum Beispiel hatte ich einmal ein Stück von Pink Floyd, das sich eignet, die Augen zu schließen und Bilder kommen zu sehen. Lange Zeit wußte ich auch, daß eines Tages ich den zweiten Satz von Beethovens 7. Symphonie in einem Film verwenden werde. Bis sich dann irgendwie ein Thema zur Musik gefunden hat. Von der Musik ausgehend, habe ich dann die Szenerie fantasiert.

Bei anderen Filmen ist die Musik während des Drehens aufgetaucht. Ich habe einmal in Frankreich einen Film über Marcal Legaut, den französischen Schriftsteller und Philosoph, gemacht, der sich in die Berge der Provence zurückgezogen hat. Ich dachte mir, wenn du den Menschen porträtierst, der in dieser Landschaft lebt, das hat einen ganz bestimmten Gefühlswert. Ich sehe und erlebe die Person, ich erlebe die Landschaft, alles wird in einem plötzlich zur Szenerie, – wie eine Oper! Damals hat der Kameramann Jürgen Grundmann öfters im Autokassettenrecorder „Wish you were here" von Pink Floyd gehört, der instrumentale Einleitungsteil der ersten Seite. Er dauert knapp zwei Minuten. Und plötzlich sagten wir: mit der Musik fangen wir den Film an! Wir hatten diese Musik immer dann gehört, wenn wir von den Dreharbeiten runter zu unserem Hotel fuhren. Und als wir dann die Berge, so in verschiedenen Schichten hintereinander gegen die Sonne gesehen hatten, da merkte ich, daß die Redeweise dieses Mannes in dieser Art von Bergbild enthalten war. Der massive Stein des Bergs, der kantige Mensch entsprachen sich. Das hatte ich bei der Rückfahrt immer mit dieser Musik assoziiert. Wir drehten dann die Berge in diesem speziellen Abendlicht, ließen das Auto nebendran stehen und den Kassettenrecorder laufen. Das hat dem Kameramann geholfen, die Schwenk- und Zoombewegung auf die Musik abzustimmen, extrem langsames Öffnen aus einer langen Brennweite in den Weitwinkel rein.

Eine andere Episode: Ich nahm einmal mit dem Kameramann Vladimir Koci Kirchenfenster auf und ich wußte genau, welches Fenster ich für einen Höhepunkt im Film brauchte. Etwa eine Minute wollte ich in die Rosette gehen, die einen Rosenstrauch mit einem Liebespaar in der Mitte zeigte. Der Kameramann wußte nicht, in welchem Tempo er in das Detail fahren sollte. Normalerweise schaue ich auf den Hebel seines Zooms und kontrolliere, ob das Tempo beim Drehen stimmt. Da fiel mir die Idee ein, eine Melodie zu pfeifen, so wie ich mir die Musik am Ende vorstelle. Ich habe ihm dann etwas vorgesummt, er sagte: Das hilft mir unwahrscheinlich. Jetzt weiß ich genau, was Sie wollen!

Der musikalischen Grundeinstellung seinen Filmen gegenüber ist es für Günter Höver nahezu typisch, daß er am Schneidetisch oft zur Musik, die als Perfoband aufliegt, schneidet. Das umgekehrte Verfahren – eine Musik erst viel später, nach dem Feinschnitt anzulegen – scheint ihn eher zu beunruhigen. *Ich hatte einmal für den Hessischen Rundfunk einen Film mit Alltagsbildern zum Thema „Eine Stadt erwacht", wo gezeigt wird, was sich alles auf den Straßen abspielt, eine Art Bildmeditation. Da hatte ich einen Cutter, der zunächst die Bilder in der chronologischen Reihenfolge hintereinanderhängte. Die geplanten drei Jazztitel legten wir dann erst danach an, mit dem Vorsatz, zu sehen, wo man das Bild noch korrigieren muß. Mir sind damals die Haare zu Berge gestanden, weil ich vorher immer erst die Musik hatte und danach mir den Schnitt überlegt habe. Bilder kann ich ja (gerade bei eher dokumentarisch angelegten Filmen) leicht umstellen, verkürzen, verlängern. Die Musik schon viel weniger, weil die ja eine kontinuierliche Einheit bildet.*

Bei dem Verfahren, konsequent nach Musik zu schneiden, ergibt sich eine Musikalisierung der optischen Formen, eine Art Strukturübertragung von Musik auf das Bild: *Mehrere Jahre lang hatte ich für das ZDF auch sogenannte „Feiertags-Specials" gemacht, 15 Minuten lang, jeweils nach den Nachrichten. Anfangs hießen die noch etwas schöner „Meditationen". Einer der ersten war „Dann reden die Steine", eine Art musikalischer Betrachtung der Frankfurter Steinwüste, Nordweststadt, Hochhäuser. Da kommen eine ganze Reihe von Titeln drin vor, Zitate aus „Clockwork Orange" von Stanley Kubrick, der Synthesizer spielt eine große Rolle, dazu als Kontrapunkt eine Cellomusik von Brahms (für die andere Seite, die Obdachlosenasyle, wo es keine kalt-perfekte Fassade mehr gibt). Die fünf Titel haben den Film durchstrukturiert. Er hat über die bloße Stimmung hinaus durch Musik eine Struktur erhalten, – eine rein musikalische Form.*

Über die konkreten Vorgänge beim Schneiden nach Musik gibt Günter Höver folgende Mitteilungen: *Rein technisch, da sage ich Dir ja nichts Neues, muß das Bild vorlaufen (um zwei bis drei Felder), damit man es als gleichzeitig empfindet. Wenn ich einen Schnitt hart haben will – wobei das Harte mir oft primitiv vorkommt (es ist das, was jedem einfällt, es entspricht dem Begleitschlagzeuger bei der Zirkusattraktion) – dann schneide ich auf die Eins. Das ist auch brauchbar für ironische Effekte. Wenn ich den Schnitt nicht ins Bewußtsein dringen lassen will (im Zirkus kommen einem ja die Attraktionen als Kunststück ins Bewußtsein), dann bringe ich einen Schnitt lieber auf die Zwei oder Vier oder irgendwo vor dem Schlag. Das hängt im einzelnen aber wieder von den Bildern und vom Filmthema ab. Mickey Mousing ist ein fröhlicher Effekt, ein musikantischer Effekt, den kann ich in den meisten Fällen eigentlich nicht brauchen. Wenn ich eine gewisse Spannungslosigkeit und Monotonie ausdrücken will, etwas „Simples" im Rhythmus, dann schneide ich (zu langsamerer Musik) nach der Eins.*

Der Weg zu einem Musikstück kann manchmal abenteuerlich sein: *Ich habe irre viel Zeit in Schallplattenläden verbracht. Ich setzte mich eine Stunde oder zwei in den Schallplattenladen gegenüber von Tellux-Film und habe meine Vorstellungen systematisch auf die Produktion hin eingekreist, die ich gerade im Schnitt habe. Das Kurioseste ist mir einmal bei der Bearbeitung eines amerikanischen Films für eine deutsche Fassung passiert: die amerikanische Musik war unbrauchbar, der Schnitt mußte den Film um einige Minuten kürzen, damit er in die deutsche Sendenorm paßte. Es war ein symbolisches Stück von einer Butterblume, die auf einem klaren Bergbach angeschwommen kommt. Sie schwimmt und schwimmt, bis sie – vorbei an schönen Bildern – am Schluß in einen Industriestrudel gerät und ölverschmiert untergeht. Ich mußte hier ein Siebenminutenstück finden, das nicht klassisch, sondern populär war. Nach einer Woche fand ich „april is a cruel time" von Deep Purple. Ich saß wie immer mit meiner Stoppuhr da: die instrumentale Einleitung (Vokalmusik verwende ich fast nie) dauerte siebeneinhalb Minuten. Als wir den Titel dann auf Perfo an den Film anlegten, sind wir fast an die Decke gesprungen vor Begeisterung. Es stimmte in allem. Fing erst fröhlich an, unbeschwert, und – als dann im Film die ersten Anzeichen von Zerstörung der Natur kamen – waren tatsächlich die ersten Eintrübungen auch in der Musik. Wir mußten bloß die Musik um vier Felder verziehen, und alle Schnitte saßen – zufällig – richtig! Ich kann mir noch heute nicht vorstellen, daß ein Komponist eine besser auf den Film bezogene Musik hätte schreiben können.*

Alexander Kluge

Der aus mehreren Schichten bestehende Typus des Assoziations- und Montagefilms Alexander Kluges steht innerhalb des Neuen Deutschen Films vergleichsweise einsam da, – ganz im Widerspruch etwa zu der Bedeutung, die Kluge als Filmpolitiker und Koordinator des deutschen Autorenfilms nach Oberhausen erhält. Die Abneigung, die Alexander Kluges Filme bei einigen Filmemachern der Nach-Oberhausener Generationen genießt, ist nicht wenig auch aus dem schlechten Gewissen diesen Filmen gegenüber zu erklären: kein Autor setzt so konsequent die von Kurzfilmarbeit und von einer Abwehrhaltung gegen das konventionelle narrative Kino geprägte Suche nach dem „Neuen Spielfilm" und neuer filmischer Ausdrucksweisen fort, kein anderer Regisseur arbeitet so betont mit einem kooperativen Bewußtsein. Ein Regie-Titel weist für Kluge den Film nie aus; im Zusammenhang mit *Gelegenheitsarbeit einer Sklavin* sagt er z.B.: *Man muß nur eins klar sehen: der Film wird nicht von mir gemacht, „Gelegenheitsarbeit" ist eine Zusammenarbeit zwischen meinem Schwager, meiner Schwester, mir, Mauch, und der Beate Mainka. Die Beate Mainka hat auf diesen Film genausoviel Einfluß wie ich. Ich bin sozusagen als Politkommissar verantwortlich für die Situation. Ich muß die Situation kontrollieren, da bin ich voll verantwortlich. Für keine Einzelheit der Situation bin ich verantwortlich. Ich bin für die Authentizität der Situation verantwortlich, daß zum Beispiel die Darsteller ein Verhältnis zu ihrer Rolle, zur Situation haben, die Situation wiederum und die Darsteller ein Verhältnis zu dem, was außerhalb des Films als gesellschaftliche Wirklichkeit existiert* (in: Filmkritik 1976, Heft 12).

Außer in seinem ersten Kurzfilm *Brutalität in Stein/Die Ewigkeit von gestern* (1960), wo Hans Posegga die Musik dazu komponierte, hat Alexander Kluge nur „Nicht-Filmmusik" verwendet, – klassische Musik, Tango, Schlager, Geräusche, alte Schallplatten, Musik zu Staatsakten, Opernmusik, Volksmusik, Nationalhymnen. Ein ganzer Kosmos von Musik, der bei Kluge (zu dessen Ausbildung auch ein Kirchenmusikstudium gehörte) nicht klein war. Kreativität bei Kluges Filmarbeit liegt nicht beim Drehen von Bildern (diese sind oftmals Restmaterialien oder von Freunden geliehen, – wie die Musik!), sondern in der Kombinatorik. „Kürze, Montierbarkeit, Assoziierbarkeit" waren die Forderungen, die in dieser Dramaturgie an das Bildmaterial gestellt wurden, – die man zwangsläufig (oft mit hartem Schnitt) auch an die Musik stellte. Für die Bewegung seiner Erzählweisen war Musik außerordentlich wichtig: es gibt z.B. neben den dokumentierenden Filmformen die mehr musikalisch-poetische Form, Dialogformen, Kommentarformen (jeweils mit unterschiedener Einfärbung durch Musik). Die musikalisch-poetischen Formen findet man vor allem in den Montagesequenzen, wo zu einem Musikstück Bilder unterschiedlicher Provenienz in Zusammenhang gebracht werden, z.B. in *Patriotin: Eine blaue Straße, in der Ferne ein Dorf; Telegrafenstangen. / Herbstlicher Obstgarten, sehr gelb, gesehen von einem Mädchen, das auf der Veranda träumt / Bilder von einem Ritterkampf aus der deutschen Heldensage. Einer der Ritter nimmt seinen Helm ab: Es ist eine Frau. Das Untier Beowulf kriecht zur Halle herein / Flußlandschaft: Caspar-David Friedrich – ein deutsches Häuschen im Morgennebel.* Als Beispiel für eine Kommentarform, die mit Musik in neuer filmsprachlicher Weise verbunden ist, sei auf die Erschießungsszene in *Die Patriotin* verwiesen: Den Originalsprecher und die Originalbilder einer Wochenschau von 1945 hat Kluge mit einer großen Symphonik unterlegt, die wie in einem action-Film die einzelnen Schüsse und das Sterben der hingerichteten Soldaten und Jugendlichen untermalen, – eine seltsame Vermischung von Hollywood-Theatralik und Dokumentarfilm.

Musik hilft dem Montagefilm zu einer Tiefendimension. Alexander Kluge: *Die Einführung des Tones erlaubt polyphone Wirkungen, die vorher nur durch ein Nacheinander angedeutet werden konnten. Francois Truffaut hat in seinen Filmen adjektivische Wortwirkungen zum Bild verwendet; es gibt zahlreiche Filme, die mehrere Tonebenen verwenden und damit eine epische Mehrschichtigkeit er-*

reichen[51]. Musik vor allem ist es, die für Kluge (neben der schon erwähnten „Polyphonie" seiner Montagen) einige Stilmittel übernommen, etwa auch das Prinzip der „Gegenbewegung" (einem konstituiven Moment jedes kontrapunktischen Tonsatzes in der Musik) als Mittel zur Spannung. Die Orientierung an Gestaltungsprinzipien Arnold Schönbergs war für Kluge wichtig: *Meine ganzen Kategorien, die ich hab' auf dem Gebiet des Films, die kommen aus der Wiener Schule, was anderes hab' ich nicht studiert* (in: Filmkritik 1976, Heft 12). Die Bedeutung der Musik für die Filmdramaturgie ist auch in den Ulmer Dramaturgien angegeben: *Schließlich haben wir von Neuer Musik oder von literarischen Vorbildern mehr gehalten als von jedem Vorbild, das es innerhalb des Films gibt*[52].

Trotz seiner mehrfach belegten Affinität zur Musik ist es erstaunlich, daß Alexander Kluge in seinen Drehbüchern und in den im Nachhinein gedruckten Inhalts- und Dialogangaben die Musik nur nebengeordnet berücksichtigt. Während die einzelnen Bildteile einer Montage oft minutiös aufgezeichnet sind, steht für das musikalische Geschehen oft nur „Musik". Dies sowie die Kenntnis der einzelnen Musiken seiner Filme legt den Verdacht nahe, daß es sich bei der Musikauswahl um eine (wie bei den meisten Filmemachern) extrem private und persönliche Tätigkeit handelt, über die man nicht sprechen oder schreiben will, – nicht kann: weil die musikalischen Präferenzen so aus dem Innern kommen, daß sie eher einer Psychoanalyse, als einem logischen Erkenntnisakt zugänglich sind.

Folgende Musikstücke findet man in Alexander Kluges mehrfach ausgezeichnetem Film (9 Preise bei den Filmfestspielen Venedig 1966, Silberner Löwe u.a.) *Abschied von gestern:* Kaffeehausmusik auf Violine und Klavier, *Leise rieselt der Schnee* auf Kinoorgel, Tango der 30er Jahre, das Quartett Nr. 11 aus Verdis *Rigoletto,* Chopin auf einem verstimmten Klavier, Bert Kämpferts *Red roses for a blue lady,* Orchestermusik der Frühklassik, Haydns „Kaiser"-Quartett (Deutschlandlied), barockes Präludium auf verstimmtem Klavier, Musik der 40er Jahre, Tango, Zirkusmusik, *Wien, Wien, nur du allein,* aus Verdis *Don Carlos: Sie hat mich nie geliebt.*

Alexander Kluge, der all diese Musik auch ganz persönlich mag, weil es „seine" Musik war (siehe Seite 38), Musik, die ihn beim Aufwachsen und Erfahren der Welt begleitet hatte, begründete diese Vielfalt von Musikstücken in *Abschied von gestern: Die Musik hat eine kommentierende Funktion. Ich versuche, den Zusammenhang mit einzubringen, in dem eine Musik steht. Eine Aura wird mit Hilfe der Musik gegenwärtig gemacht. Bei dem Schlager „Zwei blaue Augen" etwa wird allen Altersgenossen von mir allein durch die Orchestrierung schon klar, was ich meine... Die Musik hat eine Entsprechung in der Unbestimmtheit der Denkwelt der Anita... Es ist natürlich die Musik ihrer Eltern, irgendeine Musikalität, wie sie sie gelernt hat...*

Ich habe diese Musik nicht selber ausgesucht. Die Kranzlermusik hatte ich genommen, weil Anitas Lieblingsaufenthalt – der der Darstellerin – in Frankfurt das Cafe Kranzler ist, und da hört man genau diese Musik. Anita hängt dabei ihren Träumen nach. Sie hat auch die anderen Musiken ausgesucht, zum Beispiel die

Schlußmusik, die lustige spanische Musik, weil, fand sie, das Gefängnis doch nicht so enden dürfe. Sie fand, das sei – diese billige Musik – eine progressive Musik (in: Filmkritik 1966, Heft 9). Hier wird ersichtlich, wie durch die subjektive Bindung eines Musikstücks an Filmautor oder Darsteller die Musik authentisch wird, sie wird Teil der Wirklichkeit, der gesellschaftlichen Realität, es ist „bemooste" Musik, Musik mit einer Rezeptionsgeschichte, – all das hat sie auch mit den dokumentarischen Bildern in Kluges Filmen gemeinsam und kann deshalb wie die Bilder montiert werden. Alexander Kluge: ... *die Musikstellen sind Film, sie sind stark bildhaft. Mit Gesamtkunstwerk hat das zunächst nichts zu tun. Denn Gesamtkunstwerk wäre insofern luxuriös, als ich wählen kann, welche Mittel ich anwenden will, während, hier wähle ich gar nicht, sondern ich brauche diese Musik als einen Teil des Films, als ‚Bilder' gewissermaßen*[53].

Die Art, wie in Kluges Filmen auf Bild- und auf Tonebene unablässig zitiert wird, wobei große Stil- und Zeitsprünge der Materialien typisch sind, erfordert eine aktive Rezeption des Kinobesuchers. Die Qualität der Rezeption selbst ist dabei sehr vom Bildungsgrad des Besuchers abhängig. Zwar lassen sich die Filme auch ohne Vorwissen mit einem Assoziationen auslösenden Vergnügen anschauen, doch sind alle montierten Versatzstücke so präzise und sprechend eingesetzt, daß erst aus ihrer Kenntnis und aus dem Wissen um die damit angerissenen Gefühlswerte für den Filmautor, sich der Film in seinem intendierten Gehalt erschließt. Da gerade aber Musik weit mehr durch ihre persönliche Verankerung im Filmautor bedingt ist, als durch ihre Verankerung in der gesellschaftlichen Realität, wird der Kinobesucher via Musik gezwungen, sich mit einem hochgradig subjektiven Film auseinanderzusetzen. Diese schwere Arbeit wird ihm dadurch erleichtert, daß Alexander Kluge (was wiederum die tiefenpsychologische Verankerung des Musikalischen beweist) von *Abschied von gestern* (1966) bis *Der Angriff der Gegenwart auf die übrige Zeit* (1985) seine musikdramaturgische Handschrift nicht geändert hat, – die Stücke sind nahezu austauschbar.

Maria Knilli

Bereits durch ihren Kurzfilm *Spätvorstellung* (er erhielt 1983 das Filmband in Silber) und durch den Spielfilm *Lieber Karl* (er erhielt 1985 das Filmband in Gold für Regie) ist Maria Knilli als Regisseurin aufgefallen, deren Begabung in der Musikalität oder Lyrik des Inszenierungsstils und der Dramaturgie liegt. *Lieber Karl* ist ein Film, der in allen Bereichen sparsam mit seinen Effekten umgeht, fast „gestylt" wirkt, was aber inhaltlich aus der Geschichte des empfindsamen und karg mit Emotionen geizenden Karls entspringt. Die (mit einer Ausnahme) leise Musik, der blaue Grundton (bis hin zu blauen Weingläsern), das gleichförmige Schwingen, der introvertierte Grundzug bilden eine Einheit, deren Künstlichkeit die Handlung zur Parabel erhebt.

Die Musikeinsätze von *Lieber Karl:*

Take 1 (2 Min. 15 Sek.): Über einem zarten Teppich aus Synthesizer- und Vocoderklängen spielt eine Violine (im weiten Hall ganz irreal gemacht) ein einfaches Thema, dessen Ganztunfolge ihm eine relative Offenheit gibt, dessen lange Töne wie stilistisierte Seufzer wirken. Neben den Vorspanntiteln wandert die Kamera über eine Dorftotale, fahrenden Zug, bis sie Karl in Großaufnahme findet. Die Musik baut durch ihren schwebenden Charakter keine Spannung auf; sie charakterisiert den Zustand des „leicht zerbrechlich", in dem Karl lebt.

Take 2 (30 Sek.): Wieder dasselbe Thema und dieselben fragilen Klänge. Karl schläft ein, nachdem man ihn wieder mit dem für ihn beunruhigenden Leistungszwang ‚Er soll Medizin studieren' belästigt hat. Die Klänge verbreiten eine Stimmung wie der blaue, abendliche Farbton im Zimmer.

Take 3 (1 Min. 25 Sek.): Live-Klaviermusik im Gymnasium, geht dann über in sein Filmmusikthema. Karl geht durch diesen „Musikschleier" über Gänge und Treppen der Schule. Man spürt trotz aller Leichtigkeit der Klänge, wie diese durch ihre Statik auf Karl ‚belastend' wirken.

Take 4 (6 Sek.): Klaviermusik im Gymnasium, wird im on gespielt.

Take 5 (1 Min. 30 Sek.): Ein Klassenkollege spielt Karl in der Schule Chopins Etüde E-Dur vor, verstimmtes Klavier, wacklige Interpretation.

Take 6 (20 Sel.): Seine Klänge begleiten ihn, wenn er – nach nun mühsam bestandenem Abitur – bedrückt in einen ihm aufgezwungenen Urlaub fährt.

Take 7 (1 Min.): Bloße Synthesizerklänge, wie immer ganz weich, wenn er in seinem neuen Studienort Graz ankommt (Totale, er schreibt Briefe an die Eltern, er lernt im Studentenheim).

Take 8 (2 Min. 30 Sek.): Eine lange Fahrt der Kamera, die von oben nach unten das Panorama von Graz abfährt, dazu wieder die unbeweglichen feinen Klänge sowie im off gelesene Brieftexte zwischen Mutter und Karl.

Take 9 (15 Min.): Nachdem die Musik bislang sehr sparsam dosiert war, immer extrem leise, so leise wie der in seinem Elternhaus unterdrückte und abgerichtete Karl, folgt nun eine Explosion: 15 Minuten steirische Rockmusik, von der (sie wird während eines Festes gespielt) eine sinnliche, ganz neue Kraft auf Karl ausgeht. Er bewegt sich wiegend dazu, tanzt immer ekstatischer (aus verschiedenen Kameraperspektiven traumatisch aufgenommen). Das Ende wirkt irreal, weil nach und nach Wind aufkommt (woher?), und die Musik ablöst.

Takt 10 (1 Min. 25 Sek.): Er hat am Morgen nach dem ekstatischen Tanz ein Mädchen gefunden, – Hilde. Die Musik wird – auf der Ebene des Nuancierten – neu: es spielt nun eine Flöte.

Take 11 (8 Sek.): Spaziergang durch den Wald mit Hilde, dazu wieder der leise Synthesizerklang.

Take 12 (2 Min. 30 Sek.): Bei Hilde, ihre erste Liebesnacht, alles in blau getönt, ruhig und zart. Der Synthesizer spielt neue und schöne Klänge, wie eine Glasharfe, dazu dann die Flöte (die anstelle der früheren Violine getreten ist).

Take 13 (10 Sek.): Er träumt in seiner Bude von Hilde, hat ihren Brief. Dazu erklingt ihr Flötenthema zur Intensivierung.

Take 14 (2 Min. 20 Sek.): Die Eltern haben Karl zur Strafe (Er hat ein Mädchen! Er studiert nicht richtig!) nach Hause geholt. Er sitzt in seinem Zimmer, Hildes Brief in der Hand. Dann rechnet er mit sich ab: er verbrennt über der Kerze Hildes Brief. Musik von Chopin (Walzer cis-moll) setzt dazu ein. Hervorragend wieder die Bilder dazu: Großaufnahme seiner Nase, seines Gesichts, seiner Augen, die dem Feuer zusehen (der ganze Film hat als Stilmittel immer wieder Großaufnahmen zu präsentieren; sinngemäß: bei der feinen Sensibilität des Karl werden alle Eindrücke und Dinge zu „ungeheuren" Riesen).

***

Maria Knilli: *Ich habe großen Respekt vor Musik und gehe deshalb sehr vorsichtig damit um. Zum Beispiel mag ich es nicht, Dialogszenen mit Musik zu unterlegen. Dazu ist sie mir zu wichtig. An Musik denke ich lieber erst, wenn der Film ganz fertig ist und ich den musikalischen Anteil überblicken kann. Sehr gerne behandle ich auch Geräusche, die man im Bild gar nicht sieht, wie eine Musik. Solche Geräusche bilden bei mir eine akustische Ebene, die das Bild wie Filmmusik interpretiert.*

Dennoch war für Maria Knilli zu Beginn der Dreharbeiten schon lange klar, welche Musikebenen der Film haben sollte: 1. die steirische Rockmusik, die von Georg Klivinyi nach eigens für den Film geschriebenen Texten komponiert, und von den *Die Romeos* eingespielt wurde; 2. das pennälerhafte Klavierspiel in der Schule (Stichwort: Chopin); 3. die Filmmusik von Marran Gosov. *Insgesamt sollen die Klaviermusik wie auch die Wirkung, die von der Rockmusik auf Karl ausgeht, nahelegen, daß Karl eine starke Beziehung zur Musik hat. Daß die Begabung von Karl statt auf medizinischem Gebiet viel eher in dieser musischen Richtung zu suchen wäre.*

Die musikalische Ebene der Rockmusik war mir am frühesten klar, – schon im Drehbuch von 1984. Allerdings war im ersten Drehbuch von 1983 hier noch Jazzmusik.

Die Chopin-Musik am Ende hat eine wichtige Funktion, da sie zum einen Melancholie, zum anderen aber sehr deutlich auch einen Funken Hoffnung zu verkörpern hat, wenn er den Brief verbrennt. Besonders der Tanz- und Walzercharakter der Schlußmusik ist mir wichtig, weil sie mit den auflodernden Flammen eine Einheit bildet, die man auch gut erkennen kann. Der Walzer ist von Ernst August Quelle (einem routinierten Film- und Barpianisten) zu meiner Schilderung der Charakteristik der Flammen gespielt worden.

Die eigentliche Filmmusik zu *Lieber Karl* schrieb Marran Gosov (Komponist und Filmregisseur). Maria Knilli hatte ihn bei einem Seminar über Kurzfilmdramaturgie kennengelernt, das er an der Münchner Hochschule für Fernsehen und Film gehalten hatte. *Ich hatte damals für ihren Kurzfilm „Spätvorstellung" auch gleich die Musik gemacht, eigentlich auch aus Geldgründen, damit der Film finanzierbar blieb. Als sie dann später „Lieber Karl" machte, war ich ganz überrascht, daß sie sagte, ich soll ihr auch die Musik für diesen Film machen.*

Die Filmmusik ist ein Musterbeispiel, wie mit geringem finanziellem und technischem Aufwand eine hundertprozentig passende Musik entworfen werden kann. Eine Grundlage war die dramaturgische Stimmigkeit, die durch die bewußte Gestaltung und das Einfühlungsvermögen von Regisseur und Komponist gegeben war. Die Musik kommt mit Violine, Flöte und Synthesizer aus. Alles wurde in der Wohnung von Marran Gosov (auch die akustischen Instrumente) aufgenommen. Viele Dinge (etwa die Melodien, einzelne Klangflächen) wurden einzeln aufgenommen und – was Marran Gosov nahezu immer macht – erst am Schneidetisch als Collage fertig komponiert, d.h. in das richtige Synchronverhältnis zueinander und zum Bild gesetzt. Die Verständigung über Art und Gestalt der Musik war sehr einfach: *Er improvisierte am Klavier und ich deutete ihm immer an, wenn ich fand, daß dies die richtige Richtung sei. So haben wir uns kaum mit Worten verständigen müssen. Er schrieb dann die Motive auf und führte sie mir vor.*

Über die rhythmische Gestaltung ihres Films gibt Maria Knilli zur Auskunft: *Die Fragmente und Fetzen, aus denen der Film ja eigentlich besteht, wurden nach und nach rhythmisch entwickelt. Rhythmische Vorstellungen begannen beim Drehbuchschreiben und vor allem beim Drehen immer deutlicher zu werden. Insgesamt wurde in diesem Film mit Zeit sehr bewußt umgegangen: Ich spürte, daß ich beim Erzählen einer ganz unspektakulären Geschichte die Leute nur wachrütteln kann, wenn ich ihnen mehr Zeit gebe, als im Kino heute üblich ist. Sie haben dann Freiraum, die Bilder zum Anlaß für Assoziationen zu nehmen und ihren Erinnerungen nachzuhängen.*

Beim Drehen wurde alles Rhythmische für mich präziser. Beim Drehbuch hatte ich noch keine Gewißheit, daß die Einstellungen, wo Karl ziellos auf und ab geht (ich nannte das „Flanieren"), mit Musik unterlegt werden. Ich hatte aber sicher schon mit dem Gedanken gespielt. Sicher war für mich aber schon beim Drehbuch, daß an solchen Stellen kein realistischer O-Ton, sondern eine irreale Tonebene dazutreten muß. Am Schneidetisch wurde kein großer Einfluß mehr auf das Rhythmische ausgeübt. Der Rhythmus war eben stark durch die Inszenierung bestimmt. Der Schnitt hatte nichts mehr Wesentliches beizutragen, es war eher nur ein Säubern des Rhythmus.

Beim Musikanlegen gab es wie immer für den Regisseur auch Überraschungen: *Die Liebesszene zwischen Karl und Hilde war mir zu choreographisch, zu routiniert. Eine choreographische Arie! Die Idee fand ich beim Drehen sehr schön, am Schneidetisch wirkte die Auflösung aber kühl, ausgeklügelt und abgezirkelt. Ich war sehr unglücklich darüber und war dann unglaublich beeindruckt, wie durch die Musik eine Wärme ins Bild kam, die nie dagewesen ist.*

Peter Lilienthal

Zu den Regisseuren, die sparsam, jedoch sehr bewußt mit Musik umgehen, gehört Peter Lilienthal. Seine Musikdramaturgie ist nicht wenig von den prägenden Einflüssen seiner Jugend bestimmt: in Südamerika aufgewachsen, wo nach 1939 beste Dirigenten, Solisten und Orchester vorhanden waren, selbst Violoncello spielend (bis fast zum Orchestermusiker) wurde er zum einen mit einer „klassischen" Musikkultur konfrontiert, zum anderen mit der Tango-Kultur *(aus jedem Fenster und bei jedem Fest hörte man Tangos)*, die ihm einen Einblick in ein urtümliches Ineinandergreifen von Musik, Leuten und Landschaft vermittelte. Lilienthal: *Dabei stellte sich bei mir sehr schnell heraus, daß ich eine Vorliebe hatte für Klassik und Moderne, aber nicht für Romantik. Ich mochte Barockmusik bis Haydn und Mozart, und dann machte ich gleich einen Sprung zu Strawinsky, Hindemith, Webern. Rückwirkend, aus der Filmarbeit zu den Quellen meiner Jugend hinblickend, merkte ich von mir, daß die größten Emotionen nie mit dem Konzertsaal verbunden waren, mit der „perfekten" Musik, sondern mit den leidenschaftlichen, gewissermaßen „zufälligen" Musikern und den Amateuren, – und mit der Volksmusik. Das Rauschen des Windes und das Meer, – das waren für mich im Nachhinein gesehen die musikalischen Quellen. Ich konnte Stunden verbringen, diesen Gruppen hinterherzulaufen oder zuzuschauen. Das Korsett im Konzertsaal und das Rigide der großen Instrumentalisten hat mich eingeengt. Dort war ich glücklich, – aber nicht ganz glücklich. Glücklich war ich erst im Freien, wenn die Musik sich verbunden hat mit dem Meer, mit dem Rauschen der Blätter, mit dem Atmen der Natur. Das hat sich bei mir erhalten, – in allem, was ich musikalisch suchte.*

In dem Komponisten Claus Bantzer hat Peter Lilienthal seit 1980 einen Mitarbeiter gefunden, der als Improvisator auf Orgel und Klavier etwas von dieser Spontaneität besitzt, und mit dem er eine Musikdramaturgie entwickeln kann, die an seine Jugendeindrücke im weitesten Sinne anschließt. Die Methode, mit der beide eine Filmmusik konzipieren, ist auffallend eigenständig und beachtenswert.

Peter Lilienthal: *Wir haben uns zunächst gegenseitig darauf geprüft, wo unsere Temperamente, unsere Handschriften liegen. Ich sagte ihm: Wenn Du etwas spielst, komponierst, – dann ist es, als ob die Engel spielen. So sanft, so schön. Wenn ich dagegen etwas überlege, dann ist es so, als ob die Erde bruddelt und röhrt. Ich tue immer nur das Elementarste: Kratzen, Rascheln, Rauschen, – es ist aber noch nie Musik. Wie kommen wir zusammen? Ich, der Straßenköter, mit fast archaischen Vorlieben, und er, der Engel! Diese Grenzlinie ist bei uns vorhanden. Der eine roh, primitiv, Natur, – der andere übergeformt, perfekt, mit der Bildung eines Kirchenmusikers.*

Wenn wir anfingen, ein Thema zu entwickeln, sagte ich ihm: Improvisiere da was auf dem Klavier! Wenn Du Lust hast, dann singe dazu, oder klopfe. Wenn er sang, war es viel zu schön. Ich mußte ihn immer zum Gegenteil hin korrigieren. Der nächste Grundgedanke war dann: Ich zeige ihm nie die Geschichte, den Film.

Am Anfang unterhalten wir uns über alles, was ich mir über die Geschichte denke. Dann zeige ich ihm Gesichter. Die Wahrhaftigkeit einer Geschichte kommt in den Gesichtern zum Ausdruck. Ich nehme keine großen Stars, weil deren Gesichter mir zu kultiviert sind. Ich arbeite lieber mit Laien, oder mit Schauspielern, die in gewisser Hinsicht keine „kultivierten" sind. Sie gehören nicht dem Salon an!

Das ist der entscheidende Punkt. Ich hatte noch nie Salonmusik oder einen Salongedanken zur Musik. Musik muß so sein wie die Gesichter, wie die Erfahrung der Menschen, wie ihre Musikalität. Musik muß aus ihren Gesichtern, ihrer Bewegung, ihrer Erkenntnis kommen. Das habe ich Claus erzählt.

Wir haben versucht zu erfahren, wie die Menschen leben, was sie singen und hören. Das prägte unsere Gedanken zu einer Filmmusik. Deswegen erzähle ich ihm auch am Anfang, noch bevor wir zu einem musikalischen Thema kommen, etwas über den gesellschaftlichen Hintergrund, die Psychologie, die Mentalität. Ich zeige ihm den Ort, wo gedreht wird. Er ist z.B. extra nach Portugal gekommen. Aber ich zeige ihm nie den Film. Er kennt ihn noch nicht. Ich zeige ihm später ab und zu eine Kassette mit Bildern, aber nie um den Weg zu geben, daß er von hier bis dort eine bestimmte Länge Musik komponieren soll. Das geht nicht, weil es immer in einer kommentierenden Musik oder in einer Illustration endet. Es endet immer in einem dialektischen Verhältnis zum Bild, in etwas Psychologischem. Und genau das hatten wir in unserer Methode vorgenommen, nicht zu tun!

Die Stimme des Komponisten ist für mich eine Stimme mehr im Film, – wie die eines Schauspielers. Er erzählt etwas zum Film, aus seinem begrenzten Bewußtsein der Geschichte. Die Schauspieler kennen ja beim Drehen auch nie die ganze Geschichte. Oft auch nicht das Resultat. Aber sie nehmen teil. Ich versuche den Komponisten mit seiner Musik und mit seiner Seele zu behandeln wie einen Schauspieler. Ich inszeniere ihn auch! Wir besprechen ein Musikthema, – da mische ich mich ein." So könnte ich mir es nicht so gut vorstellen ... machen wir es doch da ein bißchen anders ... dann die Instrumente".

Die Instrumentation ist bei mir immer durch Instrumente geprägt, die nicht kultiviert sind. Wir nehmen zwar Orgel und Klavier (das ist ja schon das Kultivierteste), – aber, es kommt darauf an, wie man es behandelt: die Orgel hört sich ein bißchen röchelnd an (wir nehmen die weniger schönen Register); das Klavier darf nicht komplexer werden wie die Kinder-Klavierstücke von Bartok.

Mit den früheren Komponisten, mit denen ich arbeitete, habe ich im Grunde auch nichts anderes gemacht, wie jetzt mit Claus Bantzer. Nur waren die Temperamente anders. Nicht jeder ist auch so flexibel und hat die sanfte Art von Claus, auf meine Verrücktheiten einzugehen. Andere Komponisten waren eher „geschlossener". Mit Robert Eliscu bei dem Film „Hauptlehrer Hofer" war es z.B. so, daß er auch ein Hauptthema entwickelt hat. Es mußte eine Verbindung entstehen zwischen Orgel und anderen Instrumenten. Wir benutzten dazu auch Me-

lodien, die im Elsaß – wo die Geschichte spielte – verwendet wurden. Die Musik – das ist ein wichtiger Grundsatz – darf nicht mehr glänzen, als alles andere im Film, sie muß in die Bilder integriert sein. Es entstand etwas Simples (mit Harmonium, Oboe, Flöten), was mir aber sehr gut gefallen hat.

Bei „Es herrscht Ruhe im Land" habe ich einer Gruppe von chilenischen Musikern Themen vorgelegt, die haben dann Variationen entwickelt. Das war relativ sparsam. Beim „Autogramm" gab es ja schon Musik in der Szene, weil einer der Hauptdarsteller, Joan José Mosalini, ja Musiker war. Da gab es Kompositionen von Mosalini, und Variationen, die Claus Bantzer darüber gemacht hat. Das ursprüngliche Konzept war allerdings, daß alle Musik von Mosalini komponiert werden sollte. Aber ich konnte nicht akzeptieren, was da gemacht wurde. Es war zuviel der rhythmische, intellektuelle Tango mit einem Eigenleben, der im Film dann so herausplatzt, als könnten die Bilder diese Musik gar nicht mehr integrieren.

In der Zusammenarbeit mit Wojciech Kilar bei *David* hatte Peter Lilienthal die bislang „konventionellste" Filmmusik konzipiert. In der Hauptsache ein Orchesterthema, das aber zunächst nur in kurzen Ausschnitten, dann in einer Klavierfassung und erst gegen Ende in der vollen Orchesterfassung zu hören ist. *Mit Wojciech Kilar hatte ich die größten Schwierigkeiten, weil er dazu neigte (aus Verkennung der Elemente des Films), zum „Großen", zum großen Orchester zu tendieren. Es fiel ihm sehr schwer, auf etwas Armes einzugehen! Ein verarmtes Konzept schwebte mir aber vor! Er hatte damals den „David" im Rohschnitt gesehen, und wir haben am Schneidetisch die einzelnen Teile besprochen. Wenn ich das Gefühl habe, daß psychologisch etwas untermalt wird, emotional gestützt, aufgeputscht, verstärkt, – dann bin ich meistens unbefriedigt.*

Bei der Arbeit an dem neuen Film „Das Schweigen des Dichters", der gerade im Schnitt ist (wir haben heute die Musik dazu angelegt), stellen wir immer wieder fest, daß wir der fast melancholischen Grundstimmung der Situation mit einem heiteren Thema entgegenwirken, – und umgekehrt. In vielen Szenen haben wir nur einen Klangteppich genommen, d.h. der Claus hat in der Kirche ein paar Register gezogen, dann die Luft herausgelassen (dann kommen aus der Orgel solche schwebenden Klänge). In dieses Herausströmen von Luft ist manchmal ganz knapp ein Klavierklang oder ein Teil des Themas mit verwoben, ohne daß dies ins Bewußtsein dringt. Insgesamt ist es nur ein Klangteppich, der die natürlichen Geräusche wie das Meer oder den Wind begleitet. Als eigentliches Hauptthema haben wir ein altes jüdisches Wiegenlied benutzt: „Auf dem Weg steht ein Baum" (Jüdische Themen liegen auch *David* und *Dear Mr. Wonderful* zugrunde, in letzterem das Lied *Leben soll Kolumbus,* das von jüdischen Emigranten, die nach Amerika fuhren, gesungen wurde).

In „Dear Mr. Wonderful" war das Musikkonzept ganz kurios. Da hat der Hauptdarsteller, der auch Musiker war, ein Thema komponiert. Die zweite Darstellerin, die Sängerin war, hat auch ein Thema komponiert. Als alles fertig war, hat Claus Bantzer auf diesen Themen noch etwas improvisiert, so daß es sozusagen eine (gesungene) Musik im Film gab, und eine komponierte Musik, die von diesen Themen ausging.

Die Musikdramaturgie von Peter Lilienthal ist geprägt durch eine Einheit von Musik, Geräuschen und Sprache. Jedes Element ist gleichwertig neben dem anderen und kann dessen Informationsduktus fortführen. Deswegen ist auch der Vorgang des Mischens eine Art Komponieren. Peter Lilienthal: *Bei so einem realistischen Film wie dem „Aufstand" ist in gewisser Hinsicht alles Musik, – das Heranschleichen von den Sandinisten nachts auf der Straße, ihr Atmen, der Aufschrei, der Gesang. Das geht nahtlos in eine Ästhetik der Musik über, die im „Aufstand" vor allem von der Orgel getragen wird. Das ist aber beeinflußt von den Klängen in Managua, von offenen Kirchentüren, aus denen Orgelmusik quillt. Das sind Orgeln, die halb kaputt sind, wo man eine Größe spürt, die bei diesen perfekten Orgeln gar nicht vorhanden ist. In der Mischung verbinde ich dies alles mit der Musik von Claus Bantzer und mit dem Dialog der Schauspieler bzw. Darsteller. Mit dem Tonmeister in der Mischung bespreche ich vor allem auch, daß Sprache Musik ist, und Musik Sprache. Bei mir lassen sich Musik und Sprache gar nicht abgrenzen. Auch nicht Musik von Geräusch. Für mich ist ein schönes Geräusch eine Musik. Es macht mir ein Vergnügen wie Musik. Bei Synchronfilmen muß man alle Tonebenen extra behandeln, das gibt viele kreative Möglichkeiten. Wenn man Originalton hat, dann hat man zwischen Sprache, Geräusch und vielleicht der Musik vom Raum nebenan ein unabänderliches Verhältnis, da kann man mit den einzelnen Bändern auf dem Schneidetisch und in der Mischung viel weniger komponieren.*

Was die Stimmen betrifft, so muß man im heutigen Kino feststellen, daß hier eine genauso fatale Sprechkultur da ist, wie es zur Zeit eine beunruhigende Musikkultur gibt. Das extrem laute Sprechen, das Nicht-Inkaufnehmen von Dialekten und Fehlern, Wiederholungen, Verzögerungen, – solche Dinge stören mich. Solche Unebenheiten bilden für mich eine Ästhetik, die sich auch in der Ästhetik der Musik widerspiegelt, wo ich ja auch nicht auf diese Perfektion Wert lege, sondern auf das Leben, den Ausdruck. Ich bin besonders an den Schauspielern interessiert, bei denen man das Gefühl hat, daß es Unebenheiten gibt, die irgendwelche Eigenarten haben, die durch ihre Menschlichkeit in der Sprache sehr viel mehr transportieren als nur Information. Es gibt eine Sprache, die transportiert nur Information, so wie es eine Musik gibt, die auch nur äußeren Rhythmus und Effekt transportiert, – aber keine Seele.

Wenn ein Tonmeister mir schlechten Ton aufgenommen hat, keine musikalische Einheit von Sprache und Umweltgeräusche, dann kann ich mit Claus eine Musik gemacht haben, die sehr schön ist, – der aber etwas fehlt: die Umgebung, die Atmosphäre, die Details der Geräusche. Dann wirkt bei mir auch die Musik nicht.

Ich habe auch eine große Abneigung gegenüber elektronischer Musik und auf Synthesizern hergestellte Klangimitationen. Viele Musiken habe ich bewußt im Freien aufgenommen, damit die Luft und alles was akustisch dazugehört (ent-

fernter Verkehr, Wind) auch mitschwingen kann. Nur wenn es nicht anders ging, sind wir ins Studio gegangen. Musik muß leben, wie die Menschen am Aufnahmeort. Musik darf auch nicht mehr Fähigkeiten besitzen, wie die Menschen. Dieses Mißverhältnis wäre gegeben, wenn ich synthetische Musik nehmen würde. Die Rockmusik, die früher aus einer Subkultur kam, war etwas völlig anderes als heute. Wenn man bedenkt, was früher die „Beatles" für phantastische Musiker waren. Und heute: Musik, die aus einem Automaten kommt. Musiker, die gar keine mehr sind, sondern nur noch auf etwas drücken. Das Entmenschlichen der Musik, das immer weiter weggehen von der Stimme, von dem Atmen, von den Bewegungen der Finger und der natürlichen Körperbewegungen, – das ergab eine totale Deformierung der Subkultur, in der damals die „Beatles" und andere angefangen hatten. Diese Kultur stand damals im schroffen Gegensatz zur gefälligen Unterhaltungsmusik. Heute ist sie auf Umwegen genau zu dem Ort dieser netten und gefälligen Musik gekommen.

Mich wundert es, daß instinktiv von den meisten Filmregisseuren nicht einfach etwas anderes gesucht wird, als Versatzstücke, die gefällig das bestätigen, was man sowieso überall hört. Auch die Filmbilder selbst haben sich diesem Trend angepaßt. Wenn ich mir „Out of Africa", den gerade mit Oscars versehenen Film, so anschaue: es sind Bilder der Zigarettenwerbung. Es ist die Ästhetik der Reklamefilme für Zigaretten, wo harte Männer im Urwald kämpfen, Sonnenuntergänge leuchten. Selbst die Schwarzen in „Out of Africa" wirken so, als wären sie extra für einen Werbefilm für New York inszeniert. Man hätte das alles auch in Texas drehen können. Hier gibt es eine absolute Einheit von Bild- und Musikästhetik, der Gesichter, der Montage, – es ist alles geglättet und gefällig.

Hans Noever

Das Schönste an einem Gespräch mit Hans Noever ist die plastische Direktheit seiner Worte und die Spannung, die entsteht, wenn man ihn auf einem Thema festzuhalten versucht. Die nachstehende Zusammenfassung und Wiedergabe von der Tonbandumschrift kann davon nur wenig vermitteln.

Prämisse aller Ansichten über die Funktion von Filmmusik ist die Definition von Kino und Film. *Kino muß im besten Sinne ein triviales Medium bleiben. Trivial ist nichts Unanständiges. Filme haben sehr viel mit Zirkus, Zirkus hat sehr viel mit Disziplin zu tun! Man darf Kino nicht nur in die Ecke schieben, wo es bei Godard, Bresson und Kluge existiert. Das ist nur eine Möglichkeit des Widersprechens gegen den Verschleiß der filmischen Sprachmittel. Das Kino schleppt auch gleichzeitig die Bewunderung für Hitchcock und Chaplin mit sich, – und da stimmt plötzlich alles: die beste Präzision und Disziplin! Wie plötzlich alles sinnlich und konkret ist. Kein larmoyantes Maulen mehr über Film! Wenn der Zirkusartist acht Stunden am Tag übt und dann die Bälle nur noch so fliegen, – dann ist nichts mehr künstlich, dann bewundert das jeder.*

Sinnlichkeit und Direktheit sind die Kriterien, nach denen Hans Noever die Qualität von Film und deshalb auch von Filmmusik bemißt. *Unser Kino in Deutschland hat keine Sinnlichkeit, nur die Idee von Sinnlichkeit. Das Nicht-Erscheinen des deutschen Films in einer breiteren Öffentlichkeit als in einer Zeitungsöffentlichkeit korrespondiert zum Nicht-Vorhandensein einer Oberflächenerotik. Es gibt nur die Behauptung einer Erotik nach innen oder die Nachahmung der Oberfläche nach außen. Dazwischen ist die Sahelzone, – wie in Afrika. Nur: Afrika hat eine Kultur. Es ist schon fast obszön zu behaupten, die Wüste läge in Afrika! Bei uns gibt es die Wüste, kein Leben, die Wüste des abstrakten Gedächtnisses. Den Begriff „E"-Musik und „U"-Musik gibt es nur in unserem Land, wo nach abstrakten Systemen gedacht wird. Das eine soll Kunst und Kultur sein, das andere ist Scheiße. Daß Scheiße auch Kultur ist, davon hat hier niemand eine Ahnung. Nicht umsonst gibt es bei uns kein Bidet, – weil das hier unterhalb von „Kultur" ist. Genauso verhält es sich im Film und in der Filmmusik.*

Filmmusik muß direkt sein, – ehrlich und konkret. Sie muß etwas mit dem Film zu tun haben. Filmmusik muß immanent aus allen Bewegungen, allen Personen und Bildern erscheinen. Die meiste Filmmusik besteht nur in Vortäuschung von Gefühlen, die eigentlich gar nicht existieren. Die Leute im Kino dürfen nicht den Eindruck von Nicht-Wahrhaftigkeit im Sinne des Evangelischen Kirchentages haben, sondern von Wahrhaftigkeit! – Aber was nutzt Filmmusik überhaupt, wenn die Filme immer schlechter werden? Die Leute von der Filmhochschule, die wollen z.B. ja alle schon amerikanische Filme am Starnbergersee machen. „Der weiße Hai" im Starnberger See! Der Rentenanspruch der Jungfilmer, die alle Redakteur werden wollen, sitzt lange vor der Courage, den eigenen Mut zu entdecken.

Sinnlichkeit und Direktheit einer Filmmusik darf aber nicht mit einem Realismus verwechselt werden. Koppelung von Musik an Filmhandlung und an die Geräusche ist zwar ein wichtiges Moment der Musikästhetik von Hans Noever, doch sind viele „direkte" und „sinnliche" Wirkungen von Ton im Film irreal, nicht-logisch und doch „wahrhaftig": *Musik muß innenbestimmt sein, muß vom Film gefragt sein. Zum Beispiel in meinem Film „Total vereist": Wenn die Seele durcheinander ist, und die Menschen wissen nichts davon, dann ist ein Sturm im Zimmer! Die Haare wehen. Im nächsten Schnitt sind die Haare wieder onduliert. Es ist, als wären die Leute von einer Leidenschaft berührt, die sie persönlich gar nicht wahrgenommen haben. Ich habe die Fiktion so übertrieben, daß sie plötzlich authentisch wird. So etwas sind direkte dramatische Mitteilungen aus der Physis der Personen. Hier in der Nähe ist Musik angesiedelt.*

Oder am Ende von „Total vereist", wenn der Opa sich und den Leichnam seines Sohnes aus dem Sarg sprengt: Da habe ich den live gesungenen Friedhofschor aus Amerika, den Chor von Jefferson City aus „Der Preis fürs Überleben", als Filmmusik zu der Explosion und Zerstörung des Sarges genommen. Dazu sieht man im Bild, es waren Archivaufnahmen, wie eine Stadt zerfällt. Hier kommt Musik nicht von außen, sondern von innen. Aus dem richtigen Gefühl, – denn ein Chor in dieser Situation ist eine Schweinerei. Alles verlogen: ich habe den Chor satirisch benutzt. Er war auch mit einem bloßen Sony-Gerät aufgenommen, schäbig, – nicht aufgespeckt, aufpoliert und fein gemacht!

Die Musik in deutschen Filmen – auch in den sogenannten besseren Filmen – wird absolut wahllos verwendet. Nur in seltenen Fällen erscheint sie als integraler Bestandteil der gesamten Filmsprache. – Die positiven Beispiele, die Hans Noever allerdings nennt, stammen alle von ausländischen Filmen: *Bei Godard ist es die Zerstörung von Musik. Auch die Sprache als verdorbenes Kulturelement wird bei ihm zerstört. Musik und Sprache sind nicht mehr verständlich; man kann ihnen keinen Glauben mehr schenken, weil sie von jedermann falsch benutzt werden. Weil Musik so oft im Kino benutzt wurde, um falsche Gefühle zu erzeugen, ist sie nicht mehr wahr. Also zerstöre ich sie. Ein Wunderbeispiel für perfekte Filmmusik ist für mich dieser Quincy Jones in Peter Brooks „Cool Blood": Der Inhalt der Geschichte wird über die Geräusche der Geschichte transportiert (Crossrail, Busbahnhof, Pinkelschüssel u.a.). Aus diesen Geräuschen macht Quincy Jones eine Musik, die wie deren Teil klingt. Der Schlagzeugbesen kommt aus dem Zuggeräusch, so daß man nirgends weiß, wo jetzt das Geräusch anfängt und die Musik aufhört und umgekehrt. Die optische Landschaft wird durch die Akustik vertreten. Themen kommen aus Geräuschen und werden wieder von ihnen aufgefressen.*

Imponiert hat mir auch „The Conversation" von Francis Ford Coppola. Da habe ich Tonkultur und akustische Transparenz gelernt. Ich habe gelernt, den Weg eines Tones genau zu erzählen. In meiner „Frau gegenüber" habe ich z.B. von diesem Wissen profitiert. Ein Klo, das durch die Wand tropft, haben wir im Studio durch den komplizierten Anbau eines zweiten Raumes erreicht, – und da die Musik reingezogen und durch die Wand hören lassen – es war ein komplizierter Vorgang.

Um die eher generellen Feststellungen Hans Noevers zu zentrieren, seien einige Bemerkungen zu seinen Filmen zusammengestellt.

Zahltag – mourir tranquille (1972): Als Filmmusik wurde von Johannes Brahms das Klavierkonzert Nr. 2 B-Dur verwendet. *Ich hatte nur wenig Geld gehabt und instinktiv gearbeitet. Ich fragte mich: Wo lebt dieser Mann? Er ist ein bürgerlicher Mensch, der einen Coup gestartet hat, der seinen Selbstmord mit einer Gruppe von Kleinbürgern als Mord inszeniert. Was hört er? – So kam ich auf Brahms.*

Wenn der Mann diese Musik nur hört, dann ist es mir zu wenig und von außen aufgeklebt. Wie mache ich die Musik funktionabel, denn sonst kann ich sie nicht verwenden? Also machte ich die Musik zum Mordinstrument. Die Musik kam aus dem Kasten, wo nicht das Geld, sondern die Sprengladung darin war. Die Musik war dadurch sein Gedanke und integraler Bestandteil des Films. Er hört sie gerne und benutzt sie, um sich umzubringen. Die anderen verstehen die Musik nicht, denn sie sind Kleinbürger. Für ihn als Großbürger ist es eine originale Musik sei-

nes Kulturbereiches. Die Musik existierte beim Drehen und wurde dann nachher noch über den Film gelegt.

Die Musik stammte aus meinem eigenen bürgerlichen Elternhaus. Sie hatte dort Sinn: auch zum Zudecken, Abdecken, Maske Machen! Wenn sie diesen Sinn nicht gehabt hätte aus meiner realen Erfahrung, dann hätte ich sie nicht in den Film genommen. Solche Entscheidungen sind eine Mischung zwischen Bauchbewußtsein und Geschichte, – nie kopfbewußt. Immer eigener Herkunft. Man darf nicht zu weit von sich selber suchen, sonst landet man im „Aus".

Die Frau gegenüber (1978): *Diese Musik ist mir komischerweise heute zu aufdringlich. So gut sie von Robert Eliscu gemacht ist. Sie besetzt zu eindeutig die Oberfläche in dramatisierender Weise. Der Film ist besser als die Musik. Daran ist nicht Robert Eliscu schuld oder verantwortlich, denn ich habe ihn ja damals zu dieser Musik geführt. Die beste Musik im Film sind diese dummen und schlechten Walzer, auch diese polnische Musik beim Tanzen.*

Die Musik haben wir einfach auf das schon vorhandene Klima des Films daraufgesetzt. Das hätte der Film nicht nötig gehabt. Die Walzer bei der Spreefahrt, die sind absolut identisch mit dem Gefühl der Leute. Das Gesicht der Leute ist versteinert, wie die gräßliche Landschaft aus Kohle und Schrott. Dazu paßt die gräßliche Musik bei der Kaffee-Schiffsreise. Wir haben den Walzer auf dem Schiff beim Drehen spielen lassen. Nachher am Schneidetisch haben wir einen quasi-identischen, aber noch kaputteren genommen. Und dazu ist Roberts Musik zu rein. Sie kommt nicht aus der Physis der Geschichte. Es ist eine konventionelle Komposition. Konventionell im Sinne von fremd und ungenau! Die Musik teilt nur etwas Breites und Verschwommenes mit, sie gilt nicht exakt für den einen Moment! Das ist für mich das Unglaubliche in Coppolas „The Conversation", daß dort Disposition, Klima und der Augenblick des Geräuschs oder des Tones das Erlebnis, das Ereignis ausmacht!

Die Musik stimmt wieder, wenn Franciszek Pieczka dasitzt und Beethoven hört. Die Musik habe ich beim Drehen zuspielen lassen. Sie ist sein bürgerliches Gefühl. Der Kleinbürger hat Beethoven erreicht und benutzt ihn für sein Empfinden, – den Gegner abzustechen. Da ist die Musik wieder funktional. Da stimmt sie.

Total vereist (1980): In dem an Bunuels surrealistische Ästhetik erinnernden Film stirbt der Vater (Hans Noever selbst als Darsteller) auf dem Klo und wird dann aufgebahrt; die Trauerfeier, zu der die unterschiedlichsten Personen kommen (Familienangehörige, afrikanischer Musiker, Fallschirmspringer, Intellektuelle, Bischof) wird zu einem hemmungslosen Ritual der Befreiung von allen Konventionen, – bis der Opa den Sarg in die Luft sprengt. Hans Noever: *Der Hauptdarsteller Rio Reiser war selbst Musiker von der Gruppe „Ton Steine Scherben", die hier auch die Musik machte. Man mußte ihm nicht erzählen, wie die Filmmusik zu machen war. Er hatte alles noch in sich! Die Idee, den Vater zu Puccinis „Wie eiskalt ist dein Händchen" auf dem Klo sterben zu lassen, ist nicht erfunden, sondern authentisch: mein Vater lag im Bett, hörte „Wie eiskalt ist dein Händchen" aus dem Radio, dirigierte das, sagte: Mami, – ich muß mal!, rannte zum Klo, ... eine Trombose ging ihm ins Gehirn; er starb auf der Kloschüssel.*

Anderes in diesem Film ist auch authentisch: Mein Großvater, der war 1,90 Meter groß, der konnte unter dem Birnbaum sitzend Goethes Faust I und II auswendig vortragen. Er war wie Boris Godunoff, eine riesige mythologische Erscheinung. Ich habe ihn in „Total vereist" zum Kardinal gemacht, habe ihm eine Musik gesucht, wie früher mein Großvater den Faust vorgetragen hatte: donnernd, groß. Als sein Kostüm konnte ich sogar von Fellini das Originalkostüm aus „Casanova" bekommen. Ich hatte im Film Äquivalente gesucht für das, was ich noch an Gefühl für seine optische und akustische Erscheinung hatte. Wenn man eine Identität einer Person nicht erfahren hat, kann man sie im Film auch nicht mitteilen.

Der Preis fürs Überleben (1979): Auffallend an dieser Filmmusik ist bereits die Titelmusik. Sie wurde nicht von Joe Haider, der die übrige Musik komponierte, geschrieben, sondern von Hans Noever am Schneidetisch als Collage zusammengeschnitten: aus Nationalhymnen in unterschiedlichen Interpretationen und Tempi und anderem: *Ich wollte ein Gefühl für den amerikanischen Mittelwesten, für die Kleinstadt, für den Patriotismus, Puritanismus, für das Kleinbürgerliche vermitteln. Die amerikanische Nationalhymne ist hier, – nicht im weltstädtischen New York entstanden. So sehen die Leute aus, die noch ein paar Jahre vor unseren Dreharbeiten in Jefferson City mit ihren shotguns die Neger wie Kaninchen zusammengeschossen hatten, wenn sie ihren Acker betraten. Meine Empfindung ist die Zerstörung dieser Vorstellung. Also habe ich sechs Fassungen der Hymne in immer neue Formationen gebracht, sie mit der neuen Abhörtechnik untermischt (Fernsehgeräusche, Polizeifunk), den Honkey Tonk am Klavier des alten Taxifahrers wie eine Vorausahnung akustisch vorweggenommen. Das war meine Titelmusik.*

Joe Haider habe ich ganz wie diese amerikanischen Trivialsachen musikalisch erzählen lassen. Er kannte die Anfangsmontage. Auch die Originalatmosphäre, die Nummern aus dem Provinzsender in Jefferson City/Columbia, die Volksmusik. Joe Haider hat die Struktur seiner Musiken aus diesen – ihm schon bekannten – Musiken herausgeholt, er hat sie musikalisch verlängert. Beim „Preis fürs Überleben" stimmt die Musik. Sie ist eingebettet, erscheint selten rein. Wir haben die Musik im Münchner „Maihaus"-Studio mit schwarzen Musikern aufgenommen, damit ein richtiges Gefühl aufkam.

Bei mir muß Musik immer funktional sein. Selbst wenn im „Preis fürs Überleben" Michel Piccoli das Mädchen trifft, ist die zarte Musik so da, daß sie irgendwo aus einem Fenster kommen könnte. Was grundlos in einem Film läuft, halte ich für musikalisch sinnlos, weil es fremdbestimmt ist. Deswegen war eben die Musik von Robert Eliscu in „Frau gegenüber" falsch! (wie gesagt, nicht er ist schuld, sondern ich). Die Musik ist in ihrer körperlichen Struktur zu glänzend, zu perfekt. Wenn ich die Musik in der Filmmischung ganz unten hineingelegt hätte, nur als Ahnung, dann hätte sie vermutlich funktioniert. Ich habe aber bei der Mischung nicht aufgepaßt, mich auf die Eitelkeit der besonderen Empfindung für die Filmmusik verlassen. Die Politur dieser Musik hätte man in der Mischung noch zerstören können.

Das hat allerdings etwas mit Geld zu tun. Geld kann die Ästhetik eines Films verletzen. Hätte ich mit einer Vormischung eine Preview machen können (was weitere 40.000 DM gekostet hätte), dann hätte ich den Mischungsfehler gemerkt. So blieb die fatale Endmischung leider auch das Endprodukt, das in die Kinos kam.

Wolfgang Petersen

Über seine Stellung zur jüngeren deutschen Filmgeschichte sagte Wolfgang Petersen: *Dem Neuen Deutschen Film bin ich nicht unbedingt zuzurechnen. Ich habe in einer anderen Weise gearbeitet wie viele der jungen Filmer der 70er Jahre. Das biographische Sichveräußern, Filme nur über die eigene Situation zu machen, lag mir nicht. Ich konnte es auch nicht, weil ich nicht die „Autorenfähigkeit" besaß, mich selber zu beobachten und dies in irgendeiner Form auf die Leinwand zu bringen. Zum einen konnte ich nie Drehbücher ohne Vorlage schreiben, zum anderen habe ich eine Scheu davor, mich selber zu sehr in den Vordergrund zu stellen. Ich hatte immer das Gefühl, daß man ein Thema darstellen muß (natürlich – wie man sagt – in einer persönlichen Handschrift), aber nichts von meiner eigenen Thematik, – wen interessiert das schon? Letztlich werden solche Filme nur für ein paar Freunde gemacht, die mich sehr genau kennen. Ich hatte beim Filmemachen aber immer das große Publikum im Sinn. Kino ist für mich in unserer Welt das populäre Medium. Oper und Theater sind für qualifizierte Minderheiten da. Das Kino ist für mich ein Massenmedium.*

Mit den drei Großproduktionen *Das Boot* (1981), *Unendliche Geschichte* (1984) und *Enemy Mine* (1985), in denen Wolfgang Petersen Regie führte, ist das Ziel größtmöglicher Popularität erreicht worden: es sind die größten deutschen Kinoproduktionen der Nachriegszeit geworden und haben das hiesige Kino in Hollywood „salonfähig" gemacht, – nicht in dem eher exotischen Sinne wie bei Rainer Werner Fassbinders Filmen (Motto: da tut sich ja etwas ganz Besonderes in old Europe!), sondern im Sinne einer anerkannten Konkurrenzfähigkeit (Motto: die machen ja dieselben Filme genauso gut wie wir!). Daß dieser Weg des deutschen Films zur international konkurrenzfähigen Großproduktion (*Unendliche Geschichte* kostete etwa 60 Millionen DM) nicht vorschnell als Weg zum Industriefilm mit seiner unsäglichen Stereotypie gleichgesetzt werden darf, kann der folgende Essay bestens vermitteln: Wolfgang Petersen ist es gelungen, auch in der Musikdramaturgie seine persönliche Handschrift zu bewahren und gegenüber einer „anonymen Maschinerie" (die man solchen Filmen gerne unterstellt) keine Zugeständnisse machen zu müssen. Um dies zu verdeutlichen, wurde ein besonderer Akzent des Gesprächs mit Wolfgang Petersen auf den Film *Enemy Mine* gelegt, der (erstmalig in der Filmgeschichte) als eine Hollywood-Produktion gelten kann, die in den Münchner Bavaria-Studios hergestellt worden ist.

Um einen Kontrast herzustellen, sei zunächst auf Petersens *Ich werde dich töten, Wolf* (1970) verwiesen. Der Film schildert überwiegend in Rückblenden die Phasen einer Beziehung zwischen Frau und Freund. In der realen Zeit der Handlung sieht man die Frau nach Berlin zu ihrem Freund fahren und ihn töten. Die Musik dazu schrieb Nils Sustrate, den Wolfgang Petersen aus seiner Zeit am Hamburger Theater gut kannte. Die Musikdramaturgie ist konsequent: zu Beginn, am Ende und bei der Ankunft der Frau in Berlin erklingt eine große Orchestermusik mit Pathos, jeweils bei dem Rückblenden in die Vergangenheit setzt (zur immergleichen Kameraeinstellung, die Frau selbstversunken im Zugabteil zeigend) eine Cellomusik ein, die behutsam in die Rückblende führt (der Schnitt in die Realzeit geschieht durch harten Einsatz der realen Zuggeräusche, die unerbittlich auf den Weg nach Berlin verweisen), dazwischen gibt es kommentierende, oft kurze Musikeinsätze und (fast parodistische) „klassische“ Filmmusikverwendung. Wolfgang Petersen zu seinem Abschlußfilm: *Wenn man auf die Filmhochschule geht und so einen Abschlußfilm macht, dann ist das eine Mischung aus totaler Verunsicherung und Nicht-Ahnung auf der einen Seite, und Überheblichkeit, jetzt auf der ganzen Klaviatur spielen zu können, auf der anderen Seite. Dies drückt der Film aus, weil er recht clever zeigt, wie er auf der ganzen Klaviatur von Hitchcock bis Chabrol spielt, dennoch aber keine wirklich eigene Geschichte hat. Die persönliche Handschrift liegt darin, daß alles immer originell zitiert wird. Mit zunehmendem Sicher-Werden ging das Zitieren aber verloren. Der pure Geldmangel kann Filmen oft einen besonderen Charme geben. Hier in „Ich werde dich töten, Wolf“ mußten wir uns etwas einfallen lassen, damit wir für das Pathetische und Große der Titelmusik, die ich für die Zugfahrt brauchte, das Richtige bekamen. Der Nils Sustrate hatte gerade als Industrieauftrag eine große Musik für eine Verkaufstagung von „Coca Cola“ gemacht. Er hatte die Rechte daran und konnte die Musik weiterverwenden, – so habe ich komplett eine Coca Cola-Musik bekommen. Sie kostete nichts und brachte ungefähr das, was wir uns vorgestellt haben. Die anderen Musikteile waren auch extrem billig produziert, mit Cello und so. Der ganze Film war ein bißchen parodistisch, über-melodramatisch und augenzwinkernd gemacht, z.B. wenn das Cello zu „weinen“ anfängt, wenn der Hauptdarsteller plötzlich Gefühle von sich gibt.*

Wolfgang Petersen hat eine starke persönliche Beziehung zur Musik. Als Junge von 16 und 17 Jahren spielte er zum einen als Jazzschlagzeuger in einer Hamburger Band, zum anderen war er (für dieses Alter ungewöhnlich) schon passionierter Opernbesucher: *Es ist das Schöne an Musik, daß sie so umfassend ist und solche Extreme einschließt, – auf der einen Seite konnte ich wilde Schlagzeugsoli trommeln, und auf der anderen Seite bin ich in der Oper bei Puccini dahingeschmolzen. Beides gehört bei mir dazu.*

Die Bedeutung von Musik hat sich in der Filmarbeit niedergeschlagen: *Die Meinung, daß man Musik im Film nicht spüren soll, daß sich Musik unauffällig inte-*

grieren muß, ist nur zum Teil richtig. Ebenso richtig ist es, wenn sich Musik vom Bild abhebt, zum Kontrapunkt wird oder sogar die Führung übernimmt. Bei den Angriffen des Unterseebootes in „Das Boot" ist die aggressive und mitreißende Musik zum Beispiel so bewußt und stark eingesetzt, daß sie die emotionale Führung der Szene an sich reißt. Wenn Musik an dieser Stelle im Film nicht da ist, ist es ein total anderer Eindruck. Hier ist Musik auch ideologisch. Sie sagt etwas ganz Bestimmtes: ich wollte zeigen, wie in diesem Moment nach der endlosen Wartezeit und dem deprimierenden, ennervierenden Nichtstun die Aggression sich auflädt. Eine Angriffswut, die nicht mehr zu bremsen ist.

In den knapp zwanzig Fernsehfilmen, die Wolfgang Petersen in den 70er Jahren machte (darunter so wegweisende Filme wie *Smog* und *Jagdrevier* von 1972, *Schwarz und weiß wie Tage und Nächte* von 1978) war es immer eine spezifische Kinoästhetik, die – vor allem auch im Bereich des Tones – verfolgt wurde: *Ich wollte immer Filme machen. Ich habe bedauert, daß es nicht für die Leinwand war, sondern fürs Fernsehen. Es hat mir aber großen Spaß gemacht, – weil es Filme waren. Ich habe nie nach einer Fernsehästhetik gedacht: jetzt darf ich keine Totalen, sondern nur viele Großaufnahmen machen usw. Im Medium Film gehört einfach die Spannung zwischen der Totalen und der Großaufnahme zu meinem Geschmack. Also mache ich das auch im Fernsehen, selbst wenn es auf dem kleinen Bildschirm nicht zum Tragen kommt. Die Tonmischungen im Fernsehen waren vor allem immer sehr einfach. Dort mischt man mit sechs Bändern, – zwei Musik-, zwei Dialog- und zwei Geräuschbändern. Nicht mit 120 Bändern wie im „Boot". Selbst wenn man auf den sechs Bändern einen schönen Sound gemischt hatte, war es immer frustrierend, den Ton im Fernsehen zu hören. Für den Alltag des Fernsehguckens, wo alles in den Geräuschen aus der Küche verschwindet, habe ich damals viel zu differenziert gemischt. Mit wenigen Mitteln. Weil ich schon immer diese starke Beziehung zu Musik und Ton, Rhythmik und Sound hatte. Deswegen ist der Ton im „Boot" so explodiert: ich hatte Lust darauf, mit einer ganzen Abteilung von soundeffects-Leuten endlich einen Ton zu machen, wie er mir vorschwebte. Das war für mich ganz toll.*

In seinen Filmen arbeitete Wolfgang Petersen musikalisch mit Nils Sustrate, dann (etwa seit der Münchner Zeit) zunehmend mit Klaus Doldinger, der auch die Musiken zu *Boot* und *Unendliche Geschichte* schrieb. In beiden Großproduktionen verlief die Endfertigung des Filmes in einer relativen Hektik, wodurch die Zusammenarbeit zwischen Regisseur und Komponist etwas beeinträchtigt war: *Man mußte sich erst einmal an solche Größenordnungen eines Films gewöhnen, an die technischen Schwierigkeiten, an den Zeitdruck, der plötzlich da war. Im Strudel der sich überschlagenden Ereignisse der Endfertigung darf der Komponist nicht zu kurz kommen! Diese Gefahr war eindeutig da. Klaus Doldinger hat sich manchmal ein bißchen beklagt, daß man nicht eng genug zusammenarbeiten konnte. Daß es nicht optimal gelaufen ist, war aber nicht seine Schuld, sondern ist eher mir und dem Charakter eines solchen Films zuzuschreiben. Wir hatten noch zu wenig Erfahrungen. Bei „Enemy Mine" konnten wir uns besser organisieren und einteilen. Es ist aber erstaunlich, daß Klaus Doldinger unter diesem enormen Zeitdruck eine so schöne und in sich geschlossene Filmmusik geschrieben hat. Von meinem Geschmack aus hat er sich vor allem im „Boot" übertroffen (ich mag aber auch die „Unendliche Geschichte" sehr). Klaus Doldinger hatte in dem ganzen Streß unglaubliche Fähigkeiten entwickelt.*

Es war eine Absprache zwischen Klaus Doldinger und mir, daß ich für „Enemy Mine" einen anderen Komponisten haben wollte (es war vielleicht nicht einfach für Klaus), — so wie ich auch einen anderen Kameramann genommen habe. Wenn man immer mit den selben Leuten zusammenarbeitet, sehe ich die Gefahr, daß man sich nicht weiterentwickelt. In allen Filmen habe ich mich immer in einer längeren Phase auf bestimmte Leute konzentriert, dann aber wieder gewechselt. Als Klaus Doldinger hörte, daß ich Maurice Jarre für „Enemy Mine" verpflichten konnte, hat er mir sehr gratuliert.

Man stellt sich immer vor: je teurer die Filme werden (Stichwort „Industrie"), desto unpersönlicher wird die Arbeit. Das stimmt vielleicht bei anderen, nicht aber bei mir. Sicher gibt es in Hollywood eine Art Schubladentechnik, wo der Komponist einen Auftrag kriegt, sich den Film einmal anschaut, und dann nach vier Wochen seine Musik dazu schickt. Ich weiß nicht, ob ich jemals bei einem anderen Projekt soviel mit einem Komponisten geplant und gearbeitet habe. Ich hatte für „Enemy Mine" einen der internationalen Komponisten unter dem Aspekt gesucht, daß er in der Lage ist, nach München zu kommen und monatelang hier zu sein. Maurice Jarre war sieben Monate, von Juni bis Dezember 1985 hier. Wir haben ihm und seiner Frau ein Haus (fünf Minuten von der Bavaria) besorgt, und er hat nichts anderes getan als zu komponieren, sich die jeweilige Phase des Films anzugucken, und sich ständig mit mir zu treffen. Wir waren in einem unheimlich intimen und intensiven Verhältnis. Gerade diese Großproduktion war ein Beispiel dafür, mit einem Komponisten in einer Art und Weise zusammenzuarbeiten, wie man es sich als Regisseur überhaupt nur wünschen kann. Maurice Jarre war voll auf den Film konzentriert. Viele Komponisten machen oftmals noch drei andere Filme gleichzeitig und eine Schallplatte dazu.

Als er dann hier war, war das Allererste, worüber wir uns unterhalten haben, das Doppelseitige dieses Films: Es ist zum einen ein Science fiction-Film, zum anderen eine ganz persönliche Geschichte zwischen zwei Wesen, eine Art Robinson Crusoe-Thema. Wie wollten wir das musikalisch in Griff kriegen? In den Science fiction-Filmen braucht man heutzutage das moderne feeling, das von den elektronischen Instrumenten herkommt, auf der anderen Seite wollten wir nicht auf den Menschen verzichten, der Geige spielt und ein Blasinstrument bläst. Wir kamen schnell auf den Grundsatz, beide Ebenen zu mischen.

Das Dabeisein beim Musikaufnehmen und Musikanlegen lief so wie früher. Das würde ich auch nie aus der Hand geben. Bei Maurice Jarre war ich bei jeder Musikaufnahme dabei. Sowieso bei den großen Orchestersachen, bei den elektronischen Sachen etwas weniger. Bei den Orchesteraufnahmen ist es schöner. Da sitzen 80 Musiker. Da entsteht etwas in dem Moment. Bei der elektronischen Musik kann man nicht die ganze Zeit dabei sein, – die fummeln stundenlang herum, bis tief in die Nacht. Ich habe mir aber jedesmal einen rough mix angehört und war auch immer beim Abmischen dabei. Es gab keinen einzigen Take – und da war Maurice Jarre scharf darauf – der von uns beiden nicht vor und nach dem Abmischen abgehört worden ist. Manchmal mußte man dann noch etwas ändern. Das alles hat leider bei „Boot" und „Unendliche Geschichte" nicht so geklappt. Hier war ich jetzt aus Erfahrung viel konsequenter. Bei der „Unendlichen Geschichte" konnte ich nicht einmal bei den Orchesteraufnahmen dabei sein, weil wir zur selben Zeit schon die Hauptmischung hatten. Während wir die Rolle 1 mischten, machte Klaus Doldinger gerade die Musikaufnahmen zu Rolle 7 und 8. Klaus und ich haben das sehr bedauert. Und ich habe mir geschworen: das passiert nie wieder!

Bei der Mischung sollten die Komponisten dabei sein. Wenn man mit einem Komponisten sechs Monate zusammengearbeitet hat, dann gehört es sich einfach, daß man dem Komponisten die Mischung vorführt und ihn hier nicht ausklammert. Das ist auch deshalb wichtig, weil in der Mischung immer noch etwas passieren kann: zum Beispiel haben wir festgestellt, daß irgendetwas mit den Geräuschen zusammen nicht funktioniert, haben dann sofort uns einen neuen Termin im „Union"-Studio geben lassen und die Musik nochmals für diese Stelle neu aufgenommen. Maurice Jarre ließ die basic tracks, und hat einfach nochmals neu die Instrumente darübergelegt.

Eine der schönsten Stellen in *Enemy Mine* ist für mich die Szene, wo der „Drak", dieses häßliche Echsenwesen, seinem Menschenfreund den Stammbaum „vorsingt": während der Mensch es hierbei gerade auf ein Rückverfolgen bis Eltern und Großeltern bringt, zelebriert der Drak seinen Stammbaum – in einem gurgelnden und vorsprachlichen Singsang die fremden Namen nennend – in einem Stunden währenden Hymnus. Diese Stelle ist von hohem poetischen Reiz, – wegen der archaischen Landschafts- und Wolkenbilder ebenso, wie wegen der seltsamen Laute, die das Wesen leise ausstößt. Wolfgang Petersen erläutert die Hintergründe: *Der schwarze Darsteller des „Drak", Lou Gossett jr., hat sich diesen Gesang selber erarbeitet. Lange bevor Maurice Jarre engagiert war. Er hat ihn mir dann vorgesungen, – vorgegurgelt. Ich fand sehr schön, was er sich hat einfallen lassen. Wir haben es aufgenommen, wußten aber nicht, ob wir es tatsächlich so verwenden können. Als Maurice Jarre das hörte, war er ganz begeistert: das kann ich absolut verwenden! Daraus hat er dann sein „Drak"-Thema entwickelt. Er hat auch später, als Lou Gossett zum Synchronisieren da war, ihn in allen Tonlagen (ich glaube die ganze Tonleiter hoch) gurgeln lassen und das aufgenommen. Diese Aufnahmen gab er in seinen Computer, in den Sampler, und hat daraus die Musik gemacht, die man am Schluß hört: ein ganzer Drak-Chor mit den gurgelnden Lauten von Lou Gossett.*

In der Entwicklung des Soundtracks seiner Großproduktionen von *Boot* bis *Enemy Mine* hat Wolfgang Petersen zwei Akteure oder Gruppen von Akteuren gehabt, die es im deutschen Filmgeschäft gar nicht gibt (die aus London bestellt werden mußten): den music cutter und die sound effects-Leute.

1. Music cutter: *Wir haben in allen drei Filmen mit einem music cutter gearbeitet. Aus England. In „Unendliche Geschichte" und in „Enemy Mine" war es Bob Hathaway. Es ist ein Berufszweig, der in Deutschland gar nicht existiert. Man braucht diesen Cutter z.B. bei der Mischung, wenn man feststellt, daß ein Musikschnitt aus irgendwelchen Gründen gemacht werden muß. Dann ist jemand da, der die Partituren und alle musikalischen Probleme kennt und auch das technische know how hat. Vor allem der Komponist und der music cutter arbeiten ganz eng zusammen, – es ist fast eine Ehe! Der Regisseur arbeitet mit dem music cutter vor allem zusammen, wenn die „vorläufige" Musik angelegt wird. Das ist für beide ein gutes Vortraining, bis der Komponist kommt. Bei diesen Filmen mit einem kommerziellen Aspekt kommt es häufig vor, daß man Leuten aus verschiedensten Gründen eine Rohschnittfassung zeigt. Dieses Mal habe ich sogar in Amerika vor Publikum eine Preview gemacht, – ich habe die Rohschnittfassung mit einer ganz anderen Musik gezeigt. Diese Musik legt der Regisseur mit dem music cutter zusammen an. Immer wenn eine Passage von „Enemy Mine" geschnitten war, legten wir Musik an, z.B. um zu prüfen, ob zusammen mit der Musik das Besondere einer großen Landschaft in der Totalen zum Ausdruck kommt.*

Dieses frühe Musikanlegen ist natürlich gefährlich. Auf der einen Seite ist es schön, weil man schon früh das Ganze erfühlt und den Schnitt kontrollieren kann. Der music cutter ist dabei involviert, er sucht, fährt nach London, um in Archiven zu stöbern, er kann mit dem Regisseur anhand der Musiken die endgültigen Wirkungen der Filmmusik ausprobieren und diskutieren. Und er kann das dann alles an den Komponisten weitergeben. Die Gefahr ist groß, weil manchmal etwas so toll hinhaut, daß man keine andere Musik mehr will! In der „Unendlichen Geschichte" z.B. haben wir für den Flug des Drachen und für die Ritte des Atréju durch Fantasien die „Angriffsmusik" von Klaus Doldinger aus dem „Boot" genommen. Das hatte so einen tollen Drive! Wir hatten auch eine Vorführung in Amerika, auch dem Steven Spielberg habe ich das vorgespielt, – alle waren begeistert. Fanden die Musik toll. Das Blöde war aber: ich konnte diese Musik ja nicht nehmen. Ich sagte zu Klaus, er muß etwas mit diesem Drive komponieren. Damit habe ich ihn natürlich in eine Ecke gedrängt, wo er allein vielleicht gar nicht hinwollte. Maurice Jarre hatte die vorläufig angelegte Musik (obwohl es seine eigene aus früheren Filmen war) nur einmal angehört, um sich nicht beeinflussen zu lassen.

2. Sound effects: *Neben den traditionellen Geräuschemachern (zwei waren über Wochen beschäftigt) hatten wir aus London die sound effects-Leute, ein Berufszweig, den es bei uns auch nicht gibt. Für uns ist das alles eine finanzielle Belastung, weil man mehrere Personen extra aus London holen muß. Die nehmen selber Töne auf, sammeln aus Archiven, machen komplizierte Vormischungen usw. Im „Boot" hatten wir am meisten mit Ton gebastelt. Dort hatten wir auch am meisten Mischbänder: 120 Bänder! Den Ton im „Boot" halte ich für mit das Beste in dem Film. Der Ton mußte das Gefühl vermitteln, daß dies keine Studioattrappe ist, sondern ein lebendes Universum. In dem U-Boot gibt alles – von Maschinen bis zu Wassertropfen – ein Konzert von unterschiedlichsten Geräu-*

schen. Das hatte zu dem Problem von unseren 120 Mischbändern geführt, was nur durch wochenlange Vormischungen zu lösen war. Immer wieder wurden 12 bis 15 Bänder gemischt, – mit diesen Vormischungen wurde in die Hauptmischung gegangen.

Josef Rödl

Der Autor von *Albert, warum?* (1978), einem der schönsten Filme des Neuen Deutschen Films, geht unbefangen und ohne fachliche Vorbelastung an seine Musik heran, und schafft dennoch – aufgrund einer Sensibilität und äußerster Feinnervigkeit für Musik, Geräusche, Sprache – eine außergewöhnliche musikalische Atmosphäre. In *Albert* gelingt ihm das mehr als etwa in *Grenzenlos* (1983), wo der Personalstil des Komponisten Peer Raben doch so dominant ist, daß man von Josef Rödl hier weniger zu spüren vermeint. Gemeinsam ist jedoch beiden Filmen die gute Geräuschdramaturgie (die Qualität der Geräusche an sich, ihres Einsatzes, ihres Verwobenseins mit Musik) und die innere Weiträumigkeit der Hauptfiguren des Films, die durch die Art des Musikeinsatzes geschaffen wird. Der Widerspruch, daß in den dörflichen und einfachen Figuren mit ihrer äußeren Begrenztheit der weite Raum für eine freischwingende und sensible Musik ist (in *Grenzenlos* sogar für ein Orchester von symphonischer Fülle), macht die Menschen bei Josef Rödl so faszinierend.

Ich wollte im „Albert"-Film nie eine Effektenmusik verwenden, sondern selbständige Stücke, die ich parallel neben diese Figur stelle. Meine Bilder hatte ich zunächst immer stark mit Instrumenten gesehen, die etwas mit der Landschaft zu tun haben, – z.B. mit Holzblasinstrumenten wie Flöte und Oboe. Mit Volksmusik zusammen ergaben die Bilder jedoch einen zu folkloristischen Eindruck, das wollte ich nicht. Deshalb besann ich mich mit der Zeit auf klassische Musik.

Ich bin dann von einem Instrument ausgegangen, das herausragt und die Stimmung tragen kann: die Flöte. Die Dramaturgie war, daß die eine einzige Figur, die ich habe, die auch immer im Bild ist, ein Instrument zur Seite gestellt bekommt. Beim Bayerischen Rundfunk, wo ich als Student von der Münchner Filmhochschule damals ja Zugang hatte, habe ich dann tagelang nur Flötenmusik gehört.

In *Albert, warum?* findet man vorwiegend zarte Flötenmusik von Bach, Debussy, Honegger, Schostakovitch und Tartini, die dem ungeschlachten Dorfnarren, der von der Bevölkerung durch ihren Spott langsam zum Selbstmord getrieben wird, eine eigentümliche Größe gibt und ihn von der Niedrigkeit seines Äußeren befreit. Die Musik ist stets lyrisch (nie unter einem Dialog) eingesetzt und löst sich mit der Welt der Geräusche kunstvoll ab. Josef Rödl: *Wenn ich den „Albert"-Film ganz realistisch gemacht hätte, ohne den Rhythmus zwischen erhöhter filmischer Gestaltung (mit Musik) und filmischem Realismus, dann hätte sich der Film totgelaufen. Auch der Wechsel zwischen realistischen Geräuschen und stilisierten (überhöhten) Geräuschen ist mir sehr wichtig.*

Geräusche sind die Fortsetzung von Musik oder umgekehrt: aus Geräuschen kann eine Musik entstehen. Beim „Albert"-Film habe ich Schnitt, Geräusche und Musikanlegen alleine gemacht. Wenn ich das jetzt bei der neuen Produktion alles von anderen machen lasse, dann ist das ein irrsinniger Aufwand, der sogar gar nicht immer funktioniert. Es ist schwierig, den Leuten meine Tondramaturgie klar zu machen. Beim „Albert" wußte ich einfach: am Bahnhof zu Beginn, da brauche ich nur Musik, erst wenn er in die Realität des Dorfes zurückkommt, werden die Geräusche kommen. Die Bilder am Bahnhof sind stilisiert. Man ahnt noch die Ferne, in der Albert lebte. Aber jetzt beginnt das Leben, wird es real. Das konnte ich selber alles so schneiden und legen, wie ich es für richtig hielt. Nach dem „Albert"-Film sind mir die Dinge nicht mehr so gelungen: die Zeit war immer zu knapp, man bräuchte ein großes Budget, um wieder Freiraum für eine wirkliche Exaktheit zu haben. Man geht bei größeren Projekten, wo man auch immer finanziell zu kämpfen hat, mit den einzelnen Elementen nicht mehr so sauber um. Wenn ich an manche französischen Filme denke, wie unglaublich dort mit Geräuschen, Musik und Sprache umgegangen wird, wie das ineinander geht, wie da Wellenbewegungen zustande kommen, — das kennt man bei uns nur noch wenig. Ich habe einen Kampf zu führen, meinem Team etwas zu vermitteln. Geräusche dürfen nicht nur eine realistische Wiederholung dessen sein, was schlecht aufgenommen wurde im Bild, sondern müssen eine eigene Ausdrucksebene bilden.

In seinem nächsten Film *Franz — der leise Weg* (1980) arbeitete Josef Rödl mit Andreas Köbner zusammen: *Ich hatte das Bedürfnis, mich einem Komponisten zu nähern. Ich wußte nicht, wie man mit einem Komponisten umgeht und wollte zunächst einmal viel wissen. Meine Vorgabe war, eine klassische und orchestrale Musik zu haben. Wir haben uns deswegen viel Musik angehört und blieben bei Anton Webern als möglicher Richtung. Webern hat mir sehr gut gefallen. Es ergab eine neue Dimension im Film.*

In seinem Film *Grenzenlos* (1983) arbeitete Josef Rödl mit Peer Raben zusammen. *Ich war gespannt, wie Peer Raben, der ja schon Vieles gemacht hat und nun mit etwas Neuem konfrontiert wird, mit meinen Sachen umgeht. Ich habe ihm vor Drehbeginn das Buch gegeben, ich habe ihm von meinen Vorstellungen erzählt und Stellen aus seinen Musiken zitiert, die mir gefallen haben oder für meinen Film unpassend schienen. Ich habe mich hier bewußt auf eine ganz professionelle Zusammenarbeit eingelassen. Es war anders als mit Andreas Köbner, wo wir noch lange am Schneidetisch gearbeitet hatten. Peer Raben hat die Musik angeliefert, die dann im Wesentlichen so angelegt wurde, wie es besprochen war.*

Die Vorgespräche mit Peer Raben waren einfach. Beim Rohschnitt hatten wir uns endgültig besprochen und die Dramaturgie festgelegt. Im Unterschied zu „Albert" und „Franz" habe ich in dieser Liebesgeschichte zum erstenmal zwei Hauptdarsteller gehabt. Früher habe ich Filme nur über eine Person erzählt. Das hatte eine Konzeptionsänderung der Musik zur Konsequenz: es gibt nun zwei Punkte und dazwischen ein Spannungsfeld. Vorher hatte ich nur einen Punkt in einem breiten Spannungsfeld ohne spezifischen Gegenpunkt. Die Musik mußte das spezifische Spannungsfeld zwischen meinen beiden Figuren aufbauen.

Josef Rödl plant die Wirkungen von Musik (wobei besonders der Aspekt „Ryhthmus zum Tragen kommt) sehr früh ein: *Grundsätzlich habe ich sehr genaue Drehbücher. Trotzdem verändert sich am Schneidetisch immer noch sehr viel. Ich weiß aber schon beim Drehbuchschreiben, wo ich Musik beim Drehen berücksichtigen muß. Da lasse ich bei den Dreharbeiten manchmal den Ton wegfallen und sage: da kommt sowieso Musik hin. Ich stelle mir den Rhythmus vor, und lasse danach die Kamera führen. Wo Albert mit seinem Fahrrad um die Gänse fährt, diese unscharfen Sachen, da war sein Drehen mit dem Fahrrad und die Bewegung der Gänse identisch mit der Bewegung und dem Rhythmus der Kamera. Ich dachte damals an eine Musik, wie ich sie dann später erst gefunden habe.*

Rhythmus im Film entwickelt sich bei mir am Schneidetisch. Betont rhythmische Sachen schneide ich auch am liebsten selber. Rhythmus ergibt sich aus den gefilmten Bewegungen selbst und aus den Kamerabewegungen. Solche rhythmischen Passagen sind bei mir auch immer losgelöst von den Darstellern. Ich lasse da meist irgendwelche beweglichen Teile sich so verselbständigen, daß dies einen Rhythmus ergibt. Im „Clown", an dem wir gerade arbeiten, habe ich eine Passage, wo ein Käppi in die Luft geworfen wird, als der Hauptdarsteller sich von einem Job trennt. Das emotionale Sich-Trennen, das ein wichtiger Punkt in dem Film ist, wird in einem Tanz ‚Käppi in der Luft' dargestellt. Ich habe das in Zeitlupe, aus verschiedenen Kameraperspektiven, gegen verschiedene Himmel und gegen verschiedene Bewegungen gefilmt. Immer wieder. Aus dem umfangreichen Material entsteht dann am Schneidetisch ein rhythmischer Tanz.

Rhythmus ist etwas, was ich für mich nie theoretisch definiert habe. Ich gehe einfach subjektiv und intuitiv vor. Wenn ich „Ryhthmus" sage, meine ich ein bestimmtes Gefühl für den Ablauf einer Stimmung. Das können Bewegungen oder ganz starre Sachen sein, die in einem gewissen Rhythmus im Bild zu sehen sind.

Musikalisch funktionieren bei Josef Rödl auch die Einsätze der Musik, von deren Qualität ebenfalls eine Stimmung in einer jeweils spezifischen Art getragen wird: *Die Musikeinsätze hängen immer davon ab, was für eine Geschichte man erzählt. Beim „Albert"-Film beginnt überhaupt kein filmisches Element mit einem „bumm!", mit einer Eins. Es entwickelt sich alles langsam und hört dann hart auf. Beim „Franz"-Film ist es umgekehrt: Vieles beginne ich äußerst hart, das Aufhören ist eher weich. Die Musik mußte hier sogar eher einen Ausgleich zu den immer harten Anfängen schaffen.*

Niklaus Schilling

Sieben Jahre *Klavier lernen dürfen müssen* sowie eine sehr katholische Erziehung, wo dumpf noch die pompösen optischen Eindrücke immer mit akustischen Eindrücke gekoppelt sind, auch eine Rückerinnerung an die *kalten Schauer, die einem von einem für damalige Zeit ziemlich wilden Organisten über den Rücken gejagt wurden,* — das waren Erfahrungen, die — wie Niklaus Schilling meint — seine Musikalität geprägt haben. *Im Film hat Musik für mich immer einen großen Stellenwert gehabt. Allerdings entscheidet sich für mich die Musikdramaturgie präzise erst am Schneidetisch. Vorher höre ich nur unbestimmte Klänge oder Instrumente als Möglichkeit. Beim Schreiben des Buches höre ich oft bestimmte Musiken. Ich habe eine Bekannte, die sich hier gut auskennt, und die mir — wenn ich ihr die Richtung des Filmstoffes angebe — Musikkassetten zusammenstellt. Mehrere Stücke um einen Stimmungskern. Die höre ich mir dann bis zum Wahnsinn an! Die Musik hat eine ungemeine Wirkung auf die Geschichte, auf die Situationen, die man gerade beschreibt. Irgendwo fließt das dann auch weiter. Der Film ist dann später mit einer Musikalität verbunden. Das Drehbuchschreiben ist für mich wie ein Puzzlespiel. Ich habe viele Bruchstücke vor mir, die alle eine Eigendynamik haben. Plötzlich — und dabei hilft mir die Musik sehr — ist die Geschichte da, weil alle Bruchstücke zueinanderpassen.*

Das Konzept, von vorne bis hinten einen Film durchzuplanen, liegt mir nicht. Ich mag keine Stoppuhr. Damals bei der Arbeit mit Eberhard Schoener am „Rheingold" habe ich gemerkt, daß ich keine Mentalität für Leute haben könnte, die mit der Stoppuhr in der Hand Untermalung liefern. Musik kann nicht untermalen oder eine Szene retten. Musik sollte nur eine zusätzliche Dimension geben. Man macht mit Musik sehr schnell den Fehler, daß man alles zuschmiert und etwas aus den Bildern wieder herauszieht. Bei Musik ist alles eine ganz delikate Gewichtung. Wo Musik? Welche? Wie laut? Ich habe oft den Hang gehabt, bei der Mischung wieder alles fast wegzunehmen. Allerdings war es immer so, daß man die Musik dann vermißt hat, wenn sie ganz weg war!

Ich benutze jede Musik, die ich glaube, benutzen zu müssen. Vielleicht etwas zu bedenkenlos. Für mich ist nur wichtig: was gibt einer Situation das Maß, die letzten Prozente. Mir ist es auch egal, wenn dafür Archivmusik geeignet ist. Egal ist, ob das Archiv einen schlechten Ruf hat. Wenn die Musik im Bild funktioniert, dann kann meine Schallplatte von mir aus auch einen Kratzer haben!

Eine der schönsten Sachen ist für mich die Filmmischung. In der Mischung behandle ich die einzelnen Tonspuren der Mischbänder wie Instrumente. Wenn man mir zusieht, meint man, ich wäre ein Dirigent, der Einsätze gibt und fuchtelt. Der Mischer in der Bavaria ist es schon gewohnt, daß ich dabei hochspringe, daß Stühle umfliegen ... Zum Mischen komme ich immer sehr gut vorbereitet: Mit einem Mischplan wie mit einer Partitur, wo ich die Bezüge vorher schon Spur für Spur geprüft habe, wo es Notizen für Lautstärke und Unterstützungsmöglichkeiten gibt. Zwölf Mischbänder sind es bei mir immer. Und es ist aufregend, wenn der Film beim Mischen zum erstenmal eine Kontinuität kriegt, wenn die Musik integriert ist, wenn der Film zu atmen beginnt. Jetzt ist der Film da!

Nachtschatten (1972): Im ersten Spielfilm des ehemaligen Kameramanns von Jean-Marie Straub, Klaus Lemke u.a. hat die Kamera eine eigentümlich gleitende und schwenkende Bewegung, die eine magische Raumsinnlichkeit schafft. Dazu gibt es Musik von Edvard Grieg. Aber – in unendlich gedehntem und fast unkenntlich machendem Tempo! Niklaus Schilling: *Ich suchte nach einem Rhythmus für diesen langsamen Film und habe durch Ausprobieren mit dem Kassettenrecorder gefunden, daß „Aases Tod" aus der Peer Gynt-Suite – wenn man die Musik langsamer laufen läßt, gut paßt, – brutal: um 50 Prozent langsamer wurde die Musik überspielt. Das ergab sich erst, als der Schnitt schon fertig war. Ich wußte allerdings vorher schon, wie ungefähr die Musik sein müßte, welchen Mystizismus sie haben müßte, ohne in das Klischee zu fallen, das man erwartet, wenn jemand einen neuen deutschen Heimatfilm macht.*

Die Vertreibung aus dem Paradies (1977): Niklaus Schillings zweiter Spielfilm ist zum Kultfilm für Cinéasten geworden: ein Film über Kinoleben, der in einen glorreichen Einzug in Roms Cinecittà mündet. Dazu gibt es Musik von Verdi, Donizetti, dem Schlagerstar Drupi und der Schlagersängerin Susan Avilés. *In der „Vertreibung" ist etwas Witziges passiert. Es war mein zweiter langer Film und ich konnte mir immer noch keinen Komponisten leisten. Plötzlich war die Idee da: weil die Hauptfigur im Film immer von Italien träumt und Italien als das Gelobte Land für Filmemacher und Filmschauspieler gezeigt wird, wollte ich damit die Oper verknüpfen, -speziell das Genie Guiseppe Verdi. Die Entscheidung, was ich nehmen wollte, ist erst am Schneidetisch gefallen, als der Film fertig geschnitten war. Da ist dann ein Phänomen passiert, was mir natürlich gefallen hat, weil es mich bestätigt und meine Theorie der Berührungen zwischen Film und Musik bewiesen hat: Als ich die Musik angelegt habe, mußte ich nur 12 Bilder, also eine halbe Sekunde herausnehmen. Dann hat die Musik funktioniert und optimal ineinandergegriffen – unglaublich. Es hat mir auf Anhieb gezeigt, das ich richtig gearbeitet habe, daß ich diesen Impetus und diese Emotionalität auch schon in die Bilder hineininszeniert habe, in den Schnittrhythmus. Neulich habe ich Wolfram Schütte getroffen, der mir gesagt hat: Wann machen Sie wieder einmal einen Film mit Verdi-Musik?*

Die „Vertreibung" war dann eine ziemlich orgiastische Rechte-Sucherei für die Produzentin Elke Haltaufderheide. Alle Rechte haben wir dann sehr günstig – quasi als Paket – von Ricordi in Italien bekommen. Es gab auch Verhandlungen mit den Londoner Philharmonikern, aber die wollten über 50.000 DM haben für solche Sachen. Unser Glück war, daß sogar der damals aktuelle Schlagerstar Drupi von Ricordi vertreten war, und wir alles sehr günstig bekamen. Wie er mir heimlich gestanden hatte, hat Wolfram Schütte sich nach dem Filmanschauen sogar eine Drupi-Langspielplatte gekauft.

Rheingold (1977): In *Rheingold,* wozu Eberhard Schoener die Filmmusik geschrieben hatte, hat Niklaus Schilling seine Idealvorstellungen einer Symbiose von Musik und Geräuschen verwirklichen können. Die sinnlichen, physisch direkt angreifenden Synthesizerklänge von Eberhard Schoener und die Kulisse der differenzierten Geräusche prägen den Film außerordentlich. Niklaus Schilling: *Ich habe auch immer die Haltung, daß man Geräusche wie Musik und Musik wie*

Geräusche benutzen soll. Eine schöne Sache ist für mich immer, Musik aus Geräuschen kommen zu lassen und wieder in Geräuschen verschwinden zu lassen.

Zu der schon vor einigen Kapiteln erwähnten Stelle in *Rheingold,* wo zur Musik die Mordwaffe auf einer Handablage liegend plötzlich (von der Fahrtvibration) zu summen und sich zu bewegen beginnt, berichtet Niklaus Schilling: *Das ist natürlich kein Originalgeräusch, sondern ein Geräusch, das wir sehr mühsam hergestellt haben. Wir haben mit verschiedenen Motörchen experimentiert, sogar mit einem Vibrator aus dem Sexgeschäft (das war aber nicht so optimal), bis wir auf ein Schleifgerät gekommen sind, das uns genau die richtigen Vibrationen machte, damit wir ein zitterndes Brummen des Metalls aufnehmen konnten, wie wir es brauchten. Solche Geräuschgeschichten haben Eberhard Schoener sehr beeinflußt. Wir haben ihm auch ein Tonband gemacht, wo fast die ganze Strecke von Holland bis Basel gehörsmäßig aufgezeichnet war. Nach dem Drehen ist ein Tonmeister noch einmal hin- und hergefahren, – um sozusagen die Schienen kurz vor Koblenz auf Band zu haben, falls wir die beim Schneiden gerade brauchen!*

Eberhard Schoener hat immer einen Hang zum Hohen gehabt. Deshalb hat er in seiner Plattenversion der „Rheingold"-Musik noch den Sting mit seiner hohen Falsett-Stimme darüber singen lassen. Ich wollte dagegen immer die dunkleren, die körperlichen Klänge. Die Vorliebe habe ich noch heute. Sobald einer mit einem Klangteppich oder mit gewissen Bässen ankommt, bin ich leichter zu knacken, wie wenn einer mit den hohen Sachen anfängt. Ich mag keine Kopfgeschichten, alles lieber vom Bauch her und von der Körpervibration, – da geht es schneller und man hat es leichter, von Musik angesteckt zu werden.

Die „Rheingold"-Musik wurde eine Art Mixtur. Eberhard hat mehrere Mischungen zu den Sequenzen gemacht. Ich habe aber dann doch meistens nur die Mischung genommen, wo nur die Bässe zugange waren, – das macht Stimmung. Wichtig waren mir auch die verschiedenen Wiederholungen. Durch Wiederholung von bestimmten Klängen, Melodien, Instrumenten erhält die Filmmusik eine Struktur, die sich in Beziehung zur Struktur der Bilder setzt. Ich halte es für falsch, im Film 40 Minuten Musik original durchlaufen zu lassen und keine Wiederholung zu machen. Das ist überfrachtet.

Der Willi-Busch-Report (1979): *Das ist musikalisch gesehen ein reiner Archivfilm. „Patchwork" ist ein sehr gutes Archiv in Paris. In den Schallplatten, die ich einmal von dem Archiv bekam – man kriegt ja laufend Schallplatten von diesem meist grausamen Archiven – waren lauter tolle Sachen von französischen Komponisten drin wie George Delerue und Vladimir Cosma. Das sind hervorragende Komponisten. So kam es, daß etwa zwei Drittel des „Willi-Busch-Report" mit Cosmas Musik unterlegt sind und wie ein französischer Autorenfilm der 50er oder 60er Jahre klingt.*

Der Westen leuchtet (1982): In dieser Filmmusik, die von Michael Rüggeberg komponiert worden ist und ganz auf elektronische Musik zurückgeht, hat Niklaus Schilling durch Zumischung von Brummgeräuschen und Kurzwellenstörungen aus dem Radio (was zur Atmosphäre eines Spionagefilms paßt) wieder sein Konzept einer „Geräuschmusik" teilverwirklicht.

Die Frau ohne Körper und der Projektionist (1984): Zu diesem Film hat wiederum Michael Rüggeberg eine Musik komponiert, die ausschließlich auf Synthesizer produziert worden ist.

Dormire (1986): Die Musik zu diesem Film, der wiederum in einem Zug spielt und die Geschichte einer Nacht im Schlafwagen erzählt, die ein Konzertpianistin und eine Reporterin zwangsweise gemeinsam verbringen, hat Andreas Hofner geschrieben und eingespielt. *Andreas Hofner, ein ganz junger Musiker, hat von der herkömmlichen Art des Komponierens keine Ahnung; er ist fast ein eklektischer Arbeiter. Er probiert aus, nimmt was gut klingt, probiert aus. Das entspricht in etwa auch meiner Arbeitssituation, in die ich seit einigen Jahren immer deutlicher komme, — dieses werkstattmäßige Arbeiten. Andreas Hofner hat bei sich im Keller ein Tonstudio eingerichtet mit elektronischen Instrumenten. Da bastelt und sucht er. Eberhard Schoener war im Vergleich dazu schon eher ‚der Große', der gesagt hat: da brauche ich fünf Holzbläser, dort brauche ich unbedingt Kontrabässe. Bei ihm war alles professionell. Das sagt aber gar nicht unbedingt, daß dies ein besseres Resultat für den Film ergeben muß. Ich glaube, daß dieses werkstattmäßige Arbeiten die größere Zukunft hat. Die eigentliche Kreativität geht immer weniger von der Bavaria und ihren Studios aus, sondern kommt von den Kellern! In dieser Art möchte ich weiterarbeiten. Da fühle ich mich wohler. Ich könnte mir z.B. nicht vorstellen, mit Herrn Doldinger zusammenzuarbeiten. Komponisten, die in erster Linie an die Schallplatte denken, die man mit der Filmmusik machen könnte, sind nicht unbedingt ein Gewinn für den Film.*

Erstaunlich ist — dies ist ein ganz persönlicher Eindruck des Verfassers — wie sehr bei Niklaus Schilling Bild- und Tonebene unterschiedlich reflektiert sind: In der Bildebene macht Niklaus Schilling wegweisende (und kritikheischende) Experimente: sein Film *Zeichen und Wunder* wurde z.B. auf billigem VHS-Videomaterial gedreht und dann auf 16mm-Film kopiert; *Die Frau ohne Körper und der Projektionist* (ein Film, der in der Liebe zwischen Fernsehansagerin und Kinovorführer schon den Antagonismus Kino-Fernsehen thematisiert) wurde auf 1 Zoll-Videoband gedreht und auf 35mm-Film kopiert. In beiden Fällen fand eine experimentelle Übertragung spezieller Videotechniken und elektronischer Effekte auf die Leinwand statt. Die Musik ist jedoch in seinen Filmen seit 1980 vergleichsweise konservativ und marktgängig. Sie stellt in den Filmen eher ein beharrendes bzw. versöhnendes Element dar.

Werner Schroeter

Keine Filme, sondern irgendwo zwischen Oper, Märchen und politischem Manifest angesiedelte Kunstwerke macht Werner Schroeter, einer der eigenwilligsten Regisseure des Neuen Deutschen Films. Durch seine Konsequenz, mit der er seine Filme gestaltet und – was noch wichtiger ist – mit der er den politischen Gehalt seiner Filme auch lebt (Schroeter-Fans sagen: „inkarniert"), vermögen in Werner Schroeters Filmsprache Dinge zu funktionieren, die andernorts lächerlich und aufgesetzt wirken. Hier ist sofort der Widerspruch zu nennen, daß Schroeters Filme bis zum Exzess künstlich, gemacht, inszeniert, unwahr und manieriert sind, gleichwohl aber von gesellschaftkritischer und politischer Brisanz (nicht umsonst verhinderte Franz Josef Strauß eine Theaterinszenierung Schroeters in Bayern), die in erschütternder Direktheit auf die wunden Punkte unseres Jahrhunderts zeigt. Am ehesten noch ist in den Filmen Rainer Werner Fassbinders etwas von dieser subjektiven Anstrengung zu finden, Realität durch die Inszenierung des Irrealen in ihrer Fragwürdigkeit bloßzustellen. Fassbinder: *Inzwischen gab es nur noch ganz wenige, die Chancen hatten, Filme zu machen, die nicht das Ihre bei Schroeter abgeguckt haben. Ich habe Entscheidendes gelernt in seinen Filmen, das muß einmal deutlich gesagt sein oder geschrieben*[54].

Die Filme Werner Schroeters beschäftigten sich im Kern mit Außenseitern oder gesellschaftlichen Randgruppen (wobei dieses Verantwortungsgefühl für das gesellschaftliche Kollektiv wiederum in größtem Widerspruch zu seiner allesbestimmenden Sehnsucht nach Selbstverwirklichung steht): mit Psychopaten, Homosexuellen, Gastarbeitern, Irrenhäuslern, dem verarmten Sizilien, Argentinien, Nicaragua, mit den Philippinen, – dies aber nie abstrakt, sondern über den leidenden und unterdrückten, seiner Entfaltungsmöglichkeiten beraubten Menschen. Schroeters aggressive Kritik funktioniert vor allem durch den Aspekt der „Utopie", den er in seinen Filmen hemmungslos aufreißt. Und hier ist die Mitwirkung von Musik an erster Stelle zu nennen: Alle Theorie von der adäquaten Zuordnung einer musikalischen Geste zur „Größe" oder dem „Gewicht" einer Person wegwischend unterlegt Werner Schroeter seinen verarmten Figuren die allergrößte Musik. Der schmächtige Nicola Zarbo in *Palermo oder Wolfsburg* erhält Bergs überdimensionales Violinkonzert, die einfache Frau in *Neapolitanische Geschwister* erhält Donizettis *Wahnsinns*-Arie mit der Stimme von Maria Callas, wenn ihre Tochter stirbt, – und nie empfindet man in Schroeters Filmen solche Zuordnungen als falsch. Der Grund: ihr ganzer Grundriß ist auf dieses utopische Moment hin angelegt, aus den einfachen Figuren heraus wird die Welt geplant, sie (und nicht die Etablierten, die scheinbar „Großen") sind die Könige. Die Musik in ihrem Innenraum reißt eine Weite und (weil unerwartet:) revolutionäre Lebendigkeit auf. Musik befreit diese Figuren. Urs Jenny: *Werner Schroeters Filme bilden Werklichkeit nicht nach, sondern vor. Sie träumen. Ihre Sache ist die Sehnsucht; das heißt, sie machen sich Sehnsucht ihrer Figuren zu eigen: Sehnsucht nach Kunst, wobei Kunst für sie nicht Produktivität ist, vielmehr eine Existenzweise, ein reineres Sein, pathetisch sakrale Selbstinszenierung, Selbstverherrlichung in Ritus, Tanz, Gesang; Kunst-Darbietung als Gottesdienst. Vorgegeben ist stets die Musik, sie bezeichnet den Zustand völligen Kunst-Seins, auf den alle Sehnsüchte und alle Anstrengungen gerichtet sind* (in: Filmkritik 1971, Heft 9).

Bereits die ersten auf 8 mm gedrehten Filme waren voller Musik; fünf Filme waren allein der Musik von Maria Callas gewidmet (1968), wobei mit asynchronem

Ton und Elementen der Collage gearbeitet wurde. *Neurasia* (1969) arbeitet sogar mit einer Doppelprojektion, durch die Werner Schroeter links vom eigentlichen Farbbild eine Schwarzweißfassung um etwa 30 Sekunden vorgezogen zeigen kann. Neben der Musik (Dajos Bela und sein Orchester, *My special prayer* von Percy Sledge, Old Time-Jazz und Hawaii-Musik) ist der Film vor allem aber auch „Schauplatz für Sprache", die im weitesten Sinne mit der Musik sich zum Melodram verbindet. Frieda Grafe: *„Neurasia ist ein Stummfilm mit Musik. Die Weisen fügen sich zu den Bildern wie früher, als der Pianist noch im Saal saß. Manchmal hat man die Illusion von Synchronie, bis die Musik abbricht und Carla weiter den Mund stumm aufreißt. Man erkennt genau: mal singt sie stumm, mal spricht sie stumm. Man versteht sie. In der gehobenen Sphäre, in der der Film sich bewegt, macht man keine Worte. Idol, Anbetung, Star, Mythos, Ekstase. Es geht nur noch um letzten Sinn, um höchste Bedeutung. Des Körpers der Sprache hat man sich längst erledigt. Die gehobene Sprache ist eine, die sich selbst nicht mehr nötig hat. Die auf den Hund gekommene, die gehobene Sprache ist so allgemein wie nur möglich: unbekanntes Ziel, priesterlicher Dienst, größte Innigkeit* (in: Filmkritik 1970, Heft 3).

Die Collagetechnik des „Schroeterschen Eklektizismus" vereint alles, – auch das Unvereinbare, auch das scheinbar Wertlose und Weggeworfene. In diesem Sinne sind die Filme auf irgendeine Weise auch mit der Ästhetik der Pop Art der 60er Jahre geistesverwandt. Um nochmals Frieda Grafe zu zitieren: *So gibt es nichts Sprechenderes als „abgesunkenes Kulturgut", weil es bis ans bittere Ende von Kunstkonzepten geht. Gombrowicz, wenn er sagt: „die göttliche Blödheit der Operette".* Das, was die Partikel der Toncollagen Schroeters verbindet, benennt Dietrich Kuhlbrodt: *Verdi, Donizetti, Bizet, Schlager der 50er und 60er Jahre. Das Besondere, Unverwechselbare seiner Filme ist, das Archaische, Naive, Unkontrollierte und Triebhafte des Hörens in den Personen seiner Melodramen ausgestaltet zu haben*[55]. Schroeters Filme sind die sinnlich erlebbare Widerlegung von Adornos feuilletonistisch propagierter These, daß singende und auf der Bühne wie vor hundert Jahren agierende Menschen unerträglich seien. Das Singen, Tanzen, Sprechen und Gestikulieren bei Werner Schroeter wirkt natürlich und selbstverständlich, selbst wenn klassische Kunstordnungen auf den Kopf gedreht werden wie in seinem Film *Bomberpilot* (1970): *Die hehre Kunst, die diesen Mädchen Offenbarung ist, heißt Tingeltangel oder Operette: das macht ihre Geschichte so anrührend komisch; was sie erleben, ist eine Travestie aller bürgerlich-romantisierenden Künstlerbiographien nach dem Motto „Durch Entsagung zur Vollendung". Als die herrliche, kunstselige Hitlerzeit vorbei ist, missionieren die drei Mädchen in Amerika, scheitern und feiern dann doch, back in good old Europe, den ganz großen Triumph in einem amerikanischen Offiziersklub in Landshut: Mascha singt Wagner, Magdalena zeigt einen Schlangentanz, Carla im Matrosenanzug zwitschert Lehar – so erfüllt „Der Bomberpilot" das dramaturgische Modell all jener Musikfilme, wo im letzten Drittel sich die Kunst, um die vorher so hart gerungen wurde, in aller Vollendung entfalten darf* (Urs Jenny in: Filmkritik 1971, Heft 9).

In *Salome* (1971) hat Werner Schroeter sein Modell Oper am offenkundigsten Film werden lassen. Oscar Wildes Text – zum Teil in Fremdsprachen (hebräisch!) auf seinen gestischen Kern reduziert – wird mit unaufhörlicher Bilderfülle konfrontiert wozu collagenartig unter, mit oder als Sprache Musik erklingt: Caterina Valente-Schlager neben Musik von Richard Strauss oder Richard Wagner. Das Modell Oper (später ist es eher die italienische Verismo-Oper mit ihren Stationen) verhalf Werner Schroeter zu einem großen Fluß der Filmbilder und löste seine bisherige Zusammenstellungen von einzelnen, in sich phantasievoll geschlossenen Tableaux ab, – eine Technik, die in *Eika Katappa* (1969), was soviel wie „Zerstreute Bilder" heißt, bislang am deutlichsten wurde. Die Musiken von *Eika Katappa*, welche die in acht Teilen gegliederte Collage zusammenhalten, verraten Werner Schroeters eklektische Handschrift. Man findet darin: Verdi, Penderecki, Beethoven, Spontini, Johann Strauß, Bellini, Mozart, Thomas, Puccini, Richard Strauss, Conchita Supervia, der Tango aus der deutschen Fassung von Bunuels „chien andalou", das „Gasthaus an der Themse" (gesungen von Elisabeth Flickenschildt) und Caterina Valente-Schlager.

In den großen Filmen mäßigte sich der Musikanteil zugunsten der Handlung (ob man es Spielhandlung oder dokumentarische Handlung nennen darf, ist noch unklar): *Neapolitanische Geschwister* (1978) hat mit 44 % Musik noch einen großen Anteil; jeder Person und jeder Situation ist eine bestimmte Musik unterlegt (siehe die Kurzdarstellung in Kapitel VI,2 des Buches), wobei ein dichtes Musikgeflecht mit leitmotivischen Zusammenhängen entstanden ist. *Palermo oder Wolfsburg* (1980) hat nur noch einen Musikanteil von 18 %, was jedoch darauf zurückzuführen ist, daß alle Musiken konsequent aus der Perspektive von nur einer Person, des Hauptdarstellers Nicola, eingesetzt sind. Die Musikdramaturgie in *Palermo* ist auch vergleichsweise übersichtlicher: Abgesehen von der auf das Ende verweisenden Einleitungscollage ist eine dem Handlungsverlauf entsprechende Dreiteiligkeit eingehalten. Im ersten Drittel, das in Sizilien spielt, dominiert Folklore (vor allem das Lied *Vitti 'na crozza*); im zweiten Drittel, wo Nicola nach Wolfsburg als Gastarbeiter geht, wird die italienische Musik zum Topos von „Erinnerung" und neben bedrohlicher Szenenmusik mit dem deutschen „Liedgut" konfrontiert (etwa mit der Schnulze *Zwei kleine Italiener*); im dritteil Teil, wo sich Nicola in einer Gerichtsverhandlung eines Doppelmords verantworten sollte, werden alle Musiken collagenartig in Bezug gebracht und zentral von Alban Bergs Violinkonzert *(Dem Andenken eines Engels gewidmet)* als Nicolas Musik zusammengehalten.

Haro Senft

Haro Senft ist einer der stillen Regisseure, der aber die Entwicklung des Neuen Deutschen Films nicht wenig beeinflußt hat. (Er gründete z.B. die Arbeitsgruppe „DOC 59), die das „Oberhausener Manifest" später verlesen hatte und war unsichtbarer Motor vieler filmpolitischer Entwicklungen der vergangenen Jahre.) Haro Senft schätzt vor allem die läuternde Wirkung des Kurzfilms: *Beim*

Kurzfilm braucht man eine knappe und präzise Form, um in zehn bis zwölf Minuten eine Aussage zu machen. Beim Kurzfilm lernt man, „Film" nicht abgespalten, sondern als Ganzes zu sehen. Kurzfilm zu bewältigen, vermittelt einen sicheren Zugriff, Timing und Handwerk. Diese Kohärenz, die Form und Aussage im Kurzfilm aufweisen müssen, ist auch ein Merkmal der Spielfilme von Haro Senft, z.B. *Der sanfte Lauf* (1967), Musik: Erich Ferstl; *Ein Tag mit dem Wind* (1978), Musik: Richard Palmer-James.

Die Liebe zum Kurzfilm kommt nicht von ungefähr. Haro Senft ist ein Mann der kleinen Schritte: das Verantwortungsgefühl gegenüber Mitarbeitern, Darstellern und dem Filmmaterial läßt ihn nur behutsam fühlend vorgehen. Filmemachen darf nie ein Gewaltakt sein. Wer filmt, darf seine Umwelt nicht zerstören wie der Anatom, der mit seinem Seziermesser sein Objekt unwiderruflich vernichtet. Filmen heißt die Umwelt in ihrer Lebendigkeit zu erfassen, indem man sich vorsichtig einfühlt und integriert.

... damit sind wir bereits bei musikdramaturgischen Fragen: *Die Rolle der Musik ist außer der rhythmischen Funktion (dem Bewußtmachen eines Timings für den Filmablauf) stark eine Gefühlssache. Musik ist sehr wichtig für Momente, wo ich zusätzlich zu den Bildvorgängen oder Sprachvorgängen ein Gefühl ausdrücken will, das sich nur durch Musik ausdrücken läßt. Hier bekommt Musik eine starke Funktion (egal, ob hier Erinnerungswerte, augenblickliche Gefühlsbewegungen oder anderes angesprochen wird), die sich kaum in ein Schema bringen läßt. Diese Lebendigkeit der Musik ist immer von Neuem eine Herausforderung an den Filmregisseur. Musikdramaturgie ist sicher theoretisch darstellbar. Allerdings habe ich mir nie die Mühe gemacht, wirkliche Konzepte zu entwickeln. Wie alles Lebendige bleibt Musikdramaturgie nur richtig und aufregend, wenn man am Werk bleibt. Gibt man lebendiger Kunst zuviel Theorie vor, dann wird sie zum Schema, zum Industriell-Gemachten.*

Die Filmästhetik Haro Senfts ist durch eine Skepsis gegenüber dem literarischen Film, gegenüber der derzeitigen Dominanz von Worten ausgezeichnet. *Das Wichtige an der Stummfilmzeit war die relative Unabhängigkeit vom Literarischen. Es gab reine Filmkünstler, die das Bild zeitlich, rhythmisch und optisch so vortragen konnten, daß sie sich vom Literarischen ganz freimachen konnten. An diesem Ansatzpunkt muß man bleiben. Für mich persönlich sind sich Film und Musik am nächsten: beides sind zeitliche Kompositionen, beide unterliegen in Aussagekraft und Wirkung rhythmischen Vorgängen. Die alten Stummfilmkünstler hatten deshalb weniger Angst vor der Musik, als vor dem gesprochenen Wort, das mit dem Medium Film wenig zu tun hat.*

In seiner Arbeit mit Kindern hat Haro Senft einen Weg gefunden, den Drehbuch-Film, der auf der Logik und Präzision der menschlichen Sprache aufbaut, zu umgehen. Die elementare Aufmerksamkeit und Wahrnehmungsfähigkeit von Kindern erlaubt es, Filme zu machen, wo Sprache noch die Offenheit und Wandlungsfähigkeit wie Musik oder freies Schwingen hat: *Mit Kindern arbeite ich deswegen gerne, weil ich sehr unmittelbar an Menschen und nicht an Konsumenten bin.*

Fünfjährige Kinder sind Menschen. Ich habe in den letzten Jahren nie mehr mit festgelegten Drehbüchern und Dialogen gearbeitet. Der Vorgang oder die Situation ist vorhanden, die Kinder artikulieren sich dann selbst. Da kommen Ausdrücke und Betrachtungsweisen, die man am Schreibtisch nie erfinden könnte, die so spontan und treffend sind, manchmal auch rätselhaft.

Der konstruktive Vorgang des üblichen Filmemachens mit festem Drehbuch mutet mir manchmal an wie ein Brückenbau: Es ist industriell. Einer hat eine Idee. Er gibt einen Generalplan, Teilpläne, Kalkulation und Organisation. Und irgendwo – bei Einstellungsnummer 284 – soll alles auf den theoretisch fixierten Punkt kommen! Ein Riesenaufwand an Menschen und Gedankengängen für Donnerstagmorgen um neun Uhr... Nach einem abstrakten Plan! Man braucht also den Profi, der dann „schauspielert" und auf Befehl alles umsetzt. Mit Kindern kann man so etwas nicht machen. Da gibt es zwar Vorgaben. Wir begeben uns aber mehr oder weniger ins Unbekannte.

Musik ist für Haro Senft vor allem Rhythmus (siehe zu „Rhythmus" auch seine Äußerungen in Kapitel VI,4 des Buches). Rhythmus wiederum ist für ihn vornehmlich als „Schwingung" definiert: an den Schwingungen einer Arbeit, eines Films haben alle Mitwirkenden Anteil. Die Schwingungen bringen die gemeinsame Arbeit auf einen gemeinsamen Nenner: *Musik ist etwas, das mit meinem Arbeiten sehr verwandt ist. Für mich besteht die Welt aus Rhythmen und Schwingungen. Deshalb kann ich mich über Rhythmen und Schwingungen gut mitteilen. Man kommt hier dem Ganzen und sich selbst näher. Auch mit „Schwingungen" mache ich beim Kinderfilm enorme Erfahrungen. Da wir nie mit versteckter Kamera arbeiten, trotzdem sehr spontane Vorgänge von Kindern filmen, manchmal in einer kleinen Neubauküche, muß sich das Filmteam quasi unsichtbar machen. Das wird zu einer Schwingungsangelegenheit. Da genügt es nicht, still und freundlich zu sein, man muß sich einschwingen. Manchmal mußten wir schon den Kameraassistenten auswechseln, weil er eine störende Ausstrahlung hatte, manchmal ist die Nähe der Mutter (und sei es über 500 Meter) störend. Es hat hier mit ganz persönlichen Übertragungen auf das Filmergebnis zu tun.*

Mit einem Komponisten kann Haro Senft gut zusammenarbeiten – vor allem seit dem Spielfilm *Fegefeuer* (1969) mit Richard Palmer-James – wenn er für diese Schwingungen ein Gefühl zeigt. *Ich hatte meistens Glück, weil fast alle Komponisten spätestens ab der Dreharbeit mit dem Filmthema beschäftigt waren. Zu den Dreharbeiten war schon eine so enge Tuchfühlung da, daß sie das Klima des Entstehens kennengelernt haben und vom Kern der Vorgänge soviel mitbekamen, daß schon eine vage Musikkonzeption möglich wurde, – eine Gefühlseinstellung. Es ist natürlich etwas anderes, wenn der Film fertig geschnitten ist (einen Rohschnitt finde ich übrigens grauenvoll und sehe hier keine Chance für Musik). Über den fertigen Schnitt findet dann ein Gespräch statt. Ich gebe zwar ungefähre Andeutungen, wo Musik sein könnte und habe Manches auch schon in der Art des Schnitts darauf hin angelegt, aber im Prinzip hat bei mir der Komponist jede Freiheit, seine Konzeption einzubringen.*

Wir diskutieren zwar meine Vorgaben, mögliche Musikeinsätze, – aber das sind mehr Tastversuche. Die Wichtigkeit des Feinschnitts für die Musikplanung sehe ich darin, daß der Komponist hier eine Vorstellung über den gesamten Ablauf erhält. Es geht hier um eine freiheitliche Austarierung der Empfindungen, wie es in der Arbeit zuvor z.B. schon mit dem Kameramann üblich war.

Der nächste, sehr aufregende Schritt ist das Musikanlegen. Aus Gründen rhythmischer Entsprechung müssen manchmal einige Bilder oder Sekunden Film weggenommen oder hinzugefügt werden. Man legt auch die Musik verschieden an und erlebt viele interessante Überraschungen. Bisweilen erweisen sich manche Musikstücke auch als überflüssig oder sie werden durch die Wiederholung eines anderen ersetzt. Das ist alles in Bewegung, – bis zur Mischung, die für mich erst den Abschluß der Filmarbeit bildet.

„Seinen" Filmkomponisten Richard Palmer-James hatte Haro Senft in einem Schwabinger Lokal entdeckt: Er war Gitarrist der Rockgruppe *Supertramp*, über die Haro Senft auch gleich einen Kurzfilm *Supertramp Porträt 1970* machte (von den 11 Minuten Film, die nach den Dreharbeiten zu *Fegefeuer* noch übrig waren). Zu *Fegefeuer* machte *Supertramp* auch die Filmmusik: *Es war ein Zwischending zwischen Komposition und Improvisation. Wir waren im großen Bavaria-Studio mit Bildprojektion. „Supertramp" ließ sich die einzelnen Sequenzen ein paar Mal vorführen (den gesamten Ablauf kannten sie schon) und haben dann zum Teil zum Bild improvisiert.*

Nicht akzeptabel ist für Haro Senft die Verwendung von Archivmusik, weil hier dem Film ein präexistentes rhythmisches Korsett aufgezwängt wird. Anders als der Komponist, der mit der Gitarre in den Schneideraum kommt und zum Bild improvisiert, der zu den Dreharbeiten kommt und „Schwingungen" aufnimmt, kann der Archivar nur Musik anbieten, die dem Film fremd bleiben muß: *Wenn mir ein Musikberater beim Fernsehen sagt: da nehmen wir doch auf Kassette 87 die zweite Hälfte, dann hat das mit einem Einfühlen in das Werk nichts zu tun. Es sei denn man arbeitet betont auf Collage. Konserven- und Archivmusik ist das Grauenvollste, was es gibt. Es ist eine Art industrieller Dramaturgie. Oft wünsche ich mir allerdings bei manchem Film, der Regisseur hätte lieber eine Musik von J.S. Bach aus der Konserve genommen, als diese Art von „komponierter" Unterhaltungsmusik. Es gibt viele Filmmusik, die sich Hollywood zum Vorbild nimmt und dann so katastrophal abläuft: der dramaturgische Ablauf wird benützt, um den Zuschauer ganz vordergründig auf dem Rost zu grillen. Ich kriege jeden Monat ein bis zwei Schallplatten von Musikverlagen und Archiven, wo mir allein schon beim Durchlesen der Auflistung „Abendstimmung", „Liebeskummer" usw. schon ganz schlecht wird.*

Hans-Christof Stenzel

Hans-Christof Stenzel gilt als enfant terrible des deutschen Fernsehens. Schon drei seiner Filme verschwanden im Panzerschrank einer Fernsehanstalt, weil sie zu provokativ und zu freizügig waren. Bekannt wurde Hans-Christof Stenzel – und im selben Atemzug muß man hier auch seine Lebensgefährtin, die Cutterin und Produzentin Rosemarie Stenzel-Quast nennen – mit der Marchel Duchamp-Paraphrase *C'est la vie Rrose* (1977), die 1977 das Filmband in Gold jeweils für Drehbuch, Regie, Musikdramaturgie erhielt sowie das Filmband in Silber für die Produktion. In unseren Ausführungen wird ein besonderer Akzent auf diesen Film gelegt, um die Musikdramaturgie („mit Gold prämiert") in ihren besonderen Prämissen zu beleuchten.

Hans-Christof Stenzel: *Mit Rosemarie Stenzel-Quast zusammen war ich früher auch einige Zeit Gastdozent an der Münchner Filmhochschule. Ton im Film war damals ein wichtiges Thema. Wir versuchten über alles Akustische (Sprache, Musik, Töne) auch theoretisch zu arbeiten. Ich hatte in jener Zeit auch einige Filme gemacht, um den Unterschied zwischen der Rezeption von Film im Fernsehen und im Kino herauszuarbeiten. Der Unterschied ist für mich vornehmlich eine Frage des Dialogs zwischen Bild und Ton. Beides sind verschiedene Gestaltungsmittel im Film, die harmonieren oder sich gegenläufig verhalten können, die einen Gesamteindruck bilden oder jeweils eigenständig wirken. In der Filmsprache müssen sie als gleichwertig behandelt werden. Vor dem Bildschirm – das hatten wir deutlich herausgefunden – kann der Zuschauer die einzelnen Mittel, mit denen der Film arbeitet, viel genauer trennen. Er nimmt sie wahr, wie eine Partitur, der man gegenübersitzt. Er nimmt auch kontrapunktische Relationen zwischen Bild und Ton sofort wahr. Bei Film über Video tritt der Zuschauer in einen Dialog mit dem, was sich vor ihm abspielt; im Kino steigt er in den Film hinein, da ist es Identifikation. Auf dem kleinen Bildschirm analysiert man die Elemente im Film, man sieht ihre Beziehungen zueinander. Im Kino ist ein Donnerwetter, das einen erschlägt. Wenn ich einen Film von Alexander Kluge wirklich analysieren will, schaue ich ihn mir über Video an. Ich lasse mich im Kino gerne überfallen, das genieße ich auch, – für die Distanz jedoch braucht es den Bildschirm. Leider wird bei uns Fernsehen nur zum Indoktrinieren (Nachrichten usw.) und zur billigsten Unterhaltung (Shows, Quiz usw.) benutzt. Video als eigenständige Sprache und Kunstform ist noch lange nicht entdeckt. Bei Spielfilmen im Fernsehen allerdings mache ich (wie wenn eine Schallplatte so abläuft) andere Dinge nebenbei. Spielfilme auf Video sind stinklangweilig.*

Seine Filmästhetik ist in hohem Maße der Ästhetik des abstrakten Films oder Experimentalfilms verknüpft. Hans-Christof Stenzels erster Film war ein Versuch, an einem Schneidetisch der FU Berlin 1956 einen Film der Peking-Oper (den er von der deutschen Botschaft erhalten hat) zu bearbeiten: *Ich habe die Kopie verschnippelt und aus den zwei Stunden, wovon ich keinen Inhalt verstand, mir eine eigene Geschichte von zehn Minuten gemacht. Technisch war der Film von mir schlecht geschnitten. Ich hätte kein Klebeband und konnte nur naß kleben. Da habe ich die Tonverletzung einfach zum Prinzip erhoben, – es ergab einen experimentellen Film.* Die weiteren Filme waren durch dieselbe Unbefangenheit geprägt. *Gruß Attersee* (1969) hat eine eigentümliche Musikdramaturgie: *Der Maler Attersee, damals noch nicht so renommiert, hatte sich nebenberuflich immer als deutschen Elvis Presley empfunden und sang meist mit seinem Hund, der auch sehr musikalisch war, und mit seiner Freundin, die eine ausgebildete Soubrette war. Ich habe für ihn einen Schlagertext gedichtet, – absurd, lächerlich, mit Schmalz. Er improvisierte dazu einen Schlager mit seiner Soubretten-Freundin. Mit den Tonbandaufnahmen bin ich zu dem Komponisten Jens-Peter Ostendorf und ließ mir eine Symphonie daraus machen, – mit dem Symphonieorchester des Bayerischen Rundfunks. Im Film kam das dann einmal vokal als grauslige Geschichte mit sechs Strophen (Attersee und Freundin), dann als Riesenmusik mit Trauermarsch und Variationen. Beides wurde dramaturgisch vermischt. Es war ein interessanter Effekt, daß die Leute beim ersten Auftauchen des Schlagers überrascht waren: in einem „Kunstfilm" Schlager der billigsten Art! Beim zweiten Mal: Aha! Da steckt etwas dahinter!, das dritte Mal gebuht! Das wollte ich ja. Jens-Peter Ostendorf war der erste Komponist, bei dem ich dachte: Hoppla! – mit dem könnte ich auch länger. Leider habe ich ihn aus den Augen verloren.*

Gruß Attersee wurde bedauernswerter Weise vom Fernsehen verboten und „verschlossen", ebenso der Film *Das Abendmahl* (1971) mit dem Wiener Aktionisten Hermann Nitsch. Die Musik hier ist wiederum mit Singen und Dialogfetzen verbunden. *Der Film arbeitet mit Überlängen und mit ein- und demselben Ton. Es sind nur wenige Töne, die sich rhythmisch in der Wiederholung zu einem Bild ergeben.*

Marmor, Stein und Eisen bricht (1981) rekonstruiert die Geschichte des Schlagersängers Drafi Deutscher, der – nachdem er 1967 Hitparadenreiter war – wegen Exhibitionismus ins Gefängnis kam. Dabei geht der Zuschauer in der Regel seiner eigenen schmutzigen Phantasie in die Falle. Hans-Christof Stenzel: *Ich habe eine ganz andere Story aus dem Fall gemacht. Eine unanständige Story. Absurd. Manche Leute sagen, der Film sei ein Geheimtip. Alles hing an diesem alten widerlichen Schlager, der mir den Filmtitel gab. Ich bat dann Drafi Deutscher, mir eine Filmmusik zu machen. Ich konnte zwar ganz gut mit ihm arbeiten, aber es ging daneben. Er machte mir einen Schlager nach dem anderen. Jeder könnte ein Bombenschlager werden. Als Filmmusik hat es leider nicht hingehauen.*

Der Film *C'est la vie Rrose* ist dem Kunstverständnis und der Figur von Marcel Duchamp gewidmet (dem Vater der Objektkunst und der Pop-Art), der als Pseudonym auch den Namen Rrose Sélavy benutzte. Die Geschichte des Films: Rrose Sélavy kommt mit dem Schachbrett unter dem Arm in New York an, erkundet Amerika (spielt zum Beispiel mit dem amerikanischen Komponisten John Cage am Washington Square Schach, wie einst Duchamp), mutiert zum Mädchen Rrosy Sélavy, einer „Schachhure": ihre Freier müssen eine Partie Schach gegen sie gewinnen, dann steht sie zur Verfügung ... Die Wanderung geht quer über die USA (entlang den authentischen Stationen von Marcel Duchamp), bis Rrosy in Los Angeles am Strand von einem Psychiater vergewaltigt und ermordet wird.

Hans-Christof Stenzel: *Für den Film hatten wir gar kein Geld. Eigentlich wollte uns das ZDF loswerden. Die haben uns mit 40.000 DM nach Amerika geschickt und dachten, wir kämen nie wieder! Die Musiken hatten wir wie die Bilder einfach „gesammelt". Mit vielen Zufällen. Im Prinzip hatte ich schon ein klares Konzept und habe die Reise durch die USA vorher auch alleine gemacht. „Rrose c'est la vie" ist ein reiner Reisefilm. Ich war schon immer davon besessen, auf den Spuren von Marcel Duchamp einmal durch Amerika zu fahren.*

Im Drehbuch waren keine Angaben über Musik enthalten. Es war ein Dialogdrehbuch, das lediglich die Orte für Musik angegeben hielt. Hans-Christof Stenzel und seine Frau hatten durch ihre langjährige Zusammenarbeit jedoch ein solch klares Vorverständnis über die Art der jeweiligen Musik, daß genauere Angaben dazu überflüssig waren. Die Musik wurde gesammelt wie die Dialoge. *Zum Teil hatte ich fertige Texte. Viele Dialoge wurden aber von Jörg Fauser an Ort und Stelle geschrieben und den Darstellern – es waren meist Laien – angepaßt. Mir ist immer der Dialekt wichtig. Der Dialekt der jeweiligen Landschaft. Am Dialekt interessiert mich die Musikfarbe. In allen meinen Filmen.*

Dieses Sammeln und die Orientierung an Ort und Stelle, dem auch die Musikdramaturgie dieses Filmes gehorcht, ist nichts anderes als die Umsetzung von Duchamps Prinzip des Kunstwerks als „Readymade". Hans-Christof Stenzel: *Duchamps praktiziertes Relativitätsbewußtsein aller „Werte" überzeugte mich von der Lächerlichkeit aller Behauptungen, seien sie künstlerischer, politischer, ideologischer oder gar institutioneller Art.* Kraft der Relativierung aller musikalischen Werte findet man in dem Film Musik unterschiedlichster Couleur in Aufeinanderfolge: eine dicke Pianistin Mary Jane Collins auf dem Memphisdampfer; Kurt Kalb, graue Eminenz der Wiener Kunstszene wurde nach Kalifornien eingeflogen, um dort in einer Hütte Platten mit Schrammelmusik aufzulegen; eine uralt scheinende französische Chansonette Janet Maillard (ein singendes geschminktes Skelett von ungeheurem Ausdruck!), die sich am Klavier begleitet; die „Amerika"-Variationen von Charles Ives auf der Orgel, wozu Hanah Wilkie (die bekannte New Yorker Vorstreiterin für feministische Kunst, überall weibliche Geschlechtsteile aus Kaugummi hinklebend) einen mystischen Striptease ausführt und dann nackt mit Rrosy Schach spielt... dazu Musik von der Straße... von überall. Zentral sind auch die Gesänge der Hutterer, einer deutschsprachigen Kolonie, die durch rüde Religionsvorschriften eine höchst interessante kulturelle „Verzögerung" von etwa 200 Jahren aufweisen: *Beim Sammeln von Musik waren uns die Hutterer sehr wichtig, weil diese so völlig in ihrer früheren Kultur stehengeblieben sind. Spiegel und Bilder sind bei ihnen verboten, – wir durften sie nicht filmen, mußten es also heimlich tun. Das einzige was sie haben (und was wir aufzeichnen durften) ist ihr Gesang: ein seltsamer Singsang, was sie stundenlang ausführen bis sie in Trance geraten. Sie sprechen auch einen seltsamen Dialekt, der original aus dem 15. und 16. Jahrhundert stammt! Die Musikaufnahmen, die „biblisch" genehmigt waren, dauerten den ganzen Tag, weil sie in Trance gar nicht mehr aufhören konnten. Dann haben wir gleich wieder an Ort und Stelle Radiomusik aufgenommen, wenn wir so auf dem highway weiterfuh-*

ren. Es war kein aktives Musikentwickeln, nur ein Sammeln und Suchen. Wir wußten zwar, daß wir auch eine Titelmusik brauchen, haben uns aber ganz naiv verhalten und abgewartet.

Die Titelmusik, die diesem Musikkonzept als Tüpfelchen auf das „i" gab, entstand beim Schneiden des Films in Deutschland. Hans-Christof Stenzel: *Wir wohnten in einer alten umgebauten Scheune auf dem Land, unter uns der Patentanwalt Uwe Czybulka, der als Laie auch manchmal Gitarre spielte. Dem habe ich (was allerdings lange als Plan schon feststand) 23 Titel, also Namen, von Werken Marcel Duchamps gegeben. Dazu haben wir ihm die Straßenmusik vom Washington Square in New York vorgespielt, und ihn gebeten, er soll so etwas ähnliches jetzt mit diesen Texten machen. Er hat die ganze Nacht lang gespielt und gesungen. Ohne zu notieren, alles improvisiert, viele Fassungen. Daraus haben meine Frau und ich dann die Titelmusik gemacht.*

Hans Jürgen Syberberg

Gestehen muß ich eingangs, daß ich mir viermal Syberbergs *Parsifal* (1982) angeschaut habe. Viermal diese fünf Stunden Kino total: das Ineinander von Schauspielern, Puppen, symbolischen Landschaften aus Gemälden in der Dia-Rückprojektion, der Schauplatz des Riesenmodells von Wagners Totenmaske, die Bildzitate; dazu Wagners Musik, die hier ihre Erfüllung fand: nämlich Filmmusik im totalen Gesamtkunstwerk zu sein! Es ist von narkotischer Schönheit, wenn Raum- und Zeitgefühl verloren gehen und der Kinobesucher von heftigster Imaginationsarbeit angeregt zu schweben meint. Richard Wagner und Bert Brecht (den Hans Jürgen Syberberg noch 1952/53 bei Theaterproben in Ostberlin gefilmt hat) sind die beiden Säulen der Denkwelt Syberbergs. Dies ist eine Verbindung, die durchaus eine gewisse Tradition hat: Sergej M. Eisenstein, dessen Prinzip der „Oberton-Montage" Syberbergs Filme durchaus verpflichtet sind, hatte schon in seiner Theorie des Gesamtkunstwerks die Kunst Richard Wagners mit marxistischer Ästhetik zu verbinden gesucht (in seinem Film *Das Alte und das Neue* von 1929 ließ er zu „Zentrifuge, Traktor und Zuchtbullen", den Symbolen des Fortschritts, Wagnersche Musik erklingen).

Musikalische Terminologie (Begriffe wie „Durchführung, Variation, Engführung, Requiem, Fuge, Kammermusik") durchzieht Syberbergs Denken über Film. Das erste Kapitel in *Syberbergs Filmbuch*[56] nennt sich in Anlehnung an Richard Wagners „Kunstwerk der Zukunft": *Film als Musik der Zukunft. Eine Ästhetik.* Musik ist für Hans Jürgen Syberberg die Ausdrucksform, die dem Film noch überlegen ist: *Entsprechend seinen Gesetzen (Großaufnahme, Schnitt, Tonmontage usw.) ist der Film imstande, durch Assoziationen und ihr Unterbewußtseinsgewebe ganz andere Verbindungen und Räume zu schaffen: sinnlich, geistig und seelisch. Eleganz, Schnelligkeit und Schönheit dieses Systems sind allen anderen Künsten, außer der Musik, überlegen*[57]. Die Konsequenz: Musik muß in den Film integriert werden. Musik und Bilder müssen eine Symbiose bilden: eines kann ohne das andere nicht leben. Aus den Vorzügen von Film und Musik hat Syberberg sich damit eine imaginäre Welt geschaffen, die jenseits von faßbaren Raum- und Zeitvorstellungen Bilder und Töne substantiell erfahrbar machen, ohne daß sie – entlang des konventionellen Schemas der Narrativität – in ihrem Zusammenhang und ihrer Aufeinanderfolge begründet werden oder kausal gemacht werden müssen.

Ausgangspunkt der Filmarbeit war die Zeit als freier Mitarbeiter beim Fernsehen, wo seit 1963 knapp zweihundert kürzere Filme entstanden sind (für die Anonymität der III. Programme), in denen Hans Jürgen Syberberg experimentiert hat: mit Ton- und Bildcollagen, mit Tonverschiebungen, Musikmontagen. Schon damals formte sich sein Montagestil, in dem alle Zutaten des Films – Darsteller, Requisit, Musik, Geräusche – gleichwertig behandelt wurden. *Der Schnitt ist Rhythmus und Herzschlag der Regie.* Auch wenn das Inszenieren zunehmend wichtiger wurde, so bleibt der Schneidetisch immer noch das Schaltpult, wo die visionäre Welt ihre Ausformung erhält, wo der symbolistische Künstler seine Einzelteile (die ohne Ansehen von Stil und Herkunft nebeneinandermontiert werden) zu einer idealen Ganzheit zusammensetzt.

Die aus Tönen und Bildern zusammengesetzten Räume Syberbergs, die in ihrer Unlogik und Nicht-Faßlichkeit an die Bilder von M.C. Escher erinnern, sind u.a. deshalb so inkonsistent, weil alle Ebenen des Filmes ihre Selbständigkeit bewahren: in einem beweglichen Gefüge von eigentümlicher Rhythmik (vergleichbar den in sich bewegenden Wolkenschichten am Himmel) bilden Töne und Bilder eine Ganzheit. Der Film ist nicht im herkömmlichen Sinne auf Musik geschnitten, so daß durch die Synchronpunkte (Bildakzente auf Taktakzente u.a.) der Eindruck fester Fügung entsteht. *Präzise auf Musik habe ich nur in meinen ersten Fernseharbeiten geschnitten, dann immer weniger. Heute scheint es mir zu vordergründig, wie Routine, in dieser Art mit Musik und Bildern umzugehen. Mein Prinzip zu schneiden ist viel eher, im Schnitt autonom zu bleiben und erst danach die Musik anzulegen. Dazu muß man allerdings suchen und die Musik am Schneidetisch hin- und herziehen. Hilfreich ist mir dabei eine Sache, über die ich mich oft wundere: meine fast geniale Begabung, in Archiven und auf Schallplatten intuitiv eine Musik zu finden, die wie ausgemessen zum Film und zu dessen Schnitt paßt.*

Das Musikanlegen ist für Hans Jürgen Syberberg eine äußerst private, um nicht zu sagen: intime Sache. Nur wenn er allein am Schneidetisch ist, hat er den Mut, all diese emotionalen Experimente zu machen und traumähnliche Vorstellungen zu konkretisieren, die er in der Öffentlichkeit nicht wagen würde. Beispielsweise hat er in der Intimität des einsamen Arbeitens am Schneidetisch versucht, das Ende des *Hitler*-Films mit Beethovens IX. Symphonie musikalisch auszuleuchten, – was schrecklich, bombastisch und niemals vorzeigbar war. Die Proben zum *Parsifal*-Film waren für ihn in hohem Maße deshalb so anstrengend, weil bei dem Playback-Verfahren (die Darsteller sangen und bewegten sich zur von Band eingespielten Wagner-Musik) eine Situation des „öffentlich Musikanlegen" gegeben war. Das Proben zu Musik vor dem gesamten Filmteam erschien ihm wie eine Obszönität.

Anmerkungen zu einigen Filmen Hans Jürgen Syberbergs:

Scarabea – Wieviel Erde braucht der Mensch? (1968). Für seinen ersten Spielfilm, in dem es vor allem um ganz archaische Dinge wie Sonne, Erde, Blut, Schlachten, Leben geht, hat Eugen Thomass die Musik komponiert. Die Zusammenarbeit war eigenwillig: Der Komponist hatte große Freiheit und konnte ohne Stoppuhr seine Vorstellungen verwirklichen. Hans Jürgen Syberberg arbeitete dann mit diesem Tonmaterial, schnitt danach zum Teil den Film oder suchte sich längere Filmpassagen, wo die Musik gut paßte. Thomas Karban-Schürmann: *„Scarabea" ist zweifellos die wichtigste Plattenveröffentlichung von Thomass-Musiken und auch eine seiner besten Arbeiten. Er betont in dieser Musik ganz extrovertiert Jazzrhythmen, um die er harmonisch-vertracktes Themenmaterial baut, elektronisch zusätzlich noch ständig entfremdet und somit eine unwirklich-irreale Klangkulisse erzeugt ... ein exzellentes Beispiel eigenwilliger Filmmusik* (in: Filmmusik; *Sonderheft Eugen Thomass*).

San Domingo (1970): Die Musik zur Verfilmung von Kleists „Die Verlobung von San Domingo" stammt von der Gruppe *Amon Düül* und erhielt 1971 das Filmband in Gold. Auch diese Musik entstand wieder in unkonventioneller Weise: aufgrund verbaler Stimmungsschilderung hatte die Gruppe Musikfragmente improvisiert und gesucht. *Die Aufnahmen waren sporadisch, unfertig, partikelhaft. Alles war fragmentarisch und der Zusammenhang offen. Am Schneidetisch habe ich mir dann diese Teile zusammengesetzt: komponiert! – teilweise parallel auf drei Musikbändern. Den Bundesfilmpreis für diese Musik habe ich deshalb auch persönlich als eine Ehrung gesehen.*

Ludwig – Requiem für einen jungfräulichen König (1972): in diesem Film hat Hans Jürgen Syberberg erstmals seine Affinität zum Collagefilm zu Ende gedacht und auf eine narrative Stütze verzichtet. *Als ich meinen „Ludwig"-Film ein Requiem nannte, war damit nicht eine Stimmung oder das Epitaph auf einen König gemeint. Es war gedacht als geschlossenes, strenges System, ein Stil- oder ästhetisches Programm analog den universellen Gesetzen der Musik, und bedeutete eine Kampfansage an die herrschenden Formen des Dialog-Kinos und Boulevard-Films hollywoodscher Tradition und seiner Kolonien*[58]. Der Rahmen des Films ist durch den Nibelungenmythos gegeben. Dementsprechend bilden die entsprechenden Teile aus Richard Wagners *Ring der Nibelungen* Anfang und Ende: der Film spannt sich von den Es-Dur Klängen des *Rheingold*-Vorspiels bis zum Schluß der *Götterdämmerung*. Eingelassen in diesen Rahmen sind nicht nur die vielfältigsten Bild- und Wortzitate, sondern auch das Aufeinanderprallen der Sphären von Wagnerscher Kunstmusik und Schlager- bzw. Volksmusik. Zentral ist u.a. der „Liebestod" aus Tristan und Isolde, der siebenminütig zum dritten Tod (dem endgültigen, seelischen Tod) Ludwigs erklingt, und den man schon im ersten Filmteil hören konnte, als Sissi den König vor den Folgen der Selbstversenkung in Wagnersche Musik warnte.

Karl May (1974): Dieser weitere Film über ein ‚deutsches' Thema (Ludwig, Wagner, Hitler und Karl May sind bei Syberberg die Ideologen des Deutschtums) exponiert vor allem Musik von Gustav Mahler („das himmlische Leben" aus der II. Symphonie). Der „Karl May"-Film ist *ein monströses Kammerspiel, ähnlich den Gesetzen einer dreistündigen Kammermusik.*

Hitler. Ein Film aus Deutschland (1976/77): Erstaunlicherweise hat dieser 7stündige Film vor allem im Ausland eine äußerst positive Reaktion ausgelöst und ist als große kulturelle Leistung gewertet worden (was umso mehr zuzugestehen ist, wenn man den niedrigen Produktionsetat von knapp einer Million Mark bedenkt). In einer tiefsinnigen Analyse hat sich Susan Sontag mit dem Film auseinandergesetzt[58]. Einige ihrer Feststellungen seien hier zusammengestellt: *Syberberg hat seinen Film in der besinnlich-sinnlichen Form einer Phantasmagorie gestaltet, wie Wagner sie liebte: sie zerdehnt die Zeit und bedingt Werke, die dem weniger leidenschaftlich entflammten Zuschauer viel zu lang vorkommen.*

Das Buch ist ein Potpourri aus erdachter Rede und höchsteigenen Worten der Hitler, Himmler, Goebbels, Speer und solcher Randfiguren wie Himmlers finnischer Masseur Felix Kersten oder Hitlers Kammerdiener Karl-Wilhelm Krause. Auf der komplexen Tonspur werden häufig zwei Textebenen übereinandergeblendet. In einer Art akustischen Hintergrundprojektion sind die Reden der Akteure mit historischen Tondokumenten unterlegt oder interpunktiert ... In diesem Wortstrom gibt es kulturelle Querbezüge in Form von (häufig unausgewiesenen) Zitaten, etwa von Äußerungen Einsteins über Krieg und Frieden oder einer Passage aus Marinettis Futuristischem Manifest — und die ganze Polyphonie der Stimmen erfährt eine brausende Steigerung durch Auszüge aus dem musikalischen Götterhimmel der Deutschen, aus der Wagnerschen Musik zumeist. Ein Stück aus „Tristan und Isolde" beispielsweise oder aus dem Chorteil der Beethovenschen Neunten dient als weitere Form des historischen Zitats, mit dem zugleich das von den Akteuren Gesagte ergänzt oder kommentiert wird.

***

Die Musikdramaturgie Hans Jürgen Syberbergs hat sich von Film zu Film weiterentwickelt, — sozusagen radikalisiert. Nach den frühen Spielfilmen *Scarabea* und *San Domingo*, wo Musik zwar schon weit über das übliche Maß hinaus eingesetzt, aber dem Film noch als Nebenschicht zugeordnet war, wurde in den Filmen von *Ludwig* bis *Hitler* Musik als Existenzform der Filmfiguren eingesetzt, — wie in einer Oper. Hans Jürgen Syberberg: *Vor allem in Frankreich, wo die Musik Wagners nicht so definiert ist wie hier, und wo nur wenige das Original kennen, ist „Ludwig" fast zu einer Opernfigur geworden! Meine Montagen in diesem Film sind aus solchen Zusammenhängen heraus zu verstehen: die musikalische Gestaltung am Schneidetisch habe ich wie ein Komponieren empfunden.*

In seinem nächsten Schritt hat Hans Jürgen Syberberg dann folgerichtig eine ganze Oper als Vorwurf genommen: Richard Wagners Bühnenweihfestspiel *Parsifal.* Noch rigider war die Unterwerfung unter die Musik in *Die Nacht* (1985), wo zu den Monologen Edith Clevers alle 48 Präludien und Fugen des *Wohltemperierten Klaviers* I und II von Johann Sebastian Bach in originaler Reihenfolge erklingen: *Ich wollte mir ein strenges Konzept geben und habe die von Bach vorgeschriebene Folge beibehalten. Die Pausen zwischen den einzelnen Stücken sind allerdings subjektiv gestaltet. Wo die Musik gut zum Film paßt, habe ich sie laut dazugemischt, wo sie weniger gut paßt, habe ich sie im Hintergrund gelassen.* In den Passagen der *Nacht*, wo Edith Clever Wagners Texte singt, mit direkter und unverbildeter Stimme, hat Hans Jürgen Syberberg keine „Erniedrigung Wagners", sondern eine „Erhöhung der Sprache" beabsichtigt.

Dieser Aspekt wurde in seinem letzten Film von 1985 *Edith Clever liest James Joyce* nochmals radikalisiert: Edith Clever liest hier das „Molly"-Kapitel aus dem *Ulysses* von Joyce. In solchem Punkt fallen Musik und Sprache zusammen, – was die zahlreichen Joyce-Vertonungen (beginnend mit Luciano Berios *Omaggio a Joyce* 1958) in der Neuen Musik schon treffend demonstriert haben.

Michael Verhoeven

Unter jenen Filmregisseuren, die sich stark an Dialogdrehbuch und Einflüssen des Theaters orientieren, gehört Michael Verhoeven zu denen, die gerne experimentieren und immer auf der Suche nach Erweiterung ihrer spezifischen Gestaltungsmittel sind. Filmmusik hat in den leicht wortlastigen Filmen nie die Bedeutung und die Längen wie bei anderen Regisseuren (die Musikstellen sind hier durchschnittlich nur etwa 40 Sekunden lang), – es gibt aber bei Michael Verhoeven immer neue Überraschungen durch die Art, wie er Musik einsetzt. Folgerichtig arbeitete er auch mit immer neuen Komponisten zusammen: neben Axel Linstädt (mit dem zusammen er fünf Filme gemacht hat) mit Josef Berger, Michael Rüggeberg, Konstantin Wecker, Michael Landau, Todd Kennedy, Stefan Melbinger, Hermann Thieme, Norbert Jürgen Schneider. Überraschend ist in vielen Filmen auch die Geräuschdramaturgie.

In diesem Essay soll methodisch so vorgegangen werden, daß zu einigen Filmen (in chronologischer Folge) in lockerer Form Anmerkungen, Erinnerungen und Detailhervorhebungen gegeben werden, um so etwas von der Vielfalt zu vermitteln, die Musik im Film besitzen kann.

Paarungen (1967): Verhoevens Verfilmung von Strindbergs *Totentanz* hat drei Musikebenen. Alice, ehemalige Sängerin, ist durch Salon- oder operettenähnliche Musik (auch Livemusik, wenn sie selbst Klavier spielt) bestimmt. Ihr Mann, der Kommandant (mit dem sie in angespanntem Eheverhältnis lebt), mit militärischer und ironisierender Musik (von Marsch bis Rhythmen auf modernem Schlagzeug). Als dritte Ebene gibt es eine (damals moderne) Musik der 60er Jahre, die dem jungen Liebespaar (der Parallelkonstruktion zum zerstrittenen Ehepaar) zugedacht ist.

Die Musik von Alice (schauderhaft verstimmt und dilettantisch) und des Kommandanten (militärische Musik in höchst unmilitärischem Kontext) ist ironisch kommentierende Musik, die entlarvende Funktion hat. Michael Verhoeven: *Jeder hängt seiner verlogenen Selbstrechtfertigung nach. Sie quält ihn, weil er ihre Karriere als Sängerin zerstört hat (und als Kontrast hört man ihre Musik, die zeigt, daß sie gar nicht singen kann). Sein angeblich hoher militärischer Rang wird umgekehrt durch die Marschparodien Lügen gestraft. Die Musik vor allem vermittelt auf beiden Seiten eine traurige Komik von verpatztem Leben.*

Problematisch ist die Musik des jungen Paares, deren damals aktuelle Beatmusik heute eine gewisse Patina angesetzt hat. Michael Verhoeven: *Wenn ich den Film heute ans Fernsehen verkaufen würde (das war 1967 wegen der „freizügigen" Szenen nicht möglich), dann würde ich die Musik neu machen. Die Musik des jungen Paares ist nicht extrem genug: es hätte ein übertriebener Schlager sein müssen, um die aktuelle Kraft der Jungen zu verdeutlichen. Ich wollte, daß von ihnen eine Kraft ausgeht, wobei durchaus auch mein eigenes Zeitgefühl der 60er Jahre mitspielt. Es ist mir unter anderem auch deswegen nicht gelungen, weil die Filmmusik von zwei Leuten komponiert worden ist: Josef Berger, mein Schwiegervater (ein herrlicher Komponist), konnte alles wunderschön ausdrücken, was mit seiner Zeit und seinen Erfahrungen zu tun hat. Die neue Beatmusik der 60er Jahre hat er aber abgelehnt und wollte seine Themen nicht für diese Instrumente arrangieren. Seine Melodien wurden dann von Hermann Thieme arrangiert und kompositorisch weitergeführt, – natürlich aus einem ganz anderen Verständnis heraus. Die Musik wäre Hermann Thieme sicher geglückt, wenn er von vorneherein seine eigene Musik hätte schreiben können.*

Engelchen macht weiter – hoppe, hoppe Reiter (1968) und *Der Bettenstudent* (1969) wurden von Axel Linstädt und seiner Beatgruppe *Improved Sound Limited* vertont, die 1966 den „Meet the Beat"-Wettbewerb des Bayerischen Rundfunks gewonnen hatten. Die Musik ist aktuelle Rockmusik der 60er Jahre, bei deren Ausformung auch wesentlich der Produzent der Filme, Rob Houwer, beteiligt war. Axel Linstädt: *„Engelchen" war eine rein kommerzielle Musik, einfallsreich und frisch. In „Bettenstudent" hat Rob Houwer diese Welle noch weiterbetrieben. Er wollte in erster Linie – da machte er keinen Hehl daraus – Geld verdienen.*

O.K. (1970): In diesem Film wird in mehreren Stationen in Art des epischen Theaters oder der alten Passionsspiele gezeigt, wie amerikanische Soldaten ein junges vietnamesisches Mädchen vergewaltigen und ermorden. Das Atemberaubende des Films: obwohl sich die Schauspieler zuvor im Bild vorstellen, sich umkleiden, dann im Bayerischen Wald der Vietnamkrieg vordergründig nachgestellt wird, geht von den Bildern eine gewaltige Kraft aus. Musik erscheint etwa zwanzig Mal: immer zu den Überschriften einer neuen „Station" in der gleichbleibenden 17 Sekunden-Version. Im Film selbst wird – dem Prinzip des Nicht-Verfälschens gemäß – keine Musik eingesetzt. Axel Linstädt: *Michael Verhoeven ist jemand, der genau weiß, was er will und oft schwer zu realisierende Dinge verlangt. Ich denke vor allem an „O.K.", – an dieses Musikstück von nur 17 Sekunden. Es hatte zunächst reine Pufferfunktion und sollte die einzelnen Szenen trennen.*

Fast wie eine Drehorgelgeschichte, moritatenhaft. Die Musik ändert sich mit dem Böserwerden der Geschichte, – jedoch nur psychologisch: in ihrer Struktur ändert sie sich de facto nicht! Das hat wahnsinnig Mühe gemacht. Zum Glück konnte Verhoeven seine Vorstellungen gut transportieren und mir klarmachen, wie er es haben wollte. Wir haben bei den Aufnahmen die ganze Nacht an diesen 17 Sekunden gebastelt.

Und Michael Verhoeven: *Es geht ja an keiner Stelle des Films darum, glauben zu machen, daß dies Amerikaner sind, die das Mädchen vergewaltigen. Je stärker man von der Wirklichkeit des damaligen Krieges, den man ja aus dem Fernsehen kannte, abrückte, um so eher gab es die Möglichkeit, die Leute an die Wirklichkeit, um die es mir ging, heranzuführen. Bei der Musik ging es nicht um die klassische Filmmusikverwendung, um das Verstärken von Emotionen. Ich wollte alles vermeiden, was korrumpierend wirkt und Ersatzspannungen erzeugt, – ich wollte einen Moritatenchrakter erzeugen: immer die gleiche Musik.*

MitGift (1975): In dieser Geschichte einer zerstrittenen Ehe eines neureichen Paares gibt es vor allem zwei Musiken: eine Vivaldi-Musik, um die angespannte Situation der gegenseitigen Angst vor dem gegenseitigen sich Vergiften auszudrücken (herrlich, wie die spitzigen Vivaldi-Rhythmen das Giftige – was phonetisch auch schon in den vielen gemeinsamen „i" beschlossen liegt! – ausdrücken kann); eine Fassung von Chopins e-moll Prélude für Flöte und Klavier als Thema des Edgar, – des Hausfreundes und Sonnyboys.

Das aggressive und spitze Vivaldithema wurde von Michael Rüggeberg, den Michael Verhoeven damals bei seinen Theaterarbeiten in München kennenlernte, zu einer Filmmusik weiterentwickelt. Die Idee, Vivaldi-Musik zugrundezulegen, hatte neben der ausdrucksmäßigen Eignung auch andere Gründe: *Alice und Edgar sind ja Aufsteiger, Verbrecher, Neureiche. Die Musik ist hier auch Ausstattung. So wie ihre Wohnung. „Schöner Wohnen – Schöner Hören!"*, *– deshalb hatten wir nicht einfach irgendeine Krimimusik genommen, sondern etwas „Gediegenes". Das Chopin-Thema für Kurt, den Blonden, Schönen und Blauäugigen, sollte einfach eine süßliche und bestechend schöne Musik sein. Hart am Kitsch. Die Fassung im Film ist übrigens eine Tonbandversion von Caterina Valente mit ihrem Bruder Silvio Francesco, die sie uns – privat – als Geschenk gegeben hat.*

Gefundenes Fressen (1976): Zu seinem Film über den Penner Alfred, der von Mallorca und einer Freundin träumt, sagt Michael Verhoeven: *Es gibt zwei Themen, – die Titelmusik und den Walzer für seine Freundin Milena. Das erste ist eine Kaufhausmusik, eine Ware, eine Musik, die Sehnsüchte wecken soll. Die Musik soll ausdrücken, daß dieser Mann, der nach außen hin keine Wünsche hat und mit der Warengesellschaft fertig ist, sich doch eine kleine Lebenslüge aufgebaut hat. Das Wirkliche an Gefühl, das er entwickelt, kommt im Walzer zum Ausdruck, in seiner Gefühlswelt, die er als Jugendlicher erlebt hat. Für heutiges Zeitgefühl ist ein Walzer kaum mehr geeignet, – bei ihm stimmt es aber.*

Die Musik komponierte Stefan Melbinger, der bei den Dreharbeiten zu *MitGift* Produktionsfahrer war, und auf diese Weise Michael Verhoeven kennengelernt hatte.

Die Weiße Rose (1982): Konstantin Wecker schrieb dazu eine kammermusikalische Filmmusik, deren Instrumente Flöte, Violoncello und Klavier auch durch die Handlung (sie werden von den studentischen Darstellern im Bild gespielt) motiviert sind. Dominierend ist ein „Sophie"-Thema (die dadurch unter den Mitgliedern der „Weißen Rose" akzentuiert wird) und ein keß klingender, meist nur kurz eingesetzter Walzer, der kommentierend oder ironisch eingesetzt ist, wenn den Studenten wieder ein Coup gegen das Nazisystem gelungen ist. Michael Verhoeven: *Der Walzer ist ein humoristisches Motiv, der immer bei den kleinen Nadelstichen eingesetzt ist, die sie dem System beibringen. Eine Musik, bei der man Schadenfreude empfindet, daß der Stärkere düpiert ist.*

Ursprünglich war für den Film eine Dramaturgie vorgesehen, die von einem zentralen Lied Konstantin Weckers ausgeht. *Ich wollte, daß Konstantin Wecker ein Lied macht. Er hat es komponiert und damit wunderbar ausgedrückt, wie man heutzutage zu der ganzen Geschichte steht: was haben wir heute mit der „Weißen Rose" zu tun? Das Lied konnte schön vermitteln, daß das Ganze nicht etwas ist, das irgendwann im Krieg stattgefunden hat, sondern das in uns fortlebt. Beim Anlegen aber zeigte sich, daß Lied und Film nicht zusammengingen! Entweder hat das Lied das Bild erschlagen, – oder es ging selber durch die Verwendung zu den Bildern kaputt. Es blieb davon lediglich die Titelmusik als Instrumentalfassung erhalten. Die jetzige musikdramaturgische Fassung ist eine Notlösung, von der ich nicht sagen kann, ob sie gut oder schlecht ist.*

Liebe Melanie (1983): Dieser Film – darauf muß besonders verwiesen werden – enthält keine Filmmusik.

Killing Cars (1985): Einen großen Kontrast zu *Liebe Melanie* bildet dieser Film, der fast durchweg mit Musik auskomponiert ist. Die Musik – eine betont aktuelle Disco- bzw. Popmusik – stammt von Michael Landau und Todd Kennedy. Der Film versucht ein ökologisches Problem (ein umweltfreundliches Auto wird erfunden, dessen Erfinder aber in die Machenschaften großer Konzerne gerät) mit der populären Sprache eines Action-Films zu verbinden.

Es sollte ein Film mit viel Musik sein. Ein kommerzieller Film mit großer Verbreitung. Ich mußte versuchen, mein Grundthema nicht aus den Augen zu verlieren. Die populäre Form habe ich gewählt, um ein solches Thema an die Öffentlichkeit zu bringen und nicht immer in demselben Kreis von Menschen diskutieren zu lassen.

Meinem 13jährigen Sohn zuliebe war ich in der letzten Zeit öfters in Action-Filmen und habe dort überlegt, ob man in diesem technisch toll gemachten Genre nicht auch ein Thema transportieren kann, das etwas über unsere Gegenwart aussagt. Mein Entschluß war, meinen nächsten Film so zu machen, daß er meinem

Sohn gefallen wird. Davon habe ich mich auch musikalisch leiten lassen. Die Musik sollte (zumindest am Anfang) die Welt dieses Erfinders, des Korda, ausdrükken: die glatte Fassade, die Welt mit Oberflächenglanz, hinter der er sich versteckt. Einmal habe ich auch ganz listig den Beethoven ins Spiel gebracht (den er zu Hause, mit dem Anknipsen des Lichtschalters gekoppelt in Gang setzt): dies ist als Irritation gedacht, weil man ja erwartet, daß er auch privat irgendwelche „Plastik"-Musik hört. Der Zuschauer im Kino ist irritiert und hat plötzlich etwas, was er sich doch nicht so leicht erklären kann. Ansonsten ist die Musik in „Killing Cars" typisch für das Jahr, in dem der Film entstand. Das Werk soll ein 80er Jahre-Film werden. Es sind sonst keine Verfremdungen darin. Die beiden Komponisten haben einen Titelsong „There's a man" komponiert, der vor allem am Ende zentral zur Geltung kommt. Im Film selber hat er keinen Platz. Er kommt aber trotzdem zweimal kurz vor, weil er (als Zitat) bestimmten Bildern zugeordnet werden soll. Das einige Male vorkommende gesungene „Killing Cars" ist als eine Ironisierung der Bilder gedacht: Wenn „Killing Cars" gesungen wird, dann sieht man im Bild keinen Unfall, kein „killendes" Auto, sondern anscheinend harmlose alltägliche Bilder von unserem Autoverkehr.

Daß das Thema *Filmmusik* den Regisseur auch theoretisch beschäftigt und ihm wichtig ist, mag der Hinweis zeigen auf die Fernsehsendung *Filmmusik. Klänge zwischen Auge und Ohr.* Ein Film von Michael Verhoeven und Norbert Jürgen Schneider (1986), im Auftrag der „Arbeitsgemeinschaft Neuer Deutscher Spielfilmproduzenten e.V.".

Herbert Vesely

Zu den Unterzeichnern des „Oberhausener Manifests" gehört auch Herbert Vesely, – einer der Einzelgänger im Neuen Deutschen Film. Seine Filmarbeit begann 1951 in Wien und war stark vom Experimentalfilm geprägt. Nach Reisen durch Deutschland mit seinen Filmen kam er nach Göttingen zur *Filmaufbau* von Hans Abich, wo er mit seinem ersten langen Experimentalfilm *Nicht mehr fliehen* (1955) Aufsehen erregte. *Also, es war eine ziemlich einsame Tour, und ich war damals der Schreck der Branche, ich war verschrien. Aber ich konnte mich mit Kurzfilmen, Kulturfilmen, Dokumentarfilmen und mit dem beginnenden Fernsehen über Wasser halten, bis dann die nächste große Aufgabe mit der Böll-Verfilmung „Das Brot der frühen Jahre"*[60] *kam.*

Das Brot der frühen Jahre (1961), mit Vera Tschechova und Christian Doermer als Hauptdarsteller, war sozusagen der erste „Neue Deutsche Film", da seine Uraufführung in Cannes im Mai 1962 drei Monate nach der Unterzeichnung des „Oberhausener Manifests" als erster Erfolg der Bewegung gefeiert werden konnte. Die Musik von Attila Zoller sowie (Musikalische Beratung:) Joachim Ernst Berendt erhielt 1962 das Filmband in Gold. Dazu Joachim Ernst Berendt: *Die Zusammenarbeit ging so vor sich, daß ich zunächst einen „Musikfahrplan" fertigte, der Länge, Stimmungen, Emotionen, Abläufe skizzierte und Attila Zoller auf*

Grund dieses Fahrplans Themen komponierte. Wir haben dann die fertigen Szenen angesehen und synchron zu diesen Szenen wurde die Musik improvisiert, wobei jeweils die vorher komponierten Themen den einzelnen Improvisationen zugrunde lagen. Sie wissen sicher, daß einige der schönsten Attila Zoller-Kompositionen aus dieser Filmmusik stammen, allen voran das auch heute noch gespielte „Ullas Erinnerungen".

Ein ähnliches Verfahren haben wir etwas später auch bei dem Film „Katz und Maus" (zu dem Film nach dem Buch von Günter Grass) angewandt, und diese Musik habe ich dann auch für eine MPS-Platte „Katz und Maus" produziert. Es ist das Verfahren, das ich selbst und viele meiner Kollegen seit den 50er Jahren immer wieder publiziert und gefordert hatte. Der erste, der es angewandt hatte, war Miles Davis in der berühmt gewordenen Musik zu dem Film „Fahrstuhl zum Schafott". Auch Krystof Komeda, für mich einer der besten Filmkomponisten, die es bisher gegeben hat, hat viele seiner Musiken so entwickelt – zu Filmen von Polanski, Morgenstern und Wajda (Brief an den Verfasser vom 26.9.1985).

Herbert Vesely findet heute – aus einer radikalisierten Perspektive heraus – die Musik weniger gut: *„Brot der frühen Jahre"! Das war sehr locker damals. Man hätte die Musik strenger behandeln müssen. Das Resultat fand ich nicht so befriedigend. Es sind zwar sehr viele schöne ritardierende und reflektierende Momente drin. Manchmal braucht man eben zwanzig Jahre, bis man auf eine Sache kommt! Musik ist eine ungeheure Verführung. Wenn man etwas gefällig und schön machen will oder überhöht, dann ist das nicht gut. Musik muß man eigenständig einsetzen. Genauso spezifisch, wie man einen spezifischen Film macht. Meinen neuen Film „Strange", den ich demnächst in Budapest drehe* (das Gespräch fand am 21.12.1985 statt) *werde ich mit einer absoluten Trennung von Geräusch und Musik machen. Wenn Musik da ist, soll es keine Geräusche geben. In realistischen Szenen aber Geräusche, sogar Überhöhung der Geräusche bis zu einer musique concrète. Danach aber wieder ein visuelles Intervall, ein freezing, ein Stehenbleiben und dazu die Reflexion durch Musik. Nur durch Musik, – die dann Schönheit, Trauer oder irgendeine Empfindung nacherlebt.*

Eine wichtige Erkenntnis war für Herbert Vesely auch, *daß Filmmusik immer ergänzend sein sollte, nie in sich perfekt und selbständig. Ideal sind z. B. Melodiefragmente, die sich nur langsam entwickeln. Sehr schön sind von Brian Eno die Stücke auf „Music for Films", das sind zwei Langspielplatten. Davon ist etwas in meinem „Egon Schiele – Exzesse" (1980) und in meinem Handke-Film „Der kurze Brief zum langen Abschied" (1977) drin. Eines der schönsten Stücke ist für mich Brian Enos „Ambiente Four", wo es nur noch unmerkliche Klangveränderungen eines einzigen Tones gibt. Ich will immer weg von Untermalung und Illustration. Ein Action-Film braucht überhaupt keine Musik. Höchstens realistische Szenenmusik, – Radiomusik wie z.B. in „Paper Moon" von Bogdanovich, wo die ganzen 20er und 30er Jahre mit ihrem Radiowahnsinn aus dem Lautsprecher quellen. Das ist Action. O.K. Ich finde es aber ungebührlich, Musik bloß illustrativ einzusetzen. Der Fehler ist mir selber in meinem „Egon Schiele"-Film unterlaufen. Musik ist leider so verführerisch: Für mich ist es immer der schönste Moment beim Filmemachen, wenn am Schneidetisch die Musik angelegt wird. Das ist ein unglaublicher Moment, weil da alle Szenen transzendiert werden.*

Herbert Vesely arbeitet gerne mit vorbestehender Musik, wie z.B. mit den schon erwähnten Platten von Brian Eno. In *Egon Schiele – Exzesse* kommt daneben auch Musik von Felix Mendelssohn-Bartholdy (eine Barcarole) und von Anton Webern vor. *Webern hatte ich schon immer drauf. Eigentlich schon mit meinen ersten Filmen. Webern war übrigens immer der Teuerste beim Rechte-Einkaufen! Er hat immer ein Wahnsinnsgeld gekostet. Karajan mit den Berliner Philharmonikern konnte man gar nicht bezahlen, – also mußte ich das Philadelphia-Orchester nehmen, die aber leicht verschmiert waren.*

Mit dem Komponierenlassen von Filmkomponisten kommt meist nur Illustrationsmusik heraus. Und das will ich vermeiden. Ich bräuchte einen Partner, der genau dieselbe Idee hat, wie ich. Einer der so arbeitet, ist George Delerue. Seine Musik zu dem Godard-Film „Die Geschichte der Nana S." ist eklatant: da setzt er Streicher ganz blockartig auf Schnitt ein, und mitten in eine Kamerabewegung, wenn ein Gespräch vorbei ist (typisch, die reflektierenden Momente), schneidet er einen Streicherblock mitten aus etwas Symphonieartigem rein und hört mit einem Tonschnitt plötzlich wieder auf. Mitten in einer optischen Bewegung. Das gibt einen fragmentarischen Reiz.

Musik muß einsetzen, wo der Film zu reflektieren beginnt. Wo der Gedanke anfängt. Das Bild müßte stehenbleiben und dürfte sich nicht mehr weiterentwikkeln. Stehenlassen, Einfrieren, – und dann kommt die Musik. Man muß visuelle Intervalle schneiden, um den Anspruch des Gehörs vollkommen zu berücksichtigen. Es ist illegal, auf eine Stimmung oder auf eine Empfindung im Filmbild noch Musik daraufzulegen. Das ist Illustration.

Beim Schneiden benutze ich Musik nicht als Schnittvorlage auf Perfo. Ich kenne zwar die Musiken vorher genau, schneide aber autonom.

Wie abenteuerlich und mit Zufällen verknüpft, trotzdem aber zielgerichtet ein musikdramaturgisches Konzept entstehen kann, schildert Herbert Vesely anhand der Sucharbeiten nach der Musik für den eben entstehenden Film *Strange: Meine Assistentin hat immer ein Platte gehört, von der ich dachte: die kenne ich doch! – es war die neueste Platte von Astor Piazolla mit der Musik zu „Unter dem Vulkan": eine rhapsodische Baßmelodie auf dem Soloakkordeon, dann und wann ein präludierender Akkord, immer suchend und nie ankommend. Er will immer zu einem Punkt kommen, den er aber nie findet, – das hat etwas Lauerndes und Beobachtendes an sich. Genau das ist aber das Thema meines Films. Dann bin ich in das Plattengeschäft und wollte von Grace Jones eine Platte mit einem Welt-Hit kaufen, von dem ich nicht wußte, wie er hieß. Ich habe die Nummer auf einer Schallplatte gefunden: sie hieß „Strange". Und ich schaue nach, wer diese Musik komponiert hat: – auch der gute Astor Piazolla! Es ist genau das Thema, was er auf der anderen Platte so lauernd und beobachtend präludiert.*

So ein Zufall, es ist unglaublich. Noch unglaublicher ist, daß ich meinen Filmtitel „Strange" gefunden hatte, bevor ich wußte, daß die Schallplatten-Nummer auch „Strange" hieß. Was die Grace Jones hier singt, ist genau der Inhalt meines Films. Diese geschlossene Nummer kann ich in meinem Film nur am Anfang oder Ende nehmen, vielleicht zwischendrin, wenn die Bilder irgendwo stehenbleiben. Für den Rest nehme ich Piazollas kompliziertes Präludieren. Solche Glücksfälle passieren mir jedes Mal, wenn ich nach Musik suche.

Über die 25 Jahre der Geschichte des Neuen Deutschen Films äußert sich Herbert Vesely skeptisch. Rückblickend sieht er, daß alle Experimente der 60er Jahre umsonst waren: *Wie komme ich am besten an? Wie hat man den meisten Erfolg? Das haben sie alle experimentiert!* Auch die Entwicklung von Gruppen scheint ihm heute zufällig und obsolet. Seine „Fernsehzeit" hat er abgestellt und fünf Jahre Pause gemacht: *Das Fernsehen ist jetzt für mich weg! Da sind so seltsame Kriterien am Gange. Wenn wir jetzt bei „Schwarzwaldklinik" und „Lindenstraße" angekommen sind, — was willst du da noch machen? Der endgültige Ausverkauf war 1984 mit dem Einkauf des amerikanischen Spielfilmpakets für 500 Millionen Mark! Das Fernsehen soll seine Produktionsabteilungen schließen und sich auf die Tagesschau beschränken, da brauchen sie nur ein Studio, zwei Scheinwerfer und einen Sprecher. Sie haben ja jetzt genügend altes Programm. „Lindenstraße!": „Ein Arbeiter, der nach Hause kommt, geht zu seiner Frau in die Küche, nimmt ein kariertes Handtuch und hilft ihr beim Abtrocknen, zieht seine Schlappen an, nimmt ein Bier und setzt sich vor den Fernseher. Im Fernseher sieht er einen Arbeiter, der nach Hause kommt, zu seiner Frau in die Küche geht, ein kariertes Handtuch nimmt und ihr beim Abtrocknen hilft, dann zieht er die Schlappen an ..." Das ist Geissendörfers „Lindenstraße"! „Schwarzwaldklinik" war ein Offenbarungseid. Jetzt sind wir am Ende. Ich konzentriere mich ganz auf den Kinofilm, mache eine Trilogie und 1987/88 einen Film in Afrika.*

Wim Wenders

Bei Wim Wenders ist Kino immer einfach: Film ist — wie schon von Béla Balàsz definiert — die Kunst des Sehens. In alter Kinotradition „erzählt" vor allem die Kamera: sie regelt Blickformen, Perspektiven und nimmt wahr. Alles andere — ob Schnitt oder Musik — ist untergeordnet. Die Kamera nimmt den Moment auf. Auf diesen Moment hat sich der Besucher in Wim Wenders Kino einzulassen. Da gibt es kein metaphysisches Verschachteln der Erzählungen, keine unnötigen Rückblenden. Ein Bild nach dem anderen.

Musik hat bei Wim Wenders — weil sie nicht auf obskure Weise der Kamera nachhelfen muß, die ja alles regelt — eine größtmögliche Freiheit. Sie hat nichts mehr zu tun, als sich ebenfalls auf den Augenblick einzulassen und seine Sinnlichkeit zu vertiefen. Musik muß nichts bedeuten, muß nichts erklären oder illustrieren. Sie muß nur in diesem Augenblick dasein und schwingen.

Wer sich mit Wim Wenders Ästhetik befassen will, braucht sich eigentlich nur einen seiner frühen Kurzfilme anzusehen. In *Silver City* (1968) beispielsweise ist alles Spätere vorgebildet: Sieht man von einer kurzen, bewegteren Einleitung ab, so besteht der Film aus zehn Einstellungen der Kamera von jeweils etwa 3 bis 4 Minuten Dauer. Der Filmbetrachter hat Zeit, sich vier Minuten auf eine einsam blinkende Ampel am frühen Morgen einzulassen, auf eine Kreuzung mit rush-hour-Verkehr, er kann drei Minuten ein Bahngeleis studieren (wo ein Mal sogar ein Zug vorbeifährt), er kann drei Minuten ein abgefilmtes Werbeplakat der Swissair studieren, schließlich in der zehnten Einstellung wieder eine nächtliche Großstadtstraße. Dann und wann – genau fünf Mal – erklingt eine amerikanische mood music in dem sonst stummen Film.

Weder die Montage der Bilder noch das Unterlegen von Musik unter die Bilder will einen Zusammenhang suggerieren. Der Augenblick ist zu erleben! Die Musikdramaturgie ist – wie schon im Kapitel VI, 2 anhand von *Stand der Dinge* erläutert – eine „Akzentuierung des Momentanen".

Wim Wenders bevorzugt Musiken vornehmlich amerikanischer Herkunft, deren Blues oder Soul ebenfalls auf nichts anderes verweisen, als auf sich selbst. Dabei sind ihm die Höreindrücke oft mit Bild- oder filmischen Eindrücken gekoppelt. Bei seiner Besprechung der dritten LP der Gruppe *Kinks* schreibt er z.B., wenn man *das wunderschöne Stück von Ray Davies „Tired of waiting for you" anhört, was einem wie ein ruhiger Schwenk aus einem alten, oft gesehenen Schwarzweißfilm vorkommen kann;* über die Musik der *Flocks* weiß er: *Eine Musik wie die kreuzungsfreien Highwaysystems in Amerika, wie die Golden Gate Bridge, wie eine rasende Fahrt in einem Luftkissenfahrzeug durch eine wunderbar vertraute Landschaft: die Rockmusik der letzten zehn Jahre;* und in einer Besprechung von *Willy and the Poor Boys steht etwas von Musik, die in Amerika spielt und von amerikanischen Bildern handelt*[61]. In seinem Kurzfilm *3 amerikanische LPs* (1969) hat Wim Wenders etwas von der Sinnlichkeit dieser Musiken festgehalten, wenn er Bilder vom Münchner Stadtrand eingefangen hat und aus dem off (die Bilder ganz amerikanisch einfärbend) Musik von Van Morrison, Harvey Mandel und Creedence Clearwater Revival erklingen läßt. In *Lightning over Water (Nick's Film)* (1980) hat Wim Wenders dann erstmals seine amerikanische Vergangenheit eingeholt, wenn der Rocksänger Ronee Blakley live im Film den Titelsong singt.

Wim Wenders hat mit einigen Komponisten zusammengearbeitet: Mit Axel Linstädt in dem Reisefilm *Im Lauf der Zeit* (1976), der ihm vor allem den Durchbruch brachte, mit Irmin Schmidt und der Gruppe *Can* in *Alice in den Städten* (1973), mit John Barry in *Hammet* (1982), Ray Cooder in *Paris, Texas* (1984), – vor allem aber mit Jürgen Knieper in *Die Angst des Tormanns beim Elfmeter* (1971), *Der scharlachrote Buchstabe* (1972), *Falsche Bewegung* (1974) – dafür erhielt Jürgen Knieper das Filmband in Gold für beste Musik –, in *Der amerikanische Freund* (1977) und *Stand der Dinge* (1982).

Um die Arbeitsweise Wim Wenders an einem Beispiel zu erläutern, seien einige Sätze von Axel Linstädt widergegeben, der die Arbeit mit seiner Gruppe *Improved Sound Limited* zu Wenders *Im Lauf der Zeit* beschreibt:

Wim Wenders rief mich einfach an. Er mußte meine Schallplatte „Catch a singing Bird" gehört haben, – eine Art Countryrock-Platte mit einer gewissen amerikanischen Atmosphäre. Amerika ist ja ein Trauma von ihm. Bei mir traf er hierin durchaus auf einen Seelenverwandten, denn ich hatte kurz vor dieser Schallplatte mit meinem Bruder eine Reise durch die USA gemacht. Da lag mir einfach diese Art von Musik. Wim Wenders fragte mich, ob ich mir vorstellen könnte, für ihn Musik zu machen. Dann hat es sich einfach so ergeben.

Er erzählte mir erst einmal die Geschichte, und dann sollte ich ihm vorspielen, was ich dazu machen könnte. Ich hatte damals gerade einen Song geschrieben, von dem ich dachte, daß er das Richtige sein könnte: und Wenders fand auch, daß dies das Hauptthema wäre! Es wurde dann die Filmmusik, – instrumental gesetzt. Die Arbeit mit Wim Wenders war hervorragend. Er ist ein Mensch, der gar nicht viel redet, um etwas mitzuteilen, – im Unterschied etwa zu Michael Verhoeven, für den die Worterklärung immer wichtig war. Er schweigt oft, und trotzdem weiß man komischerweise was er haben will. Durch seine Gestik und Ausstrahlung transportiert er solche Dinge.

Den Film habe ich im Arri-Kino in München zweimal in Projektion gesehen für den Gesamteindruck. Dann noch zweimal am Schneidetisch. Dann habe ich den Film durchgestoppt und mir die Szenen aufgeschrieben.

Im Musikstudio hat Wim Wenders eine gute Atmosphäre verbreitet und gleich zu beginn ein kleines Buffet aufgebaut. Es wurde eine relaxte Atmosphäre wie zu Hause! Die Musik zu „Im Lauf der Zeit" wurde eine ganz einfache Musik. Der Musikologe würde gar nichts Besonderes daran finden. Es ist trotzdem eine meiner liebsten Musiken, weil sie eine andere Variante der Kategorie „Filmmusik mit Titelsong" ist. Nicht das normale „Titelsong ab" gleich zu Anfang. Bei uns läuft die ganzen drei Stunden des Films die Musik in instrumentaler Ausdünnung. Man wartet immer, daß endlich etwas kommt: in dem Moment, wo am Schluß das Standbild einsetzt, fängt der Vokalsong an, der den letzten Eindruck gibt und im Rückgriff alles verklammert. In diesem Moment weiß man, was das alles bedeutet. Wir haben uns lange über diese gemeinsame Idee unterhalten.

Kapitel IX: FILMMUSIK: KLANGBILD UND FORM

Das spezifisch Filmische einer Musik zu benennen ist vor allem deshalb schwierig, weil Musik im weitesten Sinne „polyphon" – nämlich von äußerster Vielschichtigkeit ist: es kann der Rhythmus sein, eine auffällig abfallende Melodielinie, die schlampige Interpretation, die leblose Stimme mit dem hintergründigen Ausdruck oder die durch die Rezeptionsgeschichte bedingte Zuordnung einer Musik zu einer bestimmten Volksschicht, – irgendeines dieser Momente kann Anlaß für Regisseur oder Komponist gewesen sein, die Musik in den Film zu nehmen. Jede Musik kann im Neuen Deutschen Film zur Filmmusik werden, von der kratzend gespielten Anfängergeige bis zum Liebesthema vom Symphonieorchester gespielt. Es gibt geschlossenere Filmmusiken, die sich auf ein Instrumentarium und einen Stil beschränken. Es gibt – vor allem in den Collagen – Filmmusiken, die aus dem Nach- oder Übereinander der heterogensten Musiken bestehen. Wie soll man hier „Filmmusik" nach Klangbild und Form kategorisieren?

Erschwerend kommt der mit dem Begriffspaar „professionell – antiprofessionell" umschreibbare Antagonismus hinzu: Da gibt es Regisseure (zu verweisen ist hier auf die vorgelegten Porträts von Achternbusch, Lilienthal, Noever, Schilling oder Stenzel), die den unmodellierten, bodenständigen und in der Einmaligkeit eines Individuums begründeten Ausdruck von Musik wertschätzen (mit allen Fehlern, Zufälligkeiten). Da gibt es Regisseure (zu verweisen ist auf die Porträts von Geissendörfer oder Petersen), die Musik als professionell zu beherrschende und in langer Tradition (jenseits von zufälligen subjektiven Dispositionen) stehende Ausdrucksform einsetzen. Diesen professionellen Aspekt betonte z.B. auch Volker Schlöndorff schon früh in seiner Filmarbeit: *Unmoralisch ist, wer einen Beruf freiwillig und doch schlecht ausübt. Ein Kupferschmied zum Beispiel, der einen schlechten Kessel schmiedet* (in: Filmkritik 1966).

1. Das Klangbild der Filmmusik

Die original komponierte Filmmusik (nur von dieser soll in diesem Abschnitt die Rede sein) ist in der Anfangsphase des Neuen Deutschen Films wenig vom Orchester oder von größeren Instrumentalbesetzungen bestimmt. Der Grund liegt zum einen in den zunächst kleinen Produktionsetats, zum anderen in der bewußten Distanzierung von der konventionellen „Kinosymphonik", die von 1935 bis etwa 1960 weltweit den Standard für Filmmusik bildete. Die private Szenerie in den Neuen Deutschen Filmen, die Rückbeziehung des Autorenfilms auf das Quasi-Autobiographische, widerspricht der Verwendung des Orchesters als Emotionsträger. Heiner Goebbels: *Eine große Rolle spielt für mich auch die Frage der Dimensionierung der Instrumente. In einem kleinen Film, der im Keller spielt, macht es keinen Sinn, wenn ich mit dem großen Orchester anfahre. Die amerikanische Überdimensionierung von Filmmusiken ist irgendwie sinnlos, hat aber (unter einem soziologisch-kritischen Aspekt betrachtet) einen großen Vorteil: man hat dadurch jede private Szenerie vergesellschaftet.*

Die Komponisten des Neuen Deutschen Films waren sehr erfinderisch. Ausgehend von den Besetzungen der Rock- und Popmusik sowie von kammermusikalischen Zusammenstellungen wurden (vor allem seitdem die kreativen Entwicklungsmöglichkeiten der Mehrspurstudios gegeben waren) immer neue Klangbilder gefunden. Eine ausgeprägte „Kammermusik" – das Musizieren mit wenigen Instrumenten ohne Hilfe von Overdubs auf dem Mehrspurband und ohne das „Aufblasen" durch Klangteppiche von Elektronenorgel oder Synthesizer – findet man jedoch selten. Der Komponist Friedrich Meyer: *Viele Komponisten, die „groß" gut schreiben können, können keine Kammermusik schreiben. Ein Streichersatz klingt immer, – aber wenn man nur Geige und Bratsche zusammen hat? Dann muß alles stimmen!* Das private, Nicht-Öffentliche, das der Kammermusik zu eigen ist (sie war schon im 19. Jahrhundert die Musizierform des bürgerlichen Hauses und das Gegenstück zum repräsentativen und in der Aussage pauschaleren Orchestermusizieren), vermochte manchen Filmen einen einprägsamen Stil zu geben. Zu denken ist an die Kammermusiken von Nicolas Economou in seinen Trotta-Filmen vor 1985; sowie an Konstantin Weckers Musiken zu Verhoevens *Weiße Rose* und Trottas *Schwestern*. Wecker: *Die übliche Geldknappheit zwingt einen ja zu Synthesizer oder zum kammermusikalischen Arbeiten. Letzteres ist nicht schlecht. Eine gezielte Kammermusik tut vielen Filmen besser, als das große Orchester.*

Produzieren von Musik im Mehrspurstudio verleitet zu einem Klangbild, dem die Spannungsverhältnisse fehlen, die bei einem natürlichen Mit- und Gegeneinandermusizieren vorhanden sind: Jedes Instrument spielt (auf der Basis des schon Aufgenommenen) nur für sich selbst. Die Musik hat daher etwas Narzißtisches: größtmögliche Eigenpracht und Selbstentfaltung ohne Zwang zur Subordination (das macht dann später der Mischer!) ist jeder Instrumentalstimme zu eigen. Ein Musiksoziologe hätte seine Freude, diese musikalische Charakteristik „modernen Musizierens" mit der zunehmenden Aufsplitterung der westlichen Gesellschaft in solipsistische Konsumenten („Single" und Einpersonenhaushalt sind die zeitgemäße Lebensform) in Beziehung zu bringen. Vordergründig scheint ja in Mehrspurproduktionen alles zu funktionieren: mit geringem personellem Einsatz sind Besetzungen zu imitieren oder ist eine Klangpracht zu suggerieren, die letztlich aber nur Fassade und schöner Schein ist. Hans Posegga: *Für den Film „Der Schatz im Hause" (einer Komödie, die in Nizza spielt) war wieder kein Geld da. Ich ließ eine Geige, Bratsche und Cello zehnmal aufspielen, – das klang dann so gut, wie das Stuttgarter Kammerorchester. Das Ganze war eine Mozart-Stilkopie: erstunken und erlogen. Aber es brillierte und hatte durch den Timecode, nach dem alle Instrumente spielten, eine unerhörte Exaktheit.* Geschichten solcher Art (die man natürlich als Musiker auch augenzwinkernd unter dem Aspekt des „Zauberkunststückchens" angeht) können fast alle Filmkomponisten erzählen. Oft zwingt der tägliche Konkurrenzkampf zum Anbieten von Musikproduktionen zu günstigen Konditionen, worin mit allerhand „Attrappen" (wie die Ausstatter in den Filmstudios) gearbeitet werden muß. Um nochmals Hans Posegga zu zitieren: *Einen „Durbridge" vertonte ich einmal mit 1,5 Musikern! Da hat mir mein Synthesizer wieder geholfen, der ein ‚echtes' Fagott drin hat. Der Synthesizer ist ein altes, mieses Ding, das ich für 2000 DM gekauft habe. Aber ich bin froh um seine Tuba, um das Waldhorn und vor allem um das Fagott.*

Auch in den Fällen, wo mit dem Synthesizer nicht nur akustische Instrumente imitiert werden, sondern unter Betonung des elektronischen Charakters neuartige Klangbilder hergestellt werden, hat dieser Alleskönner unter den Instrumenten etwas Anrüchiges: Allzu einfach und perfekt lassen sich z.B. schon durch drei Spuren auf dem Mehrspurband (etwa durch einen vibrierenden Baßteppich, eine sanft im Hall schwingende „Space"-Atmo und eine lebendig sich verändernde Melodie) irreale Räume und der Eindruck von „Ewigkeit" erzeugen. Mit „Ewigkeiten", die so billig und mit solch geringem Materialwiderstand suggeriert werden, kann es allerdings nicht weit her sein!

Elektronisch – Akustisch

Die Diskussion um Vor- und Nachteile elektronischer Klänge in der Filmmusik ist von falschen Emotionalisierungen und Pauschalisierungen geprägt, die manchmal zu seltsamen Vorkommnissen führt: beispielsweise berichtet Hans Loeper, wie von der Filmbewertungsstelle Wiesbaden in den 60er Jahren einem Kurzfilm das begehrte Prädikat nicht zugesprochen wurde, weil seine Musik als „mechanische Musik" klassifiziert worden ist; daß jedoch, nachdem ein die „Echtheit" der Musik bestätigendes Attest des berühmten Komponisten Karl Amadeus Hartmann vorlag, der Film sein „Besonders wertvoll" erhalten hatte. Grob über den Daumen gepeilt: viele der Komponisten, die Synthesizer und elektronische Klangerzeugung ablehnen, tun dies weniger aus prinzipieller Überzeugung und aus Abneigung gegen angeblich „tote" Musik, die hier nur entstehen könne, sondern aus einer kulturpolitischen Notwehrhaltung heraus: Nachdem in den 50er Jahren „Elektronik" das Zauberwort der Avantgardekomponisten wie Stockhausen, Ligeti oder Berio war, nachdem in den 60er Jahren im „Psychedelic Rock" und verwandten Strömungen (zu denken ist an die Pionierleistungen von Gruppen wie *Pink Floyd*) auch die populäre Musik neue Ausdrucksbereiche mittels Elektronik sich erschlossen und (in ernstzunehmendem Sinne) neue Bewußtseinsebenen erreicht hat, wurden in den 70er Jahren die Elektronikproduktionen als Billigartikel und Wegwerf-Konserven entdeckt, deren Inhalt als „Muntermacher" und werbeintensiver akustischer Flitter überall aus den Lautsprechern quillt: in Supermärkten, Flugzeughallen, Toiletten und Restaurants. Jens-Peter Ostendorf: *Ich mag die elektronischen Klänge auch deswegen nicht, weil ich sehe, aus welcher Ecke bei den Fernsehproduktionen das kommt: man braucht dem Komponisten jetzt nur noch ein Minimum an Geld geben und erhält dann ein Tonband, auf dem aufwendig mit dem Synthesizer geklimpert worden ist. Dahinter steckt dann außerdem die Überzeugung, es käme ja sowieso nicht auf die Musik darauf an!*

Die Gründe für die Wertschätzung von Synthesizer sind unterschiedlich. Sie reichen von der Spielfreude (ein Einzelner vermag eine akustische Totalität mit unendlichen Möglichkeiten zu manipulieren) über das ideologische Konzept (Eberhard Schoener will zum Beispiel „die Technik Versinnlichen" und „Bezüge zwischen Mensch und Elektronik schaffen") bis zu privaten Gründen etwa bei Marran Gosov: *Ich komme aus dem Ostblock. Die Ostblockländer sind – weil sie immer etwas zurück waren – sehr technologiebegeistert: die westliche Technik war für uns Bulgaren mehr als Technik. Deshalb habe ich mich für die neuen Musiziertechniken begeistert, ohne sie allerdings überzubewerten.*

Alle Komponisten, die ernsthaft mit elektronischer Klangerzeugung und synthetischer Komposition gearbeitet haben, bestätigen, daß – um eine seriöse und individuelle musikalische Leistung zu erbringen – auf diesem Sektor mindestens so arbeits- und zeitaufwendig gearbeitet werden muß, wie es beim Umgang mit akustischen Instrumenten der Fall ist. Während die Tonerzeugung auf einer Violine z.B. allein durch ihre Körperabhängigkeit und der Einmaligkeit des Interpreten immer mit einer spezifischen „Aura" belastet ist (es schwingt auch etwas von dem Aspekt „Kunststück" und von den vielen Jahren des Übens und Vorbereitens auf diesen Moment mit), sind die elektronischen Klänge zunächst unpersönlich und leblos. Sie bedürfen einer großen subjektiven Anstrengung, um mit der Aura des Unverwechselbaren und Einmaligen versehen zu werden. Den musikalischen Schnell- und Billigproduktionen, die als Imitat mit Tausenden von anderen Imitaten zu konkurrieren haben, fehlt dieses auratische Moment.

Erhellend waren für mich die vergeblichen Versuche, auf Wunsch des Regisseurs eine Filmmusik „im Stile von Ligetis 2. Streichquartett" auf dem Synthesizer herzustellen (Geld für Instrumente war wie üblich nicht mehr vorhanden). Die Synthesizerversion klang immer nach einem technisch perfekten „Science fiction"-Musik, selbst als man dem Computer probeweise die originalen Streichquartettstimmen Ligetis eingegeben hatte. Es mußte auf die ‚alte Geige' zurückgegriffen werden: Jetzt war es plötzlich möglich, z.B. durch Spielen eines höheren Tones auf der tiefen G-Seite, durch ein unregelmäßiges Vibrato, durch Ankratzen von Tönen, jene musikalischen Stimmungen und Töne zu erzeugen, denen man die Schwierigkeit und Gefährlichkeit der Hervorbringung anmerkte (Töne kurz vor dem „Absturz"!), die von dem hoffnungsvollen „Wird es klappen?" gekennzeichnet waren. Die elektronischen Töne kamen zu „glatt", zu einfach, zu programmiert. Vgl. dazu auch Jürgen Knieper: *Ich empfinde die Elektronik als eine unpersönliche Geschichte ... Bei der Elektronik fehlen die menschlichen Schwächen. Mir fehlen bei dem Geigenimitator die schlechten Geiger vom letzten Pult, die immer etwas später spielen, als die anderen, aber dadurch die Fülle der Streicher ausmachen. Die menschlichen Schwächen sind komplexer als die menschlichen Stärken. Die vermisse ich teilweise in der Elektronik. Die menschlichen Schwächen ergeben zum Schluß die Identifikation mit der Musik, daß man sagen kann: von dieser Schwäche aus wurde eine Höchstleistung erbracht. Wenn die Schwäche nicht da ist, hat man keinen Ausgangspunkt.*[62]

Sound – Motiv – Thema

Im Gegensatz zur älteren Kinosymphonik, die in Operntradition mit festen Themen arbeitete, die sich wiederum in einzelne Motive zerlegen ließen, ist die Filmmusik seit etwa 1960 „direkter" geworden: um eine Person oder Situation atmosphärisch zu erfassen, benötigte man nicht mehr den komplexen Grundriß eines achttaktigen Themas mit einer spezifischen Melodiegeste, sondern oft nur noch einen bestimmten Klang (den „Sound") oder ein aus einem Motiv bestehendes Bewegungsmuster (eine „rhythmische Fläche"). Der Einbezug elektronischer Musik mit ihren differenzierten Klangmöglichkeiten bildete hierbei eine Grundlage dieser Entwicklung. Der „Sound", der noch in den 40er und 50er Jahren das Resultat des Instrumentierens bzw. des Orchesterarrangements war, wird seit Ende der 60er Jahre vor allem durch technische Faktoren bestimmt (Klangmodulation der einzelnen Instrumente bei der Tonaufnahme, durch Hallanteile, spezifische künstliche Mischungsverhältnisse u.a.). So wie in der neueren Popmusik jede Band oder Gruppe ihren unverwechselbaren „Sound" hat, der von Platte zu Platte sich zwar modifizieren, aber selten grundlegend ändern kann, so hat auch jede Filmmusik ihren eigenen „Sound". Da ein Sound (der sich aus seinem klangfarblichen Aufbau und seiner rhythmischen Mikrostruktur aufbaut) nach wenigen Sekunden identifizierbar ist, kann er filmsprachlich unmittelbarer und direkter eingesetzt werden, als ein Thema, das mit seinen meist 8 oder 16 Takten eine viel längere Erkennungszeit benötigt.

Martin Böttcher: *Mit dem Sound kann man meines Erachtens schon eine enorme Stimmung erzeugen. Ein Motiv oder Thema sollte dann der große Durchbruch der Musik sein.* Piet Kloke: *Der Sound ist wie das Atmen, das Niesen, das Magenknurren. Eine Komposition, Melodieführung wie Reden und Sätze. Die Positionen innerhalb eines Kunstwerks sind ähnlich. Ich möchte einmal die Musik für einen Kindertrickfilm komponieren, bestehend nur aus Sounds, und schließlich einer Melodie am Ende.* Einige Komponisten definieren ihren Stil durch ein Betonen des Melodischen, z.B. Konstantin Wecker: *Was den Szenen emotional viel gebracht hat, das ist nicht nur der Sound (der ist schon wichtig), sondern es ist auch die Melodie. Ich bin ein überzeugter Anhänger der Melodie, auch der magischen Kraft der Melodie. Selbst ein kurzes Motiv kann eine Magie haben.*

Die fetischhafte Verehrung, die in der Werbemusik und billigsten Schlagermusik dem „Sound" entgegengebracht worden ist (schnelle Sound-Basteleien haben in den 70er Jahren oftmals die Substanz von Motivik, Harmonik, Kombinationsvielfalt und den virtuos-spielerischen Aspekt vergessen lassen), haben das Arbeiten mit Sound in der Filmmusik obsolet werden lassen. Sound ist zur Hülle, zur Verpackung, zum warenästhetischen Schleifchen einer Musik (ob Schlager oder Filmmusik geworden). Die Aufmerksamkeit wird zunehmend – wie bei allen Produkten unseres Supermarkt-Wirtschaftssystems – vom Inhalt auf die verführerische Verpackung abgelenkt. Der Komponist Frank Wolff: *Packende Rhythmen als Einleitung der Musikstücke sind längst Routine, bringen nichts Neues und münden meist in einen technifizierten Sound, der unmittelbar Komposition und Ausdruck ersetzt. Dieser Sound in seinen marktstrategisch nach Alters- und Gesellschaftsklassen differenzierten Spielarten durchdringt inzwischen den ganzen Alltag, und kaum gibt es Oasen. Die untergründige Wirkung, welche die körperliche, nervliche Naturbasis, etwa die Lust an Wiederholung, elektronisch rationell ausbeutet (und modelliert), läuft auf eine sanfte Drogenabhängigkeit hinaus. Das Leben ... erhält einen unentwegten Impuls, einen tiefenpsychologischen Herzschrittmacher; und derart be-schwingt läßt sich alles besser aushalten!?*[63] Und der Komponist Hans Loeper: *Bei den meisten Leuten, die Filme machen, ist das Musikverständnis nicht sehr groß. Das hat sich vor allen Dingen herausgestellt, als der Pop-Sound herauskam. Da hat man überhaupt nicht mehr an Inhalt gedacht, sondern nur noch an den Schwulst, an das Geschwollene des Stereo, des Sounds. Das hat mich damals abgeschreckt.*

2. Form und Ausformung

Ausgehend von dem „Motiv" (der rhythmisch sowie melodisch definierten kleinsten musikalischen Einheit) und dem „Thema" (einer aus Motivgruppen gebauten acht-, sechzehntaktigen oder auch asymmetrischen Phrase) kennt die traditionelle Musik mehrere musikalische Formtypen: Es gibt die Elementarformen wie z.B. die einfache Liedform > A A^1 <, die Barform >AAB<, zusammengesetzte Liedformen wie z.B. >ABA^1 B^1< oder >ABA CDC<. Daneben gibt es komplexere Formtypen wie etwa die Folge von Thema und Variationen >AA^1 A^2 A^3 A^4< oder die Rondoform mit dem stets wiederkehrenden Ritornell bzw. Refrain A B A C A D A E A. Im Unterschied zu diesen Formhülsen hat die Musikgeschichte in jedem ihrer Stile Formprinzipien ausgebildet, die nicht nur äußerlich, sondern vor allem von der inneren Anlage und Emotion her die musikalische Komposition typisierten; solche historischen Formen sind z.B. Invention, Fuge, Suite, Sonate.

Filmmusik ist in jenem Maße, wie der „Sound" zugunsten von Themen- und Motivverarbeitung wichtig geworden ist, endgültig „formlos" geworden: zum einen tendierte Filmmusik als eine Musik, die nur der Vergegenwärtigung des Augenblicks dienen soll, schon immer zur bloßen Reihungsform (wie ein Potpourri), zum anderen waren Formabläufe (Einsätze, Höhepunkte und dergleichen) schon immer maßgeblich von der Story des Films – von Bildern und Handlung – bestimmt. Während die ältere Filmmusik sich oft noch gern der Strukturen des Songs oder Liedes benutzte, ist neuerdings (auch bei kleinen Besetzungen wie z.B. Gitarre, Saxophon, Synthesizer) der musikalische Ablauf im Sinne *musikalischer Prosa* aufgebrochen: wie schon in der Programm-Musik des 19. Jahrhunderts ist die Form durch Psychologie und innere Bewegung des zu Illustrierenden bestimmt.

Formen wie „Fuge" sind z.B. selten in neuerer Filmmusik anzutreffen; Jürgen Knieper setzt am Ende von *Ediths Tagebuch* etwas Fugenähnliches (ein crescendierender Aufbau des Orchesters, bevor Edith sich zu Tode stürzt), Andreas

Köbner schrieb in *Einzelzimmer* von Wolfgang Panzer eine „Hamsterfuge“, wenn der alte Mann ins Altersheim gehen muß und nur seinen Hamster mitnehmen kann. Festere Formen schrieb auch Hans Werner Henze in seinen Filmmusiken, die sich jeher als „autonom“ verstanden und sich von herkömmlicher Filmmusik abhoben: bereits in *Muriel* von Resnais schrieb Henze „Arien“ (die längste dauert über 5 Minuten) als in sich geschlossene musikalische Form; in Schlöndorfs *Törless* schrieb er „Reflexionen“, die ebenfalls (im Gegensatz zu anderer Filmmusik) vergleichsweise geschlossen waren. Volker Schlöndorff kannte den Film von Resnais und hat aus seiner Begeisterung heraus den selbständig komponierenden Hans Werner Henze verpflichtet.

In der Filmmusikkomposition seit 1960, wo nur wenige Regisseure bereit sind, Musik autonom einzusetzen und eine geschlossene Form von Bild und Handlung her zu akzeptieren, arbeitet der Komponist meistens sehr frei. Diese Freiheit ist durchaus auch als Weg zur Kreativität im formalen Bereich zu sehen. „Form“ kann hier deswegen allenfalls in wenigen allgemeineren Typisierungen umschrieben werden:

1. „Gestische Expressionsform“ im Sinne musikalischer Prosa ist (abgesehen von Vor- und Nachspannmusiken) stark vorherrschend. Die Musik verharrt, bewegt und ändert sich, moduliert und setzt Akzente nach den Ausdrucksprinzipien, die durch die Szene gegeben sind, wobei keine „gebundene Form“ (reimähnliche Periodenbezüge) zustande kommt und Form als musikalischer Zusammenhang auch nicht kompositorisch reflektiert wird (z.B. keine Tendenz zu Reprise oder Wiederholung da ist).

2. Filmmusik als „Fläche“: Entweder statisch als liegender bzw. kaum sich bewegender Klang („Sound“) oder als in sich bewegtes oder kreisendes Muster (pattern) wird Filmmusik in den Hintergrund plaziert. Solche „Flächen“, rhythmische Flächen“ oder „Bewegungsflächen“ sind wegen ihrer Vielseitigkeit sehr beliebt. Es sind Stimmungsgrundierungen und allgegenwärtige „Atmos“ wie die Geräuschkulissen in einem Raum. Sie haben etwas vom Rang einer „Tapete“: nach einem festen Muster angeordnet und kontinuierlich wiederholend entfaltet sich diese Musik. Man kann „Möbel“ vor die „Tapete“ stellen, was nicht als Unterbrechung bemerkt wird, da das Muster in seinem Verlauf (auch wenn es verdeckt ist) ja „weitergeht“ und nach einem Moment wieder unbeschädigt hervortritt. Filmmusikalisches Komponieren mit den stimmungshaften Dauerwirkungen von „Sound“ hat immer diese flächenhafte Form.

3. Das unverbundene Nebeneinander von Flächen und musikalischen Gesten muß nicht formlos sein, sondern kann durchaus allgemeinen Formkriterien gehorchen.

   Solche Kriterien sind z.B.:

   a) die Abfolge von „locker gefügten“ und „fester gefügten“ Teilen (Arnold Schönbergs Terminologie ist hier für Filmmusik hervorragend anwendbar), die der Musik ein gewisses formales Atmen verleihen;

b) Crescendo- und Decrescendoformen (das sind Formen, die in einem musikalischen Parameter wie z.B. Lautstärke, Tonhöhe oder Motivdichte eindeutig über einen längeren Zeitverlauf hinweg anwachsen oder abnehmen); Wiederholungsformen (die freie, auch variierende Wiederholung eines ganzen Teils oder einer Melodie, wodurch die Musik eine innermusikalische Struktur erhält, die zum Bild korrelieren kann, oder sich aber dadurch absetzt).

4. „Offene Form": Die „Ausformung" eines Musikstückes in Filmmusik ist sehr oft unvollkommen, vorläufig, fragmentarisch. Geschlossene und autonome Musiken integrieren sich weit schlechter in den Film (sie passen besser zu Vor- und Nachspann), als Musiken, denen etwas „fehlt". Selbst ein einfacher Song verklammert sich besser in den Bildern, wenn er nur aus Gitarrenmuster, Klangfläche und Melodie besteht, als wenn noch kunstvolle Basslinie, Sidelines und fill-ins von einem Bläsersatz dazutreten. Vor allem bei Co-Produktionen mit Schallplattenverlagen kann der Filmkomponist in Bedrängnis kommen: die „fertigen" Nummern für die Schallplatte (die quasi sich mit einer schützenden Außenhaut umgeben haben und autonom „lebensfähig" sind) nehmen sich im Film nicht selten als Fremdkörper aus. Axel Linstädt: *Bei einer Filmmusik, die als Musik an sich interessant und vollständig ist, da sage ich: Vorsicht! – die braucht eigentlich nichts mehr. Das ist keine funktionale Musik, keine Filmmusik!*

Stile des Komponierens

Die „Ausformung" einer Filmmusik (was die Summe von Klangbild und Form beinhaltet) führt zu einem bestimmten „Stil", der für einen Komponisten oder für einen Film typisch sein kann. Nur wenige Komponisten des Neuen Deutschen Films haben einen Personalstil entwickeln können, der in den Filmmusiken eine konstante Größe darstellt (zu denken ist hier an Peer Raben mit seinen zwischen einfacher 3/4-Takt-Melodik und komplexen Collagen angesiedelten Musiken). Das Einstellen auf die jeweilige subjektive Einmaligkeit des Filmautors sowie Fehlen einer „Filmindustrie" und einer Zusammenarbeit mit Soundtrack-Schallplattenverlagen verhindern für die meisten Komponisten eine kontinuierliche Entfaltung von Stil. In möglichst vielen Stilebenen zu arbeiten gilt als Idealvorstellung bei der Mehrzahl von Musikern: *Ich bemühe mich, möglichst viele Stile schreiben zu können* (Jörg Evers); *Zur Zeit komme ich in die Richtung elektronische Symphonik, Krimi-Elektronik a la Carpenter, im festen Sinne habe ich aber keinen Stil mit bestimmbaren Merkmalen und habe auch Blasmusik und Zithermusik gemacht* (Stefan Melbinger); *Ich habe die Freiheit des Stils von Kurt Weill gelernt. Sein Violinkonzert gefällt mir gut, aber genausogut seine einfachsten Lieder: was hat man von einer dogmatischen Trennung von Kunstmusik und einfacher Musik* (Nicos Mamangakis).

Viele Komponisten entwickeln jedoch für bestimmte Niveau- und Inhaltsklassen von Filmen eine recht konstante Stilistik, die sich bis hin zur Anwendung fester

Kompositionstechniken beschreiben läßt. Beispielsweise hat Andreas Köbner in einigen Filmen einen fast seriellen Stil entwickelt: *Meine Arbeitsweise war so, daß man angefangen hat, musikalische Reihen zu entwickeln, sie in Beziehung zueinander zu setzen und abzuhören, was da an Atmosphäre passiert. Die nächste Ebene war eine reine Klangebene, die aber – da war ich eisern – in das serielle Konzept reinpassen mußte: es mußten Töne der Reihe sein, aus denen die Klänge gebildet werden, Teile daraus, Umkehrungen.* Extreme Freiheit im Umgang mit dem Material auf der einen Seite, strenge Selbstbeschränkung beim Anordnen (beim „componere") des Tonmaterials findet man z.B. auch bei Nicolas Economou, dessen Filmmusiken dementsprechend geschlossen sind und in Margarethe von Trottas Filmen eine starke emotionale Zentrierung bewirken: *Die Form ist der Ausdruck des Inhalts. Und wenn ich einen Inhalt im Kopf habe, dann habe ich vor nichts Hemmungen. Ich habe überhaupt keine Hemmungen. Diese Kastration der Komposition bei vielen Avantgarde-Komponisten, diese Systeme – von Schönberg und von anderen. Ich liebe Strawinsky. Sein „Sacre du printemps" hat kein System. Da ist alles folkloristisch. Was Strawinsky gehört hat, das hat er umgesetzt. Kein System. – Meine Filmmusik ist aber auch reine Mathematik. Es gibt nicht einmal ein Motiv. Es gibt im Ganzen nur drei Intervalle. Alle singen meine Musik nach, sie ist ein Ohrwurm, – aber es ist alles konstruiert und geplant. Mir fällt nicht plötzlich am Klavier etwas ein. Alles ist vorher auf dem Papier: ich bestimme ganz mathematisch, welche Elemente ich nehmen will.*

Filmmusik neigt – da sie verständlich und dem Hörer in ihrem Vokabular schon bekannt sein will – zur Stilkopie. Die Orientierung kann hierbei allgemeiner Art sein, z.B. bei Hubert Bartholomae: *Ich mache nur nach. Ich habe bestimmte Sachen im Ohr, die ich gerne machen würde, – John Williams, Jerry Goldsmith. Goldsmith ist mir im Augenblick noch der Erreichbarere, Williams ist mir ein Rätsel.* Sehr oft werden vom Komponisten auch Stilkopien verlangt (was oft zu den geheimen Freuden der Komponisten gehört): das soll klingen wie Mozart, das wie Bach, hier soll es klingen wie Pucchini usw. Stellvertretend für viele Komponisten sei auf eine Schilderung von Eugen Thomass über die Musik zur Fernsehserie *Ein Stück Himmel* verwiesen: *Dem Ganzen liegt eine sehr lustige Geschichte zugrunde: Der Regisseur wollte ursprünglich eine Chopin-Musik nehmen und ich habe mir gedacht, warum der alte Chopin, der sowieso davon nichts mehr hat, wieder einmal eine ganze Filmmusik bestreiten soll. So habe ich das später verwendet, ein Klavierstück entworfen, in eigener Regie aufgenommen und dem Regisseur das Band geschickt mit der Bemerkung, daß ich das Stück in Polen entdeckt hätte. Kurz darauf rief mich die Produktion an und bat mich, die Rechte an dem Stück zu sichern. Und der Autor der Serie, der in London in der Emigration lebende Leo Lehmann meinte, daß das Stück nur von einem Polen geschrieben sein könnte.*

Je ausgeprägter ein Zeitstil in einer Filmmusik ist, desto schneller altert eine Filmmusik. Jede Melodieführung, jeder Sound läßt sich (für den Musikfachmann schneller, für den Laien weniger) stilistisch einer historischen Zeit zuordnen.

Synthesizerklänge der frühen 70er Jahre unterschieden sich im Sound von denen der 80er Jahre, rhythmische Flächen mit „Disco-feeling“ unterscheiden sich von Flächen um 1968. Als Faustregel gilt: je mehr ein Komponist quasi vorsprachlich und fragmentarisch komponiert (keine geschlossenen Formen, feste Songs oder Nummern macht), desto langlebiger und weniger dem Verschleiß des Alterns unterworfen ist seine Musik. Ein tiefer elementarer Posaunenton, dazu ein nicht näher identifizierbarer Instrumentalklang, der langsam ausklingt, ist z.B. ein musikalischer Archetypus, der weit bessere Lebenschancen hat, als eine Illustration mit einem modischen Rhythmus oder Sound.

Vor allem bei historischen Filmstoffen kann das Altern von Filmmusik störende Aspekte für die Filmrezeption erbringen. Der subjektive Eindruck, den z.B. der Film *Paarungen* von Michael Verhoeven auf mich machte, war stark von einem solchen Zeitebenenkonflikt geprägt: Der Film spielt in der Zeit etwa um 1900; die Personen tragen auch dementsprechend Kostüme. Als Musik für den jungen Liebhaber in seiner Kadettenuniform erklingt Beatmusik der 60er Jahre. Das mag 1967, als der Film entstand, natürlich und interessant gewesen sein, weil dadurch eine Bezugnahme 1967-1900 entstanden ist. Heute aber kann mich allenfalls ein Bezug 1985-1900 interessieren; diese Zwischenschaltung „Aha! 60er Jahre!“ ist störend und ergibt keinen Sinn. Der Film ist durch die Verwendung von aktueller Musik vorschnell gealtert.

3. *Statistischer Überblick: Quantität von Filmmusik*

Die Frage nach dem prozentualen Anteil von Musik in einem Film, nach der durchschnittlichen Länge eines Musiktakes, nach der Anzahl von Musiktakes wird nachstehend anhand einer tabellarischen Übersicht zu 60 Filmen beantwortet (Anordnung alphabetisch nach dem Namen des Regisseurs).

Filmtitel:	**Länge der Filmmusik in Sekunden, in Prozentangabe, Länge der Musiktakes im Durchschnitt, Anzahl der Takes**
Herbert Achternbusch: *Servus Bayern*	648 Sek. = 12 % / 9 Takes von durchschnittl. 72 Sek.
Herbert Achternbusch: *Neger Erwin*	1760 Sek. = 31 % / 18 Takes von durchschnittl. 98 Sek.
Herbert Achternbusch: *Olympiasiegerin*	2512 Sek. = 38 % / 11 Takes von durchschnittl. 229 Sek.
Percy Adlon *Fünf Letzte Tage*	255 Sek. = 4 % / 4 Takes von durchschnittl. 63 Sek.
Percy Adlon *Celeste*	611 Sek. = 9 % / 9 Takes von durchschnittl. 68 Sek.

Percy Adlon *Zuckerbaby*	1306 Sek. = 23 % / 19 Takes von durchschnittl. 69 Sek.
Friedemann Beyer *Ein Haus steht im Wind*	339 Sek. = 7 % / 3 Takes von durchschnittl. 113 Sek.
Hark Bohm *Der Fall Bachmeier*	2494 Sek. = 42 % / 35 Takes von durchschnittl. 71 Sek.
Christian Doermer *Lettow-Vorbeck*	2241 Sek. = 39 % / 26 Takes von durchschnittl. 86 Sek.
Doris Dörrie *Mitten ins Herz*	1069 Sek. = 19 % / 13 Takes von durchschnittl. 82 Sek.
Doris Dörrie *Im Innern des Wal*	1379 Sek. = 25 % / 17 Takes von durchschnittl. 81 Sek.
Doris Dörrie *Männer*	1140 Sek. = 21 % / 16 Takes von durchschnittl. 71 Sek.
R.W. Fassbinder *Händler der 4 Jahreszeiten*	456 Sek. = 8 % / 6 Takes von durchschnittl. 76 Sek.
R.W. Fassbinder *Ich will doch nur, daß ihr...*	1205 Sek. = 20 % / 17 Takes von durchschnittl. 70 Sek.
R.W. Fassbinder *In einem Jahr mit 13 Monden*	2227 Sek. = 30 % / 19 Takes von durchschnittl. 117 Sek.
R.W. Fassbinder *Lola*	1877 Sek. = 24 % / 30 Takes von durchschnittl. 63 Sek.
Hajo Gies *Ruhe sanft, Bruno*	1391 Sek. = 25 % / 15 Takes von durchschnittl. 93 Sek.
Hans W. Geissendörfer *Sternsteinhof*	1454 Sek. = 18 % / 25 Takes von durchschnittl. 58 Sek.
Hans W. Geissendörfer *Ediths Tagebuch*	2049 Sek. = 31 % / 30 Takes von durchschnittl. 68 Sek.
Vadim Glowna *Dies Rigorose Leben*	1742 Sek. = 26 % / 29 Takes von durchschnittl. 60 Sek.
Jörg Graser *Der Mond ist nur...*	2447 Sek. = 35 % / 27 Takes von durchschnittl. 91 Sek.
Peter Handke *Die Linkshändige Frau*	590 Sek. = 7 % / 17 Takes von durchschnittl. 35 Sek.
Reinhard Hauff *Mann auf der Mauer*	1900 Sek. = 32 % / 28 Takes von durchschnittl. 68 Sek.

Werner Herzog *Wo die grünen Ameisen träumen*	1113 Sek. = 16 % / 17 Takes von durchschnittl. 65 Sek.
Werner Herzog *Nosferatu*	2491 Sek. = 39 % / 22 Takes von durchschnittl. 113 Sek.
Werner Herzog *Woyzeck*	1181 Sek. = 23 % / 10 Takes von durchschnittl. 118 Sek.
Hoffmann/Raymon *Regentropfen*	249 Sek. = 5 % / 8 Takes von durchschnittl. 31 Sek.
Ilse Hofmann *Das Gespinst*	1504 Sek. = 24 % / 15 Takes von durchschnittl. 100 Sek.
Ferdinand Khittl *Parallelstraße*	689 Sek. = 12 % / 11 Takes von durchschnittl. 63 Sek.
Alexander Kluge *Macht der Gefühle*	2136 Sek. = 31 % / 39 Takes von durchschnittl. 58 Sek.
Alexander Kluge *Die Patriotin*	1166 Sek. = 17 % / 25 Takes von durchschnittl. 47 Sek.
Alexander Kluge *Der starke Ferdinand*	850 Sek. = 14 % / 18 Takes von durchschnittl. 47 Sek.
Norbert Kückelmann *Die Letzten Jahre der Kindheit*	850 Sek. = 13 % / 12 Takes von durchschnittl. 71 Sek.
Peter Lilienthal *David*	1078 Sek. = 15 % / 26 Takes von durchschnittl. 41 Sek.
Peter Lilienthal *Der Aufstand*	1490 Sek. = 24 % / 26 Takes von durchschnittl. 57 Sek.
Wolfgang Petersen *Ich werde dich töten, Wolf*	850 Sek. = 23 % / 42 Takes von durchschnittl. 20 Sek.
Wolfgang Petersen *Einer von uns beiden*	1336 Sek. = 21 % / 19 Takes von durchschnittl. 70 Sek.
Wolfgang Petersen *Unendliche Geschichte*	2734 Sek. = 47 % / 32 Takes von durchschnittl. 85 Sek.
Wolfgang Petersen *Enemy Mine*	2633 Sek. = 43 % / 29 Takes von durchschnittl. 91 Sek.
Josef Rödl *Albert, warum?*	1154 Sek. = 18 % / 14 Takes von durchschnittl. 82 Sek.
Josef Rödl *Grenzenlos*	1940 Sek. = 31 % / 25 Takes von durchschnittl. 78 Sek.

Helma Sanders-Brahms *Deutschland bleiche Mutter*	1618 Sek. = 22 % / 21 Takes von durchschnittl. 77 Sek.
Volker Schlöndorff *Der junge Törless*	685 Sek. = 13 % / 18 Takes von durchschnittl. 38 Sek.
Volker Schlöndorff *Die verlorene Ehre der K. Blum*	1476 Sek. = 23 % / 24 Takes von durchschnittl. 61 Sek.
Volker Schlöndorff *Die Blechtrommel*	3054 Sek. = 35 % / 45 Takes von durchschnittl. 68 Sek.
Werner Schroeter *Neapolitanische Geschwister*	3602 Sek. = 44 % / 55 Takes von durchschnittl. 65 Sek.
Werner Schroeter *Palermo oder Wolfsburg*	1845 Sek. = 17 % / 49 Takes von durchschnittl. 38 Sek.
Haro Senft *Ein Tag mit dem Wind*	2123 Sek. = 38 % / 24 Takes von durchschnittl. 88 Sek.
Bernhard Sinkel *Lina Braake*	1080 Sek. = 21 % / 19 Takes von durchschnittl. 57 Sek.
Margarethe von Trotta *Zweite Erwachen der C. Klages*	891 Sek. = 17 % / 22 Takes von durchschnittl. 40 Sek.
Margarethe von Trotta *Schwestern*	1729 Sek. = 30 % / 31 Takes von durchschnittl. 58 Sek.
Margarethe von Trotta *Heller Wahn*	1505 Sek. = 24 % / 20 Takes von durchschnittl. 75 Sek.
Michael Verhoeven *Paarungen*	1173 Sek. = 24 % / 18 Takes von durchschnittl. 65 Sek.
Michael Verhoeven *O.K.*	300 Sek. = 5 % / 20 Takes von durchschnittl. 17 Sek.
Michael Verhoeven *Gefundenes Fressen*	1140 Sek. = 20 % / 24 Takes von durchschnittl. 33 Sek.
Michael Verhoeven *Die Ursache*	535 Sek. = 9 % / 12 Takes von durchschnittl. 44 Sek.
Michael Verhoeven *Die Weiße Rose*	1020 Sek. = 14 % / 30 Takes von durchschnittl. 34 Sek.

Als „Musik“ wurde immer die Musik in der Szene und aus dem off erfaßt. Die Sekundenangaben resultieren aus eigenen Messungen an Video- und Tonbandmitschnitten und können geringfügig ungenau sein.

Während im klassischen Hollywood-Film der 30er und 40er Jahre ein Musikanteil von 50 % bis 70 % die Norm darstellte, zeichnet sich der Neue Deutsche Film durch eine Reduktion auf ca. 20 % aus; es ist hier symptomatisch, daß die Großproduktionen von Wolfgang Petersen wieder deutlich zu einem Musikanteil von 50 % tendieren. Im deutschen Film finden sich jedoch auch Differenzierungen: unter 10 % Musik gibt es z.B. bei den Regisseuren Adlon, Fassbinder, Handke, Hoffmann/Raymon, Verhoeven; etwa 40 % Musik gibt es bei Bohm, Doermer, Herzog, Petersen, Schlöndorff und Schroeter. Manche Filme besitzen einen Soundtrack, der sich weit über 50 % des Filmes ausdehnt: Fassbinders *Dritte Generation*, Roland Emmerichs *Joey* sowie *Das Arche Noah Prinzip*, Verhoevens *Killing Cars* haben etwa 70 % bis 80 % Musik.

Als durchschnittliche Anzahl von Musiktakes eines Filmes dürfen 10 bis 20 Takes angesehen werden. Die Filme mit 20 bis 30 Takes fallen bereits als „melodramatisch" oder als besonders musikliebend auf. Über 30 Takes finden sich jedoch ebenfalls (bei Bohm, Fassbinder, Kluge, Petersen, Schlöndorff, Schroeter).

Die übliche Länge eines Takes liegt bei etwa 50 bis 60 Sekunden. Auffallend sind einige Filme, deren durchschnittliche Länge erheblich darüber liegt (Achternbuschs *Olympiasiegerin* mit 229 Sekunden, Herzogs *Woyzeck* mit 118 Sekunden). Die durchschnittliche Länge eines Takes sagt wenig über die realen Abstufungen innerhalb eines Films aus: viele Filme haben stilprägende Mischungen von extrem kurzen, kurzen, normalen, langen und extrem langen Takes. Fassbinder bevorzugt z.B. in einem Film viele extrem kurze, aber auch längere Takes, Peter Lilienthal hingegen bevorzugt ausgewogener meist seine durchschnittliche Take-Länge. Eine der längsten musikalischen Sequenzen findet sich in Fassbinders *Chinesisches Roulette*, wo beim „Roulette"-Spiel am Ende eine 14minütige Collage von Peer Raben entstanden ist.

4. Konstanten der Nicht-Filmmusik

Die Verwendung von nicht original komponierter Filmmusik (von Musik, die schon unabhängig vor der Entstehung des Films bestanden hat), ist für den Neuen Deutschen Film typisch. Man findet dies im amerikanischen Film ungleich weniger. Es ist eine Besonderheit des Autorenfilms, daß der persönliche Geschmack und die persönliche Bindung an Musikstücke folgerichtig zur Verwendung solcher Musik im Film führen kann. Musik im Neuen Deutschen Film ist weitgehend privaterer Natur, als die Musik im amerikanischen Film, die „vergesellschaftet" ist und dort mehr von den filmmusikalischen Konventionen als von der Definition durch den Regisseur bestimmt ist.

Im folgenden wird versucht, Nicht-Filmmusik anhand der Aufschlüsselung in klassische Musik (E-Musik), Opernmusik, Marsch/Walzer/Folklore sowie Jazz/Rock/Blues transparent zu machen. Methodisch werden dabei neben allgemeinen Bemerkungen vor allem konkrete Beispiele aus Filmen aufgelistet und mit wenigen Stichworten charakterisiert. Diese Auflistungen erheben keinen Anspruch auf Vollständigkeit. An den wenigen konkreten Stellen soll exemplarisch die Verwendung von Nicht-Filmmusik in ihrer Bandbreite vorgeführt werden.

Klassische Musik

Es ist nicht nur der urheberrechtliche Aspekt (Werke, deren Autor mehr als 70 Jahre tot ist, gelten als gemeinfrei), der für den Filmemacher die Verwendung der „klassischen Musik" so attraktiv macht (gemeint ist hier die artifizielle Musik, die sogenannte „E-Musik"): es ist auch die immer noch deutsche Sucht nach „Vertiefung" und „Kultur", die dazu motiviert, die eigenen Bilder des Films durch Kooperation mit so hehren Namen wie Bach, Beethoven oder Mahler aufzuwerten. Selten wird in einem Film der gehaltliche Aspekt einer klassischen Musik wirklich eingelöst; positiv zu denken ist an Percy Adlons *Céleste,* wo die im Film dargestellte Lebenswirklichkeit völlig in dem Gehalt von César Francks Streichquartett zentriert wird und Bild sowie Musik in lebendiger Wechselwirkung stehen. Meistens wird ein Zitat klassischer Musik nur stimmungshaft eingesetzt oder unter Akzentuierung eines ganz bestimmten Aspekts benutzt (z.B. bedeutet die Verwendung von Beethovens Klaviersonate c-moll op. 10,1 in Schlöndorffs *Fälschung* nichts anderes als „revolutionär"; bezeichnenderweise spielt die Sonate ein vermummter Partisan, das MG auf dem Flügel postierend). Als Faustregel gilt: Klassische Musik wird als Nicht-Filmmusik meist vorschnell eingesetzt; es ist zu prüfen, ob man die Musik nicht nur als vordergründiges Signal mißbraucht, ob die Filmbilder dem wirklichen Anspruch solcher Musik auch gerecht werden.

Die Komponisten in alphabetischer Folge:

Johann Sebastian Bach: Bachs Musik wird am häufigsten verwendet. Man findet sie in unterschiedlichsten Filmen, – von *Echtzeit (Realtime)* von Hellmuth Costard/Jürgen Ebert bis zu Ingemo Engströms *Letzte Liebe* sowie *Fluchtweg nach Marseille.* Fast manisch war die Affinität zu Bach in den frühen Filmen von Jean-Marie Straub, – *Nichts versöhnt* (1964/65), *Chronik der Anna Magdalena Bach* (1967), *Der Bräutigam, die Komödiantin und der Zuhälter* (1968), *Geschichtsunterricht* (1972).

Einige konkrete Beispiele:

In Ulrike Ottingers *Freak Orlando* erklingt die Toccata d-moll (in einer Version auf romantischer Orgel) aus einem Fabrikgebäude und bildet einen Kontrapunkt zu der Müllhaldenatmosphäre, die dadurch auch mystifiziert wird. In Margarethe von Trottas *Das zweite Erwachen der Christa Klages* ist die „Schlummert ein"-Arie aus der Kantate *Ich habe genug* ein gemeinsamer Anknüpfungspunkt zwischen Christa Klages und dem befreundeten Pfarrer, bei dem nach einem Banküberfall Unterschlupf gesucht wird; die Person der Christa wird durch diese Musik für den Zuschauer um eine Dimension komplexer. In Josef Rödls *Albert*-Film wird als Szenenmusik in einer Dorfkirche der Mittelteil aus Bachs *Fantasie* G-Dur für Orgel eingesetzt.

In Peter Handkes *Die Linkshändige Frau* bildet die Bachsche Musik (nahezu die ausschließliche Filmmusik) ein Pendant zur emotionalen Verkargung der in Einsamkeit sich zurückziehenden Frau; – es erklingen als Ausdruck ihrer Leere vor allem das Lautenpräludium d-moll und Musik aus den Solocello-Suiten. In Ulli Lommels *Zärtlichkeit der Wölfe* wird der Zuschauer durch Peer Rabens Arrangement eines Bachschen Adagios für Violine und Orchester verunsichert: es steht zunächst der Figur des Strichjungen schlachtenden Fritz Haarmann entgegen, verbindet sich dann aber dennoch mit dieser Figur und verleiht ihr in ihrer Obsession eine archetypische Würde.

Ludwig van Beethoven: Während Musik von Johann Sebastian Bach eher neutral wirkt und als autonome, den Film um eine völlig neue Dimension erweiternde Musik eingesetzt wird, hat Beethovens Musik ein Pathos und eine Ausdruckhaftigkeit, die sie zu einer sehr starken „Filmmusik" macht. Man findet Beethovensche Musik in Filmen von Werner Schroeter, z.B. *Argila* und *Eika Katappa,* in Syberbergs *Hitler,* in *Es* von Ulrich Schamoni. Eine besondere Affinität zu der direkten Gestik Beethovenscher Musik hatte Rainer Werner Fassbinder (vor allem in *Wildwechsel*).

Einige Beispiele:

In Fassbinders *Lola* erklingt der langsame Satz aus dem Klavierkonzert Nr. 5 Es-Dur.

In Fassbinders *In einem Jahr mit 13 Monden* erklingt ein spätes Beethoven-Streichquartett als wild-erregter Hintergrund zur monologischen Darstellung von Erwins Vergangenheit.

In Fassbinders *Ehe der Maria Braun* findet sich zu Beginn eine lange Toncollage aus Beethovens IX. Symphonie (dritter Satz) und Kriegsgeräuschen, Bombeneinschlägen, Menschenschreien. „Beethoven" steht hier – indem „er" von den Geräuschen erschlagen wird – stellvertretend für „Deutschland", das nun in der Endphase des Krieges zerbombt wird.

Johannes Brahms: Die esoterische Musik des spätbürgerlichen Brahms ist im Neuen Deutschen Film wenig erschlossen, – da hier ein Eingehen auf den Gehalt der Musik oberflächlich nie gelingt. Alexander Kluge verwendet in *Macht der Gefühle* einmal kurz das Intermezzo A-Dur op. 118,2 für Klavier. Hans Noever (siehe dessen Porträt in Kapitel VIII) verwendet das Klavierkonzert Nr. 2 B-Dur als zentrale Filmmusik in *Zahltag*.

Frédéric Chopin: Die Augenblickshaftigkeit Chopinscher Musik, ihre vollendete Lyrik und Stimmungskonzentration, macht sie zu perfekter Filmmusik. Schade!

Chopins Musik ist sehr oft als vordergründiges Stimmungsmittel und meist in sehr kitschigen Interpretationen (mit überdehnten Vorhalten u.a.) mißbraucht worden.

Einige konkrete Beispiele:

In Maria Knillis *Lieber Karl* (siehe das Porträt von Maria Knilli in Kapitel VIII) stehen Chopins E-Dur-Etüde und der Walzer cis-moll als Sehnsucht des Karl nach „Musik". Die Musik ist motiviert durch die Zielorientierung des Films „hin zu Chopin", sowie durch die Rückbindung an die Filmszene (Chopin wird auch live im Bild gespielt).

In Volker Schlöndorffs *Blechtrommel* erklingt zur Besetzung und Zerstörung der Danziger Post (Beginn des Krieges mit Polen) eine Chopin-Mazurka, – Symbol der Unzerstörbarkeit der polnischen „Seele" (hier in Kontrast zu den Trümmerbildern stehend). Dieser Musikeinsatz war eine Idee von Schlöndorffs Cutterin Suzanne Baron.

In Michael Verhoevens *MitGift* ist eine Fassung des Chopinschen Prélude e-moll (des am meisten mißbrauchten Chopin-Stückes!) für Flöte und Klavier verwendet: es charakterisiert den Playboy und Schönling Edgar.

Gabriel Fauré: Werner Herzog verwendet in *Wo die grünen Ameisen träumen* das *Requiem*, konkret die Stelle *Dona eiis requiem.* Es hat emotional als Requiem für das vom Untergang bedrohte australische Ureinwohner-Volk, aber auch als schöne Landschaftsmusik zu fungieren.

Edward Grieg: Niklaus Schilling verwendet in seinem Film *Nachtschatten Aases Tod* aus der *Peer Gynt*-Suite, jedoch verfremdet durch eine Drosselung der Wiedergabegeschwindigkeit um 50 %.

Georg Friedrich Händel: Im Gegensatz zur Musikimmanenz und kompositorischen Esoterik bei Bach hat Händels Musik etwas Repräsentatives. Nicht umsonst komponierte Händel vor allem in England, wo – als erstem Land Europas – ein Musikmarkt und eine bürgerliche Konzertöffentlichkeit entstanden sind.

Einige konkrete Beispiele:

In Tankred Dorsts *Eisenhans* arrangierte Bert Grund Händels berühmte Sarabande d-moll zur Filmmusik.

In Fassbinders *In einem Jahr mit 13 Monden* bildet Händels Orgelkonzert d-moll mit seinem opulenten Eingangs-Adagio den Hintergrund für eine mehrminütige Schlachthofszene (im Sinne eines dreifachen Kontrapunkts Musik-Bild-Monolog).

In Margarethe von Trottas *Bleierne Zeit* steht neben Nicolas Economous Musik eine Arie aus Händels *Lucretia* als persönlich an die Darstellerin gebundene Musik.

In Hans W. Geissendörfers *Zauberberg* wird Händels „berüchtigtes" *Largo* beim Fasching in der Bearbeitung für Violine und Klavier gespielt (gibt hier bürgerlich-dekadente Atmosphäre).

Joseph Haydn: Neben Haydns Streichquartett mit den Variationen über „Gott erhalte Franz den Kaiser", dem „Deutschlandlied" (das Alexander Kluge einige Male verwendet), kann hier nur auf die *Serenade F-Dur* (für Streichquartett) verwiesen werden, die in Wigbert Wickers *Jägerschlacht* in einer höfischen Szenerie fünf Minuten lang live gespielt erklingt.

Gustav Mahler: Mahlers Musik, die adäquat nur in ihrer Überdimensionierung und in ihrem Sich-Entwickeln verstehbar ist, entzieht sich dem Film durch ihre Längen. Die falsche Verwendung als vordergründige Stimmungsfolie (wie etwa in Viscontis *Tod in Venedig*) ist daher programmiert. Daß Mahlers Musik hier dennoch von großer Wirkung ist (weil er eben auch „schön" komponieren konnte), darf nicht über den Mißbrauch solcher Verwendung hinwegtäuschen. Weitaus legitimer ist die Verwendung in Harun Farockis *Zwischen zwei Kriegen*, wo Mahlers Musik als Kontrapunkt zu einem aus politischem Protest vollzogenen Selbstmord gesetzt ist, wo der Zerfließen der Musik und das Abfließen der Kreidestriche in den Gully (mit Kreide waren die Umrisse des Toten auf der Straße gekennzeichnet) ineinandergeht. Rainer Werner Fassbinder verwendet Mahlers Adagietto aus der 5. Symphonie (dieselbe Musik wie Lucchino Visconti) zu Beginn von *In einem Jahr mit 13 Monden*. Hans Jürgen Syberberg verwendet Mahlers 2. Symphonie in seinem *Karl May*, wobei hier der Musik auch die Zeit zugestanden werden kann, die sie zum Einschwingen (über das bloß Stimmungshafte hinaus) benötigt. Robert van Ackeren hat in *Harlis* (1972) Musik von Mahler neben anderem zur Grundlage einer Opernrevue gemacht; Iris Wagner hat für diese musikalische Gestaltung 1973 das Filmband in Gold erhalten.

Wolfgang Amadeus Mozart: Mozarts Musik ist als unprätentiöse Filmmusik hoch geschätzt, – es ist eine Musik von klarem Ausdruck, die nie aufdringlich ist. Es seien hier nur einige Filme aufgezählt, in denen Mozarts Musik verwendet worden ist: Reinhard Hauff *Mann auf der Mauer*, Werner Herzog *Jeder für sich und Gott gegen alle* sowie *Fata Morgana*, Theodor Kotulla *Bis zum Happy End*, Ingo Kratisch *Henry Angst*, Eckhart Schmidt *Männer sind zum Lieben da*, Werner Schroeter *La Morte d'Isotta* sowie *Eika Katappa*, Hans Jürgen Syberberg *Hitler*.

Maurice Ravel: In *Mahlzeiten* von Edgar Reitz bildet Ravels Klavierkonzert G-Dur nahezu ausschließlich die Filmmusik.

Franz Schubert: Der *Sehnsuchtswalzer* für Klavier stellt die Filmmusik in Fassbinders *Katzelmacher* dar. Das Thema *Der Tod und das Mädchen* aus dem gleichnamigen Streichquartett d-moll ist einzige Filmmusik in Percy Adlons *Fünf letzte Tage* sowie ein Teil der Filmmusik in Hans-Christof Stenzels *Obszön – Der Fall Peter Hertzel*.

Robert Schumann: In Margarethe von Trottas *Heller Wahn* erklingt als Szenenmusik (am Klavier gespielt) das Ende aus der *Kreisleriana.* In Alexander Kluges *Die Artisten in der Zirkuskuppel: ratlos* erklingt *Von fremden Ländern und Menschen* aus den *Kinderszenen.*

Antonio Vivaldi: Die leicht faßliche und rhythmisch-sinnliche Musik Vivaldis findet man erstaunlicherweise oft; z.B. in Werner Herzogs *Land des Schweigens und der Dunkelheit,* in Werner Schroeters *Argila,* in Ingemo Engströms *Dark Spring.*

Einige konkrete Beispiels:

In Michael Verhoevens *MitGift* wird Vivaldi zum einen als vornehme Ausstattung eingesetzt, zum anderen als rhythmisch ennervierende Krimimusik: eine zuckende Vivaldi-Schlußkadenz aus den „Vier Jahreszeiten" kehrt ritornellartig wieder, – mit der Wirkung einer Nadelspitze, die stets an derselben Stelle angesetzt wird.

In Herzog *Woyzeck* wird der Film mit den ruhigen Klängen (stimmungshafte Verwendung) des Mandolinenkonzerts beschlossen; die Irrealität, die aus Vivaldis Musik und den in Zeitlupe gefilmten Bildern erzeugt wird, ist wie ein Traum.

In Fassbinders *Die Ehe der Maria Braun* erklingt Vivaldi-Musik zur Verbreitung „gediegener Atmosphäre" aus dem Lautsprecher eines feinen Speiserestaurants.

In Fassbinders *Lola* ist das Violinkonzert a-moll das Lieblingsstück des Baudezernenten von Boom, der es auch auf seiner Violine übt.

Richard Wagner: Im Unterschied zur Musik Verdis, die in sehr hohem Ausmaß als vokale Musik, als typische Opernmusik verwendet wird, bevorzugt man von Wagner ausschließlich seine Instrumentalstücke, nicht zuletzt wegen ihrer narkotischen Instrumentation (hier lag die eigentlich kompositionsgeschichtliche Bedeutung Richard Wagners). Zu verweisen ist hier an erster Stelle auf die Filme von Hans Jürgen Syberberg (siehe das Porträt in Kapitel VIII), auf die Filme Werner Schroeters, Werner Herzogs und Percy Adlons *Die Schaukel,* Ulli Lommels *Adolf und Marlene.* Alexander Kluge hat ebenfalls von dem großbürgerlichen Flair, das von Wagners Klängen ausgeht, in seinen Assoziationsfilmen Gebrauch gemacht.

***

Einen Sonderfall innerhalb der artifiziellen Musik nimmt die sogenannte „Neue Musik", die Musik des 20. Jahrhunderts ein. Hier ist positiv festzustellen, daß im Unterschied zum nur kommerziellen Kino, wo man „Dissonanzen" und „schräge Klänge" stereotyp zur Charakterisierung von Konnotationsfeldern wie „Wahnsinn" oder „Irrenhaus" einsetzt, der Neue Deutsche Film sich durchaus in einem künstlerisch akzeptablen Sinne mit dem Gehalt der Neuen Musik auseinandersetzt. Zur Übersicht werden einige der Komponisten genannt:

Bela Bartok (Sonate für 2 Klaviere und Schlagzeug) in Straubs *Nicht versöhnt.*

Alban Berg (Violinkonzert) in Schroeters *Palermo oder Wolfsburg.*

Hindemith (Trauermusik sowie Nobilissima Visone) in Friedemann Beyers *Ein Haus steht im Wind.*

Benjamin Britten *(Gesänge für Tenor, Horn, Streichorchester,* das *War requiem* u.a.) in Seitz *Doktor Faustus.*

Charles Ives („Amerika"-Variationen für Orgel) in Stenzels *C'est la vie, Rrose.*

György Ligeti in Fechners *Winterspelt.*

Luigi Nono in Rischerts *Venedig. Die Insel der Glückseligen.*

Arnold Schönberg *(Begleitungsmusik zu einer Lichtspielszene)* bei Straub und Achternbusch.

Anton Webern (Passacaglia op. 1) in Veselys *Egon Schiele – Exzesse.*

Opernmusik

Musik aus der Oper nimmt innerhalb der klassischen Musik eine Sonderstellung ein, weil hier die Ausdrucksebene des Singens und der Inhalt der gesungenen Worte als Besonderheit mitschwingt. Opernmusik findet sich oft. Es seien hier deshalb nur die Namen einiger Filmregisseure genannt, in deren Filmen man Opernmusik findet: Robert van Ackeren, Percy Adlon, Friedemann Beyer, Walter Bockmayer, Christian Doermer, Tankred Dorst, Rainer Werner Fassbinder, Werner Herzog, Alexander Kluge, Peter Lilienthal, Jochen Richter, Niklaus Schilling, Volker Schlöndorff, Werner Schroeter, Jean-Marie Straub, Hans Jürgen Syberberg.

Die künstliche und hochgetriebene Emotionalität von Opernmusik steht im Konflikt zur extrem starken Kanalisierung von Gefühlen der bürgerlichen Gesellschaft. Dieser Widerspruch (die Sublimierung gesellschaftlicher Emotionen im Überbau von „Kunst") macht Opernmusik für Filmregisseure interessant: es ist der Reiz von Vulkanen (das Wissen um schlummernde Kräfte, die jederzeit unkontrolliert ausbrechen können), welcher der Opernmusik ihre spezielle Aura verleiht. Einige Filmregisseure (Herzog, Schlöndorff, Schroeter) bestätigen sich folgerichtig auch als Opernregisseure. Einige Filme scheinen das Phänomen „Oper" fast zu thematisieren: z.B. Werner Herzogs *Fitzcarraldo* (ein manischer Opernliebhaber baut sich mitten im Dschungel des Amazonas-Gebiet sein Opernhaus) oder Alexander Kluges *Macht der Gefühle,* wo die Oper als „Kraftwerk der Gefühle definiert wird. Gerade bei Alexander Kluge wird deutlich, wie sehr für ihn Opernemotionalität mit Elternhaus und gesellschaftlichen Prämissen verknüpft ist: *Mein Vater hat bis zu seinem Tode etwa seine 10 Opernplatten am Abend oder Radio Rom gehört, d.h. also, man wächst mit diesen Opern auf. Außerdem finde ich, daß Film mit Musik, ganz besonders mit Musik, die eine Handlung tragen kann, also mit Oper, sehr viel zu tun hat. Eine Grundform des*

Films wäre Oper, und um das Bewegungsmoment im Film zu halten, dazu nehme ich Oper. Darüber hinaus gibt es bei Verdi, meist nehme ich Verdi, etwas, das mich schon immer verblüfft hat, nämlich, daß er die grausigsten Handlungen, z.B. „Troubadour", auch „Rigoletto" geht ja nicht ohne Tote ab, mit einer geradezu milden Musik entwickelt, die in schärfstem Kontrast steht zu dem, was tatsächlich geschieht. Es ist also auch etwas Tröstendes in dieser Musik. Und dieses Tröstende brauche ich in den Filmen als Ausgleich[64].

Das Sublimierende, das eigentlich Lügenhafte der Opernmusik, ist Tenor vieler Formen der Verwendung von Opernmusik in Filmen. Verwiesen sei hier auf eine typische Stelle bei Peter Lilienthal, wo in *David* das Schicksalsmotiv aus *Carmen* von Bizet (Textpassage im Film als Kommentar zur Oper: *Jetzt ersticht er sie!)* erklingt, wenn sich die verfolgten Juden in einer Wohnung verstecken müssen. Verwiesen sei ferner auf Fassbinders *Angst vor der Angst,* wo zur körperlichen Schändung einer schwangeren Frau das Schlußduett aus Richard Strauß *Rosenkavalier* mit *ist ein Traum, kann nicht wirklich sein,* aus dem Radio zugespielt wird. Ein Kommentar Fassbinders zum Thema Oper: *Ich finde, nach „La Traviata" von Verdi bräuchte man eigentlich kein Kunstwerk mehr zu machen — vollendeter geht's nicht*[65]. Obszön, decouvrierend und auf das Lügenhafte verweisend ist Opernmusik auch in Volker Schlöndorffs *Blechtrommel* eingesetzt, wo Agnes von Mazerath zum Aal-Essen gezwungen wird und dazu (aus dem Radio, auch von ihr wütend am Klavier getrommelt) der Jägerchor aus Webers Freischütz als Kontrapunkt gesetzt wird.

Marsch — Walzer — Folklore

Marsch und Walzer sind zwei musikalische Topoi, die in ihrer gesellschaftlichen Bedingtheit meist als Folie verwendet werden, vor der man etwas abzuheben versucht. Walzer steht für bürgerliche Sinnlichkeit. Marsch steht für Staatlichkeit, Ordnung und Militär. Persiflierend sind z.B. Achternbuschs „Zerstörungen" von Märschen in seinem Film *Neger Erwin;* in Peter Fleischmanns *Jagdszenen aus Niederbayern* steht der Bayrische Defiliermarsch in ähnlicher Weise als Kontrast zur sonst vorherrschenden Beatmusik der 60er Jahre. Einen spezifischen Gehalt hat die Antithetik von Walzer-Marsch: in Schlöndorffs *Blechtrommel* ist in der „Maiwiesen"-Szene der Walzer das sinnliche und progressive Moment, in das der kleine Oskar mit seiner Trommel den *Badenweiler*-Marsch Hitlers bei der Maikundgebung umfunktioniert; in Kluges *Der starke Ferdinand* steht die Walzermusik, die das marschähnliche Exerzieren der Werkschutztruppe konterkariert, ebenfalls als Symbol für Anti-Militarismus.

Folklore in einem urwüchsigen und unverbrauchten Sinne eingesetzt findet man nur bei Darstellung außerdeutscher Verhältnisse, — z.B. zur Vertiefung von Filmszenen, die in Griechenland oder Italien spielen. Volksliedgut im deutschen Raum klingt meist beschädigt (auch in den Filmen Herbert Achternbuschs, wo bayrische Folklore relativ authentisch eingesetzt wird) und in „gegrölter" oder

„militärischer" Interpretation: In Gremms *Mitternacht* grölen z.B. Nazis deutsche Volkslieder; in Kluges *Macht der Gefühle* ertönt *In der Heimat, da ist das Leben schön,* wenn die Soldaten in den Krieg ziehen; am Ende von Kluges *Der starke Ferdinand* erklingt eine deftige Version von *Es war einmal ein treuer Husar.* Mit positiven Untertönen findet man deutsche Volkslieder verwendet in Herzogs *Woyzeck,* wo (nach Anweisung von Büchners Vorlage), beim Schnitzen Volkslieder gesungen werden, oder in Margarethe von Trottas *Das zweite Erwachen der Christa Klages,* wo Christa portugiesischen Landarbeiterinnen (auf deren Wunsch hin) *Kleiner Jakob* vorsingt.

„Natürlich" scheint das deutsche Volkslied nur zu klingen, wenn es von Kindern gesungen wird. So ertönt das *Maikäfer flieg* von Kinderstimme gesungen z.B. in Doermers *Lettow-Vorbeck* und in Fassbinders *Lola;* in Bohms *Der Fall Bachmeier* ertönt die Stimme der ermordeten kleinen Julia mit *Abendstille überall* aus dem Kassettenrecorder.

Durch ihre feste gesellschaftliche Determination eignen sich vor allem Weihnachtslieder, als funktionale musikalische Zeichen eingesetzt zu werden. *Stille Nacht* erklingt in *Heimat* von Edgar Reitz als Live-Musik während des Weihnachtsgottesdienstes, in Achternbuschs *Servus Bayern* wird es von Pfarrer und Achternbuschs Figur der Mutter grölend gesungen, in Helma Sanders-Brahms *Deutschland bleiche Mutter* ist die berühmte „Frontschaltung" des Liedes *(Stille Nacht* per Radio an alle Kampffronten von West bis Ost zur Weihnachtsfeier geschaltet) verwendet. *Leise rieselt der Schnee* erklingt als Kaufhausmusik (auf Elektroorgel gespielt) in Kluges *Abschied von gestern.* Eine boshafte Verwendung findet man in Fassbinders *In einem Jahr mit 13 Monden,* wo Erwin zur Masturbation sich *Es ist ein Ros' entsprungen* als Stimulans auflegt, dann am Ende der Schallplattenspieler beim nächsten Lied „hängenbleibt" und immerwährend ein „Leise rieselt der.... Leise rieselt der..." von sich gibt.

Jazz – Rockmusik – Blues

Die Direktheit und unmittelbare Sinnlichkeit der afroamerikanischen Musik (die Termini *soul, feeling, drive* deuten dieses sinnliche Moment an) macht sie zur Verwendung als Filmmusik prinzipiell geeignet.

Jazzmusik findet man jedoch relativ selten. Der Grund liegt in der instrumentalen Autonomie und Virtuosität, die zu sehr die Aufmerksamkeit auf sich ziehen und von den Filmbildern ablenken. Einige konkrete Beispiele für Jazz im Film: Swingmusik und Bigband-Jazz der 30er und 40er Jahre wird sehr gerne als Zeitfolie oder zur Erzeugung einer spezifischen Atmosphäre („easy", lockerer Umgang u.a.) eingesetzt; z.B. in Lilienthals *David,* wo jüdischen Arbeitern amerikanische Swingmusik zugespielt wird, um deren Arbeitsfreude zu maximieren. Klassischen Jazz findet man in Herbert Vesely *Brot der frühen Jahre* und in Hansjürgen Pohlands *Katz und Maus* (jeweils von Attila Zoller gespielt), auch in Hansjürgen Pohlands *Tobby* (von Manfred Burzlaff komponiert). Modern Jazz ist in Johannes Schaafs *Tätowierung* eingesetzt, um eine gewisse Distanz zum Bild zu erzeugen. Free Jazz findet man z.B. in Gustav Ehmks *Spur eines Mädchens* (Gunter Hampels schrille Töne stehen für den Wahnsinn des Mädchens) oder in Rudolfs Thomes *Berlin Chamissoplatz,* wo die Lieder Hanns Zischlers von der Gruppe *Ohpsst* (auf Cello und Saxophon vorwiegend) freejazz-artig verfremdet als eigentliche Filmmusik eingesetzt werden.

Zu Marran Gosovs *Engelchen, oder die Jungfrau von Bamberg* komponierte Jaques Loussier eine originale jazzähnliche Filmmusik.

Rockmusik (Beat, Soul, Punk music, Disco music) ist als aktuelle Tagesmusik der 70er und 80er Jahre sehr oft in Filmen eingesetzt. Ihre Systematisierung entzieht sich daher innerhalb des hier gesteckten Rahmens. Hingewiesen sei lediglich auf einige Besonderheiten oder Details: Herbert Achternbusch baute sein Drehbuch zu *Föhnforscher* solcherart um die Bluesgesänge von Skip James, daß sich aufgrund der inhaltlich-textlichen Bezüge der Eindruck ergibt, diese Musiken seien original für den Film komponiert worden. In Volker Schlöndorffs *Mord und Totschlag* stammt die Musik von *Rolling Stones*-Mitglied Brian Jones, dessen Freundin Anita Pallenberg in dem Film als Darstellerin mitwirkte. Norbert Kückelmann exponierte in seinem Film *Die Sachverständigen* Musik von Janis Joplin in expressiver Weise.

Kapitel X: ERGÄNZENDE EXKURSE

1. Musik für Fernsehen und Kino: die Differenz

Die meisten Filmkomponisten arbeiten für Fernsehen und Kino. Bei mancher Produktion ist für sie unklar, ob diese nun für Leinwand oder für Bildschirm primär bestimmt ist. Weit mehr Filmkomponisten haben ihren Arbeitsschwerpunkt sogar weniger im Bereich des Kinofilms, wie man aufgrund des „guten Namens" in Cinéastenkreisen vermuten wird, – das Komponistenlexikon am Ende des Buches gibt darüber Auskunft. Nur wenige Komponisten und Regisseure differenzieren ihre Dramaturgie nach den Erfordernissen einer Kinoästhetik und einer Fernsehästhetik. Sie können nicht mehr differenzieren, – weil beide Medien ihre eigenen Konturen verlieren: Die Kinos werden immer kleiner, die Bildschirme werden immer größer! Immer mehr Spielfilme werden im Fernsehen gezeigt und in Koproduktion mit Fernsehanstalten hergestellt. Der Verleih und Vertrieb von Kino-Spielfilmen auf Videokassetten hat das Kino in den 80er Jahren wieder in eine Krise gebracht. Heimlich sind die Fernsehanstalten Ende der 70er Jahre zu den beherrschenden Spielfilmproduzenten aufgestiegen: im Rahmenabkommen zwischen Filmförderung und Fernsehen sind für den Zeitraum 1977-1979 zunächst 33 Millionen DM (dann nochmals zusätzliche 5 Millionen DM) für Gemeinschaftsproduktionen mit ARD oder ZDF bereitgestellt worden. Das zweite Film-Fernseh-Rahmenabkommen von Juli 1980 ergab ein Förderungsvolumen von 79 Millionen DM durch die Fernsehanstalten. Im konkreten Beispiel sieht diese Zusammenarbeit etwa folgendermaßen aus: der Hessische Rundfunk investierte in Schlöndorffs *Blechtrommel* 1 Million DM, das ZDF in Herzogs *Nosferatu* 800.000 DM, der Westdeutsche Rundfunk in Fassbinders *Die Ehe der Maria Braun* 600.000 DM.

Die Orientierung der filmischen Konzepte an den Fördergremien und an den Redaktionen der Fernsehanstalten bleibt nicht ohne Konsequenz: der Mut zum Experiment, zur eigenen Handschrift, zum Widerspruch und zur Gegenposition geht verloren. Die Filmsprache nähert sich immer mehr dem Mittelmaß des Vertrauten und Risikolosen an. Jens-Peter Ostendorf: *Ich bin der Meinung, daß man schon spürt, ob eine Musik eigens für einen Film entwickelt worden ist. Man spürt auch, ob sie nur „vordergründig" für einen Film entwickelt worden ist, wie bei den meisten Fernsehproduktionen, wo die musikalische Seite eigentlich darauf hinausläuft, daß nur Bildeindrücke verdoppelt werden. Alles, was sich dagegen eher sperrig verhält, und nicht gleich auf den ersten Eindruck schlagend wirkt, das erschreckt die Redakteure. Das Fernsehen tendiert inhaltlich und ästhetisch immer mehr zur Mitte, zur Nivellierung. Außerdem hat das Fernsehen keine Sinnlichkeit, weder in Bild noch in Ton. Der Ton scheint sich durch die Stereoeinführung derzeit zu bessern; das kleine Bild wird aber nie eine Sinnlichkeit besitzen. Der Beginn von Wim Wenders „Paris – Texas" war für mich schlagend: Was Film und Filmmusik jenseits aller Inhaltlichkeit an Sinnlichkeit haben können (großes Bild, große Landschaft, Weite, großen stereophonen Ton) zeigte sich als etwas, das Fernsehen wird nie erreichen können. Es geht dort immer zum grobkörnigen Mittelmaß.*

Kino und Fernsehen verhalten sich wie ein großes originales Ölgemälde zu dessen verkleinerter Reproduktion auf der Postkarte: Musikalische Elemente, die im Stereo-Klangpanorama des Tonstudios noch wesentlich und ein akustisches Erlebnis waren (etwa das Ein- und Ausschwingen eines einzelnen Gitarrentones), werden in Zimmerlautstärke und aus einem kleinen Lautsprecher abstrahlend zum nichtigen Ereignis. Der Regisseur Hans-Christof Stenzel (siehe auch das Porträt in Kapitel VIII): *Vor dem Bildschirm – das hatten wir deutlich herausgefunden – kann der Zuschauer die einzelnen Mittel, mit denen der Film arbeitet, viel genauer trennen. Er nimmt sie wahr, wie eine Partitur, der man gegenübersitzt. Er nimmt auch kontrapunktische Relationen zwischen Bild und Ton sofort wahr. Bei Film über Video tritt der Zuschauer in einen Dialog mit dem, was sich vor ihm abspielt; im Kino steigt er in den Film hinein, da ist es Identifikation. Auf dem kleinen Bildschirm analysiert man die Elemente im Film, man sieht ihre Beziehungen zueinander. Im Kino ist es ein Donnerwetter, das einen erschlägt.*

Diese Aussage Hans-Christof Stenzels ist festzuhalten. Kino- und Fernsehästhetik sind kein Phänomen, das materiell als Art und Weise einer Filmgestaltung faßbar ist, sondern ein Phänomen der Rezeption von Filmen: die Wiedergabe über den Bildmonitor macht auch aus Kinofilmen Fernsehen. Kinofilm kann ein Film nur im Kino sein! Für die Arbeit des Filmkomponisten bedeutet diese Aussage nichts Konkretes: er mag zwar (was meist sehr private Anschauungen sind) für ausgesprochene Fernsehproduktionen seine Differenzierungen machen, – die Differenz zwischen Fernsehen und Kino (die, wie gezeigt, eine grundsätzliche Differenz zweier Rezeptionsformen von Film sind) wird er nie ausgleichen können. Nils Sustrate, der mit Wolfgang Petersen zusammen etwa ein Dutzend Filmmusiken für das Fernsehen komponierte, sagt zum Beispiel: *Der große Film erfordert eine eher klangliche, mehr sinnliche Behandlung. Im Fernsehfilm arbeite ich dagegen in der Instrumentation durchsichtiger, sparsamer. Wird im Fernsehen ein Breitleinwandfilm gezeigt, so bin ich immer enttäuscht, weil optisch und musikalisch kaum etwas über den Bildschirm herüberkommt. Fürs Fernsehen muß man kammermusikalischer arbeiten als fürs Kino.*

Diese subjektive Unterscheidung seines Arbeitens für Kino oder Fernsehen wird jedoch objektiv durch den Standpunkt Wolfgang Petersens relativiert, der zwischen einer Kino- und einer Fernsehästhetik nie unterschieden hat. Er sagte (vergleiche dazu auch das Porträt in Kapitel VIII) in einem Fernsehinterview: *Mir haben die Leute oft gesagt, daß die Fernsehfilme eigentlich alles heimliche Kinofilme sind, die ich gemacht habe. Ich habe auch nie gesagt: Kinofilm! Aha! Jetzt mußt du sehr viel mehr in Totalen arbeiten, jetzt mußt du schneller schneiden ... Ich hatte eine Art entwickelt des Film-Erzählens, die nun mal so war, und das war völlig egal, ob das jetzt Fernsehen war oder Kino war ... Da bin ich überzeugt, daß viele Filme, die ich im Fernsehen gemacht habe, sicherlich auf der Leinwand eine noch viel größere Wirkung gehabt hätten*[69]. Den Wechsel von der schwerpunktmäßigen Kinoarbeit empfand Wolfgang Petersen vor allem auf der „Tonebene" des Films als sehr positiv. Über das Mischen von Fernsehfilmen sagt er: *Selbst wenn man auf den sechs Bändern einen schönen Sound gemischt hatte, war es immer frustrierend, den Ton im Fernsehen zu hören. Für den Alltag des Fernsehguckens, wo alles in den Geräuschen aus der Küche verschwindet, habe ich damals zu differenziert gemischt. Mit wenigen Mitteln. Weil ich schon immer diese starke Beziehung zu Musik und Ton, Rhythmik und Sound hatte. Deswegen ist mir der Ton im „Boot" so explodiert: ich hatte Lust darauf, mit einer ganzen Abteilung von soundeffects-Leuten endlich einen Ton zu machen, wie er mir vorschwebte.*

Rainer Carben, Tonmeister und Mischer im Fernsehstudio des Bayerischen Rundfunks, erklärt über seine Fernsehmischungen: *Ich muß von einer Zimmerlautstärke von 60 Phon ausgehen, wovon 40 % im Durchschnitt schon Straßenlärm sind. Also bleibt mir z.B. für Sprache im Fernsehen nicht mehr als eine Dynamik von 20 Phon.* Die Tonpalette im Kino – wo kein Straßenlärm und kein Wohnungsgrundgeräusch im unteren dynamischen Bereich alles zudeckt, ist also bei weitem reicher: das bietet dem Komponisten die Möglichkeit zu größerer Differenzierung. Auf diese Möglichkeit wird aber nur selten bewußt eingegangen. Die Differenz zwischen Kino und Fernsehen ist für ihn weniger im unmittelbar akustischen Bereich fühlbar, als auf anderen Ebenen: der reine Kinofilm tritt ihm z.B. fühlbarer als ein Film entgegen, der nicht so sprach- und wortorientiert ist wie ein Fernsehfilm; der Kinofilm verlangt nicht so unmittelbar jene fröhlich blubbernde Reizstruktur wie die Vorabendserie, die mit den anderen Programmen auf anderen Kanälen zu konkurrieren hat und deren Musik immer aufmerksamkeitsheischend sein muß. Die Differenz zwischen Kino und Fernsehen ist für den Komponisten auch eine Frage der finanziellen Perspektive. Eugen Thomass: *Es gibt einen Unterschied, der genauso die Musik als auch die Dramaturgie des Fernsehens betrifft. Das ist die, daß das Fernsehen nicht darauf angewiesen ist, die letzten Emotionen aus dem Zuschauer herauszuholen. Im Kino wird dagegen versucht, noch immer mehr Gefühle, noch mehr Spannung zu geben. Das ist zumindest die Erfahrung, die ich gemacht habe. Das Fernsehen hat es nicht so nötig – das kann auch langweilige Filme bringen, da passiert trotzdem nichts, während der Kinofilm dagegen sofort abgesetzt wird, wenn niemand daran interessiert ist. Beim Fernsehen weiß man, daß der Film zweimal gesendet wird, und anschließend im Keller verschwindet. Dagegen ist im Kino zumindestens die Hoffnung auf einen Welterfolg dabei. Insofern ist das Kino interessanter aber finanziell wesentlich unsicherer, der Komponist oder die Musiker wissen nie, ob sie ihre Gagen bekommen. Das Fernsehen dagegen ist ein Beamtenstaat – da bekommt man zwar kleine, aber feste Gagen* (in: Sonderheft „Eugen Thomass" von *Filmmusik*).

2. Musikarchive – Die Kinotheken von heute

In der Zeit des frühen Films wurde bald versucht, „gehobene" – nämlich bildausdeutende – Musik zu den Stummfilmen spielen zu lassen. Dies führte zu einer

Reihe von „Kinotheken", zu Notenalben, in denen nach Stichworten aufgeschlüsselt die wichtigsten Stimmungen und Handlungsmuster einer Geschichte auf Vorrat abrufbar waren. Diese Praxis hatte nach 1910 locker angefangen, indem Filmgesellschaften die Musiker (meist den Pianisten) mit Musiklisten versorgten, die zum jeweiligen Film erstellt wurden. 1913 erschien eine zweibändige Sammlung von Kinomusik *Sam Fox Moving Picture Music* von J.S. Zamecnik, 1914 erschien der dritte Band dazu. 1919 gab Guiseppe Becce seine *Kinothek* (eine Sammlung von Stummfilmmustern) heraus. 1924 erschien von Ernö Rapée *Motion Picture Moods for Pianists and Organists* mit 370 Musiknummern. 1927 erschien von Hans Erdmann und Guiseppe Becce das *Allgemeine Handbuch der Film-Musik* (in zwei Bänden).

Allen diesen Kinotheken gemeinsam war die Standardisierung und Typologisierung von affektiven Zuständen, Handlungsabläufen und personalen Charakteren. Die deutsche Kinothek von 1927 war wieder einmal am gründlichsten: 3050 Illustrationsmusiken führen Erdmann/Becce in ihrem „Thematischen Skalenregister" an. Musikalisch gesehen bildeten die Kinoalben eine Plünderung von 150 Jahren Musikgeschichte: Alles, was sich in dieser Zeit als Salonstück, Evergreen oder Publikumsliebling bewährt hat ist hier in einer leicht spielbaren Bearbeitung und leicht lesbarer Tonart vorhanden. Und die Werke, die sich als „Original-Komposition" ausgeben, sind überdeutliche Plagiate von längst Bekanntem; der Musikfreund kann meist zu jedem „Original" die Inspirationsquelle angeben. Aus 150 Jahren Musik wurde all das als überdeutlich verstehbare „Vokabel" fixiert, was seine Bewährungsprobe und Dauerhaftigkeit in der bürgerlichen Musiköffentlichkeit absolviert und nachgewiesen hat.

Um einen Eindruck von den Differenzierungsmöglichkeiten der Stummfilmpianisten zu geben, seien die Stichworte in Ernö Rapées Sammlung von 1924 angeführt: *Aeroplane – Band – Battle – Birds – Calls – Chase – Chatter – Children – Chimes – Dances – Doll – Festival – Fire-Fighting – Funeral – Grotesque – Gruesome – Happyness – Horror – Humorous – Hunting – Impatience – Joyfulness – Love-themes – Lullabies – Misterioso – Monotony – Musicbox – National – Neutral – Orgies – Oriental – Parties – Passion – Pastorale – Pulsating – Purity – Quietude – Race – Railroad – Religioso – Sadness – Sea-Storm – Sinister – Wedding – Western.*

***

Fünfzig Jahre Geschichte der Tonfilmmusik haben als traurigen Höhepunkt ihrer Entwicklung dazu geführt, daß heute etwa 60 bis 70 Prozent der allabendlich im Fernsehen ausgestrahlten Filmmusik wieder aus „Kinotheken" kommt. Die Stichwortlisten verweisen zwar nicht mehr auf Noten, die erst kompliziert gespielt und auf Band gespielt werden müssen, sondern auf Tonbänder und Schallplatten, – ihre Typologisierung und ihr Umgang mit musikalischen Vokabeln sind jedoch aufs Haar dieselben: alles was „gut und teuer" ist, wird in einem Arrangement angeboten, das leicht konsumierbar, ohne Eigenwert unterlegbar und überall kürzbar ist.

Solche „Musikverlage“ oder „Musikarchive“ (im deutschen Raum dürften etwa 150 Archive zur Verfügung stehen) gibt es in vielen Schattierungen: vom Archiv, das seriös und mit kompetenten Beratern bei der Suche nach einer geeigneten Filmmusik behilflich ist, bis zu Verlagen, die zu dumping-Preisen billige Meterware feilhalten. Die Produktionsbüros der Filmemacher werden etwa jährlich mit zwanzig „Neuerscheinungen“ von diesem Schallplattenmarkt überschwemmt. Die Platten werden kostenlos zugesandt. Der Gewinn wird sich dann über die GEMA-Abrechnung einstellen, wenn die Musik in den Film und mit diesem in die Bildschirme gekommen ist. Für rentable Projekte bieten die Verlage sogar noch Geld an. Branchenkenner Eberhard Schoener: *Bei Krimis – das sehe ich ständig – bieten die Verlage inzwischen 5.000 DM, damit sie die Filmmusik kriegen. Denn sie sagen sich: Krimis laufen in 50 Ländern!*

Besonders raffinierte Archive bieten sogenannte „gemafreie“ Musik an. Dies ist Musik von Komponisten, die nicht in der GEMA angemeldet sind, wo deshalb bei mechanischer Verfielfältigung, Sendung, Verleih etc. von Filmen bzw. Filmmusik keine Tantiemen anfallen. Mit dem Anbieten der „gemafreien“ Musik ist das unterste moralische Niveau des Konkurrenzkampfes unter Komponisten bzw. Musikverlegern erreicht. Nicht selten ist die Etikettierung „gemafrei“ auch nur ein Werbetrick. Dem Filmproduzenten flattern dann (meist zur Unzeit) Nachgebühren der GEMA mit einem 100%igen Kontrollzuschlag ins Haus.

Die Preise sind im Vergleich zu den Kosten von original komponierter und produzierter Musik recht attraktiv. Ein Musikarchiv verlangt z.B. für Industrie-, Dokumentar-, Kultur- oder public relation-Filme pro Sekunde Musik 0,90 DM (Mindestpauschale 150 DM), für Spielfilme mit Auswertungsgebiet Europa pro Sekunde 1,30 DM, mit weltweitem Auswertungsgebiet 1,60 DM; mit der Zahlung erwirbt sich der Käufer das nicht-exklusive Verwendungsrecht (Nutzungsrecht). Ein anderes Musikarchiv berechnet für Industrie- und Dokumentarfilme pro Sekunde 1,30 DM, bei Kino- und Videofilmen pro Sekunde 2 DM (in beiden Fällen wird eine Mindestpauschale von 50 DM verlangt); bei Produktionen für ZDF oder ARD – was für den Verlag immer GEMA-interessant ist – bleibt die Benutzung der Musik kostenfrei.

Das Qualitätsgefälle unter den Verlagen ist erheblich. Niklaus Schilling berichtete z.B. von seinen Funden in einem Pariser Musikarchiv (siehe hierzu auch das Porträt in Kapitel VIII), das es ihm erlaubte, seinen *Willi-Busch-Report* fast ganz mit Filmmusik renommierter französischer Filmkomponisten wie Vladimir Cosma zu versehen. Qualitativ herausragend ist z.B. auch von Brian Eno die Schallplatte *Music for films,* die sich nicht an typisierte Affektsituationen hält, sondern „filmische“ Musik in eigener lyrischer Setzung enthält. Die zweite Schallplatte von Brian Eno wurde von dessen Musikverlag mit dem Begleittext an Filmproduktionen versandt: *Von dieser Platte, die nicht im freien Handel erhältlich sein wird, wurde nur eine limitierte Auflage von 1.000 Exemplaren hergestellt. Das Album wird auf Wunsch von Brian Eno lediglich ausgewählten Film- und Fernsehproduzenten und Regisseuren als Musikangebot präsentiert.* Die Rechte zu den Stücken, die Brian Eno *als mögliche Soundtracks für Film- und Fernsehproduktionen konzipiert hat,* kann man beim Verlag nach individueller Absprache erwerben.

Manche Verlagskataloge, wie etwa der Katalog von *Sonoton,* sind kiloschwer und halten eine schier unübersehbare Fülle an Musiken für alle Situationen bereit. Hilfreich ist dieses Musikangebot vor allem auch im ethnologischen Bereich, wenn z.B. zum Stichwort „Japan" oder „China" teilweise verantwortungsvoll redigierte Sammlungen bereitgestellt werden. Für Überraschungen ist ein solcher Katalog immer gut: z.B. konnte ich auf Schallplatte Nr. 166 des *Sonoton*-Angebots betitelt *Descriptive dramatic Organ* meinen ehemaligen Orgellehrer Ludwig Doerr der Freiburger Musikhochschule wiederfinden, der (eingespielt auf der Speyrer Domorgel) z.B. folgende Werke bereithält: ein *Industrial Ostinato* für *Schwerindustrie, Hochofen, Walzwerk,* oder *Thirstland* für *flimmernde Hitze, verdurstende Kreatur, statisch-dramatische Klänge mit zunehmender Intensität.*

Die Typologisierung der musikalischen Stichworte in den Katalogen (Verlagsmitteilung Sonoton: Der Katalog wird es ihnen ermöglichen, in Sekundenschnelle die richtige Musik und die richtige Schallplatte auszuwählen) ist nichts anderes als die Weiterführung des Vokabulars der alten Kinotheken. Vergleichen wir einmal, was der *functional index* bei Buchstabe „S" bereithält: *Safari – Schnelle Bewegung – Schottland – Schrammeln (Wien) – Science Fiction: Siehe „Weltraum" – Seefahrt: Siehe „Meer" – Shanties – Slapstick – Slow Motion – Soft (ruhig) – Spanien – Spannung (geheimnisvoll) – Sport – Swinging Classics – Synthesizer Produktionen.*

Sieht man in die einzelnen Filmvertonungsplatten, etwa bei *Happy Records – Golden Ring Records,* dann sind diese Stichworte minutiös untergliedert. Das *Sound Music Album 42* mit dem Generaltitel *Elektronische Klangflachen mit und ohne Rhythmus* enthält Titel wie z.B.:

- *„Romantic nature" (Rolf Wehmeier) 3' 32" (Positive Klangfläche, pastoral, getragen, kein Rhythmus. Panorama, Sonnenaufgang, Bergwelt, Windjammer).*
- *„Intermood" (Rolf Wehmeier) 4' 23" (Ruhige, schwebende Fläche mit überlagernden Tönen, leichte Hintergrundmotorik, kein Rhythmus. Kritische Themen, wie z.B. saurer Regen, Umwelt, Beton).*
- *„100° Celsius" (Rolf Wehmeier) 2' 54" (Bewegungen durch verschiedene Sequenzer, Brodeleffekte, eingestreute Baßtöne, kein Rhythmus. Labor, Industriegebiet).*

Das *Sound Music Album 43* mit dem Titel *Krimi Action Musik* führt Folgendes an:

- *„Gerechtigkeit siegt" (Peter Thomas) 1' 54" (Dramatische, effektvolle Einleitung mit Rhythmus, danach starkes Posaunenthema, treibender Rhythmus,*

Trompeten, dramatischer Schluß. Verfolgung bis zur Klärung des Verbrechens, Sieg des Guten über das Böse).

- *„Auftrag für Streifenwagen 7" (Peter Thomas) 2' 29" (Drive Rhythm, schnelle Trompetenläufe, Posauneneinwürfe, aufregend, dramatisch, Verfolgung).*
- *„Der Unheimliche" (Peter Thomas) 1' 52" (dramatische Klangeffekte verschiedener Bläser und Schlaginstrumente. Spannungsgeladene Szenen, unheimliche Gegebenheiten).*

Für Musiker und Filmfreunde kann es zum Gestalten heiterer Abende dienen, wenn man solche Schallplatten als „Ratespiele" nimmt: der Zuhörer, dessen poetische Umschreibung dem Schallplattentext am nächsten kommt, erhält einen Preis! Das kann bisweilen ganz schön vertrackst sein. Ein Hamburger Archiv von einem *Team gemafreier Komponisten* versendet z.B. eine Demo-Kassette mit 122 Titeln, die (entgegen der Ankündigung *aktuelle Untermalungs- sowie Backgroundmusik in allen Stilrichtungen*) in stilistischer Einförmigkeit angespielt werden. Wie austauschbar hier die inhaltlichen Zuordnungen sind, mag ein Blick auf die Angaben zu den Titeln Nr. 62 bis Nr. 67 vermitteln:

- *Titel 62 „Spielhölle III" (Killer auf dem Weg zum Tatort – Striptease – Panzerknacker – Bauchtanz – Bankräuber – Spannung – Geheimnis – Flucht aus dem Gefängnis – Unterirdischer Gang – Erotik – Unheimliche Atmosphäre).*
- *Titel 63 "Revue" (Kinderfilme – Fliegen – Segeln – Surfen – Autofahrt, Radtour).*
- *Titel 64 „Rodeln" (Disco-Pop-Dancing – Komische Filmszenen).*
- *Titel 65 „Drachensteigen" (Eisenbahnfahrt – Römische Szenen – Auch französische Elemente – Komische Liebesgeschichte – Kinderstreiche).*
- *Titel 66 „Perser in Europa" (Orientalisch mit europäischem Rhythmus – Autobahn – Golden Gate – Bosporus – Vom Orient in die Neue Welt).*
- *Titel 67 „Mutterliebe" (Mutter – Kinder – Zärtlichkeit – Liebe – Gefühle – Chanson – Theater – Tiere).*

Die Frage nach „Authentizität" stellt sich bei jener Archivmusik, die standardisierte und konfektionierte Ausdrucksformen auf Zuruf von Stichworten bereithält, in hohem Maße. Das Denken, das Wahrnehmen, das Erleben – das ganze Leben – findet nur noch in grobkörnigen Schemata und entlang vorgenormter Schienen statt, – „Orwell 1984" hat auf dem Gebiet der Filmmusik längst stattgefunden...

... Archivplatten findet man übrigens meterweise in den Schallarchiven von ARD und ZDF, in privaten Video-Studios und in vielen Schneideräumen der Spielfilm-, Dokumentarfilm- und Industriefilmproduzenten...

3. Filmmusik und Urheberrecht

Ein Musikwerk ist geistiges Eigentum seines Urhebers. Niemand darf sich – auch nicht auszugsweise oder leicht verändert – dieses Eigentums ohne Einwilligung des Urhebers bzw. dessen Vertreters bemächtigen und es öffentlich verbreiten, vervielfältigen und aufführen. Durch die Umstandslosigkeit, mit der durch die Verbesserung von Tonträgersystemen heute jede Musik in guter Qualität kopiert und konserviert werden kann, hat sich ein recht sorgloser Umgang mit den musikalischen Eigentumswerten eingeschlichen: die Piraterie und der Musikdiebstahl in vielen Schneideräumen (wo schnell irgendeine Platte auf Perfo kopiert und an den Film gelegt wird) ist in einigen Fällen nicht einmal bewußt und erfolgt in Unkenntnis der juristischen Sachlage.

Die Bedingungen der kommerziellen Nutzung, der öffentlichen Aufführung und Verbreitung von Musik regelt das Urheberrecht vom 9.9.1965 (Gesetz über Urheberrecht und verwandte Schutzrechte). Dort lautet der § 1: *Die Urheber von Werken der Literatur, Wissenschaft und Kunst genießen für ihre Werke Schutz nach Maßgabe dieses Gesetzes.* Es gibt kein spezielles Urheberrecht für Musik. Die Belange der Musik sind in diesem allgemeinen Urheberrecht geregelt. *Werke der Musik* stehen in § 2 Abs. 1 UrhG gleichrangig neben Sprachwerken, Filmwerken, Werken der Bildenden Künste.

Ein Musikwerk ist mit dem Akt der Schöpfung geschützt. Der Schutz entsteht nicht erst bei einer Veröffentlichung und benötigt keine Einhaltung irgendwelcher Formalitäten wie z.B. eine Patentierung oder offizielle Registrierung. Der Schutz des Musikwerkes erlischt erst 70 Jahre nach dem Tod des Urhebers. Dann gilt das Werk als gemafrei. Das Urheberrecht kann nicht übertragen werden. Lediglich im Todesfalle des Urhebers findet eine Übertragung des Urheberrechts auf dem Wege der Erbauseinandersetzung an einen oder mehrere Rechtsnachfolger statt. Der Urheber kann aber *einem anderen das Recht einräumen, das Werk auf einzelne oder alle Nutzungsarten zu nutzen (Nutzungsrecht),* § 31 Abs. 1 UrhG, allerdings in den Grenzen des § 31 Abs. 4 und 5. *Nutzungsrecht* ist der offizielle urheberrechtliche Begriff. Der Begriff *Verwertungsrecht* hat sich in der Praxis als Seitenbegriff eingeschlichen, weil nicht von der Person des Nutzers bzw. Nutznießers gesprochen wird, sondern mehr vom Verwerter. *Verwertungsrechte* und *Nutzungsrechte* sind Synonyme im umgangssprachlichen Bereich.

In der Bundesrepublik Deutschland sind die Komponisten in der Regel durch die Verwertungsgesellschaft GEMA vertreten (Gesellschaft für musikalische Aufführungs- und mechanische Vervielfältigungsrechte). Der GEMA hat der Komponist in einem Berechtigungsvertrag alle ihm zustehenden und während der Vertragsdauer noch zufallenden urheberrechtlichen Nutzungsrechte als Treuhänderin für alle Länder zur Wahrung übertragen: die Aufführungsrechte, die Senderechte, das Recht der Wiedergabe durch Lautsprecher, die Filmvorführungsrechte, die Rechte der Aufnahme auf Bild- und Tonträger und die Vervielfältigungs- und Verbreitungsrechte an Ton- und Bildtonträgern (jedoch mit Ausnahme von musikdramatischen Werken). Die GEMA ist berechtigt und gesetzlich verpflichtet, die Nutzungsrechte zu angemessenen Bedingungen an Dritte zu erteilen. Dabei werden von ihr für die einzelnen Nutzungsarten Tarife aufgestellt. Mitglied in der GEMA kann jeder Komponist, Musikbearbeiter, Textdichter und Musikverleger werden, der öffentliche Aufführungen bzw. Rundfunk- oder Fernsehsendungen sowie Schallplattenproduktionen und Produktionen auf Bildtonträgern vorweisen kann.

Die GEMA als Verwertungsgesellschaft für musikalische Urheberrechte ist auch verpflichtet, Rechtsverletzungen zu verfolgen und die unerlaubte Nutzung von irgendeinem geistigen Eigentum aufzuspüren. Zu diesem Zweck wird ein eigener Kontrollapparat unterhalten. Die GEMA ist berechtigt, Unterlassungsansprüche zu erheben, wovon sie jedoch in Ansehung ihrer Zwecksetzung meist nur bei notorischen Rechtsbrechern Gebrauch macht.

Zu den verwandten Schutzrechten des Urheberrechts gehören die Leistungsschutzrechte der Interpreten von Musik. Diese werden in der Bundesrepublik Deutschland von der GVL (Gesellschaft zur Verwertung von Leistungsschutzrechten) wahrgenommen. Die GVL übernimmt vor allem das Inkasso für die Sendung von Ton- und Bildtonträgern, die öffentliche Vorführung von Ton- und Bildtonträgern sowie private Überspielungen. Mitglied in der GVL kann werden, wer *ausübender Künstler* im Sinne des UrhG ist. Das technische Personal einer Musikproduktion gehört demzufolge z.B. nicht zu den ausübenden Künstlern. Im Unterschied zu den durch die GEMA vertretenen Komponisten kann der in der GVL vertretene Künstler die ihm gewährten Rechte nach dem UrhG selbst nutzen und die entsprechende Einwilligung selbst erteilen: In einem Vertrag (meist gekoppelt mit dem Unterschreiben der Honorarquittung) gibt der ausübende Künstler seine Einwilligung zur Übertragung seiner Darbietung außerhalb des Musizierraumes durch technische Einrichtungen (§ 74 UrhG), zur Aufnahme seiner Darbietung auf Bild- oder Tonträger und zu dessen Vervielfältigung (§ 75 UrhG), zur Sendung seiner Darbietung durch Rundfunk und Fernsehen.

Bei der Herstellung eines Filmwerkes kennt das UrhG Einschränkungen der Rechte für die ausübenden Künstler, um den Filmherstellern die komplizierte und mit großen Aufwendungen verbundene Produktion eines Filmwerks zu erleichtern: Nach den *Besonderen Bestimmungen für Filme* benötigt der Filmhersteller vom ausübenden Künstler lediglich dessen Einwilligung, die Darbietung auf Bild- und Tonträger aufnehmen zu dürfen; nach § 92 UrhG stehen dem ausübenden Künstler die Anwendungen der Rechte nach § 75 Abs. 2, § 76 und § 77 nicht zu.

Wird jedoch die Darbietung des ausübenden Künstlers neben der Verwendung im Filmwerk für die Produktion einer Schallplatte in Anspruch genommen (Zweitverwertung, Seitenauswertung), dann stehen ihm seine vorbehaltenen Rechte wieder zu, Er hat dann einen Anspruch auf Vergütung, die in der Regel über die GVL eingenommen wird, die ihre Erträge nach einem festen Verteilungsschlüssel an ihre Mitglieder ausschüttet.

Das Urheberrecht und die Leistungsschutzrechte sind absolute Rechte. Sie sind zivilrechtlich und strafrechtlich geschützt. Wer eine Komposition, Improvisation oder einen literarischen Text ohne Einwilligung der Urheber bzw. des ausübenden Künstlers (auch ohne Einwilligung der gegebenenfalls mit der Wahrnehmung der Rechte betrauten Verwertungsgesellschaften GEMA bzw. GVL) auf Ton- oder Bildtonträger aufnimmt, begeht eine Rechtsverletzung, die zum Schadensersatz verpflichtet. In der Regel wird ein Verschulden vorliegen, da man sich diesbezüglich jederzeit über die Rechtslage informieren kann und muß.

In unklaren Fällen sowie in Spezialfragen kann daher sowohl dem „Filmemacher“ (dem Filmhersteller) wie auch dem Komponisten, wenn er gleichzeitig als Musikproduzent tätig ist (was zur Zeit in vielen Fällen der Filmherstellung der Fall ist), nur geraten werden, sich mit einem Rechtsanwalt (Urheberrechtsanwalt) oder mit der GEMA in Verbindung zu setzen.

Zum allgemeinen Einarbeiten in die Problematik, Denk- und Formulierungsweise des UrhG, sowie in die Rechtsgrundlagen von GEMA und GVL sei auf folgende Literatur verwiesen:

Gustav Kneip, *Urheber-ABC für Komponisten, Musikbearbeiter, Textdichter* (hg. v. Interessenverband Deutscher Komponisten IDK), Glinde 1982.

V. Movsessian/F. Seifert, *Einführung in das Urheberrecht der Musik* (= Taschenbücher zur Musikwissenschaft Bd. 81), Wilhelmshaven – Locarno – Amsterdam 1982, mit dem Wortlaut des UrhG.

Erich Schulze, *Urheberrecht in der Musik*, [5] Berlin – New York 1981.

Folgende Einzelheiten und Hinweise scheinen mir bei der Produktion einer Filmmusik und bei der Verwendung von Musik im Film wichtig zu sein:

Für den „Filmemacher“/Filmproduzenten

Wird einem Komponisten eine Filmmusik zur Komposition in Bestellung gegeben, so hat der Komponist (gegebenenfalls sein Verleger) die Verwertungsrechte (das Filmherstellungsrecht) für den Film zu vergeben. Dies geschieht sinnvollerweise in schriftlicher Form. Jedoch können diese Rechte auch formlos eingeräumt werden, z.B. mündlich oder durch konkludentes Verhalten, wovon allerdings abzuraten ist. Die Nutzungsrechte können räumlich, zeitlich und inhaltlich beschränkt sein. Das Nutzungsrecht kann als einfaches oder ausschließliches Recht eingeräumt werden: das einfache Nutzungsrecht berechtigt den Inhaber, das Werk neben dem Urheber oder anderen Berechtigten auf die ihm erlaubte Art zu nutzen; das ausschließliche Nutzungsrecht (das der Komponist in der Regel seinem Verleger einräumt) berechtigt den Inhaber, das Werk unter Ausschluß aller anderen Personen einschließlich des Urhebers auf die ihm erlaubte Art zu nutzen („Exclusivrecht“).

Verwendet der Filmhersteller eine Musik im Film, die unabhängig vom Film schon zuvor existiert (z.B. als Schallplatte, in verlegten Noten, als auf Tonträger mitgeschnittener Musikdarbietung), so muß er sich die Nutzungsrechte für seinen Film ebenfalls erwerben. Dies geschieht am zweckmäßigsten über die GEMA, welche die Anfragen auch an Verlage oder Urheberrecht weitergeben kann. Bei Schallplatten wendet er sich in der Regel an den Schallplattenhersteller, bei genehmigten Mitschnitten an die mitwirkenden Künstler (gegebenenfalls an den Orchesterleiter) und den Verleger der gedruckten Noten.

Wird im Rahmen von Dreharbeiten Musik aufgenommen, die nicht als *unwesentliches Beiwerk* (§ 57 UrhG) neben dem eigentlichen Gegenstand der Film- und Tonaufnahmen angesehen werden kann, sondern bewußt zum Teil des Filmes verwendet wird (etwa Bildtonaufnahmen bei einem Faschingsball, in dessen Rahmen eine Spielfilmhandlung spielt), so müssen auch hier die Rechte erworben werden. Kann der Filmhersteller die Musikstücke nicht identifizieren, so ist ihm hierbei die GEMA behilflich.

Bei der Herstellung von Filmen für Fernsehanstalten (Eigen- oder Auftragsproduktionen für eigene Sendezwecke und Übernahmesendungen) tritt ein Rahmenabkommen zwischen den Fernsehanstalten (ARD und ZDF) und GEMA in Kraft, wonach die Filmherstellungsrechte pauschal vergeben sind. Konkret bedeutet dies, daß im Rahmen solcher Fernsehproduktionen die Nutzungsrechte für eine Verwendung von Schallplatten nicht eigens vom Schallplattenverlag eingeholt werden müssen. Bei Produktionen für das „Kabelfernsehen“ ist hier zu unterscheiden, ob es sich um eine private oder öffentlich-rechtliche Fernsehanstalt handelt. Eine Filmherstellung für eine Sendung im privaten Fernsehen muß sich im selben Maße um den Rechteerwerb von Musiktiteln bemühen, wie dies auch bei jedem anderen Film (Bildtonträger) der Fall ist, weil mit diesen privaten Programmanbietern noch kein Rahmenabkommen mit der GEMA geschlossen worden ist.

Werden von einem Kinofilm Videokassetten gezogen und vertrieben, so müssen die Nutzungsrechte für dieses neue Medium von neuem erworben werden. Auch diese Rechte werden von der GEMA wahrgenommen.

Ist die Filmmusik angelegt und die Mischung beendet, so empfiehlt es sich, daß der Cutter (Filmemacher/Filmproduzent) eine Aufstellung der verwendeten Musiken mit Angabe der einzelnen Titel sowie deren Laufzeit in Sekunden oder Filmmetern an den Komponisten oder an die GEMA gibt.

Für den Komponisten einer Auftrags-Filmmusik

Prinzipiell ist anzuraten – was sehr oft unterlassen wird – vor Beginn einer Komposition einen Vertrag mit dem Filmhersteller abzuschließen, in dem die Art der

Mitwirkung, die finanziellen Bedingungen, die angestrebte Einräumung der Nutzungsrechte u.a. festgelegt ist. Zwei Arten der Mitwirkung eines Komponisten an den Hersteller einer Filmmusik sind heute gängig:

1. Der Komponist beschränkt sich auf das Komponieren einer Filmmusik und überläßt die Produktion der Filmmusik dem Filmhersteller, der sich dann (meist unter Mithilfe des Komponisten) um Koordination und Finanzierung von Aufnahmestudio, Studiomusikern, Absicherung der Leistungsschutzrechte usw. bemühen muß.

2. Der Komponist tritt als Musikproduzent auf und liefert dem Filmhersteller zu einem Pauschalpreis ein fertiges Tonband, muß sich also selbst um Koordination und Finanzierung von Studio, Musikern sowie der Absicherung der Leistungsschutzrechte bemühen.

Im letzteren Falle muß der Komponist dem Filmhersteller nachweisen, daß die ausübenden Künstler ihre Einwilligung zur Verwendung ihrer Darbietung in dem projektierten Filmwerk gegeben haben. In jedem Falle ist der Komponist aber verpflichtet, den Nachweis bzw. die Garantie zu erbringen, daß die Filmmusik sein persönliches geistiges Eigentum ist und nicht auf bestehendes Urhebergut zurückgreift.

In diesem Zusammenhang (durchaus einer Grauzone mancher Filmmusiken) sei auf folgende Details und Unterscheidungen verwiesen, die für den Komponisten wichtig sind:

1. Der Melodienschutz. Wird eine Melodie erkennbar einem anderen Musikwerk entnommen, so darf das Werk nicht als eigene Komposition ausgegeben werden (§ 24 Abs. 2 UrhG). Es zählt dann als Bearbeitung.

2. Bei Bearbeitungen sowie anderen Umgestaltungen urheberrechtlich geschützter Werke muß die Einwilligung dessen Urhebers oder dessen Rechtevertreters (Verlag) eingeholt werden, wenn das bearbeitende Werk veröffentlicht oder verwertet wird (§ 23 UrhG).

3. Freie Benutzung. Ein selbständiges Werk, das unter freier Benutzung des Werkes eines anderen geschaffen worden ist, darf ohne Zustimmung des Urhebers des benutzten Werkes veröffentlicht werden (§ 24 Abs. 1 UrhG). Ausgenommen ist jedoch die erkennbare Verwendung entnommener Melodien (Melodienschutz). Erlaubt ist das kurze Zitieren einer Melodie oder anderer Stellen eines erschienenen Musikwerkes. Die Länge hat in einem durch den Zweck gebotenen Umfang zu bleiben (§ 51 UrhG).

4. Vertonungsfreiheit. Ein Komponist darf nicht jeden Text vertonen, wenn er seine Komposition veröffentlichen und verwerten möchte. Literarische Texte sind ebenfalls urheberrechtlich geschützt. Urheber oder dessen Verleger müssen zu einer Vertonung die Einwilligung erteilen. Dieser Schutz literarischer Texte gilt auch für „Laiendichter", da prinzipiell jedes Werk durch den bloßen Schöpfungsakt ohne Einhaltung irgendwelcher Formalitäten geschützt ist.

5. Veröffentlicht der Komponist eigene Werke auf Tonträger, so hat er auch hierfür von der GEMA die Rechte zu erwerben (z.B. wenn er eine private Vervielfältigung von Werken auf Audiokassetten in größerer Stückzahl macht, um sie zu Werbezwecken oder zur Verwertung weiterzugeben). Ebenso ist er in solchen Fällen verpflichtet, gegenüber den ausübenden Künstlern oder der GVL die Leistungsschutzrechte abzugleichen.

6. Ein Komponist hat das Recht, eine Entstellung oder andere Beeinträchtigung seines Werkes zu verbieten, wenn diese geeignet sind, seine berechtigten geistigen oder persönlichen Interessen am Werk zu gefährden (§ 14 UrhG). Auf dieses Entstellungsverbot kann ein Filmkomponist z.B. zurückgreifen, wenn seine Musik durch dilettantische Tonschnitte verstümmelt wird.

7. Anerkennung der Urheberschaft. Der Urheber kann bestimmen, ob das Werk mit einer Urheberbezeichnung zu versehen und welche Bezeichnung zu verwenden ist (§ 13 UrhG).

Ist die Filmmusik komponiert, eingespielt und an den Film gelegt, so hat der Urheber eine Aufstellung der verwendeten Musikstücke einzureichen. Hierzu stellt die GEMA drei verschiedene Anmeldeformulare bereit: eine *Tonfilm-Musikaufstellung*, eine *Tonfilm-Musikaufstellung für Werbefilme,* ein *Anmeldeformular für Auftragskompositionen bzw. Musikaufstellung zu Fernsehproduktionen.* Am zweckmäßigsten ist es für den Komponisten, eine Musikaufstellung an die GEMA weiterzuleiten, die vom Filmproduzenten gegengezeichnet ist, um somit die Richtigkeit und Vollständigkeit zu gewährleisten.

In Fragen der Werkanmeldung von Filmmusik bzw. der Musikaufstellung ist das derzeitige GEMA-Verfahren, das nur vom Komponisten eine Musikaufstellung verlangt, nicht aber vom Filmhersteller, sehr unzeitgemäß und oft störend: nur allzuoft wird nach dem Musikanlegen (wo der Komponist manchmal auch nicht anwesend ist) Musik nochmals neu in den Film gebracht. Nur allzuoft fallen beim Mischen ganze Musikstücke weg oder werden Musikstücke an derer Stelle noch schnell in den Hintergrund gelegt. In diesen Phasen des Prozesses einer Filmproduktion hat der Filmkomponist in der Regel keinen Einblick mehr. Ebensowenig pflegen die Regisseure des Neuen Deutschen Films ihre Komponisten über die Verwendung von Nicht-Filmmusik (neben der Original-Filmmusik) zu unterrichten. Der Komponist ist daher de facto selten in der Lage, eine genaue Musikaufstellung zu einem Tonfilm einzureichen. Es ist bisweilen mühsamer, diese Daten und Angaben ausfindig zu machen, als eine neue Filmmusik zu komponieren.

4. Preisverleihungen beim Deutschen Filmpreis

Michael Verhoeven: *Preisverleihungen für Filmmusik? Wenn der „Oscar" vergeben wird, beim „Golden Globe" ist es genauso, dann geschieht das mit Selbstverständlichkeit auch für Musik. Das ist für Deutschland undenkbar. Bei der*

„Berlinale" gibt es nichts, – mit Ach und Krach gibt es einen Deutschen Filmpreis für Musik: aber wenn man mich fragt, wer den bekommen hat und ob er im letzten Jahr vergeben worden ist... ich weiß es nicht!

Der Deutsche Filmpreis ist unter den Preisen für Filmkomponisten (es werden auch Preise der Deutschen Filmkritik und der Phonoindustrie u.a. vergeben) der begehrteste: Der Deutsche Filmpreis ist die älteste Einrichtung der öffentlichen Filmförderung und wird seit 1951 vom Bundesministerium des Innern verliehen. Dem jeweiligen Ausschuß, der jedes Jahr neu als Jury zusammengestellt wird, gehören „Persönlichkeiten aus dem öffentlichen, kulturellen und geistigen Leben" an. Die Entscheidungen der Jury sind oft mutig und unabhängig: Keineswegs ist der „Filmpreis" nur Handlanger einer offiziellen „Filmindustrie", sondern markiert (was im Rückblick sehr deutlich wird) hellsichtig die künstlerische und autonome Entwicklung des deutschen Films.

1954 Beste Musik: Filmband in Gold für Hans-Martin Majewski in *Weg ohne Umkehr* (Victor Vicas)

1956 Beste Musik: Filmband in Silber für Peter Sandloff in *Viele kamen vorbei* (Peter Pewas)

1957 Beste Musik: Filmbänder in Silber: Duke Ellington und Winfried Zillig in *Jonas* (Ottomar Domnick)

1958 Beste Filmmusik: Filmband in Silber für Hans-Martin Majewski in *Nasser Asphalt* (Frank Wisbar)

1960 Beste Filmmusik: Filmband in Gold für Hans-Martin Majewski in *Die Brücke* (Bernhard Wicki)

1961 Beste Filmmusik: Filmband in Gold für Peter Thomas in *Flucht nach Berlin* (Will Tremper)

1962 Beste Filmmusik: Filmbänder in Gold für Attila Zoller und Joachim E. Behrendt in *Das Brot der frühen Jahre* (Herbert Vesely)

1963 Beste Filmmusik: Filmband in Gold für Peter Thomas in *Endlose Nacht* (Will Tremper)

1965 Beste Filmmusik: Filmband in Gold für Zdenek Liska in *Das Haus in der Karpfengasse* (Kurt Hoffmann)

1966 Beste Filmmusik: Filmband in Gold für Hans Posegga in *Schonzeit für Füchse* (Peter Schamoni)

1967 Beste Filmmusik: Filmband in Gold für Erich Ferstl in *Wilder Reiter GmbH* (Franz Josef Spieker) und *Der Spezialist*

1971 Filmmusik: Filmband in Gold für Amon Düül in *San Domingo* (Hans Jürgen Syberberg)

1973 Musikalische Gestaltung: Iris Wagner erhält das Filmband in Gold für *Harlis* (Robert van Ackeren)

1974 Filmmusik: Filmband in Gold für Hans-Martin Majewski in *Der Lord von Barmbeck* (Ottokar Runze)

1975 Filmmusik: Filmband in Gold für Jürgen Knieper in *Falsche Bewegung* (Wim Wenders)

1975 Musikdramaturgie: Filmband in Gold für Alexander Kluge und Edgar Reitz in *In Gefahr und größter Not bringt der Mittelweg den Tod* (Kluge/Reitz)

1977 Regie, Drehbuch und Musikdramaturgie: Filmband in Gold für Hans-Christof Stenzel in *C'est la vie Rrose* (Stenzel)

1980 Filmmusik: Filmband in Gold für Peer Raben in *Die Reinheit des Herzens* (Robert van Ackeren) und *Die Ortliebschen Frauen* (Luc Bondy)

[Bis 1985 wurde keine Filmmusik mehr mit einem Preis ausgezeichnet.]

KOMPONISTENLEXIKON VON A–Z

→ Zur lebendigen Ergänzung der Artikel sind im Personenregister die Stellen des Handbuches nachzuschlagen, die von den jeweiligen Komponisten berichten. Ebenso lassen sich über das Filmregister Einzelheiten der konkreten Filmarbeit erschließen.

→ Dieser erste Versuch einer lexikalischen Erfassung von Filmkomponisten leidet unter der noch lückenhaften Personenauswahl und unter unvollständiger Materiallage (viele Informationen sind bloß mündliche Mitteilungen an den Verfasser und deshalb stellenweise unpräzise)[67].
Für weitere Informationen, Ergänzungen, Berichtigungen (für eine nächste Auflage des Handbuchs) ist der Verfasser dankbar.

→ Berichtigungen, Ergänzungen und Zusätze sowie Zusendung weiterer Materialien zum Thema „Filmmusik in Deutschland" (vor allem auch für den lexikalischen Teil) sind für weitere verbesserte Auflagen des *Handbuch Filmmusik* erwünscht.

→ Kontaktadresse: Norbert Jürgen Schneider
Tel.: 08106/326 77
Bahnhofstr. 9
8011 Baldham bei München

→ Die Angabe der Adressen dient der Vermittlung von Kontakten „Komponist-Regisseur". In vielen Fällen wäre schon eine Zusammenarbeit zustandegekommen, wenn die Anonymität von Filmkomponisten nicht hinderlich gewesen wäre.

→ Jeder Artikel ist gegliedert in:
Biographie – Adresse – Kompositionen – Filmmusiken – Discographie.
Achtung: die namentlich erwähnten Filme sind in der Regel stets Kinospielfilme des beobachteten Zeitraumes 1960–1985. Bei Komponisten, die vorwiegend für Fernseh-, Dokumentarfilm- oder Kurzfilmproduktionen Musiken schreiben, kommt deshalb ein ungenaues Bild ihrer filmmusikalischen Tätigkeit zustande.

Anmerkungen zur Discographie:

Die Angaben zu Schallplatteneditionen von Filmmusiken sind zum Teil unvollständig und lückenhaft. Nicht immer konnten z.B. Herstellungsnummern oder Herstellungsjahr ermittelt werden. Der Schallplattensammler wird im einzelnen an folgende Adressen (Verlage bzw. Plattensortimente oder Soundtrack-Zentralen) verwiesen:

1. *Celine Records,* c/o Richard Kummerfeldt, St. Johanner Markt 26, 6600 Saarbrücken

2. *Discotheca Thalwil,* M. + A. Froschmayer, Gotthardstr. 2, CH-8800 Thalwil, Schweiz

3. *Filmbuchhandlung Rohr*, Oberdorfstr. 3, CH-8024 Zürich, Schweiz

4. *Filmmusik. Ein deutsches Soundtrack-Journal,* c/o Rector, Leibnizstr. 35a, 1000 Berlin 12

5. *Stichting Cinemusica,* Holländisches Zentrum für Filmmusik, Postfach 406, 8200 AK Lelystad, Holland; hier erschien 1985 eine umfangreiche *Soundtrack-Encyclopedia;* als Vierteljahreszeitschrift erscheint *Score.*

6. *FM – Deutscher Filmmusik-Dienst.* c/o Thomas Karban-Schürmann, Passierzettel 3, 2000 Hamburg 28

7. *Colloseum Soundtracks*, Bayernstraße 100, 8500 Nürnberg 44

A

Amon Düül – Eine bayrische Musikkommune, von der sich 1968 die Gruppe *Ammon Düül II* gelöst hat. Der Stil von Amon Düül setzt sich aus elektronischen Verfremdungen von Gregorianik, langen Jazz- und Meditationsimprovisationen und Hardrockeinlagen zusammen. Die Besetzung dieser in Herrsching (Ammersee) bei München lebenden Musikergemeinschaft variierte, blieb im Kern aber bei Gitarren (12string-Gitarre), Violine, Baß, Orgel, Gesang, Bongos und Schlagzeug. Die Gruppe hatte eine *Kunstmusik innerhalb des Rocks* entwickelt, die weltweit als Fortsetzung der kalifornischen Rockensemble akzeptiert worden ist. Der Name *Amon Düül* ist eine Konstruktion aus dem türkischen und ägyptischen Sprachbereich.
Seit 1975 existiert die Gruppe nur noch als Studioband.

Filmmusik:
1970: *San Domingo* (Hans Jürgen Syberberg)
(erhielt 1970 das Filmband in Gold)

Discographie:
LP's *Phallus Dei* (1969), *Yeti* (1970), *Dance of the Lemmings* (1971), *Carnival in Babylon* (1972), *Wolf City* (1972), *Live in England* (1973), *Vive la Trance* (1973) . . . alle LP's auf Liberty/United Artists

---

Aniol, Edward – (*7.2.1947 in Krakau). Jazzinterpret (Saxophon), Studiomusiker, studierte u.a. in Warschau Komposition bei Mikoly Gorecki, dann in München sporadisch bei Dieter Acker. Nach Flucht in den Westen freier Mitarbeiter am Düsseldorfer Schauspielhaus (1968–1971), am Theater in Darmstadt (1971–1973), seither in München. Schrieb etwa 50 Bühnenmusiken. Der Stil von Edward Aniol ist u.a. von Jazz (Free Jazz) geprägt. In Düsseldorf arbeitete er u.a. mit der Gruppe *Kraftwerk*.

Adresse: Edward Aniol, Am Einlaß 3a, 8000 München 5

Filmmusik:
Etwa 20 Filme u.a. mit Klaus Emmerich, Hartmut Griesmayr (ZDF-Serie) *Ein zauberhaftes Biest*) und Peter Weck.
1979: *Die erste Polka* (Klaus Emmerich)

B

Bantzer, Claus – (*10.10.1942 in Marburg/Lahn). Studierte an der Musikhochschule Frankfurt a. M. Soloklavier, dann in Hamburg Kirchenmusik (1971/72 Examen in Orgel und Dirigieren). Als Kirchenmusiker an St. Johannes in Hamburg-Harvestehude tätig. Über den Bruder, Schauspieler Christoph Bantzer, seit 1971 Kontakt zum Hamburger Schauspielhaus, wodurch mehrere Bühnenmusiken entstanden. Entwickelt seine Filmmusiken vornehmlich von Orgel und

Klavier her, ohne elektronisches Instrumentarium. Benutzt (auch bei Orchesteraufnahmen) gerne den natürlichen Hall der Kirche. Seit früher Kindheit (Klavierimprovisationen nach Gemälden) ist das Improvisieren wichtiger Teil des musikalischen Ausdrucks. Schreibt keine Musik für kommerziell-unterhaltende Filme. Dirigiert Bachs *h-moll-Messe* genau so gerne, wie er ein Improvisationskonzert auf dem Klavier gibt.

Adresse: Claus Bantzer, Heimhuder Str. 29, 2000 Hamburg 13

Kompositionen:
komponierte u. a. eine Jazzmesse *Missa popularis*, Orgel- und Chorwerke.

Filmmusiken:
Etwa 25 Filme für Doris Dörrie, Frank Guthke, Peter Lilienthal, Wilfried Minks, Heidi Pils u. a.
1980: *Geburt der Hexe* (W. Minks), *Der Aufstand* (P. Lilienthal)
1982: *Dear Mr. Wonderful* (P. Lilienthal)
1984: *Das Autogramm* (P. Lilienthal)
1985: *Im Innern des Wal* (D. Dörrie), *Männer* (D. Dörrie)
1986: *Das Schweigen des Dichters* (P. Lilienthal)
1987: *Adrian und die Römer* (K. Bueb/T. Mauch), *Drachenfutter* (J. Schütte), *Der Radfahrer von San Cristobal* (P. Lilienthal), *Wann, wenn nicht jetzt* (M. Juncker)
1989: *Abschied vom falschen Paradies* (T. Baser)

Discographie:
Soundtrack-LP's liegen nicht vor. Verwiesen sei aber auf: *Samsara* (Improvisationsplatte) sowie *Zerstöret nicht das Weltall der Worte* (Nelly Sachs) (Radius-Verlag Stuttgart).

Bartholomae, Hubert – (*16.6.1957 in Stuttgart). Studierte Elektrotechnik (Abschluß als Diplomingenieur) und kam noch während des Studiums über seinen Schulfreund Roland Emmerich zum Film, wo er sich zunehmend nicht nur um Belange der Filmmusik, sondern um den ganzen Soundtrack-Komplex (Tongestaltung, Geräusche, special effects und sound effects, Musikschnitt) kümmert. Der Kompositionsstil ist ganz von den Möglichkeiten der elektronischen Musik (Synthesizer) bestimmt. Klangideal ist das synthetische Symphonieorchester.

Adresse: Hubert Bartholomae, Pfarrwiesenallee 41, 7032 Sindelfingen
Jakob-Klar-Str. 10, 8000 München 80

Filmmusiken:
Etwa 10 Spielfilme und Kurzfilme von Hans-Christoph Blumenberg, Roland Emmerich u. a.
1984: *Das Arche Noah Prinzip* (Emmerich), *Tausend Augen* (Blumenberg)
1985: *Joey* (Emmerich)
1986: *Der Sommer des Samurai* (Blumenberg)
1987: *Hollywood Monster* (Emmerich)
1988: *Pizza Express* (Naefe)

Bassenge, Ulrich – (*29.1.1956 in München). Studierte am Richard-Strauss-Konservatorium München und bei Erich Ferstl. Spielte Kontra- und E-Bass in zahlreichen Bands (u. a. *Sparifankal, Embryo, Tram, Dullijöb*) und mit dem indianischen Musiker Dario Dominguez. Produzent der BR-Hörfunk-Reihe *Pop Sunday*. Freier Autor u. a. für das Rowohlt-Jahrbuch *Rocksession*. Kam durch Kontakt mit der Dokumentarfilm-Gruppe *DenkMal* (Claus Strigel/Bertram Verhaag) zur Filmmusik. Hierbei auch langjährige Zusammenarbeit mit Wolfgang Neumann.

Adresse: Ulrich Bassenge, Jägerstr. 8, 8035 Gauting

Hörspiel:
1989: *Fusion* – O-Ton-Hörspiel als Realisator und Komponist (BR)

Filmmusiken:
div. Dokumentarfilm- und TV-Musiken und -Trailer.
mit Wolfgang Neumann:
1980: *Typisch Weiber* (Strigel/Verhaag)
1981: *Wer wohnt im Wohnzimmer?* (Strigel/Verhaag)
1983: *Echt tu matsch* (Jugendfilm Strigel/Verhaag)
1984: *Bewegende Ereignisse* (Strigel/Verhaag)
1986: *Kinder brauchen Zombies* (Strigel/Verhaag), *Spaltprozesse* (Dokumentarfilm Strigel/Verhaag)
1987: *Wüste Wege – ein Saharatrip* (BR/Ray Müller)
1988: *Frei wie der Wind* (BR/Gerd Baur), *Nanga Parbat – Schicksalsberg der Deutschen* (BR/Gerd Baur)
1989: *Harold und die Geister* (Zeichentrick/Curt Linda)

Discographie:
LP's mit *Sparifankal*: Negamusi (Schneeball); *Embryo:* La blama sparozzi (Schneeball); *Dullijöb* (Trikot); *Dario Dominguez, Julius Schittenhelm* u. a.

Bloom, Louis – (*10.12.1931 in Los Angeles USA). Studierte 1949–1953 an der University of California, nach dem Militärdienst von 1955–1958 Komposition an der Musikhochschule in Wien, von 1958–1960 Studium der Musikwissenschaft Universität München. 1960/61 Repetitor am Gärtnerplatztheater München, dann freiberufliche Tätigkeit als Komponist, Arrangeur, Dirigent, Pianist. Louis Bloom schreibt Musik auf klassischer Basis in Stilen zwischen Musical und Avantgarde.

Adresse: Louis Bloom, Schwanthalerstr. 72/Rgb., 8000 München 2

Kompositionen:
Lieder und Kammermusik, *Tonatiuh* (Oper in einem Akt), Bühnenmusiken zu *Le faiseur* (Balsac), *Cyrano de Bergerac* (Rostand), *Die Pantöffelchen* (Gogol), *Le bel indifferent* (Cocteau) u.a.
Zwei *Industrie-Musicals* für BMW sowie Porsche/Audi

Filmmusiken:
1980: *Regentropfen* (Hoffmann/Raymon)

Martin Böttcher – (*17.6.1927 in Berlin). Nach den Kriegswirren 1945 als Gitarrist im Unterhaltungsorchester des Radio Hamburg, seit 1952 als freier Arrangeur und Komponist tätig, nach einer privaten musikalischen Ausbildung bei GMD Richard Richter. Schreibt einen von der gehobenen Unterhaltungs- und Tanzmusik geprägten Stil. Von großer Popularität waren seine „Winnetou"-Musiken. Schwerpunkt liegt heute sehr stark bei der Arbeit für das Fernsehen.

Adresse: Martin Böttcher, Via Longhena 3, CH-6900 Lugano

Filmmusiken:
Komponierte etwa 50 Industrie- und Dokumentarfilme (u.a. für Lufthansa, VW, AEG, Krupp), über 100 Werbespots.
Seit 1962 entstanden über 100 Fernsehmusiken, u.a. 18 Folgen der Serie *Sonderdezernat K1*, 20 Folgen *Kara Ben Nemsi Effendi*, 13 Folgen *Es muß nicht immer Kaviar sein*, 24 Filme der Serien *Der Alte* und *Derrick*, die Fernsehserien *Schöne Ferien, Auf der Suche nach der Welt von morgen, Forsthaus Falkenau.*
Die Filmmusiken zu etwa 60 Kinospielfilmen entstanden vor allem in den 50er und 60er Jahren, in Zusammenarbeit mit Regisseuren wie Axel von Ambesser, Helmut Ashley, Wolfgang Becker, Marran Gosov, Werner Jacobs, Günter Lüders, Max Nosseck, Erich Ode, Harald Reinl, Robert Siodmak, Rolf Thiele, Georg Tressler, Alfred Vohrer, Helmut Weiss, Franz Peter Wirth, u.a. Die Zusammenarbeit mit Alfred Vohrer und Harald Reinl ist dabei besonders hervorzuheben.
Auswahl von Filmen:
1956: *Die Halbstarken* (Tressler)
1958: *Schmutziger Engel* (Vohrer), *Endstation Liebe* (Tressler)
1961: *Der Fälscher von London* (Reinl)
1962: *Der Schatz im Silbersee* (Reinl), *Das Gasthaus an der Themse* (Vohrer)
1963: *Winnetou Teil I* (Reinl)
1964: *Winnetou Teil II* (Reinl), *Unter Geiern* (Vohrer), *Der Schut* (Siodmak)
1965: *Winnetou Teil III* (Reinl), *Old Surehand* (Vohrer)
1966: *Winnetou und das Halbblut Apanatschi* (Philip)
1968: *Bengelchen liebt kreuz und quer* (Gosov)
1972: *Willi wird das Kind schon schaukeln* (Jacobs)

Discographie:
Von Martin Böttcher erschienen 25 LP's (zum Teil mit Auflagen über 250.000 Expl.). Auswahl: *Old Surehand* (Polydor 1966, 249083), *Der Ölprinz* (Polydor 1965, 2370494), *Der Schatz im Silbersee* (Polydor 1963, 46838), *Der Schut* (Oceanwide 1983, OCW 8303), *Schöne Ferien* (Telefunken 1984, 6 26109), *Sonderdezernat K1* (Telefunken 1979, 623971), *Der Trotzkopf* (Teldec 1983, 6.25468 1).

Bondy, Arpad – (*2.4.1947 in Goslar). Studierte von 1967–1970 an der Münchner Hochschule für Fernsehen und Film, schreibt seit 1969 Filmmusiken, ab 1971 Produzent von Dokumentarfilmen, hat seit 1981 eine Musikproduktion *Cine Music* in London.

Adresse: Arpad Bondy, Ainmillerstr. 33, 8000 München 40
Hessenallee 11, 1000 Berlin 19

Filmmusiken:
Komponiert schwerpunktmäßig Fernsehmusiken.
1981: *Vom Überstehen der Stürme* (Detlef Gumm)
1983: *Drei Wochen Nordost* (Detlef Gumm)

Brandner, Ernst – (*4.7.1921 in Eibenberg bei Graslitz). Wurde sehr früh auf den Instrumenten Violine, Klarinette, Saxophon, Xylophon sowie in Musiktheorie ausgebildet; Konzertreisen als Kind durch ganz Europa). Übersiedelte 1947 nach München: 1. Saxophonist im Tanzorchester Ernst Jäger, ab 1952 freischaffender Komponist. Schreibt neben Filmmusiken und Schlagern vor allem gehobene Unterhaltungsmusik für große Orchesterbesetzungen auf einer soliden handwerklichen Basis.

Adresse: Ernst Brandner, Scharnitzer Str. 34, 8032 Gräfelfing

---

Kompositionen:
Neben Schlagern wie *Sailors Boogie, E.B. Mambo, Kleine Fischerhütte in Lugano* (80.000 verkaufte Platten in den 50er Jahren), *Wer war denn die Dame?* schrieb er ein Kinder-Musical *Kater Felix vor Gericht* (1977) und Werke für Orchester wie z.B. *Samballerina* Samba-Intermezzo (1953), *Die Geschichte eines Clowns* Orchesterballade (1966), *Costa del Sol* Fantasie für Klavier und gr. Orchester (1964), *Slawische Variationen* (1970), *Nostalgia* (1973), *Western-Ballade* Orchesterballade (1974), *Regina fliegt um die Welt* (Kindermusical 1978).

Filmmusiken:
Neben 1.500 Werbefilmen für Fernsehen und Kino, sowie vielen Fernsehmusiken (Fernsehserie *Blut und Ehre, Tatort*-Krimis, die 26teilige Serie *Waldheimat* nach Peter Rosegger, den Dreiteiler *Christoph Columbus* u.a.) komponierte Ernst Brandner auch einige Kinospielfilme (z.B. fünf Ganghofer-Neuverfilmungen und Märchenfilme).
Sein gewichtigster Beitrag bildet die Musik zu *Carlos* von Hans W. Geissendörfer (1971), die in der Mischung von Orchesterbesetzung, mexikanischen Elementen und vor allem der Glasharfe (gespielt von Bruno Hoffmann) zu den hervorragenden Filmmusiken gehört.

Discographie:
Blut und Ehre (Celine 1980 CL 0018), *Carlos* (Celine CL 022), *Christoph Columbus* (Condor CDR 831105), *Waldheimat* (CCM 013021)

Brauer, Andi – (*25.8.1945 in Berlin). Unterricht in Violine, Klavier und Gesang. 1966 - 1969 Studium an der Hochschule der Künste in Berlin. 1969 - 1971 Nachwuchssänger Deutsche Oper Berlin. Gründete 1971 die Politrockgruppe *Lokomotive Kreuzberg*. Das kompositorische Schaffen Andi Brauers ist immer gesellschaftspolitisch engagiert. Gewann 1983 den 1. Preis beim Chansonfestival Sotschi (UdSSR). Gelegentliche Auftritte als Liedermacher sowie verschiedene journalistische Tätigkeiten. Zahlreiche Theatermusiken.

Adresse: Andi Brauer, Goethestr. 46/III, 1000 Berlin 12

Kompositionen:
Stilistische Bandbreite von Klassik bis Jazz, Rock Folklore und Elektronik. Lieder und Musiken für die Gruppe *Lokomotive Kreuzberg*, u.a.: Rockmusical *Countdown* (1976), *Stadt-*

lieder (1980), *Berlin-Blues* (1983), *Gaukler des Olymp* (Pantomimenmusik, 1985).

Filmmusiken:
Komponierte etwa 40 Musiken zu Dokumentar- und Spielfilmen von Claudia Aleman, Heide Breitel, Usch Barthelmeß, Johann Feindt, Werner Meyer, Hans-Rüdiger Minow, Helga Reidemeister, Manfred Stelzer, Ula Stöckl, Klaus Volkenborn, Christian Ziewer; Kinderfernsehserien u. a.
1974: *Schneeglöckchen blühen im September* (Ziewer)
1978: *Die Anstalt* (Minow)
1980: *Die Kinder aus Nr. 67* (Barthelmeß/Meyer)
1981: *Die Perle der Karibik* (Stelzer)
1983: *Mit starrem Blick aufs Geld* (Reidemeister)
1986: *Borgward's Erben* (J. Feindt)
1987: *Drehort Berlin* (H. Reidemeister)
1988: *Nachtjäger* (J. Feindt)

Christian Bruhn – (*17.10.1934 in Wentorf b. Hamburg) Musikstudium, seit 1958 als Komponist und Musik-Produzent tätig. – 1962 und 1964 Gewinner der Deutschen Schlagerfestspiele, anschl. mehrere zweite und dritte Plätze, 1970 deutscher Beitrag Eurovision, div. Auszeichnungen, Goldene Schallplatten etc.

Adresse: Christian Bruhn, Postfach 71 02 05, Irmgardstraße 11, 8000 München 71

Kompositionen:
Schlager, Film- und Fernsehmusik, Werbung, Lieder-Zyklen, Instrumentalmusik.

Filmmusiken:
In den 60er Jahren einige Filmmusiken für Unterhaltungsfilme. Seit den 70er Jahren Musik für Fernsehproduktionen: *Timm Thaler; Die rote Zora; Silas; Jack Holborn; Sindbad; Captain Future; Manni, der Libero; Heidi; Nesthäkchen; Die Orgel; Alice im Wunderland; Patrik Pacard; Oliver Maas; Hans im Glück; Die Wicherts von nebenan;* u. a.

Discographie:
Die meisten der o. g. Serien-Musiken sind als Soundtrack erschienen. Ansonsten Tausende von Schlagerplatten und viele Kinder-Alben.

C

Czybulka, Uwe – (*21.5.1942 in München). Studierte in München theoretische Physik, ist als Patentanwalt tätig. Spielt zum Hobby Gitarre, jazzorientiert. Die Musik zu Stenzels *Rrose* entstand improvisatorisch (siehe auch das Porträt von Hans-Christof Stenzel in Kapitel VIII).

Adresse: Uwe Czybulka, Hans-Sachs-Str. 5, 8000 München 5

Filmmusiken:
Neben einem Kurzfilm für einen Absolventen der Münchner Filmhochschule die Musik zum Film *C'est la vie Rrose* (Stenzel), der 1977 einen Filmpreis für beste Musikdramaturgie erhielt.

D

Dauner, Wolfgang – (*30.12.1935 in Stuttgart). Studierte ab 1956 an der Musikhochschule Stuttgart Klavier und Trompete, gründete 1963 das Dauner-Trio und begann damit seine lange Reihe von Jazzschallplatten. 1969 Leiter der Radio Jazz Group Stuttgart. 1976 Mitbegründer des *United Jazz & Rock Ensembles.* 1977 Mitbegründer des Schallplattenlabels Mood Records.

Adresse: Wolfgang Dauner, Filderstr. 34, 7000 Stuttgart 1

Kompositionen:
Wolfgang Dauner komponiert vorwiegend jazzbeeinflußte Musik, die aber stilistisch äußerst vielseitig ist und sich der Sprachmittel der abendländischen Kunstmusik souverän bedient. Hervorzuheben unter den zahlreichen Kompositionen sind die Oper *Urschrei* (1976), *Trans Tanz.* Symphonie für Posaune, Klavier und Orchester (1985), sowie seine LP *Wolfgang Dauner Piano Solo* (1983).

Filmmusiken:
Mitarbeit bei Vorschulprogrammen wie z.B. *Sendung mit der Maus* oder *Glotzmusik* (1974). Schrieb die Neuvertonung von Murnaus *Faust*. Spielfilme:
1978: *Grandison* (Achim Kurz)
1980: *Rosi und die große Stadt* (Gloria Behrens)

Discographie:
Erschienen sind von Wolfgang Dauner keine Filmmusiken, jedoch über 35 Jazzplatten:
1962: *Jazz Studio Nr. 1*
1964: *Piano mal vier, Dream Talk*
1967: *Free Action*
1968: *Sunday Walk, Psalmus Spei*
1969: *German Allstars: Live at the Domicile, Für ..., Beobachtungen, Rischkas Soul*
1970: *Output, Music Zounds, The Oimels, Et Cetera*
1971: *German Allstars: Live at the Domicile 1971, Pianology*
1972: *Knirsch, This is Wolfgang Dauner*
1973: *Et Cetera Live*
1974: *Kunstkopfindianer*
1975: *Free Sound and Super Brass*
1976: *Das Auto Blubberbumm*
1977: *United J & R Ensemble: Live im Schützenhaus*
1978: *United J & R Ensemble: Teamwork, Wolfgang Dauner solo*
1979: *United J & R Ensemble: The Break Even Point*
1980: *Dauner, Kolbe, Illenberger*
1981: *United J & R Ensemble: Live in Berlin*
1982: *Dauner, Mangelsdorff: Two is Company*
1983: *Wolfgang Dauner Solo Piano, United J & R Ensemble: Sampler*
1984: *United J & R Ensemble: Live Opus 6*

1985: *Dauner, Kolbe, Illenberger: Second Step, United J & R Ensemble 10 Jahre, Dauner, Mangelsdorff, Jones: Hot Hut.*

Deubel, Claus – (*30.7.1951 in Mannheim). Kurze musiktheoretische Ausbildung in Musikschule Mannheim, 1965–1975 als Gitarrist in verschiedenen Rockgruppen, seit 1976 freiberuflich als Kameramann tätig.

Adresse: Claus Deubel, Kleiststr. 35, 1000 Berlin 30

Filmmusiken:

Schreibt nebenberuflich Musiken zu Filmen, die er auch als Kameramann gedreht hat. Seit 1976 etwa 15 Kinderspielfilme für das Fernsehen.

1982: *Eine Firma für die Ewigkeit* (Rolf Gmöhling), zusammen mit dem Ko-Komponisten Paul Esslinger.

Diernhammer, Carlos – (*31.7.1931 in Buenos Aires). Studierte am Trapp'schen Konservatorium München, 1952–1957 Pianist bei Freddy Brocksieper, 1957–1961 Pianist und Arrangeur bei Max Greger, dann freischaffender Komponist und Arrangeur. Schrieb unter dem Pseudonym Peter Covent die Musik zu 35 LP's, unter dem Pseudonym Sid Sidney zu etwa 10 weiteren LP's, jeweils Tanz- und Unterhaltungsmusik.

Adresse: Carlos Diernhammer, lebt in 8031 Wessling

Filmmusik:

Schrieb die Musiken zu mehreren Fernseh- und Kinofilmen.

1967: *Kopfstand, Madam!* (Christian Rischert)

Doldinger, Klaus – (*12.5.1936 in Berlin). Aufgewachsen in Wien und Düsseldorf. Studierte am Robert-Schumann-Konservatorium Düsseldorf Klavier, Klarinette, Tontechnik. Seit 1952 Mitwirkung in verschiedenen Bands. 1958–1963 Studium der Musikwissenschaft und der Tontechnik. Auslandstourneen mit seinem „Klaus Doldinger Quartett", Musiken für Theater, Plattenproduktionen mit verschiedenen populären Musikern (Volker Kriegel, Katja Epstein, Suzanne Doucet), u.a. auch unter dem Pseudonym Paul Nero, sowie der Beginn seiner filmmusikalischen Tätigkeit bestimmten die 60er Jahre. 1968 wohnhaft in Icking bei München, 1978 eigenes *Sound Port Tonstudio*. Absolvierte von 1961–1985 etwa 1000 Auftritte mit eigenen Kompositionen, deren Gesamtzahl etwa 2000 beträgt. Mit zahlreichen Preisen ausgezeichnet.
Stilistisch bewegt sich Klaus Doldinger vom Jazz ausgehend in sämtliche musikalischen Bereiche bis hin zur Komposition für großes Symphonieorchester (z.B. bei der Filmmusik zu *Unendliche Geschichte* oder *Das Boot*); er komponierte z.B. auch ein *Jazz-Concertino für Quartett und Sinfonieorchester* (1968).

Adresse: Klaus Doldinger, Ulrichstr. 64, 8021 Icking

Filmmusiken:

Schrieb Musiken zu bisher 77 TV-Filmen, 17 Kinofilmen, 11 TV-Serien, über 2000 Commercials. Seine Filmarbeit begann Klaus Doldinger mit einem Zeichentrickfilm, dann mit Dokumentar-, Industrie- und Werbefilmen (VW, Bundesbahn, Lufthansa u. a.). Die Liste der Namen jener Spielfilmregisseure, mit denen Klaus Doldinger zusammenarbeitete, ist nicht nur lang, sondern auch gutklingend: man findet Peter Adam, Hark Bohm, Alf Brustellin, Hans W. Geissendörfer, Hartmut Griesmayr, Frank Guthke, Reinhard Hauff, Eberhard Itzenplitz, Klaus Lemke, Wolfgang Petersen, Michael Pfleghar, Manfred Purzer, Volker Schlöndorff, Wolfgang Staudte, Rolf von Sydow, Tom Toelle, Will Tremper, Georg Tressler, Margarethe von Trotta, Michael Verhoeven, Herbert Vesely, Alfred Weidenmann, Peter Zadek u. a.

Auswahl von Kinospielfilmen:
1966: *Playgirl* (Tremper)
1968: *Negresco**** – Eine tödliche Affäre* (Lemke)
1970: *Der plötzliche Reichtum der armen Leute von Kombach* (Schlöndorff)
1973: *Einer von uns beiden* (Petersen)
1975: *Das Netz* (Purzer)
1977: *Der Hauptdarsteller* (Hauff), *Das zweite Erwachen der Christa Klages* (von Trotta)
1978: *Moritz, lieber Moritz* (Bohm)
1979: *Der Sturz* (Brustellin)
1981: *Das Boot* (Petersen)
1982: *Wie hätten Sie's denn gern?* (von Sydow)
1983: *Die wilden Fünfziger* (Zadek)
1984: *Die unendliche Geschichte* (Petersen)
1987: *Z. B. ... Otto Spalt* (R. Perraudin)
1988: *Ich und Er* (Doris Dörrie)

Discographie:
Die über 40 LP's von Klaus Doldingers Jazzaufnahmen sind hier nicht berücksichtigt. Verwiesen sei auf die Auszeichnungen seiner Schallplatten:
1976 Deutscher Schallplattenpreis für *Passport*
1981 Deutscher Schallplattenpreis für *Passport*
1982 Deutscher Schallplattenpreis für *Das Boot*

An Filmmusiken liegen auf Platte vor:
Negresco (Liberty 1969 LBS 830961), *Das Boot* (1981 WEA 58336), *Unendliche Geschichte* (1984 WEA 250-396-1), *Nonni und Manni* (WEA 244-026-1)

E

Economou, Nicolas – (*11.8.1953 in Zypern). Studierte seit dem 12. Lebensjahr Klavier am Konservatorium in Moskau, nebenbei mit Freunden auch Komposition. Nach der Übersiedlung nach München kurzes Kompositionsstudium bei Wilhelm Killmayer. Gehört zu den international renommierten Konzertpianisten.

Adresse: Nicolas Economou, Lindwurmstr. 15, 8000 München 2

Kompositionen:
Komponiert stilistisch offen und sehr vielseitig. Schrieb z.B. ein Ballett, Klavierzyklen, eine Opera buffa, aber auch etwa 200 Rockmusiksongs.

Filmmusiken:
Nicolas Economou komponiert eigentlich nur für seine Freunde, neben den Spielfilmen bisher eine Klaviermusik zu einem Griffith-Film, Musik zu einer Dokumentation Vadim Glow-

nas über Tschechow, eine Schlußszene für Maximilian Schells „Marlene Dietrich"-Film, ferner für Margarethe von Trotta und Dagmar Hirtz:
1981: *Die bleierne Zeit* (Trotta)
1982: *Heller Wahn* (Trotta)
1984: *Unerreichbare Nähe* (Hirtz)
1986: *Rosa von Luxemburg* (Trotta)

Eliscu, Robert – (*1.9.1944 in Georgia/USA). Studierte in New York und Berlin Oboe und Musikwissenschaft. Wurde 1968 erster Oboist bei den Münchner Philharmonikern, Oboist im Münchner Bachorchester bei Karl Richter. Prägend war seine Mitarbeit in der Improvisationsgruppe *Between* (mit Peter Michael Hamel, Roberto Detrée u.a.), wodurch auch wichtige Kontakte zu indischen und amerikanischen Improvisationsmusikern (z.B. zu Don Cherry) entstanden sind. Arbeitete über die Gruppe *Between* auch bei 16 WDR-Sendungen mit Carl Orff zusammen. Das Komponieren entwuchs aus dem Improvisieren. Experimentiert seit seiner Übersiedlung nach Holland (holländischer Rundfunk) auch mit elektronischer Musik.

Adresse: Robert Eliscu, Luitgardenweg 24, Hilversum/Niederlande

Filmmusiken:
1975: *Hauptlehrer Hofer* (Peter Lilienthal)
1978: Die Frau gegenüber (Hans Noever)

Discographie:
Robert Eliscus Improvisationen sind u.a. auf folgenden LP's von *Between* zu hören: *And the Waters opened* (Vertigo 6360612), *Dharana* (Vertigo 6360619), *Contemplation* (Wergo Spectrum WER-SM 1012).

Enxing, Vridolin – (*1950 in Beckum). Spielte früh Klavier, Orgel, Cello. 1969 - 1974 Musikstudium an Musikhochschule Köln. Seit 1974 Komponist beim Rockkabarett *Floh de Cologne*. Seit 1983 „Visionaten und Sehlieder", Solotourneen. Zusammenarbeit (u. a. im Kompositionsstudio F.L.O.H., gegr. mit Dick Städtler) mit Dieter Süverkrüp, Akbar Behkalam, Stefan Nast-Kolb und mehreren Theaterregisseuren.

Adresse: Vridolin Enxing, Ringstr. 20, 8918 Dießen

Filmmusiken:
Komponierte neben TV-Serien (*Dreizack*/WDR und *Anna*/WDR) die Musik zu Rolf Schübels *Aufsteigersaga* und *Das Betriebsjubiläum*, zu Tom Toelles *Mann von Gestern*, Loretta Waltz's *Maria Fensky* u. a.

Discographie:
LP's der Gruppe *Floh de Cologne* wie z. B. *Mumien* (1974), *Tilt* (1975), *Prima Freiheit* (1978), *Koslowsky* (1980), *Faaterland* (1983)

Evers, Jörg – (*21.6.1950 in Bayreuth). Spielte während seiner Schulzeit an einem musischen Gymnasium Violine, Gitarre, Bass, aber seit 1964 auch schon in verschiedenen Beatbands. Architekturstudium, seit 1970 für einige Zeit auch Studium am Konservatorium in München. Spielte in verschiedenen Gruppen mit (z.B. *Embryo, Amon Düül II, 18 Karat Gold, Pack*) sowie als Studiomusiker. Produziert seit Ende der 70er Jahre auch Gruppen und deren Schallplatten (z.B. die New Wave-Band *Bundesverwaltungsorchester.*).

Adresse: Jörg Evers, Egerlandstr. 1, 8034 Unterföhring

Kompositionen:
Neben seinen Filmarbeiten, wo er auch für Orchesterbesetzung schreibt, komponiert Jörg Evers vor allem Rock-, Pop- und Discotitel für verschiedene Formationen. Sein Pop-Hit *Boogie-Woogie-Dancin' Shoe* erbrachte z.B. jeweils Platin- und Goldene Schallplatten in Kanada, Mexiko und Japan; Sylvie Varton *Disco Queen* wurde Nr. 1 der französischen Charts, *Lipstique* Nr. 1 der amerikanischen Charts; 1980 erhielt er mit *You make me feel the fire* das Prädikat „Bester Komponist in Japan". 1986 mit *Down and Counting* in Nr. 1 der USA-Charts.

Filmmusiken:
Jörg Evers komponiert vorwiegend für Fernsehproduktionen sowie für Industrie- und Werbefilme (z. B. Mc Donalds). Bei Kinospielfilmen arbeitet er vor allem mit Rüdiger Nüchtern zusammen:
1977: *Anschie und Michael* (Nüchtern)
1978: *Schluchtenflitzer* (Nüchtern)
1982: *Nacht der Wölfe* (Nüchtern)
1983: *Bolero* (Nüchtern)
1985: *Tapetenwechsel* (Zehrau)

Discographie:
Schluchtenflitzer (1979 Carrera 2934109), *Bolero* (Single-Platte RCA PB 69062), *Nacht der Wölfe* (Metronome 00.60.494)

F

Fabich, Rainer – (*14.11.1958 in Steingaden/OB.). Studierte an der Musikhochschule München (Klarinette) und an der Universität München (Magister in Musikwissenschaft mit einer Arbeit über Prokofieffs Musik zu „Iwan der Schreckliche"). Seit 1980 Tätigkeit als Studiomusiker (Saxophon), Arrangeur und Komponist bei Schallplatten-, Rundfunk- und Fernsehproduktionen. Freier Mitarbeiter beim Bayerischen Rundfunk (Schulfunksendungen über Filmmusik, Popmusik u.a.).
Komponierte (mit Norbert Jürgen Schneider) die offiziellen Musiken (Filmmusik, Fanfaren sowie eine Orchester LP bei Teldec) für die Nordischen Ski-Weltmeisterschaften 1987.

Adresse: Rainer Fabich, Herzogstr. 45/610, 8000 München 40

Filmmusiken:
Komponierte Musiken zu etwa 30 Dokumentar-, Kurz- und Spielfilmen.
1985: *Kinder aus Stein* (Volker Maria Arend), *Tzimi* (Robert Hültner)
1987: *Die Nacht des Marders* (Maria Theresia Wagner)
1989: *Hör auf zu heulen, Hermann* (Margret Run)

Discographie:
„Sky Connection" (Musik zur Ski-WM 1987) Teldec 6.26349

Faltermeier, Harold — (*5.10.1952 in München). Studierte an der Musikhochschule München (Trompete und Klavier), nebenbei Ausbildung als Toningenieur. Spezialisierte sich auf hochwertige Studioarrangiertechniken und produzierte u. a. Donna Summer, Melissa Manchester, Glen Frey, Patti La Belle, Jennifer Rush, Blondie, La Toya Jackson, Hanne Haller, Udo Jürgens. Schrieb Arrangements zu dem Film *Midnight Express*, der 1979 einen Oscar erhielt. Erhielt mehrere Preise, wie z. B. 2 Grammys (*Beverly Hills Cop; Top Gun*), Goldene Europa, Bambi '87 für das Gesamtwerk, RSH Gold für das Gesamtwerk, Ampex Golden Reel Award, BMJ-Award, zahlreiche goldene und platine Schallplatten.

Adresse: Harold Faltermeier, Wasserburger Landstr. 6, 8011 Baldham b. München

---

Filmmusiken:
Filmmusiken im deutschen Raum, z. B.
1983: *Didi – Der Doppelgänger* (Reinhard Schwabenitzky);
1985: *Fire and Ice* (Willi Bogner).
Schrieb auch für amerikanische Produktionen wie *Thief of Hearts, Beverly Hills Cop, Fletch, Top Gun, Running Man, Fatal Beauty.*

Discographie:
An Soundtrack-Platten sind erschienen:
Didi – Der Doppelgänger (1984 Ariola 206165), *Beverly Hills Cop* (1984 MCA 251 723), *Fletch* (1984 MCA 6142), *Top Gun, Fletch I und II.*
Solo-LP: Harold F. (1988)

Ferstl, Erich — (*4.5.1934 in München). Stammte aus einer Musikerfamilie und erlernte sehr früh Klavier, Violine sowie Musiktheorie und Kontrapunkt. Studierte an der Musikhochschule München. Begann mit 21 Jahren das Gitarrespiel und entwickelte sich schnell zu einem sehr gefragten Jazz- und Studiomusiker. Spielte daneben auch als Bratscher im Orchester sowie viel zeitgenössische Musik auf der Gitarre. Ebenfalls erfolgreich war sein Duospiel mit Joe Viera (Saxophon/Klavier), auch auf Jazzfestivals. Lernte mit 25 Jahren die „Oberhausener" Filmemacher kennen und bekam hier wichtige Kontakte zum Film. Seit etwa 1965 beschäftigt sich Erich Ferstl grundlegend mit Percussionsinstrumenten, was dazu führte, daß er seit etwa 1980 kaum mehr Filmmusiken komponiert, sondern sich ganzheitlich der Erforschung des Phänomen „Rhythmus" (mit seinen musikalischen und psychologischen Aspekten) widmet.

Adresse: Erich Ferstl, Wattersdorferstr. 8, 8153 Weyarn

Komposition:
Die stilistische Entwicklung verlief kulturgeschichtlich gesehen „rückläufig": vom klassischen Repertoire über Jazz hin zur Einfachheit des rohen Rhythmus. Da die Improvisation stets dominierend war, liegt nur wenig Komponiertes vor, z.B. eine Sonate für Altsaxophon und Klavier, Jazzetüden für Piano solo, ein Konzert für 28 Saxophone und Stücke für Percussion.

Filmmusiken:
Komponierte viele Musiken zu Kurzfilmen sowie zu zahlreichen Fernsehfilmen. Die meisten Musiken überraschen durch ihre rhythmische Sogwirkung und durch seltene Klangfarben (z.B. Verfremdung durch Ausblenden der Einschwingvorgänge u.ä.), was Erich Ferstl 1967 u.a. das Filmband in Gold eingebracht hat. Er arbeitete u.a. mit den Regisseuren Horst Manfred Adloff, Manfred Purzer, Haro Senft und Franz-Josef Spieker.
1967: *Wilder Reiter GmbH* (Spieker), *Der sanfte Lauf* (Senft)
1968: *Mit Eichenlaub und Feigenblatt* (Spieker), *Die goldene Pille* (Adloff)
1978: *Der Mann im Schilf* (Purzer)
1982: *Randale* (Purzer).
Eine verdienstvolle Arbeit war 1981 eine Neuvertonung des russischen Stummfilms *Kain und Artem* (Pavel Petrov-Bytov) von 1929

Fischer, Peter – (*10.9.1929 in Leipzig). Studierte an der Dresdener Akademie für Musik (Komposition und Dirigieren), besuchte dann von 1952–1954 die Kompositionsklasse an der Deutschen Akademie der Künste in Berlin (u.a. bei H. Eisler und R. Dessau). Musikalischer Leiter des Deutschen Theaters Berlin, dann der Münchner Kammerspiele und der Schaubühne Berlin. Schreibt vor allem Bühnen- und Schauspielmusiken.

Adresse: Peter Fischer, Schlüterstr. 34, 1000 Berlin 12

Kompositionen:
Peter Fischer schreibt in einem bewußt von der Tonsprache des 20. Jahrhunderts geprägten Stil, der die Sprache von Eisler und Weill weiterführt und mit populärer Idiomatik verbindet. Sein Werk umfaßt neben etwa 150 Schauspielmusiken, über 200 „Lieder für Schauspieler", Klavierstücke und Orchesterwerke. Er rekonstruierte u.a. fünf Bühnenwerke von Jaques Offenbach (*Orpheus in der Unterwelt, Schöne Helena* u.a.).

Filmmusiken:
Peter Fischer schrieb Musiken für Fernseh- und Spielfilme; u.a.:
1974: *Lohn und Liebe* (Marianne Lüdcke/Ingo Kratisch)
1976: *Sommergäste* (Peter Stein)

Fricke, Florian – (*23.2.1944 in Lindau). Hatte zunächst Unterricht bei Rudolf Hindemith in Furth bei München, studierte dann Klavier an der Musikhochschule Freiburg i.Br. Das Studium wurde abgebrochen, um Zeit für Selbstbesinnung zu haben. Diese führte dann u.a. zur Gründung der Gruppe *Popol Vuh.* Die Musik von Florian Fricke geht von lyrischen Improvisationen mit flächigem Rhythmus aus und hat etwas Magisches an sich. Von 1970 bis 1973 wurden die elektronischen Klänge des Moog-Synthesizers ausgeschöpft, dann wurde bewußt mit akustischen Instrumenten (Orgel, Gitarre, Klavier, Chorstimmen) gearbeitet: *Musik ist für mich im Laufe der Zeit immer mehr zu einer Form des Gebetes geworden, und dazu ist der Moog nicht besonders geeignet.* Seit 1972 arbeitet Florian Fricke als Filmkomponist mit Werner Herzog zusammen.

Adresse: Florian Fricke, Ulmenstr. 10, 8000 München 90

Filmmusik:
Von ein oder zwei Fernsehfilmen abgesehen, arbeitete Florian Fricke bisher nur mit Werner Herzog zusammen:
1972: *Aguirre*
1974: *Die große Ekstase des Bildschnitzers Steiner*
1976: *Herz aus Glas*
1978: *Nosferatu – Phantom der Nacht*
1981: *Fitzcarraldo*
1984: *Grasherbrum, der leuchtende Berg*
1987: *Cobra Verde*

Discographie:
Die Entwicklung der Gruppe Popol Vuh ist anhand ihrer Schallplattenreihe gut zu verfolgen. Diese beginnt 1970 mit *Affenstunde* (Liberty 83460), wird 1972 mit *In den Gärten Pharaos* (BASF-Pilz) fortgesetzt, dann mit *Hosianna Mantra*, den *Seligpreisungen*, *Einsjäger & Siebenjäger*, dem *Hohelied Salomos*, und *Letzte Tage – Letzte Nächte*, *Agape, Agape*, *Spirit of Peace*.
Als Platten zu Herzogs Filmen sind unmittelbar entstanden: *Herz aus Glas* (1977 Brian 0060.079), *Nosferatu* (1978 Brain 0060.167)
CD: *Best of Popol Vuh* (Milan CH 042) und *Cobra Verde* (Milan CH 353)

Froese, Edgar – (*6.6.1944 in Tilsit). Aufgewachsen in Berlin. Erlernte als Autodidakt Komposition, Gitarrenspiel und Umgang mit allen Arten elektronischer Musik. Gründete 1970 die Gruppe *Tangerine Dream*, deren Stil ganz auf der Basis elektronischer Musik entwickelt ist, in die Gitarren- und Baßklänge, später auch Klavier u.a. integriert sind.

Adresse: Edgar Froese, Schwäbische Str. 7, 1000 Berlin 30

Filmmusiken:
Von Edgar Froese bzw. *Tangerine Dream* stammen nur wenige Musiken zu deutschen Filmen. Die Gruppe konnte sich als Soundtrack-Spezialisten im amerikanischen Film heimisch machen, z.B. mit den Musiken zu Scorcerer (1977), Thief (1981), Risky Business (1983), Wavelength (1984), Firestarter (1984), Flashpoint (1984).
1982: Axel Engstfeld, *Von Richtern und anderen Sympathisanten*
George Moorse *Brandmale*
Wolf Gremm *Kamikaze 1989*

Discographie:
Neben den LP's der Gruppe *Tangerine Dream* (von 1970 bis 1984 erschienen 20 Schallplatten) und den Soloalben von Edgar Froese (von 1974 bis 1983 erschienen 7 Schallplatten)

werden hier nur die Soundtrack-LP's angeführt:
Scorcerer (1977 MCA 2277), *Thief* (1981 Victor VIP 6974), *Kamikaze 1989* (1982 Virgin 204864.320), *Flashpoint* (1984 EMI 1A064.240238.1), *Firestarter* (1984 MCA 6131).

G

Goebbels, Heiner – (*17.8.1952 in Neustadt/Wstr.). Wurde früh auf Violoncello und Klavier unterrichtet. 1971 - 1975 Soziologiestudium an der Universität Frankfurt (Diplomarbeit über Fortschrittlichkeit des musikalischen Materials); 1974 - 1979 Musikstudium an der Musikhochschule Frankfurt. 1975 Gründung des Duo *Heiner Goebbels/Alfred Harth*, 1976 Gründung des *Sogenannten Linksradikalen Blasorchesters*. 1978 - 1980 Musikalischer Leiter am Schauspielhaus Frankfurt, dann freischaffender Musiker, Film- und Theater- und Balletkomponist. 1982 Gründung des Avantgarde-Rock-Quartett *Cassiber*.

Adresse: Heiner Goebbels, Kettenhofweg 113, 6000 Frankfurt 1

Kompositionen:
Stilistisch bewegt sich Heiner Goebbels in einer Musik, die gleichermaßen von Free Jazz, Avantgarde, Eisler und Geräuschmusik ausgeht; Improvisation und Collage sind dabei feste Arbeitsmethoden. Tenor der Kompositionen ist ihr gesellschaftskritischer Gehalt. 1984 erhielt das 1. Hörstück *Verkommenes Ufer* (nach Heiner Müller-Texten) bei den Donaueschinger Musiktagen den Karl Scuka-Hörspielpreis. Schrieb viele Bühnenmusiken.

Filmmusiken:
Neben Musiken zu Filminszenierungen, z.B. Die *Familie oder Schroffenstein, Reise in ein verborgenes Leben, Heinrich Penthesilea von Kleist* (Regie jeweils Hans Neuenfels), sowie zu Videoinszenierungen arbeitete Heiner Goebbels vorwiegend mit Regisseuren wie Thomas Giefer, Peter Krieg und Helke Sander zusammen:
1981: *Schah Matt* (Giefer), *Der subjektive Faktor*
1982: *Das Packeis-Syndrom* (Krieg)
1984: *Der Beginn aller Schrecken ist die Liebe* (Sander)
1986: *Das Verschwinden des Ettore Majoranna* (Dubini).

Discographie:
Ausgesprochene Soundtrack-LP's liegen keine vor, jedoch läßt sich die Kompositionsweise Goebbels ebenso auf seinen autonomen Veröffentlichungen erkennen. Eine Auswahl der etwa 20 Platten:
Heiner Goebbels und Alfred Harth: *Hommage/Vier Fäuste für Hanns Eisler* (1976 FMP SAJ 08), *Vom Sprengen des Gartens* (FMP SAJ 20), *Indianer für Morgen* (riskant 4001, 1981), *Frankfurt – Peking* (riskant 4011, 1985, Cassiber: *Perfect worlds* (rec rec London).
Sogenanntes Linksradikales Blasorchester (Trikont-Verlag, US 36, 1976), *Sogenanntes Linksradikales Blasorchester: Mit gelben Birnen* (Trikont-Verlag US 63, 1980).
Heiner Goebbels: *Zwei Hörstücke nach Texten von Heiner Müller* (riskant 4015, 1986) sowie *Der Mann im Fahrstuhl* (ECM 1369).

Glowna, Nikolaus – (*1961 in München). Seit 1966 Instrumentalunterricht, 1981 - 1985 Kompositionsstudium am Berklee College of Music in Boston/USA, daneben Privatstudien am Boston Conservatory. Seit 1986 freischaffender Arrangeur und Komponist.

Adresse: Nikolaus Glowna, Alramstr. 19, 8000 München 70

Filmmusiken:
Neben TV-Serien wie *Büro, Büro* (1988) oder *Ein Fall für Zwei* (1988/89):
1983: *Gesicht aus Marmor* (Amelie Fried)
1986: *Shadow of your smile* (T. Bauermeister)
1988: *Das Jahr der Schildkröte*

Gosov, Marran – (*3.10.1933 in Sofia, Bulgarien). Heißt eigentlich Tzvetan Marangosoff. Als Sohn einer deutschen Mutter und bulgarischen Vaters zweispachig und wechselweise in Dresden/Sofia aufgewachsen. Schrieb Lyrik, Erzählungen, ein Stück und den Roman „Der Gleichgültige" (1959). Nach Gefängnisaufenthalt wegen Republikflucht und Überwerfung mit dem bulg. Schriftstellerverband 1960 nach Deutschland emigriert. Schrieb hier für verschiedene Sendeanstalten Hörspiele und Fernsehspiele. Kontakte mit der Oberhausener Gruppe in München. Nach einer Reihe Kurzfilme fünf Spielfilme als Autor/Regisseur realisiert, (darunter „Engelchen"). In den 70er Jahren Kinderfilme, LPs „Dilettantische Lieder", Konzerte, Videoinstallationen. Ab 1980 Musik für TV und Spielfilme.

Adresse: Marran Gosov, Georgenstr. 53, 8000 München 40

Musik für Kinofilme:
1984: *Horror Vacui* (Rosa von Praunheim)
1985: *Lieber Karl* (Maria Knilli)
1986: *Virus...* (Rosa von Praunheim)
1987: *Die grausame Frau* (Mikesch/Treut)
1988: *Follow me* (Maria Knilli)

Grund, Bert – (*24.1.1921 in Dresden), erhielt seine musikalische Ausbildung 1930–1940 an Musikschule und Konservatorium Dresden. Hatte mit dem Bert Grund-Orchester, dem Bert Grund-Swingtett u.a. nach 1945 großen Erfolg, spielte als erster Musiker am Radio München amerikanisch beeinflußte Unterhaltungsmusik, wurde 1946 Assistent von Theo Mackeben, synchronisierte amerikanische Zeichentrickfilme mit neuer Filmmusik. In den 50er Jahren wurde Bert Grund vielgefragter Komponist von Filmmusiken (z.B. über 15 Filme mit Artur Maria Rabenalt), zunächst für Kino-, dann für Fernsehfilme. Die Statistik zu seinem 65. Geburtstag verzeichnet 170 Spielfilme und über 1000 Fernsehproduktionen. 1956 Dozent am Deutschen Institut für Film und Fernsehen. 1958 Musical Director amerikanischer Fernsehgesellschaften. 1964 Musikalischer Berater im Literarischen Archiv der Deutschen Grammophon Gesellschaft. Daneben entwickelte er eine rege Dirigiertätigkeit auf dem Gebiet der gehobenen Unterhaltungsmusik mit festen Dirigierverpflichtungen (z.B. in Mailand, Stockholm, Hilversum, Hannover). Zu seinen Beschäftigungen gehörte auch die künstlerische Betreuung von Musikverlagen (als Musical Director), z.B. beim Bavaria Sonor Musikverlag GmbH und bei der Edition Intersonora S.A. Gastdozent (Filmmusik) an der Hochschule für Fernsehen und Film München.

Adresse: Bert Grund, Via Collina Azurra 4/App. 23, CH-6902 Lugano-Paradiso

---

Kompositionen:
Komponierte neben Filmmusiken auch Bühnenmusiken, Orchesterwerke der gehobenen Unterhaltungsmusik, geistliche Musik, Ballettmusiken (z.B. *Chassidische Legende*, 1962), Lieder und Chansons (gesungen von Gisela May, Marlene Dietrich u.a.)

Filmmusiken:
Von den zahlreichen Kino- und Fernsehfilmen sind sehr viele in den 50er und 60er Jahren entstanden, was außerhalb des hier verfolgten Zeitraumes liegt. Zu erwähnen sind aber:
1963: *Bekenntnisse eines möblierten Herrn* (Franz-Peter Wirth)
1982: *Eisenhans* (Tankred Dorst)
1985: *„38"* (Wolfgang Glück)

H

Hammerschmid, Hans – (*12.3.1930 in Wien). Studierte in Wien am Konservatorium (Komposition, Klavier, Dirigieren), war dann als Pianist und Arrangeur tätig (von Hans Koller, Attila Zoller bis Stan Getz), dirigierte das Unterhaltungsorchester vieler Sendeanstalten, Shows bei ZDF und ARD, produzierte u.a. Hildegard Knef, Udo Jürgens, Curd Jürgens.

Adresse: Hans Hammerschmid, Waldstr. 15, 8032 Gräfelfing

Kompositionen:
Neben vielen Songs, Schlagern und Instrumentals von Combo bis Bigband auch gehobene Unterhaltungsmusik und größere Werke wie *Wolken* (Jazzsuite), *Yougoslawia-Suite* u.a.

Filmmusiken:
Schrieb vor allem Musiken für Fernsehproduktionen (z.B. die ARD-Serie *Der Glücksritter* oder die ZDF-Serie *Schwarzwaldklinik*).
1973: *Die Reise nach Wien* (Edgar Reitz)

Hampel, Gunter – (*31.8.1937) international berühmter Komponist und Multi-Instrumentalist (Vibraphon, Piano, Flöte, Bassclarinette, Baritonsaxophon). Arbeitet im Bereich des Jazz, Pop, Rock, Klassik (moderne). Seit 30 Jahren auf Tournee um die Welt mit seinem *Coming Age Orchester* (20) der *Galaxie Dream Band* (5) und seinem Sextett *Time Is Now*. Vom *down beat magazine* beim internationalen *Jazz Poll 1978* als weltbester Vibraphonist ausgezeichnet und seitdem unter den ersten 8 der Weltrangliste. Als Komponist und Produzent in der Lage, die außergewöhnlichsten Situationen der Bühnen- und Filmmusik zu realisieren: „Ich kann am erfolgreichsten arbeiten, wenn ich vom Drehbuch ausgehend die

Handlung in Musik umsetzen kann und damit das Bild in den Bereichen ergänze, die der Optik verwehrt sind." Von vielen Filmproduzenten und Choreographen wurde die Musik seiner Schallplatten in Bild und Bewegung umgesetzt oder als Filmmusik verwendet.

Adresse: Gunter Hampel, Philipp-Reis-Str. 10, 3400 Göttingen
211 E11th Street No. 2, New York City 10003

Kompositionen:
Auf über 50 Schallplatten sind die Improvisationen, Arrangements und Kompositionen (von kleinster Besetzung bis zur Mitwirkung vom Symphonieorchester festgehalten. Seit 1950 bewegt sich Gunter Hampel auch auf dem Gebiet des Free Jazz. Von dieser klanglichen Freiheit ausgehend kombiniert er 400 Jahre Musikgeschichte (einschließlich der Einflüsse Schönbergs und Weberns) mit dem spontanen Musizieren des Jazz. Schrieb auch einige Bühnenmusiken.

Filmmusiken:
Schrieb einige Filmmusiken für Gustav Ehmk, z.B.:
1967: *Spur eines Mädchens*
1977: *Feuer um Mitternacht*

Discographie:
Soundtrack-Platten liegen keine vor, es sei aber auf einige der über 35 Jazzplatten von *Birth-Records. The Music of Gunter Hampel* verwiesen:
The 8th of July 1969, Hampel, Braxton, Lee Breuker, McCall, Gorter (Birth 001)
Spirits, Hampel, Lee, Robinson (Birth 007)
Journey to the song within, Galaxie Orchestra (Birth 017)
Freedom of the Universe, Hampel, Lee (Birth 030)
Fresh Heat!, Hampel New York Orchestra (Birth 039)

Henze, Hans Werner – (*1.7.1926 in Gütersloh). Studierte nach 1946; bei Wolfgang Fortner und René Leibowitz, kehrte früher als andere Avantgardekomponisten der 50er Jahre sich von den Dogmen der seriellen und dodekaphonen Musik ab, orientierte sein Schaffen politisch, und wurde zum großen und erfolgreichen Außenseiter der deutschen Nachkriegskomponisten. Tätigkeiten waren u.a.: 1950 Leiter des Balletts am Staatstheater Wiesbaden, 1962/67 Meisterklasse für Komposition am Mozarteum Salzburg, 1969/70 Lehrtätigkeit in Havanna/Kuba, 1980 Professur an der Musikhochschule Köln für Komposition. Lebt seit 1953 in Italien und erhielt 1971 den Ehrendoktor der Universität Edinburgh. Erhielt etwa ein Dutzend internationaler Kunstpreise.

Adresse: Prof. Dr. Hans Werner Henze, c/o Helen Grob, Hegibachstr. 58,
CH-8032 Zürich

Kompositionen:
Zur genauen Übersicht über das Schaffen sei auf das Riemann-Musiklexikon verwiesen. Hans Werner Henze schrieb u.a. mehrere Opern *(König Hirsch, Elegie für junge Liebende, Der junge Lord, Die Bassariden),* weitere Ballette, Funkopern, 7 Sinfonien, Solokonzerte, Kammermusikwerke, 16 Vokalwerke und 10 Chorwerke.

Filmmusiken:
1963: *Muriel* (Alain Resnais)
1966: *Der junge Törless* (Volker Schlöndorff)
1975: *Verlorene Ehre der Katharina Blum* (Schlöndorff)
1978: *Taugenichts* (Bernhard Sinkel)
1983: *Eine Liebe von Swann* (Volker Schlöndorff)

Discographie:
Muriel (Milan A 248), *Katharina Blum* und *Liebe von Swann* (Varese STV 81224)

Hesslein, Peter – (*26.1.1947 in Hamburg). War drei Jahre als Berufsmusiker tätig, studierte 2 Jahre am Konservatorium Hamburg, dann 3 Jahre an der Hochschule für Gestaltung (Kunst). Arbeitet als Studiogitarrist (u.a. bei mehreren Plattenproduktionen mit James Last, Les Humphries).

Adresse: Peter Hesslein, Sachsenweg 13, 2000 Hamburg 61

Kompositionen:
Schreibt hauptsächlich Arrangements und Songs.

Filmmusiken:
Schreibt gelegentlich für den Film.
1974: *Supermarkt* (Roland Klick)

Heymann, Birger – (*7.5.1943 in Berlin). Studierte Musik am Konservatorium in Berlin. Arbeitet vor allem für Kinder und Jugendliche (vertonte z.B. 25 Stücke des Berliner Gripstheaters; publizierte 50 Kinderlieder), schreibt Hörspielmusiken und Fernsehmusiken.

Adresse: Birger Heymann, Flensburger Str. 31, 2251 Högel

Filmmusiken:
1977: *Mensch Mutter* (Peter Wehage), *Die Farbe des Himmels* (Thomas Hartwich)
1983: *Alte Gauner* (Peter Schamoni), *Die Rückkehr der weißen Götter* (Eberhard Itzenplitz)
1987: *Linie 1* (R. Hauff)

Hüngsberg, Gottfried – (*1948 in Tutzing). Spielte in Fassbinders anti-theater der ausgehenden 60er Jahre mit. Befaßte sich schon 1976 mit elektronischer Musik und Synthesizer. Schrieb Musiken für das anti-theater, für Hörspiele, Filme. Machte elektronische Environnements für Kunstausstellungen, war Tonmeister in mehreren frühen Fassbinder-Filmen. Beendete Mitte der 70er Jahre seine Arbeiten für den Film. Hat heute ein Entwicklungslabor für Integrierte Schaltkreise industrieller Computerelektronik in München.

Adresse: Gottfried Hüngsberg, Sendlinger Str. 42, 8000 München 2

Filmmusiken:
Hat zu einigen der frühen Musiken von Peer Raben elektronische Teile beigesteuert. Namentlich ausgewiesen als Komponist ist Gottfried Hüngsberg in:

1973: *Welt am Draht* (R.W. Fassbinder)
1975: *Schatten der Engel* (Daniel Schmid)

Hummel, Franz – (*1939 in Schwabmünchen). Begann als Wunderkind auf dem Klavier, studierte u.a. bei Elly Ney und unternahm Konzertreisen durch ganz Europa. Bis 1975 spielte er 58 Langspielplatten mit Klavierrepertoire von Klassik bis zur Moderne ein. Danach beendete er das Konzertieren und verlegte sein Interesse ganz auf das Komponieren, dessen Stilistik und Ästhetik er radikalisierte und (ausgehend von der Esoterik des Spätwerks Beethovens) subjektivierte. Abseits von Schulen und dogmatischen Richtungen entwickelte er eine ausdrucksstarke Musiksprache, die sich zwischen den Extremen von höchster Einfachheit und kompromißloser Komplexität bewegt. Seine Filmmusiken sah er als Auftragswerke an, die mit seiner Kompositionsästhetik nichts zu tun haben.

Adresse: Franz Hummel, Postfach 108, 8422 Riedenburg

Kompositionen:
Von seinen etwa 200 Werken läßt Franz Hummel nur die nach 1975 entstandenen gelten. Dieses Werkverzeichnis umfaßt u.a.: Fünf Sinfonien (die *5. Sinfonie,* 1983, für Blechbläser und Sprecher nach Worten von Pasolini), *Große Arie für Stimme und Schlagzeug* (1977), das *1. Streichquartett* (1981), das *Unendliche Klavierstück* (1981–?), *Sonate für Violine solo* (1981), *Der letzte Gesang* (1981). Franz Hummel schrieb außerdem acht Tanztheatermusiken und vier Opern: *Sallad* (1983), Parodie auf die Idiotenserie „Dallas" (UA in Zagreb); *König Ubu* (1984) (UA in Salzburg), *Blaubart* (1984) (UA in Frankfurt a. M.), *Luzifer* (UA 1987 in Ulm)

Filmmusiken:
Komponierte zwischen 1975 und 1980 eine Reihe von Musiken zu Fernsehfilmen und Kinofilmen.
1974: *Meine Sorgen möcht' ich haben* (Wolf Gremm)
1977: *Kreutzer* (Klaus Emmerich)

Discographie:
Soundtrack-Platten von Franz Hummel gibt es keine. Über seinen Stil kann man sich informieren bei: *Franz Hummel: 1. Sonate für Violine Solo / 1. Streichquartett* (col legno BM 30 SL 6.5500), *Blaubart. Oper von Franz Hummel* (col legno LC 4033)

I

Illin, Eugen – (*2.11.1924 in CSSR, +12.3.1985 Zurzach). Studierte am Konservatorium und an der Musikhochschule Prag bis 1952, dann freischaffender Komponist für Film, Rundfunk, Fernsehen und Theater. Lebte seit 1968 in der Schweiz.

Kompositionen:
Eugen Illin schrieb 3 Musicals, Jazz, Pop und Blasmusik; u.a.: *Konzert für Orchester* (1957), *Concertino für Swing-Horn und gr. Orchester* (1978), *Ketten* (1981) für sinfonisches Blasorchester. Mehrere Bühnenmusiken.

Filmmusiken:
Nach 30 Filmen in der CSSR entstanden über 70 Fernsehproduktionen in Deutschland (auch Fernsehserien) sowie Trickfilmmusiken. An Spielfilmen ist hervorzuheben:
1971: *Jaider – der einsame Jäger* (Volker Vogeler)
1978: *Zwischengleis* (Wolfgang Staudte)

J

Jansen, Pierre – (*28.2.1930 in Roubaix). Studierte am Conservatoire Royal de Musique in Brüssel, ab 1953 auch bei den Darmstädter Ferienkursen für Neue Musik. Vielseitige Musikalische Tätigkeiten. Filmkomponist des französischen Cinéma des auteurs.

Kompositionen:
Suite concertante für Klavier und 14 Instrumente (1958), *Concert audio-visuel* (1960), *Un voile qui s'illumine de soi* für Streicher (1970), *Sphène* für 5 Harfen (1971).

Filmmusiken:
Pierre Jansen arbeitete seit 1960 vor allem mit Claude Chabrol zusammen, u.a. bei den Filmen Les bonnes femmes (1960), Les godelureaux (1960), L'oeil de malin (1961, Ophélia (1962), Landru (1962), Marie Chantal contre le Docteur Kha (1965), Le scandale (1966), Les biches (1967), La femme infidèle (1968), Que la fête meure (1969), Le boucher (1969), La rupture (1970), Juste avant la nuit (1970), La decade prodigieuse (1971).
Im deutschen Film hat er die Musik geschrieben zu:
1974: *Zum Abschied Chrysanthemen* (Florian Furtwängler)

Jarre, Maurice – (*13.9.1924 in Lyon). Studierte am Conservatoire Nationale de Paris, dann Schauspielkomponist bei der Truppe Jean Louis Barrault-Madeleine Renaud, ab 1950 beim *Théatre National Populaire.* Schreibt seit 1952 Filmmusiken.

Kompositionen:
Maurice Jarre gehört zu den großen internationalen Filmkomponisten. Er schrieb nebenher aber auch Orchesterwerke, Bühnenmusiken und Ballette wie z.B. *Masques de femmes* (1951), *Armida* (1953), *Maldoror* (1962), *Notre Dame de Paris* (1965).

Filmmusiken:
Maurice Jarre wurde weltweit populär durch Filmmusiken wie *The longest day* (1962), *Lawrence of Arabia* (1962), *Doctor Zhivago* (1966), *La caduta degli dei* (1970).
Im deutschen Film schrieb er Filmmusiken zu:
1979: *Die Blechtrommel* (Volker Schlöndorff)
1981: *Die Fälschung* (Schlöndorff)
1985: *Enemy Mine* (Wolfgang Petersen)

Discographie:
Die Blechtrommel (1979, Celine CL 0006), *Die Fälschung* (1981, WEA 58401)

Jones, Brian – (*28.2.1942 in Cheltenham, +3.7.1969 in Hartford). Wurde bekannt als Rhythmusgitarrist der englischen Rockgruppe *Rolling Stones,* wo er neben Mick Jagger die Identifikationsfigur der Gruppe wurde.

Filmmusik:
Brian Jones schrieb die Filmmusik zu Volker Schlöndorffs *Mord und Totschlag* (1967), wo seine Freundin Anita Pallenberg als Darstellerin mitwirkte.

K

Kalman, Charles – (*17.11.1929 in Wien). Sohn des Operettenkomponisten Emmerich Kalmans. Emigrierte mit 9 Jahren über die Schweiz und Paris in die USA, wo er seine musikalische Ausbildung erhielt: Riverdale Country School of Music in New York, Columbia-University und Conservatoire National de Paris. Wurde stark von Hollywoodfilmen und Broadway Musicals geprägt. Lebt als freischaffender Komponist und Pianist.

Adresse: Charles Kalman, Maximilianstr. 56, 8000 München 22

Kompositionen:
Charles Kalman schrieb u.a. 6 Musicals (z.B. *Rendevouz mit dem Leben,* 1964–67 oder *Wir reisen um die Welt,* 1955, 4 Hörspiele, über 100 Chansons (für Interpreten wie Evelyn Künneke, Margot Werner, Harald Juhnke, Lisa Fitz u.a.) sowie gehobene Unterhaltungs- bzw. sinfonische Musik (z.B. *Globetrotter-Suite, Nostalgie* für Streicher und Harfe, *Konzert h-moll für Klavier und Orchester, Hudson-Concerto*).

Filmmusiken:
Arbeitete neben Fernsehfilmen mit Jo Roszak *(Träume und Zeugnisse der Zeit)*, Georg Marischka *(Gelegenheitskauf)* u. a. vor allem mit Wolf Gremm zusammen:
1980: *Fabian*
1981: *Kein Reihenhaus für Robin Hood*
1982: *Nach Mitternacht*
1983: *Hinter der Tür*
1984: *Sigi der Straßenfeger*
1987: *Kies*

Discographie:
Fabian (1980, Carrere 2934.120), *Globetrotter-Suite* (MPS 15175)

Kilar, Wojciech – (*17.7.1932 in Lwow/Lemberg). Studierte von 1950–1955 in Kattowitz Komposition und Musiktheorie. Trat seit 1953 als Pianist vorwiegend mit eigenen Werken auf. 1957 Teilnehmer der Ferienkurse für Neue Musik Darmstadt; 1959/1960 Stipendiat der französischen Regierung in Paris. Erhielt mehrere Preise.

Kompositionen:
Mehrere Bühnenmusiken, Orchesterwerke (z.B. *Concerto für Flöte und Orchester* (1953), *Springfield Sonnet* 1965), Kammermusik, Klavierwerke, Lieder mit Instrumenten oder Klavier, Chorwerke.

Filmmusiken:
Im deutschen Film schrieb Kilar die Musik zu: *David* (1979) von Peter Lilienthal.

Klocke, Piet – (*20.12.1953 in Köln). Spielt seit dem 12. Lebensjahr Klavier und Gitarre. Nach dem Abitur für zwei Jahre als Sänger und Instrumentalist in verschiedenen Soul-Gruppen in Amsterdam. 1974 Lyrikband *irre bis wolkig* (dumont-Verlag). 1974–1978 Pop-Kabarett *kamikaze orkester.* 1979–1982 Schauspieler an den Städtischen Bühnen der Stadt Essen. Auch Darsteller bei Fernsehproduktionen (z. B. in der ARD-Jugendserie *Wild am Sonntag*). Kabarett „Agentur Abendangst" seit 1987.

Adresse: Piet Klocke, Franziskastr. 57, 4300 Essen 1

Kompositionen:
Schreibt in einem Stil, der auf der Basis von Rockmusik sich bis hin zum Orchestersatz erstreckt. Songs und Kabaretts.

Filmmusiken:
TV-Produktionen und Kino-Filme, u. a.:
1981: *Bananenpaul* (Claus)
1983: *Die Nacht und ihr Preis* (Claus)
1984: *Hur und Heilig (Cornelia Schlingmann)*
1985: *585 Kilohertz*
1987: *Peng! Du bist tot!* (A. Winkelmann), *Nur für mich* (B. Woernle)
1988: *Monopoly* (H. Schier)
1989: *Der Leibwächter* (A. Winkelmann), *Der Mann mit den Bäumen* (W. Kübny)

Discographie:
Soundtrack-Platten liegen keine vor, es sei aber verwiesen auf die LP's:
Gesundes Volksempfinden (1981, Teldec), *O'Lala* (1982, RCA), *The Tanzdiele* (1982 GBD/ Boots), *Sklaven der Liebe* (Ahorn/Metronome 1983), *„Live is a sample – Die leichte und die schwere Welt"* (Eigen-CD)

Knieper, Jürgen – (*14.3.1941 in Karlsruhe). Studierte Mathematik und Musik in Berlin. Seit 1970 freier Komponist für Film-, Fernseh- und Theatermusik. Wurde vor allem durch seine Filmmusiken für Wim Wenders bekannt; erhielt 1975 das Filmband in Gold für die Musik zu dessen *Falsche Bewegung.* Musikalischer Leiter des Theaters *Tribüne* in Berlin.

Adresse: Jürgen Knieper, Walterhöferstr. 3, 1000 Berlin 37

Filmmusiken:
Neben Musiken zu Fernsehproduktionen (bekannt sind hier Hans W. Geissendörfers TV-Serien *Theodor Chindler* sowie *Lindenstraße*) hat Jürgen Knieper eine große Zahl von Kinofilmen vertont, u.a. mit Hartmut Bitomsky, Ulrich Edel, Hans W. Geissendörfer, Ralf Gregan, Michael Fengler, Roland Klick, Klaus Lemke, Helma Sanders-Brahms, W. Werner Schaefer, Wim Wenders. Jürgen Knieper zählt zu den wichtigen Komponisten des Neuen Deutschen Films, dessen Musik durch eine nie aufdringliche Sinnlichkeit auffällt.

Die Filme:
1971: *Die Angst des Tormanns beim Elfmeter* (Wenders)
1972: *Der scharlachrote Buchstabe* (Wenders)
1974: *Output* (Fengler)
1975: *Falsche Bewegung* (Wenders)
1976: *Auf Biegen und Brechen* (Bitomsky), *Lieb Vaterland* (Klick)
1977: *Der amerikanische Freund* (Wenders)
1979: *Derby Fieber USA* (Klick), *Kalte Heimat* (Schaefer), *Arabische Nächte* (Lemke)
1980: *Deutschland bleiche Mutter* (Sanders-Brahms)
1981: *Zauberberg* (Geissendörfer), *Christiane F.* (Ulrich Edel), *Alles im Eimer* (Gregan)
1982: *Stand der Dinge* (Wenders)
1983: *Ediths Tagebuch* (Geissendörfer)
1986: *Des Teufels Paradies* (V. Glowna)
1987: *Der Himmel über Berlin* (Wenders)

Discographie:
Zauberberg (Celine CL 0005), *Ediths Tagebuch* (Condor CRD 831101), *Des Teufels Paradies* (Milan CH 034), *Der Himmel über Berlin* (Milan CD 316): *Wim Wenders' Roadmusic* (Milan CH 372)

Köbner, Andreas – (*11.10.1951 in Mannheim). Hatte seit dem 12. Lebensjahr Unterricht (Flöte, Klavier) am Konservatorium Heidelberg. 1970–1974 Studium an der Filmhochschule München, dann Ausbildung am Elektronik-Zentrum München. 1974 - 1979 Arbeiten als Tonmeister und Kameramann, parallel dazu privates Musikstudium. Arbeitet seit etwa 1980 ausschließlich als Filmkomponist.

Adresse: Andreas Köbner, Reutterstr. 84a, 8000 München 21

Kompositionen:
Schreibt neben dem Hauptarbeitsgebiet Filmmusik auch Orchestermusik (z.B. *Sonate für großes Orchester,* 1982), Kammermusik (z.B. *Streichquartett Nr. 1,* 1981/73), Lieder sowie gehobene Unterhaltungsmusik (z.B. *Pinguins Traum* für Klarinette, Trompete, Klavier und Kontrabaß 1980, oder *Clowneske,* 1980/81). Stilistisch bewegt sich Andreas Köbner zwischen seriellen Techniken, Computermusik, freier Tonalität und Unterhaltungsmusik in variablen Mischformen.

Filmmusik:
Schrieb etwa 80 Musiken für Kino- und Fernsehfilme, auch Serien aller Genres (Komödie, Science fiction) *Tatort*-Folgen. An Fernsehfilmen ist hervorzuheben: *Das Ding* (Ulrich Edel), zweiteiliger Film 1979; mehrere Filme mit Wolfgang Panzer, z. B. *Aus heiterem Himmel* (1980), *Matto regiert* (1981), *Point hope* (1982), *Tiger, Löwe, Panther* (D. Graf) (1989).
1978: *Verkaufte Träume* (Gabi Kubach)
1979: *1+1=3* (Heidi Genée)
1980: *Franz – der leise Weg* (Josef Rödl)
1984: *Das leise Gift* (Erwin Keusch), *Das Gespinst* (Ilse Hofmann)
1985: *Drei gegen Drei* (Dominik Graf), *Betrogen* (Harun Farocki)
1986: *Der Flieger* (E. Keusch)
1987: *Die Katze* (D. Graf), *Das Brot des Siegers* (B. Heller)
1988: *Der Fluch* (R. Hüttner)

Landau, Michael – (*27.11.1951 in Essen). 1955 Übersiedlung nach Los Angeles, später nach New York. Seit 1967 wieder in Deutschland wohnhaft. In den USA folgte nach dem Abitur eine Tätigkeit als Regieassistent bei Filmproduktionen, parallel dazu ein Musikstudium. Arbeitet seit 1982 als freischaffender Komponist in der BRD, wo er nach amerikanischem Konzept Soundtracks mit professioneller Koppelung an die Schallplattenindustrie entwerfen möchte.

Adresse: Michael Landau, Gebhardweg 1, 8000 München 60

Kompositionen:
Der Stil der Kompositionen (neben Filmmusik vor allem Rocktitel und Songs) ist von der aktuellen Pop- und Rockrichtung beeinflußt, wobei mit allen modernsten Studiotechniken gearbeitet wird.

Filmmusiken:
Schrieb in den USA Musik zu etwa 20 Fernseh- und Kinofilmen. An deutschen Filmen sind zu nennen:
1982: *Am Ufer der Dämmerung* (Jochen Richter)
1983: *Das Nürnberger Bett* (A.T. Benda/W. Brandes)
1985: *Killing Cars* (Michael Verhoeven)

Discographie:
Killing Cars (1986)

Legrand, Michel – (*24.2.1932 in Paris). Studierte am Conservatoire National de Paris, war dann als Pianist, Arrangeur, Komponist und Bandleader tätig. Arrangierte z.B. auch für Dizzy Gillespie. Wurde durch seine Filmmusiken zu *Lola* (1961) und *La Baie des Anges* (1963) von Jaques Demys bekannt. Schrieb Soundtracks zu den Musikfilmen *Les Parapluies de Cherbourg* (1964) und *Les Demoiselles de Rochefort* (1966). Arbeitete auch für mehrere Hollywood-Produktionen.

Filmmusiken:
Eine Liebe in Deutschland (Andrzej Wajda) 1983

Linstädt, Axel – (*19.8.1947 in Nürnberg). Nach jeweils abgebrochenem Medizinstudium (Würzburg) und Musikstudium (Berlin) konzentrierte er sich ganz auf die musikalische Arbeit mit seiner Band *Improved Sound Limited*, die 1966 den 1. Platz des Wettbewerbs *Meet the Beat* (ausgeschrieben vom Bayerischen Rundfunk) gewann. Die Gruppe interpretierte als Schwerpunkt ihrer Arbeit Musiken für Kino- und Fernsehfilme, sowie Bühnenmusiken. 1976 wurde sie auf Anweisung der Plattenfirma CBS in *Condor* umbenannt. Ab 1974 studierte Axel Linstädt in Erlangen Musikwissenschaft, Kunstgeschichte, Theaterwissenschaft. Seit 1979 ist er Redakteur beim Bayerischen Rundfunk in Nürnberg.

Adresse: Axel Linstädt, Ebenseestr. 2a, 8500 Nürnberg

Kompositionen:
Stilistisch von der Rockmusik ausgehend mit einer Neigung zu sanfter Country Music schrieb Axel Linstädt vor allem Songs und Instrumentals, auf filmmusikalischem Bereich jedoch in weiter Stilistik bis zur größeren Orchesterbesetzung.

Filmmusiken:
Neben Musiken für Kurzfilme entstanden viele Fernsehmusiken; z.B. für die Serien *Der 6. Tag, Krempoli, Hans und Lene, Panoptika, Die Spielschule.* Spielfilme entstanden in Zusammenarbeit mit den Regisseuren Erwin Keusch, Michael Verhoeven, Wim Wenders, u.a.
1969: *Engelchen macht weiter* (Verhoeven), *Der Bettenstudent* (Verhoeven)
1970: *Wer im Glashaus liebt* (Verhoeven), *O.K.* (Verhoeven)
1971: *Der Graben* (Verhoeven)
1976: *Im Lauf der Zeit* (Wenders)
1977: *Das Brot des Bäckers* (Keusch)
1980: *So weit das Auge reicht* (Keusch)

Discographie:
Neben vier Singles (1967–1970) ist auf folgende LP's der Gruppe Improved Sound Limited zu verweisen (nur die erste ist eine Soundtrack-LP):
Engelchen II (Cornet 15030, 1969), *Improved Sound Ltd.* (Liberty 83505, 1971), *Catch a singing bird* (CBS S6519, 1973), *Rathbone Hotel* (CBS 81529, 1977)

Liska, Zdenek – (*16.3.1922 in Smecno/CSSR). Studierte am Konservatorium in Prag. Als Komponist am Staatlichen Institut für Dokumentarfilme tätig. Schrieb u.a. auch ein Violinkonzert.

Filmmusik:
1965: *Das Haus in der Karpfengasse* (Kurt Hoffmann)
Zdenek Liska erhielt dafür 1965 das Filmband in Gold.

Llywellyn, David – (*1939 in Birmingham). Studierte u.a. bei Karlheinz Stockhausen, Pierre Boulez und Henri Pousseur. Verbindet Avantgardemusik mit Elementen des Pop zu einer eigenartigen Klangsynthese, die von lyrischen Impressionismen geprägt ist. Schrieb u.a. einen 5stündigen Zyklus *Apokalypse* für sieben Orgeln, Klavier und Schlagzeug. Lebte von 1969 bis 1985 in München.

Filmmusiken:
Arbeitete u.a. mit George Moorse und Eckhart Schmidt
1967: *Kuckucksjahre* (Moorse)
1968: *Der Griller* (Moorse), *Jet-Generation* (Schmidt)
1969/71: *Lenz* (Moorse)

Loeper, Hans – (*15.3.1922 in München). Studierte in München an der Musikhochschule und am Seminar Waltershausen (Violine und Komposition. Arbeitete als Musikkritiker, freier Komponist für Theater, Ballett, Film. Seit 1955 im Bayrischen Rundfunk tätig, zunächst in der Programmvorbereitung, heute in der Musikdokumentation. Gehörte 1962 zu den Unterzeichnern des „Oberhausener Manifests“

Adresse: Hans Loeper, Feldmochinger Str. 210, 8000 München 50

Kompositionen:
Schreibt in einem von der klassischen Ausbildung und von der Neuen Musik des 20. Jh. geprägten Stil. Werke u.a.: *Katzenhochzeit.* Kinderfunkoper (1949), *Innozentius.* Ballett (UA München 1951), Kammermusik, Bühnenmusik, Hörspielmusik.

Filmmusiken:
Mitarbeit bei etwa 10 Produktionen (meist Kurzfilme) der Oberhausener Gruppe (vor allem mit Haro Senft und Pitt Koch): als Musiker, aber auch Drehbuchautor, Schauspieler, bei der Schnittregie.
1969: *Kuckucksei im Gangsternest* (Franz-Josef Spieker)

Lovas, Robert — (*2.2.1942 in Budapest). Sehr früh Unterricht in Klaiver und Solfège, mit 16 Jahren Studium am Konservatorium Budapest. Spielte in Rock-'n'Roll-Bands und hörte viel klassische Musik. 1962–1967 Medizinstudium mit Promotion zum Dr. med., dann Ausbildung zum Chriurgen. Wurde parallel jedoch in Ungarn zum renommierten Komponisten der Leichten Unterhaltung (gewann mehrere Preise auf Tanz- und Popmusikfestivals). Hat sich 1971 (nach Ausbildung in Wiesbaden, New York, Barcelona) als Arzt für plastische Chirurgie in München niedergelassen.

Adresse: Dr. Robert Lovas, Lindenstr. 12a, 8000 München 90

Kompositionen:
Komponierte in Ungarn vor allem Tanzmusik und Rocksongs. Arbeitet gerne mit elektronischem Instrumentarium. Schrieb in Deutschland z.B. für Caterina Valente *SOS – Wir bauen ein Dorf aus Liebe* (in mehreren Sprachen eingespielt).

Filmmusiken:
Vertonte in Ungarn einige Filme (auch Werbefilme und Zeichentrickfilme). In Deutschland vor allem:
1981: *Feuer und Schwert* (Veith von Fürstenberg)
1981: *Jägerschlacht* (Wigbert Wicker)

M

Majewski, Hans-Martin — (*14.1.1911 in Schlawe/Pommern). 1929–1931 Medizinstudium, 1931/32 Musikstudium in Königsberg, 1932–1935 Musikstudium in Leipzig (Dirigieren bei Bruno Walter, Chorleitung bei Kurt Thomas, Komposition bei Karg-Ehlert, Hermann Grabner). Dann bis 1937 Kapellmeister am *Theater des Volkes* Berlin, anschließend freischaffend bei Ufa, Terra, Tobis als Filmkomponist. Nach der Militärzeit 1946 bei Radio Hamburg, dann seit 1949 freischaffender Komponist. Hans-Martin Majewski gehört zu den großen Komponisten des deutschen Films. Er erhielt 1954, 1960, 1974, 1977 das Filmband in Gold, 1958 das Filmband in Silber, 1956, 1957 und 1960 den Preis der Filmkritik, 1960 den Karl-Szuka-Preis für Hörspielmusik.

Adresse: Hans-Martin Majewski, Lindenallee 27, 1000 Berlin 19

Kompositionen:
Der Erfolg seiner Operette *Insel der Träume* (1938) eröffnete den Weg zum Ufa-Tonfilm. Neben den 200 Spielfilm-, 150 Fernsehfilm-, 100 Hörspiel- und 80 Bühnenmusiken entstanden immer wieder Orchesterwerke und Werke der gehobenen Unterhaltungsmusik; z.B. *Suite 52, Reflexionen über ein Thema* (2. Fassung 1976) für Orchester, *Synopsis 74* für Orchester, *Facetten.* Konzertwalzer (1977). Hans-Martin Majewski besitzt eine einzigartige stilistische Wandlungsfähigkeit, die ihm erlaubt, trotz hoher Werkzahlen immer neue Klangperspektiven zu öffnen, wobei die Modernität sowie der bisweilen fast experimentelle Charakter seiner Klangfindungen hervorzuheben sind.

Filmmusiken:
Von den etwa 350 Filmmusiken können hier nur einige der wichtigen Kinofilme genannt werden, die im Zeitraum 1960–1985 des Neuen Deutschen Films vertont worden sind:
1959: *Die Brücke* (Bernhard Wicki)
1960: *Die Schachnovelle* (Gerd Oswald)
1961: *Die Ehe des Herrn Mississippi* (Kurt Hoffmann)
1966: *Ganovenehre* (Wolfgang Staudte)
1974: *Der Lord von Barmbeck* (Ottokar Runze)
1976: *Die Elixiere des Teufels* (Manfred Purzer), *Verlorenes Leben* (Ottokar Runze)
1977: *Die Standarte* (Ottokar Runze)
1978: *Der Pfingstausflug* (Michael Günther)
1979: *Der Mörder* (Ottokar Runze)
1982: *Feine Gesellschaft – Beschränkte Haftung*

Discographie:
Schimmelreiter und *Peter Voss* (Colosseum CST 8026)

Mamangakis, Nicos – (*3.3.1929 in Kreta). Studierte in Athen, dann 1959 an der Musikhochschule München (Komposition bei Carl Orff und Harald Genzmer). Teilnehmer der Ferienkurse für Neue Musik Darmstadt. Freundete sich mit der Oberhausener Gruppe in München an, wo er über 10 Jahre lebte (vor allem mit Thomas Schamoni und Edgar Reitz). Lebt inzwischen wieder in Athen, wo er als renommierter griechischer Komponist gilt.

Adresse: Nicos Mamangakis, Lycofronos 23, Agios Artemios, Athen 11632

Kompositionen:
Schreibt einen Stil, der frei zwischen den Möglichkeiten der artifiziellen Neuen Musik und der Folklore wählt. Ideal ist eine „Einfachheit" abseits von herkömmlicher Kunstmusik und Unterhaltungsmusik. Schrieb sehr viele Kammermusik (seine *Monologe op. 1* wurden z.B. von Siegfried Palm in Darmstadt uraufgeführt), Orchestermusik (u.a. interpretiert von Boston Symphony Orchestra). Die Gitarrenwerke von Nicos Mamangakis gehören in Griechenland zu den ‚Klassikern'. Seine Oper *Erotokritos* wurde ebenfalls begeistert aufgenommen. Komponierte auch viele Bühnenmusiken: in München z.B. den *Othello* (Regie: Fritz Kortner), dessen Musik noch heute in den Kammerspielen München verwendet wird; in Athen zu vielen attischen Komödien und Tragödien.

Filmmusiken:
Komponierte in Deutschland und Griechenland etwa 40 Filme; erhielt in Athen mehrere

Filmmusikpreise.
Arbeitete vor allem mit Alf Brustellin, Nicos Perakis, Edgar Reitz, Bernhard Sinkel, Ula Stöckl:
1971: *Das goldene Ding* (Stöckl, Reitz, Brustellin, Perakis)
1976: *Bomber und Paganini* (Perakis), *Stunde Null* (Reitz)
1977: *Mädchenkrieg* (Brustellin, Sinkel)
1978: *Der Schneider von Ulm* (Reitz)
1979: *Milo, Milo* (Perakis)
1984: *Heimat* (Reitz).

Meid, Lothar – (*28.2.1942 in Babenhausen/Illertissen). Studierte Jura und Zeitungswissenschaft (1. juristisches Examen). Parallel dazu spielte er in verschiedenen Gruppen (u.a. mit Gunter Hampel) als Bassist, nahm Unterricht bei Joe Haider (Arrangieren, Kontrapunkt) und hat (vor allem in seiner Tätigkeit als Studiomusiker bei Filmmusikaufnahmen) alles aus dem praktischen Umgang mit Musik sich erlernt. Spielte in den Formationen *Passport* von Klaus Doldinger, *Amon Düül II, 18 Karat Gold.* War neben seiner Filmmusikarbeit auch als Schauspieler in einigen Filmen tätig. Veröffentlichte drei Solo-LP's und produzierte andere Musiker, z.B. Marius Müller-Westerhagen.

Adresse: Lothar Meid, Badestr. 5, 2000 Hamburg 13

Kompositionen:
Kommt von der Rockmusiktradition her, arbeitet in den Filmmusiken jedoch stilistisch darüber hinausgehend. Schreibt und arrangiert Songs und Instrumentals.

Filmmusiken:
Schrieb Musiken für Fernsehen und Kino. An Spielfilmen ist hervorzuheben:
1979: *Ein komischer Heiliger* (Klaus Lemke)
1980: *Theo gegen den Rest der Welt* (Peter F. Bringmann), *Flitterwochen* (Klaus Lemke), *Asphaltnacht* (Peter Fratzscher)
1980: *Keiner hat das Pferd geküßt* (Martin Müller)
1983: *Die Heartbreakers* (Peter F. Bringmann), *Danni* (Martin Gies)

Discographie:
Drei Solo-LP's liegen vor: *Mensch, dieser Klaus . . .* (1976, Sonogramm), *Einbahnstraße* (global), *Sonstiges* (global)

Melbinger, Stefan – (*8.12.1947 in St. Pölten/Österreich). Begann seine musikalische Tätigkeit mit Spielen in Rockbands ab 12 Jahren, verlagerte sich aber bald auf klassische Gitarre, Studium an der Musikhochschule Wien. Nach einer Phase der ausschließlichen Beschäftigung mit klassischem Repertoire ohne Kontakt zur populären Musik (u.a. als Gitarrendozent an der Pädagogischen Hochschule Krems) erfolgte mit 26 Jahren eine Umorientierung und Öffnung für Improvisation, Liedermachen und indische Musik (Sitarspiel). Schrieb dann 1977 seine erste Filmmusik für Michael Verhoeven.

Adresse: Stefan Melbinger, Meraner Str. 6, 8000 München 90

Kompositionen:
Komponierte viele Lieder, Songs und Instrumentals. Seine Filmmusiken gehen vor allem von Gitarre und elektronischen Klängen aus, sind aber stilistisch erweitert bis elektronische Symphonik und Verwendung von Streichern. Komponierte auch Kinderlieder, Funkhörspiele nach eigenen Texten für Kinder, ein Musical.

Filmmusiken:
Komponiert schwerpunktmäßig für Fernsehproduktionen, *Tatort*-Krimis, mehrere Serien wie z.B. *Köberle kommt* oder die fast 50teilige Serie *Der Fahnder* (Bavaria). Kinofilme:
1977: *Gefundenes Fressen* (Michael Verhoeven), *Strauberg ist da* (Micha Gallé)
1984: *Treffer* (Dominik Graf)

Meyer, Friedrich – (*5.3.1915 in Bremen). Begann schon während der Schulzeit in Telchte (Münster) mit Klavierspiel, Improvisieren. Bildete sich autodidaktisch. 1934 Hauskomponist am Bremer Schauspielhaus, 1937 endgültige Umsiedlung nach Berlin, dort Arrangeur und Komponist für Theater und Schallplatte (Electrola und Deutsche Grammophon), 1941 Militärdienst, 1942 Soldatensender Belgrad (Gründer eines Orchesters), 1944 Sender *Prinz Eugen* in Wien (Gründung eines Streichorchesters), 1945 Mitbegründer des Radio Bremen und Aufbau eines Tanz- und Unterhaltungsorchesters. Ab 1947 freischaffender Künstler, 1948 erste Filmmusik *Hallo Fräulein*.

Adresse: Friedrich Meyer, Gustav-Freytag-Str. 2, 8000 München 81

Kompositionen:
Schrieb ausgehend von der amerikanischen Unterhaltungsmusik (ein großes Vorbild: Cole Porter) viele Songs, Chansons, Schlager, auch Instrumentalwerke. Einige seiner Schlager wurden sehr bekannt: *Abends wenn ich schlafen geh* (wurde bereits zum Evergreen), *Anette* (aus dem Film *Dämonische Liebe*, 1950, von Kurt Meisel), *How do you do, Du bist so lieb zu mir.* Schrieb auch Lieder und Manuskripte zu Rundfunksendungen wie *Man nehme* (Chanson-Sendung 1981), Lieder über Essen und Trinken, oder *Des Königs Los* (Vokalsoli mit Kammerorchester, nach Texten von König Ludwig I. von Bayern). Viele authorisierte Vertonungen von Erich Kästner-Texten.

Filmmusiken:
Schrieb vor allem in den 50er und 60er Jahre Musiken zu Filmen wie *Illusion in Moll, Die Barrings, Dämonische Liebe, Raubfischer auf Hellas, Der Meineidbauer.* Auch mehrere Fernsehfilme u.a.
1972: *Die Moral der Ruth Halbfass* (Schlöndorff)
1974: *Georginas Gründe* (Schlöndorff)
1977: *Nur zum Spaß – nur zum Spiel* (Schlöndorff)
1979: *Die Blechtrommel* (Szenenmusik) (Schlöndorff)

Discographie:
Viele der Schlager und Chansons sind auf Schallplatten bei Teldec, Polydor u.a. erschienen, mit Interpreten wie Margot Hielscher, Rita Streich, Leontyne Price, Erika Köth, George London.

Myers, Stanley – (*6.10.1943 in Birmingham). Studierte am Music College in London, dann Philosophie an der Oxford University, wo er sich nebenbei autodidaktisch bildete. Spielte Klavier in Kabaretts und Shows, viel mit Orchestern. Wurde in England zu einem gefragten Komponisten für Film- und Fernsehmusiken.

Adresse: Stanley Myers, 102a Beaufort Street, London S.W.3

Filmmusiken:
Schrieb in England Musik zu etwa 60 Spiel- und Fernsehfilmen, auch zu Industrie- und Dokumentarfilmen. Schreibt für elektronische Musik ebenso wie für große Besetzungen. Arbeitete im deutschen Film (seit er vom amerikanischen Produzenten Columbia bei *Michael Kohlhaas* vorgeschlagen wurde) mit Volker Schlöndorff zusammen:
1969: *Michael Kohlhaas – der Rebell*
1972: *Strohfeuer*
1976: *Fangschuß*

Discographie:
Soundtrack-LP's liegen nur von außerdeutschen Produktionen vor, z.B.:
Ulysses (1967 RCA SB6708), *The Deerhunter* (1978, *Capitol* 500/11940), *Blind date* (1984, Varese STV 81202), *Histoire d'O Nr. 2* (Polydor 823524).

N

Neumann(-Schätzler), Wolfgang – (*13.1.1957 in München). Studierte am Richard-Strauss-Konservatorium München. Spielte als Bassist in der Rockband *Tram*. Gründungsmitglied der Elektronikgruppe *Neumann*. Kam durch Kontakt mit der Dokumentarfilmgruppe *DenkMal* (Claus Strigel, Bertram Verhaag) zur Filmmusik. 1986 Gründung des Ensembles *Never Been There* mit dem Hackbrettvirtuosen Rudi Zapf. Langjährige Zusammenarbeit mit Ulrich Bassenge.

Adresse: Wolfgang Neumann, Ohlmüllerstr. 15, 8000 München 90

Filmmusiken:
1986: *Galapagos – das unheimliche Paradies (WDR/S. Heufelder)*
1987: *Der Schatz von Lima* (S. Heufelder)
1987: *Encantadas-Suite* (S. Heufelder)
1988: *Der Lückenbüßer* (Ekkehard Bauer)
mit Ulrich Bassenge:
1980: *Typisch Weiber* (Strigel/Verhaag)
1981: *Wer wohnt im Wohnzimmer?* (Strigel/Verhaag)
1983: *Echt tu matsch* (Jugendfilm Strigel/Verhaag)
1984: *Bewegende Ereignisse* (Strigel/Verhaag)
1986: *Spaltprozesse* (Dokumentarfilm Strigel/Verhaag)
1987: *Wüste Wege – ein Saharatrip* (BR/Ray Müller)
1988: *Frei wie der Wind* (BR/Gerd Baur), *Nanga Parbat – Schicksalsberg der Deutschen* (BR/Gerd Baur)
1989: *Harold und die Geister* (Zeichentrick/Curt Linda)

Discographie:
1987: *Never Been There* (EMI Intuition 1C-066-24 0776 1)

O

Ostendorf, Jens-Peter – (*20.7.1944 in Hamburg). Studierte 1964–1969 an der Musikhochschule Hamburg (Theorie und Komposition), 1969–1978 musikalischer Leiter am Hamburger *Thalia*-Theater. Gründete 1970 das Ensemble für szenische Musik *Hinz und Kunzt.* Mehrere Auszeichnungen wie Rompreis (Aufenthalt in Villa Massimo 1973/74), Stipendiatsaufenthalt in der Cité des Arts Paris. Musikalische Studienaufenthalte in Florenz, Sahara und Insel Djerba, IRCAM Paris, Kuba. Seit 1980 Dozent an der Universität Bremen (u. a. für Filmmusik).

Adresse: Jens-Peter Ostendorf, Holländische Reihe 9, 2000 Hamburg 50

Kompositionen:
Zählt zu den renommierten Komponisten der artifiziellen Neuen Musik und hat eine Reihe von etwa 50 Orchester-, Vokalmusik-, Kammermusikwerken geschrieben, die alle von besten Interpreten und Ensembles aufgeführt wurden. Auswahl:
Chor für Orchester, Vorwärts zur Unzeit für Kammerorchester, *Mein Wagner* für Orchester, *William Ratcliff.* Psychogramme für Orchester.
Absurde Betrachtungen für 2 Soprane und Echoverstärker, *Johnny reitet westwärts* für großes Orchester und Erzähler, *Alice im Wunderland.* Kindermusik, *2 Streichquartette, Musieta* (Oper nach Neruda)

Filmmusiken:
Durch die Tätigkeit als Musikalischer Leiter am *Thalia-Theater* kam Zusammenarbeit mit Regisseuren zustande, die zur filmmusikalischen Arbeit führte. Neben mehreren Musiken für das Fernsehen (u. a. auch die 10teilige Serie *Das Rätsel der Sandbank* mit Rainer Boldt) entstanden auch Filmmusiken für Kurzfilme und Kinofilme, u. a.:
1982: *Im Zeichen des Kreuzes* (Rainer Boldt)
1983: *Der Fall Bachmeier* (Hark Bohm)
1988: *Yasemin* (Hark Bohm)
1989: *The voice* (G. Graef-Marino)

Discographie:
Soundtrack zu *The Voice.*
Multiphonia/Seul/Raim/Motette/Chor für Orchester Dokumentationsplatte Nr. 2 der Villa Massimo.
Ocean (3 Titel: *Don't begin/Do it/You can't win)* (Beach Records Teldec)
Musik für Flöte (Mars 308 115)
CD *Ostendorf – Porträt eines Komponisten* (Thorophon CTH 2038)

P

Palmer-James, Richard – (*11.6.1947 in Bonmouth/Engl.). Studierte Kunst und englische Literatur an der Universität in Wales. Spielte während und nach dem Studium in Rock'n'Roll-Gruppen. Mitglied der Gruppe *Supertramp.* Trennte sich 1971 von der Gruppe und blieb in München als freischaffender Musiker und Texter für englische Songs.

Adresse: Richard Palmer-James, Aventinstr. 2, 8000 München 5

Filmmusiken:
Komponierte einige Kurz-, Fernseh- und Spielfilme u.a. mit Haro Senft, der die Gruppe *Supertramp* 1969 für seinen Film *Fegefeuer* spielen ließ, mit Herbert Vesely (Industriefilme und Fernsehfilme wie z.B. *Ulla oder die Flucht in die schwarzen Wälder,* 1973). Spielfilme:
1969: *Fegefeuer* (Haro Senft)
1976: *Paula Pauländer* (Reinhard Hauff)
1978: *Ein Tag mit dem Wind* (Haro Senft)

Posegga, Hans – (*31.1.1917 in Berlin). Studierte an den Konservatorien in Dortmund, Köln, München; machte Kurse bei Alfred Cortot in Paris. War ambitionierter Pianist (u.a. Pianist des Dresdener Streichquartetts), Lehrer am Münchner Händelkonservatorium, komponierte aber auch seit frühen Jahren (Kammermusik, Lieder u.a.). Kam durch Bekanntschaft mit der Oberhausener Generation in München (Peter Schamoni, Ulrich Schamoni, Haro Senft u.a.) zur Filmmusik. Erhielt 1966 das Filmband in Gold für Peter Schamonis *Schonzeit für Füchse.*

Adresse: Hans Posegga, Dürnbergstr. 16, 8137 Berg

Kompositionen:
Hat seinen Kompositionsstil durch den Umgang mit Filmmusik von akademischen Zwängen befreit und zählt zu seinem Repertoire nur noch die Werke seit etwa 1960. Kammermusik, Cellosonaten, ein *Konzert für Klavier und Orchester* (1956), *Sonate für Violine und Klavier* (1981), *Zeitbilder. Symphonische Dichtung* (1968), *Christ und Antichrist.* Rockoratorium (1978), *Des Lebens Wagen.* Oratorium (1981), u.a.

Filmmusiken:
Schreibt seit etwa 1970 fast nur noch Filmmusiken für Fernsehproduktionen. Es entstanden zahlreiche Fernsehfilme und Serien (u.a. *Seewolf, Lockruf des Goldes, Cagliostro, Vom Webstuhl zur Weltmacht, Tödliches Geheimnis, Zwickelbach & Co.*, einige *Tatort*-Krimis und Durbridges. Schrieb auch viele Musiken zu Kurzfilmen, Dokumentar- und Werbefilmen.
1962: *Parallelstraße* (Ferdinand Khittl)
1966: *Schonzeit für Füchse* (Peter Schamoni), *Es* (Ulrich Schamoni)

Discographie:
Tödliches Geheimnis (1980, Polydor 2372055)

R

Raben, Peer – (*3.7.1940 in Viechtafell). Studierte nach dem Abitur (Straubing) in München Musikwissenschaft, parallel zu einer Schauspielerausbildung. Tätigkeit als Regisseur, Schauspieler und Autor von Theaterstücken, Chansontexten an verschiedenen Bühnen (Darmstadt, Bremen, Bochum, Berlin). Leitete das *Action-Theater* in München, zu dem dann Fassbinder hinzugestoßen ist. Schreibt seit 1968 Bühnenmusiken, seit 1970 Filmmusiken (vor allem zu den Fassbinder-Filmen). Seine praktische Musikausbildung erfuhr Peer Raben während seiner Straubinger Gymnasialzeit, wo außerordentlich viel musiziert worden war. Erhielt 1980 das Filmband in Gold. Drehte 1972 einen eigenen Film *Adele Spitzeder*.

Adresse: Peer Raben, Einsteinstr. 151, 8000 München 80

Kompositionen:
Schreibt neben seinen Filmmusiken Chansons, sonst nur wenige Werke (Chorwerke, Stücke für klassischen Chor und Jazzensemble u.a.). Stilistisch bewegt sich Peer Raben sehr frei zwischen einfachster Liedmelodik und -harmonik bis zu polytonalen Schichtungen und sinfonischen Durchführungen von Motiven. Eine Eigenheit seines Stils ist die komponierte Collage.

Filmmusiken:
Schrieb sehr viele Musiken zu Spielfilmen und ist der produktivste Komponist für Kinofilm in Deutschland. Zu den Regisseuren, mit denen er u.a. zusammengearbeitet hat, zählen Robert van Ackeren, Percy Adlon, Hark Bohm, Luc Bondy, Uwe Brandner, Gustav Ehmk, Rainer Werner Fassbinder, Vadim Glowna, Thomas Koerfer, Uli Lommel, Jeanine Meerapfel, Ulrike Ottinger, Josef Rödl, Dieter Schidor, Werner Schroeter, Daniel Schmid, Bernhard Sinkel, Peter Zadek.

1969: *Liebe ist kälter als der Tod, Götter der Pest, Warum läuft Herr R. Amok?* (Fassbinder)
1970: *Rio das Mortes, Das Kaffeehaus, Whity, Die Niklashauser Fahrt, Der amerikanische Soldat, Warnung vor einer heiligen Nutte, Pioniere in Ingolstadt* (Fassbinder), *Mathias Kneißl* (Hauff)
1972: *Zärtlichkeit der Wölfe* (Lommel)
1973: *Tschetan, der Indianerjunge*(Bohm)
1974: *Faustrecht der Freiheit* (Fassbinder)
1975: *Mutter Küster's Fahrt zum Himmel* (Fassbinder), *Eiszeit* (Zadek), *Angst vor der Angst* (Fassbinder), *Schatten der Engel* (Schmid)
1976: *Ich will doch nur, daß ihr mich liebt, Satansbraten Chinesisches Roulette* (Fassbinder)
1977: *Bolwieser, Eine Reise ins Licht – Despair* (Fassbinder)
1978: *Die Ehe der Maria Braun, In einem Jahr mit 13 Monden* (Fassbinder), *Das andere Lächeln* (van Ackeren), *Spiel der Verlierer* (Hohoff), *Halbe Halbe* (Brandner)
1979: *Die dritte Generation* (Fassbinder), *Bildnis einer Trinkerin* (Ottinger), *Neues vom Räuber Hotzenplotz* (Ehmk)
1980: *Berlin Alexanderplatz, Lili Marleen* (Fassbinder), *Reinheit des Herzens* (van Ackeren), *Die Ortliebschen Frauen* (Bondy), *Der Mond ist nur a nackerte Kugel* (Graser), *Malou* (Meerapfel)
1981: *Lola* (Fassbinder), *Tag der Idioten* (Schroeter)
1982: *Die Sehnsucht der Veronika Voss, Querelle* (Fassbinder), *Flambierte Frau* (van Ackeren), *Der Bauer von Babylon* (Schidor)
1983: *Grenzenlos* (Rödl), *Dorian Gray im Spiegel der Presse* (Ottinger), *Glut* (Koerfer), *Dies rigorose Leben* (Glowna), *Die Schaukel* (Adlon), *Tricheurs* (B. Schroeder)
1985: *Väter und Söhne* (Sinkel)

1986: *Tommaso Blu* (F. Furtwängler), *Flamberede Hjerter (Ryslinge)*
1988: *Die Venusfalle* (R. van Ackeren)

Discographie:
Musik zu Fassbinder-Filmen 1969–1982 (DLP Cinedisc 690005), *Berlin Alexanderplatz* (1980 RCA Victor PL 28393), *Lili Marleen* (1980 Philips 6435083), *Lola* (1981 Milan A 120123), *Querelle* (RCA 1982 PL 37697), *Sehnsucht der Veronika Voss* (1982) Jupiter 625120), *Die Schaukel* (Pläne-Verlag), *Flambierte Frau, Dorian Gray im Spiegel der Presse*

Raue, Matthias – (*1952 in Frankfurt). Studium an der Musikhochschule Frankfurt 1972 - 1979, Komposition bei Isang Yun (Berlin) 1980 - 1982. Freischaffender Komponist.

Adresse: Matthias Raue, Wrangelstr. 63, 1000 Berlin 36

Kompositionen:
Vertonte Texte von Tucholsky, Kästner, Mehring, Brecht, Neruda u. a. Schwerpunkt Film-, Fernseh- und Theatermusik. Rockoper „*H*", Musikoper *Caroline – Requiem auf eine deutsche Zeit*. Kammermusik für Violine, Klavier u. a., *Bläserquintett* (1983); *Orchesterphantasie* (1985), *Streichquartett* (1988).

Filmmusiken:
Zahlreiche Fernsehmusiken wie z. B. *Jerusalem* (1979), *Seiltänzer* (1980), *Tränende Herzen* (1981), *Schnitzeljagd* (1982), *Aquaplaning* (1986), *Tam-Tam* (1986)

Kinofilme:
1981: *Komm doch mit nach Monte Carlo; Flußfahrt mit Huhn*
1984: *Neues von Britta; Fritz Golowski*
1985: *Küken für Kairo*
1988: *Der Sommer des Falken* (A. Agde)

Discographie:
Auf LP/CD erschienen die Musiken zu *Der Sommer des Falken, Flußfahrt mit Huhn, Küken für Kairo.*

Riehm, Rolf – (*1937 in Saarbrücken). Schulmusikstudium in Frankfurt. Kompositionsstudium an der Musikhochschule Freiburg bei Wolfgang Fortner. Tätigkeiten als Solooboist, Schuldienst, Dozent an der Rheinischen Musikschule in Köln. Stipendiat der Villa Massimo mit Aufenthalt in Rom. Seit 1974 Professor für Komposition und Tonsatz an der Musikhochschule Frankfurt.

Adresse: Prof. Rolf Riehm, Paul-Heyse-Str. 38, 6000 Frankfurt 50

Kompositionen:
Solostücke für Oboe, Altblockflöte, Gitarre, Viola. *Tempo strozzato* (Streichquartett), *Ein Sommerabend am Lindleinsee* (Klaviertrio und Tonband), *blutwurst sagt: komm leberwurst*

(Stimme, Orgel, Klavier, Tonband). Orchesterwerke: *„Ich denk viel"/Mr. President/pizz. /13* für Viola, Vc und Kb. *Gewidmet, Tänze aus Frankfurt, Entsorgt, O Daddy, Berceuse, Das Schweigen der Sirenen, Les Chants de la Revolution sont des Chants de l'Amour.*
Stücke für das Sogenannte Linksradikale Blasorchester.
Hörstück: *Machandelboom*

Filmmusiken:
1980: *Septemberweizen* (Peter Krieg)
1984: *Bericht von einem verlassenen Planeten* (Krieg)
1988: *Maschinenträume* (Krieg)

Discographie:
Verschiedene Stücke auf den Platten des *Sogenannten Linksradikalen Blasorchesters* (1. LP: Trikont-Verlag US 36, 1976; 2. LP: US 63, 1980).
Machandelboom. Ein böses Musik-Hörstück (Riskant 08.5807)
Rolf Riem (K 586 004), *Es herrscht Ubu im Land* (Japo/ECM 60037), *Reinbert Evers: Guitar* (Pro Viva LC 6S42)

Rüggeberg, Michael – (*27.12.1941 in Bad Aibling). Studierte an der Hochschule für Musik München (Komposition, Dirigieren, Oboe). Spielte als Oboist und Solooboist in mehreren Münchner Orchestern. Von 1968–1980 an den Münchner Kammerspielen (zunächst als Assistent von Peter Fischer, dann als Musikalischer Leiter). Seit 1980 freischaffender Komponist. Schrieb Bühnenmusiken u.a. für Theater in Bochum, Bonn, Berlin, Düsseldorf, Hamburg, Göttingen, Kassel, Köln, Wien mit führenden Regisseuren. Hat in Salzburg ein computergesteuertes Groß-Studio.

Adresse: Michael Rüggeberg, Kapuzinerberg 4, A-5020 Salzburg

Filmmusiken:
Schrieb Fernsehmusiken für Regisseure wie D. Wedel, B. Fischerauer, U. Heising, H. Mathiasek, sowie Filmmusiken:
1976: *MitGift* (Michael Verhoeven)
1982: *Der Westen leuchtet* (Nikolaus Schilling), *Zeichen und Wunder* (Schilling)
1984: *Die Frau ohne Körper* (Schilling), *Change* (B. Fischerauer)

Discographie:
Der Westen leuchtet (1982, Celine CL 0016), *Die Frau ohne Körper* (1984, Monopole MLP 0299/995)

S

Schleip, Dieter – (*6.2.1962 in Aachen), musikalischer Autodidakt, Gitarrist und Keyboarder. 1985 Mitbegründer des Aachener Filmhauses. Lebt seit 1987 in München.

Adresse: Dieter Schleip, Kapuzinerplatz 3, 8000 München 2

Filmmusiken u. a.:
1986: *Gagarin* (R. Teigler)
1988: *Der Condor* (J. Oetzmann)
1989: *Der Pampelmusenmensch* (J. Masannek)

Schmidt, Irmin – (*29.5.1937) 1957–1959 Studium an Konservatorium Dortmund (Waldhorn, Klavier), 1959–1965 an der Folkwang-Musikhochschule Essen (Klavier, Dirigieren, Komposition), 1962–1968 Kölner Kurse für Neue Musik und Darmstädter Ferienkurse für Neue Musik. Mehrere Dirigierpreise, u.a. 1964 1. Preisträger des Dirigierkurses Istvan Kertesz am Mozarteum Salzburg. Seit 1962 Konzerte als Pianist und Dirigent. 1965/66 Dozent für Musical / Chanson an der Schauspielschule Bochum. 1966–68 Korrepetitor und Kapellmeister am Stadttheater. Zur Filmmusik führte er die Gruppe *Can* (1968 - 1978), eine der international erfolgreichsten europäischen Rockformationen. Die Single *Spoon* erreichte als Titelmusik zu dem *Durbridge*-TV-Krimi *Das Messer* in kurzer Zeit hohe Verkaufszahlen. Lebt seit 1981 als freier Komponist und Produzent in der Provence (Südfrankfreich).

Adresse: Irmin Schmidt, „Les Rossignols“ F-84220 Roussillon-Vaucluse

---

Kompositionen:
Komponiert in einem von Jazz und Rockmusik ausgehenden Idiom, das aber stark von Elementen der Kunstmusik und des musikalischen „underground“ durchsetzt ist. Führende Instrumente sind meist Gitarre und Synthesizer, (neuerdings wieder:) Klavier.

Filmmusiken:
Die Gruppe *Can* war die deutsche Rockformation, die am meisten in deutschen Filmmusiken spielte. Auch in den nur mit „Irmin Schmidt“ ausgewiesenen Soundtracks spielen oft Mitglieder der Gruppe mit.
Neben vielen Fernsehmusiken (z.B. die Serien *Rote Erde* und *Kein Schöner Land* von Klaus Emmerich) ist vor allem auf folgende Kinofilme zu verweisen:
1969: *Kuckucksei im Gangsternest* (Franz-Josef Spieker)
1970: *Mädchen mit Gewalt* (Roger Fritz), *Deadlock* (Roland Klick), *Ein großer graublauer Vogel* (Thomas Schamoni)
1974: *Alice in den Städten* (Wim Wenders)
1978: *Messer im Kopf* (Reinhard Hauff)
1979: *Im Herzen des Hurrican* (Hark Bohm), *Als Diesel geboren* (Peter Przygodda)
1980: *Endstation Freiheit* (Reinhard Hauff)
1982: *Der Mann auf der Mauer* (Reinhard Hauff), *Ruhe sanft, Bruno* (Hajo Gies)

Discographie:
Neben 12 LP's mit *Can* (von 1969 - 1982) bei EMI und Spoon Records ist auf folgende Solo-LP's zu verweisen:
1980: (spoon 003) *Irmin Schmidt Filmmusik* Vol. I (enthält: *Im Herzen des Hurrican, Der Tote bin ich, Messer im Kopf)*
1982: (spoon 013) *Irmin Schmidt Filmmusik* Vol. II (enthält: *Endstation Freiheit, Flächenbrand, Die Heimsuchung des Assistenten Jung)*

1983: (Teldec) *Rote Erde* (TV-Serie)
1984: (spoon 018/19) *Irmin Schmidt Filmmusik* Vol. III/IV (enthält: *Mann auf der Mauer, Flight to Berlin, Ruhe sanft Bruno, Leben Grundlings)*
1985: (Virgin) *Herr Schmidt* (Songs aus TV-Serie „Kein schöner Land")
1989: (Virgin) *Irmin Schmidt Filmmusik* Vol. V

Schmitz, Bernhard – (*18.12.1946 in Köln). Studierte Malerei an der Hochschule für Bildende Kunst Hamburg. Musikalischer Autodidakt auf Gitarre u. in Komposition. Ab 1980 elektronische Musikexperimente, gründete die avantgardistische Gruppe *Sabotage,* Hörspielmusiken, eigene Kurzfilme. 1983 Aufbau des Tonstudio *Hydra Produktion* in Köln. Neben den Hörspielmusiken, Filmmusiken neuerdings musikalische Entwicklung in Richtung Popmusik.

Adresse: Bernhard Schmitz, Eupener Str. 157, 5000 Köln 41

Filmmusiken:
Musik zu Kurzfilmen, Dokumentarfilmen und Spielfilmen, u.a.:
1983: *Ziemlich weit weg* (Dietrich Schubert)

Schneider, Helge – (*30.8.1955 in Mülheim/Ruhr). Nach mehreren versuchten Berufsausbildungen (Klavierstudium bis Gärtner und Neckermann-Verkäufer) und autodidaktischer Ausbildung auf vielen Instrumenten gründete er 1973 eine Band, lebt seit 1977 ausschließlich vom Unterhalt als Musiker. Tritt als Komiker und Entertainer bzw. Allround-Künstler auf. 1983 *Ruhrpreis für Kunst und Wissenschaft* der Stadt Mülheim.

Adresse: Helge Schneider, Holzstr. 21, 4330 Mülheim/Ruhr

Filmmusiken:
Werner Nekes *Ulisses, Hurrycan, Johnny Flash*
Rainer Komers *Wer bezahlte für Hitler?*
Christian Schliengensief *Hymen II*

Schneider, Norbert Jürgen – (*25.5.1950 in Weil am Rhein). Studierte von 1969–1977 an der Musikhochschule sowie an der Universität Freiburg i.Br. (Promotion zum Dr. phil.). Von 1974–1979 Lehraufträge für Musikwissenschaft/ Musiktheorie an der Musikhochschule, Universität sowie Pädagogischen Hochschule Freiburg i.Br. Seit 1979 an der Hochschule für Musik München, wo er eine Professur für Musiktheorie innehat. Seit 1982 auch Gastdozent (Filmmusik) an der Hochschule für Fernsehen und Film München. Wechselweise Interpret (4 Schallplatten als Dirigent und Organist bei prodisc strasbourg), Komponist und Musikwissenschaftler. Etwa 30 Veröffentlichungen über Beethoven, Schumann, Musiktheorie, Popmusik sowie über Neue Musik. Komponiert seit 1982 Filmmusiken. Tonstudio und Liveensemble „Augenklang".

Adresse: Prof. Dr. Norbert J. Schneider, Bahnhofstr. 9, 8011 Baldham b. München

Kompositionen:
Schreibt im Stilbereich von artifizieller Neuer Musik, elektronischer Musik und Popmusik. Orgelwerke, Kammermusikwerke, z. B. *Adagio und Scherzo für Oktett* (1982), *Klangbilder nach Joan Miro* (1985), *Die Sehnsucht meines Geo-Dreiecks* für 2 Flöten und Klavier, Vokalmusik (*Hermann Hesse-Zyklus* für Bariton, Marimba und Klavier), *Borchert-Liederbuch* für Sopran und Str. qua., „*Variationen über die Liebe*" nach Kontaktanzeigentexten für Männerquintett und Klavier), Orchesterwerke, Bühnenmusiken (z. B. 1984 zur Uraufführung von Botho Strauß „Der Park"), sowie die Oper *Das Salome-Prinzip* (O. Wilde).

Filmmusiken:
Schrieb etwa 70 Musiken zu Kurzfilmen, Dokumentar-, Fernseh- und Spielfilmen, TV-Serien wie z. B. „2001" (1983), *Cop & Co* (1987);
1984: *Verbotene Hilfe* (Liliane Targownik), *Lettow-Vorbeck* (Christian Doermer), *Die Wasserherren* (Klaus Stanjek), *Fasnacht* (Bruno Kiser)
1985: *Kinder aus Stein* (Volker Maria Arend), *Wir sind Utopia* (Dagmar Damek)
1986: *Filmmusik. Klänge zwischen Auge und Ohr.* Ein Film von Michael Verhoeven und Norbert Jürgen Schneider; Der Rote Vogel (D. Damek)
1987: *Gegen die Regel* (M. Verhoeven)
1988: *Gin für die Götter* (P. Hermann/G. Wengler), *Abgründe* (D. Damek),
1989: *Herbstmilch* (J. Vilsmaier), *Berchtesgadener Land* (J. Vilsmaier)
1990: *Adultera* (D. Damek), *Rama Dama* (J. Vilsmaier), *Zwielicht* (Klaus Stanjek)

Discographie:
Filmmusik zu *Herbstmilch* (Milan LP/CD CH 047); *Sky Connection* (= offiz. Musik zur Ski-WM 1987, komp. mit Rainer Fabich, Teldec 6.26349)

Schoener, Eberhard – (*13.5.1938 in Stuttgart). 1954 Violin- und Chorleiterstudium an der Musikakademie Detmold, 1960 Kurs an der Accademia Chigiana, Oberleiter der Bayerischen Opernbühne, Chefdirigent der Münchner Kammeroper und des Münchner Jugendsymphonieorchesters. 1969 Ausbau und Leiter des elektronischen Studios der Bavaria-Studios. 1970 Gestaltung des Musikpavillons auf der EXPO in Osaka. Filmdokumentationen (u.a. mit Johannes Schaaf) über chinesische und indische Kultur. Schwabinger Kunstpreis 1975. Gestaltung von Multimedia-Environnements sowie der Klassik/Rocknächte des Deutschen Fernsehens, 1985 z.B. mit „Synopsis in C", wo Musiker aus München und Tsukuba (Japan) via Satellitenschaltung miteinander konzertierten. Freischaffender Komponist (Film-, Bühnen- und LP-Musiken) und Dirigent. Stiltypisch sind Schoeners audio-visuellen Collagen und Verbindungen von Klassik – Rock – östlichen Kulturen.

Adresse: Eberhard Schoener, Fallmerayerstr. 9a, 8000 München 40.

Kompositionen:
Komponiert vor allem für eigene Schallplattenproduktionen (seit 1974 EMI Electrola), wo elektronische Klänge, Popinstrumentarium und Elemente der klassischen Musik sowie außereuropäische Einflüsse frei verbunden werden. Besitzt ein großes Tonstudio. Werke u.a.: *Meditation 1+2* (1970) elektronische Musik, Kammeroper *La Zingara* (1973), Ballettmusik *Newa* (1977), *Sky Music, Mountain Music* (1984) als elektronische Landschaftsmusik am Tegernsee. Mehrere Bühnenmusiken, zwei Hörspielmusiken.

Filmmusiken:
Schrieb etwa 80 Fernsehmusiken (viele *Alte-* und *Tatort*-Krimis) und 12 Spielfilmmusiken, u.a. *Die Bibel hat doch recht* (mit großem Orchester, Rockband, Elektronik) 1977. Hervorzuheben sind:
1971: *Trotta* (Johannes Schaaf),
1973: *Traumstadt* (Johannes Schaaf)
1975: *Ansichten eines Clowns* (Voitech Jasny), *John Glückstadt* (Ulf Miehe)
1977: *Slavers – Die Sklavenjäger* (Jürgen Goslar), *Rheingold* (Niklaus Schilling)
1979: *Lena Rais* (Christian Rischert)
1984: *Wenn ich mich fürchte* (Christian Rischert)

Discographie:
Veröffentlichte bislang 15 LP's, aber keine ausgesprochenen Soundtrack-LP's. Viele Schallplatten enthalten jedoch Weiterentwicklungen von Filmmusiken: *The Book* (1977, Ariola) enthält Musiken aus *Die Bibel hat doch recht*; *Flashback* (1978, EMI Electrola) enthält die Musik zu Schillings *Rheingold*, wozu der Rocksänger Sting noch einen zusätzlichen Vokalbeitrag beigesteuert hat.

Schreiter, Heinz – (*9.8.1915 in Leipzig). 1933 Klarinettist am Mecklenburgischen Landestheater, Militärdienst 1937, nach Verwundung Kompositionsstudium bei Karl Höller in Frankfurt a.M., nach dem Krieg bei Boris Blacher in Berlin. Seit 1955 freischaffender Komponist in Berlin.

Adresse: Heinz Schreiter, Waitzstr. 1, 1000 Berlin 12

Kompositionen:
Kammermusik (Klarinettenquintett, Bläsertrio u.a.), Vokalwerke (*Vietnamesische Erfahrungen*, Kantate 1973; Chorlied: *Das tote kleine Mädchen* nach N. Hikmet, 192), gehobene Unterhaltungsmusik (z.B. *Lieben Sie Offenbach?*, Suite).

Filmmusiken:
Schwerpunkt seiner Filmarbeit waren u.a. Musiken für Walt Disney-Produktionen: *Emil und die Detektive, Die Ballerina* u.a.
1966: *Sperrbezirk* (Will Tremper)

Schultze, Kristian – (*21.1.1945 in Frankfurt/Oder). 1960–1963 Musikstudium am Sternschen Konservatorium in Berlin, 1964–1965 Studium an der Musikhochschule und am Musikwissenschaftlichen Institut der FU Berlin, 1965–1966 Studium an den Musikakademien in Wien und Graz. Seit 1961 Jazzpianist (von Swing bis Modern Jazz), seit 1967 in München (Film-, Fernseh- und Theatermusiken), 1970–1972 Spezialisierung auf elektronische Klangsysteme, 1973–1976 Keyboard-Solist der Gruppe *Passport* (Klaus Doldinger), 1977–1980 eigene Gruppe *Snowball*. Studiomusiker auf sehr vielen Plattenproduktionen. 1980 Gründung der Firma D.I. Musikstudio Kristian Schultze GmbH, hier Programmierung und Klangsynthesen für Musiker und Produzenten wie Demis Roussos, Udo Lindenberg, Georgio Moroder, Jack White, Volker Armand, Münchner Freiheit u. a.

Adresse: Kristian Schultze, Großeglsee 14, 8157 Dietramszell

Kompositionen:
Ausgehend von der aktuellen Pop- und Rockmusik vorwiegend elektronische Arrangements. In der Solo-LP *Expedition Extra* (1983) sinfonische Elektronik von großer stilistischer Weite. Mehrere Bühnenmusiken. Musikalische Ausstattung des BMW-Museums *Zeitmotor* in München. Solo-LP *Metronomics* (1986; Erdenklang, Interchord)

Filmmusiken:
Neben Musiken für Fernsehproduktionen (z.B. SFB-Quizserie *Zeitgeister* über 7 Jahre) und Fernsehfilme, Werbefilme u.a. mehrere Kinospielfilme:
1968: *Zur Sache Schätzchen* (May Spils)
1969: *Detektive* (Rudolf Thome)
1970: *Nicht fummeln, Liebling* (May Spils)
1974: *Hau drauf, Kleiner* (May Spils)
1978: *Wehe wenn Schwarzenbeck kommt* (May Spils)
1982: *Mit mir nicht, du Knallkopp* (May Spils)
1984: *Annas Mutter* (Burkhard Driest)
1985: *André schafft sie alle* (Peter Fratzscher)
1987: *Aetherrausch* (Klaus Gengnagel)

Schwab, Siegfried – (*5.8.1940 in Ludwigshafen/Rh.) Studierte von 1958 - 1964 an der Musikhochschule Mannheim Gitarre und Kontrabaß. 1965 als Gitarrist zum RIAS-Berlin. Gleichzeitig Jurastudium an der FU-Berlin. 15 Jahre lang nahezu exklusiv als Studiomusiker im In- und Ausland tätig. Spielte ca. 15 000 Schallplattentitel unterschiedlichster stilistischer Prägung ein. 12 TV-Workshops, zahlreiche TV-Solo-Auftritte mit vorwiegend eigenen Kompositionen prägen das „öffentliche“ Schaffen genauso, wie unzählige Konzerte im In- und Ausland.

Kompositionen:
Vorwiegend kammermusikalisch bestimmt *Aquarelle* (1980), *Impulse* (1982), *Prometheus* (Ballettskizze 1987), *Todsünden* (1987), *Salome* (1988).

Filmmusiken:
1972: *Konny und ihre Freunde*
1973: *Das Fräulein von Scuderie*
1977: *Tatort: Das Mädchen am Klavier*
1979: *Tränen im Kakao*
1981: *Klein Zaches*
1982: *Dagmar*
1984: *Bankgeheimnisse*
1987: *Anna* – TV-6teiler
1989: *1988 Anna der Film, Laura und Luis.*

Discographie:
1967 *The fabulous Guitar*, 1968 *Guitar Artistry*, 1968 *Canciones Antiquas*, 1969 *The Oimels*, 1970 *Etcetera*, 1970 *Time Tuner*, 1977 *Sigi Schwab's Ironfinger*, 1978 *Guitarissimo*, 1979 *Little Flowers*, 1979 *Meditation*, 1980 *Guitarissimo-Confianca*, 1980 *Live at the North Sea Festival*, 1981 *Barocco con fuoco*, 1981 *Guitaristics*, 1982 *Totalmusik*, 1983 *Backstage*, 1983 *Rondo a tre*, 1985 *Tango-Diabelli Trio*, 1985 *Silversand*, 1986 *Meditation*

Vol 2, 1987 *Anna-Soundtrack*, 1988 *Anna-Film-Soundtrack*, 1989 *Sigi Schwab & Percussion Academia*, Live, 1989 *Laura und Luis*-Soundtrack.

Siebert, Wilhelm Dieter – (*22.10.1931 in Berlin). Studierte an Konservatorium und Musikhochschule Berlin, später an der Musikhochschule Freiburg i.Br. (Komposition bei Wolfgang Fortner). Bezieht in seine artifizielle Neue Musik Jazz und Elektronik mit ein. Mitbegründer der Gruppe *Neue Musik Berlin.*

Adresse: Wilhelm Dieter Siebert, Bamberger Str. 33, 1000 Berlin 30

Kompositionen:
James Bond-Oratorium für Sänger, Schlagwerk, Tonbänder, Dia- und Filmprojektion (1968), *Meeting Points* für Rockband und Sinfonieorchester (1981), *Hollywoodmusik* für Bläsertrio (1973), *Konzert für Flöte, Violine und gr. Orchester, Der Untergang der Titanic* Oper 1979, *Schlemihl* Opern-Operette 1986, *Der Trunk des Poseidon* Szenische Kantate) 1972.

Filmmusiken:
1973: *Der lange Jammer* (Max Willutzki)
1976: Vera Romeyke ist nicht tragbar (Willutzki), *Krawatten für Olympia* (Lukschy)
1981: *Der Mann im Pyjama* (Rateuke/Schmige), *Freak Orlando* (Ulrike Ottinger), *Das Haus im Park* (Aribert Weis)
1989: *Johanna d'Arc of Mongolia* (U. Ottinger)

Spence, Samuel – (*29.3.1927 in San Francisco). Musikstudium an der High School in San Francisco, an der University of Southern California, am Conservatoire National de Paris. Unterrichtete als Assistent an der University of Southern California. Seit den 50er Jahren in Europa, vor allem in München. Schreibt dennoch sehr viel Musik für das amerikanische Nationale Fernsehen. Viele Filmmusikpreise in New York, Venedig, Deutschland.

Adresse: Samuel Spence, Menzinger Str. 118, 8000 München 50

Kompositionen:
Schreibt sehr vielseitig: ebenso im Stil der swingbeeinflußten amerikanischen Unterhaltungsmusik wie in historischen Kopien oder Hardrock. Produzierte eine der ersten Synthesizerplatten und arbeitet seitdem auch gerne mit elektronischer Musik. Schrieb mehrere sinfonische Werke (z. B. *The American Suite*, 1976), ein in Los Angeles uraufgeführtes Musical *Wide Horizon* (1952), insgesamt über 1000 Titel.

Filmmusiken:
Schrieb sehr viel Musiken für amerikanische Fernsehen und Kino, in Deutschland vor allem für Fernsehfilme und Serien (z. B. *Bitte recht freundlich, Wie ein Blitz, Oma ruru, Erben gesucht, Als Köln römisch war, Pusteblume*).
1980: *Car-Napping* (Wigbert Wicker)

Sustrate, Nils – (*1.9.1931 in Hamburg). Nach dem Abitur Mitbegründer eines literarischen Kabaretts, Studium an der Musikhochschule Hamburg (Schulmusik und Komposition). War dann wechselweise freischaffend, im Schuldienst und als Theaterkomponist tätig. Neben seiner Arbeit als Komponist zeitweilig Dirigent und Bearbeiter von LP-Produktion. Professor für angewandte und populäre Musik an der Musikhochschule Hamburg.

Adresse: Prof. Nils Sustrate, Saselerstr. 186, 2000 Hamburg 72

Kompositionen:
Ist stilistisch gleichermaßen an neuer artifizieller (Orchester-, Kammer- und elektronischer Musik) wie an populärer Musik (Jazz, Rock, Pop) interessiert. Schrieb die Musik zu etwa 60 Bühnenstücken, 200 Hörfunkproduktionen, ferner mehrere Stücke für Orchester und für Chor sowie diverse Songs und Chansons. Daneben zahlreiche Bearbeitungen verschiedenster Stilbereiche. 12 LP's mit eigenen Kompositionen und Bearbeitungen (Telefunken/Decca).

Filmmusiken:
Komponierte die Musik zu über 100 Fernseh- und Kinofilmen, darunter 16 Filme mit Wolfgang Petersen (z. B. Tatort Reifeprüfung, 1976), außerdem div. Musik zu Werbefilmen.
1970: *Ich werde dich töten, Wolf* (W. Petersen)
1976: *Die Konsequenz* (W. Petersen)

Ströer, Hans P. – (*1956 in München), musizierte früh in Bands. 1975 Bassist in Volker Kriegels Jazzrock-Gruppe, internationale Tourneen, – auch mit Sting und The Police bei Eberhard Schöner. Mit seinem Bruder Ernst Ströer (*1963 in München, Musiker und Computerexperte) produzierte er ab 1979 eigene LP's (1986 Preis der dt. Schallplattenkritik für *Nomaden – Ströer Bros. & Howard Fine*). Sessionmusiker mit Falco, Gilbert Becaud, Mireille Matthieu, Rondo Veneziano. 1988 Leitung und Konzeption der „German Kunst-Disco Seoul" (Olympische Festspiele Korea 1988).

Adresse: Hans P. Ströer, Auinger Str. 29, 8031 Wörthsee
Metzstr. 5, 8000 München 80

Kompositionen:
Von Pop und Rock beeinflußter Stil. Seit 1985 auch 15 Bühnenmusiken in Paris, Frankfurt, Hamburg, Nürnberg u. a.

Filmmusiken:
zahlreiche TV-Produktionen, TV-Serien, Filme z. B.:
1984: *Tausend Augen* (H. C. Blumenberg), *Treffpunkt im Unendlichen* (H. Königstein)
1985: *Besuch bei Joan* (H. Königstein), *Die Geldverleiherin* (H. Königstein), *Reichshauptstadt Privat* (H. Königstein), *Schöne Aussichten* (D. Voss)
1989: *In meinem Herzen, Schatz!* (H. C. Blumenberg)

Discographie:
Neben zahlreichen Platten als Sessionsmusiker liegen folgende Soundtracks vor:
1984: *Treffpunkt im Unendlichen* (mit Ernst Ströer)
1987: *Reichshauptstadt Privat* (Ernst Ströer)

Thieme, Hermann – (*18.1.1924 in Dresden). Studierte nach dem Abitur 1942 an der Musikhochschule Weimar. 1946–1950 Theaterkomponist an Volkstheater und Kammerspiele München, parallel dazu Studium an der Musikhochschule München. Theaterkomponist in Flensburg, Bonn, Mainz, München. Seit 1957 Gastdirigent an vielen Bühnen, Theaterfestspielen. Freischaffender Komponist für Rundfunk, Fernsehen und Film.

Adresse: Hermann Thieme, Dufourstr. 108, CH-8008 Zürich

Kompositionen:
Der künstlerische Schwerpunkt liegt auf den Theatermusiken (über 70 Bühnenmusiken), die mehrfach weiterentwickelt worden sind: z.B. *Barock-Studie* nach Molières *Georges Dandin* (1964/69) für Orgel und Orchester; Ballett-Suite nach Shakespeares *Komödie der Irrungen* (1960). Viele Lieder nach Bühnenmusiken. Ferner: *Candide* (Musical nach Voltaire) 1970/73, *Delta – Stern ohne Liebe* (Science fiction-Musical) 1979/82, Polnisches Konzert für Klavier und Orchester (1967). Viele Kinderlieder u.a.

Filmmusiken:
Schrieb die Musik zu über 700 Fernsehproduktionen.
1967: *Paarungen* (Michael Verhoeven)

Thomass, Eugen – (*24.12.1929 in München). Studierte an der Musikhochschule München, komponierte dann für Bühnen und Film sowie Fernsehen. Später vorwiegend Komponist bei Fernsehproduktionen. Gehört zu den wichtigen deutschen Filmkomponisten.

Adresse: Eugen Thomas, Hans-Sachs-Str. 12, 8000 München 5

Kompositionen:
Die Oper/Musical *Kasi und Cress* (1968–72) gewann 1982 den Musicalpreis der Stadt Hagen und des Landes Nordrhein-Westfalen. *Mitternachtsmarkt* (1964) Komödie mit Musik, *Der Zauberer von Oos*, Kinderstück mit Musik 1974. Komponiert sehr bildbezogen und nur selten auf rein instrumentaler Basis, aber z.B. *Ostinato-Suite* für Orchester (1972).

Filmmusiken:
Schrieb Musiken zu über 100 Filmen und über 300 Fernsehproduktionen. Vor allem mit Rainer Erler entstanden etwa 30 Filme. Mehrere große Fernsehserien wie z. B. *Das blaue Palais* (Erler), *Polizeiinspektion 1, Die seltsamen Methoden des F. J. Wanninger, Die Humboldtschule, Diese Drombuschs, O Gott Herr Pfarrer.* Speziell für das Fernsehen entstanden auch einige große Filmprojekte mit großer Filmmusikbesetzung wie z. B. die 11teilige Verfilmung von Thomas Manns *Die Buddenbrocks* von Franz Peter Wirth (1979).
Schreibt in einem eigenständigen Stil, der von der großen Symphoniebesetzung bis zu kleinen aber klangsensiblen und filmwirksamen Besetzungen durch neuartige Klangfindungen überrascht. Seine Stilistik ist weit mehr von der klassischen Instrumentalmusik als von der gehobenen Unterhaltungsmusik her bestimmt gewesen.
Arbeitete mit Filmregisseuren wie Dagmar Damek, Rainer Erler, Gustav Ehmk, Hans W. Geissendörfer, Hajo Gies, Eberhard Itzenplitz, H.D. Schwarze, Hans Jürgen Syberberg, Victor Vicas, Franz Peter Wirth, Claus-Peter Witt.

Auswahl der Filme:
1967: *Fast ein Held* (Erler)
1968: *Professor Columbus* (Erler)
1969: *Scarabea* (Syberberg)
1972: *Heiß und kalt* (Ehmk), *Die Eltern* (Geissendörfer)
1973: *Perahim* (Geissendörfer)
1975: *Lobster* (Geissendörfer)
1976: *Sternsteinhof* (Geissendörfer)
1977: *Operation Ganymed* (Erler)
1979: *Fleisch* (Erler)
1989: *Zucker* (Erler)

Discographie:
Ein Stück Himmel *(1981, Karussel), Scarabea* (Inmus), *Mein Onkel Theodor* (Ariola)

Thomas, Peter – (*1.12.1925 in Breslau). Begann sehr früh mit dem Klavierspiel. Studierte nach dem Abitur am Mohr'schen Konservatorium. Als freischaffender Komponist und Verleger tätig. Erhielt 1961 und 1963 jeweils das Filmband in Gold für die beste Filmmusik (zu Filmen von Will Tremper). 1980 dt. Schallplattenpreis für beste Filmmusik zu *Café Wernicke.*

Adresse: Peter Thomas, Strada Regina 8, CH-6900 Lugano
Thomashof, A-6373 Jochberg bei Kitzbühel
Villa Cordy, rte. de Taiti, F-83990 St. Tropez

Kompositionen:
Komponiert vielseitig zwischen allen Stilrichtungen frei variierend. Vor allem seine von Jazzidiomen beeinflußte Kriminalmusiken haben stilistisch großen Einfluß auf andere Komponisten der 60er und 70er Jahre gehabt. Seine spätere Spezialität war die Verbindung von Orchester und elektronischer Musik. Schrieb u. a. *Märchen* für gr. Orchester und Sprecher (1978/83), ein Musical *Wodka für die Königin* (für Z. Leander), Orchesterwerk *Neue Bilder einer Ausstellung.*

Filmmusiken:
Schrieb die Musik zu über 550 Fernseh- und Filmmusiken, darunter zu Serien und Folgen wie *Raumpatrouille, Der Kommissar, Derrick, Von Menschen und Mäusen, Jerry Cotton*-Filme, Serie *Ein Mann für alle Fälle, Café Wernicke.*
1961: *Flucht nach Berlin* (Willi Tremper), *Steiner II: Das eiserne Kreuz*
1963: *Die endlose Nacht* (Will Tremper)
1966: *Playgirl* (Will Tremper)
1975: *Erinnerungen an die Zukunft* (nach Daeniken)
1976: *Botschaft der Götter* (nach Daeniken)

Discographie:
Zahlreiche Schallplatten bei K-tel, Polydor, Philips, CBS, Teldec. Eigene Musiken findet man u. a. auf der LP *Schwips in b-moll* (Teldec), *Wodka für die Königin* (Trans Worlds Record), *die ampelmännchen* (LP's und 28 Cass.), LP *Dschungeltanz* (Karussell/Disney), LP *Applaus für Mickey* (Karussell/Disney).
Soundtrack LP's sind u. a.:

Erinnerungen an die Zukunft (Polydor 2371035), *Musik zu Edgar Wallace Filmen* (Celine CL 0011), *Der letzte Mohikaner* (1977 Telefunken 14390), *Mein Freund Winnetou* (Europa 115926)

W

Walden, Stanley – (*1932 in Brooklyn/New York). Studierte Klarinette und Komposition. Sehr engagiert im musikalischen Umfeld des Theaters. Sein Musical *Oh! Calcutta* gehörte über lange Zeit zum festen Repertoire des Broadway in New York. Ist in München der Hauskomponist von George Tabori an den Münchner Kammerspielen gewesen. Dozent an verschiedenen Musikinstituten; Sänger, Pianist, Dirigent und Klarinettist.

Adresse: Stanley Walden, Miller Hill Rd. RD 7, Hopewell Jct. New York 12533

Kompositionen:
Schrieb mehrere Musicals (*Oh! Calcutta*, 1969), die in New York und vielen amerikanischen sowie europäischen Großstädten aufgeführt wurden, mehrere Ballettmusiken (*Breakthrough*, 1960; *Unitled*, 1968; *Weewis*, 1970) und Instrumentalwerke, wie z.B. *Ouvertüre for Brass Octet* (1958), *Circus* für Orchester (1968), *Primer* für Percussionensemble (1975), *Symphony for chamber orchestra (after Ausschwitz)* 1983, *Invisible Cities* für das Philadelphia Orchestra (1987). Dazu mehrere Singspiele, Vokalwerke, Songs. Mehrere Bühnenmusiken.

Filmmusiken:
Neben wenigen Filmprojekten in USA (gewann 1970 einen Preis für die Musik zu dem Dokumentarfilm *Indian Circle*) vor allem in Deutschland:
1980: *Desperado City* (Vadim Glowna), *Frohes Fest* (George Tabori)

Weber, Eberhard – (*22.1.1940 in Stuttgart). Spielte schon während der Schulzeit Kontrabass und Violoncello sowie viel Jazz. Ausbildung als Photograph, dann 8 Jahre durch sämtliche Berufssparten einer Werbefilmgesellschaft in Stuttgart. Nebenbei war jedoch die Weiterentwicklung des Jazzspiels (seit 1964 fest im *Dauner-Trio*) möglich, Tourneen, Mitglied im *Dave Pike Set*, u. a. 1975 „Musiker des Jahres" und Deutscher Schallplattenpreis für die erste LP *Colours of Chloe* (ECM), 1975 - 1981 eigene Gruppe *Colours*, 1976 - 1987 Mitglied des United Jazz & Rock Ensembles, seit 1982 bei der Jan Garbarek Group. Gehört zu den führenden Jazzbassisten.

Adresse: Eberhard Weber, Am Steinberg 35, 8031 Wörthsee-Steinebach

Kompositionen:
Komponiert neben seinen Filmmusiken vornehmlich Jazzkompositionen, die stilistisch Elemente der musikalischen Klassik einbeziehen. Typisch für seinen Stil sind eher die ruhigen und meditativen Nummern mit differenzierten Klangebenen.

Filmmusiken:
Komponiert vor allem für Fernsehfilme, u.a. mit Regisseuren wie Pete Ariel (*Land der Blinden*, 1975; *Unendlich tief unten* 1977; *Wenn alle Brünnlein fließen*, 1983; *Gelegenheit*

macht Diebe, 1984), Theodor Kotulla (*Der Fall Maurizius*, 1980; *Kellermanns Prozess*, 1984; Tatort *Einzelhaft*, 1988). Friedemann Schulz (*Der Tod in der Waschstraße*, 1982; *Reise ohne Auftrag*, 1987). Kristian Kühn (*Gesichter des Schattens*, 1984; *Die doppelte Welt*, 1984; *Kommissar Zufall*, Folge 1 - 9).
Kinofilme:
1977: *Aus einem deutschen Leben* (Th. Kotulla)
1978: *San Franzisco Zephir* (Bastian Clevé)
1980: *Der rote Strumpf* (Wolfgang Tumler)
1986: *Der Angriff* (Th. Kotulla)

Discographie:
Keine ausgesprochenen Soundtrack-LP's, seit 1975 jedoch etwa 10 Schallplatten, auf denen z.T. Filmmusiken als eigenständige Titel weiterentwickelt sind.

Wecker, Konstantin – (*1.6.1947 in München). Seit dem 6. Lebensjahr Klavierunterricht. Studium an der Musikhochschule München und an der Universität München. Pianist, Arrangeur, Sänger. 1972 die erste Schallplatte *Die sadopoetischen Gesänge des Konstantin Amadeus Wecker*, eigene Gruppe *Musikon*. 1984 Eröffnung des *Kaffee Giesing* (Kleinkunstcafé mit kombiniertem Tonstudio). 1980 Gedichtband *Man muß den Flüssen trauen*. Liedermacher. Deutscher Kleinkunstpreis 1977.

Adresse: Konstantin Wecker c/o Sigrid Grizi, Maximilianstr. 15, 8000 München 22

Kompositionen:
Schreibt vor allem Lieder, z.B. *Ich lebe immer am Strand* (1974), *Weckerleuchten* (1976), *Eine ganze Menge Leben* (1978), *Inwendig warm* (1984), und von hier ausgehend melodisch orientierte instrumentale Werke. Eine Oper ist in Arbeit.

Filmmusiken:
1979: *Schwestern oder Die Balance des Glücks* (Margarethe von Trotta)
1982: *Die Weiße Rose* (Michael Verhoeven)
1983: *Peppermint Frieden* (Mariane S. W. Rosenbaum)
1987: *Der Experte* (R. Schwabenitzky)

Discographie:
Neben den Schallplatten mit Lieder u.a. von Konstantin Wecker (alle Deutsche Grammophon Gesellschaft) eine Soundtrack-LP:
Filmmusiken (Weiße Rose – Schwestern – Peppermint Frieden)

Wilhelm, Rolf – (*23.6.1927 in München). Früher Klavierunterricht, mit 13 Jahren, (mit Sondergenehmigung) Studium an der Musikhochschule Wien, 1946–1948 Musikhochschule München. Seit 1946 Kompositionsaufträge für Rundfunk (Hörspiele, Kinderfunk, Schulfunk u.a.). Seit 1948 Bühnenmusiken, u.a. für die Kammerspiele München, Residenztheater München, Schauspielhaus Zürich, Burgtheater Wien, Theater in der Josefstadt Wien u. a. Seit 1954 Filmmusiken, seit 1955 Fernsehmusiken. Freischaffender Komponist und Dirigent (verschiedene Rundfunkorchester mit eigenen und Werken der gehobenen Unterhaltungsmusik).

Adresse: Rolf Wilhelm, Hubertusstr. 64, 8022 Grünwald

Kompositionen:
Schrieb Musik zu über 200 Hörspielen, über 300 Fernsehfilmen, 60 Spielfilmen, über 300 Werbefilme, viele Bühnenmusiken und eine Reihe autonomer Kompositionen, wie z.B. *Lieder für Sopran und Streichorchester* (1960/62), *Concerto for Tuba And Wind Instruments* (1983), *Doktor Faustus.* Filmmusik-Suite (1981). Stilistisch ist in den Werken der Einfluß der klassischen Kunstmusik (etwa in Fortsetzung der spätromantischen Oper und symphonischen Dichtung) bemerkenswert. Bearbeitete und ergänzte auch verschiedene Werke, wie z.B. die unvollendete Tondichtung *Die Donau* von Richard Strauss, Ballettmusik *Coppelia* von Léo Delibes.

Filmmusiken:
Unter den 300 Fernsehmusiken (Von der Auftaktsendung zur *Glücksspirale* bis zum *Tatort*-Krimi und zu Dokumentarfilmen) finden sich auch einige Serien, z.B. die 13teilige Reihe *Die Perle* (1970), *Gestern gelesen . . .* (52 Folgen 1970), *Deutschland, deine Schwaben* (1971), *Die Reise nach Mallorca* (1973) u.a.
Viele der 60 Kinofilme entstanden im Zeitraum von 1954–1965. Auswahl:
1954: *08/15* (Paul May)
1959: *Und ewig singen die Wälder* (Paul May)
1964: *Tonio Kröger* (Rolf Thiele), *Ludwig Thoma's Lausbubengeschichten* (Helmut Käutner)
1965: *Wälsungenblut* (Rolf Thiele)
1966: *Nibelungen Teil I und II* (Harald Reinl)
1976: *Das Schlangenei* (Ingmar Bergman)
1980: *Die wunderbaren Jahre* (Reiner Kunze)
1981: *Doktor Faustus* (Franz Seitz)
1988: *Ödipussi* (Vicco von Bülow – Loriot)
1989: *Rosamunde* (Egon Günther)

Discographie:
Doktor Faustus und *Tonio Kröger* (CL 0014), *Die Nibelungen* (Limelight 00001), *Tarabas* (1982, Celine CL 0007), *Via Mala und Nibelungen Teil II* (Celine 0002), *Das Schlangenei* (Tarantula FIC-SP 8001).

Wittstatt, Hans-Arthur – (*18.4.1923 in Hannover, † 2.10.1988 in Berlin). Ingenieur- und Musikstudium in Hannover, seit 1945 Berufsmusiker, Lektor und Arrangeur bei Musikverlagen, seit 1956 freischaffender Komponist.

Kompositionen:
Schreibt vor allem Schlager, Songs und Hits, weniger instrumentale Nummern. 1961 Goldene Schallplatte für den Hit *Pepe.* Viele der Nummern wurden gutgehende Plattenhits, gesungen von Interpreten wie Harald Juhnke, Vico Torriani, Milva, Hannelore Auer u.a. Viele Schallplattenversionen einzelner Nummern in mehreren Sprachen.

Filmmusiken:
Unter anderem:
1980: *Taxi zum Klo* (Frank Ripploh)
1981: *Kleiner Mann – was tun?* (Klaus Werner), *Unsere Leichen Leben noch* (Rosa von Praunheim)

Discographie:
Hans-Artur Wittstatt: Soundtracks (Kleiner Mann, Der 36er, Unsere Leichen leben noch) (Celine CL 0012)

Wolff, Frank – (*1945 in Battenberg a. d. Eder). Studierte in Frankfurt Musik, Soziologie und Philosophie, war in der Studentenbewegung der 60er Jahre sehr aktiv, freischaffend als Cellist, Autor und Komponist.

Adresse: Frank Wolff, Feuerbachstr. 3, 6000 Frankfurt 1

Filmmusiken:
1979: *Etwas tut weh* (Recha Jungmann)
1983: *Der fliegende Robert* (Henning Burk)
1984: *Bluternte* (Hans-Christoph Koch)

X

Xhol Caravan – Deutsche Soul Gruppe (bekannt geworden als *Soul Carawan*) der späten 60er Jahre, mit zwei schwarzen Sängern, Teilnahme an Jazzfestivals, u.a. mit Aretha Franklin, Rockbesetzung mit Orgel und Saxophon. Stilistische Merkmale waren die langen freien Kollektivimprovisationen mit Kopfsolos von Saxophon oder Orgel.

Filmmusiken:
1970: *Wir-zwei* (Ulrich Schamoni)
1972: *Das Unheil* (Peter Fleischmann)

Discographie:
Keine Soundtrack LP's. Verwiesen sei aber auf einige der Schallplatten wie:
Elektrip (1970, Hansa 80099), *Motherfuckers GmbH und Co KG* (1972, Ohr OMM 556024)

Z

Zoller, Attila – (*13.6.1927 in Visegrád (Donau). Ungarischer Jazzgitarrist. Seit 1948 in Wien und Österreich, 1959 Auswanderung in die USA. Dort vor allem in der Gruppe von Herbie Mann (1962–1965) und in einer eigenen Gruppe. Wichtiger Jazzmusiker. Schrieb u.a. eine *Anleitung zur Improvisation auf der Gitarre* (Schott-Verlag Mainz). Zahlreiche Schallplatten. Erhielt zusammen mit Joachim Ernst Berendt 1962 das Filmband in Gold für beste Filmmusik.

Filmmusiken:
1962: *Das Brot der frühen Jahre* (Herbert Vesely)
1967: *Katz und Maus* (Hans Jürgen Pohland)

Discographie:
Neben den Jazzplatten eine Soundtrack-LP: *Original-Filmmusik „Katz und Maus"* (1966, SB 15112)

Anmerkungen

1 Briefliche Mitteilung der Filmbewertungsstelle Wiesbaden (FBW) vom 22.7.1985 an den Verfasser.
2 Vgl. dazu Hans-Christian Schmidt (Hg.), *Musik in den Massenmedien Rundfunk und Fernsehen. Perspektiven und Materialien,* Mainz 1976.
3 Lothar Prox, *Perspektiven einer Wiederaufbereitung von Stummfilmmusik (= Stummfilmmusik gestern und heute),* hg. von der Stiftung Deutsche Kinemathek, Berlin 1979, S. 12.
4 Igor Strawinsky, *Gespräche mit Robert Craft,* Zürich 1961, S. 12.
5 Klaus Eder/Alexander Kluge, *Ulmer Dramaturgien. Reibungsverluste. Stichwort: Bestandsaufnahme,* München 1980, S. 96.
6 In: P. Jansen/W. Schütte, *Herzog, Kluge, Straub* (= Reihe Hanser, Reihe Film 9), München 1976, S. 61.
7 *Jahrbuch Film 78/79,* hg. v. Günther Pflaum, München-Wien 1978, S. 116.
8 Eder/Kluge, *Ulmer Dramaturgien,* a.a.O. S. 161.
9 *Rainer Werner Fassbinder* (= Reihe Hanser, Reihe Film 2), München 1974, S. 85.
10 Manuskript des RIAS-Berlin zur Sendung *„Abschied von Gestern" Portrait eines außerordentlichen Films* (RIAS II, 28.3.1967), S. 23.
11 *Rainer Werner Fassbinder,* a.a.O. S. 60.
12 Friedrich Knilli (Hg.), *Die Unterhaltung der deutschen Fernsehfamilie. Ideologiekritische Untersuchungen,* München 1971, S. 7.
13 [Hans W. Geissendörfer], *Ediths Tagebuch. Erinnerungen, Essays, Personenbeschreibungen,* München 1983, S. 22.
14 Walter Benjamin, *Das Kunstwerk im Zeitalter seiner technischen Reproduzierbarkeit,* Frankfurt a.M. 1983, S. 15.
15 *Werner Schroeter* (= Reihe Hanser, Reihe Film 20), München 1980, S. 16.
16 Walter Stock (Hg.), *Musik & Film* (= Filmdokumentation Nr. 10), hg. anläßlich der Tagung Musik 6 Film, o.O. 1978, S. 58.
17 Hans Werner Henze, *Schriften und Gespräche 1955–1979,* Berlin DDR 1981, S. 115 und 218.
18 Filmkritik, 1976, Heft 1, S. 14.
19 Eugen Thomass, *Die Entstehung einer Filmmusik, oder: Kann die Pauke nicht genau auf dem Schuß sitzen? Bemerkungen zu meinem Beruf,* in: Filmmusik. Ein deutsches Soundtrack-Journal, September 1981, S. 15.
20 Henze, *Schriften,* a.a.O. S. 146.
21 Thomas Mann, *Wagner und unsere Zeit. Aufsätze, Betrachtungen, Briefe,* hg. v. Erika Mann, Frankfurt a.M. 1963, S. 73.
22 Rudolf Arnheim, *Film als Kunst,* Neuausgabe, München-Wien 1974, S. 236.
23 Stock, *Musik & Film,* a.a.O. S. 20.
24 Hans C. Blumenberg, *Film positiv. Regisseure, Stars, und Technik,* Düsseldorf 1968, S. 91.
25 Filmkritik, 1980, Heft 3, S. 134.
26 Harm Willms (Hg.), *Musik und Entspannung,* Stuttgart-New York 1977, S. 18.
27 Theodor W. Adorno, *Typen musikalischen Verhaltens,* in: *Einleitung in die Musiksoziologie. Zwölf theoretische Vorlesungen,* Reinbek 1968, S. 12.
28 Willms, *Musik und Entspannung,* a.a.O. S. 14.
29 Norbert Jürgen Schneider, *Der Film – Richard Wagners „Kunstwerk der Zukunft"?,* in: *Beiträge zur Wagnerforschung,* Regensburg 1983, S. 123–150. Die nachstehenden Zitate sind dort dokumentiert.
30 Hans-Christian Schmidt, *Didaktischer Kommentar „Die Oper"* (in: *Opus Musicum „Die Oper"*), Köln 1981, S. 6.
31 in Schmidt, *Musik in den Massenmedien,* a.a.O. S. 91–119.
32 Helga de la Motte-Haber/Hans Emons, *Filmmusik. Eine systematische Beschreibung,* München-Wien 1980, S. 102.

33 Rolf Wilhelm, *Musik von Kaisersaschern*, in: Gabriele Seitz (Hg.), *Doktor Faustus. Ein Film von Franz Seitz*, Frankfurt a.M. 1982, S. 132–147.

34 Rainer Lewandowski, *Die Filme von Volker Schlöndorff*, Hildesheim 1981, S. 35.

35 Hans Richter, *Filmgegner von heute – Filmfreunde von morgen*, Frankfurt a.M. 1981, S. 34 und S. 42.

36 Hans Richter, *Der Kampf um den Film. Für einen gesellschaftlich verantwortlichen Film*, Frankfurt am Main, S. 147.

37 Blumenberg, a.a.O. S. 23 ff.

38 Vadim Glowna, *Desperado City. Wie ein Film entsteht* (= Arbeitsheft Film V, hg. v. Klaus Eder), München 1981, S. 86.

39 [Geissendörfer], *Ediths Tagebuch*, a.a.O. S. 107.

40 Ebenda.

41 *Herbert Achternbusch: Seine Filme* [hg. v. Filmwelt-Verleih], München [1983], S. 4.

42 Ebenda S. 5.

43 Herbert Achternbusch. *Materialien*, hg. v. Jörg Drews, Frankfurt a.M. 1982, S. 27.

44 Ebenda S. 283.

45 *Fassbinder* (Reihe Hanser) a.a.O. S. 31.

46 Ebenda S. 69.

47 Klaus Kirschner/Christian Stelzer, *Die Filme von Hans W. Geissendörfer. Gespräche, Materialien, Daten*, Erlangen 1979, S. 25.

48 Ebenda S. 115.

49 *Werner Herzog* (Reihe Hanser, Reihe Film 20), München 1979, S. 60.

50 Rudolf Hohlweg, *Musik für den Film – Film für Musik. Annäherung an Herzog, Kluge, Straub*, in: Herzog, Kluge, Straub (Reihe Hanser), a.a.O. S. 45 ff.

51 Eder/Kluge, *Ulmer Dramaturgien*, a.a.O. S. 11 f.

52 Ebenda S. 34 f.

53 Rainer Lewandowski, *Die Filme von Alexander Kluge*, Hildesheim 1980, S. 32.

54 Rainer Werner Fassbinder, *Filme befreien den Kopf*, hg. v. Michael Töteberg, Frankfurt a.M. 1984, S. 78.

55 *Werner Schroeter* (Reihe Hanser), a.a.O. S. 12.

56 Hans Jürgen Syberberg, *Syberbergs Filmbuch*, München 1976.

57 Ebenda S. 87.

58 Ebenda S. 11.

59 *Syberbergs Hitler-Film*, mit Texten von Susan Sontag, J.-P. Faye u.a. (= Arbeitshefte Film 1, hg. v. Klaus Eder) München 1980, S. 10 ff.

60 Rainer Lewandowski, *Die Oberhausener. Rekonstruktion einer Gruppe* 1962–1982, Diekholzen 1982, S. 205.

61 Wim Wenders, *Texte zu Filmen und Musik*, hg. v. „Freunde der Deutschen Kinemathek e.V.“, Berlin (= Materialien zur Filmgeschichte Nr. 4), S. 17 und 19.

62 Jürgen Knieper auf einem Tonbandinterview anläßlich der Musikaufnahmen zu Ediths Tagebuch von H.W. Geissendörfer.

63 in: *Thema: Rock gegen Rechts. Musik als politisches Instrument*, hg. v. Bernd Leukert, FaM 1980, S. 101 f.

64 Lewandowski, *Die Filme von Alexander Kluge*, a.a.O. S. 29

65 Wolfgang Limmer, *Rainer Werner Fassbinder – Filmemacher*, Spiegelverlag Hamburg 1981, S. 99.

66 In der Sendung *Von Hamburg nach Hollywood. Der Regisseur Wolfgang Petersen*, NDR 1984.

67 Die Angaben zu Personen, musikalischen Werken und Filmen wurden durch Recherchen in Lexika, Handbüchern und Zeitschriften ergänzt bzw. berichtigt (u.a. *Riemann-Musiklexikon, Rock-Lexikon* von Schmidt-Joos/Graves, *Komponisten der Gegenwart im Deutschen Komponistenverband. Ein Handbuch*, Berlin 1985).
Herzlichen Dank an Hans Loeper (Musikdokumentation des Bayerischen Rundfunks), der mir beim Ergänzen der biographischen Daten behilflich war.

BIBLIOGRAPHIE
– eine Auswahl –

Zur Filmmusik

Theodor W. Adorno/Hanns Eisler, Komposition für den Film , München 1969 (Geschrieben 1944) [Rogner & Bernhard]

Mark Evans, The Musik of the Movies, New York 1975

Zofia Lissa, Ästhetik der Filmmusik, Berlin-DDR 1965 [vergriffen]

Kurt London, Film Music, New York 1970 (Erstausgabe 1936)

Helga de la Motte-Haber/Hans Emons, Filmmusik. Eine systematische Beschreibung, München-Wien 1980 [Hanser-Verlag]

Hansjörg Pauli, Filmmusik: Stummfilm, Stuttgart 1981 [Klett-Cotta-Verlag]

Lothar Prox, Im Stadium der Kindheit. Skizzen zur Filmmusik (in: Musica, Jg. XXXII 1978)

Hans-Christian Schmidt (Hg.), Musik in den Massenmedien Rundfunk und Fernsehen. Perspektiven und Materialien, Mainz 1976 [Schott-Verlag]

Hans-Christian Schmidt, Filmmusik (Musik aktuell Bd. 4), Kassel 1982 [Bärenreiter-Verlag]

Norbert Jürgen Schneider, Handbuch Filmmusik I: Musikdramaturgie im Neuen Deutschen Film (= reihe kommunikation audiovisuell Bd. 13), München 1986 [Ölschläger-Verlag]

Norbert Jürgen Schneider, Handbuch Filmmusik II: Musik im dokumentarischen Film (= reihe kommunikation audiovisuell Bd. 15) München 1989 [Ölschläger-Verlag]

Wolfgang Thiel, Filmmusik in Geschichte und Gegenwart, Berlin-DDR 1981. [Henschelverlag Kunst und Gesellschaft]

Zum Neuen Deutschen Film

Cinegraph. Lexikon zum deutschsprachigen Film, hg. v. Hans-Michael Bock, München 1984 ff.

Deutscher Filmpreis 1951–1980, hg. v. Bundesministerium des Innern, Bonn 1980

Robert Fischer/Joe Hembus, Der Neue Deutsche Film 1960–1980 (=Citadel-Filmbücher bei Goldmann), München 1981

Joe Hembus, Der deutsche Film kann gar nicht besser sein. Ein Pamphlet von gestern. Eine Abrechnung von heute, München 1981 [Verlag Rogner & Bernhard bei Zweitausendeins]

Rainer Lewandowski, Die Oberhausener. Rekonstruktion einer Gruppe 1962–1982, Diekholzen 1982

Hans Günther Pflaum/Hans Helmut Prinzler, Film in der Bundesrepublik Deutschland. Der neue deutsche Film. Herkunft. Gegenwärtige Situation. Ein Handbuch, Frankfurt a.M. 1982 [Fischer-Taschenbuch]

Jahrbuch Film 78/79, Jahrbuch Film 79/80 . . . usw., hg. v. Hans-Günther Pflaum, München-Wien 1978 ff. [Hanser-Verlag]

Fischer Film Almanach. Filme. Festival. Tendenzen 1980, 1981, 1982 . . . usw., Frankfurt a.M. 1980 ff. [Fischer-Taschenbuch]

Sachwortregister

A

B

C

D

E

F

G

H

I

J

K

L

M

N

O

P

R

S

T

U

V

W

Z

FILMOGRAPHIE

Abkürzungen: R: = „Regie", M: = Musik. Die Jahreszahlen sind gelegentlich von anderen Publikationen abweichend, da sie manchmal das Produktionsjahr und manchmal das Jahr der Erstaufführung angeben.
Der bestimmte Artikel zu Beginn der Filmtitel wurde bei der alphabetischen Anordnung nicht berücksichtigt.

A

Das Abendmahl (1971), R: Hans-Christof Stenzel, M: O-Ton 237
Abschied von gestern (1966), R: Alexander Kluge, M: Archiv 26, 28, 37, 203
48 Stunden bis Acapulco (1967), R: Klaus Lemke, M: Roland Kovac 29, 187
Adele Spitzeder (1972), R: Peer Raben, M: Peer Raben 51
Adolf und Marlene (1977), R: Ulli Lommel, M: Wagner, Liszt u.a. 271
Aguirre, der Zorn Gottes (1972), R: Werner Herzog, M: Florian Fricke 59, 151, 192, 194
Albert, warum? (1978), R: Josef Rödl, M: Archiv 94, 129, 130, 223 ff., 264
Alice in den Städten (1973/74), R: Wim Wenders, M: Irmin Schmidt 251, 326
Alle Jahre wieder (1967), R: Ulrich Schamoni 62
Alles im Eimer (1981), R: Ralf Gregan, M: Jürgen Knieper 315
. . . als Diesel geboren (1979), R: Peter Przygodda, M: Raimondo Sodre, Irmin Schmidt 326
Der amerikanische Freund (1977), R: Wim Wender, M: Jürgen Knieper 251
Der amerikanische Soldat (1970), R: R.W. Fassbinder, M: Peer Raben 186
Am Ufer der Dämmerung (1982), R: Jochen Richter, M: Michael Landau 33
Das Andechser Gefühl (1974), R: Herbert Achternbusch, M: O-Ton 181
Der Angriff der Gegenwart auf die übrige Zeit (1985), R: Alexander Kluge, M: Archiv 204
Die Angst des Tormanns vor dem Elfmeter (1971), R: Wim Wenders, M: Jürgen Knieper 251
Angst vor der Angst (1975), R: R.W. Fassbinder, M: Peer Raben 273
Annas Mutter (1983), R: Burkhard Driest, M: Kristian Schultze 153, 329
Anschi und Michael (1977), R: Rüdiger Nüchtern, M: Jörg Evers 303
Ansichten eines Clowns (1975/76), R: Voitiech Jasny, M: Eberhard Schoener 106
Die Anstalt (1978), R: Hans-Rüdiger Minow, M: Andi Brauer 299
Apokalypse now (1979), R: Francis Ford Coppola, M: Carmine und Francis Coppola 105
Arabische Nächte (1979) R: Klaus Lemke, M: Jürgen Knieper 315
Das Arche Noah Prinzip (1984), R: Roland Emmerich, M: Hubert Bartholomae 158, 266, 296
Argila (1969), R: Werner Schroeter, M: Archiv 271
Die Artisten in der Zirkuskuppel: ratlos, R: Alexander Kluge, M: Archiv 271
Die Artisten in der Zirkuskuppel: ratlos (1967), R: Alexander Kluge, M: Archiv 271
Asphaltnacht (1980), R: Peter Fratzscher, M: Lothar Meid 33
Auch Zwerge haben klein angefangen (1970), R: Werner Herzog 46
Auf Biegen und Brechen (1976), R: Hartmut Bitomsky, M: Jürgen Knieper 315
Der Aufstand (1980), R: Peter Lilienthal, M: Claus Bantzer, 92, 106, 129, 141, 152, 211, 264
Aus einem deutschen Leben (1977), R: Theodor Kotulla, M: Eberhard Weber 334
Das Autogramm (1983/84), R: Peter Lilienthal, M: Joan José Mosalini, Claus Bantzer 152, 210

B

Baal (1969), R: Volker Schlöndorff, M: Klaus Doldinger, 96
Bananen Paul (1981), R: Richard Claus, M: Piet Klocke 314
Der Beginn aller Schrecken ist Liebe (1984), R: Helke Sander, M: Heiner Goebbels 307
Bengelchen liebt kreuz und quer (1968), R: Marran Gosov, M: Martin Böttcher 297, 307

C

D

E

F

G

H

I

J

K

L

M

Q

R

S

T

U

V

W

Z

PERSONENREGISTER

I

J

K

L

M

N

O

P

R

S

T

V

W

X

Z